U0930895

从《教育杂志》看近代中国的公民教育

杨云香　张宜海　主编

科学出版社
北　京

内 容 简 介

中华民国时期的教育，不管是从形式，还是从内容看，都是极为丰富的，其中的公民教育可以说是中国教育史上的创新和创举。“公民”“公民科”作为正式课程被纳入国民教育系统，成为中国教育史上的一道风景。

本书系统整理了1905—1948年《教育杂志》刊发的文章中有关公民教育的论述。为了能够一窥那个时代教育的全貌，本书对《教育杂志》中反映的教育基本问题、主要问题、热点问题、重要问题等均予以涉及。全书共分五个主题，从“民国教育问题的反思”“从修身科到公民科”“关于公民课程和教学法的探讨”“中小学公民教学”等多个方面展现了当时多种教育思潮涌现、不同教育形式纷纷登场的情形。

本书适合教育学史、公民教育相关领域的研究者参阅。

图书在版编目（CIP）数据

从《教育杂志》看近代中国的公民教育 / 杨云香，张宜海主编．—北京：科学出版社，2020.1

ISBN 978-7-03-056162-6

Ⅰ.①从…　Ⅱ.①杨…②张…　Ⅲ.①教育-期刊-研究-中国②公民教育-教育史-研究-中国-1905-1948　Ⅳ.①G52-55②D693.4

中国版本图书馆CIP数据核字（2017）第317957号

责任编辑：付　艳　高丽丽 / 责任校对：何艳萍

责任印制：李　彤 / 封面设计：铭轩堂

编辑部电话：010-64033934

E-mail：fuyan@mail.sciencep.com

科学出版社 出版

北京东黄城根北街16号

邮政编码：100717

http://www.sciencep.com

北京中石油彩色印刷有限责任公司印刷

科学出版社发行　各地新华书店经销

*

2020年1月第　一　版　开本：720×1000　1/16

2020年1月第一次印刷　印张：44

字数：800 000

定价：188.00元

（如有印装质量问题，我社负责调换）

前　言

20 世纪上半叶的中国一直处在动荡之中，思想和教育亦如此。思想上，出现了百家争鸣的局面；教育上，涌现出多种教育思潮，呈现出多种教育形式，平民教育、公民教育、军国民教育、党化教育等纷纷登场。

教育理论的争鸣和教育实践的发展均在《教育杂志》中有所体现，但遗憾的是，一直以来竟然没有对这段时间的教育文献进行整理和反思的系统性、整体性著作。我们正是在这一认识的基础上，重点整理了 1905—1948 年《教育杂志》刊发的文章中有关公民教育的论述。为了能够一窥那个时代教育的全貌，我们对《教育杂志》中反映的教育基本问题、主要问题、热点问题、重要问题等均予以涉及。

本书由五编组成。第一编是“时局与教育：民国教育的批判性反思”，主要包括教育中的大问题、对教育问题的反思等内容；第二编是“教育的未来：民国教育的革新”，主要包括今后之教育方针、未来教育之改造等内容；第三编是“学校教育：中小学教育的反思”，主要是对中小学教育的反思；第四编是“新学制与教育：公民教育纳入教育系统”，主要包括关于修身科的思考、新学制与公民教育、公民课程和教学法的探讨等内容；第五编是“教育的历史转折：民国时期的公民教育”，主要包括对公民教育的一般思考、中小学公民教学、公民训练、国外的公民教育等内容。

重读《教育杂志》，常常被那时学人的爱国情怀、追求真理的精神、立身救国的赤子之心感动，所以我们将继续进行这方面文献的整理工作。下一步计划整理的是《申报》中涉及公民教育思想的文章。我们诚心邀请并愿与社会各界合作一道挖掘正在变成历史的、正在渐行渐远的中国文化中的宝贵资源，从历史中吸取教育发展和革新的力量，为我们深爱的祖国和民族的未来提供不断前进的精神资源和动力！

杨云香

2017年7月25日

编者的话

1. 最大程度地忠于原文、保持文章的整体性是本次文献整理的第一原则；第二原则是紧密结合公民教育进行选择、取舍。所以，我们对文章中离公民教育很远的部分内容谨慎地做了一些删节，如《编制小学新课程之具体目标及求达目标之进程》中具体目标中的健康生活、休闲生活、语言生活等方面的目标。为了方便读者快速掌握每章的内容主旨，编者在章首增加了引文，概述本章收录文章之要义。

2. 为了便于读者阅读，对文章中的各级标题体例进行了统一，将文中所用的汉字数字特别是表格中的汉字数字转为阿拉伯数字。

3. 原始文献不论其字体为何，全部统一为简体字；对于文中异体字，除人名、地名外，一律改为标准字。对于历史档案中一些词语与当代标准用法不同者，保留其原貌。对于原文章中的别字一般不予改动，不影响阅读的语法错误予以保留。对于无法识别亦无从考证的一字或多字，用“□”代替。

4. 为了保持文献原貌，对其中提到的历史事件的名称（如庚子拳匪、赣宁变动等）不强求与现代称谓一致，对原作者对这些事情所持的观点也不加评论，维持原貌。

5. 原始文献中的计量单位多与当今标准体系不同，为如实反映历史，一律遵循原貌，未予更改。

6. 由于原始文献时间跨度大、类型差异明显，对于标点的使用情况不尽统一。对于原本没有断句的文献，编者进行了断句，对于虽断句但不尽规范的文献则在不损害原意的情况下进行了修正。

7. 有些当时的表达难以确知其含义，如《民主化的教学实施》中的“师保”“心的社会化”，《小学儿童不良习惯之改正》中“浇灌塊垒的美酒”的“塊垒”等，只好保持原样。对于文章中可能是印刷错误的部分，没有找到修改的参照，故保持原样，如《教育家对于国家社会之责任》中的“用客气强制社会”，此处，“客气”可能是印刷错误。部分用法，如《教育家对于国家社会之责任》中的“意思动力”，不能确知“意思”的含义，与现代用法也有不同，参照后面的部分，似为“议事”，有的地方似为“意志”，有待进一步考证。

8. 关于当时使用的人名、地名，特别是翻译的人名、地名，除了非常确定的，如“委尔逊”改为“威尔逊”、“西巴达”改为“斯巴达”、“奈端（Newton）”改为“牛顿”等外，不确定的和没有外文对照的，保持不变，如“本雪佛尼”“本雪文义”“附丽”“雅鲁”“卢骚”“拿秃尔泊”等。

9. 对于原文中的注释，因信息多不全，甚至有些英文标注的列项不知其确切含义（如《教育思想上“自由”之观念》中“Natorp Pestalozzi，47:48；108.114S”），故虽然与现行的行文标准有异，但仍保持原貌。

10. 原始文献中的图表各项，一般不做改动，对表中可能存在的单项之和不等于加总项等计算错误未予修改，只是按现代人的阅读要求将从右往左排改为了从左往右排。

11. 正文字体以宋体为主，但遇明确是直接引用的档案、材料等内容时，为便于读者区分，改用楷体。

12. 原始文献中“中华民国”“民国”皆有出现，未强行统一。为了行文简便，编者在每一章的引文中皆以“民国”指称“中华民国”。

目 录

第二编　教育的未来：民国教育的革新

第三编　学校教育：中小学教育的反思

第四编　新学制与教育：公民教育纳入教育系统

第五编　教育的历史转折：民国时期的公民教育

第一编

时局与教育：民国教育的批判性反思

第一章

民国教育中的大问题

近代以来的中国，真可谓多灾多难，外患纷乘，内争弥烈，民生凋敝，国运穷蹙，至民国时期，时事变迁过多过快，可是内忧外患依然，国将不国，民不聊生。在这样的背景下，教育界人士艰难地思考着教育救国的蓝图。至于如何救国，可谓见仁见智，但在如下这点上是已达成共识的，即在救国上教育定能发挥重要作用。

然而，中国当时的教育又如何呢？

教育界对中国教育的反思，从《教育杂志》可见一斑，这种反思是从民国教育中存在的问题开始的，那么，民国当时的教育存在什么样的问题呢？主要问题如下。

1）部分人对教育失去了信仰，对教育持消极态度，没有认识到教育的重要性。

2）教育观念陈旧，教育思想不发达。

3）教育人才缺乏，教育界无领军人物。

4）教师不足，好的专业教师更少。

5）政治社会腐败，影响到教育界。

6）教育存在政治化、商业化的情况。

7）教育界的党派影响恶劣。

8）教育经费不足影响了教育的正常发展和革新。

一言以蔽之，民国时期的教育存在大问题。可叹的是，无论教育界如何努力，也无法改变教育的困境，因为教育问题同时也是政治问题——国内政治和国际政治的问题。政治问题不解决，教育问题何谈解决？民国时期的教育正是在这样的恶劣环境中向前走的。

我国教育弊病及其补救法之一斑

俞庆恩

当世士大夫竞言欧美之富强而欣羡之矣，究其所以富强之故，则见仁见智，各执一词。庆恩曾一度游历欧美，颇多感触，以为彼之文明，受教育之赐者为多，何则一科学之发达与否、进步与否与国家盛衰实在有密切之关系。试观欧美之物质文明及其富强之由来，无一非基于科学，即其人民之合群爱国，亦教育陶冶训练之功，此理明甚，无待赘论也。吾国浅识者往往以教育为迂远等闲视之。殊不知事之成败迟速，全以当局者之有毅力远见与否以为断，苟能确定方针而为之，则效验不难立见。愚以为吾国不欲图存则已，苟欲图存则根本之计，非由科学进步不可，即非由教育普及不可，而多派士子留学外洋，尤为最切要之图焉。

昔曾文正遣人游学，日本于同时亦派遣生徒，是吾国教育之学步欧美，实不在东邻。后日之留学生归而经营三岛，其才能之所展布，皆卓然有所树立，如伊藤博文之雄才大略，横绝一世，尤其明证。今彼且自夸富强，以侵轶我，凭陵我，肆其无厌之求，吾国则危机一发，仅保残喘。政府中不少留学生，其能创业画策者，究何在耶？在前清虽以政体之限制，无英雄用武之地。然留学生毕业归国者，度已不少，果其有学识宏博、志望远大者，出全力以经营国事，正大可以有为，而无如志在官职，连年候补，而尽荒废其所学者有焉。用非所学，舍其长而取其短者有焉。一得自封，骄傲性成，非厚俸不事事者有焉，其偏僻者或难得新知识，反守旧而不化。诸如此类，何可胜数，国家糜巨款以造就人才，而罔知善用人才之道，学生负重大之责任，而放弃其责任于不顾，上下相蒙，安于苟且，此留学生之所以无所造于中国也。诚能革除积弊，使留学诸君以先觉觉后觉为责任，各出其所学，用之于适当之途，毋恋恋于仕进，毋苟且于偷安，则国家之受赐多矣。

今之教育界，有一通弊焉，即学风趋重外国文，而国粹有陵替之忧是也。尝考吾国中学以上学生大都注重外国文，而在通商大埠者为尤甚。顾此失彼，致列国文于不足轻重之数，坐是而顽固老朽之徒，以学校为诟病，至有倡议恢复科举者。

鄙意吾国文明，当以文字之优美精细为首屈一指。数千年来，国家之所以维持于不敝者，亦有赖于此，此而不保，何以立国？顾今之潜心研究国学者，求之学校中，盖不可多得，甚至有外国文极娴熟，而于中文茫然无知者。凡此现象，皮相者以为极模仿文明之能事，实则深可痛心也。至留学生之不究中文而醉心于异邦文言者，尤比比皆是，此吾所大惑不解者也。夫吾国实业幼稚，人民知识寡陋，大抵由于故步自封，而外洋文明未尽输入故也。故留学生唯一之职务，即在输进文明于母国，取人之长，补己之短，责任至重，非徒以所学换取养生之资已也，亦非徒以通其文言自傲傲人也。是以吾人学习外国文之目的，要在以从外国文中所得之知识，用国文、国语传授于一般国民，使不习外国文者，亦得吸收外洋文明，以收事半功倍之效，不必人人习外国文而后始得新知识也。今留学欧美者，归国而为学校教师，鲜有不以西语演讲者，如鹦鹉之学语，如电话之传报，一若彼生自外洋，不知华文、华语为何物者，至学生之得益与否，曾未计及影响所及，不特使国内多数学生耗损无量之精神财产，以预备外国文，而得一知半解之新知识，且常为外人之学奴，不能融会贯通。虽十年、二十年后，国人欲求高深之科学，仍须从外国文中得之，则吾国教育将永久依赖于人，而无独立之期矣，宁不可虑耶？盖视外国文为一种重要学问则可，若视为人人所必需则不可，以外国文与本国文并行而不悖则可，若偏废国文则不可，所望我海内外求学诸君，亟自猛省焉。

吾国人于学问，今尚在过渡时代，为国家争存计，不能不亟求进于自立时代，若多派学生出洋，非特财政困难，有所不能，藉曰：能之，则以中国科学程度之低，必将永永续派而无尽期。又乌乎可，然则将以何法而进于自立时代乎？曰惟栽培大教师。栽培大教师之法有二。

第一，派遣教员或毕业生实习大学以上之学问，二十年前之留学生，归国时大抵中学毕业而已，今则多系大学毕业，间有一二习大学以上之精深学问者，以大学毕业生而为中学校教员，自绰然有余，若欲为大学教师，谈何容易？即能之，亦何能与欧美大教师同日而语？故无大学以上之学问，而足与欧美大教师相颉颃者，不可为大学教员也。欲造就此项全才，不得不遣派学有根底之教员或毕业生出洋从专科名家，实地研究一科学，务必精益求精，力臻上乘。欧美栽培一大教师，亦非十年、二十年不为攻。彼取学问最优之毕业生，使受大学教师之训练，倘学者于十年之内，有心得，有发明，方可为大教师，法良意美。吾国所亟宜学步者也。庆恩曩在美国费来特费城习医时，查悉日本人留学其地者，均系教员，由彼政府派送，优给薪水，责以调查，使逐日作一报告。彼之留学生，大抵如此。故其科学之进步，竟可与欧美并肩而立，吾人于此，当知所借镜也。

第二，当自立大学聘致天下著名之学者以栽培大教师。夫以吾国科学之幼稚，不求助于外人，何能进步？则楚材晋用，实为良法。欧美著名教师，不难以重金罗致。使吾自立各大学，每科聘定异邦之专门学者，厚给薪水川资，与之订五年或十年以上之合同，当其教授之时，即派学有根底之毕业生随同助教，使彼之高深学理与特殊之心得，一一为我所窥见。则若干年后，助教者可以起而代之矣。惟政府对于彼专门学者，当于合同期满后，优加褒奖，庶足以酬其劳而资观感。斯时国内既自有大教师，则凡欲求专门学问者，可不必多耗学费，远适异国矣。夫罗致天下著名学者，虽需重金，而收效宏大，固极值得也。现吾国各校所聘洋员，大抵中驷者居多，而助教之法，亦未推行，果吾说而见用，中国将来当不少大教师矣。

中华开化最早，人物优秀，徒以文明进步，中道停滞，致落人后，吾人诚能讲求卫生，则体力不在西人下，保存固有之良道德，则道德亦不在西人下。余尝考美之本雪佛尼大学，其中生徒6300余人，代表52国，华人之在彼留学者仅25人，而团体坚固，力争祖国之名誉，考试均列优等。故以脑力之优劣论，此52国中，吾国殆常占前三名也。以此推之，华人智育亦不在西人下明矣，然则余栽培大教师之说，苟能实行，岂有无收效之日耶？

抑庆恩尤有进焉，吾国不能自兴教育，外人必起而代谋，此其现象，今已显露。试一游通都大邑所在，几皆有外人设立之学校焉，由此而造就之人才固甚多，吾苟能利用之，使人种其因，吾收其果，岂非国家之大幸乎？然此非所语于我国也，外人在内地设立之学校，无一经我教育部之管辖或干涉者，因是毕业于彼校者，以未受本国之教育，故每崇拜欧美，蔑视宗邦，此中流弊，何可胜言。以谋补救，固有法焉？欧美人在日本设立学校，亦随在有之，而大都受其文部省之取缔。吾国苟能仿行，使外人所立所设学校之课程，经教育部核定，又使学生注重中文，以保存国粹，而鼓励其爱国之热忱，则外人虽教育我子弟，亦无害矣。庆恩业医，请就外人在吾国所设医学校之现状作一比例焉，上海之约翰大学医科及哈佛医学校，广州之本雪文义医学校，长沙之雅鲁医学校，皆外人所设者也。京、津等处，亦有同类者数所。其他外人设立医院之地，亦每有附丽之医校，故统国内之医校计之，属于外人者实为多数，此中国之福乎？抑害乎？以吾所闻，有美人，名洛克番尔者，巨富也，拟在吾国北京、汉口、上海三处各设大医学校一所，且有吸收邻近规模较小之医校之计划，事方筹备，势在必行，影响所及，恐吾国自立医科将无存立之于余地矣。吾政府于此，一方面宜欢迎之，一方面当由教育部取缔之，取缔之法不一，如中国国文及医学之当列为彼校课程，医学生国文程度之须及格，毕业后仍须经教育部之试验，皆甚正当。如是则外人所造就之人才，非复崇拜欧美蔑视宗邦者矣。略举一斑，以概其余，若详论之，请俟异日。

民国四年（1915年）第7卷第5号

吾国教育思想不振之原因

贾丰臻

天地有时行物生之妙用，国家无世守不易之常经，教育思想之未能一成而不变，情也，又势也。然而偶变则可，常变则不可；缓变则可，急变则不可；变而通则可，变而啬则不可；变而久则可，变而暂则不可。吾观吾国教育界之思想，或主军国民教育，一时从而和之者不知若干人，乃未几而销声匿迹矣；或倡实用主义，一时从而和之者不知若干人，乃未几而再衰三竭矣。无论教育思想若何，行于他国而成效卓著者，行于吾国而寂然无望。有原因必有结果，独于教育则苗而不秀，秀而不实，竟无结果之可索焉，此则世人所大惑而不解者也。

吾观日本，前所交通者，不过中、韩近邻，其教育思想大都局促于周、汉、宋、明诸子之范围，乃忽而锁攘梦觉，交通道开，相形见绌，急图效法。如海军学英，陆军学德、法，医术学德，法律学法是也。至于教育思想，初则偏重于美，至明治十二年复弃美之智力主义教育论，而就英之实利主义教育论，二十年后，又变而为德之德性主义教育论，二十七年战胜中国，又欲行军国民教育论，使海陆军与教育界联络一气，以养成富强国民，果也不出十年，又战胜强俄。虽五年小变，十年大变，类乎举棋不定，然小用小效，大用大效，颇能得心应手，可知实心任事者，必收美满之结果，种瓜得瓜，种豆得豆，日本其天之骄子哉！

吾人既知日本之所以盛所以强矣，又当推究吾国之所以衰所以弱，藉曰：政法不良、实业不兴、军备不修，故则余病未能，非所敢知矣。若曰：政法不良、实业不兴、军备不修，皆由于教育思想不振之故，则凡教育界中人，均当知其原因、结果之所在，繄余何心，能无言哉？

第一，以吾国时势变迁过多，致教育思想未能一意进行也。试思二十余年中，有甲午战争之事、有戊戌政变之事、有庚子拳匪之事、有辛亥武昌起义之事、有癸丑赣宁变动之事、有乙卯改革团体之事、旋有云贵相继独立之事，而今而后纷纷扰扰，正不知其伊于胡底又安有所谓教育思想于其间哉？即曰：有之亦不过相望于一时，偶有变故，已与之俱化矣。如甲午之后，为新教育思想萌芽时代也，然至戊戌政变，而尽付东流矣；辛亥之后，为军国民教育思想卵育时代也，然至癸丑时变，而成强弩之末矣；癸丑以后，实用主义之教育思想勃兴时代也，然以国家多事之故，原有之学校尚难维持，罔论所谓实用与非实用矣；乙卯之夏，军国民教育思想复兴时代也，乃未能外御其侮，而先见兄弟阋于墙矣。此吾国教育思想不振之原因一也。

第二，以吾国教育者，未能确实奉行其教育思想也。吾国学校教育，不过十余年，学识既不如人，经验又无心得，无惑乎教育幼稚而思想薄弱也。然苟黾勉以赴之，虚心实力以求之，未始非桑榆收补之法，困知勉行，成功则一，未得为之绝望也。乃今之教育者异是，大别之可为四派：糊涂派，其对于教育也，无所谓养护、训练、教授、管理诸方法，罔论所谓教育思想，蠢蠢然，蠕蠕然，乃教育界之寄生虫，又如终夜有求于幽室之中，手足无所措，耳目无所加，进退无所之，凡属黏液质者，大都居焉。顽固派，此派服膺孔子述而不作信而好古之格言，然温故而不能知新，好古而不知敏求，正自绝于孔子也，矧孔子为圣之时者，无可无不可，若徒执一不通，未能因时制宜，则既蹈孔子疾固之言，不可不知也。怠惰派，不知而不行，吾无责矣，乃竟有知之而不行者，明明已备训练、教授、管理等书，而不肯寓目，明明已习古今中外教育家学说，而不见施行，但求得过且过，而为教育界之自了汉而已，亦吾人所习见者也。狂妄派，又名万能派，近于欺骗一流，吾国上、中、下三等社会，车载斗量，不可胜数，致教育界亦未能免此，往往一知半解，而自命为通人，浅见薄弱，而自诩为学者，利用国家之黑暗、教育之幼稚，而簧鼓惑人，摭拾东西之谏言、古今之诡辩，而睥睨一世，甚至错杂舛误，恬不知耻，庸恶陋劣，自命不凡，此等教育思想，诚不值识者一笑，可谓狂妄之尤矣。此吾国教育思想不振之原因二也。以上所述四派，仆非责人严而责己宽，诚以教育为立国之命脉，表而出之，即吾人省身克己之法，深望其有则改之而无则加勉也。

第三，以吾国人特性，作事往往有初鲜终，致教育思想未能贯彻到底也。拿破仑曰："难之一字，惟庸人字典有之耳。"是以欧美各国，大事业家、大学问家、大发明家，无论其事若何艰巨，其学若何深奥，其思想若何悠远曲折，均克程功以赴，循序以进，不达到目的不止。若夫遵道而行半途而废者，盖有之矣，吾未之见也。吾国则不然，人民对于一切，其初未尝不歆羡而心动，未尝不黾勉而力行，迨一遇挫折，即懊丧随之，向之所力征经营者，至是而徘徊观望矣。堕甄不顾，惜之亦复何益，敝屣见弃，终身藉以欣然，而教育界尤甚。关于教育思想，始终未有贯彻到底之一日。或向以为是者，而今以为非；或前以为否者，而后以为然；或明知此项主义之最为适用，而未能实在进行；或明知此项方法之可以则效，而未能始终一致。无论为严格训练、宽大训练、中庸训练，均同纸上空谈；无论为道德教育、军国民教育、实利教育，不过口头禅说，虎头蛇尾，有初鲜终。此吾国教育思想不振之原因三也。

第四，以吾国人爱国心薄弱，致教育思想末由发达也。吾国人对于国家，若越人视秦人之肥瘠，忽焉不加喜戚于其心。是以甲午之役，台湾割矣，而闽人之醉梦如故；庚子之役，北京危矣，而南人之酣嬉如故。近虽有抵制外货救国储金之事，然不过少数人之热心，一时间之高兴。外人讥我热度不过五分钟，洵不诬也。虽然爱国与否，我且勿问，惟国屋也，教育鸟也，爱国而及教育，是犹爱屋而推及其屋之鸟也。乃吾国人以不爱国之故，致教育思想亦随之而萎靡。既无国，何有民？何有国民教育？既无国民教育，何有军国民教育？甚至只知有己而不知有人，只知有私而不知有公。凡所谓实利教育、生活教育之主义，适所以济恶而遂非，自私而自利，改造贪鄙无耻之民则有余，养成富厚好礼之人则不足。此吾国教育思想不振之原因四也。

第五，以吾国旧教育观念浅薄，致教育思想未能笃实光辉也。盖一国均有一国之特别精神，此精神即由祖先之历史蝉蜕而来，凡事皆然，教育亦何独不然。吾观西洋各国，自16世纪以来，教育革新，人才辈出，未尝不叹其出类而拔萃。及细察其历史，而后知古希腊罗马之教育，遗泽孔长；中世纪之宗教教育、武士教育、平民教育，流风未泯，断非后世继承之教育改良家，所克破天荒而开生面也。吾国则不然，三代盛时，家有塾，党有痒，州有序，国有学，似与近今各国家学制无异然。自秦政焚书坑儒，锢民而教育遂荡然无存矣。唐宋开国之初，学制颇备，然未几而安史肇乱，辽金继祸，一遭兵焚，斯绝对不相容矣。自是以后科举之制兴，或以词章，或以策论，或以八股文取士之法不同，而学校之制遂废，此旧教育观念浅薄之一大原因也。旧教育与新教育之关系，几等于夏秋之交，青黄不接，而科举时代之尸居余气，反时时流露于今日。如小学校使儿童读经，而他方面又有所谓道试、省试、文官考试等，凡旧日之举贡生员，与夫学校之毕业学生，皆可博功名而图利禄，政策如是，安望其教育思想笃实而光辉乎！盖科举之余毒，既足以绝旧教育之命脉，复足以遏新教育之生机。孔子恶似是而非者、恶紫恐其乱朱、恶莠恐其乱苗、恶郑声恐其乱乐、恶乡原恐其乱德。我于科举亦云，两途并骛，一事无成。此吾国教育思想不振之原因五也。

呜呼！吾深望吾国教育界，及早图补救之方也。而不然者，俟河之清，人寿几何？行见国为无教育之国，人为无思想之人，其必有代吾而为之者，可慨也夫！

民国五年（1916年）第8卷第3号

现今教育无实效之原由及应行改良之点

王　荚

教育所以继既往，开将来，天下无无教育之国而可存在于世界者。今教育之声盈于野，巨款既糜，而实效未见，其故何欤？盖教育之事，行之得其道，则为精神产出之源泉。不得其道，转足消失固有之生产力矣。间尝熟察今日之教育，以推究失效之原由焉。

一、文凭主义之杀我青年

今日吾国事业无一非赌博类也，不求事理真相与夫究竟目的如何，徒以孤注而图侥幸于一掷，胜起败蹶，瞬息万变，莫可究诘。至教育事业，尤吾人视为有生命之物，谓与国家存亡、社会荣瘁、人生祸福关系密切之事业，然亦随风逐浪，旋转于胜败、起蹶之旋涡中。清季教育不脱科举窠臼，以学级为进身之阶，学校毕业犹存举贡、生监、进士、翰林等虚名。儿童入学之初即存幸进之心。举国上下集中于科名，以一纸文凭为教育之目的物。得之，则足以荣乡里、光门第。学级益高，则离社会之生活益远，课于虚而失其实，故兴学十余年，而民德不进，民生日绌。迨夫民国肇兴，少年新进，投机乘时，风飚云起，极一时之盛。于是南北私立法政大学、政治法律专门学校，此创彼起不一而足，投袂负笈者，载于道而盈于庭。乳臭之子，初出蒙塾，不妨躐等而升堂；没字之碑，来自田间，亦向师门而请益。其曾挂名于邻国私立法政学校而拾得片纸之证书者，则昂头千里，声价隆重，一呼四应，皇皇乎大学专门等校，可以咄嗟立就。考其实，不过利用一般人之虚荣心，为之扬其波而煽其焰耳。自军兴而后，权集于中央。曩者所设之法政大学、法政专门，遂等于昙花之一现，而法官甄别、知事甄别，以及其他种种考试，又相引而起。前清科举列为资格学校文凭，视同贡监执照，人心乃转而趋于考试之一途，辇毂之下，蚁集凫趋，在当局者，方谓天下人才入吾彀中，然而影响及于一般之教育，使教育益离于社会生活之实际，而与世界文化之趋势，益不相应。夫古之学者为己，今之学者为人。孔子之言，一若感于今之教育现状而发，余尝见学童之父兄，往往以留级为莫大之耻辱，以升级为无上之荣幸，入学插班，每斤斤与校长争论年级之高下，但得毕业文凭到手，即为目的已达。至所学是否合于处世谋生之道，则从未顾及焉。又或初等小学未届毕业，即欲躐等入高等小学；高等小学未届毕业，即欲躐等入中学。至若农工商等之实业学校，其与地方生产力极有关系者，则门可罗雀，殆鲜有问津者，呜呼！此何莫非文凭主义之教育阶之厉焉？长此不已，吾恐天下将以教育为酷杀青年之利器。当局者其将知所变计乎？

二、当今教育界无中心人物

从来风俗教化之转移，考其穷通变化之轨迹，曲成形著之功用，罔不由人心循进化之程序，渐近于真理而动所致。当世道之衰，社会之污，庸众恒不能自拔于流俗。然人心由剥而复。其初必有旷世之大人物，宏总上流，标其道德学识才能，为万世之景仰。一学说、一学术之传播，影响所及，足以振刷人之耳目，齐一人之意志，而奏“拨乱反正”、移风易俗之效。如日本维新以前，政出多门，权重于藩府，外强窥伺，交涉棘手；救国之士，倡导尊王攘夷之说，人心因之激动。福泽谕吉为日本维新功臣，创立庆应义塾，倡导自尊独立之说，其效大彰，至今犹蒙其福。欧西政治学术，代有伟人杰士，倡导改革，文化因之日进。试反观吾国，自清帝退位，共和肇始，政治制度，正朔服色。凡属物质上之种种，已无不大变而特变，即就教育而言，教育之行政，学校之组织，亦既屡变而不一变。摹英钩美，步日师德，自表面上观之，时势之变迁，可谓一瞬。数□矣，然而变其表不变其里，革其面未革其心，且道德之堕落、社会之污下，非特无所改进，今更远逊于前，而有日暮途穷、一落千丈之势。学校虽多，徒具形式；教令虽密，视为具文。夫岂变法之宜于他国，而独不宜于吾国乎？或有持人民程度不足之说以相衡，又岂笃论，以余推测，则以徒法不能以为治，为政恒在于得人。天下事物，何莫非由人心所造，而其初也，尤须有造人心之人。所谓造人心之人维何？即余所谓旷世之人物，宏总上流，标其道德、学识、才能为万流之景仰，定一主义，创一学说以倡导者。试问今日立于学界之上，标其道德、学识、才能为万流景仰者谁乎？虽游于都市学校，若栉比或持片面的主义，或从破碎之学说，各行所是，无系统的一贯之精神以行乎其间，甚或职司教育而不知教育为何物，形质不属，神貌俱离，补苴张皇，奚裨实际。钟绝其纽，而音响不振；户蠹其枢，而启闭不灵，致使距心力四散，而不可收拾。从前道德上固有之向心力，今已全归消灭。天下滔滔，望高山而景仰无从，念天地之悠悠，讵能长此终古焉乎。

三、社会之腐败

学校不能离社会而独立。学校之于社会，犹鸟之有翼，车之有轮，相辅而进者也。有良好之社会，始可以产出良好之学校；有良好之学校，益足以圆满社会之生活。故教育之主旨，在优胜的顺应于社会之生活，而社会之影响，随在与学校息息相通。试观今日社会情状何如乎？一言以喻之，今之社会，一垃圾桶也。士大夫轻气节重功利，商贾习于诈伪，工嬉于场，农怠于野，游氓塞途，盗贼若毛，声色货利之途径，愈辟愈广；奸淫贪诈之行为，层见迭起。荡检踰闲，寡廉鲜耻。凡人一入于社会，目迷心炫，如堕云雾，随在足以诱惑人之心志而使之陷焉。彼在学校费几许之训练而陶冶之者，终不敌恶社会各方面之诱引，陶成之者万分之一，被诱引而堕落者则触目皆是。西人尝自嘲其东渡之官商，谓舟过地中海，其良心沉之于苏伊士河，泊其归途，乃识别而捞取之。流俗之浼人，有如是夫，黑幕沉沉，百鬼陈列，非扫除而廓清之，吾恐教育终无发达之一日焉。

四、教育人才之缺乏

事由人为，必先得人，然后事举。教育问题者，系人格问题与生活问题焉。欲养成人格并充足圆满人之生活，其理至奥，其术至赜，自非研之既深，习之有素者，万难胜任而愉快。方今团体共和，多数开明之士咸认教育为立国之大本。二三年来，教育之面积因之渐扩，而人才只有此数。昔之拥皋比者，今或一行作吏而南面坐矣；昔之以教室为生涯者，今或奔走风尘中而为政客矣。昔之主持田舍学校者，今或不屑于小就，趾高气扬，飞翔于都会之学校矣；昔之教育人才，既半归云散，而师范学校之养成，非旦夕可期，且办有成效之师范，能有几何？师范生毕业以后，未必尽为教师，而为教师者，又须加以经验，方能适用。青黄不接，孰甚于此。然既设之学校，万不能听其中辍，欲设法维持，而校长之委任教员之延揽，牝牡骊黄，早已空庑。遂不得已而思其次，次之至而滥竽充数者，不一而足，如是而欲蕲教育之有实效，是犹适越，而北其辙焉，乌可得哉。

现今教育无实效之原由，既如上述，果将何道以进于良乎，兹更粗举其大端，以与当世教育者商榷焉。

1. 宜崇奖实学之人

世界为活力竞争之剧场。文明国各事业之发达，无非利用人之天才，使顺应社会之新生活，尽其所能，以向各方面努力发展，有相摩而成之益，无抵触相消之患。故于精神上、物质上之发明，有加无已。一真理之阐发，足以倾动世界；一器械之发明，足以利用万方，甚至一歌曲一画片，亦足欣动社会，而有无上之价值。

今吾国人才之乏，既如斯其甚，而用之又不得其当。所谓人才者，尽纳之于官吏之一途而已。前清有医学牙科毕业任为知县者，有文科毕业任为外交实业者，光复之际，有以一身历任伶人、教员、主笔、议员、军务、律师、官吏者，得志则欲望横决，荒淫无艺；不得志则槁馘老死于牖下。是人才之消磨汩没于利禄中者，不知凡几。致使社会失其活动之力，至可慨焉。今政府倘知所变计，急宜爱惜人才，分其途辙，使各得发抒其能力以上进，进德励学，通工惠农，使人各努力于实际，则社会间种种事业，庶可望其发达矣。

且天下负最重大之责任者，莫若小学教师，而小学教师受金钱上之酬报则甚菲薄。人视小学教师一席为冷淡生涯，不屑就之。或借学校为暂时栖息之所，朝秦暮楚，行止无定。办学者，苦于师资缺乏，上驷难得，则下乘充数矣。夫教育为立国之本，欲得教育良果，全在教师得人。然非增高教师之位置，则真才不出，而社会信仰学校之心不坚，是宜由政府各省教育行政长官虚心采访，尽力于学校之教师，而崇奖之，又令斟酌地方情形，订立年功加俸、退隐劳给、恤病扶遣等条例，使教师安心尽力于教育，教师之名位既高，由是大加整顿师范学校，实行检定小学教师资格，则教育必有实效之可睹矣。

2. 宜广设讲学会

讲学会之设，其故有二：一在正人心以维现状，一在求真理以开将来。

今日社会之腐败，既如前述。夫社风由人心所造，故欲改良社会，不可不改良人心。然由积世积人而成之弊俗颓风，要非一时间，一二人之力所可挽回，是必群策群力，揭至德至善之要，标严性正义之风。明其道不计其功，正其谊不谋其利，行之以恒，摩之以渐，庶可齐至于鲁，鲁至于道。今者，一般人之良知，均牿亡于功利之学说，纷纷扰扰，致大好神州陷于风雨飘摇之中。阴阳乖而天地闭，长此不已，岂维国亡？直率兽食人之道。当今之世，正赖正人君子起，而相与主持公道，讲明正义，布濩阳和之休，隐消乖戾之气，徐图恢复道德之势力，使天下人心渐渐入于正轨。扶善类而遏乱萌，植国本而充元气。此讲学会之设，所谓正人心以维现状者也。

宗教家约翰有言曰：我知真理，真理予我以自由。物理学家柰端有言曰：天下之真理无穷尽。吾人竭毕生之知力，所求得之真理，不啻大海洋中之一蠡，渺乎其微。夫所谓真理者，即孔圣所谓一贯之道，演绎之则一本而万殊，归纳之则万殊而一本者也。今世界精神上、物质上之文明，推嬗递衍，实以宇宙之真理，积人积时，愈研愈出之故。或从后天的经验，审辨考察自然之事物，而得其原理。或假定先天的原理，而从后天的经验以为证明。一人倡之，众人和之。研究复研究，经几许之斟酌损益，其理乃大彰，而其用乃益普。吾国讲学之风，于古为盛。自孔子杏坛设教，其徒三千人，身通六艺者七十二。孟子得其真传。荀扬老庄墨翟诸子各持一说，以行其道。秦燔诗书后，汉以明经取士，趋重于训诂之学。东汉俗敝，杜房范李之徒，乃藉阳刚之气，振颓风而挽末俗。宋儒言理气性命，辩论至于微芒。阳明直指本心，倡知行合一。其说与现今西儒学派之说近似。日本吉田西朗江腾等衍其绪，其效大彰。至若明道考亭诸大儒之行谊，文山叠山辈之砥行励节，清代如于成龙、张伯行之坚苦卓越，风华一时。从来大儒志士仁人，未有不致其力于道心者，讲学之效，于此可见。惟其间流派各歧，纯杂不一。或高谈玄渺，而流于虚诞；或拘泥旧说，而陷于穿凿附会；或出于愤世嫉俗，故为矫激，不免陷于血气之偏。其所讲者，未必果能合于真理，且偏重形上之学，而略于形下之理派居多，而实验派甚鲜。若夫余之所谓讲学，不论形上、形下，心的、物的，均宜分科集会研究。无党同伐异之嫌，绝入主出奴之见。一以阐发真理为归，此讲学会之设，所谓求真理以开将来者也。

余尝谓讲学会为师范之师范，盖师范仅修养学校教育教授管理之才能，而讲学会之主旨，则在整饬社风，穷究原理，指导方针，其影响及于一般人心者也。夫人非有宁静之德，不足以制动；非有精粹之识，不足以穷理。值兹世道剧变，祸患中于隐微，而学校所行之教育，无坚固强毅之意志，将来安足以御丛脞而任艰巨。讲学会盛行，则仰高而钻坚。清明在躬，志气如神，抱道不渝，力学不倦。足以收自强不息之效，人心不死，世运尚可转也。天下有心人，志愿匡时救世者，盍归乎来。

3. 宜注重实力教育

茫茫宇宙，孰主宰之。推其原，必有一种原动力。有力始有气，有气则含生者得以涵濡生育于其际。人受宇宙灵秀之气，而为万物之长。先天的优胜，自足以保持勿替，后天的优胜，亦足以顺应外界。易曰：天行健，自强不息。人惟体天而自强，故其力足以运用万物，创造世界。今吾国社风衰薾，百事俱废，国步多艰，外力侵入，焦尾之鱼，徜徉釜中，覆巢之燕，徘徊幕上，觍颜苟活于一刹那之间。匹夫之力，不足以胜匹雏。天予以耳目手足，而不能尽耳目手足之妙用。纵名之谓人，其实与行尸走肉奚异？虽有时感于外界强大之刺戟，非不思所以抵制之。然中于客气，而偏于感情，骤雨飘风，不崇朝而其气已大泄，此非多数人民无实力所致耶。近世教育之变迁，渐渐由理论的而移于实践的。于心理学上，意本义之学说经多数教育家切磋琢磨，其理暗然日彰，而从来智本义诸学说，渐归于淘汰。教育家狄慕伦氏主张学校宜设于田野，使生徒得近于天然生物。彼所主持之学校即设于田野。与其徒秉锄劳役，训练与学习兼施，因得伟大之效果。尝谓今之教育异于古者，惟在实行而已。训练之法，不取从顺品性，贵养成其独立自营之风。又谓恒人多费时日于教育中，甚属无取。世固有博闻强记，不能执一事者矣。又教育家狄威氏谓：新教育之骨髓，在顺应新时势，而养成适当之见解，以奋起其兴味云，要皆鉴于社会生活之递嬗迁移，墨守之不足为教育耳。诚以学识，非播殖于能力充足之躯干中，则所储之学识，亦不能见诸事实，与无学识无以异。故实力教育正为我国今日对症之良剂矣。兹试举实力教育之施行法如次。

1）改良田舍学校，利用校地四围之自然生物以为材料，动其爱乡之感情，发达其固有之生产力。

2）宜注重作业，依儿童身心发达之次序，定其相当之业务，以养成勤劳之习惯。

3）都市学校，宜设置校园搜集各种植物，以便直观教授，又教以播种之法，助长其能力，如校地狭小，可划出少许之地为之，不必过求完备。

4）宜养成自治之能力，明示道德上善恶之因果，使自抉择，坚定其意志，知善之当为，恶之不当为，得从其意志自动的努力向上进行，教师随在以实践力行而为积极的训练。

5）宜注意个人教育，夫教育本以个人为单位，以多数儿童编制一级，以为教授，本属万不得已之举。若牵于律动的教授，不察儿童个性，则天才之被压者，不知凡几，而中等以下人才，且无企及之希望，是宜设法救济，使劣等低能生亦有一才一艺之成就，而优等生亦可期于上达。

6）宜注重体育，健全之精神，宿于健全之身体，故学校之设施，凡于身体上有阻碍者，务须设法排除之；其有益于体育者，必须设法教授体操，初等三年级以上，宜渐用锻炼主义。

7）教授算学，宜多用实测，以练习其感觉及筋肉之运动。

8）校训宜取勤朴、诚实、忠勇、正直等名义，实践力行以作其勇敢有为之气。

9）于普通学校以外，宜多设实业学校及实业补习学校。

夫今之教育应行改良之点，何可胜数如上所述，不过一时之感，聊抒所见，一得之愚或为大雅所不弃欤。

民国三年（1914 年）第 6 卷第 2 号

说教育界之魔障

贾丰臻

仆去岁曾说教育界之魔障，已发表于新闻纸及江苏省教育会出版之《教育研究》矣。然当时所揭出者，如教育界之敷衍、学生之嚣张、教员之缺乏、国民之劣根性、各项科学研究所之不完备、社会及家庭之大障害等，乃教育界上之普通弊病，尤为一般人所易知者。至于其伏至隐，其积至微，离娄失明，师旷蔽聪，虽当局者，亦一时未能洞烛其魔障之所在，苟非表而出之，则滔滔之势不知其伊于胡底乎。

一、为时世所驱迫，教育者大都抱消极主义也

自去夏赣宁事变以来，教育界为人所嫉视。加以某省某地某学校停办若干所也，某省某地学费只给若干万也，某省某地某学校为□□之机关也，某省某地某学校之校长或某职员某生徒为□□之羽翼也，市虎杯蛇，谈者色变，人人有自危之心，遑论所谓教育哉！而向之热心于教育者，或迁地为良，或托故而避，其重操旧业者，大都抱消极主义，不知者以为维持现状，其知者以为志士灰心。盖欲行军国民教育主义，则易涉□□之嫌疑。欲行实利教育主义，则无如经费之缺乏，所谓积极进行者，不过成一社会上之名词，教育界之理想而已，使长此而终古也，则吾教育界尚有豸乎？此仆不得不瘏口哓音而为当局者告也。

二、为时势所诱惑，教育者大都沉溺而不返也

吾国向以教育为无足重轻之物，未当视为一种职业。故在此界者，大都摇摇无定。所谓教学相长者，乃一半授人以学识，一半为个人自修。故仕而优则学者，绝无仅有，而学而优则仕者，指不胜屈也。自民国成立以来，方谓此风可杀。乃徐而察之，一二年之投身于军界、政界、议事界者不知若干人；而今日之

投笔思起，应法官试验、县知事试验者，亦觉过江名士多于鲫也。匪直此也，时会所趋，物欲所蔽，固为常人所不免，而国家中坚之人物，或可逆其潮流，乃以铅椠为苦人之具，而借口于快乐主义者有之；以国家为一掷之注，而借口于金钱主义者有之；以教育为绝望之事，而借口于消极主义者有之；牧猪奴之樗蒲戏，屠狗辈之斗石饮。谢太傅之东山丝竹，魏无忌之醇酒妇人，凡一般社会所未能免俗者，若人亦聊复尔尔也。习俗移人，贤者不免，愿以春秋责备贤者之义，而排去其魔障也。

三、生徒惜用心思才力，甘居于被动地位也

吾观日本高等专门以上学校教授之时，大都由教师口述，而生徒笔录。其用教科书或印刷之讲义者，可谓绝无仅有。教师讲解，大都为具体的至文字语句间之关系，片面一部分之知识，悉由生徒自行料理。至中等以下之学校，虽用教科书讲授，然大都用启发主义。其新颖者经用练习主义，由生徒分讲而教师矫正之。间有用输入主义者，然在教育界上，亦将居于淘汰地位也。又闻吾国所有教会设立之学校，洋教师上课时，仅温理旧书，或分讲，或背诵，温理已毕，即告生徒曰：自第几页第几行至第几页第几行，速行练习读熟，明日仍须分讲或背诵也。匪惟不细示，且不略讲，匪惟不略讲，且不范读，全然由生徒自行检点，而教师处于无为而治之地位，方谓外人教授不热心之故。庸讵知生徒之成绩，反切实而有用乎。观吾国公私立学校，往往生徒甘居于被动地位，而教师反立于自动地位，如剧场观剧，然声调及时，仿佛高唱入云也，如书场说书，然利口悬河，亦足令人解颐也。且为教师者，亦甘以伶官说客自居，以为多观戏文可以揣摩教授法也，多听说书可以研究心理学也，无惑乎。被教育者不肯用其心思才力，饱食终日，呆若木鸡，反不如观剧听书者之犹知拍掌喝彩而微动其脑筋也。

四、教育界中人不知研究与批评也

《学记》曰：学，然后知不足。教，然后知困。知不足，然后能自反也；知困，然后能自强也。《庄子》曰：吾生也有涯，而知也无涯。以有涯随无涯，殆已！可知吾人对于学问一端，断无满足之日也。不观日本学校教员乎，往往于课余之暇，在专门学校之有夜课者，自修学问，精益求精。今吾国之教育者，大都藉口于无从研究，而自甘暴弃，消耗其有用之光阴，从事于无益之游戏间。有多备参考书，喜阅教育方面杂志者，吾见亦罕矣。孔子曰：默而识之，学而不厌，诲人不倦，诚不易得也。若夫教育会之联络讨论，各学校之开会研究，议论风生，非不令人倾听，但所研究者，大都琐琐屑屑之事务。至教授上应如何进步，训练上应如何改良，则

可谓麟角凤毛矣。闻各县教育会，有开小学教育研讨会者，校长、教员往往裹足不前，白雪阳春之曲，属而和者不过数人而已。至于开批评教科书会，或批评其他各种书籍，则恐无暇及此。故一知半解之徒，皆敢操觚著书，出而问世，人心世道之忧，有不可终日者矣，仆忍钳口结舌而不言乎。

五、社会一般人大都不知教育为何物也

吾国社会教育之缺乏，夫人而知之矣。公园也、图书馆也、博物院也、动植物园也，至于今犹绝无仅有也；宣讲也、幻灯也、电光影戏也、文明新剧也，至于今犹未能发达也。无惑乎，社会一般人仍视学校为洋学堂，生徒为洋学生，而自己甘居于晦盲闭塞、因循固陋之地位。雷公电母不知物理之新谈，牛鬼蛇神罔破旧时之迷信，以书籍为无足重，以报纸为不足观，间有子弟入学者，则班门弄斧，妄议教法之未善。南山隐雾，终思捷径之是求，积种种不可思议之恶，因故于教育有千差万别之方，于子弟有一曝十寒之虑，甚可痛也。诚能注意于社会教育，夫妇之愚，可以与知除关于伦常日用、私德公德之事。甲午庚子战败，国耻之历史，辛亥武昌起义，庚子南北纷争之事实，以及烟酒、赌博、缠足种种之恶习惯，与夫纳税、当兵、入学种种之义务，地方自治议会、选举种种之权利外，凡学校中训练、教授、管理之大概情形，学校毕业后之如何用途，如何关系，皆当详细告之，夫而后可抉去其魔障也。

六、吾国书店往往不能从教育进步上注意也

孔子曰：工欲善其事，必先利其器。器之不利，虽良工亦未能善其事。又语曰：巧妇难为无米之炊，巧妇与米二者实相因也。吾观吾国各书店，除中小学校教科书或能逐渐改良，至其他各科学讲义书籍，富有数十万言者，吾见亦罕矣。不曰成本太重，则曰程度未到，或曰销路不广，殊不知书店与一国之文明进化，甚有关系。往往种因于数十年前，而收果于数十年后者。语曰：十年树木，百年树人。书店亦其一种也。吾观日本书店所出书籍，如同文馆以教育讲义、各种辞书为多，博文馆以百科全书及各种杂志为著，有斐阁以法政经济为富，育成会以伦理教育为盛；其他有注意于各科学表解书者，如六盟馆是；有尽力于各科学教科书者，如三省堂富山房等是，其邻医科大学者，则有专出医学书之大书店，其在繁盛地点者，则有专卖西洋书之大书店，如入五都之市，无美不备，无善不臻，而调查其所出之书籍，非以科学种类为殊，即以书籍种类为别。盖既可以收揽专门之人才，又可以博取阅者之信用，而一国之文明进化实受其惠不少，吾国书店，其亦有意于斯乎。呜呼，教育改良之声，固日聒于耳，奈何如瞽之无相，怅怅无所之；又如终夜有求

于幽室之中，是非明抉，其魔障不可，然道高一尺，魔高一丈，相差不可以道里计，安得如山崎暗齐所云，以孔子为大将，孟子为少将，而与教育界混世魔王宣战一决其雌雄也。

民国三年（1914 年）第 6 卷第 4 号

中国教育的危机

刘薰宇

一想到中国教育的现状，真能使得人心寒！就是说，中国的教育已快到破产的时期，也不全是杞忧罢！从改建学校以来，中国的教育，现在总算最危险了！试就北京、武昌、上海、广州几个大都会加以考察，教育界不是奄奄一息，就是空泛虚浮，这不是很可怕的危机吗？1926年，总算侥幸地过去，但若不趁早讲求反危为安的方策，中国教育的命运，那就将不堪设想了！

怎样可以挽救中国教育的危机，留在这篇文章的后半来说，因为这是要明白了中国教育的危状才说得来的。依我的观察，中国教育所以演成这样的危象的原因，根本就是中国人对于教育失却信仰。

且不必从很久远的历史说起，就只看学校创设以来的情形，已可以证明现在一般人对于教育的信仰远不如从前了。在学校初创立的时期，大家对它都是抱有很高的热望，什么“普之战胜于法也，德人归功于小学教育，日之战胜于俄也，日人亦归功于小学教育”的调子，几乎人人不离口。所以这样，固然和设制造局练新军同一心理，只为了富国强兵。但无论根基怎样的浅薄，观念如何的谬误，而对于教育感着必要、感着非振兴不可，除了顽固党外，无人不如此。所以，为了兴办一个学校，赞助的人绝不很少。将现在的情形来比较一下，相差却真不可以道里计了！

教育既失去一般人的信仰，当然陷入危途。教育怎样失去一般人的信仰的呢？远因固然由于一般人最初所以发生信仰的根基不稳固。一般人因了很浅薄的实用观念才相信教育，自然不得不求速效。十年、二十年、三十年都已经过去，所期待着的效果还不曾实现，一般人当然失望而减却信仰。但单是这样，也许还不至于使教育的运命危险到这地步，还有更重大的原因不容忽视。所谓更重大的原因，有外部的和内部的二种。

外部的原因，又可分为两项：一为政治的压迫；二为生活的压迫。

因了政治的压迫，这几年来教育界极感不安。最显著的现象，就是经费支绌。

虽是没有数字的统计，但学校因闹欠薪而罢教的事，近四五年来，次数一年比一年的多，每次延续的时期一年比一年的长，而受这种痛苦的范围一年比一年的大，都是不可掩的事实。这一学期，北京的国立学校到几时才开学的？我们闭了眼睛想一想看！就只算二十二行省吧，有几省的教育经费不是欠而又欠的？我们伸了指头数一数看！也许这是执政者对于教育失去信仰的结果，而不是教育失去一般人的信仰的原因，但从责任上说，这是不容这样宽解的，这总是对于教育的压迫。

其次，政治给教育的压迫，就是恶势力的侵入。在现在“群雄割据”的中国，国政无人能过问，固然不算稀奇，而地方的政务不能不任“主宰”者的喜怒去支配，也是当然的。就表面看，似乎还不曾有人有这样大的胆量，竟敢于痛痛快快地强令势力范围内的学校如数闭门，但势力却无处不到了。

这几年，教育界受了“五四运动”的恩赐，很有点新的生机，这是大多数有知识的人所以为好的现象，然而这个新的生机却和旧势力根本冲突。于是旧势力所到的地方，学校的一切便不得不转向开倒车，什么读经咧，禁止教白话文咧，禁止男女同学咧，种种的怪状就应运而生了！而刚发芽的新机也就枯萎了去！

和这相反的一面，就是利用这一部分人是觉到教育可以利用了来造成势力的。于是表面上竭力助长它的生机，而暗中却将它的方向固定，正和花匠种花一样，天天虽很热心地灌溉，希望它开出好花来，但总是把花盆颠来倒去地，使花枝照他的意思弯曲，编成一只狗或一只鸡。

这种现象是好还是坏，在一年以前，很有些人讨论过，但讨论虽讨论了，照例是没结果，而于实际无影响的。我觉得，花固然非花匠去灌溉不可，非花匠去培植不可，但花匠的责任，只是使它能顺了本性生长，和替它除了生长的障碍，若超过了这个限度，多少是在戕折它了。戕折的结果，最好只是弄成了一盆供人赏玩的而不是自然长成的花。花是不会叫苦说话的，被玩弄了一下，原也不必替它怎样的不平。至于教育，它的对象是人，所谓戕贼人以为仁义还不大说得通，何况戕贼了还不一定是为仁义呢！

教育！教育！禁得住这些压迫吗？于是所谓学校倒闭的、停顿的、枯萎的、畸形的便无所不有了。啊！可怕啊！最厉害的便是处于两大势力冲突中的学校。甲来服甲，乙来服乙，来不及顺运，而许多的青年便做了无主名的牺牲了。

再来说一说生活的压迫吧！这几年因了国内紊乱的延续，天灾人祸，几乎没有一个老百姓能够幸免。所以生计一天一天地困难，父兄对于子弟教育费的担负，不能胜任的逐年加多，学生的减少，这亦是原因之一。

不但这样，因为一般人生活困难，对公众事业的热心也随着减少，所以私立学校的发展也就比较困难。公立学校是那种样子，私立学校又是这般情形，教育的运命怎能不危险呢！

因了外部的种种压迫，而使教育不能稳定，这是到了1926年更形显著的现象。

但若在教育界自身，能努力抵抗这种恶潮，也还不至于使人悲观。且再从教育界的内部来看一下。

所谓教育的不安，只是学校不免倒闭而已。因为上面所举的各种原因，使教育者和被教育者的精神也生很大的变动。本来，教育要有效，最要的条件是教育者可以感着施教育的趣味，而被教育者可以感着受教育的趣味。因为除了这个条件，便不能使两方的精神团结。试看中国现在的学校中，具备这个条件的有多少？

无论教育者或被教育者都因了学校的不稳定而深深地感到生活的不安。同时社会上又好像有许多魔鬼趁了他们有这个弱点，伸出手来引诱他们。在教育者方面，为了这样，所以很不容易忍耐下去，因而常存“五日京兆”的心，不然也就是无可奈何地过去。走进一个学校去，碰着里面的教职员，大半不是愁眉不展的，便是无所容，心很坦然的。

被教育者怎样呢？因感到生活不安，便觉着能力充实的必要，但同时社会上好像又明明白白摆得有几条可以侥幸和取巧的生路在他们的面前。于是他们一方面想多学，而一方面又不甘下苦功夫。功课无妨多，但要一学就会。然而，在学校中，哪有这样轻而易举的勾当呢？

总之，现在中国的学校，只是好像几个逃荒的难民住在一所墙壁破漏的房子中间一样。外面是谁也可以甩块瓦片或伸手进去的，里面是谁也预备着各找生路，不过暂时蹲在一处。这话也许太过分了一点吧，但仔仔细细地想一想，所可乐观的，除了那间破房子还不会倒塌和还有几个无可如何的人坐在里面以外，还有什么？这就是中国的教育了，还算不来危机一发吗？

长此以往，中国教育的命运如何，这是不难想象的，不过很使人不敢想罢了！一定有这样的一天到来，或那间破房子被一块砖头打下来，将那蹲在里面的人如数压死，剩一个天然的坟墓，或是蹲在里面的人被外面伸进去的手硬拉了去作苦工，而那房子也自然地倒下，留一堆破砖瓦。无论是那样或是这样的结局，若甩砖头的或伸手进去的还可以安然地生存，倒也还可以不必这般地着急。所可怕的，就是那个坟墓或砖瓦堆上不久就要被野兽占据了去。那时不管你是甩过砖头的或伸过手的，都算不来它的功臣，终于免不了被那野兽赶掉了去！

中国教育的危机，总算很明显地露出来了吧！将怎样去挽救它呢？这个责任似乎只有靠教育者自己挺身出来担负了。不过，也许有人这样想：中国教育所以陷到绝境，依上面所说的看来，是源于政治的不良，所以非政治先清明了以后绝没有方法可以挽救。是的，政治清明了，教育一定可以比较地安稳，但若要静待那样的时期到来，恐它早已僵死了。而从教育的立脚点来说，这样的主张似乎也不全然合理。我们现在试提出一两个问题来，大家想想应当要有怎样的回答，才算正当。什么问题呢？第一个就是我们还是将教育事业全部停止了，等到政治清明才来重振旗鼓呢？还是要把它现在已有的这点不绝如缕的生命勉强维持了下去呢？第二个问题就是倘使全然停止是不可能的，那么，尽管这样，能够苟延到什么时候？

其实，教育负有改造社会的责任，这简直是天经地义。在这个前提下面，教育不但是一刻停止不来，而且还是勉强敷衍不来的。所以在我个人，很感觉到要使中国有光明的一日，教育的改造和政治的改造同等的重要。假如社会是个大炉灶，人是和金、银、铜、铁、锡一样可以被烧镕任凭制造的东西，那么，政治的改造也许有绝对的效力，可惜事实所告诉给我们的却不如此。所以社会要改革，非内外夹攻不可，纵令说从内攻到外才是彻底的办法，也不算过分。陈酒装在新皮囊里，表面虽然好看了一点，内容却更显得腐臭。中华民国的招牌树了十五年而每况愈下，就是这个缘故，所谓从内攻到外那自然是教育的责任了。

我所以看了中国教育的危状，不期然而然地心寒起来，就是为了它的责任将不能尽，而我们所想望的改革将无实现的一日的缘故。

我始终认为教育负有它特殊的使命，为了这使命，是不应当轻易放它过去的。教育者啊，努力吧！

我第一希望教育者要对于教育有真确的信仰和拥护它的决心。就是在天下太平的时候，一般人已认为教育是清苦的事业，在这样紊乱的中国，那更不必说了。但既选定了这一条路来走，就不得不坚忍到底。其实，凿穿了来说，在现在中国的状况下面，只要是肯像模像样地把事当成事来做的人，哪有不苦的？认识了这一点，教育者似乎就可定心了。

真有了对于教育的信仰和拥护它的决心，那么挽救危机的话就可以谈了。

要拥护教育的尊严，对于这所受的压迫不得不除去。关于这一点，有两条路可走：第一是逃避，第二是反抗。倘使真有一片干净土地可以被我们寻找出来，那么，第一条路原是最安全的，但这简直是梦想，所以我们现在唯有的路就只有第二条了。

怎样去反抗呢？背了毛瑟枪去相打吗？不是，不是，那真是秀才造反了！从中国的历史上看起来，教育界若养成一种强固的学风，那时的政治和社会无形中便都要受它的支配，这就是教育者的利器。至于学风的养成，绝不是非千百万人不能胜任的。只要很少数的人始终抱了他们的信念，自强不息地前进，假以时日，定能有所成就！所以，我第二希望教育者要有一个明确的信念，不断地努力！受苦受难都可以，这点信念，却不要让它有一丝一毫的动摇。我以为中国所以这样的紊乱，就是因为一般人没有一条明确的路可走，开辟这条路的指针，就是可以觉醒一般人的学风。至于中国现在应当养成怎样的学风这个问题，我也略有意见，当另行讨论，在这里却不说了。

也许有人要提出这样的疑问。在现在的中国，恐怕养成学风，也不是可以从容的自由的安排的事了！这我固然也不能否认。但正因为这样，教育者更非努力不可了！不然，难道就甘愿低首下心地听人宰割了吗？只是巩固阵地，力量不能不集中，防线不得不缩短。所以，我的第三个希望，是教育者能联合起来。然而一说到联合，我更觉得恐惧。以我所知，各地的教育界内部没有不分些党派互相侵轧的；敌人的所以有机可乘就是为此。所谓侵轧，大抵最初的动机都很纯洁，总是为主张不同而不愿牺牲。但侵轧一起，旷日持久，却逐渐将目的抛开，而全然军阀政客化。主张固然是不当牺牲的，但最大的目的更不当放开！

总结几句吧！中国的教育，因了种种的压迫，在 1926 年，已呈极险恶的现象了！在 1927 年，不能不希望教育者挺身出来，竭力尽心地来拥护它！

也许，我这一点拉杂的感想，在今年的第一个月呈献于读者，未免要引起读者许多的不快，这是我很不安的！然而我很盼望在这 1927 年，中国的教育另有新的生机发现！

民国十六年（1927 年）第 19 卷第 1 号

我国教育的根本问题是什么

赵轶尘

重要的教育问题真是屈指难数，教育目标如何选择、课堂内容如何决定、教学方法如何改良、公民教育如何实施、职业指导如何进行、平民教育如何推广、体育如何提倡、艺术教育如何促进、女子教育如何改造、高等教育如何整顿……哪一个不是重要的教育问题？但是我现在要问我国教育的根本问题是什么？

数年以来，我曾感觉到课程改造的必要，而认此为首先应解决的根本教育问题。不久我又发现平民教育的推广实较其他的问题更为急切，因为我觉得民智不开是一切社会的及政治的改造之障碍。然我数年来从事教育的经验，已证明这些见解的错误了。我现在深信我国教育的根本问题不是别的，乃是教师的问题。如果教师的问题得有正当的解决，则其他教育问题皆可迎刃而解。如果现在教师的状况不加改良，则什么课程问题或目标问题纵然有正当的解决的方法，亦毫无裨助于教育的实际。

我这种主张不是没有理论上的根据的。照教育心理说来，一切的学习都是儿童所作的反应的结果。因为反应是由情境引起的，所以意识的教育之惟一业务，只在于供备情境及制驭情境而已。但是如何供备适当的情境，如何制驭情境以使之引起最良好的反应，都是教师的责任。故在教学的过程之中，教师实占一极最重要的位置。且不仅如此，教师本人也是情境中最重要的一部，其引起或好或坏的反应之力量，实较情境中其他的部分（如教材、设备、教室装饰等）为更大。教师的影响既如此之巨，所以教师的问题可为一切教育问题的根本。再从事实上说，如果我们细心观察我国教育的实际状况，我们自不会不承认教师的问题是一个火烧眉头急待解决的紧急问题。照现在教师的生活状况、学识才力及专业态度，我们欲得到一种有效率的教育，简直是一件绝对不可能的事情。

教师的问题，若加以分析，又可别为训练及待遇两个问题。训练问题，可从整顿师范教育着手，但是这又非常的复杂。第一，师范学校的数目太少，不能供给全国的教师，那么，我们如何使他种学校毕业出身的教师，也受到相当的专业的训练？第二，现今的师范学校课程，仅仅注意于普通科目的教授，而专业的科目既极稀少，且为学生所轻忽。故其结果，师范学校毕业的学生与其他学校毕业的学生相比较，并没有什么特殊的优点；且因此失去社会的信仰，致使从未受过一点专业训练的专门学校学生，反在教育界具有巨大的势力。我们如何把师范学校课程作根本的改造，以改变此种的倾向？第三，普通科目的训练及专门的知识固为成功的教师所必须具备，但是教师的人格对于学生的影响最为深远，师范学校如何作适当的供备，使得学生在师范教育时期内陶冶成功一种强健、热烈、高尚的人格？第四，我们如何养成一种师范学校的特殊的校风，使得学生发生专业的兴趣，而因此使教育成为他们的终身的事业？

待遇问题的复杂，也不在训练问题之下。在物质的方面，目下教师的报酬，不足以维持其个人的生活，至于仰事俯蓄，更不必论。在精神的方面，师道的尊严早已无存，既受拜金主义的社会所藐视，又受不知感激的学生的轻侮。教师所感到的苦痛，较任何的劳工为更深。处于此种情形之下，无怪教师都抱得过且过的敷衍态度，而不肯尽心尽力于神圣的事业了。如何规定合理的薪俸标准，如何制定聘请教师的法规，如何奖励优良的教师，如何增高教师之社会的地位……哪一个不是极重要而极难解决的问题？

总之，教育学者及实际的教育家，固可各随自己的兴趣，研究其自己的问题，但是我们总应该明白，教师的不良乃是我国教育不振的最大原因。如果教师的问题不解决，无论何种枝枝叶叶的教育革新都不能希望得到什么良好的结果，我们又应阅得的教师的问题包含许多较小的问题，实是非常的复杂，并非有许多教育的同志加以共同的研究及分途的进行，不足以得到正当的解决。

民国十六年（1927年）第19卷第3号

中国现代教育之两重桎梏

朱文叔

怎样才可以使中国教育解脱封建社会和资本主义的两重桎梏？这实在是中国目前教育上一个最切要的问题。

清季以前，中国的传统教育，用一句话来说只是封建社会的贵族阶级和士大夫阶级的装饰品和护身符。分开来讲，清季以前的中国教育史，可以分作两期：第一，在古代封建时期，我国是政教合一的。那时候的教育，在教者方面，固然是官师不分；在学者方面，也无非为治人的预备——或受被治于人的训练。这一时期的教育制度，到了周代才完备。当时王室和诸侯都在国都设立小学和大学，教育贵族的子弟——入小学者，为太子、国子、国之贵族子弟；入大学者，为王太子、王子、群后之太子、卿大夫元士之嫡子及国之俊选。可见当时的小学和大学，实在是一种贵族学校。至于教育平民的学校，是设在各地方的所谓“闾有塾、党有庠、州有序”的塾、庠、序之类便是。当时的教育目的，平民教育不外以敷教为施政之本，目的在化民易俗，使一般庶人容易被统治；“州长于正月之吉，各率其州之民而读法，以考其德行道义而劝之，以纠其过恶而戒之。党正于四时之孟月吉日，则属其民而读法，以劝善戒恶；春时则里正乡长于闾塾教耕作；冬时闾中之年老致仕及有德者训闾民以道德”。这是当时平民学校的教育方法，除了教耕作以外，无非是训以德行道义，使一般庶人成为驯顺的被支配阶级而已。其实我们不必多加说明，只看《尚书·周官》所说：“司徒掌邦教，敷五典，扰兆民。”一个“扰”字，便可以把当时平民教育的目的在养成一般驯顺的被支配阶级这一点尽情表出了。至于贵族教育，则以养成能化民易俗的治人者为目的，教者即所以教政，学者即所以学政，而大学的所以设立，也不外乎要施贵族子弟以训练，使知化民易俗之道，以为从政的预备。《学记》所说“夫然后足以化民易俗，近者悦服，而远者怀之，此大学之道也”，便是一个证明。当时课程，注重礼、乐、射、御等，似与政无关，其实礼、乐是当时不必劳动的有闲阶级所必需的装饰品，正和古代雅典的不必劳动的自由民，在学校中只学点音乐、修辞学、辩论术相类，射、御也是封建时代贵族阶级所必须有的当身本事，也正和西洋中世纪封建时代武士教育的注意武术相类。总之，在中国古代封建时期，教育只是当时的支配阶级——贵族阶级维持其特权的工具，装饰其身份的化妆品。

自秦以后，封建制度虽然破坏，中国的社会还是一个封建的社会。士大夫阶级代贵族阶级而起，于是教育又成为士大夫阶级的专制品。我们知道秦以后的中国政治是官僚政治，扮演官僚政治的角色，便是士大夫阶级。有这样的政治背景，教育当然也跟着走，成为士大夫阶级的专利品。历代的国学和大学，入学的资格，大都限于官僚子弟，便是这个结论之事实的证明。

晋惠帝元康元年，制立学官，第五品以上，得入国学。东晋自穆帝至于孝武，并于中堂立大学，为临雍习礼之所。时无国子生，乃权铨大臣子孙六十人为之。太元九年，尚书谢石请与复国学，以训胄子。帝纳其言，明年，选公卿二千石子弟为弟子。

南朝齐高帝建和四年，诏立国学，置学生五百人，取王公以下子孙年十五以上二十以下者入焉。

北朝魏神龟中，将立国学，诏以三品及五品清官之子以充生选。

唐，国子学生三百人，以文武三品以上子孙充之；大学生五百人，以四品、五品子孙充之；四门学生千三百人，以六品、七品之子及庶人俊异者充之；律学生五十人，书学生及算学生各三十人，以八品以下之子及庶人通其事者充之。

宋，国子生以京朝七品以上之子孙为之，大学生以八品以下之子弟及庶人之俊秀者为之。

看了上列事实的证据，我们可以知道秦以后的士大夫阶级为要维持其特权起见，是怎样的独占着知识，垄断着教育了。我们现在再来就秦以后的教育的作用加以考察。

干脆地说，我国自秦汉以后迄于清季的教育，早已失去教育本质的作用，只成了取得士大夫身份的一种工具，只成了构成士大夫身份的必要条件。我们知道，自汉迄南北朝，是行选举制度的，取士重乡举里选，而那时的学校也与选举合为一途，士大夫的出身，由于选举的也有，由于学校的也有。由选举出身的，如汉代的贤良方正、孝廉等，或选郎吏，或补守相，或授县令，固然可以入仕途；由学校出身的，如汉代的博士弟子即太学生岁课高第者，亦补郎中、太子舍人、廷尉史、郡国文学吏等。至曹魏明帝时，高柔且上书谓："今博士皆经明行修，一国清选，而迁除限不过长吏，非所以崇儒术也，宜随学行优劣，待以不次之位。"帝纳之。可见当时的教育实与选举同其作用，学校出身的人的出路也只是仕途。选举是取得士大夫身份的一条路。同样，学校也是取得士大夫身份的一条路。至于汉灵帝时的鸿都门诸生，其来路是敕州郡三公举辟，其出路是或为刺史、太守，或为尚书、侍中，尤可见当时选举制度和学校教育结合的密切。总之，那时候的教育上，以利禄为诱士之饵，士以求学为入官之梯，去教育的本质越远。班固所说："自武帝立五经博士，开弟子员，设科射策，劝以官禄，迄于元始，百有余年，传业者寖盛，枝叶蕃滋，一经说至百余万言，盖利禄之路然也。"正是一语中的的话。

隋唐以降，一直到清季为止，是行科举制度的，于是学校又依附于科举。考唐制，应科举者，由京师之六学、二馆及州县之诸学，选其成业者，送之尚书省受试，名为生徒。其不入学校，先试州县，及第则更至京师，试于尚书省者，名为贡举。考试及第，皆与以出身，再试于吏部，即授以官。宋、明、清三代，制度大致相同，可知在这时期中，学校虽设，不过是科举中之一阶段，学校教育也只成了取得士大夫身份的一种工具。

总之，我们从前的教育，就外延说，是士大夫阶级的专利品；就作用说，又是取得士大夫身份的一种工具，士大夫身份就是俗语所说的"读书人"。封建社会最重身份，所以在从前，一受教育，一成了读书人，身份就比众不同，就成为君子而有以自别于小人，就成为绅士而有以自别于生产组织中的农工，就可以获得种种特权；可以取得政治地位，走到官僚的队伍中去；可以不劳而食，成为剥削者，将读书人的名义作为威吓小民、鱼肉小民的护身符；就可以装饰抬高其门第，炫示其独占的知识，取得小民的崇拜和信仰；甚至于就可以不受刑罚的处分，在他们的身份未被剥去以前——从前读书人没有革除功名以前，不受肉刑，实在就是封建时代"刑不上大夫"的遗蜕。

到了清季，废科举，兴学校，教育制度是改革了，但是好像蛇蜕皮一般，旧的皮并没有蜕尽。直到今日，所谓新教育也者，还是受着封建社会种种遗蜕的束缚，受着封建社会种种僵尸的作祟，不能发挥其本质的作用。第一，就教育的外延说，当学堂初兴的时候，入学者固然以官僚和读书人子弟占最大多数，以后生产组织中的农工商子弟，虽然逐渐加入，但据最近浙江教育厅所印行的教育概况，则民国十七年度浙江省中学学生家长职业的比较，政学两界还合占 35.9%，较任何产组织中各种职业所占的比数为大，可知现在占教育机会的优先权者，还是官僚和读书人子弟。尤可怪者，我们知道封建社会的教育从不施于农奴（有些人疑心我国古代的井田制度就是农奴制度，我亦颇有同感）。而我国自清季兴学以来，除最近始有人提倡乡村教育外，所谓新教育也者，未尝注意到农民，占全人口 85% 的最大多数的农民，差不多完全被摒在教育门口之外，这还不是和古代封建社会同出一辙？第二，就教育的效能说，则学校毕业生的出路，可说极狭，除小学毕业生还能够、还愿意加入旧社会的生产组织以外，中学毕业生就差不多无路可走，除一小部分当小学教师或行政机关小职员和极少数的人加入新式的生产组织以外，其余的便成了生活的落伍者——我们要调查过去中学毕业生的现任职务，做个统计，结果一定有可惊的发现。至于专门、大学生或外国留学生，无论他专攻的是什么，毕业之后，也差不多只有两条路可走，不是做官，就是做教师，这是什么缘故呢？我想这有两种原因：第一是社会的原因。我们的社会还是一个农村的封建社会，而近世的新教育却是资本主义社会的产物。新教育所造就的人才决不为农村的封建社会所需要。譬如高等教育和出洋留学，目的原是造就专门学者的，但这些专门学者决不为农村的封建社会所需要，于是新兴的知识阶级为生活所迫，不得不走传统的旧路，而变成官僚的预备军。上面说过，在中国古代封建时期，官师不分，官即是师，师即是官。而现在呢？新兴的知识阶级也差不多不做官就做教师，不做教师就做官，岂不是绝好的一个对照？有许多人为了学校毕业生没有出路，便竭力提倡职业教育，但是职业教育的提倡也很有几年了，效果如何呢？不是等于零吗？职业教育的无效也正可以证明我们的社会还是农村的封建社会。第二是心理的原因。在清季科举初废的时候，因为各级学堂毕业生都与以出身，所以小学毕业，家中堂上就张贴大红捷报，这固然是大笑话，但是到了民国十八年的现在，偏僻的内地，此风犹存，如浙江衢州，有子女读书的人家，堂前还往往挂着“贵府印 ×× 先生在 ×× 学校肄业期满奉浙江教育厅派员会同考试合格列入 × 等各准予毕业并呈报教育部注册以备升入学校”（大意如此，详细记不清楚了）的报条（听说浙江自行村里制后，衢州等处乡村，凡被指定为村长、村副者，家中堂上也挂着“贵府印 ×× 先生蒙浙江民政厅厅长 × 录用为……”的报条，这真是无独有偶了），只此一端，可知到了现在，除了几个通商大埠以外，社会上对于身份观念还是看得很重。一般社会的心目中，还是隐隐有一个读书人阶级存在着。换一句话说，就是一般社会对于读书人依旧有相当的崇拜和迷信的。虽然在前几年，因为学校毕业生没有出路，旧社会对于读书人的崇拜和迷信曾经发生动摇，有许多父兄竟不肯再叫子弟读书。但当国民革命军北伐之时，需用政治工作人员较多，国民革命军所到之地，又摧毁了一部分旧官吏的势力，加以各级党部也需要知识分子做工作，于是新兴的知识阶级有一部分又有了出路。并且因为在内地一般无知愚民的意识中，“读书人”和“官本”是两个不可分离的联合观念，所以在内地一般无知愚民看来，这些人都是做“党官”的，都阔得了不得，于是他们对于读书人的崇拜和迷信又恢复了，又有许多父兄肯卖田卖地供给子弟读书了。总之，因为我们的社会是个封建社会，所以一般无知愚民对于教育的看法，富有封建的色彩，对于读书人的身份，也还保存着封建时代遗留下来的崇拜和迷信，这是现在的实际情形。并且，再转进一层，说正因为他们崇拜和迷信读书人，所以他们对于读书人取“敬鬼神而远之”的态度，不敢请教学校毕业生。我想，这也是新教育所以失败和学校毕业生所以和社会格格不入的一个大原因。再者，自民国以来，学校毕业者，虽然不再与以“出身”，但代之而起者又有资格。用人标准，不问能力，但问资格；不问专攻的是某科学问，只问毕业的是某种学校。以为学校的程度愈高，资格愈够，愈是万能，愈是什么事都能担当。因此，有许多人求学的目的，只在博得一个资格，正和从前读书人迷信“书中自有万钟粟，书中自有黄金屋，书中自有颜如玉”一般，以为有了资格，便可以做官，便可以发财，便可以讲恋爱。所谓中学毕业入大学，大学毕业再出洋，无非是要博得一个最好的资格而已。这个资格实即身份之变相。从前的读书人以博得士大夫身份为先务之急，现在新兴的知识阶级以博得资格为先务之急，名目虽异，其实则一。正和我们不能不承认，我们的社会保存着种种封建形态的遗蜕，我们的政治保存着种种官僚政治的遗蜕一般，我们也不能不承认我们的知识阶级也还多少保存着过去士大夫阶级的传统意识。所以，学校毕业生出路的狭隘，虽说是社会使然，虽说是社会不需要你，逼得你不能不走这条路，但在心头上，新兴的知识阶级因为承受着过去士大夫阶级的传统意识，觉得自己的身份比众不同，不屑加入生产组织中去，恐怕也不少吧！

概括地说，第一，我们的社会还是封建社会，不需要从资本主义社会产生的新教育；第二，教育在封建社会中不能发挥其本质的作用；第三，封建思想还在社会上普遍流行着，一般社会对于教育的看法，因为富有封建的色彩，发生许多误解；第四，新兴的知识阶级受了过去士大夫阶级传统意识的作祟，重走上过去无数读书人所走的错误的路。这便是我们的教育所受于封建社会的桎梏，这便是我们的封建社会使教育变质而成为畸形物的所以然，这便是我们从清季到现在办了二十多年教育而没有什么效果的主要原因。

但是，怎样才可以使我们教育解脱封建社会的桎梏呢？怎样才可以使我们的教育解脱封建社会的桎梏而发挥其本质的作用呢？

上面说过，我们自清季兴学以来，所谓新教育是资本主义社会的产物。资本主义的根本精神，第一是钱，第二是钱，第三还是钱。于是我们的教育商业化了，我们的教育要出钱买了，学生出多少钱买，学校才卖给他多少知识，卖给他某种资格了。教育要光顾穷人，资本主义说：“不许，他们没有钱！”资本主义在教育的四周造了一道墙，把一切没有钱的人摒在墙外了。我们但看最近浙江教育厅印行的教育概况，浙江全省学龄儿童共约 2 495 000 人，而被摒在教育门墙之外的有 1 989 000 人，约占全体的 80%。换一句话说，10 个儿童中，有 8 个是开眼瞎子，他们愿意做开眼瞎子吗？不，不，他们没有钱买教育啊！又据同书所载，全省 20 岁以下的人民约计男 3 300 000 人，女 2 500 000 人；现在正在受中等教育和最近八年中的中学毕业生，计男 24 177 人，女 3230 人。两下一比，受中等教育的是男 0.73%，女 0.13%；未受中等教育的，是男 99.27%，女 99.87%。换一句话说，全省 20 岁以下，应受中等教育的 1000 个人里头，差不多男的有 993 个，女的有 999 个。关出在中等教育学校的大门外边，为什么他们被关出在中等学校的大门外边呢？因为他们没有钱，或者钱不够，买不起学校的入场券啊！

本来，从生物学的见地看来，教育只是生殖作用的追加，教育的目的只是在生活维持和种族保存。申言之，教育目的，只是在造就下一代的人，使他们能够维持生活，保存种族。所以，受教育是幼少者的权利——在我看来，义务教育这个名词实不甚妥。第一，因为受教育是孩子们的权利，而不是他们的义务。第二，因为从民族主义的立脚点说，使孩子们受教育，不是父兄的义务，而是整个民族所应负担的义务——现在，教育却要出钱买，只因没有钱的缘故，便剥夺孩子们受教育的权利，便剥夺最大多数人的最重要、最根本的权利，听他们做开眼瞎子，听他们做文明时代的生活的落伍者，这不是天下第一怪事、第一惨事？

再从三民主义的见地看来，三民主义是讲平等的。教育是人生的出发点，所以讲平等要从教育讲起。譬如赛跑，出发点总该在一条路上。现在的教育却为有钱的人所独占，钱愈多，出发点愈在前面，愈占先着；没有钱的人呢，竟摒出场外。天下不平之事，又孰有甚于此者？

总之，自清季兴学以来，误采了资本主义国家的办法，将教育商业化。本来无论什么人都应该无条件地享受的教育，却被资本主义的黄金势力在四周筑了一圈很坚固的围墙，把没有钱的人当做教育的“化外”之民，摒在这道墙外，这便是我们的教育所受于资本主义的桎梏。

但是，怎样才能拆除了这道墙，使我们的教育解脱资本主义的桎梏呢？

再简短地来一个结论吧：我们的教育，现在正受着封建社会和资本主义的两重桎梏。一方面，封建社会的遗蜕腐化了教育的本质，消蚀了教育的效能，使我们整个民族的生活和文化还停滞在过去的僵死的硬壳中；一方面，资本主义的黄金势力又限制了教育的范围，泯灭了教育的普遍性，使我们整个民族的生活和文化不能为普遍的均齐的发达，而隐伏着将来的莫大危机。这两点便是我们的教育的根本病症。但是怎样对症下药呢？怎样才能使我们的教育解脱封建社会和资本主义的两重桎梏呢？这实在是中国目前教育上最切要的一个问题。这个问题不解决，我们的教育便永远要走歧路，便永远不能发挥其真意义和真价值。

我只能指出其病症所在，怎样对症下药来解决这个问题，希望从事教育的同志们共同研究。

民国十九年（1930 年）第 21 卷第 11 号

教育论评拾零——最可悲可忧之现象

就今日事实之所昭示，教育破产之厄运，固已呈现于国人之眼前。愈关心教育事业者，愈尖锐地感觉其危机之大，愈明了今日教育界之真相者，愈深刻地认识其补救之难。事实如此，毋庸为讳矣……就办教育者而言，在昔多为洁身自好负有清望之士。其思想、学识固不具论，而要之彼辈大抵皆有办教育之真精神，具水平线以上之人格。十数年来，此风渐替，办教育者遂有两大倾向：其一，政治化。以官僚政客或为官僚政客做手脚之人出而坐拥皋比。彼辈视学校为其政治活动之后台，且往往以学生为其工具。此风一开，而庄严神圣之学校招牌遂渐为所玷污，而学风的实质乃亦愈不堪问。其二，商业化。此等风气，近年几达最高峰。办教育者纯以牟利为目的，生意兴隆则博厚利，商况萧条则放盘出倒，公然腾诸报章，广告社会。局中人不以为耻，旁观者视为固然。蹂躏教育，误尽青年，真此等人之唯一事业矣。以上乃就办教育者而言。至若受教育者，则十年、二十年以来，各级学生程度实属有退无进……至于品性，则章则放纷已久，学风窳败已极。此为有议所同悲，亦教育界人士所公认，毋庸词□矣。

统观三十年来教育界之史绩，无妨作一概括之断语。即于此时期之中，教育在形式不无进步，而实质上乃大退步。且其退步之速，尤以近十年来为最。因是社会心理亦随教育界本身之变迁而变迁。其初人多以为中国各种方面皆无望，独教育界犹有一线之希望。其后清高之教育界，既为恶社会所同化，一般社会之恶点弱点既一一出现于教育界。人人以为现代之成年人无望，然犹以一线之希望寄之于一般青年。其后，一般青年之中，大学学生又渐为社会所感染，其中大部分已随同一般社会而堕入黑暗之深渊。国人对于大学生亦几绝望，然犹望中小学校学生能于二十年、三十年之后，建设我新中国。而由今观之，则国人对于此点亦不免失望矣。呜呼！此真中国民族生死绝续之问题也。（节录七月八日天津《庸报》）

第二章

民国教育问题的反思

教育中存在的诸多问题预示着民国教育进步的艰难，有学者甚至认为，教育不是进步与否和进步快慢的问题，教育“实质上乃大退步”，这样的退步甚至影响到了民众心理，“其初人多以为中国各种方面皆无望，独教育界犹有一线之希望”。然而，这希望是否可变成一座灯塔，引领失望的人们走向光明？许多教育界人士认为教育是负有这一使命的，他们自信地认为教育是能够负起这一使命的！

然而，教育如何才能担负起时代赋予的历史使命？教育界普遍认为出路在于教育的根本改革。

1）要树立对教育的信仰，树立对教育的信心。

2）不能让教育完全沦为政治的工具，教育要保持相对的独立性，地方要有相应的办教育的自主权。

3）通过教育立法，保障教育经费、设施等教育发展的条件。

4）通过教育学会（组织），促进教育学术发展。

5）改善教材，充分认识“划一教育”之弊。

6）改进教育方法，提倡因材施教，启迪独立见解，鼓励思想创新，发展学生个性。

7）促进教育平等，实现教育的民主化、民众化。

8）加强公民教育，提倡国家主义的教育，使公民了解对于国家的权利和义务，认识到国家是所有人的，而不是当权者的。

教育上之根本改革

贾丰臻

木落崖枯之际，迴然而见真吾焉，要非布帛菽粟之所得而尽也。风潇雨晦之时，悠然而知教育焉，要非教授训练之所得而赅也。夫吾人岂能离布帛菽粟以为生者，然布帛菽粟其一端，而更有大于布帛菽粟者也。教育岂能离教授训练以为事者，然教授训练其一端，而更有大于教授训练者也。求木之长者，必固其根本，欲流之远者，必浚其泉源。源不浚而望流之远，根不固而思木之长，虽下愚，亦知其不可。有子曰：君子务本，本立而道生。教育乎，教育乎，非自根本上解决之，其流弊不知伊于胡底乎。

一、教育乃世界的，非国家的

1. 世界的教育

大道之行也，天下为公。教育亦何尝不如是哉？故教育者不可不具世界之眼光，若孔氏之所谓大同，墨氏之所谓兼爱，即世界主义之谓也。重人道、尊人权，有彼此提撕之责任，无尔我界限之可画，即世界的教育主义之谓也。夫孔子，鲁人也，然不以鲁自限，故其弟子远近无勿届焉。裴斯泰洛齐，瑞士人也，然各国之王侯学士皆敬礼之。各国之博爱家、教育家，与夫教师之来学教授法、生徒之来受学问者，几乎车为之塞、履为之满，亦可以见世界教育主义者之流泽长也。

2. 国家的教育

教育者无制限者也。自夫以国家为主义，而为有制限者矣。教育者能演绎者也，自夫以国家为主义，而为不演绎者矣。昔德意志战胜法兰西，俾斯麦克归功于小学教员，于是国民教育之声震腾于全世界各国。法之蹶而复振，得入强国之列，国民教育之功也。日之胜俄，自称为东亚盟主，国民教育之功也。一般以耳为目甘于小就者，咸欲楬橥斯义，以为列强之绩，庸讵知小康之所以为小康，究不能与大同并驾而齐驱乎。

3. 教育当为世界的而不当为国家的

美国波里赛谛博士有言曰：教育以造就善人为目的，即造就志高识广，能牺牲其身，以谋人类之幸福者也。若偏狭之爱国者，知有己国而不知有他国；龌龊之媚党者，知有己党而不知有他党；狂热之信教者，知有己教而不知有他教。若斯人物，安所用之？世之有教育，岂为造就此辈而设欤？信如斯言，则今日列强各国之所谓教育，亦可以知所返矣。

二、教育当有信仰心

1. 外人之信仰

夫 15 世纪以前，吾勿暇论已。自 16 世纪以来，非所谓教育革新时代乎？然德意志教育最盛之国也，而小学校修身课，以宗教经典代之矣。其他如英、法、美、意、瑞士诸国，或以宗教与教育离也，然学校星期休沐日，讲授《圣经》。或谓教育家不谈宗教也，然有名之教育家，大都为当时之宗教家，或富于宗教之信仰心。至于日本，则明治维新以前，为其国固有之神教，及吾邦渡往之佛教儒教，相维相系而教化不敝。自政教革新，于是向之所谓信仰诸教者，一变而为崇拜天皇矣。一启口则曰：天皇神圣；一临会则诵：教育敕语。此中之噢咻涵养，非一朝一夕所能几也，夫岂全无信仰心者所可同日而语哉？

2. 吾国向来之信仰

吾国专制时代，强者为王法所抑制，知者为名誉心所拘束，而一般愚夫愚妇，大都为先王神道设教所支配。至教育界，则周之世，孔子之弟子盖三千焉，身通六艺者七十二人。孟子则后车数十乘，从者数百人，以传食于诸侯，诚所谓以德服人者，中心悦而诚服也。身没之后，历代帝王，折衷于夫子，贤士大夫，称道而勿衰。倘所谓匹夫而为百世师，一言而为天下法者，非耶。自后，王以科举取士，于是向之能有希圣希贤之志者，至此而为之一变矣，或醉心于显亲扬名，或溺志于状元宰相，上以是求，下以是应，亦信仰中之下乘也。

3. 今后教育之信仰

自光复后，人民失其信仰，强者暴戾恣睢、无恶不作，弱者因循苟且、一事无成。于是定孔教为国教之说，乘时而起矣，仆非不知此说之为根本计也。无如吾国旧习惯，向无一定之宗教，景教流行，仅有礼拜之仪式，佛经讽诵，但供送死之虚文。求其热心宗教身体力行者，盖寥若晨星焉。今若骤定国教，则大足以成十字军之祸，小亦足以酿义和团之乱，而西北边摩哈默德之教徒，方将藉口于教义之不同，而启分崩离析之衅矣。然则，如之何而可，曰：教义之实行与否，不在乎国家之明文规定，而在乎人民之真心信仰。所谓信教自由，诚者其自由也，至主持教育者，虽宗教与教育判为一途，然苟信仰教育，一如信仰宗教之诚，为之不厌，诲人不倦，是吾信仰之言也。幼稚舍以及大中小各学校，是吾信仰之地也。孔子、阳明、陆克、康德、毛搭耶尼、裴斯泰洛齐诸教育家，是吾信仰之人也。言行不苟，以身作则，衣不求华丽，食不求甘美，穷年矻矻，惟职务之是给。使儿童生徒，皆以吾之信仰为其信仰也，如是而犹有不能实行其教育之目的者，吾见亦罕矣。

三、教育方法之改善

1. 自然主义

自 17 世纪廓美纽司出，而其所谓自然原则者，遂大影响于新教育界。至 18 世纪卢梭作《爱弥尔》教育小说，亦复大昌厥旨，惟其间略有不同之点。廓则寻自然指示之法则，而依之以教人，卢则避人为之法则，而即以自然教人。其后裴斯泰洛齐与弗兰培尔，于教育甚热心，皆爱自然，爱小儿，而弗氏为尤甚。谓教育之道，在研究自然之理，其发达若何，宜视其自动力若何。又谓教育主自然及自由，察儿童天性，今各取其性所最近之业，使其特有性之自由发达。故教育法当因人而异，可知往古之教育家，大都取自然主义者也，今之教育者，亦可以知所返矣。

2. 因材施教

孔子之教弟子也，对于弟子之问孝问仁，皆用因材施教之法，而所答各有不同焉，此绝妙之教育法也。盖生徒秉性不同，而材亦各异，若以之混冶于一炉，则上焉者既无自而超骧，下焉者亦望而却步，一则汩没其天赋之才能，而局促若辕下驹；一则如逐日之夸父，竭蹶从事而不能及焉。波里赛谛曰：教育之理想，在发展先天的个性，启迪独立的见解，培养创造的思想。故涵养其评判心，导引其推理心，诱引其爱知心，不可不自儿时始。斯言也，最深切而著明者也，今之教育者其毋忽诸。

3. 教科之改善

划一教育之弊之足以废时失业、劳精疲神也。近今之教育家类能道之，惟吾国现今学校制度大都仿自日本。操一定之划一主义，对于生徒设一定之学科目，及制定之授业方法，不问学校所在之地点，为都市与乡镇，以及生徒之门地、年龄、能力、嗜好，与夫将来采择之职业。直欲使国内之就学生徒，以一人而冒得百般之学术技艺，其结果徒见教科名目之多，而无真正之学问知识。往往以教科浅薄之故，致生徒不能心会学术之妙味，推解学术之真趣，且其体力及脑力必遭疲惫。揆之教育原理，有百害而无一利，及时改之固所愿也。

以上所述，为现今教育上所当商榷者，空谷幽居，闻足音而色喜。如有兴起，予日望之。

民国三年（1914 年）第 5 卷第 10 号

我国教育之集中统一与独立

周太玄

我国现时无论为政治革新、社会改革、生活丰富，或发挥固有文明以及吸收他有之文明，其根本惟一之道路，皆非建设一个适合时、地、人三者之真正“中华民国教育”不可。所谓中华民国教育，即是范成中华民国之模型。此模型当由吾中华民族自己产生之。换言之，即应由民国国民自行选定与吾辈之历史、习性、要求最相适合之教育。此为根本问题之根本要点，应丝毫不容忍他人之越俎代谋，不许少数之把持垄断，尤不许有作用者插足于其间。

国民共有之教育，为国民全体谋福利，为一种公权，实亦一种公共义务。其切近吾人之生活安危，一如公共卫生；其支配一群之治乱兴亡，一如基于民意而来之根本大法；均为一种神圣不可侵犯、不容假借，应随时随地由群众负责监督注意之一大事。

民国成立已十余年，此种根本的树人大计，不但仅在枝节涂抹，未建立普遍的确实的根基；而且在内，则因人因地，自为风气，结党营私，恶习不除；在外，则渐渐转为外人侵略之时髦政策，兴教会布道之绝妙机关。不但不自长进，与人以可乘之隙，且又熟视无睹，或更转相推媚。某国立大学及天津某私立大学之校长，既已以校长名义列名于英美基督教会之中国基督教育大计划矣。而所谓代表国家之外交官，除大部分全不了解、噤若寒蝉者外，其余又多仰驻在国政府与资本家之鼻息而推波助澜。比如此次庚子赔款退还与学一事，各国皆不肯轻轻放过，欲借以有为，不肯无为无条件之退还，甚者且欲以之补助其在华之教会教育。而吾国之某外交官固尚揣摩其意而发为迎合之宣言。虽然，凡此种种，其根本原因，皆由于吾国教育之根本基础未定，真面目未现，有以敌人觊觎之故。如美英基督教联合会大计划之将吾国割为若干学区，每区设一大学、若干中小学，实因吾国至今尚以教育区域与政治、军事区域相混合而未有特别之规划，且又无以地域人口为标准之适宜大学以分配于全国，是无怪他人之越俎代谋。又如教育新政治无适当之界限，每当政治紊乱之时，教育亦随之混乱。即使有一贯计划，亦将因之受牵制而难实现。此亦为他人乘弊而入之一重要原因。

数年以来，国中瞩远知本之士，亦多早见及此，欲从根本上使教育能与时代呼应，循序渐进。如前此各省教育会联合会对于学制之改革运动，与南北教育家之创建中华教育改进社，皆可认为吾国新教育之曙光。顾因根本大计未立，事实上之障碍未除，终未使教育界有稳固不拔之根基与通盘筹算之计划。而尤可注意者，其中枝叶零碎之改革，分道扬镳之立异，既使人才、经费、时间皆不经济，又渐筑成自为风气割据把持之隐患，反使新教育之前途生许多题外之文章。著者不敏，有鉴于此，愿以一得之愚，专从事实上、计划上与读者一商榷焉。

我以为吾国教育之根本隐患，在不独立。其所以不能独立，在不能统一。而不能统一之故，则在人力、财力、精神、物质等之不集中。因此，欲确立后此新教育之根本大计，必须为谋略根本独立之道。欲求事实上真正之独立，必须事实上确能办到统一与集中。此下请剖析论之。

在现行各种教育制度上，大率不出两种方式：一属于编制的，一属于自由的。此两种制度之本身，无长短可言。然就民族之历史、习性及时代需要言之，则二者之中，确有相宜与不相宜者在。例如，新兴或新变之民族与国家，因须于短时间内实现其预定之教育上之计划与目的，势非有一种普现的计划不可。使此计划完全见诸实行，自非有整齐划一之制度不可。故属于此种者，其教育制度当然属于编制的。反之，在历史较久或改革甚渐之民族与国家，在教育上久有渐进之经验，又有已成之习惯，则初无须乎整之使齐，编之使一。前者如日、美、德、法，后者如英国，其实例也。以我国情形言之，当然不属于后者，其需要一种精神凝贯身臂相助之齐整制度，当无可疑。然吾国之教育现状则何如？

其次，同属于新兴或革命之国家，因其政体组织及性质之不同，其所需编制齐整之教育制度之情形又异。如君权或政治元首宰制之国家，其教育制度多傍政治以行。盖因其政治变动小而施行易也。反之，政治易于变迁之国家，因恐其教育受政策更迭频繁之影响而根基不固，因此其教育对于政治保持有相当之独立。前者如日、德，后者如法兰西是也。以我国之政体，当然不属于前者。因此，不但在理论上教育对于政治应保持相当之独立，而在事实上尤须有真正之独立。十年来，事实上诏吾人者，吾人固寝食不能忘也。

由上言之，吾国教育之急需一真正独立之教育制度，在理论及事实上皆无可怀疑，然就吾国教育制度之现状言之则何如？

第一，教育对于政治未保持相当之独立。在近世各国，多尚依历史的习惯与事物的方便，常将教育列为通常行政之一。既取其便于追随国家之大政方针，一方亦因教育行政根本有不能脱离其他普通行政而完全独立之故。然为顾及教育本身之发展与巩固计，于教育部之外，常有其他之集会，以处议一国教育上之最高问题。

此种全国教育最高会议，至少亦与教育部平行对立，有时且能左右教育行政。此外，又有中央国家或皇家学会，能担负一国最高学术问题，以补救教育行政上之不逮。有此二者，故其教育行政虽伴政治而进退，然其根本大计不致动摇。即使遭遇有动摇之虞之时，亦可收调剂及保护之功。至于我国，则一切教育行政以及学术事业、文化事业，既全统属于一教育部。而除教育部外，又无其他调剂及辅助机关。尝有教育上重要问题，虽亦常于会议室研决之，但此仅为变相之部务会，列席者不过该部部内之人员。近虽间延一二大学教授参与其间，但名义未定，去取由彼，实际上仍未有补益。至于教育部，在行政上既占一不重要地位，而实际上又穷冷可怜。所谓教育总长，往时虽亦随阴晴不定之政局，朝张暮李，但犹甚客气，所上下者，尚大率系教育界知识之名人。今则江河日下，愈出愈奇。且因系冷曹，乃不免为下等政客之接足地。近年来，盖已屡因总长之故，而引起教育界全体之骚动，恐长此以往，即彭允彝所演之话剧，吾人尚不敢即叹为观止。教育行政之最高机关，其情形何以如此不堪？是否对于全国教育界有恶影响？此种恶影响将继续排演至何种程度？此种不良之现状当以何种方法根本救济之？此等殊为目前最急迫之问题。推而言之，即认为中华民族命运之根本问题，亦非过情之论。我以为一切教育上改革发展皆将视此擎头之问题以为转移。

第二，教育对于地方未有真正之权力。一国教育之最高行政机关，既深受政治制度拖累，不能自拔，而其对于地方上应有权力之行使，则又因其本身信用日减之故，不能收身臂之效。于是一国教育界渐成一苟且衰散之象。而尤以中初级教育界受其影响为最大。此盖不可讳言，实为吾国现时一种最可注意之现象，因教育行政之实施或改革，实有赖于教育部在各地方之能否行使其权力。其权力之能否实行，又当然视其信用如何以为断。此盖与第一个问题有关。若第一个问题得相当之解决，则此问题可以附带解决。

第三，教育行政与学校课程之隔膜。学校课程，实际上本为教育之重心。盖所谓教育行政者，其最大目的在监督或担保学制之实现与其改良及综理与此相关之事务。而所谓学制者，不过为由广义至狭义之对于课程之一种规定。盖必达到课程，始直接与被教育者相接，而为教育者之主要工具。是皆非透彻了解课程与校务，不可与言学制之改革与其推行。以近来国中教育界的现状言之，教育行政上之人物，对于学校之根本事务，多不了解。每有任非所习，直可谓为“外行”。且一遇集会之时，所召集者，亦多为各地教育会或高等教育之办事人，不但对于中小各级之校课甘苦利弊茫然不知，有时即本校之校务课程，亦不甚了了。在此临时之集会中，欲其对于他人之提案有如何切实之是非，本谓为难事。吾人今试问：学制与行政系何作用？若有改良之必要，应以何为标准？此种改良，应倚重于何种机关与何类人物？此又系第一、第二问题之外之一独立而重要之问题矣。

第四，教育行政及分类教育之经济不独立。此为有目共睹之苦状，亦为人所共知之教育根本问题。然欲其有相当之解决，则不得不俟教育行政相当独立之能真正实现。盖教育行政之不能相当独立，则经济独立全系空话。经济不能独立，即使一时号称有办法，亦将时时受政治之影响而有名无实。此不但中央为然，各省及县、镇、乡亦莫不然。故教育经费之独立，盖无单独解决之道。

第五，学术事业之建设无望。一国之文化学术，有非教育行政与学校教育所能包括者，即学术事业是也。在吾国现行制度之下，学术事业与教育行政及学校教育尤无关系。国家既无最高之学府学会，以为一国文化学术之代表者与判断者。而行政与学校又因缺乏此等机关之帮助，在“质”上之发展亦大受影响。奈何国人对于此层，未常注意（惟见报载国会议员黄攻素君曾有此项提议，但后似未曾议及）。此等设备，其与高等教育有重要之关系，亦犹高等教育对于中级教育之关系相同。为谋新教育根本崭新之建设，此事亦当同时并举。

凡上所举，仅为人所共知之教育界上之重要缺点，今吾人与其枝枝节节，头痛医头，脚痛医脚，不如直切了当，就事论事……而寻出其根本解决之道。吾人须知，除此诸种根本病因之外，尚有乘虚而入之可怕外魔，方将乘吾人熟视无睹之际，以急切建树其侵略之根据地。例如，外国之政治家则欲藉教育以达其政治侵略之目的，资本家则欲藉教育之力以造成其一己捆卖之商场，而宗教家、教会等则早已在中国根深蒂固以教育为其传教之手段。今综国内之大、中、小及男女教会学校计之，盖骎骎乎有夺席居主之势。设使吾人犹不自振拔，则数十年之后，即使喘息尚存，而所谓民族特性者，已为人柔扰潜移而不留影迹矣。

方今问题之根本，不在中小学教育，不在高等教育，亦不仅在教育行政，而在教育界全体之根本组织与此根本组织之根本原则，以及此呵成一气之教育界对于政治、对于财政以及一国文化思想之位置与其关系。今试简单言之：

第一，属于教育行政者。在理论上，事实上，教育均有不可不自异于普通行政之处；且与司法相同，应有相当独立之价值。

1）教育部及其总长，在国务员中，无联带负责之必要。因无论何人所组之内阁，皆不能以教育行政上之方针为其上下台之根据。因其利弊非目前所可判别；其大规模之更改，又非短时间中所能举办。政策二字，在其他国务上，其效用与实力甚大。但在教育上，则适相反。以其在政策方面活动变化之可能性甚少，故在国务各部之排列上，不占重要地位，而事实上，教育总长又每每非组阁员中的重要人物。且组阁人才缺乏时，甚至有滥竽充数者。故：

“教育部在国家政务之中，虽仍可包括在内阁以内，但其位置、性质，至少应与现行政体中之参谋部相等，即教育部长应由大总统特任，其去留应以教育行政本身为标准，不当与其他之国务联带负责。”

但在事实上，由总统己意选择，既甚不妥。而由国务总理推荐，亦不相宜。故推荐及同意之权，应皆属于一种专门机关。此专门机关为谁，即下言之最高教育会议是也。因此教育总长之任命应为：

"由最高教育会议推荐，由大总统任命，或由大总统提出于最高教育会议，得其同意，然后任命之。"

教育总长之任命，既与参谋总长略同，教育行政大计划之不能轻易变更，亦与参谋部所司之全国防战大计划不能轻易更改相似。则教育部及其总长，在国务会议之地位，亦可相比照。至于部务及部内组织，现行者亦多缺点，容当于他篇论之。

2）教育行政，除教育部外，则为地方教育行政。就现行制度言之，其不便之处甚多，亟宜彻底改革。其改革之原则当为：地方教育行政区域之区分，不必全依政治及军事上之区域；地方教育行政应与国立大学合作。因此，吾人主张将全国划分为十学区：例如第一区为直隶、河南、山东及三特别区；第二区为奉天、吉林、黑龙江三省；第三区为陕西、山西；第四区为江苏、安徽；第五区为湖南、湖北、江西三省；第六区为浙江、福建两省；第七区为两广；第八区为云南、贵州；第九区为四川、川边；第十区为甘肃、新疆（十区之中，以第一区为最大，因其与中央教育行政机关相接近。其次第二区，因地理上之特别情形。其次为第五区，因其交通便利，且武昌亦颇适中）。每区择适中及重要地，设一区医院、一国立大学及一区教育会议，综理一切高等教育、中级教育、国民教育、社会教育、平民教育及其他特种教育，等等。各区学院及大学，均统属于教育部，但其内部组织及更改，则应由最高教育会议将其议定之条例交教育部颁布执行之。

地方教育行政机关之职权性质，须视教育部之职务性质为转移。若在现行制度之下，因教育部在根本上先有若干弱点，自有运用不灵、貌合神离之弊。但若教育部及其首长能依上述改革之后，则中央教育行政对于各区自能收精神贯注、运用自如之妙。

第二，属于教育立法者。教育之根本大纲，可由国会厘定。至于属于制度组织及一切专门事务等，则非另有适当之合议机关以主之不可。盖此项机关所产出者，无非教育界之普遍及根本的组织。既为全国教育命脉所关，自应由各方面协力组织，再加以教育界有学识经验之人，则对于重大问题，当能有适当之解决。故亟应设立一"全国最高教育会"。

此为一国教育之常设最高立法机关，与教育部及教育总长为教育行政首长者处于对等地位。其组织法，应由国会议决公布之。其职权除制定关于教育之一切成文法外，又有推荐教育总长及同意总统所提出之教育总长之权。

其本身组织，应有确实代表与有关系之各方面之权力。其会员中之最不可少者为：教育部总次长各一人、众议院议员代表六人、参议院议员代表三人、国家学会代表四人或六人、十国立大学校长、十区学院长、全国中小学校校长代表若干人、全国学术团体联合会代表若干人。此外，教育界名宿而未居职位者，得由会中议决加聘为会员。此会每年至少开二次。有必要时，教育总长得召集之。但会员有若干人以上之认可，亦可自由集合。此外应设职员，如秘书、编辑等若干人。每次开会之后，应制定详细报告书，颁布全国；或平时办一定期出版物亦可。

其次，在各学区中，亦应有一每区之最高集议机关，以为一学区中各种教育机关交换意见，解决问题之地。故每区应设一“第 × 区教育会议”。

其组织法，由最高会议制定。其会员应为：区学院院长、本区大学校长、本区大学各科学长、本区视学员全体、本学区中小学教职员代表若干人、本学区中小学校长代表若干人、本学区学术团体联合会代表若干人，并得延聘本学区教育界名宿若干人为会员，亦应举办定期之书面报告。

最高教育会议与区教育会，得于每次大会闭会时，组织一委员会常川驻留，或为特种问题，亦可组织委员会继续研究。

教育立法，关系教育全体之荣枯，而立法机关之组织，实为其关键。吾国亦常召集全国教育联合会矣，但其性质既仅仅属于教育总长之咨议机关或为团体之自由集合，无一定之组织，一定之职权，而其中分子亦不过仅为各省教育会之代表，故只能代表一部分一方面之意思。其有未身任教职者，此中甘苦，不甚深知。而为教职员者，其意见经验又多囿于一隅。况此种会议，又非常设机关。会员间匆匆识面，转瞬即别，其意见上亦每有客气及隔膜之病。此种会议所产出之议案，虽有甚可取者，亦不能必教育部之执行。故自来教育界立法大事乃由教育部独任。然教育部终为行政机关，其首长每系普通之政客，其部员每系普通之官吏，欲于区区部务会议上解决及建设重要之事件，岂非难事？虽该部有时遇重大问题，曾聘请教育界名宿、大学教授参加其事，但仍与上之教育联合会相似，不过仅充顾问机关，其效力仍属有限。吾国教育立法之事，其过去及现况既如此，故十年来，均死气沉沉。即不得已而有所议决改新，亦未常谈及根本。即如最近颁行之新学制，因小学之教职员无人参加，于是在小学教育之推行上不免有若干之障碍；因学术团体未行参加，新学制中又不免有显然之缺点。此皆未曾集思广益，又无负专责之立法机关以专任之之故也。

故教育立法机关建设之亟不可缓，与教育行政之亟议改革，实为同等的重要。

第三，属于学术之最高机关者。一国专门学术之代表，学术上问题之判定，以及一切关于学术上制作、发明、发现之鉴定与奖励等，既不能属于教育立法机关，又为教育行政机关所不能举，于是不能不另有一最高之学术机关，收集全国绩学专门之士，分别设位以专司之。此即各国之所以有国家学会也。此种机关，实为教育界上之一最急问题，而吾国无人谈及。虽吾国科学不发达，特出硕学之专门人才太少，但除自然科学以外，其他如文学、哲学、政法、教育、美术上，实不乏人，况经师大儒，岿然峙存者，尚屈指可数。国家学会取宁缺勿滥主义，先为人设位，又何不可？

但国家学会之产生，须特别注意。因欧洲各国之国家或皇家学会，多系由历史嬗递而来，或系由国会因承认私人学术团体而成（如法国国家学会之发端，不过系 Godeau，Gombault，Chapelain，Desmaretes，Habert，Cerisy……等之一文学新闻讨论交换会，其后渐渐为专门的分类。至 1635 年，遂提出议会。至 1637 年，方由议会正式通过，成为法兰西国家学会）。我国不能仿效，但最初之建设，可由国会组织委员会以司理之。先由机关团体之推荐与个人之自请，然后由委员会着手调查其著作学绩，将其调查所得及去取理由编为详细报告，颁行全国，任人讨论，而委员会遇必要时，得重行侦查，务期翔实，然后于一年或半年后正式交由两院通过，乃宣告成立。此后有缺须补者，则由本门会员推选，由全会大会通过之（例如数学门，定额为六人，若缺其一，则由五人推荐，由大会通过）。

国家学会组织大纲如下：国家学会由众参两院组织委员会建设之；国家学会应区分为理学、文学、哲学、艺术四大门，各门分为若干类；每类设会员定额若干席；每类设总书记一人，由会员任之，另聘雇书记事务员若干人；国家学会设外国名誉会员若干席，国家学会设中外通信员若干席；国家学会各门自订办事准则；大会主席临时选出，不设会长；国家学会会员、名誉会员与通信会员皆系终身职；会员通信员有年俸，聘雇人员有薪修；每门自订会员、名誉会员与通信员之徽章。

国家学会之地位，与教育部及全国最高教育会平行。国家学会常设于首都地方，中央政府每年应支与以定额之经费，不受一切政治外交之影响。

又如法兰西国家学会，于学术上之分门外，又有一总门，以位置能代表民族特性、代表时代及左右一时思想或有丰功伟烈者，如柏格森、霞飞、福煦、克里满梭、法郎士、潘家赉等皆属之。我国是否照办，应由国家学会成立后，自行决定，或由两院委员会预决定之。盖此种设置，不必以学绩为标准，而特以功绩为标准，考核尤难定也。

第四，属于教育经费方面者。教育在国家行政中，既立于相当独立地位；而其性质又含时间性甚大，国家若不为设备一永久独立之财源，则一切尽成空话。我以为教育经费，应分为三种：教育行政经费、普通教育经费、特别教育经费。此三种性质各不相同，界线宜分明，款项之来源亦不能混淆。现在中央及各省教育界经费上恐慌之不能救济。即因教育行政经费与普通教育经费未常分明之故。以普通教育经费而望政府每月发给，此真最滑稽之办法。我所分之教育行政经费，即指广义的教育行政，包括教育部、各区学院、最高教育会议、区教育会议经费而言，即直接用于学校者，除私立学校不计外，凡国立、区立、市立、乡立之一切学术与其他教育事业，如博物馆、图书馆、公共实验室、平民教育设备、社会教育设备，以及定期演讲会、特种辅助教育机关、教育学术展览会、奖励金、救济金等，既不能归入教育行政经费，亦不能附属于普通教育经费者而言，亦宜有相当之独立及可靠之来源。

读者试细思，全国教育经费之现状，当可了然于上之分类之必要，此殊宜明辨其性质，分别其界线，使彼此不能互相影响，而事业不致因经费而衰退停顿，故我以为教育经费宜依下之原则，而加以确切之保证。

1）属于教育行政经费者，仍算为国家行政经费之一部分，列入于预算决算案中，政府有伸缩权，但此种伸缩以不动摇教育行政之组织为限度。

2）普通教育经费应由国会或中央政府、地方政府分别指定恒定之税收、国产、公产或官营事业之恒定收入为其基本金及常年经费，既与教育行政经费了不相涉，更与国家财政盈绌无关，一经指定，划归某校之后，所有权即完全转移，使此基金或常年经费成为永久的、独立的。

3）属于特别教育经费者，应分为二种：一为临时的，如博览会、调查团、研究会之类，当然为政府预算中之一种特别支出。二为经常的，其中又分为两种：一种系开办费，一种系常年费。前者系一时的，或作为国家临时支出之一宗，或预先规定于本年之教育行政经费以内。后者为经常的，若能与普通教育经费相同，得有确实指定收入固佳，否则，由教育行政经费中按年拨给亦可。但此项款项，因系属于特别教育经费，不得缩减，不得挪移。

上所列举，不过其荦荦大者，然却丝毫不可忽略。因经费来源，实有关于事业机关之性质。经费不定，固不能使教育有相当之发展，即来源不正，界线不分，亦可使制度之精神日形隐晦。故吾国教育之新建设，因须从制度之革新下手，尤宜同时都有相当之确实的经费。

所谓中华民国之教育，若果能一一照上说而实行，于是乃可谈及第二层问题。所谓第二层问题者，如课程问题、教授方法问题、新制试验问题以及学生之职业生活问题等是也。我非谓此等第二层问题在现在不必过问，实因为根株未稳，叶枝的培补实最难有效。

如果能照所标列者一一实行，本文所揭标三大原则，即集中、统一与独立，自可以真正实现。例如教育经费一经依其用途划分之后，普通教育经费之用于小学校者，不仰给于政府而得以一定款办一定之事。特别教育经费，不论其额之多少，亦可为事储款，陆续兴办。即使政局不宁，教育行政经费时受影响，然教育之根本则不因之而受影响。此教育经费之对事务而集中也。教育立法机关既经设立，各机关之有教育经验与见解者既得展布之地（如最高教育会议中之两院代表当然须举其中之最内行者），而身居教育界有一定职守之人，亦得随时以其经验所得，供大众参考（如最高及区教育会议中大中小学代表），而一方不在其位而有攻错之资能者，又得以礼延聘，则人才之集中亦庶几矣。全国教育界有相当之基础，有一定之规划，又绝少意外之阻力，则教育界之精力、财力、才力自然集中。必须有此集中之事实，然后可以表现统一精神，不致使一国之中自为风气，教育方向因人以转，甲省以之为军国主义之制造厂，乙省以之为拜金主义之策源地，或者一校中亦今日东模，明日西仿，无有一定之计划，惟觋风尚以为转移，使教育界精神涣散隔阂，或更转相攻讦。故统一与集中在今日我国教育界皆为根本问题，能集中，能统一，然后真正能独立矣。

民国十二年（1923 年）第 15 卷第 11 号

政治教育与中国

黄　卓

一、政治教育的目的

政治教育的目的有两种：第一，使人民知道国家是什么东西，是怎样一回事。第二，使人民知道自己与国家的关系。请先论第一种。国家是由人民、土地、主权组织而成，这是谁都知道的。这三者之中，人民较他二者稍为重要。因为仅只人民是有知识、有理性的。国家的组织与维持，全赖人民。有人民，土地才有用。有人民，才有主权之可言。人民既如此的重要，他的负担当然也是同等的重要。如果国家要继续的存在，人民自然是要晓得国家是什么东西才行。一个国家不是三五个人可以组织的、维持的。所以，如果全国中只有三五个人知道国家性质，是怎样一回事，这个国家健康虽然不致于在零度以下，然而也不能超过零度以上。换言之，人民个个都须知道国家是什么，这个国家才能健康。政治教育目的之一即使人民获得这种知识。

可是人民仅仅知道国家而不知道国家与人民的关系，也是不成的。他们必须知道国家是人人的国家，与己身有密切及连带的关系。质言之，人民应当认识己身对于国家的权利与义务。看清这一点，他们才晓得他们即国家，国家即他们。要国家，也随他们；不要国家，亦复随他们。人民有了这种知识，才会承认有维持国家的责任和“天下兴亡，匹夫有责”这句谚语的真确性。这就是政治教育的第二种目的。

二、政治教育在中国的需要

谁都承认中国现实的政治真是糟，天下第一号的糟。中国人只知道其糟，而不知道其所以糟。目前国内研究政治的人实在是不少。一般讨论中国问题的人，对于政治朽败的原因，意见都不一致。有的说中国政治之糟，实糟于军阀之专横，有的说中国政治之糟，实糟于教育之不兴。所以现在的国民领袖们从事于革命运动者有之，置身于教育运动者亦有之。不错，革命运动本是十分的重要，提倡教育也是同等的不容缓。孙中山先生的革命运动，我是十分的赞成；陶行知先生的平民教育运动，我也是五体投地的敬佩。不过我觉得革命只是皮毛的改革，平民教育也只是一种部局的医治。中国现时政治之腐败实由于政治教育之缺乏。今请言其详。

我们在前面已经说过：国家之成立与健康全恃全体人民是否了解国家的性质与人民的义务为转移。中国的人口，据北京经济调查处 1923 年的统计报告，已达 43 000 多万。其中认识字的人只有 5%，其余 95% 的人民都是目不识丁。要他们了解国家为何物，当然是不可能。我的友人李君有一次调查洋车夫——北京的洋车夫——对于国家的观念，问他们什么是国旗，什么是宪法。在百个洋车夫中有一百个洋车夫的答复略如下述。他们说国旗有两种：一种是中国旗，一种外国旗。拉夫的时候，就挂外国旗；国庆日，巡警就要各商家挂中国旗。同时其中只有几个人说，宪法是产生总统的东西。有宪法，曹锟就做总统。其余的车夫简直就不知宪法是什么。呜呼！中国的贫民阶级的知识其低也如此，我们还要他们了解什么是国家的性质和人民的义务。贫民阶级是没有受过教育的，当然不足为怪。我们现在可以进而研究知识阶级，看他们在政治方面的知识是否等于他们所应有的。

中国识字的人只有 5%。可是这 5% 中未见得都能算为知识阶级的分子。乡村中的老太婆也能看“歌本”，他们是知识阶级么？由此可知中国的知识阶级远不到 5%。这个小小的知识阶级是否有相当的政治知识呢？为要得一个真确可靠答复起见，我们现在可以把中国的学校做我们讨论的标准。中国的学校大约可分三等：小学校、中等学校、专门及大学校。兹请分别言之：

第一，小学校。近年以来，中国的小学校畸形发达；据商务印书馆的中国年鉴报告，全国的小学——初高两等均在内——为数已达 3 万所之多。小学校虽然发达，小学生的政治知识简直是等于零。因为他们的功课都是一般很粗浅的学识。直到这两年来，才有点儿关于政治常识的科学，如公民学是。但是小学校之有公民学差不多和没有一样，因为这是一种随性性质的科学，儿童中十个总有九个不注意此科。复次，这种公民学科不是纯粹的政治科学，不能使小学生得其应得之政治知识。我并不敢说中国的小学教育不好，不过表示他的美中不足罢了。小学校的学生过于幼稚，当然不能有政治知识，我们现在可以进而考察中国的中等学校的学生，看看他们有没有政治知识。

第二，中等学校。中等学校有两种：一种是职业学校，如师范学校、甲种农业等；一种是普通的中学校。中等职业学校的目的在给学生以各种职业方面的训练，使他们能从事职业，以谋生计。因此，他们的功课都是关于专门职业方面的，如农业、工业、商业等。政治科学在这种学校中简直就没有。纵或偶然有点，也是和小学校的公民学一样，学校既不注重他，学生对他也是马耳东风，全不注意。这种学校的学生在政治教育上与小学生唯一的分别就是：他们中间有一部分的人常常利用课余参看一些关于政治方面的书籍及杂志报章，并且他们的年龄较大于小学生，常识也较富于后者，所以稍微有点政治常识。

普通中学校的学生是怎样呢？这种学校的目的，与职业学校的目的不同，所以功课也就不一样，职业学校注重职业教育，普通的中学注重普通教育。他们的功课大都是普通知识，如地理、历史、理科、算学和中英文等。他们的目的就是给学生以基本的学识，为专门及大学校的预备。关于政治教育，他们与甲种农业学校相差不远。从前中学校的三、四年级，常常有一两门关于政治大意的功课，可是学生并不注意他们。一方面因为他们是随意的科学，性质又十分的干燥，加以国文和英文二科把学生忙得很厉害，就想注意，也没有时候去注意他们。不过中学校的学生比较职业学校的学生较好，其中各种学生都有，有的想做政治家的，有的想做法学家的，所以他们对于国家的政治是比较的关心，自己在课余参看政治方面的书报的也较多一点。然而他们的政治知识距离应有的程度相差还是很远，并且有一部分对于政治知识一点都是没有的。美国的中学生大半都知道美国四十几省的省长及中央政府的重要官吏。中国呢？中国的中学校的学生，知道二十二行省的省长和督军的有几个？知道内阁阁员又有几个？再说得吓人一点，他们中间还有几位不知道中国的大总统是谁呢！稍为好一点的学生才知道去年十月曾经公布一种伪宪法。在学校中，政治大意考 100 分的学生，也许不知道内阁总理是谁！湖南的中学生只知道马党和安党，对于直派和反直派也许不能知道。这都是现今中学生的实情，并不是言过其实。现在的中学制已经改革了，高级中学有一两门政治科目。至于他们能否得到应得的结果，我不敢说！

小学和中学都说过了，我们现在可以进而专门讨论大学校的学生，看他们对于政治教育是否有应有训练。据中国年鉴的统计报告，全国的专门以上的学校共有 169 个，而其中有政治及法律科学的只有 39 处。换言之，全国专门以上的学校中，只有 1/4 有政治及法律科学的，其余的 3/4 的学校，都没有政治及法律方面的功课。可是大学及专门学校的学生，自然是与小学生和中学生不同。他们与社会接洽的时候比较的多，自己研究政治的也是不少，所以虽然没有正式的学习，他们的政治知识还是比较的充足。但是中国的专门及大学生很少，仅仅他们知道政治是没有用的。况且他们中间也还有不知道政治的。加以中国的专门以上的学校，有一部分是教会设立的，教会大学除了东吴大学有法科外，其余的学校都不讲求政治教育。这样看来，中国的专门及大学生的政治教育还是说不上普及。只看每次的学生政治运动，多半是北京几个有名的国立大学为首，就可以知道其中的内容了。

我们现在已经把中国的政治教育简单的观察一遍。我们已经知道中国的无产阶级完全是没有政治知识的。不过他们中间认识字的人却是不少。试观北京市上所流行的各种小报——尤其是《实事白话报》——每日的销路不下万余份，《晨报》及《京报》简直是望尘莫及！这就是因为北京的洋车夫、马车夫及其他工资劳动者多半能够而且喜欢看他。可知中国的无产阶级实有受政治教育的可能，我们也知道中国的知识阶级的政治知识也是不足，只要有相当的方法，我们当然能够使他们受政治教育的训练。因此，我们所得的结论就是中国政局之糟实由于人民不负责任，人民不负责任又由于他们缺少政治知识，不知道他们与国家的关系。现在有一般人只知道从事及鼓吹革命，而不知道革命没有民意的赞助及根本的自觉革命，也就等于不革命。不得民意的革命虽然成功，也只是暂时的成功，少数人独裁的成功，绝不是真正的德莫克拉西。如果我们要把中国建设在一个稳固的磐石之上，成一个真正的民主国家，我们就非使中国的人民赞助和尊重政治改造不可。要人民知道政治改造的不可少，非叫他们承认现今政治之腐败；要人民承认现今政治的腐败，必须使他们有充足的政治知识。换言之，我们必须使全国的人民——至少使可能的数目——获得他们应有的政治知识，使他们能够实际的帮助他们的领袖建设一个康健的民主国。所以我们最后的结论就是：中国现时最需要的，不是革命，不是纯粹的平民教育运动，而是政治教育的设施。今请详论其施设的方法。

三、政治教育的施设

政治教育的施设可以分作两方面进行：社会方面与学校方面。先论社会方面的施设。

（一）社会方面施设

社会方面的施设又分两种：讲演与报章。

1. 讲演

现时中国的通俗讲演已经是很普及，不过这种讲演的题目多半是关于爱国主义与卫生等事。爱国和卫生当然是很重要，然而在比较上，他们的重要还是次于政治教育。我的提议，就是在这两种题目之外，再加入普通政治知识。通俗演讲的目的大都是为社会上一般无产阶级和未受过教育的人而进行的，所以我们只能将政治教育中的根本知识列入。第一，就是国家的性质，国家是什么东西；第二，什么是宪法、主权等；第三，人民对国家义务及其他关系是怎样，使人民知道国家是全体人民的所有物，不是一二军阀或政客谋利的机关。最重要的就是要人民发生一种国民自觉和协力维持国家的责任心。

2. 报章

报章的宣传也是一种很有力的工具。我所说的报章是指平民阶级所看的小报而言，并非如上海的《时事新报》、北京的《晨报》等。社会方面的政治教育是为一般不能进学校的平民而施设，因为他们大都爱看小报，所以我们最好用这种工具来宣传。现时小报发行只有北京、上海、天津、汉口各处，他省则不发达。所以当今的急务即由各县教育会或平民教育机关刊行一种——多多益善——小报来普及政治知识。这种报纸必须用白话编译，使人人都能阅读。其中的材料除政治常识与国内外重要新闻以外，还须有一二篇有兴趣的故事小说——北京各种白话小报销路有如此之广，即因为其中常载平民阶级最欢迎的小说。最后还有一个条件，就是价格必须最廉——如有可能，最好是分文不取——每份只卖铜元一二枚。因为这种本是一种社会教育事业，地方教育机关每年自当预备一定的基金，来从事此种事业。

（二）学校方面施设

学校方面的施设可以分为四部：平民学校、小学校、中等学校、专门及大学校。

1. 平民义务学校

这种学校的范围很广，星期学校、平民半日学校、工人夜学等都包括在内。现时各平民学校所用课本，大半是中华教育促进会出版的平民千字课。此书的编译，取材甚好，唯关于政治常识少点罢了。该书第四册中第 78 及 79 两课专讲中华民国的政府，简述中国现代政府的组织；83 及 84 两课又说到民意为中华民国之基础；85 课又讨论守法的重要。我以为最好是把这部书作为平民学校的基本教科书，再将其中的政治知识加多一点，使下层阶级的人民更有一种比较明确的国家和政治的了解。

2. 小学校方面的施设

小学校的政治教育的施设也是很简单，即将现有之公民学的范围扩充为政治浅说，从小学的三年级开始，加入此科，教员必须尽力的注意这门功课，使儿童知道他是与国文同等的重要。此科中所包括的材料应有：国家、政府之组织及性质、主权之意义、宪法之意义及其职能、人民之义务及权利等，使儿童知道除了家庭以外，他们同时也是国家社会的一份子，他们将来是家庭的主人翁，并且现在已经是国家的主人翁。小学校的政治教育的施设虽然简单，可是十分重要，因为有许多儿童在小学毕业后，因家境的逼迫，不能继续的求学，将来受教育的机会很少，欲得政治知识，自非易事。所以我们必须乘此良机给他们以相当的政治知识，使他们成为优良的公民。

3. 中等学校方面的施设

中等学校——前面已经说过——包括职业学校和普通的中学校两种。它们二者虽然目的不同，可是在政治教育的需要上却是一样。现在的中等学校大都已改为6年。在这6年之中，每年都应有政治知识一科，内容与小学的范围相同，不过要更详细而且高深一点。除正课以外，最要注意的就是新闻。从第一学年开始，阅报即应列为必修科，正式功课之一。学校中的阅报室应当大大的扩充，陈列国内及国外最重要的报章及杂志。现在的中学生的一种最不好的习惯就是天天读历史，对于最重要的新闻毫不过问，等候时事已成近代史以后，再来把它当作历史读。只读过去的历史，不顾目前的时实，真是开倒车。所以中等学校政治科目中还要加入阅报一科。

4. 专门及大学方面的施设

专门及大学方面的政治教育的施设是比较的不重要，因为这种学生对于政治，多少有点常识。前面我已经说过，全国161个专门及大学中有政治及法律科的，只有39处，所以我们要做的工作即在其余的122个专门及大学中设立政治学科，把后者当作必修科。至于科目的多少，各校实行时，教务都可以随时决定，此时我们不必预定。

四、结论

我们现在已经把政治教育的目的，需要及其施设的方法简单的讨论一遍。我们知道中国政治的腐败，根本由于人民没有政治知识，承认政治改革的人们太少。普通一般人都觉得国家是别人的东西——军阀和官僚的私产。因此，他们对于国家不闻不问，以致中华民国糟得这步田地。无论我们用什么方法来改造中国，政治教育总是不可少的东西，一个先决的问题。因为人民如果不知道国家为何物，革命也不过是政府的革命，而不是根本的社会革命。政府不是一二个人可以弄好的，国家是基于全体人民的维持上面的。如果我们使人民都得到了应有的政治知识，知道他们对于国家的关系，他们必会奋兴起来同谋国是的解决。政府不良，他们就会知道是可以推翻的。国会不好，他们就会知道是可以解散的。他们必须在充足的政治知识以后，才会抛弃“各人只扫门前雪，休管他人瓦上霜”的成语，而代之以“天下兴亡，匹夫有责”的箴言。有了这种国民，政治领袖、改造家才能领袖人民改造国家社会。否则，一年中虽然革命一万次，中华民国的基础还是立在金字塔上面的。

民国十四年（1925年）第17卷第3号

论国家主义的教育

彭家煌

严寒的时候，谁还穿葛布呢？酷暑的时候，谁还穿狐裘呢？人类衣服的更换，因应气候而转移，否则，何贵乎衣服？国家之需要教育，也不能悖乎此理，必须因时代与国情的变迁而施适应的教育。这样，教育才有意义可言，才有功效可见。但我们试打开眼睛看看，中华民国的教育是完全适应国情与时代的吗？教育标准虽是堂堂皇皇地以适应社会的需要及发挥平民教育精神等作招牌，但行政长官的措施，乃竟大相矛盾。这个，我们从屡次学潮的澎湃，可以窥见。而社会上谈教育者，又只注意于教育之段片的设施与计划，对于教育的目标少有起而讨究。结果，教育乃同无指针的船，飘荡于无涯涘的海洋中。

然而，中国现在究竟需要哪种教育呢？外患纷乘，内争弥烈，民生凋敝，国运穷蹙，处此弱肉强食、适者生存的时代，岂复容我辈歌舞太平，苟且度日！所以我意欲挽危亡于万一，非从事提倡国家主义的教育不可。

我们提倡国家主义的教育，并不是要欺人吃人，也不是教国人做强盗，做猛兽，乃是要国民在受人家拳打脚踢的时候要知道痛痒，乃是要国民急起自卫，免避无穷尽的痛苦。中华民族素来崇拜的和平主义与无抵抗主义，在这时，不能不收在箱子里，等几十年后再行展览，现在应该赶快拿出国家主义来度这生死存亡的关头。我现且把国家主义的教育如何实施的方法拉杂谈谈。

国家主义的教育是要国人爱国救国，但如何能使国人爱国呢？

一、爱国思想的灌输

国家的强盛，全靠大多数国民爱国心，这是毫无疑义的。爱国思想的灌输，当先从儿童方面下手。因为儿童为国家将来的命脉，脑筋纯洁，爱国思想从此时输入，则观念易于坚牢，难受他种恶影响，而将来的成就亦可因爱国心的驱使而伟大。且在初等教育逐渐发达的时候，此种思想之普遍的灌输，实推儿童时代。因人们过了儿童时期，或无读书的机会，而与教育机关隔离，而爱国观念即无由输入。初级以上学校学生，读书机会较多，使其爱国观念活跃于脑中，亦为必要。因此等学生活动能力充足，知识较高，对于群众，殊赖其宣传与激励。至输入爱国思想的方法有：

1. 使儿童明了国家的意义与情势

国家是什么？一定的人民占一定的土地，保有一定的主权，不容人侵夺干犯。如果被他国侵夺干犯，则国家与朝鲜、印度等，而此等国家的人民乃是亡国奴，亡国奴是如何的苦痛，这些都应令儿童知道。至于国家的地位与情势也需给儿童知道，以激醒其对于国家的观念。

2. 使儿童知道为什么要爱国

要使儿童爱国，须令其明白国家与人民的关系。强国人民的凶暴，弱国人民的惨痛，儿童倘能领悟，爱国之念自油然而生。

3. 国家主义教材的选择与应用

从前的教科书，除了儿童能多识字外，很少别的陶冶。这些儿童，即使识字多，谋生活的技能很充足，于国家也似无极大关系。国家政治如何，外交如何，他们全不关心，这都是学校教育没有给他们以国家观念的缘故。日本对于小学，对于侵略主义，从前，出人意料地鼓吹，直认朝鲜、（中国）台湾为其属土，甚至视满蒙为其附庸。中日交涉时所提条款，中国未能完全承认，即认为外交失败而严辞斥责政府。它用这种手段激励人民的爱国心，所以能胜我、胜俄、胜德而左右东亚的局势，而莫敢谁何。我们受真实的巨重的创痛，国耻累累，还不能鼓励人心吗？所以国家主义的教育，急应严格的施行。关于历年国际交涉的失败，丧权辱国的可耻，与今后挽救的方法，都应多载于教科书中，裨儿童纯洁的热血为国家而震荡，因时之紧迫而益发扬国家爱国的行动。

1）国耻史的编撰。小学生本无研究历史的必要，但为引起儿童爱国起见，不能不将国家的耻辱灌输到儿童的脑中，使他们一读国耻事迹而触目惊心，知道大仇未复而决然奋起。中国人常有五分钟热度之讥，其实是事变之后国人不想法警惕国民，以维系其愤慨之念的缘故。假使儿童们读过国耻史，全国群众都知道国耻史，国民对于每次所受外国之压迫与耻辱必有极严重的表示。

2）时事的讲述。儿童们只知道整天的游戏，又不能知道许多文字，当然不能留心时事，订阅报纸。国家大事，何由知道？当教员的应该详为讲述，说明事体如何重要，如何危害国民与国权。即如这次上海南京路惨杀案，学校教师应该用极浅近的语言，告诉他们，不能只要他们盲从的罢课游行，空呼那莫名其妙的口号，致今事过便忘。他们倘能完全了解，可以增其爱国的念头，而思有奋发；即对于家庭方面，也增加不少宣传的力量。儿童们极易受鼓动，而且对于爱国事业亦极饶兴趣。我在中日缔结二十一条条约的时候，离校到县立小学（该校为敝县教育最高机关）讲演，全校学生便不久组织查货团，打着旗帜到商店查获，凡外来小轮都被检查，一时满城风雨，对于小学生的爱国运动，不但不敢非难，而且极怕受检查的损失。此可见小学生爱国心的热烈。

3）国耻事件的表演。表演是直观教授，收效极大。儿童们极爱表现自己，极爱模仿，教师编纂国耻戏剧，要他们表演，一定很高兴的。他们常常目睹亡国惨状弱怯民族的悲哀，则爱国的志愿必更坚决。我在二十一条缔约的那年回乡表演新剧时，乡间儿童及农民来观的非常拥挤。我们所表现的是朝鲜亡国惨史、安南①亡国惨史和北京五四运动等剧目。演完一幕，即派人在幕前演说，解释剧情。表演五四运动军队枪杀学生时，极力形容学生的愤慨不怕死与军队的蛮横。我们追悼被杀学生时，真的放声痛哭，观众也有许多泫然流泪的，用这种耳闻目观的方法，使人民对于国耻事件留极深的印象。

4）国耻纪念要切实际。放假的目的，除因特别情形不能教学外，就是给师生以休息的机会。读书六天放假一天，放寒暑假，放春假，我想是够休息了，各纪念日必都要放假呢？纪念日固然是纪念国家大事，但是除了放假以外，就没有纪念的方法吗？有些学校除挂牌放假外，毫无他种表示（这不是指一般的纪念日，也不是指一般的学校，请阅者勿误会）。有些学生只盼着纪念日到临而实现其游乐的计划，小学生们甚至不知这天放假是怎么一回事。至于国耻纪念，尤应于是日激励学生，努力求学，发愤为学，反而教他们嬉游，恐怕第一国耻纪念日、第二国耻纪念日、亡国纪念日将接踵而至，而全国学校、全国各机关永久的放假着呢！

二、怎样的爱国

1. 提倡军事教育

我国教育界精神的沉沦，实基于无军事教育。我国中等学校从前即有兵式操，甚至有志愿军的组织。盖因外患日亟，惟有爱国可靠的青年可驱之入战场。乃现在外国压迫更甚、内乱正殷的时候，时髦的世界主义出现，军国民教育逐被打倒，实在是很可叹惜的事情。国民偷懦，为列强积威所压，几认为我国永无强盛之可能，而自侪于劣败民族之列，这实是自暴自弃的思想。要使富于这种思想的国民去报仇雪耻，真有河清之叹。这次英人惨杀沪汉市民，北京大学倡组学生军，这实是极要之图。

① 即越南。——编者注

2. 注重科学

国家强盛，端赖工商业的发达。工商业的发达，又赖工商人才的培植。我国物质文明远逊欧美，即因国无工商专才。军械飞机多仰给他国，日常物品也弃国产而用洋货，实国病之大原因。我们倘为世界主义所误，和平主义所误，则将来东亚大战果起，我国惟有束手待毙一法。总而言之，外国的侵掠，以工商业为利器，我们提倡国家主义的教育，不能不注重科学以求工商业之发达。

3. 养成学生组织能力

群众势力极为重要，而群众势力的宏大，实赖有精细坚强的组织。所以领袖群众的学生尤贵有组织能力的养成。学生在校时，务使其有办事的经验，有组织的习惯。我国国力的懦弱，全赖这有组织的群众以振之。

关于国家主义教育的设施，至为纷繁，非一二语所能概括。我非敢欲国人取法于我所讲的几项，不过怆怀时势，觉我国目前教育有冬葛夏裘之势，所以不忍缄默而略事陈说，幸国人急而图之！

民国十四年（1925 年）第 17 卷第 8 号

世界大战后吾国教育之注重点

蒋梦麟

江苏省教育会于此次全国省教育会联合会提出一议案，其题曰《对于世界战后吾国教育之注重点案》，议案文字简单，不能将详细事实举例证明，因草是篇，以供教育界之研究，至文中议论，尽由作者个人负责，与议案无涉。

欧战开始以来，已经四载，于戎马倥偬军书旁午之际，欧美人士不忘百年树人之计，对于教育问题，煞心研究，不遗余力。去前两年之间，欧美报章对于战后教育之进行，论著甚多。而专书论此为余所见闻者，英有伯特来氏（Badley）之《战后教育》（*Education After the War*），美有地恩氏（Arthur Dean）之《战时及战后之学校》（*Our Schools During and After Wartime*），法有彼高氏（Pécaut）之《战后之学校》（*L' E cole Aprés La Guerre*），日本有民友社发行之《战后之教育》及同文馆之《战后我国（日本）之教育》。回顾吾国，对于此大问题发布言论者，凤毛麟角，不可多觏。而江苏省教育会将此提为议案，此大足为国人所注意者也。

当今之世，世界潮流之趋势，无国能逆之。甲国与乙国起重大交涉，而丙丁戊等国，决不能处旁观地位。是以此次欧战之初，因俄奥交涉而牵动德、法、英、比诸国，既而及于土耳其、而日本、而意大利、而美利坚、而中国。夫兵，凶器也，虽所不愿，无可为力，潮流横来，莫能幸免。此所以今日之谈政治、实业、学术者，不得不察世界之大势，而为相当之设备。夫教育何独不然？故战后之教育，实为立国之一大问题。然欲言战后之教育，不得不先言欧战之原因及希望战胜之基本需要。

欧战之原因，甚为复杂，若历史、地理、人种之关系，非千百言所可得而尽。今撮其荦荦大者厥有两端：一曰经济之竞争。德国于近数十年来，重科学、讲制造、辟商务，其目的在图经济之发展，而英国之开辟殖民地，其目的亦在此。英德两国各以全力图经济之发展，在南美、南非、巴尔干、亚东诸地，利益之冲突，已日甚一日，识者固早知两国必有一日而决裂也。德之与俄战，其目的在英；英助比、法、俄，其目的亦在德。故欧战之初期为英德两国经济之冲突，厥后各国各以利害关系加入战团，遂成世界战局。二曰国家主义之竞争。奥之欲并吞塞尔维亚也，其蓄志已久。塞人杀奥太子，奥将乘机以灭塞；俄以塞为斯拉夫人种，故与奥战；德以奥为同盟，故与俄战，又以法与俄同盟，故亦与法战。德自以武力之足恃，梦想灭法败俄而雄视世界，英于是不得袖手旁观矣。德以有精练之军队，视世界若无物，苟其战胜联军，则首受其祸者美国也，故美亦不得袖手旁观矣。欧战之始也，为国家主义之冲突，连战三载，而世界思想在烟阵云雾之中，究莫知其何为而战。自美国加入后，威尔逊始以"为世界求平民主义之安全而战"（"make the world safe for democracy"）号召天下，与德皇之条约为"一撮碎纸"（"scraps of paper"）相对待。于是国家主义之激战，转而为平民主义与武装主义之激战矣。

将来之结局如何？当以下列三条件为断，今请为读者诸君析而言之。

世界战争结局之条件：一曰经济之能率。20 世纪为经济社会，其经济能率低下之国，在太平世，不足为人民求幸福；在战争时，不足为国家实军备。况近世战费浩繁，一日之军费，动以百万计，经济能率低下之国，其败也必矣。美国加入战团，为德之所最畏者，美之经济力也，故经济之重要不待言而自明。二曰个人之能率。无健全之个人，必无强壮之士卒；无强壮之士卒，其能组织强有力之军队乎？美之初入战团也，议者谓美国向不重军事训练，驱一无训练之国民而与德战，其前途恐多悲观。然而今日美军之在欧洲战线者，已成德人之劲敌矣。此无他，美国人民素具强伟之体质，独立之精神，故易于训练也。三曰社会之进化率。有强健之个人，处不进化的社会，而卒遭大失败者，俄国是也。有强健之个人，处进化的社会，总统一呼，全国相应，将来必告大功者，美国是也。方美国与德宣战之时，总统以一纸文告，令全国青年自 19 岁至 29 岁者，一列注册，预备入伍。一日之间，而全国青年均往各就地机关注册，无敢不到者。他如全国人民，受政府之忠告而节省食物，学校儿童种植园地以增加食料，及制作绷带以助红十字会，全国实业机关均自愿听政府之调度，以助战事之进行。其预备之神速，运用之敏捷，殊足令人钦佩。此无他，其社会进化率高故也。有雄伟之经济，强健之个人，进化之社会，则战时可制胜势，平时可求国利民福，故战后之教育，其目的不外乎求此三者而已。英国国会近来提出一议案，欲延长义务教育之年限，及提倡体育及补习教育。美国有请中央政府提拨美金 10 000 万元，作为推行补习教育、奖励体育、改良师范学校、延长义务教育之用，法国亦有延长义务教育年限之议，此足为吾人借鉴者也。

依上列三条件而谈战后之教育，吾人所当注意者：以教育行政方面言之，厥有四端；以学校设施方面言之，厥有五端。今请析而言之。

一、教育行政方面

1. 随地随时推行义务教育以促进社会之进化

欧美各国，自实行义务教育以来，社会进化一日千里，彼犹以为不足，欲延长其年限。而吾国则虚耗巨帑，从事国内战争，国民教育视若无足轻重。社会之进化与退化，于此已判，遑云其他。然吾国一旦欲全国实行义务，殊非易事。故入手办法须随地随时按年进行，先施诸于京师及各省会，次及府会及县会，划定区域，节节进行。此次梦麟偕黄任之先生旅行东三省时，见吉林省会，已试办义务教育。划省会为若干区，凡居住区内之儿童，必须入学，今其成效卓然可观。又浙江慈溪山北地方，以沪商虞和德之提倡，由虞氏族中公共主持，凡居住该地方区内之儿童，必须入学，其家甚贫者，由学校每日津贴洋一角。初办之时，受津贴者约百人，至今只六七人而已。此虞君之亲为麟言者，是随地随时划分区域，酌量地方情形，与办义务教育，必非甚难。吉林省会慈溪山北足为吾人参考者也。

2. 随地随人设职业教育、补习教育，以加增经济之能率

去年美国国会通过一议案，由国库提拨巨款补助各地方之职业学校，逐年加增，8 年后，增至美金 1100 万元。每年由中央政府按地方所出款项之多寡分配（例如地方出百元者，中央补助百元；地方出千元者，中央补助千元，照地方所出之数补助之）。他若英国有强迫补习教育之议，德国之推行职业教育，固为各国之先导。今其战时之经济力，仗此者正不少。吾国今日民穷财竭，流氓遍野，补救之道，舍职业教育、补习教育，其道末由试办之法。可就大都会大商埠中，调查职业状况，参酌地方需要，设立乙种工商业等学校。惟实习务须注重，其实习时间至少居校课之半，则纸上谈兵之弊庶几可免。

3. 推广大学及高等专门教育，以养成倡导社会进化、加增经济能率之领袖

义务教育、补习教育、职业教育足以增进平民之知识技能，而促进社会之进化，然而平民主义，非有领袖为之先导，必难进行。大学及高等专门教授者，所以养成平民主义之领袖者也。观英美大学学生，对于战时之多能牺牲者，可知矣。以我国幅员之广，人民之众，而全国国立大学只北京一处，将何以养成将来之领袖乎？世界各国大学及高等专门学生数，每人口 10 万人中，瑞士 262 人、德国 178 人、苏格兰 173 人、美国 171 人、英国（指帝国）100 人、奥国 99 人、法国 90 人、意大利 88 人、俄国 44 人，中国则 7 人而已（由民国四年度至五年教育部报告推算而得）。西人尝谓中国少领袖人物，今受高等教育人数若尔之少，领袖将从何出乎？除出产草莽英雄，若《水浒传》中之领袖人物外，以今日高等教育之幼稚而论，

吾又将何处觅平民主义之领袖乎？

4. 推广童子军以养成自动自助之能力

童子军非为武装主义之预备也，其宗旨在使儿童于种种动作多兴趣时，导以作种种有益之动作，养成自动自助及助人之习惯。果使吾国懦弱怯后之儿童，加以训练，而成强毅活泼之儿童。则今日懦弱怯后之国民，他日庶几蜕变而为强毅活泼之国民乎！

二、学校设施方面

1. 发展个性以养成健全之人格

人格教育，非道德教育之代名词也，亦非保守遗传道德之谓也。人格云者，本个人固有之特性，具独立不移之精神。其蕴也如白玉，其发也如春日。而此特性、此精神，即所谓人格也（参观本杂志第 10 卷第 6 号拙著《进化社会的人格教育》），此特性、此精神，均为个性分内之物，发展个性，即所以发展此特性、此精神也。欲增进个人之能率，此其一端也。

2. 注重美感教育、体育以养成健全之个人

美感教育者，所以发展个人优美之感情，即王阳明所谓唱歌即所以发扬其意气之谓也。西洋人以增进个人之欲望为则，东洋人以抑制个人之欲望为归。吾国若不采取西洋之文明则已，如欲采取，当以增进个人之欲望为前提。欲增进个人之欲望，则图画所以发扬其想象力，舞蹈所以发扬其奋兴力，音乐所以发扬其感情。此数者，皆足以养成活泼之个人也。又人类有天生优美之身体，所以寓天生优美之精神也。希腊人有恒言曰“健全之心寓于健全之身”，或译健全为美丽，则为美丽之心，寓于美丽之身矣。盖希腊人之观念，美丽者必健全，健全者必美丽，二者不可须臾离也。故欲发扬美感，非有健全之身体不为功，体育者美育之基础，两者并进，健全之个人乃成欲增进个人之能率，此其又一端也。

3. 注重科学以养成真实正当之知识

近世西洋学术，莫不具科学之精神。科学云者，好求事实，使之证明真理是也。我国思想学术，向不注重系统，故往往以一人之言，前后冲突，东西背驰。欲却其病，科学其良剂也；欲养成头脑清楚之国民，科学其圣药也。又近百年东西洋种种进步，其原因在能制天然力而为人用，科学者，即制天然力惟一之利器也。

4. 注重职业陶冶以养成生计之观念

尊重劳动，为欧美经济发展之基础，20 世纪工业社会之柱石也。儿童求学，除训练其思想、技能、身体外，须养成其劳动之习惯。德国教育部于 1912 年（民国元年）发一通告云："公家学校中大半学生，未受工作之教育，故儿童对于劳动之兴趣，甚为薄弱，勤劳之习惯渐渐消灭。此非但大城市中之学校为然，国中多数之学校大都若是。是以手工业中，多抱乏良徒之叹；工业界中，缺乏有技能之工人……故训练劳动，为工业社会之所必需。工人受训练，则社会始获种种新发明之利益，而德国得操胜势于世界商业竞争之场矣……"吾国今日之情形，能劳动者，不受教育；受教育者，不能劳动，甚至轻视职业，以不做工为高。则学校愈多，而游民亦愈众矣。职业陶冶者，所以养成尊重劳动之精神，而为世界工业竞争之基础也。

5. 注重公民训练以养成平民政治之精神，为服务国家及社会之基础

由健全之个人组织进化的社会，进化的社会还以养成健全之个人，个人与社会实为一有机体。凡训练个人以服务国家及社会者，曰：公民训练。学生自治团也、学校服务团也、公民科也、童子军也，皆所以训练公民之方也。欲解决将来政治上之问题，使我国达到完满平民政治之目的者，当于今日之学校开其端也。

民国七年（1918 年）第 10 卷第 10 号

“五四”以来的教育

刘薰宇

教育界一年一年地纪念着“五四”,“五四”值得纪念的在哪里？怎样去纪念它，才算得有意义？这两个问题若没有正确的解答，所谓纪念便是徒然。这篇文章的主要目的，就是想提出一个比较正确的解答。但为什么又扯到教育上去呢？因为依我看来，“五四”运动只是在教育上发生了点影响，虽然它并不是一种教育运动。

“五四”运动怎样发生的呢？对于这个问题，我想一定有许多人都以为容易回答，不过是民意的觉醒而对于外交的抗争。但再进一步考察，中国外交的失败并不是从那一次起，至今国人所犹以为痛心的二十一条交涉，它的失败的程度不远甚于《凡尔赛和约》吗？并且《凡尔赛和约》多少就是根于这一次的交涉而起。那么，何以要到“五四”民意才觉醒呢？由这一点看来，所谓民意觉醒的背后必还有重大的原因，而外交事件不过是诱发的一种最近的刺激。这个背后的重大的原因，将各种力量造成了，乃由外交问题一触而发。这个原因是什么？就是思想的转变。要明了这一点，还得费点功夫先来说一说“五四”以前的教育状况。

辛亥革命以后，中国虽然树起了民治的招牌，但不过是换汤不换药，精神上仍是沿袭着辛亥以前的。教育也是如此，学堂虽改叫学校，但不过招牌和形式的变更，于教育的根本毫无关系。就是到了民国六、七年，学校里面还是死气十足，学生安然处于受动的地位，不能动，也不愿动。那时我正在某专门学校里，记得除上课以外，并没有别的事做，一来没有人要我做，二来我也就不想做了。有一次，约了几个同学组织演讲会，目的很简单，不过借以练习讲演，而这样的一个会还得先将简章交学监审查过；最初他们还要我们先交讲演稿给他们看，后来虽没有实行，但开会时总有一个学监来旁听。原来教室是一下课就要封锁的，要借用，非他们许可是不能的。从这一件事就可想见那时学校的专制和腐败了。也是物极必反，在民国七、八年，秘密和公开的出版物如《自由录》、《每周评论》、《新青年》等，虽学校的图书馆不敢购买，但而学生们都以一睹为快，尝那闭门读禁书的滋味。这样一来，学校的专制虽如故，学生们却偷偷地把思想移动了。后来林琴南氏和蔡元培氏关于北京大学的问题的讨论在报上公开发表，学生的倾向更移转，新旧的冲突也越明了；在那时，几乎有短兵相接的形势。恰巧外交事件发生，学生跃跃欲动的心情就乘势发泄。这不是我个人向壁虚造，只要一考查“五四”前几月的北京学生界的状况就可明白。北大的新潮社，北高的工学会，以及北京学生自由组织的国民杂志社等，都是在那时期诞生的；而这些会的根本精神都是倾向于革新的方面。所以“五四”运动绝不是偶然发生，不过变成那个形式，发生得那样快，却是偶然的。由现在追想起来，倘使不是由外交事件引起那次运动，而纯粹由教育上发生，所生的影响或许还要较大一点；因为必须酝酿较久，而势力得以较雄厚、根基得以较稳固的缘故。“五四”运动因为换了一个形式，所以虽然也可以说得上成功，但就成功的方面说，也是暴发户式的。因为这样，所以随着发生了许多现象都是浮泛肤浅而没有力，所以得到的进步也是太不切实。

且来说一说“五四”的影响吧。我只承认“五四”在教育上发生一点影响。试看“五四”以后的一切情形，政治紊乱如故，外交腐败如故，一般民众昏睡如故，就是那时民众所努死力争的《凡尔赛和约》，虽然拒绝签字，但除了拒绝签字，还有点什么？从那次以后的外交，何尝有点转机？就是从“五四”以后有所谓社会运动，还不是只有教育界的人们嚷着呐喊着就完了吗？为了这样，我只得说一说“五四”所给于教育的影响，然后再进到本文去。

“五四”所给于教育的影响，第一个就是使政治和教育的关系更接近；一方面，教育界干涉政治，一方面，政治界利用教育。原来，中国几千年来大教育差不多都和政治不分离的；所谓教育就是培养治国、平天下的人才。不但这样，“必须治天下之具，皆出于学校，而后设学校之意始备”，所以“东汉大学三万人，危言深论，不隐豪强，公卿避其贬议，宋诸生伏阙捶鼓，请起李纲，三代遗风，惟此尤为相近”。但到亡清末年，改建学校，因一方面虽想革新教育，提倡所谓新学，但同时又怕所谓革命、变政等思想，所以教育的方案崇尚专制，不容学生以自由活动的机会，教育和政治便离开了去。民国以来，还是受着这旧习的支配；教育界俨然别有天地，对于政治缄口不言；而政治界视教育界中人，也以为和“酸秀才”一样不足与谋，一向不相闻问。“五四”运动突然爆发，又继之以“六三”，居然使政府不得不屈服，罢阁员，拒签字。从此教育界和政治界都同时醒悟而知道教育界有相当的力量可以使用。于是教育界对于政治便不肯放松，一有机会就起而活动；政治界也不肯放松这种可以利用的势力而急欲伸脚进去，教育界和政治界的纠纷就越演越复杂。教育界既对于一切政治问题都想干涉，便几乎忘了本已的生命而不断地和政治界冲突。最初还只限于外交事件，进而更及于内政问题。因“政治问题因缘复杂，今日见一问题，因为至重要矣，进而求之，犹有重要于此者。自甲而乙，自乙而丙丁，以至癸子等，互相关联”。乃“见于甲乙之相联，以为毕甲不足，必毕乙而后可”，竟成“夸父逐日，愚公移山，永无踌躇满志之一日”的状况，而为“参加大多数国民政治运动之故而绝对牺牲”，因此教育界自身遂陷于风雨飘摇的形式。政治界既想利用教育界做武器，于是某党某系各各谋所以把持学校的方法。不能利用政治势力而得到教育界的地盘的，就自己创办学校，所谓党化教育便勃然兴起。这样一来，教育界遂因政治界的风潮而时有变迁，教育的精神，学术的尊严，全被破坏；甚而至于对于学生毫不负责，除了几个简单的某主义某主义的名称和口号强学生记忆以外，学生的学业、品性都不重要。这种外来的侵袭实在是教育界的致命伤。而在纪念“五四”的今日，使人痛心疾首，不敢乐观的，也就以这一点为最甚！

第二个影响，就是学校内部的纷乱。因为“五四”的原动力是新旧的冲突，结果既是胜利属于新的一面，反动便随之而起，对于旧有的一切，都起了疑问。不但怀疑，甚而至于对于旧有的一切都持反抗的态度。由是而发生学校升格问题、男女同学问题、学生自治问题、考试问题等。但一方面虽说因为“五四”而竭力谋解决，一方面旧有的因袭的势力依然存在；两方互相激荡，一切的问题都仍在摆动的状态中。现在试就上面已举出的四问题考查一下。

学校升格问题，是产生于学制变更以后；学制变更固然有它的本身的需要，但所以感到这需要，多少也是受了“五四”的影响的。这里所说的学校升格问题，换句话说，就是大学勃兴问题。这个问题的发生，依我的观察，有两个重要原因：其一，学校本身的竞争；其二，政治势力的侵入。在“五四”时期，北大以最高学府自居，而大家也这样的承认，所以俨然有领袖教育界的气象。但一般同时活动的各专门学校，却自以为除名义资格以外，绝不稍逊于它，因而便竭力求升格。在学制会议中，单科大学的决议既成功，专门学校就相率改为大学了。其次政治界既想利用教育界作武器，小学、中学当然不能号召，而力量也微弱，所以不开办学校则已，一开办学校就是大学。同时，青年感于政治活动的兴味，也就很重视资格，所有大学虽多，终可勉强支持敷衍着。这样突然的变动，使教育界形成一个头大而中空的状态，这全是病的表征。

男女同学问题也是“五四”以后发生的，但这并不是先经讨论而后实现，乃是先实现了而后成争论的。这么一来，生米成熟饭，当然还不了原了。我说这话，并不是反对男女同学，而是十二分地爱护它，惟其爱护，所以希望它建筑在很稳定的基础上面。然而事实却不如此；从北大开女禁以后，各学校相率效尤，由专门而中学，好像不这样就是那学校的污点，因为会被人认为顽固。记得几年前我在某中学的时候，时有要投考的学生写信去问“你们是不是男女同学？”而他问的原因就是如不男女同学，他就不去，因为据他说，这样的学校不新，没趣味。大概男女同学的基础是建筑在“新”和“趣味”上面的。惟其这样，所以喜欢“旧”的，另有“趣味”的当然要反对了。这还不成多大问题，反对听他们去反对就是。但男女毕竟有生理和心理的差别，现在中国的男女同学只是硬把女子来男子化，这便是极大的错误。何以发生这样的错误呢？这也是因了这种问题的发生是突然而来的缘故。

要说学生自治问题了，这是“五四”以来教育界最严重的问题。因为对于旧教育的根本的反抗就在这一点。在教师方面，过惯了威严的生活，就是在理智上承认学生自治是正当，而在习惯上也感到不安。不但这样，一切用惯了的老方式都非更改一番不可，这毕竟不是突然可以做到的。因此应付总难免失当，不是依然在保持威严的企图下面横加干涉，就是在听其自然的态度中实行放纵；甚而为了某种的关系，对于学生迁就复迁就。在学生呢，一来因为是反动而带革命性，所以往往过分，不但对于自己要自治，而对于学校的一切也要专制了。二来从那旧的惟命是从的惯性中突然打破一切拘束，虽是一身轻快，但对于他们所应负而能负的责任，毕竟不完全了解，运用起来，也就不免百病丛生。因为这样，所谓学生自治真能恰如其分地实现而收到相当效果的，浅陋的我，还没有见到过。能在被治状况下，保存着自治的形式的，也不可多得，其余不是永远在不死不活或混乱的状态中，就是连学生中也有一大部分感着不安，而乐意仍旧恢复旧状。但是学生自治毕竟是好事，所以，怎样使它实现而发生教育上应有的相当的效果，到了现在还是成为问题。

再说一说考试问题。这个问题，性质虽和前几种不同，但发生的形式并没有两样。旧时的教育只要学生读死书，所以唯一的判断学生优劣的标准就是考试所得的成绩。考试本身原未必就坏到应当弃若敝屣的程度；但用考试的结果作为唯一的判别学生优劣的标准，那就坏了。学生既感到求学不应当死读几本教科书或讲义，而应别有自动的探求；教师也感到那老样子的教法不能满足知识欲旺盛的学生的欲求。本来考试是没有大问题，但因为一切好的东西都免不了有人要利用去遮盖和制造罪恶，反对考试者正有一部分是感到它的不便于自己放纵的人，所以常发生反感。其实，学生果然能自动，教师固用不着考试，而学生也就用不着怕考试了，还有什么问题呢？

“五四”运动的第三个影响，就是学生界所感受的，其中最显著的，就是思想的变更。因了“五四”的成功，学生界对于自己便有一种觉悟，对于已有的一切都想本了自己的意见去重行估价。最初不过怀疑到学校里面的一切制度，进一步更怀疑到社会的制度，更进而怀疑到人生。为此，在某一个时期，学生界顿觉知识的恐慌，而求知欲特别旺盛。所以，那时所出的书报极多，而内容也极复杂，无政府主义、工团主义、基尔特社会主义、马克思主义，无一不谈；劳动问题、妇女问题、宗教问题，也无一不讨论；工读互助团固有人组织，而新村运动也有人实行。倘使翻起民国九年前后的各出版物来一看，便可知道那时思想界的盛况。只是在这极自由极广泛的思想发展中却隐藏着一个最大的病根，就是求速效。这固然是必然的，但没有良好的结果就在这一点。原来，大家的饥荒到了那么一种程度，当然要急求一饱，而无从容选择的机会。今天遇到这样主义，觉得可以充饥，但到了明天就觉得不行，于是不得不又掉换一个。如是把一切都尝遍了，而终于不行，于是便空幻地怀疑到人生了。这样空幻地怀疑人生的结果，当然得不出正当的解决来，所以或流入烦闷，或流为放荡。这几年来，青年界的气象，从好的方面说，振起精神往前进的固然有，而堕落的却也不少，甚而还有愤而自杀的。这里面的原因固然很复杂，而最根本的就是因思想改变，而又没有寻出自己可以安身立命的一条正当的路而陷于漂浮的状态。

从他一方面看，"五四"以后，学生界的活动实在不全在轨道上，自然，这个责任并不能全由他们担负。所以发生这种现象的原因，第一是受□□□的支配，第二是自恃成功，第三是错认所以成功的理由。上面已一再地说过了"五四"是一种对于旧势力、旧习惯的反动。照物理的法则，反动力的量和原动力的量是相等的。几千年旧思想、旧制度压迫底下的人，一旦要反过来，破坏的大，过渡期间紊乱的利害，都是当然的。"五四"以后的学生界就是受了这种反动力的支配。因这力量比较的大，所以他们的活动就不容易上轨道。其次，无论怎样，"五四"总不能不算有相当的成功，但是成功究竟太容易了一点，所以学生界便以为自己的力量很大而一切事体都容易做到。因了这一个根本观念存在心里，无论什么事情都要干涉了。在"五四"时期，因为题目是争外交，行为是学生界自己先本了牺牲的精神去奋斗，自然可以得到各方面的同情。学生界因此便以为可以指挥一切了，由指挥而变为干涉，而变为强迫，这也是有恃太过的缘故。这可怜的是错认了手段。"五四"的手段，是放火、打人、请愿、游行、发宣言、罢课等等；但这种手段绝不是万能的，"五四"的能得各方面的同情，是精神的关系，原不是手段的关系。这一点，学生界确实并没有看得明白，所以一次、二次、三次以至于无数次，无论对于什么事都抄老文章，而根本重要的精神却反忘掉了。由于这三种原因，便使学生界养成一种虚骄气，这是"五四"所给予学生界的影响的又一个。

因为虚骄，所以只想用最取巧的手段而取得虚荣。经过了种种的转变，乃演成一般学生的文艺的倾向，所以到了近来，学生界没有出版物则已，一有出版物，便是文艺的，比较民国八、九年的情形实在不能不说是退步。那时的学生界的出版物虽也和现在的一样幼稚，但对于各种问题都有人努力去探索，却不像现在大家都只走一条路。文艺的倾向，自然不能算不好，在中国或许还正有这种需要。所以使人不能乐观的，就是一般学生的所以有这样的倾向，他们的动机和行为都来得不真实。原来他们的动机只是为文艺比较别的都容易而有效。自然这是错误的。但所以有这样的误解，也是事实造成。真正的文艺虽正和科学一样不是容易的，而要做几首"诗"或者一篇"小说"来投稿比较要作一篇科学论文总容易，这全是因为出版界对于文艺特别廉价的缘故。因为只要做这种价廉而物不必美的货色，所以一般所谓爱好文艺的学生绝不肯下死功夫，在学校里除了看小说、读诗以外，算学、物理、自然放到九霄云外去，就是外国文也觉到头痛。这种畸形的发展，在学生界，近来非常盛行，这也是"五四"所生的影响的一个。

文艺的倾向，是学生界的一种流行的现象，而和这个有同一程度的，就是社会活动。大部分也是为了虚荣的缘故，其中很小部分还有比较卑劣的动机，就是为个人很小的私利。这一部分学生除了终天在外面交际、开会以外，连小说也不看，诗也不读了。有少数很活动的人，一身而参加十几个团体，难道真有这样的力量吗？这样一来，最可怜的固然是免不了堕落，即或不堕落的，至少也要患知识贫弱症。社会上这样的分子一天一天地增加，是何等可怕！学生界近来所发表的评论的文字和宣言书等，比较“五四”时候的，就大多数看起来，实在是退步，就是实力缺乏的表征。“五四”所生的影响到这地步，真是出人意表！

“五四”所生的影响，除了上述各项以外，最大而令人最伤心的，就是学潮的盛行。因了学生界的所欲过奢，因了学生界的不脚踏实地去努力，因了学生界的不能有一条常轨依照着前进，又因了教育者的不能应付适当，因了学校外部的势力要侵入学校内部去，所以学校就不容易有安宁的日子。而学校起一次风潮，就不免有一次的牺牲，多一次的牺牲，元气就免不了要减损几分。于是要维持教育界固有状况也不可能，哪里还有发展的余地？教育界随已感到这种状况的不可以久长，而想竭力整顿，但因所取的手段失当，所以适得其反。

从这许多影响看来，“五四”究竟是成功呢，还是失败呢？这个断语实不容易下。我觉得，若只是就以前看，那就只好说是失败。但倘使能利用这机会，切实地努力，却也未尝不可挽回，那么也就不得不算是成功了。总之，从“五四”到现在，可以说不过造成一个可以为善，可以为不善的转机。比较从前死气沉沉的状况自然不能不算是有希望。但这个过渡现象，就不说“长此以往不堪设想”，但是不善利导，也必然的陷于悲观了。

中国现在的教育界，完全是病的。病因是旧思想的积滞引起的反动，到了“五四”而发现；症候是元气亏损，全身失调，虚弱昏眩。这两句话的证明，在前面已经说的不少了。这种神经衰弱、歇斯底里的病状，在中国人，原是漫不经心的，但年长月久地下去，以后也一定不良了。这种病当然不是靠药物可以治疗，只有适宜地请求卫生。以下将说卫生应注意的事项，就是今后教育界应采取的方针；倘能这样地努力，我可保证不但健康可以恢复，还能返老还童呢！不然，恐终成不治之症了。

我想最先决的问题，就是教育所负的使命。照卢梭的意见，教育不是养成官僚政客，而是养成人类的；不但养成工匠，而是注重养成正当的人类。裴斯泰罗齐也以为教育应当把人生全个的发展；人的自然的发育，才力的培养，生活的进化，都是教育的目的。黑尔巴特把教育的目的归结于“道德”，杜威认为教育就是生活、学校就是社会。他们的意见虽各有出入，而根本的精神可以说毫无差异，都是主张教育是顺着人的天性而完成人的发育，使他在人类中成为一个健全的分子，以参与人类的共同活动。倘然我们是认了这句话，把它作为前提来批评中国现在仍因袭着的旧教育思想，岂不是一钱不值吗？中国几千年来的传统的思想都认为教育是以造成治国、平天下的人才，即官僚政客之类的人物为目的。而一方面又相信半部论语就可治天下，于是所谓教育就只有死知识的传授，和古人的经验的发卖。民国前二十来年，废科举、兴学校，虽然抄了几张外国药方来，但是目的还是为国家造人才，所谓人才者就是要懂得“中学为体西学为用”的，所以仍然离不了读死书。再说得好听点，也只是授知识，教技能；至于学生的品性、生活，当然可以置之不闻不问之列。北京人养鸭子，要它肥，是关在笼子里使它一步不能走，每天喂它以过量的食物；中国过去的教育，要使学生有知识，也只用了相似的方法。就是一百二十万地让步，这种方法在过去是事实所产生，不能算全没意义，但最少今后，已经起了反动的今后，老文章是抄不来了。今后的教育是使青年得到安全的生活，而从安全生活中养成表现自我的充实的力量，而不是硬将他们“造”成“人才”了。今后的学校是道德化了、艺术化了的社会的缩图，是未来的社会的设计。明白这一点，立刻当然可以觉得旧有的方法固然不适，用就是这几年来所用的方法也有修正的必要。怎样修正呢？此是后话，暂且不表。先来恭恭敬敬、诚诚恳恳地告诉各教育者。从前的教育是本了“师严然后道尊”的精神而以威信作基础的。在那只要养成奴才式的好人的时代，原也是很好的方法。今后的社会既不能再希望真命天子出世，当然要仗着大家共同努力，使用奴才的和被使用的奴才的都同时不能存在，所有的人既各自顶天立地地站在同一平面上做人。社会的基础当然建筑在情爱上面，相应而生的教育自然也不能自外，而不得不从情爱上出发。其实就是旧日的教育也不是全然超越于情爱以外。所谓“威”或可“马上得之”，但说到“信”就不能不乞灵于情爱了。以情爱为根本，这是今后教育的第一个要点。

今后的教育的领域以内，不是知识的授受可以全然占领的了。教育是负有社会的使命的，应当保护社会的分子使他们成长健全，所以知识以外的问题，若品性，若趣味，都是不可忽视的。因此，今后的教育者不只是和从前的一样，仅仅手足和嘴巴的活动，而需要身心一致地活动了。这也并不是很新奇的事体，不过重新把旧话提起。中国人所最崇信的“万世师表”的教育家孔子，他教育弟子就已是这样的，好像这种精神的失去，还是最近三四十年抄洋方子的时候的事体。在这一点是应当“光复”的。所以这样，就是为要使青年完成的缘故，身体孱弱的道学家，道德堕落的学问家，都不是今后教育所应当产生的人物；必不得已，在道德、知识和身体三方面，而非缺一不可，那么，勿宁还是以知识为先。我总这样想，单是缺少知识，最少总不是坏人；若道德或身体失常，而有充足的知识，那真是一个“危险分子”！

将这两个要点捉住，教育的一切设施当然都要变过了。下面再具体地讨论几个实施的问题。

其一，学校中应当教师和学生协同活动。我曾经发过这样的疑问，学生自治怎样讲呢？学生而能自治，不必提倡已会自治；过去的教育虽然腐败，绝没有学生真能自治而非越俎代庖不可的。学生而不能自治，就放手让他们去，岂不太违反教育了吗？我于是以为学校中应当师生合治。我这个理想曾经在某中学实验过，我觉得经过很好。因为这样一来，大家都明白了自己对于学校的责任。这样一来，师生聚在一块和父子兄弟姊妹一样，全无隔阂而能互相谅解，“责善则离”的现象既不存在，难解决的问题也没有。可惜这个实验终于失败了。失败的原因却不在于方法，也不关于学生，反而在教师，反而在教师要维持他的威严。原来那时的规定，凡有甲乙两方冲突时，无论是教师与教师、学生与学生或教师与学生，都要受同一机关的调解，而这机关是由师生合组的。教师要保持威严，并且有时又免不了和学生冲突而不能自已解决，同时又不受那机关的调解，这就是失败的原因。虽是这样的失败了去，我却至今相信，并不是法的不善。倘使教师真能抛却虚荣，有错就认错，光明正大的无所谓威严，那一定可以成功。我以为教师和学生在学校中只能因责任不同而分工，教授是学校中某一部分分子的责任，而读书也是某一部分分子的责任。所谓分工，当然没有阶级的差别，而是如手如足的在这样协同的动作当中，彼此能够得到深厚而真切的了解，这是第一种好处。因了彼此相互的了解，不断地协作，潜移默化，训育收效极大，这是第二种好处。又因了互相感染，而教师不至一天一天地加速度地将暮气吸到身上，学生呢，也可在无形中将那各人禀赋的很简单的性格长久保留，这是第三种好处。还有，师生既协同动作，无一个人不视学校就如自己的家庭，而爱护它，力图它的发展，这是第四种好处。此外的好处，真是不一而足，倘教育者真能放胆地实行了去，学校中绝无有困难不可解的问题，所谓学潮，所谓学生的轨外行动，都能不解决而解决。

其二，团体生活的训练。如上面所已经举到的近年来教育界的病状，学生干预政治问题、男女同学问题、学潮问题，都是要由训练团体生活才能得到正当救治。中国人因为不了解什么是团体生活，所以一切组织都不能适当，应用起来就毛病百出。中国的学校虽是聚集了几十人、几百人，但总是各自为政的。我因为不但不反对学生干预政治，而且希望学生真有干政治的实力，所以更重视团体生活的训练。所谓政治，只要是团体生活都有的。学生干预政治，也不只是学生时代对于政治能尽点鼓吹和监督的责任就可了事；最重要的，还是学生时代过去以后真有干预政治的实力。中国人有这样的力量吗？中国人的团体大多数都是被坏人把持，而所谓好人袖着手在旁边丧气，这是中国人的政治能力的表现。团体生活中，各分子的责任怎样，相互间的关系和应持的态度怎样，这都是今后的教育应当注意的问题。

其三，思想的指导。学生界受了“五四”的影响，思想突然开放，但可以供他们吸收的东西却非常贫乏，所以成了种种的险象。今后教育的问题要算这个最重大了。我以为一个人的生活应当受一个中心思想的支配。一个人先要有了中心思想，然后步调才不至于紊乱。再进一步，却又要注意所抱的中心思想是否较善的。

现在的学生，也许不只学生，既没有中心思想，自然更不说到中心思想的好坏。因此一切行动，很难受理智的支配。虽然人的生活不应当全受那理智的支配而成一种僵冷的状态，但全失了理智作用，也不能安全的。所以指导思想实在是重要问题，前面已经说过，“五四”以后因学生的思想变迁，发生了许多可怕的现象。其中最重要的是三种，一是堕落，二是颓废，三是悲观。堕落和颓废固然可怕，而悲观更是可怕。前个月中，我所知道的，自杀的学生有四个。这种现象若不根本想法救济，教育前途实在很可伤心。因为自杀的青年学生都是素来比较好的。虽说自杀还有社会的关系，但社会的关系终于只有由人来解决。和这样社会反抗的人是非有素养不可的。青年学生因思想解放而无所依据，而发生人生问题，这非由教育上加以适宜的指正不能挽救。就是现在流行着的其他的倾向，也非青年学生的思想根本改变不能挽回。即如畸形的发展，实在是可使青年自己毁减。

再，现在中国因政治上的紊乱，乘机而起的各种主义，和各种运动者的叫喊，都是足使青年学生迷醉的，为了他们未来的责任，当然不能而且不忍坐看他的受诱惑。然而现在教育界对于学生的受诱惑，不但不同情，反而本了憎恶的心理，加以批评、讥讽、压迫，这样哪有光明的一日？现在的真实的教育者，所谓热心的，最多只是教学生不要走这样那样的路而那可走应走的路却不会指示给他们。我不是主张要拿某一主义在教育上拼死命地鼓吹，而将他们麻醉。但各种思想、主义的真意义真面目却非使他们切切实实地去认识不可。要他们有了这样的认识，他们才有别择的力量，才不致误入迷途或茫然无措。这就是我所以主张思想指导的理由。

今年是第七次纪念“五四”了。它所以值得纪念的原因，在它给与了教育界改造的机会。从今天起脚踏实地努力利用这机会对于教育加以改造，才是有意义！我诚虔地祷祝教育界努力使“五四”所生的恶影响很快地过去！注意！整饬学风的呼声四面都起来了！小心！不要坐着等别人来代替整饬呀！[①]

民国十五年（1926 年）第 18 卷第 5 号

---

① 为保持文献原貌，未对作者当时对五四运动的某些负面评价做删减。——编者注

教育界之党派观

周谷城

近年以来，教育事业，无论何省，均少进步。不唯少进步，甚且现状亦不能维持，年复一年，往后倒退。近人方谓：教育一端，实为维持民族生命之手段，延长民族生命之工具，发展民族生命之利器。讵知民族生命，在过去数年，并未受教育丝毫之赐，甚且反遭其恶劣影响！此中原因，其大且显者，实不难求得。政局不宁，军事纷扰，直接影响教育，致不能循序向前发展，一也。因政治军事关系，教育经费未能独立，应得之款往往移作军政费用，致教育事业无法发展，二也。教育经费既不可靠，教育事业之勉强敷衍维持，亦全赖军政费用之剩余，举凡应行与革命之事，一筹莫展；于是办教育者，意懒心灰，一味因循苟且，三也。因办教育者之因循苟且，于是学生终日在放任的空气之中过活，精神全不振作：浪漫堕落者有之；以看小说为命者有之；以高谈主义，夸眩于友朋之前，即认自己为学成者有之；以向学校捣乱为长技，专门向学校开玩笑者有之；专门从事政治活动，不知学问为何物者有之。剩下最少数真欲求学者，又因学校已不成其为学校，无学可求，此其四也。此四种原因，无论身居教育界中或身居教育界以外者，均能道其一二。唯此外尚有一最大之原因，影响教育最深切者，独少数人齿及。纵令齿及，亦不深究，以为无关重要者然。此原因维何？教育界之党派是也。

教育界之党派，凡稍稍服务教育界者，当能察觉。其复杂，其腐败，其彼此互竞之烈，其影响教育本身之大，当亦能深知。唯秘而不发者，想是因抱定家丑不可外扬之念，犹欲自诩教育界为清高，实则教育界之丑声早已闻于外矣。此次中央大学院召集全国教育会议，蔡院长于举行开幕典礼之日，其致开会词中亦谓：教育界或因某校同学之关系而联为一系，相与竞争。（据新闻报）似此，则当局亦已注意教育界之党派问题矣。教育之党派，近来殆已复杂至不可名言。就留学生之归国服务教育界者言，有所谓东洋派、西洋派等等。西洋派中，又有所谓英国派、美国派、法国派等等。就国内学校毕业之教育界人士言，有所谓北京派、南京派等等。

就教育界人士出身之母校言，又有所谓某某大学派、某某高师派等等。大之全国，小之一县、一乡镇，凡教育界，无不有党，无不有派。人谓政界腐败，党派分歧，涉足其间者，无不腐化。谁知向所谓清高之教育界，亦已腐败，亦且党派分歧。涉足其间者，虽不敢云尽皆腐化，然欺隐、排挤、互竞争等等妙术，则必稍稍学习焉！不如是或不足以称老教育界，不如是或不能在教育界立足。抱空想者，方大倡其所谓政治学术化，明明一国家行政机关，亦必易其名曰院，立意可谓美矣。然而在事实上，学术或教育，且早已政治化矣！

教育界既已如政治界之污浊，党派分歧，而各党各派之活动的形式，亦甚可观，一曰夺取教育行政机关。每当教育行政机关之重要人员，如省教育厅长、县教育局长或乡镇学务主任之类，一有更易，各党各派，无不各显神通，团结势力，拉拢各游离分子，勾结各种会社，共抬一人作傀儡，以期在教育行政上占得重要之地位及势力，进而操纵教育一切之设施。二曰包办学校，把持教育学术机关。原来夺取教育行政机关，初意本就在包办学校或把持教育学术机关。故每当某一学校更换校长之时，各党各派，又必大肆活动，各抬举其领袖人物，向教育长官包围，迫其委某也某也为校长。而教育长官原是某一之势力，或某几派结合之势力所抬出，少有不被人包围而即软化者。近来以来，教育当局委派校长或教育学术机关负责人员，往往预先考察教育界中各党派势力之厚薄，择其势力雄厚者委之。稍一不慎，常常发生风潮，酿出长期之纷扰。似此，则教育行政机关已变成教育界党派势力雄厚者之代理机关矣！三曰利用学生。某一学校若纯为一党一派所包办，固无取乎利用学生。但纯由一派包办，往往引起别党派之仇视。为免除仇视起见，则主持某校者必用若干自己党派以外之人，以图敷衍，于是利用学生之机会至矣。甲派拉拢若干学生，以为后盾，以保护自己势力。乙派拉拢若干学生，以为后盾，以保护自己势力。学校一有某种问题发生，无不向学生领袖煽动，以期获得多数之拥护。且平时无不向学生直接间接，有意无意，论某某之长，道某某之短。教职员中有党派矣，学生中易受其影响，无形中显出党或派焉。每当校长之更换也，挽旧者有一派，迎新者又有一派，上列三端，其较著者，详细描写，累若千万言亦不能完。此等腐败现象，凡曾服务教育界者，谅无不知也。所谓神圣之教育事业，其内幕竟复尔尔！

党派活动之形式，固如是矣。且试进而考察各党各派之宗旨。试看各党各派夺取行政机关、包办学校、利用学生等等，其用意究竟何在。平心论之，教育界之党派，未必全无可以公开之宗旨。例如民国八年至十年时，教育界党派之斗争，颇为激烈。数年内，教育界受五四运动影响，发生一种新旧思想之冲突。提倡新思想者，号为新派。其在教育上之主张，有下列数项：国文一科，采用语体文，一也；极力消去职教员与学生间之隔阂，二也；提倡思想上之自由，三也；主张学生自治，四也；教职员深入学生之中，与学生共同活动，五也；提倡学生社会的活动，六也。反是，援用向来所习用之法以办教育者，谓之旧派。当时新派旧派之争，颇为激烈。新旧之分，姑无论其有无意义。教育界党派之争，而能本新或旧以为宗旨，要亦难能可贵。此殆上焉者也。其次则以获得谋生之职业为宗旨。更质实言之，即以争得饭碗为宗旨。如一党一派之领袖，偶因机缘，荣膺省教育厅长或县教育局长或某学校校长，则随即可以提拔一大批人物，随即可以解决一大批人之饭碗问题。一党一派，若夺得一席厅长，则该党或派之人物，不独可以安插一大批于厅内，即在教育界做普通事务，亦较容易，盖有人为之推广或援引也。此种职业竞争，或饭碗竞争，殆教育界之党派的最主要之宗旨。以新旧思想为宗旨，固极高明；以职业、饭碗为宗旨，亦未必十分卑鄙。但除此而外，更有一大宗旨，培养后起之势力是也。教育界常有许多人，其办理教育事业，在教育界活动，专以培植后起之势力为宗旨。如任某校校长，则视该校学生为彼辈之私有物，为他日作别种活动或竞争之后备势力。某派在教育界活动之范围愈广，则所识学生愈多。学生愈多，则他日在普通社会中竞争之后备势力愈大。现在常有许多知名之士，创办私立学校；以云贯彻主张，自己固毫无主张；以云获利，往往须赔大本，实无利可获。其主要目的即在扩充后备势力，以便在社会上活动。致使奔竞之风，遂愈演愈烈！

教育界党派之活动，其形式既如彼，其宗旨又如此，则其流弊当有不堪言者。第一，使社会道德堕落。堂堂教育界人士，不顾自己应否为人家之模范，偏偏结党结派，互相排挤，互相竞争。同党同派，不问贤否，均是好友；异党异派，虽至善之人，亦必常以谰言相加。为欲营私，其行动遂常卑鄙。竞争愈烈，卑鄙愈甚，倾轧排挤之手段愈高明。社会道德因而日益堕落。第二，妨害教育行政。一党一派把持教育机关，其行政常着眼于自己党派之利益。如摊发经费，常先本党本派，即是显例。此一弊也。而敌党敌派，又常趁隙捣乱。当局有所施为，暗中阻扰。或拨弄是非，或中伤当局，务使行政发生困难。例如更换一校之长，往往因教育界党派意见未能一致，竟悬而不决，教育当局且无可如何。此又一弊也。其他障碍教育行政之处，尚不可胜数。第三，破坏学风。今日一班自命为老成持重之辈，常叹惜痛恨于学校风纪之不良，动辄责骂学生，且常提出不近人情之整顿学风的意见。殊不知学风之坏，实教育界自己坏之，并非完全为学生之罪。教育界党派分歧，互相竞争，动辄利用学生，于学生中制造党派，勾结学生领袖，以为自己党派竞争之工具。如此而欲学风不坏，其何可能？第四，阻止教育进步。此层殆不言而喻。教育界自己日益腐败，不能为人之楷模；妨害教育行政，使教育当局不能顺利治事；更率领学生章明较著于风纪之破坏。此便是教育之大退步矣。况复党派竞争，各党各派只知党派自身之利益，于各方面，敷衍弥缝；各人精力，专用于对人，不用于施教。服务教育界者如此，教育尚有何进步之可言？

教育界党派之流弊，既已如此，则为图教育进步起见，必须设法免除。而欲免除教育界党派之流弊，必首先考察其起因。教育界党派竞争之风习，究竟因何而起？最主要之原因，厥为生计迫促。生计迫促，有两方面之意义：一是知识分子之数量日益加多。二是知识分子活动之范围日渐缩小，纵未缩小，然亦决未扩大。中国大学校、专门学校、高等学校等之学生数目虽较任何文明国为少，然前后相较，近数年来，确较民国初年为加多。此类学生，所习之业，虽各不同，然因国内生产事业未见开发，百端俱废，应用专才之处绝少，于是彼辈活动之范围，除政界面外，厥为教育界。至若留学国外者，无论所习之业为何，迁国以后，亦无不首先在教育界活动，借教育界为逆旅，然后徐徐向他方面发展。即毕业于普通中学而不能升学之学生，除赋闲而外，亦复多与初级师范生在小学教育界互相竞争！情形如此，党派便于以发生。其次为时局不宁。时局不宁，教育行政当局常有更动。行政当局更动一次，凡学校中及其他教育机关之服务者必大批换掉。因此之故，教育界常人人自危，于是不得不各显神通，互相竞争，以期夺得自己之生路。在一方面，人人固须竞争以谋生；然同时在另一方面，行政当局又不能镇压此种竞争，且实助长之。盖行政当局自己之地位，常系勉强得来，一方面须勾结有势之军人，另一方面须拉拢教育界许多人士。因此予人以可乘之隙，教育界之各党各派乃得出而包围之、威胁之、中伤之、抬举之。此最足以助长竞争者也。生计迫促，为经济的原因；时局不宁，为政治的原因。生计迫促，不得不竞争；时局不宁，最便于竞争。仍在任何竞争之中，个人究不如团体之能生效。于是乎有党，于是乎有派。近来教育界中党派竞争的流弊之原因，虽极复杂，然无不可以直接或间接归纳为经济的、政治的两者。

既知教育界党派竞争之根本原因矣，则救济之道，不难求得。第一，解决生计问题。近来国人生计，困难已达极点，除最少数者外，无不叫苦连天。此中原因，殆由于：国内生产事业未能开发，一切庶政，未上轨道，知识分子无处栖身；国外资本势力经济的压迫，致国人过水平线以下之生活，且濒于破产。人人为生计所迫，不得不竭力竞争。近数年来，人对人的关系日益复杂，竞争风气日益普遍。教育界之党派竞争，其一种也。如欲免去教育界此等竞争，最根本之道，在开发国内生产事业，解除国际资本主义之压迫。于是，则国人生路可见渐渐开辟，知识分子生存活动不限于教育一途，则竞争之风气自可减杀。第二，提倡人才主义。生活稍稍安定矣，有途径矣，则当提倡人才主义，使有用之才治适当之事，一反现在阿谀奉承，提拔诱掖之恶习。毋令有用之才，用之不得其当，如今日者。今日中国最感缺乏者，莫如人才。其实未必全无人才，只以用之不得其当，不能表现其长处也。例如学机械工程者，因国内机械工业未能发达，入教育界教授生徒，而所教者又未必是其所习之本业；若是则长才立变为劣货矣。倘使人尽其才，于教育有兴趣者从事教育；习工商业者，从事工商；各得其用。久而又久，一切事业，日渐专门；一切人才，各唯适于专门之用。至是，虽有欲竞争者，亦无所施其计矣。第三，澄清政治，建设廉洁巩固之政府。时至今日，欲开发生产事业，解决国人生计问题；欲选用人才，使适当之人才治适当之事业，又非有强有力之政府不可。倘政府而永久为军人掌中之物，一切政令不是依军人意旨而发，即为毫无效力之具文；则奔竞之风，当只有加无已，人人只知依附势力，或自造势力。依附势力或自造势力，皆所以凑成党派者，皆所以助长竞争者。归结言之，欲免去教育界党派之流弊，根本之道，在于：扩充一般人之生路，从而使知识分子有较广大的谋生之途径；在使人各得尽才，才各得尽其用；人才与事业日渐专门，虽欲竞争，亦不可得。然欲达到此等目的，又必有强有力的廉洁政府。依有计划的步骤，扫除一切障碍，以徐徐达到各得其生、才尽其用之理想境界。近来政治当局亦常常通令提倡中国固有之道德，目的在挽回人心，改变世俗，立意至善。唯通令只有少数知识分子能在报纸上看见一次，且看过之后，随即忘却，效力颇小。仍望当局着眼于根本问题之解决，毋单只斤斤于数十字之通令也。

民国十七年（1928 年）第 20 卷第 7 号

教育之政治的使命

公　朴

自中国革命运动兴起，所及于教育界的影响之一，可以说是稍稍打破了教育与政治无关的这个谬见。他们——教育者参加党籍，宣传党义，甚或担任党务，且进而掌握政务，向来“教育独立政治莫问”的习气似乎已经有点改变了。这是教育者走入教育本来任务之初步，新中国的教育者是必须有这一个觉悟的。

在目下军政渐告结束，民政预备抬头的时期，教育者任务上所负的使命，当比以前更猛进更彻底地干去。照孙总理的遗嘱看来，“开国民会议”乃是最近所当促其实现的一种主张，教育者自身是国民，所从事工作的对象也是国民，如何准备他们自己，如何训练一般国民，教育者实自有其应尽之责。现在就此稍加申说。

教育者最先对自身应有所准备。这准备的项目有二：一是彻悟教育与政治的关系究竟何在。就大体言，在革命前，即在革命群众获取政权以前，教育是个武器，用以破坏、煽动、宣传，把统治阶级的罪恶尽量揭布，把革命的政纲尽量传播，这与军事的进攻固有相似的作用，而由此激起被压迫的民众的革命情绪，培养成努力革命工作的新要素，则是于破坏以外，更有建设的功能。要言之，在革命前，教育是用以斗争的、志在获收政权的武器之一。在革命后，即在革命群众已经获取了政权，这时，教育的责任是在拥护民众，训育民众，以拥护这一政权，巩固这一政权，保住民众对政府的密切关系和对政策的一致信任。因为那时的政府就是民众所选出以行使政权的，它与民众站在一起，再不是与民众相对抗。要之，在革命后，教育是防卫政权并促进政权的一种机能。明白了这两点以后，对于教育与政治关系之见地，当不复能容忍过去教育是超越政治而独立存在的那种误解了。其他一项的准备，是要把教育者这一集团的力量团结起来，成为一个社会势力，不仅是保障自身的利益，也且为献身于国家建设的基础。未来的国民会议中，教育者势必有代表参加，那是教育者直接干预政治的最大机会。如何利用这一机会以争取生活地位的保障和获得国民的自由，且议定国家教育的新纲领以发挥教育的最大使命，实为教育者集团在事前所应郑重准备的。

其次，教育者对为自己工作对象的儿童们，必须认出自己使命的所在。教育者所日夕与共的儿童，不是极大部分是属于中下阶级的子女吗？他们可说是被压迫者，他们要求一切的解放：在政治上，在经济上，在法律上，在社会上，乃至在教育上。究竟他们能获得解放的门路，抑或依旧受旧支配势力的屈服而不获见天日，就视今日教育者如何教育他们以为定。你们若教他们“安分守己”，不要与闻政治，那么，他们自然要和政治绝缘——虽然是实际的生活条件自能给他们以实际的政治教育；反之，你们若教他们明白当地的政治环境何如，对他们的本身生活关系何如，随时随地领导他们去接近政治，那么，政治将为他们日常生活的要素，如上节所述在革命前宣传争取政权，在革命后拥护政权的教育作用也可达到。这种要求，在实行真正民权主义的国家，是异常的需要；除非国家不属于大多数人而属于少数人，它才要用愚民政策来防止国民的参与政治与明了政治。我们不要以为儿童们年幼，不必懂政治，要知懂政治不是研究政治学理，不是主持政治纲领，在我们素与政治绝缘的社会里，仿佛政治是天外飞来的新事件，但在实行民权主义的国家，是绝不会觉得稀奇的。所以教育者要对儿童供给他们所需要的政治教育。

最后，教育者对一般民众应尽责任。革命靠民众运动才会成功，如今停止民众运动，是一时的现象，不久自当复活。教育者的天地绝不像现在所见所处的那样狭小。教育者是通文化与民众之间的一条大路。教育是绝不该以幽禁在校门以内，研究研究学理，教教儿童，以维持个人的生活，满足个人的欲望算已尽职，教育者的人生观教育观是不局限于个人，而是公开于社会的。教育者负有社会的使命，他们应从讲坛上解放，向着社会民众进去，参加社会民众运动。今后的学校也不当仅仅是儿童的学校——不再是“学校重地，闲人莫入”的学校，而当成为当地文化的中心点，为当地民众吸取文化资料的泉源。它要做扫除文盲运动，它要做民众政治训练运动，它要利用种种革命纪念日做扩大的宣传运动；它将是征伐迷信、破除旧习的大本营，它将是民众娱乐、民众集合的大会场。故今后的教育者当是国民文化的宣导者，而学校是国民文化的灯塔。文化愈开明，同时政治的进行愈顺利，因为民众的政治主张愈可正确，拥护政权的信念亦愈得坚定之故。

再有一层，当教员的，尤其是小学教员，大概出身于贫困阶级者为多。特权阶级、富有阶级的子弟，希望做小学校的先生而受师范教育的，似乎还未曾听到。只是这所谓师范教育，并不适合他们本身，乃至未来待他们教育的小国民的需要，却反为了支配阶级的需要，故穷困阶级出身的小学教员对穷困阶级的小学儿童而说不为穷困阶级的话，真是天下的奇迹。为此，教育者和一般国民的生活条件，在实际上是一致的。教育者帮助受难民众，谋苦难之解除，实际也就为自己谋解除苦难。教育者明白了这一点，我想一定对于一般民众要更努力做政治教育的工作了。

儿童要受他们所不可不生活的事情的教育，民众也要受他们所不可不生活的事情的教育，教育者自身也要受他们不可不生活的事情的教育，归结地说，他们全体都要为解除压迫、为争取自由而工作，而教育者却有准备自己与训练儿童及民众的责任，故作者希望全国的小学校教员诸君从今团结起来，喊出政治活动的口号，反抗诸种不当的压迫，拥护本身的组织，并实现教育之民众化！

民国十七年（1928年）第20卷第9号

教育之本质及其变质

李　谊

教育的本质是什么？简单地说，教育是社会所需要的劳动之一领域，是给与劳动力一种特殊的资格的；换句通俗的话，教育便是帮助人类营社会生活的一种手段。但是这样一种起于人类实际生活需要的教育，并不是终古如斯的，它的意义和它的内容是常常变的。

“在原始社会，教育是全人类都得享受，也是都当享受的。到了社会分成阶级，于是教育也带上色彩。在支配阶级方面，有俨然的教育制度，有厘然的教育规则，有专供本阶级适用的教育材料。至于被支配阶级，不是全被摈在这种教育制度之外，便被施以欺瞒的教育。”

“因为这个缘故，自社会有了阶级的对立和斗争以来，在教育上就也不断地发生对立和斗争。在真正教育史上教育意义的历次变迁，便是在社会阶级关系的历史变动期中所表现的形态，便也成为阶级斗争之一个部门，一个阶段。”——引用叶公朴君的话。这个转变的关头是在社会的分成阶级。在社会未有阶级，即在原始社会时代，教育是全人类的，也就是统一的；等到社会分成阶级，即在所谓文明时代，教育就变成阶级的，且是对立的。

阶级的对立的教育，是人类有文明期历史以来的教育的特质；这在教育的本质上言，却是变质。

试就历史来检讨教育意义变迁的大概。

人类的过去，约有十之九的部分是可称为氏族制度之时代——假定人类的全历史为 5 万年，那么怕有 4.5 万年是属于这个时代——即原始社会时代。在氏族制度的社会，生产以社会之必要为目标，消费以满足各人之需要为原则，即生产不以买卖赚钱为目的，消费以人人满足为理想。换言之，就是大家劳动，大家消费。在同一时代同一社会中而有不劳而获与劳而还饿的两种人并存的事实，在这个氏族制度时代的人看来，简直是绝对不可理解的谜。说他们的子孙要为这个谜而遍尝苦痛，甚至走头无路，是连梦想都不会有的。这种共动共乐的社会之道德，是怎样地与今日的社会之道德有别，自然不难想象。

至于他们的教育，无待言，自不外于所谓“种族保存”之生物学的目的，即是适应实际生活需要的目的。在氏族制度时代，除由这一代向下一代传授社会的遗产之外，别无何种意味。即除“种族保存”（“个体保存”包括在内）之目的以外，更无他种教育目的。当代的人一面利用由前代所传下的精神的及物质的遗产，一面更加上新的经验与发明，以传授给后一代。所以这不是个人的事情，而是社会的事情；这又不是支配的事情，而是平等的事情。

然自人类社会中有私有财产制发生，并且逐渐发达之后，于是人类全体之生活遂出现根本的差异。

因为私有制既经发生而且发达，势必有拥护这个制度之道德跟着发生发达。从来除单纯的生物学目的以外不另有目的的教育，一到这儿，也便将拥护这制度之新道德加入，要把这传授给后代，叫他们负担这一项新的任务。至于这种新道德是否与人类全体之幸福或利益相一致，是与教育不相关的。由是为教育本来任务的种族保存即全社会的生活需要，就渐次丧失其意义。

在氏族制度社会，各人在才能上虽有差异，但在生存上之权利是平等的。然私有制发生以后，遂生出各人私有财产之差别。私有多者与私有少者，在生存上的权利也不相平等。一方面是“朱门酒肉臭”，他方面是“路有冻死骨”。这样，所有少者或全然没有者，不得不屈服于所有多者。后者就握有前者的“生杀与夺之权”。在这种社会中，适于所有多者之道德逐渐发达，教育就成为向下代传授这种新道德的工具。

私有财产之差异终于破坏了和平的原始社会之组织，即单一平等的社会由是分裂成富者与贫者。这一分裂引起了从来的“秩序”之破坏，因此发生了不断的扰攘。支配阶级为要在表面上掩饰这一扰攘，缓和贫富间的冲突，以便财产得有合法的保障，自有造成新的秩序之必要，国家制度就由此建立起来。

说句比喻，国家是建立在原始社会之废墟上的回旋舞台。这个回旋舞台是不过在四千多年前才造成的，到了今日却已有几度的回旋了。但是任何个舞台面上，台柱子终是“所有多者”,“跑龙套”终是“所有少者”及无所有者。而所谓“教育”这条鞭，终被握在台柱子手里，以之驱策指挥“跑龙套”用的。

试看西洋教育史。

古代——舞台面为希腊及罗马之时代，台柱子是贵族，“跑龙套”是奴隶。这一时代的教育，在确证并赞美为台柱子的贵族之优越与使做“跑龙套”的奴隶感到自己的卑微与暴弃，贵族们相信自己来得特别高贵，视奴隶为非相同的人类。他们榨取奴隶的劳动以筑成自己豪奢的生活，而教育的任务便在使这件事实为合法化。

中世——舞台回转而至中世纪，台柱子是封建诸侯与僧侣，“跑龙套”则为农奴。诸侯与僧侣高居农奴之上，教育任务在使农奴永不醒目，过土拨鼠的生活。基督教利用上帝的名义，说善良的土拨鼠死后可升天国。

近代——舞台更回转而至近代，这里资本家做了台柱子，工农及贫民成为“跑龙套”。在这个舞台上，自然一切的背景、服式乃至说白等等，全为台柱子而设置。所谓教育者自也不外使台柱子的表演愈加有声有色而已。

故若注意在人类进化历程上的教育之历史，可知最初的教育的起源，实为帮助生活。其作用只是一种用以维持生活之手段。但因历史的进展，教育意义乃大有变迁。这个变迁的大概可说如下：

第一，在氏族制度时代之教育，是为种族之维持发展，由一代向次代传下物质的及精神的之社会的遗产，完全是生物学的目的。

第二，当私有制勃兴时代，社会分裂，从而教育于生物学的目的之外，加上当作支配工具的目的。

第三，当私有制已经发达之后，教育之目的遂变为忽视第一义而重视第二义。

从希腊罗马开始的教育史，已经是变质了的教育之历史。这种教育一直到如今还未告终。故一般教育学者之不信教育目的在乎“保持种族”，在乎适应实际生活的需要，而必得装成其他冠冕堂皇的门面，使一般人迷信教育事业为神圣为高贵，也正不失为“御用学者”的本色。

教育的阶级性本是显然的事实，但为使读者格外明了起见，我可就一般学问的阶级性略加解说。

一切学问当初原由社会的实际要求而生。但等到社会中有了阶级，一个社会分成了几个阶级，于是可以叫做单纯的社会要求者已经不复存在，代之而起的乃为某一阶级的要求。自是而后，学问这样东西，终是由于这种阶级的要求以发生，以发达的。从而无论何种学问，必然地带有多少阶级的性质、阶级的色彩。虽或有人要说科学是探求纯粹真理的，所以没有这种阶级的性质，但是要知道科学既然不离实用，那么在阶级社会中，就决不能有全离阶级的实用之事。这在社会科学上尤其已甚，如有产者经济学与无产者经济学俨然对抗，可以为证。至在自然科学上，也是有阶级的意义存在或潜伏着的，不过或大或小，或直接或间接之不同罢了。

拿天文学为例。天文学初起的时候，确是为了社会全体的利益，但后来原始社会渐渐变迁，有所谓族长制度渐渐发生，于是天文学由为了全社会的利益的学问变而为为少数人（即族长阶级、治者阶级）的利益的学问。就是天文学（其他学问也复一样）的知识成为僧侣神官等所独占的秘密，以拥护治者阶级的利益与权势为主，如埃及及巴比伦的天文学，都多少具备宗教的（及祭祀的）意义形态，就是为此。到了希腊时代，天文学虽离开僧侣之手，对宗教宣告独立，但这回它却被哲学所隶属了。在希腊一切学问都是哲学，所以天文学也成了哲学的一部分。柏拉图、亚里士多德等大哲学家之唯心哲学，就影响到天文学。到了罗马，脱拉米完成了古代的天文学。这虽是颇有价值的事，但在他所主张的天动学说的背景里，一面有了柏拉图、亚里士多德的哲学，一面有了基督教的圣经。所以脱拉米的天文学是与圣经上所写宇宙的构造大体相同，又是以二大哲学家的玄妙哲学为基础的。在中世纪，他的天文学实具有绝对的权威，犹之乎任何人不得怀疑圣经，任何人不得反抗亚里士多德哲学，任何人也不得对脱拉米的天文学持异议。如此，罗马以后的天文学，当作哲学宗教的天动说，成为拥护支配权、拥护支配阶级的学问，在一千年间，天文学看不出一丝一毫的进步。

然至 15 世纪前后，这个继续至千年以上的社会的黑暗，开始露出曙光来了。所谓文艺复兴的新时代，宗教改革的新运动，新的发现和发明都继续发生，新的科学研究也勃兴了。这种变化从哪儿起？自然不外于封建制度的经济基础崩坏而新的资本主义制度发达之结果。在为领主与教会所支配的农奴的村落之间，渐渐地发生了商工业的都市。商工阶级即资产阶级反抗贵族阶级，以自由思想及科学思想做他们的武器。向来所谓学问，完全被僧侣所独占。如今资产阶级却要求科学，把住科学了。科学就离了教会侍女的地位而独立，科学竟向教会叛逆。而资产阶级便是科学的援军。商工业都市成为新的文明之中心、新的学问之中心。资产阶级为要发达产业，为要便利交通，实以各种科学为必要。同时又为推倒旧制度，进攻旧势力，更要求科学为思想上的武器。所谓文艺复兴就是适应这种要求的社会现象。所谓宗教改革，也不过是把那和封建贵族相结讬的罗马教会改变为资产阶级的御用宗教而已。从而新时代产生了，新学问发达了，而我们的天文学也有了大变化，发生了大进步。这时候，天文学上的地动说，就是新阶级的新学问。但在资本主义社会确立了的现代，各种学术固然完成了急速的进步，而学问这样东西仍然不免为支配阶级的御用学问。所谓“学问的自由”这种说法，也只限于不妨害他们支配的范围以内。至于历史与社会科学，都明白地成为他们的学问，都表示保守的、支配的态度。不仅如此，就在号称自由独立的自然科学，也逐渐趋于反动哲学、唯心主义哲学的倾向。在我们的天文学上，就大大地表现着间接拥护支配权的作用。如说研究天文学，可以扩大胸襟，探知宇宙的神秘，因以传播“安心立命”的、“看破红尘”的思想于一般人心中。当这个阶级对抗的形势愈趋尖锐，支配阶级不绝地感到不安的时候，利用对于天文学的通俗讲演及电影说明这类的事情，以图转移民众的视线，正是全世界流行的风尚。它的作用，就在和宗教艺术一样，可以有慰安的、催眠的、麻醉的效果。然而一般学者，教育家乃至新闻记者，正对这类事情表示赞同、表示努力，于不知不觉之中——自然也有完全意识到，或者一半意识到的——尽了间接地拥护支配阶级的能事。

学问的阶级性既然如此，以各种学问的资料为资料的教育事业，它之不能没有阶级性，自是非常显明的事了。

从阶级性的教育中，我们就可以看出这种教育的五大特征。

第一个特征是教育与劳动分家。

在原始社会，大家劳动，大家即就劳动所需要的知能，随时随地地学习，或受长老的指导，所以学问也是大家共享，且和劳动相联系的。但到了阶级社会有治者与治于人者的两种阶级出现，前者变成所谓“劳心者”，后者变成所谓“劳力者”。在政治上，“劳心者”与“劳力者”是支配与隶属的关系；在教育上，便是“学问”与“劳动”关系。治者阶级一味从事“学问”（自然有很多是不从事“学问”，而只荒淫过日的）而绝不从事“劳动”；被治者阶级则一味从事“劳动”而绝不从事学问；换句话，脑与手拆了伙，求知与做工离了婚，两者形成俨然对抗的阵势，直不许越雷池一步似的。

这种教育的结果，在个人方面，是读书人弄成“手无缚鸡之力”，弄成“四体不动，五谷不分”；做工人弄成目不识丁，弄成“不识不知，顺帝之则”。在社会方面，是读书人高居“四民之首”，视劳动为微贱；做工人居于下流，视学问为无用。一个人的身份职业，驯且变为因袭的、无理的，如士之子恒为士，木匠的儿子也就永远做木匠。这中间仿佛隔着一条鸿沟，绝难通融。——不过这种情态的发生，直接的原因自要归于社会的分成阶级，而阶级的教育却有助长的作用。于是读书人变成必然地远离生产事业之人，变成必然地靠支配阶级（或本身就是支配阶级）过活之人，而做工人只好从生到死，从早到晚为养活一般坐食者而从事生产劳动之人。由是两种人有了不同的利害关系，且须采取敌对的态度了。

这种现象本是一种变态，决不是有种人生成是只配读书不做工，而有种人生成只配做工不读书的。不料这种变态的社会现象因为传习得久了，居然有科学家起而证明人类这样的分业是当然的。他有什么证据？他就引用生物界中如蜂蚁之类，是有分工的现象的。譬如雌蜂只做王，雄蜂只行交尾，工蜂只是跑花丛酿蜜等等；于是我们的科学家就推论到人类社会中，有些人做资本家，有些人做劳动者，正是天经地义，非常合理。

教育与劳动的分家，不只是从前如此，就在现代还是如此。

1917年以前的俄罗斯，举国大部分都是无教育的。能受教育的恩惠的，只占人口一小部分的特殊阶级的子弟，其他沦于下层的工人及农人的子弟，实在没有受教育的机会与可能。就是名义上算受教育的，在小学校修业三年，还只有教会用语，教会唱歌。祈祷以及其他宗教的仪式占据授业时间的半数，而俄罗斯语，算术以及书法，仅有形式；历史一科除出灌输一种尽忠于“沙”（tzar，俄皇）的精神之外，就无别的。至于中学，亚历山大三世时的教育总长台尔耶诺夫曾说：中学中没有厨役儿子的地位。那么得入中学校的，自然只有地主、贵族及富豪的子弟了。中学的功课，以拉丁语、希腊语及帝王的历史为主，所以造就出来的学生，都是和实际生活相隔绝，只配做当时制度下的小官僚——这本是当时中学的目的。又如成人教育，除了许可教授加减乘除四则以外，不许教授分数，如果违背这个禁令，学校就得封闭。

这是在20世纪时代之教育与劳动分家之一实例。

再举一例，就是文雅教育（liberal education）与职业教育（vocational education）的争论，普通科与职业科的对立。恕我不愿于此多所批判；我以为不问是分别主张者，或是融合主张者，要之，教育上而有这种相对待的名称与事实，就够证明教育与劳动分家这件事，虽在这个号称教育发达而且普及的资本主义时代还是依然存在，即所谓教育意义依然是阶级的，不是全人类的。

这样的分家，难道在社会进化历程上全无进步的作用吗？也许有人会提出这个疑问。是的，这种分家，我们不否认是有它的进步的方面。希腊的那样光辉璀璨的文明可以说是全靠奴隶们造成的。假使当时没有36万奴隶，用他们的肉体劳动来供养9万自由民，且使在自由民中少数的聪明人都有充分思索的余裕，那么柏拉图、亚里士多德的哲学恐怕没有成立的可能。柏拉图主张奴隶不可少；亚里士多德说哲学要以必要的余暇为前提；这倒是都是衷心话，都是"经验有得"之言。

然而这儿有个区别。古代文明——就是近代文明也然——靠奴隶造成，原是一件事实。但因为有奴隶劳动者之丰富不断的输入，才使雅典人民有专心于政治、艺术、哲学、体育及其他一切文雅事业之可能；从而承认当时的雅典自由市民确应以奴隶为牺牲，做自己享乐的工具；且从而主张人类社会中，确应有奴隶存在，让他们永远过非人的生活；或者虽不是这样明白地主张，而承认这种分业为必要，为当然，那就错了。

柏拉图及亚里士多德的哲学（观念论哲学）之反动的方面，就在于奴隶制度的关系上表现出来的。因为这种哲学是立脚于奴隶劳动的奴隶所有社会之哲学。当时的社会已经发现了许多矛盾，只是找不到出路，于是在支配阶级中间产生出观念论哲学来。这种观念论所具的社会的目的，就在把既存的社会状态理想化、永久化；把理想支配，就是贤人政治的思想一般化。照这种见地，民众是不明道理的；能明道理，具理性的，只有少数的支配阶级。这种理性支配万物的观念论哲学之思想，经过以后几千百年，就成为对于支配阶级一般主张之最有力的论据。

我们不看别的，单看当时希腊社会所陷的矛盾举出二种来看就够明白了。在立脚于奴隶劳动的社会中，必然地发生了自由民蔑视职业劳动的观念，他们对劳动加上卑贱的污名，视劳动只是奴隶的事情。结果有许许多多的无产自由民要靠国家的费用来过活，换句话说，变为国家的食客。这样，国家只好为搜集供养无产自由民的生活资料而从事战争，社会的不安就因此加甚。再有一点，是起于经济领域上的重要矛盾。就是奴隶劳动闭塞了技术的进步，停止了生产力的发达。因为奴隶只受强制的劳动，在奴隶劳动上，只能使用粗率的工具，所以在古代奴隶经济达于最高点时，我们就见到技术的停滞和对于自然科学(在小亚细亚的殖民地已经盛行的)的兴味的停滞。

故在现在，如仍有人主张圣人政治，主张教育应注重"文雅""博大""自由"，那准是反动的见解，在我们的新教育上，是应该竭力攻击的。

第二个特征是教育权跟着所有权走。

教育的分配，主要是受所有的多寡以决定，就是所有的特权连接到教养的特权；从而有产阶级成为有识阶级，无产阶级成为无识阶级。这样的教育根本是少数有钱人的专有品，无产者自可不必享有，也且不容享有。譬如日本帝国主义，他的教育当然说得上普及的了，政府之厉行教育可说是尽心竭力的了，但在小学校令中，竟公然规定保护者贫困时得使儿童延迟就学或免除就学。这不是教育权跟所有权走的证据吗？

然在无产阶级的社会中，你相信会有这样不公平的事吗？

中国最近全国学龄儿童数共有4360万余人，已入学者641万余人，尚有3719万余学童未曾入学——数字据教育部实施义务教育初步计划，在十八年十月底发表。这3719万的失学儿童，就为了所有少或者竟无所有而生。

全国应受补习学校教育者（即不识字者）之数目，据教育部实施成年补习教育初步计划草案所列，达19 515万余人之多，即近20 000万人。这个约占全国人口之半（全国人口以43 600万计算）的不识字者，也是由于所有少或者竟无所有而生。

据中华教育改进社于民国十二年调查学校人数统计的结果，各省区初等学校学生数为660万余人，中等学校学生数为18 020万余人，高等学校学生数为34 800余人。在这儿，有许多未能在初等学校毕业或毕业而未能收入中等学校的，以及许多未能在中等学校毕业或毕业而未能升入高等学校的，除了死亡疾病的理由之外，也便是由于所有少而生的。

你有所有权，你便有教育权。

即使是个低能儿，只要他的父兄是个地主、富豪、买办、官僚或是军阀，不怕没有教育权，他不特可升入任何学校，还可留学外国。

但要是个穷人的子弟，那么尽管他是怎样聪颖的天才儿童——不过没有机会发现出来，因为智力测验这种所谓科学的利器，是应用不到穷儿身上的，也莫妄想有个识字的天日。照日本的例，他是“奉旨”免除就学义务的，若照俄国（帝俄时代）的例，“中学校中没有厨役儿子的地位”。

这是命定的穷人不得受教育！

试想：穷人的子弟，有许多从会说话走路起，就需帮助父兄谋生了。你若强迫他求学，反而剥夺了他谋生的机会，除非你能给他求学津贴，否则这种义务教育怎会实施的来？一个中学生每年要费200元，一个大学生每年要费400元。全国人里面，有多少家庭能担负得起这样高价的中等教育费和高等教育费用呢？

因为穷人本来不得受教育，于是“凿壁偷光”“挂角读书”都是要传为美谈了。

因为穷人本来不得受教育，于是倘有一个穷人忽然得着富人的资助，居然学成业就，就要“感奋乃至无地”了。

也许有人会说贫富的原因，根本就起于脑力的差异，故富人有机会求学，穷人没有机会求学，正是“势有必至，理有固然”。但是这个说法显然是很大的错误。日本人仲宗根源和著的《教育读本》中曾说：富人见了穷人，就说他没有才干，所以穷了。穷人见富人，也以为他是伟大，所以有钱。其实在学校里就很多穷人之子的成绩远胜于富人之子。穷人子女若有机会和富人子女同在一种环境，则在脑力方面实是平等的。他又引用一个有趣的例，说是若取社会上有用的分子 9000 人，即在任何人都觉得其有能干的 9000 人，如：

每年有 2000 元（美金）收入的学校教员　1500 人

每年有同上收入的医生　1500 人

每年有同上收入的农业者　1500 人

每年有同上收入的大工人　1500 人

每年有同上收入的音乐师　1500 人

每年有同上收入的矿山技师　1500 人

这 9000 人，其中大部分曾经费去长期的光阴，以获得其训练及经验，然后又在社会上做有用的事业，惟其每年所得的报酬不过 2000 元，继续做了 40 年，在这 40 年间 9000 人所得的钱总计是 72 000 万元。然而拿这个和美国富豪洛克菲勒一人在 1915 年度之财产相比，尚短少 28 000 万元。若贫富之分由于脑力，那么这 9000 人合计起来，他们的脑髓难道还远不及一个洛克菲勒吗？

又美国第一流的政治家及教育家 8079 人的俸给，总计有 20 456 500 元；但拿这个与洛克菲勒的一年所得的相比，尚少 1000 万元以上。

又世界上最高俸给的 100 个大学校长的平均俸给，每年不过 6000 元。但洛克菲勒所得，比这些大学校长 100 人全部俸给的总额，至少还多 50 倍。试问洛克菲勒的脑髓果有这些大学校长 100 人的脑髓总计的价值吗？

所以，脑力是不能以贫富来测量的。因此我们就不能说穷人的儿子没有富人的儿子聪明，就不能说穷人的儿子不应当和富人的儿子一样受教育。

第三个特征是专为支配阶级的利益。

阶级的教育，对于被支配阶级，既不是适应他们自身的利益，也不是适应社会的要求，主要乃是施行对支配阶级有方便的教育，以俘虏被压迫者的心意且使之成为对支配阶级服役的工具。

古代及中世的教育之为贵族的教育，事实显著，可无待于说明。

近代虽有所谓机会均等、教育普及的口号，但近代教育的实质还是由极不合理的标准所支配，其结局仍然离不掉以所有的特权为根基而处处表现出教养的特权。

试就现代的教育来解剖一下。

国民教育终算是通行于一般国民的教育，在分量上言，当可说得不以支配阶级为本位。但若进而检核所与于大众的这样贫弱而最小限度的性质，我们仍可看出支配阶级的色调，而且是更浓厚的支配阶级的色调。凡在支配阶级的支配下的国民教育，无论何处，总是在表现着两种职务。这两种职务，一是当作政治的支配手段的；一是当作维持并促进经济的榨取手段的。在小学所施的教育，自然不能没有这种职务的特征。

先说当作政治的支配手段之职务。那就是在学校中教训儿童：现在的资本主义的社会及国家秩序是一切自然的不变的社会秩序中之最善最美者；代表这种社会秩序的支配阶级是具有慈爱、正美、聪明、威力的天生的指导者；从而国民大众的义务是在视现存秩序为神圣的而尊重之、拥护之，在视支配阶级为良师慈父而敬崇之、拥戴之；同时，更教以凡反于此的一切思想学说，都是异端邪说，应该予以排斥。

再说当作维持并促进经济的榨取手段之职务，那是这样的：给儿童受过四年或六年甚至更多年的小学教育以后，就增高了大众的劳动能力，可以驯致为顺从的工银奴隶。在修身科或公民科上，尽力地灌输勤勉努力和省俭质朴的道德——同时在社会设施方面就有出储蓄银行和邮政贮金的制度。支配阶级所希望于大众者，是尽量地多做工作，尽量地少耗费生产结果。换言之，就是尽量地要以低工资为满足，尽量地要留下更多的剩余供榨取阶级利用。小学教育之所以特别注重这种意味的“勤勉力行”，就为这个缘故。还有支配阶级所希望于大众者，是做工银奴隶的要对主人尽忠，要对上司听命。为此，学校教育就要努力涵养“信实”“服从”“守规则”“尚协同”的习惯了。——同时基督教更实践它的社会教育的使命，宣传福音，说现世受苦，来世可升天堂。

由此可见小学校的社会任务是在驯服无产阶级的子弟，养成他们为顺从而有能率的产业军及真正的士兵。

难道你还能说国民教育是为一般国民的自身谋利益的吗？只有支配阶级的走卒才会有这种信仰。

小学如此，高级的学校怎么样呢？

高级各学校的社会任务，大体可归于如下的三点。

一是在养成服从支配阶级的中间阶级。凡有固定的思想及具备一定的专门知识之官吏（在国家及公共机关中服务者）、职员（在资本家的经营中服务者）及独立经营者（自耕农、小商人、上层手工业者及自由职业者），这种种阶层，都是在高级学校中受教育的。他们或当作直接的服务者，或当作间接的支持者，都是在资本主义社会及国家之存在维持上所绝对不可缺少的要素。

二是在培植适于站在支配地位的支配阶级中人。他们为要巩固支配阶级的地位，一方面应具有关于支配及榨取的基本知识，他方面还须有确信自己所代表的社会为自然的且是最善美的秩序之必要，于是就有今日这样高级的学校，特别是大学，主要是为供给这种必要的知识与确信而存在。其次，这些学校对于支配阶级者更予以人间的教养。这种教养的作用，一方面是在原则上将只有支配阶级才得享受的特权，就是鉴赏并享受现代文明的结果如音乐、文学、歌舞、绘画以至电气利用、动力利用等等之特权确保起来；他方面是当作副作用，使支配阶级者由于尝到了一点文化的气味与教养的光辉之后，反映到无产阶级的眼中，就现出他们真是天生的高贵风雅，而自己真是卑微不足道，从而以为诚心地奉伺他们真是“天公地道”，十二万分应该的。

三是在促进那维持及发展支配阶级的秩序所必需的学术技艺之研究。资本主义为要维持增大了的生产力及更谋发展起见，就有更多确实的支配自然及自然力之必要。于是对于研究自然科学的奖励，非常用力。这样奖励的结果由于新理论与新技术的发现与应用，资本主义就得表现一个极大的功绩，即把人类幸福之物质准备到向所未有的丰富。但这是在自然科学上如此而已，在社会科学上就不如此。当现代的支配阶级（即资产阶级）自己为革命阶级的时代，为了要击破封建的思想与传统，为了要确立自己的支配权及充实支配的组织，的确一方面奖励自然科学，他方面的同样地奖励社会科学。可是一旦这种必要被充实了之后，加以学问的研究到了以他们所建立的资本主义自身为对象之时，支配阶级就不喜欢那种彻底批判支配阶级的社会科学之研究，不惟不予奖励，反而要积极地压迫了。所以如日本的例，在今日高等学校的学术研究，凡是关于社会科学的，原则上，都只以立于支配阶级立场的，即直接、间接有助于维持并促进支配阶级利益的，才许研究，且才得奖励；至如学生自己发动的新兴社会科学研究运动，就要受禁止，研究的人还须受开除、逮捕的处分。

这样高等教育难道还有人相信是纯粹研究高深学理无关于阶级不阶级的吗？

第四个特征是两重教育权的对立。

这所谓两重教育权，就是阶级社会中相并存甚至相对抗的两种的教育，即教育制度之组成与教育行动之存在是相对立而不相统一的。

两种教育的形式，在原始人中固然也存在的。

如在南洋的野蛮部落中，有为训育青年所设之大家屋——西洋之研究者称之为 clubhouse——所定之割礼及 initiation（加入式）。这种体制也可说是稍稍有组织的教育制度。同时，在这社会中，虽未随时随地组成此种制度，而于日常生活之间自有种种社会的生活行动在非正式地互相传习。这就叫做教育之实质的存在。而且这种实质的教育，实为原始人社会主要的教育形态。不过在这儿我们要注意：原始人的两种教育，不是两种教育权，不是两种相对抗的教育权；无论是教育的制度或是教育的行动，在本质上是一致的，即为全社会的生活需要，而不为某种特殊阶级的利益。他们的两种教育实和阶级社会的两种教育有本质上的不同，万不可混同。

至在阶级社会中的怎样呢？

在文明社会即阶级社会，就有一种教育制度，专供支配阶级的利用。被支配阶级是被摈在这种教育制度之外的，所靠者只有不成为制度的一种实质的行动。中世纪前，当作实质行动之教育远比当作组织制度之教育更占重要的部分，国家阶级及教会阶级以外的最大多数人之教育，完全是有实质的行动的，徒弟制度或者是有组织的唯一制度，但这种组织实也未尝改变教育行动之实质。不过有如学校的规则，却并不影响到学科之内容。因之在徒弟制度上，教育的实质仍属于行动而未被组织，且即由此得以产生精巧的中世工艺品。又如在此以前的希腊社会，是自由市民和数倍于市民的奴隶所成；而一切社会的生活资料之生产以至一切工艺技术，凡属于生产意味之肉体的乃至精神的劳动，莫不由奴隶担负。故实际上除了普通教育史所记载的完成希腊国家阶级之军事的、文事的支配生活或市民的闲暇生活之教育制度以外，尚有“无意识”的行于奴隶之间以完成“社会”所必要的生产上之肉体的乃至精神的劳动生活之教育行动。那具体的发挥希腊人审美感之建筑雕刻等，全为奴隶之“教育”所产生者。这种教育自以实质的效果为目的，为当时“社会”生活所要求。只不过那种效果已不是纯粹的“生物学”的要求，那个社会也不为奴隶们所有而已。

通常写教育史的，只留意到支配阶级的制度，而全不顾虑到这种被支配阶级的教育行动。所以西洋教育史上当作希腊教育所记载之事实，仅止于市民国家的阶级之教育。这一个原因，一方面也固然也许由于文献的资料之缺少，但他方面实由于编者站于支配者之立场，误认——或者故意地认——有组织的教育制度即特定的为国家机关所统制的教育是教育，而把完成那支持社会生活——非支配生活——的人间行动之教育忘记或被掩饰之故。原来自有历史——社会分成阶级所谓文明时代的历史——以来，支配者视自己的阶级即为社会全体，虽说社会生活，实乃自己阶级的生活；虽说社会教育或文化，实乃自己阶级的教育或文化；文明会进步，这种外套盖得愈厚，甚至说压迫还是为了被压迫者之幸福。而御用学者常常是认支配者的观念，那得不把支配者的教育即当作全人类全社会的教育呢？

以上是说在阶级社会中，有支配阶级的教育制度和被支配阶级的教育行动——原因是在他们被摈于教育制度之外——之同时并存，但两者尚不一定是相排斥、相竞争的。如在欧洲中世，对于支配阶级的教育，而有工人及农人的教育，他们间的教育状态固然各别，却无什么交涉，换句话说，两种教育相并立，却不相反抗。

但自近代的阶级制度发达以来，即自近代的革命——资产阶级的革命——以来，阶级不单是自然的对立关系，而成为意识的对立关系。这一关系的改变，同时就发生了教化上的意识的对立关系。猛烈的近代的教化，是有意识地对付旧国家的教化引起的。即市民阶级的教化，和军国国家的教化立于对抗的地位，终于得到最后的胜利。

如此，当作近代的现象，教化（包括教育）是一定对抗的，近代国家的教化是显然要对军国国家的教化取攻击的态度。换言之，近代的特征，是阶级的教化，决不是“并行不悖”，而是“不容并存”。

这种近代国家初期的历史，跟着市民国家的发达，由现代的阶级对立的历史继续着。今日所谓教育之不得为一般的社会的，而为在市民阶级与劳动阶级的对立上，各具有一方的性质者，自是当然之事。而且这种互相对立的教育，是必有互相排击之性质，而以打倒对方为目的的。

正因为这种性质，所以站在 18 世纪至 19 世纪的近代国家者之立场，那么一定会主张在“教化竞争”上也以自由竞争为最良的方法。然若站在资本主义进于独占过程，自由主义国家进于帝国主义国家这样的国家者之立场，那么在教化下也必然地要主张“独占”与“帝国主义”了。

在这个帝国主义的时代，正是支配阶级力谋教育独占的时代，可是和这独占的教育相对立的，不仅有被支配阶级之实质的行动的教育，且进而有组织的制度化的教育。这样的两重的教育权，现在正存在着，也正相斗争着。

这个时候，如有人还说现在国家的普及教育已是全人类（或全民）的教育，是统一的教育，更主张除国家的教育或经过国家许可的教育以外，不许有其他的教育行动或教育组织，那么又准是布尔乔亚教育学者的宣传作用了。

最后，第五个特征是男女教育的不平等。

如前所述，原始时代大家共同劳动，共同消费，也共同受教。在这时代，当然是男女同有受教育的机会的。虽然野蛮时代，女权特别优越。未开化时代，女子地位仍然极高，但男子方面并不因此有在教育上的差别待遇，因为氏族社会实是自由平等友爱之社会，并无阶级分裂的。

可是等到牧畜与农业逐渐发达，男子的势力逐渐高过了女子的，终于连妻所有的家屋也并为己有，更为获得可遗传财产的“自己的儿子”起见，开始要求妻之绝对的贞操，于是父系制度代母系制度而起。在父权之下的女子的地位，与家畜农地家屋同为男子财产之一部分。这个就是私有财产制之文明时代，在男子奴隶存在以前，女子先已陷入奴隶状态了。

人类历史自母系制度消减，即氏族制度崩坏，进入于文明期，在教育史上也发生了大变革。那就是女子不惟从此不得与男子“同学”，须受差别教育。简直要趋于“绝学”，而与教育离缘。

“在家从父，出家从夫，夫死从子”，是中国女子的社会地位。“女子无才便是德”，是中国女子的教育方针。

基督教把妇女看成仆婢和家畜一样，又把妇女看成污秽不洁之物。

上帝创造了亚当这个男子，而女子夏娃是由亚当的一根肋骨造成的。历代的基督徒除了蔑视妇女以外，在纪元 6 世纪的基督教会议上，竟还提出女子是不是人这样一个问题！宗教改革是新兴资产阶级对教会国家以及社会中封建制度的反抗，但资产阶级虽得到了结婚的自由，而妇女之隶属于男子的特权之下，并无什么变异。

也许在表面上看，西洋女子是比男子受到更多的尊敬，“Ladies”总是放在“gentlemen”之前，电车中女子有受男子让位的特别权利。但是我们要问实际，就教育上来举例，试问有多少西洋女子能受到大学教育？（就美国论，1924 年度大学及专门学校的女生数也不过学生总数的约 1/3。）准许男女同学的男子大学里，女生占百分之几？女子之不能和男子同受高等教育，不是显然的事吗？

日本的例更来的明白。日本有七个国立大学（东京、京都、九州、东北、北海道、京城、台北）在法令上都没有规定可收女生；而另外也不曾设立国立女子大学。收女子的中学校叫做高等女学校，名义上似较堂皇，实质上乃是轻视女子，故意说的好听，以助长女子的虚荣心。

说到中国，自更不如。据中国教育统计概览所载，从 1922 年 5 月至 1923 年 4 月，除天主教办的学校外，全国共有学生 6 819 468 人。这里边有多少女学生？仅有 415 398 人（教会学生在外！），女子大学生总共还不到 500 人！

国民政府的第一次全国教育会议通过中等学校男女分设的议案，当时有人声明这要摧残浙江女学生求学的机会，不能遵照（见《全国教育会议报告》乙编 64 页）。实在中国的女子教育机会太小得不成样子了，再摧残下去，不是完全闭塞了吗？

但为什么女子不能有和男子同等的教育机会呢？重男轻女，固可以说是直接的原因。但“重男轻女”这种“社会道德”之所以产生不是偶然的。凡是社会的隶属与压制皆由被压制者对压制者之经济的隶属而起。父权制度之确立，即为所有阶级对于无所有阶级的支配权之掌握，而母权制度之颠覆，实为人类史上最初的社会革命。自后世界一切的历史是属于同型的种种样样之阶级支配的历史。所以女子在经济上未能独立以前，是无法得以脱离男子的支配的。不独女子，即一般劳苦群众在少数人握有经济支配权以前，也是不能脱离隶属的地位的。妇女问题与劳动问题相关之处在此。要解决女子教育问题，便不可不以解决妇女经济问题为前提。实在说一句，妇女参政和女子教育还是次要问题。

以上我把教育的本质及其变质也说了不少，现在总结几句。

教育的本质，是为“保存种族”（包括保存个体在内）的生物学的目的，即为帮助人营社会生活之一手段。这种教育是全社会的。但自私有制度发生，社会分成阶级：支配者与被支配者，支配者处处以维持并巩固自己的利益为出发点，所创的法则、所定的道德、所主张的哲学等等，莫不以拥护支配权为标的，及其所设施的教育，也以专供支配者方便为主，所以这种教育显然是阶级的。

在阶级社会中的阶级教育便发现上述的五种变态：第一是教育与劳动分家；

第二是教育权跟着所有权走；第三是专为支配阶级的利益；第四是两重教育权的存在（及对抗）；第五是男女教育不平等。

这些现象，在原始社会，即无产阶级的社会中，是不能有的。所以这都是教育的变质。这种变了质的教育，又因阶级社会的经济基础的变革而有不同。

明明是这样变质的教育，明明是这样阶级性的教育，可是仍有许多教育学者硬说教育是公平的、是独立的，就只好说是他们的“自欺欺人”了。

民国十九年（1930 年）第 22 卷第 4 号

第二编

教育的未来：民国教育的革新

第一章

今后之教育方针

既然教育是国家建设和社会建设的要务，当前的教育又难能承担起时代赋予的历史使命，那么，教育的革新势所必然，制定合宜、有效、实用的教育方针便成为革新教育的首要任务，这也是当时学人探讨的重要问题。各种观点林立，撮其要如下。

1）政府应以厉行教育为政策，规定教育经费，实行义务教育，扶持教育独立，奖励教育学术。

2）争取教育精神的独立自由和教育制度的民主。

3）实施公民教育，各省成立公民教育委员会，学校设公民科，以利于共和立宪国民之养成，适应于立宪的要求。

4）教育行政不能采用中央集权制，因为各地风土人情差异甚大，对教育的期待亦各自不同。

5）不能完全模仿他国，因为中国以农业立国，文化背景、社会环境、历史条件、国情等异于其他各国，教育亦有其独特性，故不能盲目模仿。

6）提倡公民教育，注重勤劳创作的教育，以人格为教育的中心，构筑共和政体的基础。

7）组织全国及省、市、乡各种教育协会，如公民教育委员会、教育研究会等，以促教育理想之实现。

8）推行城市平民教育，通过文字教育、生计教育、公民教育等形式指导民众自觉参与救国运动、城市生活改进运动，培养民众参加各种公民运动的能力，以完成“除文盲，做新民”的使命。

请政府以励行教育为政策

贾丰臻

民国成立以来，国家机口诸事丛脞，教育尤受障碍。虽中央立专部，各省设专厅，而教育迄无起色。忽忽七年，抛弃不易得之时机，殊可惜也。今拟请命于政府，以为今后务宜视教育为国家之命脉，积极进行，使全国官吏人民咸晓然于政策之所在，而不敢视为缓图。其要数端略述于后。

一、规定教育费

吾国各省教育经费每年支出岁费，多者百余万，少者十余万，或不及十余万而已。至国家费之支出，则除寥寥有数之国立学校、气象台、图书馆及教育部之费用外，并无其他支给。而中央每月行政费，平时支 800 万，战时支 1500 万，超出几增一倍。若以之推广教育，较之无谓之内争，其利害为何如？如谓军费均系外债，止战当然消灭。则平时支出之政费 800 万，亦应规定教育费若干分，而不得为其他项所移动。查日本明治时代，公家支出之教育费，初年为 200 万元，终年为 6000 万元，而至多时国库补助金占 30 万元以上，国立专门学校占百万元以上。吾国地广人众，以什计之，则国库补助金应在 300 万元以上。国立专门学校应在千万元以上，约占平时政费 1/10 以上，此当请命于政府者一。

二、实行义务教育

此事之实行，第一须精密调查户口；第二令各县先行试办调查之法。当责成于县知事，不可如前清门牌之具文，亦不可如选举调查之杜撰。务须精密举行，实事求是，此后如有老死初生临时迁徙者，当报告于市乡公所，一面造成学龄儿童册以备实行义务教育。试办之法，由各县指定某市区或某乡区，先行试办，俟有成效，再推行于其他各区，如是则不俟十年必有普及之望。闻吉林省城市区试办三年，成效已著，入学儿童数，较之学龄儿童数，已占十分之六七，各省各县仿而行之，易如反手，此当请命于政府者二。

三、扶持教育独立

所谓教育独立者，即教育行政独立，不为其他权势所拘束也；教育部独立，则不受国家政事上之影响；教育厅独立，则不至仰军民长官之鼻息；劝学所独立，则不为地方县知事所掣肘。唯有先决问题，即教育费应划出成数而不得为他项所移用，此至要之言也。苟能实力奉行，则如民国二年以来，停办学校、裁减学费、教员因公获遣、学生求学遭祸。中央所任之官吏，地方置之漠然；中央所定之方针，地方弃之不顾，凡此种种皆可消除矣。或曰，教育独立，不过拟议之辞，殊难实现，不知文明各国，教育行政所以不受经济影响在此。吾国科举时代，学政主考所以不为督抚牵制者亦在此。今所拟之教育独立，即欲使教育行政机关，得有实力而已。此当请命于政府者三。

四、奖进学术

吾国专门以上学校毕业生及东西洋留学毕业生，实繁有徒。然其学术往往至毕业而止，其能潜心攻究而发明一新学理、一新技术者，则可谓绝无而仅有矣。何以故，曰："国家不知奖进故"，是以习俗移人有一曝十寒之虑，鼓箧盈肆，无极深研几之书，此吾国教育之隐忧也。查日本明治中叶，奖进学术，自颁奖学位始。凡本国之老师宿儒，于佛学儒学夙有根柢者，奖给文学博士学位。欧美毕业之归国学生，学术优长及其他能发明新学理、新技术者，奖给法学理学农学工学医学等科博士学位。至本国大学毕业生，复在大学院攻究数年，提出论文得博士学位者，尚不计焉。而其先决问题，为学位授与法，与学术评定会，故能惠而不滥，勉而有功。较诸前清之奖给举人翰林进士等出身，另有一种政事作用者，实有天壤之别。吾国欲奖进学术，亦宜自颁奖学位始。此当请命于政府者四。

民国七年（1918 年）第 10 卷第 11 号

中国当采之教育方针

缪文功

凡为一事，必有其设施之方法。而方法必据目的而后达，目的不立，其方法更无足论。故经营一种事业，必先定其目的。教育，大事业也，我国兴学殆十年于兹，而收效不宏。由于方法不备，实由于方针不立。甲曰办学，乙亦曰办学，叩之以办学之道，在官吏则曰有朝旨，在社会则曰有义务，而在朝在野之议论，则又远震于德相俾斯麦复国归功小学教师之语，近慑于日本战胜之雄，佥谓惟教育可以救亡国。一若今日之谋教育，专为国势阽危急谋图存计者。夫教育可以救亡，固不易之理。然苟易地言之，国力强盛，将教育遂可以不兴乎？吾谓教育当独立，国家以教育为主体，教育非奉国家为主体也。

征诸列国，凡学说之足以自立，有能发明新理新法者，苟非军事教育，则各国报纸及杂志，相继刊登，贡于世界。以此为世界之公，无所谓取与出纳之吝。故环球交通，知识可以互换，就学异国，及教授异国人，不以为破除国界。盖教育意义为先导而指示方针之谓，乃人与人相对而为之事，实人类所可共受，而含有世界主义者也。域于一隅之见，斤斤然自封其故步者，谓是固我之学，我之教育，殆所谓鷦鹏已翔乎寥廓之宇，而罗者犹视乎薮泽者，非耶。

更返而求之我国，孔子以东鲁一布衣，为列国学者所宗仰。子游之辈，强半自异国来。而孔子之教育，实能范围国家，而不为国家所范围。后人因有君师并举之言、政教分行之说。宋明以降，慑伏于专制体下，群以教育为国有物，而束缚思想，钳制言论，乃披靡不可复振矣。

认教育为国有物，最高之级，养成官吏，等而下之，驯伏而已。以下级而有向上之心，则希冀宠荣，挟策而有青紫之思，揣摩徒作功名之想，而俯仰意旨，涂泽耳目，一切虚诞，日出而不已。观于奖励考试事，又观于今日官私学校之异点，亦大略可睹矣。

昔七国纷争，滕以小国介于齐楚。孟子独正告文公曰：疆为善，善固有不依人而存立者矣。顾昆山有言曰："有亡国，有亡天下，亡国与亡天下奚辨？曰：易姓改号，谓之亡国；仁义充塞，而至于率兽食人，人将相食，谓之亡天下。是故知保天下，然后知保其国。保其国者，其君其臣肉食者谋之。保天下者，匹夫之贱，与有责焉耳矣。”匹夫之责，所责几何？而要即人与人相对之理性，不戕害不贼丧，充其义可以塞于空闲，磅礴弥纶而无缺。我国而欲免沦没也，其亦善味斯旨也乎。今之教育，无世界观念，无人道观念，囿于域中，甲稍胜乙，甲则雄长矣，乙稍胜丙，乙又杰出矣。而观其措施，多善趋一时之好尚，委曲变化，以阿其俗，其中固漠然无所主也，是鲁仲连所谓有所取者，商贾之人也，市道而非师道也。陵夷至此，所谓有世界观念、人道观念者，固不可得。即就众所谓救亡国比附于国家主义者，亦终不合。极其所至，或反以数千年自大之见，尊己卑人，不能出诚心与世界先进国相周旋，又安得吸收他人文明，以匡辅我所不逮哉？吾谓我国教育方针，当从世界着想，人道着想。即以救国论，无世界观念与人道观念，其能保一国乎？此言策之上者也。上焉者如不能为，则就各国教育各主义，采取其长，策之中也。试析言之。

据教育学及教育史之所言，有所谓道德主义者、实利主义者、武士主义者、自然主义者、审美主义者、宗教主义者，又有所谓个人主义、社会主义者。

道德主义，其大旨谓人生最高之价值，在能坚守道德之要素。故施教育者，务以发达道德之意志为的。此德人康德、海尔巴特所主张。康德言理性，海尔巴特言五道念。故以心理学定教育之方法，而以伦理学定教育之方针。道德二字，我国人之所素信。然道德当据何主体，此又伦理上待解决之问题。认习惯为道德，非道德也。实利主义，大旨在具独立之能，而授实用之学，如算数、物理诸实科。此英人洛克、斯宾塞辈所主张。英之富强，导源于此。似近我国功利家言，而为旧社会所唾弃。近则凋翅日形，进化竞争诸说，日高其声价矣。武士主义，大旨在尚武，始于上世希腊斯巴达，盛于欧洲中世期之武士教育。而日本之武士道，及励行兵式之师范训令，皆足致强。我国以文弱见侮，近且稍稍思振矣。自然主义任人性为自然之发达而以教育之影响为消极的，谓教育之作用，惟当排除障害儿童之自然发育者而已。此法人卢梭所主张，以药专制束缚则善矣。审美主义，大旨谓欲增进人为之价值，在于气韵高尚，嗜好优美，以美术文学为教育最重之材料。此希腊柏拉图所主张。我国古代重礼乐，而建筑、绘画诸术，初本不在人后。近则国力衰弱，国人之猥琐龌龊，至于不可向迩。夫非大可耻之事乎？此义足以药粗俗，而为实利家所不许。故墨子之俭，早创当非乐论矣。宗教主义，其旨以破除阶级为先，而结想及于未来，绝去肉欲。此中世纪之寺院学校所由兴。日本之教育法令，学校不许用教会礼式，我国亦有学校外国教师不涉宗教之言。而佛学会近且发生，僧教育会又日以成立。论者至欲以佛教为我国国教，然理想之谈也。

至于个人主义，在欧洲 15 世纪至 16 世纪世纪之顷，为受团体之压迫，各有自觉自立之心，反抗威权。本为政治上事，而不得不涉及于学说。至 18 世纪，其腾达之点极高。是以卢梭于辞书中欲删除祖国语，所著《爱弥尔》教育小说，意在使儿童隔离社会，专以教育为个人与个人间之事业。而个人与所隶属之社会之关系，则非所问。19世纪以后，则又有反对此义者，谓个人发达之目的，非仅在完成个人，当使个人与于社会之进步。故德国教育者，多主持社会主义，合诸我国，个人主义，略近于杨社会主义，略近于墨。杨朱为我，有妻妾田园之乐，不肯捐丝粟以利天下，极其义，人人各保其利权，不容他人侵损，而天下治矣。墨主兼爱尚同，颇为时论所推许，然使不择是非，专事以物济人，反以养成依赖习惯，此亦无可讳饰者也。

右各主义，各有短长，各有得失。道德主义甚善，而陷于烦碎之道德，则失在拘。实利主义足以疗虚弱，而竞争过甚，则失在忍。武士主义期在强，而滥用之则失在暴。自然主义甚纯，而任其所之，则病在放。审美主义可养成优美高尚，而或流于弱。宗教主义甚静，而失在幻。个人主义，其益在明权限，而失在私。社会主义，利在同而失在混。我国采中策，必于此各主义采取其长矣。顾有待于研究者，将采用数种主义，抑采用唯一主义与。采用数种主义，善成之，则合同而化，不善成之，则或二或三。此亦一是非，彼亦一是非，惧其无所适从也。盖各种主义，各有特点，而与他种主义半有相忤之点。舍此则适彼，无中立之理也。采用唯一主义，恐实力不充，不能即行，而偏于一方面，或于各种新学理有所异同，非良法也。解之曰：欲研究数种及一种主义之问题，当先求普通教育与特殊专门教育之别。普通教育，限于中小学以下，其生徒未预必其为农、为工、为商、为军人也。但先陶冶其心意，发达其智能与身体，俾他日入社会，任就何种业务，皆先有此美满之基址。此以道德主义为最善，采用其义，可先以道德人物为模范人物，而行之不致于危险。其上者有益世界，次亦不失为自好之人。此普通教育当采之方针，不事高远，平稳而无害者也。至于道德之标准，当以我国固有之美德，参以各国伦理之新说，忌泥古而非今，忌是己而非人，又忌忘己而徇人，而要非抹杀他种主义也。若夫特殊专门教育，则各就其所教之特点，定唯一之目的。如军事教育，采用武士主义。实业教育，采用实利主义之类是。他科为辅，而集中仍在一途，此因学校之性质异者而异者也。至于个人、社会两方面，无论何种教育，皆须兼顾。故欧人亦有折衷其说者，一方面即为公众之社会著想，此教育之通义。今人所共称道，而为策之中者也。

或者曰道德主义，非即人类主义欤。曰道德主义，根据本国之风俗习惯、宗教历史而成。宜于甲国者，或不宜于乙国，其义较狭于人道主义及世界主义也。或又曰国有之说，似为政府而非国家，果为国家，不致有官吏驯伏之弊。曰国家政治之辨，政治家言之綦详。我国上议院尚未即开，一例视之者犹多。观于五条教育宗旨，忠君一条，已羼入爱国甲里矣。以爱国易忠君，义较广，而非草茅所敢议也。所谓国家主义者，请待之上议院成立后，而其义仍非最上之策。最上之策，终归之世界与人道主义也。至于暖暖姝姝，或迷谬而无所适从，直无方针耳。尚未足语于斯道也。

宣统三年（1911年）第3年第1期

今后教育界之希望

贾丰臻

岁月去如流，犹是残冬风雪候。光复后二年参敝不振之教育，已随腊鼓声中而去矣。回思去年今日，仆曾作教育界岁暮感言，预设种种希望。及今观之，仅成虚愿，又弗如远甚，逆水行舟，不进即退，将吊之不暇，又安有所谓希望哉。虽然一息尚存，此志不容稍懈。窃愿今后之教育者，本精卫填海之心，效愚公移山之计，则教育界庶有豸乎，非然者，一人向隅，满座不乐，群公束手，一事无成，上无礼，下无学，贼民兴，丧无日矣。

一、今后学校教员可无虞缺乏也

民国成立以来，各界人才，骤形缺乏。于是向之在教育界者，或入军营矣，或入政界矣，或为报馆主笔矣，或为国会议员矣。过江名士多于鲫，半属当年职教员，殊令人绝羡不置也。及反而观之教育界，则南郭先生，滥竽充数，集一知半解朝秦暮楚者流，充塞于其间者，车载斗量，不可胜数。今则一破坏于减政主义，而解组归田者，不知若干人。二破坏于裁兵主义，而衣锦还乡者，不知若干人。三破坏于停止议会机关，而安于缄默、重理旧业者，不知若干人。向之如鸿毛遇顺风者，今则如巨鱼纵大壑矣。夫苟自甘小就，戢其雄心，则今后之教育界，未始无发达之日，此仆所以延颈喁喁，而有此无聊之希望也。

二、今后学校生徒可敛才就范也

自光复后，平等自由之学说，辄为夜郎自大者所藉口。一般少年子弟，其道德上之判断力，既属迷离，而知识上之审决力，亦极薄弱，心摇摇如悬旌，风以动之，鲜有不顺势而飞者。况破除阶级打胜取缔之论调，尤为血气未定者所乐闻，其能不动于中而形于外乎。善夫，罗兰夫人之言曰：呜呼！自由，天下之罪恶，假汝以行，正谓此也。今则人心思治，平等自由之说，已渐得其真相。如部令所谓自由以法律为范围，平等非无秩序之谓，诚得其本矣。愿吾少年子弟，敛才就范。学校规则，必应遵守。学校秩序，必应尊重。则今后之教育界，未始无发达之日。此仆所以延颈喁喁，而有此无穷之希望也。

三、今后教育界可循序渐进也

自光复后已届二年，人心尚未安静。惶惶然若有所失，或如瞽之无相，伥伥无所之。至教育界亦同坐此病，或组织征蒙队，或发起国民捐，纷纷扰扰，不可终日。部令所谓忘当然之职分，辄思骛外。失难得之时机，不求进取，是即自暴自弃，后虽悔悟，亦无及矣。盖易费者光阴，难求者学问，不专心致志，则不得也。若手挥五弦，目送飞鸿，则虽上智天才，亦属无济于事。今则正式政府成立，列强各国亦已承认。曩时之迁徙流离不得其所者，咸可安居乐业。吾少年子弟，亦可专心致志，以尽力于学问。凡一切风云变幻之政局，鱼龙曼衍之社会，悉任当局者处理之。则今后之教育界，或有发达之日。此仆所以延颈喁喁，而有此极端之希望也。

四、今后教育经费可不至涸绝也

自光复后，县不服省令，省不服中央令。据财政部报告，各省所解中央之款，不过二百六十余万，而代为垫款，代为偿债者，竟有一万零四十七万之巨。更继之以内乱，民穷财尽，复及兵费，致各省公家所立之学校，或减成发给，或因事停办。私人所立之学校，或增生徒父兄之负担，或因中途金尽而废止。可知教育经费之支出，已非一朝夕矣。惟念正式政府成立以来，教育部汲汲以普及教育为念，则教育经费，自宜宽为筹备，况加赋加税之举，势将实行。中央整顿财政机关之命令，不啻三令而五申。则财政前途，略为灵动，即学校经费，得所挹注。庶几今后之教育界，得有发达之日。此仆所以延颈喁喁，而有此最后之希望也。

五、去年今日种种希望可期继续进行也

仆于去年今日，作教育界岁暮感言，预设种种希望。不料民国二年度，蹉跎复蹉跎，诚如上所仅成虚愿，又弗如远甚也。如何而维持现状之宗旨，不久施于教育界，如何而教育主体之能振作精神，如何而部定方针之得以实行，如何而意志教育之不容稍缓，如何而学科格外注意，如何而划一教育之急宜改良，此皆二年度所

未能如愿以偿者，尚不得不希望于三年以后也。此仆所以延颈喁喁，而有此继续之希望也。

西哲有言曰：希望者事业之母。予作此说，为今后教育界三希望也可，为民国二年教育界之回愿也，亦无不可。

民国三年（1914年）第5卷第11号

今后之教育方针——实施公民教育

朱元善

南北启衅，血战玄黄，大势杌棿，何知所届，斯为何时，而乃雍雍焉欲进国人以为教育方针之讨论，是何异清谈却敌，其不免贻诮可知。虽然教育者，国家生命之所寄也，教育方针者，所以应国家之需要而确定教育之进路也。中华民国不可一日而消灭，则教育方针，不可不及时而革新。溯自民国初元，教育部公布教育宗旨："注重道德教育，以实利教育、军国民教育辅之，更以美感教育完成其道德。"以形式上而观，固不可谓非教育方针之一种，然一为考诸实际，则此广泛无涯极不明确之目标，其于我新国家之生活，果为适且与否，已不可辨而明。盖今日之国家，明明已由君主而易为共和、由专制而进于立宪，既为共和国立宪之国家，则教育之方针，自当以新国家之本质为主眼，而置重于共和立宪国民之养成，无待言也。否则，国家自国家，教育自教育，将教育之为何？然则共和立宪之国民，果当以如何方法而养成之乎？则余敢直截解答曰：非实施公民教育不可。

所谓公民教育者非他，乃确认个人为组织国家之分子，而藉教授训练之力，以完成其堪任公民之资格而已。换言之，即在唤起国家观念，以矫正其冷淡国事之弊，使之对于国家，有献身奉公之精神，对于一己，有自营自主之能力，此公民教育之意义也。此种教育，其在欧洲各国，自遭拿破仑蹂躏以来，亦既早经施行。迄于今日，风行益甚，盖以国家主义，渐次发达，咸知国家之发展，决非一人所能为力，国家之任务，不能不公之于国民。于是其第一要义，即在公民资格之养成。故凡学校教育、社会教育，皆莫不注重于此点，甚或有特设公民科以教授者，有设模范国家以实地训练者，此不独共和国有然，即君主立宪国亦然。由是以观，则公民教育之必要，为何如矣。今我国其共和立宪矣乎！共和者，国体之名耳；立宪者，政体之名耳，如何而拥护此国体，如何而完成此政体，使之名符其实，且避免一切险象，以奠国基于磐石之安，实不能不唯公民是赖。然则公民教育之尤切于我国，益可知矣。要之，今后而无教育也则已，苟犹有教育焉。我知根本方针，舍公民教育，决无有当者也。聊举鄙见，敢质当世，至公民教育之实施方法，当于次期更端论之。

民国五年（1916 年）第 8 卷第 4 号

今后中华民国之教育宗旨

中华民国教育宗旨，业经国民政府通过，兹录原文如下：

中国国民党以三民主义建国，应以三民主义施教，从前所颁布之教育宗旨自不适用。今特仰遵总理遗教，根据教育原理，订定中华民国教育宗旨如下：

恢复民族精神，发扬固有文化，提高国民道德，锻炼国民体格，普及科学知识，培养艺术兴趣，以实现民族主义；

灌输政治知识，养成运用四权之能力；阐明自由界限，养成服从法律之习惯；宣扬平等精义，增进服务社会之道德；训练组织能力，增进团体协作的精神，以实现民权主义；

养成劳动习惯，增高生产技能，推广科学之应用，提倡经济利益之调和，以实现民生主义；

提倡国际正义，涵养人类同情；期由民族自决，进于世界大同。

民国十七年（1928 年）第 20 卷第 10 号

中国教育建设方针

舒新城

一

教育只是一种工具，可以用它建国，也可用它亡国。不过讲教育的人，除了特殊情形——如英国之于印度，日本之于朝鲜——外，都是主张用来建国的。可是在事实上常常有相反的结果，这是由于教育者不曾看清它的性质所致，中国三十年的新教育就是最明显的例证。

中国自鸦片战争而后，屡次为外患所屈，几至于国将不国，于是国人看得日本之改行新教育制度而强国，也忙着仿照日本的方法以图独立自强。可是当时执政者对于新教育制度，只在应用方面看见它是一面很锐利的斧头，以为它曾经为欧美日本人用过造就了许多高楼大厦，拿到中国来当然也可以如法炮制。殊不知高楼大厦之造成，其关键之最重要者在有可施准绳的材木与能施准绳的良匠，斧头不过是建筑上应用的许多工具的一种，虽然也属重要，但是仅仅只有它，高楼大厦决不会造成，而且用得不当，反又戕害生命。所以讲教育的人只在教育本身上用工夫，而不注意于教育材料的社会环境、历史背景，也不注意于实施教育的教育政策，结果就算不戕害生命，也是徒损材料而已。

百余年来，中国受着国际资本主义的压迫，国内经济发生重大的变化，教育制度自然不能死守闭关以前的办法。但中国是数千年小农社会的大国，它的经济制度、社会习惯，根本与欧美、日本工商业社会的小国不同，数十年来虽然因世界潮流的驱策，而逐渐工商业化，然而因为地大物博，产业落后，在物质文明上绝不是百数十年所能与英、美、德、日并驾齐驱，即使在物质文明上追及各国，农业的社会制度终无由消灭。所以建筑的材料，无论何时，中国终究是中国的，在现在尤其与欧美、日本各国不同，要把这些材料化成高楼大厦，第一要施准绳的大匠胸有成竹，第二要这大匠能善用各种利器，不可靠一把斧头。这就是说，教育只是建设的一种工具，并不是建设工具的一切。

明白了教育工具的原则，教育家庶可不至中夸大狂，以为宇宙间的一切问题只有教育可解决；而知道要教育有良好的建设，必得重视教育以外的各种事业。同时教育家也可知道一把斧头决不能建成高楼大厦，必得先审量建筑的材料，重视大匠的指挥，接受锯子、凿子等等工具的互助。

二

主张教育建国的人固然要看重教育以外的各种建设事业，同时也要明白所欲建设的国家的社会环境、历史背景特点之所在，更当彻底了解的是教育对于社会国家的三种责任：第一对于已往的文化负继承的责任；第二对于现在负适应的责任；第三对于未来负开创的责任。人类的生活是进化的，其所以能进化是因为能踏着前人遗留下来的陈迹，步步上升。可是前人的陈迹，不尽是可用的，必得加以选择，所以继承有两种作用：一种是选择，一种是保存。所谓适应现在，即是把现在世界上各种生活样法，根据本人与本国的需要加以择别，而拣其最切要者介绍给未成年的国民，使之从事学习，而获得愉快美满的生活。至于个人虽要死亡，但种族是永久生长的，倘若只以满足现在的需要为限，而不注意未来的发展，则一面既有负未来的种族，一面更对不住先民的遗烈；所以又得根据既往与现在的经济，以创造未来的坦途，使人类无限地发展。因此教育的目的应有两类：一为普遍的，即人的教育，无种族、国籍之区别；一为国家的，以本国需要为转移，而终极的目的，则在促进人类全体的进化。

在促进人类全体进化的大前提之下，自然有许多不同的方法，各种方法的采用常随各人对于社会现象、历史背景的观察及解释而定。然而也有不逾越的公共条件，即“人”与“国家”的实证事实。这就是说，从生物学上证明人的生活异于其他动物的生活，我们决不能用其他动物的教育来教育人类，又从社会学、经济学上证明农业国家的社会生活大异于工业或商业国家的社会生活，我们便不当以工业国家或商业国家的教育来教育农业国家的人民。第一个问题为哲学的，我们现在暂不研究。第二个问题是实际的，我们且据以讨论中国的教育建设。

三

中国自同治元年设立同文馆以来，无时不想利用教育强国，然而结果适得其反：第一是由于大家忘了教育以外的建设事业如交通、产业等等更重要的问题，第二是忘了中国是一个小农制度的大国，第三是忘了教育上第一、第三的两种重要责任。因之，数十年来的新教育，第一，不能得各种事业的辅助而无由发展；第二，现在所有的教育只是一点外国的形式，根本不适合中国社会的需要；第三，中国固有文化、未来事业，新教育并不曾有所发扬、创造。今日要讲教育建设，首先当注意此三事。

教育以外的各种建设，自然不是教育家的专责，然而教育家却不可不注意。因为教育在政治上是内政的一种，在人生上是社会活动之一种。它的发展与衰败，无处不为他种事业所影响，其进行的方针并常为政治所决定。倘若教育并不注意实际的政治问题、社会问题，如现在教育家之不问国内家庭工业生产制度的情形而贸然提倡机工业的教育，其结果自然不独无益而又害之——增加许多游民。我国在历史上原是政教不分，所谓教育家对于国家政治社会建设同时负重大的责任。自前清改行新教育制度以来，因种族问题、思想问题的种种原因，教育界乃常与政治界立于对敌的地位。执政者既不愿教育界参加实际的政治活动与社会活动，教育界亦常在教育万能的迷梦中，以为教育改造之后，其他自会跟着改造。谁知学校教育的势力与实际政治、社会环境相较，实不啻沧海之一粟，根本不能昂然独立。所以数十年来，教育界虽时时与政治界及社会作激烈的混战，结果则教育无不弃甲曳兵而走。这是现在言教育者应当深切反省的。

“中国以农立国”数字，也不时有人道及，然而数十年来的教育家，却始终不曾注意于此立国的根本教育，并且不知道此立国之特点何在。自光绪二十八年建立新教育制度以来，教育宗旨、学制系统虽都曾变更数次，但宗旨自光绪三十二年学部奏定之“教育宗旨”，以至国民政府教育行政委员两次所拟的“教育方针草案”（许崇清、韦慤），始终不曾有人提及专门发展农业的事情；在学制上自张百熙奏订的学堂章程至十六年北京政府修改的学校系统，及国民政府屡次所公布之各级学校条例，都只在模仿所谓日本、德国、美国、法国的教育制度上用工夫，从不知曾有人从中国历史背景与社会环境上创立一种中国的教育制度。中国以农立国是人人所承认的，现在中国的教育制度是工商业国家的产物而不适合中国社会的需要，又是人人所不能否认的，则我们应当新辟一条路径，似乎也是无疑的。

因为数十年来，教育家不曾看清中国的特质，所以各种教育设施都止于应付临时问题。屡次也曾由教育行政机关公布通行全国的教育宗旨，但实施上却从无一种确切的方案。世俗的潮流要整理国故，初中学生亦施以国学教育；世俗的潮流要反科学，于是教科学、学科学者便是反革命。这样的教育，应付问题还不暇，哪能负继承文化与创造文化的责任！

四

三十年来新教育的源泉短浅既如上述，所以一遇骄阳，便立见枯竭。此数十年来骄阳之最厉害的要算五四运动。

在五四以前，新教育自然也和五四以后一样地不适于中国社会的需要，然而那时社会上的传统思想尚能保持其相当的威严，世界新思潮还不能尽量输入，而新教育的弊端也还未完全暴露，所以社会上对于教育效果，虽感不满，但止不满而已，并不为急剧的破坏，甚且在不满的情态中求补苴的方法——如职业教育。自欧战发生，世界思潮既已发生急剧的变化，国内思想界自民国六年《新青年》对于旧思想、旧伦理、旧习尚为激烈的攻击而后，从前所恃以维持社会秩序的礼教逐渐发生动摇。及欧战停止，世界潮流既逼迫于外，国内青年对于社会、政治各方面均感不满而发生改造的自觉。此时学术界既无中心思想，足以领导群伦；而政治界的设施，更与民意相背；于是以种种原因，竟酿成五四运动。五四运动当时可算一种成功，因其成功，所以旧思想、旧信仰完全破坏，因其成功过速，事前无充分的预备，所以于破坏旧思想、旧信仰以外，竟无新道路可走。于是凡世界上各种政治主义、各种经济思想，皆于此时乘虚而入。自八年而后，思想界的紊乱达于极点：在政治上有倡无政府主义者，有倡一党专政者，有倡法西斯主义者，有倡苏维埃组织者；在经济上有主张共产主义者，有主张国家社会主义者，有主张基尔特主义者，有主张集产主义者；文艺上则更有所谓人生之艺术与艺术之艺术及革命的文学与文学的文学之争。教育在此混乱的潮流中，也时而趋重民治主义，时而趋重国家主义，时而主张军国民主义，时而主张大同主义。自十一年而后，国内政党发达，因中国人民不识字者占70%以上，政党不能向一般人民宣传，乃以青年学生为唯一的对象，于是教育成为政争的工具，而更扰攘不安；弄到教育者应付不暇，而有“愿世世生生不再投胎作教师”(吴稚晖语)，学生则“变为政争之用品，由互争而互斗，由互斗而相杀（中国国民党中央执行委员会第四次全体会议宣言语)”。这种现象，实为历史上所少有，“历时愈久，流毒愈深，不但教育破产，一切社会机能皆将濒于绝境（同上)”。所以先觉之士看不过这教育亡国灭种的情形，乃有教育建设的呼声。

五

我个人不信只有教育方能建国，然而却深信教育是社会建设中的一种要务。我国自清末的政党史上，教育从不在任何政党中占得重要地位，即有所谓教育政策，亦只是“有那么一回事”的配门面，根本不是教育的教育政策；而注意于教育建设事业者更是极少极少。十七年二月，中国国民党中央执行委员第四次全体会议宣言，特别注意建设事业，并将教育建设列于内政建设之次，国民经济生活建设之前，而占六个方针之第二位。从事教育的人，大概都会欢欣鼓舞，日望教育建设实现。然而在我看来，这次的教育建设纲目即能实现，仍是与中国的国计民生无与。原文对于五四以来的教育弊端诚可谓说得明晰无遗，但对于未来的方针仍是无关大计的枝节问题。为讨论便利计，兹引其建设纲领之全文如下：

> 救济之术，首在保障教育之独立，充实教育之内容，防止青年之腐化、恶化，普及国民教育，提高民众知识，以造成健全之国民，方为建设国家之基础。而对于女子教育，尤须确认培养博大慈祥之健全的母性，实为救国保民之要图，优生强种之基础。

现代青年变为政争之用品，要防止恶化、腐化，自然是应该的，在这误解男女平等、女军国民思想流行的时候，主张女子教育以培养博大慈祥之健全的母性为目的，亦未尝不是救时之药。其他如保障教育独立，充实教育内容，普及国民教育，提高民众知识，也都是中国教育上应有的事情。但是凡此种种当本什么方针进行？教育内容的具体事项何在？教育建设最后的目的到底怎样？这些纲目除了应付目前的问题外，在中国历史背景、社会环境有什么根据？这些纲目全部实施了，对于中国前途的利益何在？对于现在国际的经济压迫是否解放？对于中国产业是否能发展？对于中国未来的文化是否能创造？我以为绝不能有确定答复，而且我敢说即使这些纲目完全实现，亦只能使现在政争用品的青年稍能安心读书，扰攘不宁的学校略能安稳维持，“愿世世生生不再投胎作教员”的教师暂能安于其业，于国计民生固丝毫无与。

六

七八年来，我的时间大半用在治近代中国教育史上，凡近代中国教育史上有关系的材料无不尽量搜集。自国民政府建立于广东以后，其重要教育文件，大概都曾过目。十四年后党化教育问题发生，国民党党员之作文著书论党化教育（现在此四字已由大学院大学委员会及政治教育委员会议决不用而成为历史上的名词了）的很多，然而都是无关大体的。惟十五年许崇清发表的《教育方针草案》一文提及产业教育，注意到现在中国的经济问题，而谓产业教育的奏效“必定要革命的实际政策、现行经济秩序里面展开了新经济秩序的诸要素，学校教育同时又与这些进步的要素相协动，然后才能成功”。这几句话已略示教育建设必得社会上各方面——尤其是经济方面——建设同时并进方能收效的见解，要可视为近时教育政治家的特见。惟其论产业教育只泛称农业、工业，而忘去了中国立国的本源，所以提出的方针十四条，仍无何种颠扑不破的根据。也惟其忘去了中国立国的本源，所以对于中国现行学校制度及教育行政制度都完全不发生问题，更说不到具体方案。总括说来，十三年而后，中国国民党于执政时期尚能注意教育建设问题，自然比置教育于不问者超越多多，然而统观他们所发表的教育建设方案，仍然不得要领，还须有深切的研究。

七

自近年国内政团繁兴而后，或因政见的根本冲突，或因政权的利害冲突，在教育见解上亦发生许多歧论。但在我看来，除了在政治哲学上根本不承认国家存在者外，不论政团的政见有若何差别，但其总目的都是“为国为民”。所谓政见不同，不过是“为国为民”的手段不同而已，并不是最后的目的有何种差别。因此，除了政治上的教育政策，还有中华民国的教育建设。本篇的结论即在提出此种根本的教育建设之方针。

此处所谓中华民国的教育建设，第一认定中国应当独立存在在世界上；第二认定教育是建设中国的工具之一种；第三认定要谋中国独立，非先从经济上着手不可；第四认定中国历史上是小农制度的国家，现在的社会组织固然如此，而且将来亦不能推翻此农业制度，故教育设施的一切要素，均当以此为根本。本此认识，故对于中国教育问题有下列的根本主张。

第一，中国自鸦片战争而后，无时不受国际经济势力的压迫。近年军□横行，民不聊生，就是这种经济压迫的结果。中国此时要求经济独立，对于外交上之取消不平等条约与内政上之关税自主等等，固然都是很重要的事情，然而仅止于此，还是不能独立，因为从近年海关统计看来，中国历史上所自豪的家给人足的饮食品如五谷类、衣服原料，如棉花等进口率均年有增加（详见《新生命》创刊号，武堉干：《中国进出口贸易之比较观》）很足以表示中国农业的衰败。衰败的原因自然有许多是属于内政不良，但农业保守故常，既不从积极方面以改进生产率，又不能在消极方面抵抗天灾，以致供求不给，实为要因。我国在工商业上固当利用保护政策，以求制造发达与原料品输出之减少，然而中国人民90%以上为农民，我们不能而且不当将此大多数的农民尽变为工人商民，即使将来工商业发达，也不能将地大物博的农业本位制度推翻。所以要求中国经济独立，无论何时都当以改进农业为主，改良为辅。教育方针亦不能外此。

第二，中国以农立国固有深长的历史，即在将来亦不能推翻此种农业社会的根基，故社会上一切文物制度均有其特殊的精神，最显著者是家族观念与均产思想之发达。此种观念与思想之发达，其缺点在保守依赖，乏竞争心；其优点则能维持社会上各个分子均齐发展，无阶级的斗争。在教育上则以正心诚意推而至于治国平天下的人本主义为主潮，所以师生的关系亦以家族关系衡之而称之曰“师父”“弟子”，朋友则列为五伦之一，而关念亲戚、体恤邻里更为日常生活中之当然德目。以与西洋工商业国家以自然主义为教育上之主潮而重视个人竞争的情形相较，完全立于反对方面。现在我们自然不当专守历史传衍下来的人本主义的教育，而做那庭前格竹子的笑话，应当采取科学的精神与方法制驭自然，然而也不可专重外力发展，置内心修养于不顾。所以今后的教育在哲学上应当注意人本主义与自然主义的调和。

第三，农业国家的社会，一般人的生活目的都在于求家给人足，所以不向外发展。这种生活态度，一面维持着家族制度，一面使物质上交通不发达。清末改行新教育制以来，一般教育家、政治家不明此种情形，只努力于模仿工商业国家的教育制度，一面将学校教育工厂化，而以整批生产的方法出之；一面将中等以上学校集中都市，而使乡村青年不能不向都市求学。此种整批制造的学校教育制度，原是欧洲工业革命社会环境所造成的，我国社会至今还是小农制度，社会环境本无此驱策，而贸然行之数十年，以至弊端百出，现在则此种不合人性的教育的制度，在欧美日趋衰败（美国教育家组织之 *Progressive Education*，与世界教育家组织之 *The New Era* 两种季刊，抨击现教育制度与提倡个别教育学的文章极多），中国仍然竭力提倡，而将中国旧日书院制、私塾制的师生的人的关系与独立自学的精神完全不顾，已算失策。至于欧美交通便利，乡村与都市的生活程度相去甚少，学校集中都市，学生就学，在负担与交通上均无困难，中国则都市生活程度常超过内地乡村生活数倍，交通尤极困难，内地学生常有费数十日时间而不能达求学之学校所在地；在经济负担上既加重甚多，而远适异地又与家族观念相冲突。所以三十年来新教育在数量上可言成绩者只有都市的教育，内地乡村则反而日趋日下。长此畸形发展，不独教育无由普及，而且因都市与乡村生活的差异，在思想上要发生冲突，以致国内人民发生战争，亦属常事（中国之连年内乱，此亦其一原因）。故现在中国的教育，在学校制度上须一面提倡独立自学与师生的人的关系的精神，力挽工厂式整批生产与商业行为的颓风；一面须仿书院制的办法，在乡村设立图书馆、科学馆、体育馆，延请指导员负指导责任，使农民子弟于不增加生活上的负担而能自由求学，其学业标准完全以考试制行之。各级教育完全免费，并用奖学制度辅助贫苦学生的直接生活费，以发展其天才。

第四，中国因交通不便，各地风土人情差异之处甚多，生活需要亦彼此不同，教育行政上决不能采用中央集权制度。从历史上看来，清末改行新教育制度以来，教育行政均为中央集权，不过中央的权利只在民国八年以前能行使，五四以后，便因政治问题而逐渐丧失。但集权制最占势力的时候——光绪三十一年设学部至民国五年洪宪改元——学校在数量虽较有进步，而其内容则机械地遵守部章，乃至东三省无橘子地方的初小亦完全照审定教科书于十月教橘子，广东十二月教雪，于社会需要、学生经验全不顾及。民八以来，中央集权制度丧失效力，各地对于课程教学以至于教育宗旨，均自由试验，自由厘定，而全国教育究无一种公共的目标，致国民意识日趋分裂。所以就中国的情形论，教育行政既不可专采中央集权制，亦不可专采地方分权制，应将二者调和。在立法与行政方面均当严格规定中央与地方关系及其权限，尤应组织教育立法的独立机关，以祛除现制由行政包揽立法的弊端。在经费方面更应当将中央、地方及特殊——如不属于二者之学术机关——三方面确立预算，行使独立会计制以保障之。

第五，因为中国数千年以农立国，文化背景、社会环境自然异于其他各国，故各级教育的科目，绝不当模仿他人，如从前规定小学亦须有外国语与中学以外国语为主科；亦不当如某种教会学校对于所谓汉文课程仍令儿童熟读四书、五经。教育的功用在于继往开来。中国有数千年的历史，自有其特殊的文化，不过因为是农业的国家，人本主义特别发达，所谓正心诚意的内修功夫，在追踪欲望不及而自怨自艾的物质压迫时代，自然有其功用，惟因重视内修过甚，对于自然不加抵抗，甚至自信为落伍民族，对于国家独立的自信力亦无之，则为害甚烈。故在课程上，一面从固有的历史中寻求先烈丰功伟烈的事迹，以坚定国人对于国家的自信力，一面要特别注意科学精神、科学方法，养成力能遂志的国民，以创造未来的文化。

以上五事，只是一个大纲，然这个大纲，系从过去数十年教育失败的经验中寻出来的道路，在历史背景、社会环境中均有相当的根据，我虽不敢说："江山可改，吾言不易"，但我却敢说：要建设中华民国的教育，在最近的数十年中非走此路不可。

此论只是中国教育建设的发凡，其各项具体方案，当另篇详述。读者如有批评指教，不胜欢迎之至。

十七年三月十日，南京（留）

民国十七年（1928 年）第 20 卷第 5 号

今后教育改进之管见

王　英

教育之大本大原，虽横万国而纵古今，莫之异焉。至于救济时局、扶持国脉、开基成务之方针，绝非可死守古法，亦非可尽法外国。方今各国学者发现之新学说，不胜枚举，所谓某主义某主义云云者，并非好为特奇之见解与新颖之论调，藉以动人听闻，要亦有所见而云然。或对于自国之时局，或对于某方面之事情，感之深，见之切，乃痛下针砭，切实发挥其意见，以待世人之解决。若漫然定一主义以标示与人，则其主义绝无何等势力影响于实际。今试反观吾国之时局为何如乎？民国产出，迄今五载，期间变故纷纭，险象迭出，国运苟延，不绝如线。吾人日在风雨飘摇中，以言教育，千困万难，仅得维持，亦既声嘶力竭，一切改革刷新，尚不能不俟诸异日，又试观吾国现今教育方面之状况为何如乎？则仅为形式上之敷设。此教育力之影响，殊觉不振，长此以往，则民智日锢、民生日困、民德日堕，其将何以为国？当兹国运将斩而复延，共和既死而复活，邀天之福，以再造新邦。则此后根本计划，谋所以保育此幼稚之新国民，舍教育莫由，而于教育前途之革新，尤不容缓，不揣愚昧，敢草是篇，以为刍荛之献焉。

一、今以前教育之回溯

教育所以继既往、维现在、开未来者也。将来教育之实效何若，即为现今所持教育主义之结果。今日教育之实效何若，即为从前所持教育主义之结果。吾国有五千年文明之历史，开化之早，冠于全球，历代相沿，治乱相间。虽国运有盛衰，世道有隆污，而中国仍为中国人固有之中国，则以中国人自有其特具之根性，虽历数百，襮而未易全然泯灭。要自远古教育之潜势力深，伏于人人之脑底，而未尝或息故也。夫此远古教育之潜势力，其影响所及，何竟若是之广且久乎？则以其间自有其特质存在，此特质为何？即合于晚近世界新思潮所称为真教育，即所谓人格的教育是也。此等主义之教育，世界各国，今始盛倡，孰知吾国于数十年前早已发挥而无遗乎。惟是自古以来，人才因时消长，人格主义，亦或显或隐，至于今日，世变日急，人心不古，而人格主义或几乎息。此则吾人对于斯主义而不可或忘者也。

由上说来，吾国自远古以来，常以人格为教育之中心，其势力常潜伏于无形。至教育上之形式与表面之设施，则随时代之迁移而变革。盖以立国于当世，自有当世所以生存之道。大抵外来之刺激愈剧，则内部之变革愈励，而教育之形式与表面自不得不随之而变革。吾国海通以来，外界之刺激日多，而内部之变革，如由政变而立宪而革命而共和，由此以打建共和之基础，发扬共和之精神，则尚有待于将来之种种改革。其间教育上所呈形式及表面之情状，如废科举改学校，而学校制度又一变再变。教育者所抱之意见，或倡导军国民教育，或倡导公民教育，或倡导勤劳的创作的教育，或倡导实用教育。至如学校之设备及教授之方法，亦有今昔不同之感矣。

二、前今教育优劣之点

吾国既有五千年文明之历史，自古以来，凡中流以上之人，惟以古之圣贤为人格之模范，辨人禽之微严，义利之防，使人生意味不杂于凡庸而不进于高，能永久持续视为有生命的存在，此为吾国往昔教育之优点，深合于现今人格教育之思潮，自无待言。然以重视人格之故，万事必取法于古人之言行，于是以《圣经》古典为唯一之学科，而其弊遂至尊古薄今，阻滞进化，拘牵文义，陷于形式。专恃知的输入而不通于情意，反致心灵汩没，人生意味转以失真。西哲弗尔司脱（Forster）云："窃愿教育者，勿令少年为教室中记录之人，或为过去世界及梦想世界之人，要当使为可以有为之人。"吾国从前教育正坐记录梦想之弊，迄今尚未有艾，又前之教育，专为中流以上少数人而设，而凡民无与焉，且长受支配于专制政体之下，人之心目中，惟以教育为士子进身入官之梯阶，其弊遂至养成虚荣心与利禄心。自科举废而学校与，教育者之志趣，为之一变。又自专制倒而共和建，教育者之志趣更为之一变。前之教育为上流社会少数人而设，今之教育为全国多数国民而设；前之教育目的，在养成优秀之士，今之教育之目的，在增进一般国民程度于水平线以上，故于入学义务责之于平民。且学校未设以前，所谓教育者，专在识字读书，除文字外无他事。教者不知所谓教育学与教授法，此等教育与现今各国之教育思想，绝不相谋。今则学级厘定，学制统一，学科增加，有教育学与教授法可以依据而准则。世界各国之新理想、新方法之流行于吾国，日甚一日，而吾国学校之设置与形式，遂与文明各国无甚大异，此为现今教育之优点明矣。特是现今教育之弱点亦不一而足。今之为教育者，凡国学稍深之士，大都犹是科举时代人物，仍不免陷于知的输入之弊。弱点一，以师资缺乏之故，教育者多半学成于短期之讲习科，学力、经验殊浅，且缺于修养。以此等教师，担当教育任务，其效能几何？弱点二，骛于外形，失其真相。教育者心役于学级教授之死方法，而无活用之余地，不能彻底以达教育之目的，儿童个性之发达，多被阻抑。弱点三。有此三弱点，则今后教育革新愈不可缓矣。

三、今后教育之改进

今后教育之改进大要如次。

（一）确定教育方针

今后教育方针，宜以人格为教育全体之中心，并须提倡公民教育，坚筑共和政体之基础，又注重勤劳的创作的教育，厚殖国民之实力。

余之所谓人格者，依据现今哲学者唯心派之人生观，认人之精神生活，非为器械的、本能的，而为灵动的，与他生物生活根本的性质特异；且认人生之价值，非仅从感官的活动得之，须从普遍的精神之活动得之，即所谓诚能动物，一以贯之者是也。盖以人类具有特异之性能，初由自己之内省，直觉自己，又进而定自己之目的，以遂创造的进化，因是见为人格之形成，使人类非有此人格，恶足以制驭万物，刷新世界，则以人格为新理想之源泉，新生活之代价可焉。

自夫世道衰微，人心日即卑下，人人竞趋功利之途，心已失所主宰，恒为外物所牵制。拜金主义，毒焰方张，而人心麻木，将至不可救药。官僚仗势，为富不仁。青年男女，放其心于淫逸耽乐，而不知所返。其穷困无聊者，则以人生终莫能自脱于宇宙之支配，视为命运所在，万不能以人力挽回，则已心如槁木，毫无生意，其状态殆同于决死之囚奴。人生若此，人间空气之恶浊，遂至弥天塞海，长此不已，岂独国亡，种亦遂灭，能无惧乎？

今日之教育，将以正人心也，将以救国也。苟教育不以人格为中心，则无论用何种主义、何等方术以行之，根本不立，随在有摇落之虞。故依余之私见，极主张人格的教育。以后对于教育之研究与实施，将终其注力于此点。别刊商榷书，以请教于同人，兹不赘及。此非过为高论，惟以增进人间精神之财产，开拓人类自由之领域，端赖乎此。

特是人格的教育，非空言所能奏效，又非可单独就人格而行教育。余所谓以人格为中心者，则以教育之全体，比之立锥体，而以人格此之立锥体之轴，总括宗教、道德、科学、艺术而言，不偏于知的陶冶，而重情义的陶冶，养其自由独立之风，导以克己献身之德。以教师之人格为教育之手段，以学生之人格，为教育之目的也。此非主张极端之个性主义，认人格为有脱离一切限制之意义，而以普遍的精神之生活，打立人生之基础；对于社会及团体有最高之价值，又非专重人格。一切教授及学习上种种方法，可以舍去，凡所以求达教育目的之方法，万不可缺少。惟认方法非万能方法必本诸人格，始有价值耳。

从来主张公民教育之学说，多根本与社会的教育学以立论，认人为社会之分子，不免排斥个性，蔑视人格。余既以人格为教育之中心，复云并须提倡公民教育，得毋自相矛盾乎？然余所云公民教育，先认定人格为立于个性之上，而此人格之发展，其影响所及，至无涯矣。国民性之陶成，亦由此人格之所积。国家社会之形成与其团结，譬之建筑工程，国家社会比于所建工程全体之形式，人格比于所建工程之材料，国家社会之巩固与否关系于人格之良否，尤之建筑工程之坚固与否，关系于其材料之良否，是可知公民教育与人格教育，并行不悖。昔西哲恩斯脱伦戴亦尝主张人格的教育说以发表公民教育之意见，斐希的亦常以道德的见解而论公民教育，则亦何妨相提而并论？

共和时代之教育，不可无拥护共和之实在。况吾国国基未固，人民对于共和之真理想与其权利义务，多未洞悉，则提倡公民教育，实为当务之急。此其主旨，在养成适于共和国可以有为之善良国民。其注重之点，如协同之德、义务之感、自治之精神、勇敢之实力等是也。其于实际的设施，行于校内者，如编订适于共和立宪之教科书，或别设公民科并注重自治的训育，编制少年队等；行于校外者，如青年会、讲演团、图书馆、体育会等。此等教育，在他国早已行之而有效，迄今日盛一日，其为重要可知，况吾国尤为目前所急需，庸可视为缓图乎？

勤劳的创作的教育，即以发挥人格之特色，并磨炼公民之气质者也。从人格的教育之思想，要在企图人生益进于高尚，而以改革旧生活创造新生活为唯一之目的。公民教育无非谋国家之富强，养成可以有为之国民，则勤劳的创作的为当务之急可知。吾国地大物博，自来教育偏于知，重于静，对于勤劳的创作的一方面，不甚措意。国内多游手之民，生产力至薄弱，遂令业荒于嬉，利弃于地，国富渐次消失，民生渐次凋敝。当兹世界各国经济竞争潮流澎湃之际，吾国处处被其牵制，国用日增，而民力之所出有限。全国国民所负担国债之额，继长增高，全国金融，悉操纵于外人之手。长此不已，将不免为印度之续。欲救其弊，不可不于国民学校注意勤劳的创作的方面，以立作业生产堪能之基础。盖勤劳者，黄金之代价也，创作者，新生活所产出者也，本年七月间曾于英文东报见载有西人哈罗尔氏所著《中国政治家责任》之论文中有云："凡人处于事业竞争中，猛进过人者，先著祖鞭；活动不及人者，退居人后。怠惰者埋没人天赋之才能而不免于辱，勤奋者善用其固有之资力自能获赏。征诸往事，班班可考，此不独关系于个人，而关系于国家实大。"

德国教育者恒云"窃愿以学习的学校尽改为勤劳的学校"，此无非利用儿童之活动性，而起其努力，预防其闲居为不善之心，并救济其心情冷淡意志薄弱之弊，做生产的作业之预备，以厚殖将来处理事物统驭一切之实力，此则吾国今后教育所不可忽者也。

（二）组织全国及省、县、市、乡各种教育协会

今吾人对于教育，动曰改革，动曰刷新。夫曰改革与刷新，岂仅恃一二人之力与一部分之见解，所能奏其效哉？大凡一新理想之发生，其初必对于旧理想有所怀疑，乃别倡一特异之新说，其继从其所缺陷之点渐次弥补之，使与真理密合，终则现之于实而推行尽利，是非积世积人，群策群力不为功。吾国幅员广阔，人口众多，对于教育上之感想，每因人地而各殊，此倡一说，彼持一见，无交换知识之时机，无协同研究之方便。举凡教育制度之订立，教育宗旨之抉择，与夫各种教育事业之规度与筹划等，惟从在上者少数人之意见而定，持一纸公文强令人就，在下者即或有怀抱特异之见解，但使与现行法令稍有未合之点，则绝对批驳排斥，而于其见解之与教育真理，果适合与否？则绝不顾及。其弊遂至上下蒙蔽，彼此隔阂，惟以因循文饰将事而已，则教育之实际安在乎？夫教育之可能，与其实力全在乎理想之发展与时俱进者也。自今以后，急宜联合组织各种教育协会以图改进，而其组织联合之方法，其道正多。

1）在教育行政方面，所定教育主旨及施行方法，须求适合于当今之需要与国情，不可以行政人员少数之意见而移易。关于全国者，宜开全国教育协会；关于一省、一县、一市、乡者，宜开一省、一县、一市、乡教育协会。道求其适，不尚揣摩，事求其实，不务粉饰，行之以恒，摩之以渐，锲而不舍，不求速效，处处准理适情，以蕲乎至当斯可矣。至一般教育者，亦宜自由集合教育研究会以图进步，如次。

2）从教育之主旨，分别联合组织研究之。天下事一时一人之势力不足恃，惟真理为能开拓万千，纵有雷霆万钧之力当其前，终莫能破碎之者也。夫真理何在？从客观的言之，则以自然之宇宙日日昭示于吾人者，何一非真理。所谓当前即是无俟他求者也。从主观的言之，此真理即存在于吾人之脑际，藉思考之力而基于经验，愈研究而愈出者也。奈端曰“天下之真理，如大西洋之水，吾人所求得者，不啻大西洋之一蠡”。今吾人从事于教育，对于教育上之真理所得能有几何？自非集合同志群策群力以研究，安望其达于完全之域？如主张人格教育，则凡同斯主张者，宜合力求之。其他若主张公民教育，或勤劳教育，或实用教育等亦如之。夫如是则于教育上所称某主义、某主义云云者，必有精深卓绝之见解，非仅仅为浮面之口头禅与纸上之空谈矣。

3）从教育之阶级程度分途研究之，如任幼稚教育之人及对于幼稚教育有研究之志愿者，则就幼稚教育之经验学理共同研究之。他若国民教育中等教育、高等教

育与夫职业教育以及聋哑教育等亦如之。

4）从教育上所授各学科分别研究之，如任国文教授之人或对于国文教授有研究之志愿者，则从国文教授上之各事项共同研究之，其他各科亦如之。

如上所云，为余今后教育改进之管见，质诸高明，以为何如？

民国五年（1916年）第8卷第11号

地方自治与教育——本城镇乡之学务

孟　森

向时厅州县以上负学务之责，小于厅州县区域之地方，不负学务之责，何谓负责？如厅州县必有知厅、知州、知县各官。《奏定学堂章程》于高等小学堂第一章第三节云：城镇乡村，均可建设高等小学堂。虽僻小州县，至少必应由官设立高等小学堂一所，以为模范，名为高等官小学堂。此条文所言城镇乡村，当时既无自治章程，则其名义固与今之城镇乡不同。而孰为城镇乡村主务之人，又大率并无规定。故条文于城镇乡村之学堂，止云均可建设。可之云者，能建设固无所害之谓也。于州县之学堂，则云必应设立，必之云者，非设立不可之谓也。又第六节云：高等小学堂，为地方官当尽之义务，延宕不办，或虽办而敷衍塞责，应由本省学务处查明，禀请督抚，将该地方官惩处。此即必应设立之究竟。苟不设立，且遭惩处。是明乎其负责甚切矣。

夫高等小学堂，犹曰非尽人不可缺之国民教育也。乃奏定章程于初等小学堂第一章，所云五年之内，每四百家必设初等小学堂一所。完全与简易科，听其量力举办。惟通县合计，完全科不得少于一半。五年以后，十年之内，每二百家必设初等小学堂一所。通县合计，完全科亦不得少于一半，总以办成为度等语。此章程奏定于光绪二十九年。今距奏定时间固在五年外，果已每二百家能设一所乎？抑每四百家已设一所乎？综观章程所责今举办者，无非曰：地方官设法劝谕，竭力督劝而已。官尚以学堂之设否为考成。至其所劝谕之人，则身无学务之职，劝之谕之而间有应者，已为大幸。各省学堂寥落，教育腐败，谁曰非宜。

今日自治章程既颁，吾父老兄弟，已移其待劝谕而后兴学之责为本分当尽之责。此后不被举为议事会员则已，一为议事会员，则于章程所开学务中各分目，皆有主持兴办、筹集款项之天职。不被举为总董董事则已，一为总董董事，则于章程所开学务中各分目，皆有遵照定议、实力举办之天职。虽不能将所列各目，一时并办，然如初等小学堂各国所视为国家命脉之所系者，此而尚或迟徊，不能照奏定章程，于半里内设一初等小学，微论政府可以违章相诘责，即吾士民之期望，亦安能容此蔑弃章程之自治职员乎？于是吾父老兄弟，设或疑自治一事，为加我以前此所无之重任，非爱我民，实以窘我，此大不然。

自国家国强变法，开办学堂，历有年矣。各厅州县，搜括吾父老兄弟之膏血，含糊创办一二勉应功令之学堂。幸吾父老兄弟之未有学务专责也。则悉锁各乡之款项，而拥之于一城。一城所办之学堂，万不敷城内居民子弟之就学，又安论各乡之子弟。且各学堂之于款项，取之尽锱铢，用之如泥沙，定章时固以官气重而靡费，其后办学之人，又相率以靡费为招来学生之计。于是既靡巨款，复收甚重之学费，以致城居之子弟，能就学者亦多系有力之家。国家本为教育普及计，且时时提议，将行强迫教育之法。受教育固人人所愿，然力不能给学费，岂能强迫吾父老兄弟，冻馁枕藉，以为功令张普及教育之门面乎？今者学堂之费既重，而私塾之修数亦增。有力之家，常苦学堂之腐败而犹有就学之地。贫寒子弟失学者较前奚翅倍蓰，返诸吾父老兄弟之本意，岂忍坐视各家子弟，日多不识字之羞？而地方所有财源，则官及一二城绅。既以兴学为美名，罗掘以去。夫苟自有学务之责，则贫寒之家所负担，先令贫寒之子弟享教育之利益。吾父老兄弟无所于让，官及一二城绅无所于争。有余力然后合谋高等之教育。谁无子弟？不自治则暴弃已多。今尚不急引此学务为己任乎？

至城乡学务之细目，照章程则分为八目，分论如下。

一、中小学堂

按学部奏定章程中学堂第一章第二节云：中学堂定章各府必设一所，如能州县皆设一所最善。惟此初办不易，须先就府治或直隶州治，由官筹费。设一中学堂，以为模范，名为官立中学。其余各州县治可量力酌办，如能设立者，据此则设立中学之责，惟府或直隶州负之。厅州县即皆未尝负责。此今日各处中学堂，所由惟府及直隶州，多有官立者，而厅州县之格外自爱，勉立中学，则概乎未有闻也。

又第四节云：地方绅富捐集款项，得按照中学堂章程，自设中学。集自公款，名为公立中学。一人出资，名为私立中学。若禀准设立及一切章程，均遵照官章办理，考其程度，与官立中学相等者，毕业出身，应与官立者一律办理。平时并由地方官严加监督，妥为保护，并准借用地方公所寺观等处。据此则一人或一地方，原无不准设中学之理。夫一人独设中学，就上海而论，即有数所，杨氏之浦东中学、苏氏之民立中学、民立女中学，若叶氏之澄衷学堂，则以办理不善而停办中学。其始亦固有之，若南洋中学，则亦王氏私家所旧办，盖办中学者，自府直隶州，为功令所迫而外，惟私家往往能力任其难，即其改用他款，乃凡南洋大臣之名义，而不能得厅州县以下之维持。彼厅州县官不足言，岂吾父老兄弟合一地方之财力必无能及一私家之丰厚者耶？亦以未尝负责，既与厅州县之官同，并名誉亦无承受之主名，故转不及私家之慕义也。今自治制行，而一地方成一人格。凋敝之地方，固难相强，谓必无与杨、叶、苏、王诸人争烈者，吾不信矣。盖设立中学，实城镇乡名誉之学务。

至小学堂则遵照部章，亦以初等为国民教育之重任。此实全球万国之公例。盖一国程度之高，不高于少数秀杰之天民，而高于多数寻常之编户。国有至卑劣至野蛮之亿万蚩氓，平居则使国家削色，遇事则为国家招祸。少许开通之士，何救于国之败亡？故最粗最浅之生事所必需，与人道所应尽，谓之普通知识，即为初等小学之课程，亦即初等小学之所以为国民教育。吾父老兄弟家有童孩，而望其必为他日之名儒宿学，此其人百无一二。望其为他日执有一业之人，不至蠢如鹿豕，此则谅有同心。初等小学所以发蒙，盖不啻人禽之界，至为重要。高等小学则稍稍进步，要仍为恒人生业，所必具此知能者也。查学部《奏定高等小学堂章程》第一章第四节云：凡一城、一镇、一乡、一村，各以公款设立之高等小学堂，及数镇数乡数村联合设立之高等小学堂，均名为高等公小学。又初等小学堂章程第一章第三节云：论教育之正理，自宜每百家以上之村，即应设初等小学堂一所，令附近半里以内之儿童附入读书。惟僻乡贫户，儿童数少，不能设一初等小学堂者，地方官当体察情形，设法劝谕。命数乡村联合资力，公设一所，或多级或单级均可。此皆城镇乡必有之学务，而就中尤以初等小学堂为至急。

从前奏定章程时，尚未知有所谓自治。动辄归地方官设法劝谕。劝谕之效果，既缺然矣。今吾父老兄弟，既代地方官分肩学位之任，苟力所可勉，断不忍学地方官之敷衍坐误，各有颜面，不能不顾。自治以后，有必然矣。

又《奏定实业补习普通学堂章程》第一章第二节云：实业补习普通学堂，可附设于小学堂或中学堂。则地方有中小学堂之学务，即不应忘此项实业补习普通学堂之学务。盖此项学堂章程之第一节，明言设实业补习普通学堂。令已经从事各种实业及欲从事各种实业之儿童入焉。以简易教法，授实业所必需之知识技能，并补习小学普通教育为宗旨。然较之他种专施普通教育及专施实业教育之学堂不同，以各项实业中人，其知能日有进步为成效，三年毕业。据此云云，实地方之要务。

又《奏定艺徒学堂章程》第一章第二节云：艺徒学堂，可附设于初等小学堂，或高等小学堂。则地方本以小学堂为专责，更不应忘艺徒学堂之学务。其第一节云：设艺徒学堂，令未入初等小学，而粗知书算之十二岁以上幼童入焉。以授平等程度之工艺技术，使成为良善之工匠为宗旨。以各地方粗浅工业日有进步为成效，毕业无定期，至多以四年为限。据此云云，尤地方之至要矣。

以上各学堂，办理时宜检《奏定学堂章程》全文，故不备录于此。（未完）

宣统元年（1909 年）第 1 年第 3 期

地方自治与教育（续）

孟　森

二、蒙养院

按《奏定蒙养院章程》第一章第二节云：蒙养院，专为保育教导三岁以上至七岁之儿童。每日不得过四点钟，是为功令所定蒙养院之办法。惟此条条文之下，又加按语，谓各国之幼稚园，即蒙养院，为保育三岁以上至七岁幼儿之所，令女师范生为保姆以教之。中国此时断不宜设女学，即不能多设幼稚园。故酌采外国幼稚园法式，定此章程云云，此诚六七年前之见解则然，今之管学部者，即当时奏定章程之人。而上年已由学部奏设女师范学堂，则章程所载不能多设之文，自必不复作训。但我国学为保姆者究少，虽定章之限制已除，而目前仍难遍设蒙养院。此数千年女子无才即是德之遗训，有以害之也。

虽然吾父老兄弟，此后担自治中学务之责，而自治章程，已定蒙养院为学务中之职务矣。须知蒙养院之必应多设，实亦不甚远于小学。若虑保姆之难得其人，今上海、杭州、保定等处，皆专设养成保姆之所。而各处女学生之学有成绩者，亦日见其多。得吾父老兄弟，竭力提倡，虽不能到处遍设，必颇有力顾名誉，为地方造福，而使蒙童世界，大放光明者，请与吾父老兄弟，言外国幼稚园之妙用。愿父老兄弟共鉴之。

向在日本，曾亲见幼稚园中保育情形，凡稍有力之家，按月出银元余，即可交一幼孩于幼稚园，由保姆保育四五点钟，回家为眠食之时，即无庸多劳照顾，可省雇一婢媪。又况婢媪之携孩，不在主人之前，而能体贴孩性者，已属百无一二。至于语言动作，大率蠢愚卑劣，孩童与之相习，无益有损。幼稚园中，歌有节奏，行有行列，自幼即知秩序，又加手制玩物，以浚巧思。其余若识数目，辨方向，皆为开智之初基。保姆导之于前，群儿翼之于侧。孩性最易熏染，不知不觉，遂成言规行矩之观。《易》曰：蒙以养正圣功也。慈幼之心，人人同具。自治以后，吾父老兄弟，已为群蒙所仰赖之身，其忍负之乎？

且此不但为有力之家言也，教育日益发达，妇女之能执业者日多。如国外之各种书记及邮政、电政等局之执事，聘用妇女极多，此在我国，且勿遽谕。即以保姆及女师范等职，以至针纫、音乐，足备女子传习之资者，必皆日渐盛行。而乡村妇女，尤多躬勤南亩，出作入息。若此皆无暇于保育多费时刻，又不能佣雇婢媪，以代其恩勤，势必任其跳踉，行不择地，口不择言，渐染下流之习。而少成遂若天性，岂为父母者之初意然哉？不得已耳。有幼稚园以纳之，但视执业所得之资，足供幼稚园保育费，犹将悉输其资，以易孩童之幸福。况得值且有不止一保育费者乎，夫家庭即本善教育，为之母者即本有保姆之资格，然儿童不群居，则不观感，保姆不为职业，则不能无厌倦。为孩童计，莫妙于多设幼稚园以容之。此在父母老兄弟之有以惠此矣。

三、教育会

此项自治事宜，就吾国功令观之，不无疑义。《奏定教育会章程》第四条云：教育会为全省所公立，而设在学务公所所在之地者，称某省教育总会；为府厅州县所公设，而设在本地方者，称某府厅州县教育会。凡一处地方，只许设教育会一所，但如省会之地，既设总会，复设同城某府厅州县之会者，不在此例。则教育会之范围，小至厅州县而止，不容城镇乡复有教育会矣。然本地章程则明有此自治事宜，其故安在？

学部奏定教育会章程，事在光绪三十二年。当时定教育为省府厅州县一定附属之经制，在各国殊不经见。省府厅州县为政治之区划，惟议会为政治中立法之机关，不待同志发起，直由国家法律制定，故可定为省咨议局，厅州县及城镇乡两议会，教育会为同志集合之会。故部定章程第二条，即责令某等人为发起人，夫事必听人发起则非国法所能强迫，又何能以国家之政治区划，为设会之区划乎？外国于同志之集会，并不指定其抱何宗旨，但无悖法律，无害治安，皆可集会，或一次集合，研究一事，事毕即散，或接连集合，研究一事，其中多同治一种学问之人，为互证其心得之用，为国民知识，提倡进步，自当奖劝此等集会。然无视为行政区划中经制机关之理，故学部之所定，非通法也，此学部教育会章程之未可泥也。

据外国地方自治事宜，日本明治二十二年三月法律第十一号言学区会，但准据明治十七年五月之第十四号布告。所谓区町村会法者，其中第十四、第十五条条文，虽当市町村制施行以后，苟不别设规定，仍得存续。盖日本之市町村制，定于明治二十一年。市町村云者，即吾国之城镇乡也，其区町村之名，则如吾国旧称之城镇乡村。至勒定市町村制，犹吾国之颁布《城镇乡自治章程》，从此城镇乡之名，非复从前城镇乡之笼统矣。其明年更以法律承认学区会，是与吾国《城镇乡自治章程》内载有教育会之意相同。正惟城镇乡之学务，当计户、计口、计学龄儿童，负一定举办之责。则其料量各事，专恃董事及议员，尚恐难于周遍。能于董事议员之外，别结一办学同志之会，辅助其间。实于普及之效，大有裨益。此教育之所以载于《城镇乡自治章程》也。

四、劝学所

劝学所与教育会性质大异。教育会为同志集合之公益团体，劝学所为国家经制之佐治官厅。查光绪三十二年四月二十日学部奏定各省学务官制，载明各厅州县劝学所设县视学一人，兼充学务总董，由提学使札派充任，给以正七品虚衔。是劝学总董之为提学使属官，既无疑义。即劝学所之各以厅州县为区域，乃国家官制所定，亦不待言。惟劝学所既为厅州县之佐治官厅，何以城镇乡学务事宜中，乃亦列入，此不可以不证明之。

学部奏定学务官制时，附单奏定劝学所章程，第二条为分定学区。下开各属应就所辖境内，划分学区，以本治城关附近为中区，以次推至所属村坊市镇，约三四千家以上，即划为一区。少则二三村，多则十余村，均无不可。在本治东即名东几区，在本治西即名西几区，推之南北皆然。由第一区至数十区，可因所辖地之广袤酌定。据此则学部本定学区之制，特当时未定地方自治之区域，故分划区，但以三四千家以上为标准。今城镇乡既有定地，学务又为城镇乡专责，则城镇乡之区域，即系学区，可无疑矣。日本之地方学事，亦随市町村之制而行，故本章程所载之劝学所，即一学区中，劝学员办公之所焉。

据部定章程第三条言之，则各区劝学员辖于劝学总董。选择由总董，札派由地方官，奖励由提学使。是官之属员，非地方团体之职掌。则章程所定，特以规划劝学所地址等事，责成地方，其余则监督劝学员之称职否耳。照部章，劝学员必系本区土著之绅衿。则自治团体中，应有推举之则，惟止能举之于劝学总董，以符总董选择之义。

劝学所为官一方面，自治团体为民一方面，对待设立，于学务颇获实益。如各地方以学务受国力、官力之补助，则以劝学员为请命之关键。而自治团体所任之务较繁，于兴学一端，或有不力。又以劝学员身负专责，不能不互相督促以共进。目前各厅州县，固照部章设劝学所矣。其分区而派劝学员者盖寡，劝学总董之职守，亦因以不完。自治而后，彼此互相促迫，庶劝学所章程，不似今日之若明若昧尔。

五、宣讲所

照学部奏定章程，宣讲为劝学所中职务，既设劝学所于各城镇乡区域内，则宣讲自有专责。自治事宜中载此者，盖亦规划场所，监督成绩，与劝学所一项，所述同也。

六、图书馆

吾国创办图书馆之事，近今略有所闻，然宗旨或不尽合，国家亦无法令可守，仅见于《学部奏定教育会章程》中。会务八项中有筹设图书馆字样。学部所谓教育会，既章程明载不准分设城镇乡，则非自治章程所能援用。今据日本法规中图书馆令证之。该令第一条云：北海道府县郡市町村，得设图书馆，搜集图书，以供众览。此条所云北海道，乃日本近年开辟之地，不行府县郡市町村之制者也。府县乃同级之官，略当我省之督抚，郡当我厅州县，市町村当我城镇乡。日本令文谓或北海道，或府县，或郡，或市町村，皆得设图书馆。即我城镇乡自治事宜，中有图书一项之根据。又第二言町村可以组合而办图书馆，即城镇乡以两团体以上联合而办此也。第三条言私人得依本令设图书馆。第四条言图书馆得附设于公立或私立学校。第六条言公立图书馆长及书记，由地方长官在任免之。馆长、书记皆与判任文官同等。馆长当公立中学校教员，书记当公立中学堂书记。第七条言公立图书馆，得征收图书阅览费，云云。盖图书有公立、私立之别，若城镇乡所立，即为公立。公立之馆长、书记，当判任文官中之中学教员及书记，吾国教员及书记，尚未定为官，暂无庸议。所言公立图书馆得征收阅览费，谓公立亦可征收，私立更听人自便也。外国所收阅览费，为数甚廉，不过铜元三五枚，又可购回数票，则价更廉。

吾尝屡入日本之图书馆，其美备者非吾城镇乡力之及。平常供人阅览之图书馆，所储不必精美难得之品，但使研究各种学问之人，欲多聚参考书而不甚便，入馆则各科书大概多有。吾国向时藏书之家，有祖父购置而子孙嗜好不同者，固不免蠹蚀之虞。即甚爱读书之人，或拥书而苦少整理之人，或并宦游游幕，久在他乡，而不暇整理。如果公中经理得法，则管书之人，既有俸给，而董事议员，共任稽察。庋藏之妥适，必倍蓰于私人。故法果足恃，愿寄存图书以助发达者，必有其人。此非徒赖保存之有法，借阅之规则，亦必极善，然后有此信用。馆中设阅书之广案，两面置椅，光必相等，两面皆可阅可抄。笔墨自带，书籍不准携出。其尤妙者，孩童所阅之教育图书，亦宜多备，另设一所，收最廉之价，如每童出一铜元，即可来馆坐阅。此等书在日本谓之御咖嘶，即吾国商务印书馆所出之童话及儿童教育书之类。日本于星期学堂放假之日，儿童恒结队入图书馆，多阅御咖嘶以为乐。此于文学及普通知识，大有裨益。吾父老兄弟将来有意办图书馆时，可参以此意也。

七、阅报社

此项事宜，在外国并不视为公益，绅商学界无论矣，下至苦力工人、壮夫无论矣，外至儿童、妇女，略无不日阅报纸数种者。其供人阅报之处，恒在咖啡店。行路时或有小饥渴，则入其中。咖啡或牛奶，或益以小食一二种，听人自便，所费不多，而又备当日报纸多份，供人取阅。此自店家为招来座客计，无有尊为公益者。吾国则不然，若闭塞者较多，竟至无人阅报。则外间公告之事，无所闻见。自彼为公告者无所施其技，而我有公事欲为公告，亦必无由使人闻见。且朝廷之功令，各省之事实，日日闻见，其益无穷。以言办公，则比较之方式既多，自易措手，即自治其私，亦必耳目聪明，能辨别情伪，不至受人愚弄。须知人之所以受人愚弄者，止缘寡闻浅见，不知世事。阅报之有益于人，能使人不出乡里而周知世故，卓然成有识之人。有识之人多，即地方之福。此事轻而易举，愿吾父老兄弟速设之。至阅报成习，而识字者亦多，则与外国之程度渐等。乃无烦吾父老兄弟，为之所矣。

八、其他关于本城镇乡学务之事

凡事必有预计所不及，而事实所可发现者，此非徒学务为然，学务亦其一也。立法者添本项以赅括之，吾父老兄弟，将来欲办一为福于本城镇乡之事，视其性质，近于前七项所开各目者，即归之此项事宜，无庸逆计以实之。

宣统元年（1909年）第1年第4期

自治的训育

王 英

今有识之士概言教育矣，亦知教育之大目的果何在乎。知其大目的之所在，果由何道以达之乎。夫教育精神上之事也，为人类文明进化之源泉，亦为立国之基础。教育之效果，自学校内播其种，不于学校内收其成。则是教育者对于被教育者，于学校以内所施训育方针，不可不为被教育者将来出校后立身行道之地步。修身为治国、平天下之基，古人已诏我矣。而人之所以能自其修身者，必于幼小时立之基。教育者为之濬其灵明，定其趋向，纳其身心于中正之轨道，俾得自为修养，应于万事而有自裁的能力，此为至要。今之从事于教育者或主张放任主义，或主张严厉主义，二者趋于极端，各有流弊，均不足以达到真正教育之目的。主张放任者，以教育为应于身心自然之发达而行之，不可以加以强制，极其弊则流于放纵，无意志之锻炼，不能自抑其感情欲望之横决，而其身心易为外界所诱引。主张严厉者，以学生所处之地位，为绝对的不能自由，必以严重之规则部勒之，极其弊身心失其活动能力，乏自动机会，适以养成其依赖性质。然则如之何而可，以余之所见，不妨宽严并用，对于知识之启发，固当依于身心之自然发达，而于意志之锻炼，则必从严格之训育。要之在养成其自治之能力，此即自治的训育。为求达于教育大目的必经之途径，兹参酌日本教育家森冈常藏之说，撮述如次，藉以为商榷之资。

训育可分为二时期，人于幼稚时代，见地未明，一遵教育者之意见，养成善良之习惯，此为训育之第一时期，可谓之习惯的训育。及长，知识渐开，必先认识教育者之意见而后服从之。或先辨别事理，然后定其趋向，以支配自己生活，其能以自己之力检讨自己之内心，收敛自己之身体，惟在于平时受训育上一种潜势力之影响，此为训育之第二时期，可谓之自治的训育。而此两时期之关系，渐次相移，并非其间划然有彼此界限之存在。人自幼以至于长，其关于生理的、心理的各方面，渐次与时俱进，其自无意识的受动的服从教育者之意见，渐渐移易而为有意识的能动的服从其良心上之意见，其间本无界限之可言。兹之定为两时期者，不过便于理论上之研究耳。

所谓自治的训育，其意义既如上所述矣。而实施训育者之方法果何若？在习惯的训育时期，即以立后来立身之基础，当时惟一服从教育者之意见。俾得善良之习惯，及长于心地上渐露光明，且渐得倾向于自己之意志而动作，斯时教育者不可以自己赏罚之便，强迫使之服从，但其赋性之发作，或从其恶感及病的而来，至于无所忌惮时，则必从严正之训育，指导而矫正之。抑教育之目的，非仅依人之个性而决定，同时对于社会上生活、风俗、世道等之影响，扼要定其意见而决定之。换言之，以其所决定之目的，施教育上之作用，养成各个人立于社会，可得保持自己，而于同时，此教育之作用即影响及于社会。然则各个人之特性，虽未可蔑视而亦不可全然放任，漫无限制，教育者于被教育者，宜明示以目的之所在，使之了然于心。被教育者既有自知之明，因得应于其自己之性分向于目的而决定意志，又得抵抗自性，而生自裁的能力，此为教育之最高意义。而自治的训育之本领，即存于是。假使被教育者之性质善良，其初合于教育者之意见，习惯既得其宜，又应于善良之环境，则自治训育所务之部分，仅持续其习惯足矣。重言之，使被教育者于幼时服从教育者之意见，而得善良习惯，其后从其善良习惯，于其意识上渐渐明白，更依旧进于同一方向，斯时自治的训育已告成功，但教育之事业，恐未能如是之简单，天下事未能尽如人意，欲赴一定之目的，往往经许多之迂回周折，然后达之。如上之所述，于事实上不多观，寻常施行自治的训育，或从其所习惯者而扩张之，或于其主要部分而补充之，或屡屡将其全部或一部而正其误而矫其偏，或偶为不幸事情所累，则为匡正而救济之故。对于其自治的训育，其初不可不知其障碍之所在，而其障碍有由于被教育者天赋之性质而来者，有由于被教育者生后之习惯而来者，夫既知其此等障碍之所在，则将用何法以打消之乎？

赏罚亦为训育上打消障碍之一法，然宜用精神的，不宜用物质的。例如对于被教育者之正当行为，则与以和悦之色、赞许之意。对于被教育者不正当行为，则示以不快之情、忧愁之貌，此为精神的赏罚。然究之用于习惯的训育为有效，至用于自治的训育，虽有时犹存几分之效力，有时或竟全然无效，盖以斯时被教育者之知识，明知此为外部束缚笼络之具文。阅历深而趋避熟，不足以引动其趋善避恶之决心，然则仅恃赏罚，未必能收圆满之效力，其他更有何法乎？

或曰：少年之欲望最盛，自治的训育，可利用其欲望，与以关于道德之知识，构成其关于道德之理想。则训育之目的，或可达到几分。然犹未必可恃也。何则知之未必能即行，且意志之根本，吾人据以为可信者，以其存在于行动或本能。仅于外部与以知识不足以决定其意志，然则自治的训育之目的，果由何道以打消其障碍，是必从其感情上之作用，与以感化之力，而启其努力之渐。教育者之亲爱与威严，二者殆为自治的训育之要素乎。

一、亲爱

训育之作用，开始于知识陶冶，结果于意志陶冶，而以感情陶冶为训育作用之中枢。盖天下事惟此亲爱之情，为足以感人耳。被教育者之于其保护者及教育者，本有信仰所归之性质，其一举一动，恒欲一如其信仰者之所为，如偶然放弃服务，怠荒学业，苟出自勤恳之心，先之劳之，又加之以亲切有味之劝诫。自能默化于无形，故自治的训育，不可不利用亲爱之情，此较之诉于理窟而达于目的者，其效速而自然。

二、威严

教育者之威严，足以屈服被教育者之心，此于训育上之效力甚大，但儿童天性未漓，心意薄弱，威严之力，尚足以及之。至年长之人，思考力渐强，有批评的判断事物之力，足以抵抗当前之威严，斯时教育者，不可无卓越之知识与卓越之意志。倘无卓越之知识，到底不足以屈服年长之人。既有卓越之知识而又不可无卓越之意志，所谓卓越之意志者，并非用之于苛责，加以外部之压力也。而于内部有一种卓越之潜势力，自然存在。盖自心理上言之，凡意志薄弱之人，自然从命于意志强盛之人。此于催眠术之诱告作用，可由经验而得之。毕竟训育上之效力，亦利用此一种催眠术教育者。若无此卓越之意志，虽施其术而无效，然则教育者利用少年之感情，而与以威严之感，在教育严格主义，为训育之方便所必要者也。而此威严，自内心溢出，自然足以感人，并非用暴力压服也，盖以有平静稳确之力量潜伏于心中所致耳。

亲爱与威严二者俱备，则被教育者之抵抗与反对之情，自无由而生，由是指导其立身行世从入之途，俾一方向于目的努力进行，一方自为抑制其私欲恶感，而于向其目的而进行之际，不可无必欲达到其目的之决心，即自信自己之恒心与热心，必足以打胜其感情欲望之惰性，具有此等信念，乃能确乎保持其统一而勿失，至此遂得举自治之。实而训育之能事毕矣，而教育之大目的，亦庶几乎可以达矣。

民国三年（1914 年）第 6 卷第 9 号

论各地方宜设教育会议

庄　俞

教育——教育之声，闻之熟矣，而今之教育现状若此。教育普及——教育普及之说，又闻之熟矣，而普及之成效何在？是非教育之不可兴，普及之不可达，乃教育立法之机关未善也。乙巳十一月，设学部；丙午四月，各省设提学使及学务公所，同时奏定劝学所章程；六月，又奏定教育会章程。机关亦粗具矣，而教育界依然无发达之希望者，亦以学务公所为补助提学使行政之机关，教育会为补助劝学所行政之机关。学部虽立法，而一令之颁布，每不足以餍人望。且其下之机关未善，虽令不能实行。盖所谓学部、提学使、劝学所者，或则位置过高，与下情隔膜；或则权力有限，不能无所阻碍。今日法律未成，议院未开，上级之机关不备，地方自治甫经筹办，议事会成立无期，下级之机关不备。即以教育一端论，当此萌芽时代，千端万绪，如理乱丝。机关善则收效较易，机关不善则收效大难。就各地方现情观之，岂区区一劝学所、一教育会即可了其事哉？况学部奏定劝学所、教育会章程，权限事业，含混不明。各地方有因此以起争执者。争执不已，遂生意见；意见愈多，遂酿风潮，不惟无益，而又为害。否则有名无实，仰州县之鼻息，为士绅之傀儡，不能谓为立法机关，并不足谓为行政机关。欲地方教育之发达，是犹俟河之清，难矣！难矣！然则如之何而可？曰：宜速设地方教育会议。

会议者，团体结合之议事机关也；教育会议者，以教育为范围之议事机关也；地方教育会议者，即以某地方之教育为范围，而为某地方教育之立法机关也。此会议之性质，当以一地方教育之立法为主体。地方自治议事会未成立之前，凡教育事项，胥付此会议决之，由劝学所、教育会次第施行。地方自治议事会既成立之后，凡教育事项，先由此会协议，然后交地方议事会公决。此会议之会期，当准地方自治议事会之例，每季一次，以正月、四月、七月、十月为期。遇有要务，临时召集，开特别会，其召集之权，付之劝学所、教育会。如得本会会员三分之一之同意，亦可陈请劝学所、教育会召集之。此会议之会员，当以劝学所总董视学员、教育会长、各学堂之堂长监督、组织之。地方士绅，经本会多数承认为教育上有经验、有学识者，由本会延请为名誉会员，共同提议决议。此会议之权限，凡地方教育应兴、应革之大端，既经议决，即交劝学所、教育会分别执行。未经议决之事，而劝学所、教育会先行试办者，俟本会开会时，亦必补交本会会议，以决可否。如是，则地方之有会议，如全体之有脑；地方之有劝学所、教育会，如全体之有肢。脑为主，肢为辅，以主使辅，无不灵之患矣。今日各地方之教育，非如无脑之体，日呈死状；即如无主之家，子弟各私其私，各利其利，毫无统一之机关，又乌能禁其不败哉？

或者难曰："地方既有教育会、劝学所，则此地方教育会议，乃赘疣耳。多一发生意见争执事权之机关，转使劝学所多所掣肘，教育会同于虚设，又奚为焉？"吾应之曰："否！否！劝学所者，地方官厅之佐治学务者也；教育会者，研究教育补助劝学所行政者也。部章具在，无可变更。地方教育会议者，须为地方教育一部分之立法机关者也。既不若劝学所之以行政为任务，又不若教育会之以研究教育为本职。况教育会之会员，资格宜宽；地方教育会议之会员，资格宜严，是又迥然异者。有此一举，可以消劝学所、教育会无数之争执；可以除劝学所、教育会无数之意见；可以减劝学所、教育会无数之责任；可以免劝学所、教育会无数之困难；而监督劝学所、教育会之职员；敦促劝学所、教育会之进行。不然，教育会发一议，劝学所以为不可；劝学所行一事，教育会以为不合。长此纷歧，地方害矣。有一地方教育会议以联络之，其害自除。而劝学所总董视学员、教育会会长，同在议决之列，则无能说不行之弊。各学堂堂长监督同在议决之列，则无反对破坏之人。有经验、有学识者同在议决之列，则无事后妄论误会之虑。一举而数利，又何虑而不为哉？"

或者又难曰："地方自治之议事会，不日成立，教育亦自治范围之一端，又何必更设地方教育会议？"吾应之曰："诚哉是言。然地方自治事宜，揆之定章，为项凡八，为事至繁且琐。教育者，地方兴废存亡之命脉。万一地方自治议事会，以事宜繁琐之故，不能于教育一项应议尽议，则其关系之巨，岂可胜计？使有地方教育会议，则教育自有专任。地方自治议事会只须总其大纲，决其可否，权限毫无损失，实际上受益无穷。在地方自治议事会，又省讨论研究之余晷，以及其他，求其不背现行之法律，不忤今日之民情，莫此若矣。"

呜呼！今日教育之不进，论者皆归咎于人才缺乏、财政困难，固矣！其大原因，又在机关之未善也。办劝学所者，莫不欲以立法行政之权揽之于一己；办教育会者，莫不欲争完全之立法权，又莫不欲分任行政权。两雄相隘，莫衷一是。有地方教育会议为完全之立法机关，则事属一尊，权无旁落矣。考日本学制，立法行政，名为文部省掌之，实则全凭议会之议决。别设高等教育会议，就教育事项，应文部大臣之咨询，而申其意见，又自以其教育意见，申告于文部大臣。至于地方学事，除视学员、市町村长等外，又有学事会集，及学务委员会，机关完备，宜其教育日就发达。以吾国内地情形较之，相去不可以道里计。为今日督促之法，为一时补救之方，其或有取于斯乎。

宣统元年（1909年）第1年第11期

江苏教育总会致各省教育总会及学界书

窃维今日之谈教育者，必曰造成立宪国民。此立宪国民之教育，于何而观其成？则非曰普及，即曰强迫。然而普及则希望也，强迫则方法也，将达此希望，而施行此方法，则胥恃教育费为命脉。教育费之所从出，官立学校，则宜取给于国税；公立学校，则宜取给于地方税；其由私人或私法人任费，组成私立学校者为例外。此在粗知教育行政法者，类能道之。而欲使国税、地方税之标准，适得其平。就国税、地方税之范围，各分割其一部分，以支配官立、公立各校之教育费，定逐年进行之方针，为全国一致之计划。则除地方教育费外，非城镇乡议事会之所能决议，亦非府厅州县议事会之所能决议，亦非一省咨议局之所能决议，而国会之事也。今朝廷汲汲筹备宪政，而各省咨议局代表请愿速开国会。谕旨未即允行者，非靳也，虑人民之程度不齐，而又恐其得之太易，则责任之心不坚，将以觇继续请愿者之踊跃与观望，而卜民气之是否可恃也。夫欲增进人民之程度，而一一唤起其责任心，非推广教育，其道何由？欲推广教育，非宽筹教育费，其道何由？欲宽筹教育费，非厘正国税、地方税，其道何由？欲厘正国税、地方税，使教育费之支配，足以增进全国人民之程度，非速开国会，其道何由？敝会同人等屡经集议，以为厕身教育界，知宪政精神之根源所在，徒私忧窃叹于财政之紊乱、外交之危迫，而不思所以救其后。则负此教育之宏愿，思所以救其后，而坐待九年期限之悠忽以至。绝不计国会成立之迟速与教育进行之迟速有何等之关系；教育进行之迟速与宪政隆替、国计安危又有何等之关系。虽日奔走喘汗，此设一学堂，彼开一研究会，而于其间接影响之至大者，乃钳口结舌，不敢直陈于君父之前。则上负朝廷，下负社会，爰议决公推代表，入都请愿，为咨议局代表之继续。贵总会及贵省学界诸君子，亦请公推代表，同集都城，为咨议局代表之继续。请愿而遂，则如天之福，全国实利赖之；其或不遂，亦必复有继续于后者。我同人固未敢自谓上不负朝廷，下不负社会，而必不甘坐待财政之愈紊乱，外交之愈危迫。此时真大负教育之宏愿，并请愿有所不及，而始悁悁以悲也。勖哉行乎，惟诸君子有以教之。

宣统二年（1910 年）第 2 年第 4 期

教育宜保存国粹

贾丰臻

今之谈教育者，日日言欧化主义、日化主义，而忘其固有之教化也。日日言人格教育、职业教育，而忘其固有之人格教育、固有之职业教育也。是以行之十余年，非凿枘难容，即时机未洽，强者怒于言，弱者怒于色，不仅他国之良法美意，迁地而勿能为良，即其故家之遗俗流风善政，亦将荡焉而无存。值青黄不接之交，新陈代谢之会，与其画饼充饥，毋宁数米为炊也。故曰：教育宜保存国粹。

虽然余之所谓保存国粹，非顽固者之所谓保存国粹也，亦非嗜古者之所谓保存国粹也。顽固者食古不化，执一不通，非先王之服不敢服，非先王之言不敢言，非先王之行不敢行，甚至以尊孔为标题，而垄断公产，以复古为主旨，而豚尾终身。若斯人类，则非予所敢居也。至于嗜古者之所为，一读法也，而极之于经史诸子；一书法也，而穷之于汉魏六朝，甚至孔席颜瓢悉为书丐之具，秦砖汉瓦藉充文宝之需，用其糟粕而弃其精华，则又非予所敢附和矣。余之所谓保存国粹者若何？曰：重伦常、复礼教、崇信义、保和平、尚勤俭，岂非教育之大本乎？

曷言乎重伦常也？吾国之重视家族主义，为世界各国所共知。然自光复以来，一般故老遗民，辄谓世道日非，人心日下，而伦常日浇薄矣。养口体之微，而子女有德色；理家庭之事，而闺房多恶声。破镜难圆，群主自由择配；阋墙起□，且谓大义灭亲，积其弊将不识亲亲长长为何物，岂非吾国之隐忧乎！为教育者，当知吾国之所以立国，名教中自有乐地，纲常外别无完人，则保存国粹之道得矣。

曷言乎复礼教也？吾国古代，礼教最繁，为世界各国所罕见。综言之，为经礼三百、曲礼三千，析言之即冠婚、丧祭、射御、朝聘乡、饮酒、士相见各种，繁文缛节，实吾国特有之物。今则礼失求野，学在四夷，且变本而加厉矣。放诞者以滑稽为能；苟且者以私便为利。文人无行，以放浪为自由；商贾慢客，以诚恳为不屑。此亦吾国之忧也。为教育者，苟知礼教之当重，于女学校、小学校等，增教礼仪作法，一面实验之于家庭、社会间，亦保存国粹之道也。

曷言乎崇信义也？吾国人之信义是好，为世界各国所艳称。赤手成家，而衣食原料可赊欠，究未闻多数延偿者；红楼富女，而婚姻大事藉片言，仅见有两性涉讼者，斯民也，三代之所以直道而行也。夫岂法治国之规规于印信，拘拘于字义间，所可同日而语哉！为教育者，诚能扩而充之，一饮食之微，而时刻必遵约；一寻常之事，而举动必合宜，则于保存国粹之道岂有涯哉？

曷言乎保平和也？吾国人爱平和久，为世界各国所不及。试思西洋黑暗时代历千余年，日本战国时代历数百年，吾国则从未有若是之久者也。西历一千九百十四年，欧洲大战争起，至今已历四年，兴酣势盛，正未有艾。吾国则无论一次革命、二次革命、三次革命，而从未有过半载者，双方时闻议和之声，四民争集弭兵之费，亦可见酷爱和平之至矣。虽间有捣乱派奔走于朝野，革命家群集于边隅，然究属少数人之野心，不足以代表全国民之心理。为教育者，诚能扩而充之，则于保存国粹之道，无遗憾矣。

曷言乎尚勤俭也？吾国人之克勤克俭，亦为世界各国所乐道。农工商贾，自朝至暮，自少至老，兢兢业业，不惶宁居。试问有如各国人之每日常休息者乎？无有也。试问有如各国人之七日一来复者乎？无有也。是以各国工厂喜用华工，各国商船来雇水手，非惟爱其做事之勤，且取其工资之廉也。为教育者，诚能扩而充之，无论大小学校，于敏事勤学之外，尽力提倡储蓄，则异日之致富强，岂浅鲜哉！此保存国粹之大效也。

民国七年（1918年）第10卷第2号

城市平民教育实施法大纲

汤茂如

平民教育在我国城市方面，提倡、宣传推行最早，至少也有八九年的历史了，惜只轰动了一时，各城市的平民教育大都未能继续办理下去。现时存在的平民学校多数还是慈善性质的、附带零碎设立的贫儿学校，与真正的平民教育相去太远。因为一般人根本上就不了解平民教育，自然就谈不到平民教育学术和各种实施方法。实施平民教育既无学术上的根据，当然只有空吹，哪能顾及到继续办理不办理呢！

这一篇文字讨论城市平民教育实施法，是从教育学术方面去研究如何实施城市平民教育。因为我们认定平民教育是我国正宗的教育、专门的教育而且是全民的教育，所以要用科学方法去调查、研究、实验，推行平民教育。本篇所述的城市平民教育实施法虽不是完善的，却费了我们一年多的工夫去调查、研究、实验而得来的结果。今欲将我们所得的结果详细述说于此短篇文字中，实在是不可能的，也不是我写这篇文字的意思。我写这篇城市平民教育实施法大纲有两个意思：一是希望实施城市平民教育的人对于城市平民教育有正确的了解；二是希望实施城市平民教育的人对于实施方法上有学术方面的根据。

读者诸君对于城市平民教育实施法若有详细研究的兴趣，请参考中华平民教育促进会出版、上海商务印书馆印行的《城市平民教育书刊》。

一、实施城市平民教育者所应了解的

（一）城市平民教育的使命

平民教育运动是以“除文盲做新民”为使命。其实施平民教育为适应需要而有最大效率起见，将平民教育分为乡村与城市两大部分。城市平民教育的使命自然就是“除城市的文盲，做城市的新民”。城市虽是国家文化的表现、学术荟萃的地方，然而在我们民众失学最多的中国里，在这内政外交种种复杂问题发生的时候，去做“除城市文盲，做城市的新民”的工作，真是一件刻不容缓的事。

（二）城市平民教育的作用

若拿城市平民教育与乡村平民教育相比，不特在教材、教法以及其他各方面不能完全相同，就二者的作用而论，亦各有差别。就今日中国而论，城市平民教育是积极进行的救国运动，而乡村平民教育是积极进行的建国运动。因为城乡的环境不同，需要不同，与当时国家、社会的关系也不同，所以城乡平教的作用亦各有所偏重。城市平教的作用可以分作四项。

1. 指导民众自动作救国运动

历史上的事实证明我国救国运动的起发点向来都在城市里。因为市民的知识程度较高而且随时直接感受到国际压迫的痛苦，故易对外发生暴动。庚子之辱、五四运动以及其他等等惨案，各种运动无不发生于城市。惟惜无意味的牺牲太多，而民众大都处于被动地位，往往为人利用，根本上未能达到救国目的，所以吾人实施城市平民教育的时候，应当指导民众自动去作救国运动。救国的主张甚多，我们却一致主张平民教育救国；用简单的、适用的方法，采全民的、超然的政策，先把民智、民生和民德的程度提高，然后一般民众才有救国的能力。因为中国民众知识上和经济上的饥荒，已达了极点，我们不能不先从根本上作工夫。

2. 协助民众作城市生活改进运动

中国城市生活不能使人满意的地方很多：街道之高低不平，店铺之杂乱无章，卫生事业不讲，正当娱乐场所缺乏，社会合作事业太少，市民生活便利无有，病痛穷困机会却多，凡此种种，都足以影响城市民众生活的安全。城市民众日常生活既不安全，精神和身体两方面必感觉无限的痛苦；然以知识缺乏的缘故，一般民众终以不能了了之，不可处处之。苟城市民众的知识程度提高，对于现在的生活必致发觉不满，当此时候，实施平民教育的人不但要激发民众有改进城市生活的决心，并且得不断地协助民众有规范地作城市生活改进运动。这是城市平民教育第二个重要作用。

3. 培养民众有参加各种公民运动的能力

公民运动为民主国家里最有价值的政治运动。凡参加此种运动的人，皆应具有公民道德、公民知识和公民技能。但在今日的中国谈公民运动，不特最大多数参加运动的人没有相当的资格，就是一般自居运动领袖的人恐怕也没有受过公民训练，缺乏公民道德、公民知识和公民技能。城市平民教育第三个作用就是要利用教育方法，培养民众有参加各种公民运动的能力。

4. 激起民众有参加国际运动的志趣

欧美列强之国际运动和国际事业的团体实在不少，而其中尤以美国为最多，所以美国虽为后起的国，而在国际上很能博得多数国家的欢心。美国人在任何方面都愿与国际上发生关系而求得国际上的了解与同情，参加国际运动不但能够自助，而且可以助人。我国民众不但在参加国际运动的志趣上不及人，而且未获得国际上的好地位，严格一点说，我国民众所形成的国家竟是一个不平等的国家。举凡空前绝后的不平等条约，中国有之；举凡不伦不类的苛刻待遇，中国受之。中国民族所受的各种压迫不能引起其他民族的注意，而一二丧失国体的事则传遍于世界。这是何等可耻可怕的事！因为我国民众缺乏参加国际运动的志趣，当然不能得国际上的了解与好意。假使民众都受了平民教育，有了公民常识，了解世界大势，则不难产生参加国际运动的志趣。所以我们把这项列为城市平民教育的第四项作用。

从广义方面说，以上四项作用，非特属于平民教育，凡其他种种教育亦应有这些作用；惟平民教育乃注重普及于全国民众而使上列四项作用有实现的可能。

（三）城市平民教育的范围

无论实施何种教育，认定了它的使命和它的作用，就得划清它的相当范围。有了相当范围，然后才有根据去规定教育内容，才有标准去编制应用的教材，并且才能规定实施教育的步骤。城市平民教育是全民教育运动的一个重要部分，它的范围必须彻底明白，然后城市平民教育之实施才有所根据。所谓城市平民教育的范围，约分文字教育、生计教育、公民教育三项，兹分述于下。

1. 文字教育

文字教育是一种基本教育，是在任何国家的国民都应当而且必须领受的。没有受过文字教育的国民，精神方面不能了解本国文化；物质方面，缺乏日常生活应用的工具，已不能算是健全的国民。中国的文字教育经过四五千年之久，还没有普及于一般民众，其原因，一方面固由于中国文字的艰难，一方面也由于君主国家时代实行愚民政策，文字教育不得普及。我们所提倡的文字教育，在中国实属创举，它的最终目的是希望由此产生中国的平民文学和平民美术。

中国的文学是贵族的，除了少数知识阶级的人能够阅读，能够欣赏外，一般平民是无缘的。就以新文化运动后所谓平民化的文学而论，其作品不是少数学者介绍西洋学说的，就是一般青年任性创作的，又何尝是真正的平民文学呢？至于坊间所印售和市上所流行的小说、鼓词、戏曲等，不仅是千篇一律、字句恶劣的，而且是诲盗、诲淫、伤风败俗的。像这些损人害己的民间文学，不但不应使其传诵全国，更应当坚决地表示反对，而且设法禁止印行。盖民间的文学与民众生活的关系甚大：文学里的观念、思想、态度，可以变成民众的观念、思想、态度；文学里的生活、习惯、信仰，可以变成民众的生活、习惯、信仰。所以文学，尤其是平民化的文学，一方面可以培养人生，他方面又可以改进或创造人生。然而实际上今日中国的平民，不但最大多数的不能识字看书，其最少数粗通文字的人亦无相当的书可以看，所以我们必须在平民文字教育之下，努力创造一种适合平民口味而且有利于个人心身、有益于国家社会的活的平民文学，以适合时代的要求，而应付民众的需要。

中国的美术也是贵族的，在历史上那许多著名的杰作都是皇室独享的。一般平民所能欣赏的，不是冒牌顶名的字画，就是恶劣不堪的作品。看了这些，谈不上美术的东西，哪能产生高尚的志趣、优美的情感呢？究今日中国社会的堕落、人心的险诈，其原因虽很复杂，而民众没有优美的情感和高尚的志趣，还是根本原因。欲培养平民的优美情感和高尚志趣，除利用新创平民之文学外，则不能不利赖新创之平民美术，盖文学有时不如美术感人之深，而且美术能将文学上的理想境界和优美思想具体表现于画上而使民众容易了解，以引起充分的兴趣。所以我们新编的市民千字课是把文字与美术同样看重的，希望能启发全国平民的高尚志趣和优美感情。

2. 生计教育

社会上的问题固然很多，可是归纳起来，直接与人生最关重要的，恐怕还是一个生计问题。生计问题得了圆满的解决，则其他问题或可随之解决，或竟不成问题。我们认清了这一点，所以决定于实施平民文学教育时，兼施平民生计教育。平民生计教育在乡村方面注重农业，在城市方面则注重工商业。至于平民生计教育的基本作用，无论乡村与城市，都是在目前去解决平民生计问题，进而产生中国的新经济制度。

城市之所以能为城市，以其为工商业集中之点，经济活动，生活复杂。工商业愈发达，则城市的经济愈活动，生活愈复杂；城市的经济愈活动，生活愈复杂，则市民的生计问题愈容易解决，这是可以引欧美物质文明发达的国家作例证的。至于经济分配均与不均，那是另一问题，此处暂不讨论。在今日中国的城市里，工商业处境呈现萧条的景象，经济既不活动，生活程度随时增高，而失业的市民日益加多，城市的生计竟成了无法解决的问题了。推厥原因，一方面自然是受时局的影响，而他方面，最根本的还是一般市民没有受过生计教育，缺乏工商业的科学知识与技能，所以在这变乱的时候，不但不能顾及工商业的改良与发展以抵制东西洋列强之经济侵略，即一般市民维持自己生活的事都成了困难问题了。就目前的市民生计状况而论，城市平民生计教育的实施，尤其是不容缓的事。

生计教育如何去解决城市平民的生计问题？如何去产生中国的新经济制度？此处似宜略为说明。城市平民生计教育注重在普及工商业的科学常识和工商业的基本技能，使市民能人人自食其力外，并能有利于社会、国家。但在未实施这种教育之前，应从事城市实际生活的调查与职业的调查，以免有教材为平民生活上所不需要的毛病。论到生产新经济制度一层，我们要知道中国的经济状况不但讲不到采取共产制度，就是英美式的资本制度也不能适合我们的需要。所以我们就不得不根据民众实际生活的调查，去做精细的研究；再根据民众的需要，把科学方法普及于社会，然后根据多次大规模的实验成绩而创一种适合中国的新经济制度。这种新经济制度究竟是如何，我们虽不能在此详细讨论，总之，我们可以相信世界上的学术思想，是后来者居上；欧美各国的错误和劣点自不必采用的，而新的经济制度自然会从中国经济生活的需要上和经验里产生出来的。

3. 公民教育

市民知识提高与生产能力增加，不必于社会、国家有利，盖一谓自私自利，其知识与生产力反足以增高其危害人群之能力。所以城市平民教育的范围除了文字教育、生计教育以外，必须有公民教育，以培养市民的公共心。市民受过公民教育，具有公民知识、公民道德和公民技能，然后才有参加国家、社会事业的浓厚兴趣。我国自采取民主政治以来，只有民国的名义，而无国民的训练。普通中等以上学校所设之公民学科，只是整套的欧美公民知识，与一般公民中的公民生活毫无关系。以这 40 000 万毫无训练、一盘散沙似的民众而建立民国，其结果混乱有如今日之时局者，真是自然应有的事。

我们办理平民教育的人，认定救国、建国都得从训练民众入手。教育一般民众，使其能认字，使其经济独立，不过藉以立其领受公民训练的基础。所以平民的公民教育可以说是平民教育的重要范围，因为这是达到“作新民”的使命的教育。中国的社会制度和政治制度早已不能使人满意，所以我们决志努力普及平民、公民教育，希望由民众的生活里产生新中国的新社会制度和新中国的新政治制度，换言之，就是“作新民”以建设新社会和新国家。

我们实施城市平民教育的人对于城市平民教育的范围、作用和使命既有了相当的了解，现在我们就应当了解。

（四）中华平民教育促进会总会城市教育部的工作

总会城市教育部的工作，概括言之不外五种——调查、研究、实验、编辑、训练，都是替各省分会、特别区分会和城市分会进行的，所调查研究的问题是各城市分会的问题，所实验编制的教材、教法、教具和所训练的人才也都是各城市分会所需要的。全国已经成立的城市分会虽有四十余处，其因政局的影响，未能继续工作的很多。总会成立已有四年，而总会之城市教育部设立，尚不到两年。这一年多的工作，偏重于研究、实验和编辑城市初级平民学校教育之基本教材和各种实施方法，同时训练基本人才与办理文字上的宣传工作。总会城市教育部的工作分条述之，有下列八项：规划全国城市平民教育普及方法；调查全国城市平民教育状况；编制城市平民教育教材、教具和课外读物；研究并实验城市平民教育各种教材、教具和实施方法；研究城市平民教育各种实际问题；训练城市平民教育所需各种人才；视导全国城市平民教育；报告全国城市平民教育状况。

中国创办新教育数十年来，其最无成绩、最无材料可供参考者，要算都市教育。今后我国的都市必随国家之工商业发展而发展，今后其教育范围、内容和制度应当如何，的确是急待研究的问题。办理城市平民教育的人，直接与民众接近，洞悉社会情形，了解民众需要，集十数年教育经验，再加以精细的研究，必可产生出中国的都市教育制度来，这是我们对于办理城市民众教育者的一个大希望。

二、城市平民教育的实施法

以上所述说的，都是从我这篇文字的第一个意思发表出来的，就是希望实施城市平民教育的人对于城市平民教育有正确的了解。现在我要接着我写这篇文字的第二个意思发表于下。

我先要申明，我这儿所述说的城市平民教育实施法，还是一个大纲而已，目的在把城市平民教育实施法的各个方面介绍一点，藉以引起实施平民教育者的学术兴趣，并且希望各处办理城市平民教育的人，以后再不要把平民教育看为一种附带的、零碎的、简单的慈善教育；要把它看成救国建国的、专门的、正宗的民众教育。凡一切设施都得用科学方法，要有学术上的根据。教育科学在中国是很幼稚的，所以一般朋友不承认教育是一种科学。平民教育科学是更幼稚的，当然是我们许多的朋友没有把它看上眼的。但是我们从事于平民教育的人都得有创造的精神，大家努力在学术上用功。平教总会几十个同志都本着各人在学术上所领受的专门训练，分工合作，在平民教育上用功。现时短期中所得的成绩当然不多，而所发表的东西还是初次实验后的结果，很希望国内外的教育家、科学家，不吝指教一切。

（一）实施城市平民教育的特点

实施城市平民教育有一个最大的特点，就是办理城市平民教育，必先举行大规模的运动。这个运动是推行城市平民教育很有效力的。我们曾在各处作多次的试验都得了很好的结果。这个运动的重要目的有三：引起全城人士对于平民教育的注意与了解；制造全城民众乐于入平民学校读书的空气；训练全城民众作有目标、有组织的公民运动。

筹备举行平民教育运动的主要步骤也有三：第一，接洽。接洽本地各界领袖、各机关、各团体，先应得他们的赞同与合作，然后得请求地方政府和平教总会帮助一切。第二，调查。调查全城文盲人数，可以借作平民学校校址的校数及可以担任平民学校教员的人数等。第三，组织。组织全城平教运动执行委员会和各委员会分任平教运动各项工作。

除按照上述目的和步骤去举行平民教育运动以外，还有一点也很重要，是应该提到的，就是平民教育运动的性质。平教运动是全城民众的教育大运动，参加的人不能限于职业、宗教、党派，因为它的性质是合作的、义务的、地方自给的、人人有份的、以全民为主的。

（二）城市平民学校教育实施法

举行平教运动为的是要实施平民教育。欲使全城平民教育能继续发展，办理得法，就得依赖专门主持的机关，所以平民教育运动成功后，必有一个城市平民教育促进会组织起来。根据一定的标准把促进会组织好了，就得用促进会的名义聘请专家，根据地方情形，先将全城市平民学校教育普及计划规定一个大纲，随即开始工作。无论在什么地方办理平民学校教育，第一步最妥当的办法如下。

1. 训练人才与设立模范学校

我们既认平民教育为正宗的、专门的民众教育，预备及有志去实施平民教育的人，当然得受相当的训练。一方面领受平民教育学术理论上的知识，一方面参加办理平民教育实际上的工作。为的要使一般人对于平民学校教育各种实施法得个具体的观察与了解，所以同时要设立模范平民学校。这种学校是训练人才的实验学校，同时也是地方上的模范学校。设立校数的多少，完全看地方上的情形而定。可是模范平民学校不便单独成立的；与它有直接关系而合成一个组织的，有平民教育训练学校（训练平民教育人才）和表演平民学校，其组织图如下。

设立模范平民学校与推行平民学校教育都得根据平民学校系统（即平民教育学制）去办理。平民教育是中国的补救教育，在公立教育的学制里没有相当的地位。从我国对于这种教育的急需和应受这种教育的人数的众多两方面来看，都有另行规定学制的必要，现为适应城市方面的需要，我们暂定一个平民教育学制如下（附第二图）。

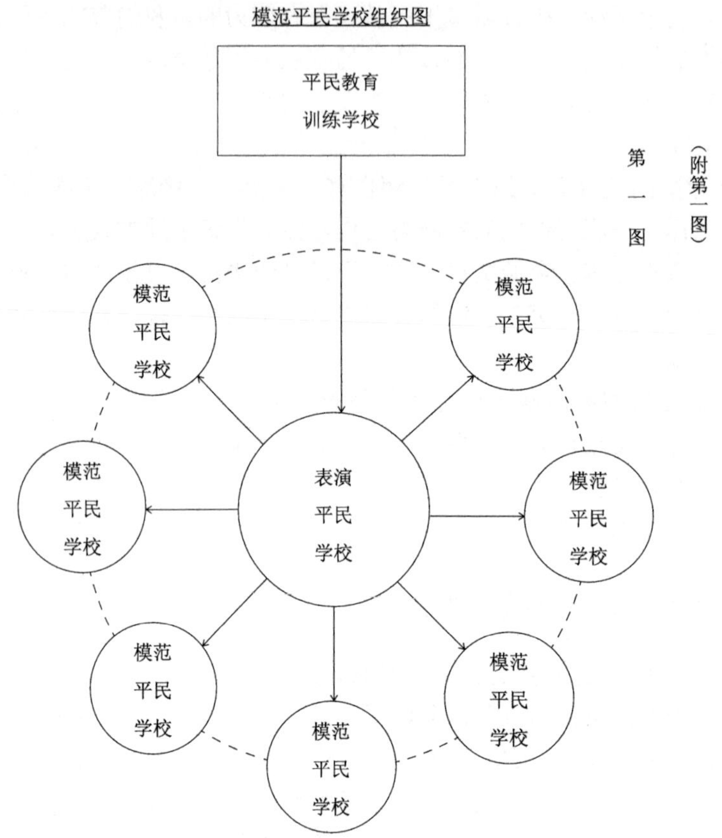

说明：表演平民学校是平民教育训练学校的学生和教员共同的试验平民学校，同时也是那些完全由学生担任模范平民学校的中心学校。表演平民学校全由平民教育训练学校的教员担任，训练学校的学生可任助教

2. 经费来源

经费问题是规划普及平民教育的先决问题。推行平民教育既以地方自给为经济原则，则对于筹款一层，我们不能不为各地方想出种种方法。今为限于篇幅，不能分条详细讨论，仅将经费来源种种办法，已经试用的及可以采行的，都分条列举于下：地方上各机关、团体的合组费；私人捐款；政府补助金（省政府及地方政府）；由地方政府没收庙产，或指拨官产与荒地；由政府规定平民教育特税和附加税；由地方政府商同促进会征收文盲捐（不识字者某种年龄从某年某月起得月纳文盲捐若干，到识字时止，这也是实行强迫教育的一种办法）；由地方政府指定某种罚款或某项地方税作为推行平民教育之用；推行平民教育的经费列入地方教育预算内。

以上八条，不过是我现时所知、所想到的，其余可以采用的办法还很多，各地方可以调查各地方的情形，斟酌办理。

平　民　教　育　学　制　图

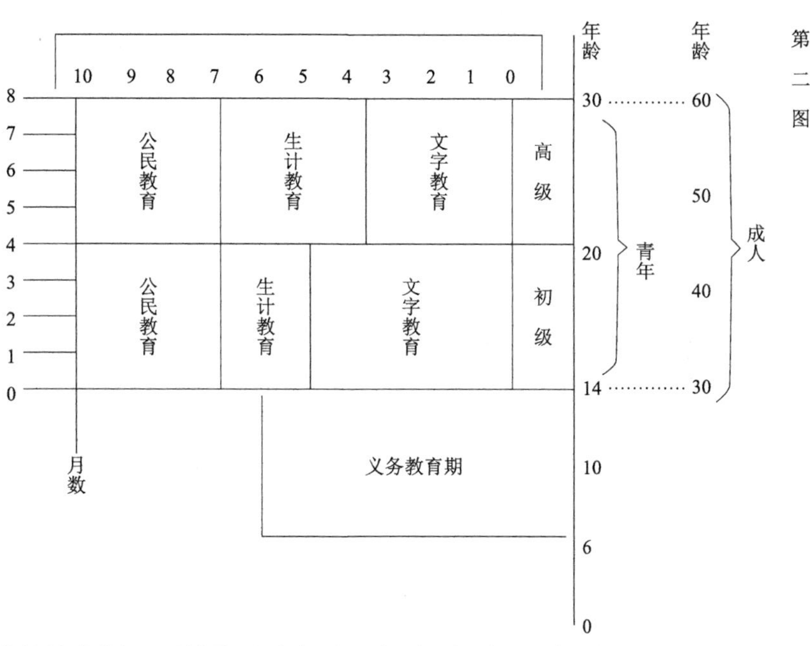

说明：此学制系根据城市平民教育情形暂为编定的，并且专就高、初两级来定的。学校式的平民教育偏重青年（14岁到30岁）方面，而成人（30岁到60岁）方面还是附带的。初级平校以文字教育为重（4/10），高级以生计教育为重（4/10），皆以4个月为一级的毕业期限。在一个地方先要训练人才和设立模范学校，其根本作用不过是立平民教育推行的稳固基础，既有了人才，又有了办法，就得解决推行平民教育的经费问题

3. 经费分配

经费问题之难，不在来源而在分配。经费，多有多的分配法，少有少的分配法。分配得当总可以得到相当的成绩，分配不得当，不但不能得相当的成绩，反而有不好的结果。举一个很小的例来说吧！现时一般办平民学校的预算里，最大一笔款，用在买千字课、石版、石笔等上，而教师不但无薪金预算，即车马费为数亦甚薄。表面上看起是很经济的，其实是一个很不妥当的预算。因为教师不受经济上的酬报，对于工作上大都不肯负责，亦不能持久；学生的书籍、石版、石笔不由学生自购，养成一种贪利和依赖的心——这都是有害无益的办法。比较妥当的经费分配，是5/10用作教职员薪金，3/10用作设备费，其余2/10用作行政费和杂费等。这不过是一个假定的标准罢了。各按地方情形可以自由伸缩的，但总不可施书、施笔墨，把教育当作慈善事业。

4. 招生问题

一般平民学校招生只注意人数，而未注意到何种年龄、何种职业的人。因为

他们根本上就不了解平民教育。平民教育是我国失学青年和成人的补救教育。学校教育偏重于招收失学青年。招生时，对于学生的职业、智慧、识字与否，都得调查清楚。至于招生的方法颇多，普通应用的是：贴招生广告，请识字的人劝告不识字的人入学；分送画报与传单作普遍的宣传；组织招生队，分区转告不识字者入学；鼓励平民学校的学生代为介绍；请托警察按户通知，分散传单、报名单并劝导入学；联络绅董设法鼓励民众求学；举行化装游行路演，鼓励文盲求学；举行平教运动，制造读书空气。

5. 学校组织与期限标准

关于平民学校组织问题，余曾在拙作《城市平民学校组织法》一文内比较详细地讨论过了（见本年六月号《教育杂志》），现在不必再详论它了。平民学校的学级以月计，每日上课至多两小时，每班以四个月毕业为限。所有教材与课程，其编制皆以此为标准。城市平民学校的组织可以简单，亦可以复杂，全以班级的多少而定。若一校只设一班，则其组织自然简单，若一校设数班以至数十班，内中又分青年班、成人班、妇女班、幻灯班，而各班又按学生之智力、职业及上课时间而分班，则班次自然增多。若每月招收新生，开设新班，则级数加多而必组织更形复杂。但此种复级多班之大规模平民学校，只宜设于工商最发达之大城市里。一校只设一级一班，算是最普遍的办法。

6. 课程与教材

高、初两级平民学校的课程与教材，都是根据平民教育的使命、作用、范围和期限标准而编制的。编制毕，曾在表演学校内经过一次实验、修正后，才印行发表，以应各地方之需要而作大规模之实验。现时城市初级平校教材已全编就，交上海商务书馆印行。高级平校各种教材尚在编辑中。

三、结论

平民教育是我国特殊情形里的产物，其种种计划和一切设施，都得从头做起，自己创造。所以中华平民教育促进会总会自从组织以来，其所努力的种种工作，无论是调查、研究、实验、训练任何方面，都带有创造的性质。全国平教同志假如采用总会的教材、教具和实施方法，亦应抱创造的精神，取研究的态度，对于总会的工作施以同情的和建设的批评。若有问题发现，宜即时通信讨论，或准备于暑期讲习会中作系统的研究。从事民众教育的人能如是精细研究，努力合作，我国特创的平民教育学术必有发展的时候，平民教育事业亦必有普及的日期。

希望平民教育早日普及，就要全国各地方人士肯一致努力推行，希望平民教育学术发展，那就全靠各地平民学校教师肯一致努力研究。因为平民教育既是我国特创的教育，一切教材、教具和种种实施方法，都得从我们自己的经验里去产生出来。这固然是我们办理平民教育的困难，同时也就是我们的利益，因为从我们自己经验里产出来的东西才能适合我们的需要。

——《平民学校教师之友》序文

民国十六年（1927 年）第 19 卷第 9 号

教育精神的独立自由化与教育制度的贫民民主化

张表方

中国的教育，自从兴办以来，虽然有很多的变动，但仍然没有什么进步可言，应当批评的地方实在很多，我想凡是一个热心教育的人，或者要想把中国改造好的人，一定不能置诸不闻不问之列，听它这样。

本来民主政治在现在已经不是完美的政治了，然而在挂到十七年共和招牌的中国，教育方面还是封建的而没有好多民主气味。五四运动以后，教育本发生了一点新的萌芽——民主与科学的精神，可是到现在，这种新的萌芽都快要被复古浪潮所湮没了。读经讲经的事实，非常普遍于中小学校；封建道德的恢复，不仅有政治的力量，而且还有社会的基础。从前的开科考试，早被戊戌维新所唾弃了的，现在又已抬起头来。封建时代培养骑士的制度，亦已重行开始。最可注意的，连白话文学在去年都生了问题，仿佛非回复到古典文学不足以与思想道德等方面的复古相配合一样。现在的教育，除了这些封建的精神和成分外，实在只是一点配盘的ABCD那些形式的科学而已。民主和科学的精神，扫地以尽，这实在是一件大不幸的事情。

还有一种同样的劣点，就是奴隶制度的精神充满了教育的领域。奴隶原是一种“能言的工具”，所以没有人的自由。我们的教育，在没有新办学校时，完全是奴隶教育。不仅当时所读的书，是叫人法先王，守古训，不要离经叛道，而且小孩子从生下地来，就是贯注以尧舜以来一个传授一个的学说思想。即教育的方法，也完全是注入式的灌输和循规蹈矩的压迫，以束缚他们。总而言之，教育方面，没有一点自由空气。学者不过是思想上的奴隶，为古人当留声机而已。这是文化落后的一个原因。戊戌以后，又加之以五四，这种教育上的奴隶精神才被摧毁。现在却又随着年来的复古运动，而恢复旧有状态。一切自由，剥夺殆尽，读书、看报、研究学问、组织学会，通同不能从心所欲。并且书报学会，成为罪状，动辄就要身首异处。不仅“异端邪说”的名词，居然在思想自由、研究自由、言论自由、出版自由的科学的世界，成为反对异己的恶名，而且要用种种力量来“罢黜百家”“表章六经”，以定思想于一，而建立新的偶像系统。这种力量在从前是夏楚，在现在却变成了刀枪教育的奴隶化，实在是消灭中国文化、阻止人类进步的一种大障碍。这是我们所不可忽略的事情。

自然，中国教育，在精神方面缺点很多，而尤以这种封建的成分和奴隶的成分为害最大。固然我们不要存教育救国的幻想，把教育的关系说得天样大、海样宽，但是在教育言教育，我们却不能否认封建教育和奴隶教育的劣点及其在教育上和中国文化上的恶劣影响。这是我们应该大加注意而要求改造的。我们是一个独立自由的人，应该有天赋的独立自由的思想。人类的历史，早已堂堂皇皇宣布了这种人权，而最后的奴隶制度，反叛者又已揭出了独立之旅，撞鸣了自由之钟。我们从事教育工作和文化事业的人，应该本着教育者的资格，尽教育者一分子的历史的责任，所以我们千万应该发表精神独立的宣言，以实现学生的求学自由、研究自由、言论出版自由，而完成其教育精神的民主化。

其次，我们要注意的，就是教育的制度，这是关于形式的一方面的。

中国的学校，取法于欧美。欧美国家的教育仍是一种阶级制度。它们在表面上虽无限制，校门大开，连“学校重地禁止闲人”的牌子都没有，然而实际上，要有钱的子弟才能入学。这种经济的限制比“学校重地禁止闲人”那两块牌子还有力量得多，不过不是禁止闲人，而是禁止穷人。中国的教育既是从欧美来的，所以自然亦就带了这种阶级性质。小学以上，至于大学，一切学校，不论国立、省立、县立、市立，总而言之，都是用公共的款项所办。而且这种公共的款项，无论贫富，就是穷到工人、苦力、雇农、贫农，一点财产都没有，也是出了一份的，因为这种公共的款项是从一切直接税、间接税抽收而成，但是入学的学生，就限于有财产者的子弟。而且这种由公共款项所办的学校，很普遍的要征收学费。再加之以这样费那样费合起计算，有财产只能维持生活或剩余不多的人，都没有入学的可能。并且学校的等级愈高，用费越多。于是中学成为小有产者及富农的学校，大学成为大有产者及地主的学校，比小有产者还不如的市民及自耕农，就只能进小学。工人、苦力及贫农、雇农，他们的子弟，要当学徒和见习的工农，连小学都不能进。这种由欧美传来的虚伪的民主教育制度，实在是真的阶级教育制度，完全是一种依照人民占有财产的多寡而设立的阶梯式的教育。这样的教育制度，与其说是民主，不如说是教育的封建，还名实相符些。

在这种制度下，还有广大的人民，如像工人、苦力、雇农、贫农，以及负贩、小商等，出了很多的苛捐杂税、教育附加，而还不能送他们的子弟来读书，这固然是经济制度的关系，但也是教育制度的缺点。一切学校既然是公款办的，为什么又不注意这个问题？为什么又置贫民教育于不顾？为什么又要征收学费、杂费？为什么又不励行义务教育？为什么又只偏重专门人才的培养？为什么又用公款送有高等知识的人出洋留学？……举凡这些，都证明了特殊阶级的教育制度只注意特殊阶级的子弟，是一个显然的事实。那么，大多数人出了钱办学而不能读书，尽了义务不能享得权利，这不是世界上最不公平和最反正义的事情吗？

这种建立在多数人出经费、少数人享权利的制度上的特殊教育，完全是变相的贵族教育。人民有纳税的义务，应该有入学的权利。一切学校不仅应该免除学费，而且应该设法使出了很多间接税的工人、苦力、贫农、雇农的子弟能够读书，这也是国家兴学校教民的本意。现在能够符合这种要求的，就世界各国的教育制度来看，只有苏俄，并且它也很努力于这种贫民教育。这是十年来的事实，不能否认。在这里，我们可以看出只有解决贫民的教育问题，才能实现真正的民主的教育制度，从前的平民教育，不过是工商业家反对封建的贵族教育的口号，现在的时代已经不同了，职司文化与从事革命的教育者，应该提出贫民教育的口号来反对资本的贵族教育。这是我们把少数人的民主制度教育改造为多数人的民主制度教育之一种历史的任务。

但是怎样才完尽我们前面所说那个二重性的责任——教育精神的独立自由化与教育制度的贫民民主化，在这里，我们要知道教育是社会的一个部分，又是政治的一个枝节，不能在社会政治之外而独立，所以只有社会和政治的改造，才能完成教育的改造。那么，我们从事教育改造的人，能够不参加社会的改造和政治的改造么？

这是为中国与世界整个的历史发展和社会进化的趋势所决定的，从事教育的人，应该顺着这个趋势来尽他推动教育即所以推动历史、改造社会即所以改造教育的伟大责任。

（转录《现代教育》）

这篇文章系转录四川国立成都大学教育研究会出版的《现代教育》第一期第一篇。原题本为《我们对于教育的主张》，而含有发刊词的性质，现在为编辑上的体制关系，撷取原文中的重要语句作为标题，在事前来不及征求张先生的同意，实在是深深地觉着歉疚。

我们转录这篇文章的意思，是非常简单的。中国三十年来的学校制度，是欧美教育制度的模仿品；欧美教育的精神与制度立基于他们的阶级性的社会，本来不是理想的完美；加以中国从来从事政治或教育的人，没有深邃的眼光，而只知生吞活剥地去东抄西袭，于是中国的教育精神与制度更随之而破绽百出。这是无法掩讳的事实，无所谓故为指斥，也无所谓放言高论。对于这病的现象，忠诚于教育的人们，只有本他的良心与邃识，消极地擢举它的病因，积极地指示它的新路。张先生这篇文章是在沉痛地警告中国现在教育精神的堕落与教育制度的腐化。在有些人们，或者会稍稍地感着激昂点，但无论如何，可以说是在代表一部分从事教育者的醒觉——虽然或者是极小的一部分。这种将中国教育由病的状态拯救到健康的状态的方案，我们以为无论它的思想的立场怎样，都应该汇集起来，以供真正的教育家们从事教育改造的参考的资料。

其次本志本卷第三号陶西圣先生《中国学校教育之史的观察》，第四号周谷城先生《国家建设中之教育改造》及第一号东蓴先生《现代教育之解剖》三文，有与这篇文章互相发明的地方，可以参看。

（编者附识）

民国十八年（1929 年）第 21 卷第 7 号

教育家对于国家社会之责任

锡　鑫

清季政治不良，国民种姓复杂，上下交猜，国家种种事业不能发达。有识之士，每叹息政府之对于国家社会不能尽其责任，而考之当时政府之内容，则果有如一般舆论所言者。然自辛亥以来，政治革新，所谓前日之不良政治，亦既一洗而无余矣。然三四年来，观之社会之现状若何乎？则无以异于清季也。其始也，少数之新人物，以激烈之手段，用客气强制社会。故表面虽有改观，而内容实无变动，其继也，国民之惰性反动，且至向负方进行。今者民国之新政府，虽即以法令强制，而社会耳目，麻木不仁，一无所动，革新气象一年退步一年。若与世界大势之新潮流呈一反比例，循此负方进行，则将何以国于20世纪之世界。论者或归咎于政治，则政治已法世界最上乘之共和政治矣。然则今日国家之病原，其不在于政治可知也。夫已不在于政治，则致国家之陷于今日状态者，何在乎？曰：不外组成国家分子之不健全也。致分子不健全之原因何在乎？曰：不健全之社会习惯有以致之也。则今日救国惟一之要图，为改良社会之恶习惯，而以适合现在世界关于国民生活之知识技能，养成其一种之新习惯而已。夫养成此新习惯，其功效于国家颇大，而养成此习惯之事业，则甚艰困，虽然非绝对的不能致也。其能致此之动力，则不在秉国之政治家，亦不在为社会要素之实业家，而实在于转移社会之教育家。故在今日，教育家实负国家极大之责任。夫既知为国家极大之责任，则凡为教育家者，须以极肫挚之热心，极强固之毅力，不辞困难，不避艰险，以稽社会之日有进步，而达国家社会全盛之域而后已耳。今且言社会之习惯与国家之关系。夫国家者，社会之进化而成者也。国家与社会之异点，不在范围之大小，而在有整然之机关与否，有整然之法律与否。然国家之机关，发动于社会之动力，而国家之法律，则发源于社会之习惯。此略知社会学及法律学者所深晓也。今世界诸国之在未形成国家之前，其一部落之意思动力，每促成国家之政治雏形，而其部落之习惯，每为其已成国家法律之基础。又其意思动力，每为习惯所左右。及其国家成立之后，其势力之强弱，国运之修短，又视其意思动力之原因与习惯之良否为标准。在昔欧陆，希腊勃兴以前，其南部之斯巴达市，所以蕴育之者盖久。其时市中大事，皆决于市民会而制定宪法。7 岁以上之市民，市政府授以严格的武士教育，强健其体格，勇壮其精神，熟达其武术，使富有困苦忍耐之性，以养成其勤俭、刚毅、廉洁、义勇、奉公之德。即女子教育，亦注重体育，以磨砺妇德为主旨。其教育之效果大著。而斯巴达日以强盛，乃与雅典市互为盟主，以握欧东之霸权而与波斯战争，卒以屈服波斯，而成强大之国家。罗马之未成国也，其市民之政治，久为贵族所专制，暴虐庶民，卒以庶民之抗争，求得参政权，而开国民会，设护民官。以市民之公意，养成勤俭尚武之美风，而成统一南欧之霸业。然其全盛之时，集天下之富，以养罗马，民情习于奢侈、游惰、轻躁、浮薄之俗，而失去固有之良习惯。故后虽有凯隐瓦古斯之英主，以其雄才大略经营罗马，亦不能救后日之灭亡。盖此时虽称为黄金时代，而西罗马灭亡之基，固不待日耳曼人之北来，而可预决者。此欧陆上古之事实，读西洋历史者类能谈也。而现今雄视欧洲条顿人种之英、德二国，其在部落时代，具有特殊之习性。若德者，屡经挫折，卒建日耳曼帝国，以与英吉利争雄，于此可见一斑。即在亚陆，则近古历史章章可考者，在明之中叶，清之国家尚脱部落时代未久，称曰后金，明之使节，有自其国返者，每称其国内人士，虽在童稚，皆有将相之才，则其国民气尚习惯之美可知。而其后卒代明而主中国且三百年，若非其后人骄惰淫逸，以失人心，则今日之我国，尚属未可知也。综观以上所引之历史，则知国家社会盛衰之故，与习惯风俗至有关系也。虽然此风俗习惯，有自天然养成者，有自人力养成者，在昔人之智力未发达时，虽不知教育为何事，然每以与天时、地利相竞争而养成之于不知不觉之中，及人智发达以后，知社会势力之不可侮，乃以教育之力改良之而收效果者，若前述之斯巴达及我历史所载勾践与越之事实是。其愈近而易见者，则德意志之勃兴是也。然此所谓以教育之力改良之原动力有二：一为政治家以政治之势力教育而改良之者；一为教育家以国民之责任而教育改良之者。仅以政治家之政治势力教育而改良者，每有人存政举、人亡政息之感，而其兴也不能持久。若越之亡吴而后，即就衰败者是也。以教育家之国民责任心而教育改良之者，则为根本的改良，国家、社会逐渐进步，而无失败之后虑，若近日德意志之强盛是也。我国今日之担教育之任者，不可不就德意志一百年来之历史而一研究之。德意志国之领土，6/10 为普鲁士王国。普鲁士在数百年前，本为勃兰腾堡一小侯。勃兰腾堡之名产，以沙砾著，实为硗瘠无比之土地，兼以气候严寒。彼条顿人种之日耳曼民族，乃以其固有之特性与此天然之土地，其后竞争以图存其族类。自 1740 年腓力特列二世七年战役后经营以来，早立霸基，然经 1806 年伊耶奈之败，其被拿破仑之蹂躏也，已不能称为独立国。侮辱国母，迫免宰辅，当日社会之惨淡，盖百倍于我国之今日。然一般之国人，受此屈辱，敌忾之心，勃然而起，知其国民之缺统一观念，而国中弊政之堆积，不足强其国而雪此大耻辱也，由是大声绝呼，提倡国民教育，不独其教育大家之斐希脱及国王为然，全国上下无不贯彻此精神，政府则派十二人之壮年教育者至瑞士教育家裴斯泰洛齐之处，以传习新教育法。十二年以后，置教育部，十九年后制定强制就学之制度。而在野之教育者，则共组德义会，网罗知名人士，研究发展国家之方法。凡足以兴起国民之爱国而培养国家之原气者，无微不至，卧薪尝胆。六十四年，乃为复仇之战，一举而破法国巴黎，终以破坏朴那拍儿脱家之王统，而使法兰西为城下之盟。然当时战胜之功，其总司令官毛奇将军不敢自居，而以之为小学校教员之奇迹。就以上所述之历史，则可以知教育家与政治家协力，以教育之力改良社会，效果之伟矣。则教育家之对于社会国家之势力为何如？而教育家责任之重为何如？今后我国存亡兴废之问题，其责任固不能尽归之政府，而我教育家实负其强半也。夫编首所述，我国今日陷于若斯状态，为组成国家分子之不健全，则教育家当负此健全分子之责任而已。盖今日世界之趋势，已达物质、精神全盛之域，而为列强竞存之时代。然考之我国之国民程度，则精神科学、政治法律之思想，尚不脱乎二千年以来之旧，仅适于闭关时代，统于一尊之世。而其物质、科学、工艺制造之事业，亦不能视前千数百年为进步。夫自 18 世纪以来，三权分立之立宪政治，至于今日，几遍及于全球。即号称专制无上之俄罗斯、土耳其等，亦莫不有国民议事机关之议会。而 19 世纪与 20 世纪，又为人民自治全盛时代，即受二千余年万世一系天皇统治之日本臣民，亦且享受自治之幸福，及今二十余年，而我国若何乎？自前清光绪庚子以后，热心志士耗无数之脑力，流无数之热血，十数年间，至于辛亥，万幸获得之共和政治，我国民能维持而保存之乎？迄今不及四年，而司法独立之地方初等判检官厅存在者有几乎？地方自治之省、县、市、乡之机关若何乎？此等现状，求之于先进国之美利坚无有也，即次而求之于阿根廷、巴西亦无有也，盖去墨西哥而更下矣。在不明国民程度之内容者，每或叹息于执国柄者，无行共和政治之诚心，而故意以权力破坏之，此实厚诬之也。盖此破坏之原因有二：一则以一般民众无国民普通知识，而公共放弃之也；一则以一般民众之无国民道德，而公共摧残之也。余尝观之省、县、市、乡之选举代议士及董事矣，其一般人民茫然不知选举为何事者比比皆然。而土豪之黠者，则以此中之有利可图也，而漫然运动当选矣。于是而国家地方之议事机关及自治机关，乃杂乱而不可收拾。而国务万端，为此无学无识、强暴自私之分子，捣乱而从根底破坏之。又尝观司法之方矣，自好之士师，或过持现在之新法理，而不识吾国向来之习惯，而为旧道德派所诟病。而奸黠之徒，或颠倒是非，因以为利，痹病出而倾覆之者有所藉口，司法独立制度又破坏而无余矣。然以上所述者，其解散或停止之情状，执政者或尚有出诸消极行为之行迹者也，其他未尝出以消极行为，而仍进行不息者，如教育实业与军政是也。教育之萌芽，发于前清庚子以后，而当时清室首鼠两端，不能实力推广，此热心教育之士所扼腕而叹息者也。然自民国肇兴以后，为教育障碍之政治已除，宜若何振作矣。而观之各地近来之情况，则视清季犹不及也。中央政府之教育部，承元首之指挥，虽大声疾呼，提创教育，而其内部机关之窘状，几不能维持其直辖各校，而其他无论矣。各省行政机关之于教育也，无不以积极进行为宗旨，然地方学务之不振，几于无省不然。当民国一、二年时，地方自治之未取消也。论者意谓为不肖之自治董事，霸持学款，而不能发达也。然自治取消以后，其教育状况又何如？或且归咎于三年间一二武人反对新教育之阻力，然此等盲论，实未曾动枢府之观听，而发其效力。然则今日教育不能兴盛之故，盖由我国民对于新教育之价值未能了解，而以兴学为救国之惯习未养成也。至于实业方面，则社会之舆论及政府之意旨，均取积极进行，而未一毫加以遏阻也。然自二十年来，进步之迟，而国货之足应新世界要求者，不及外国产物之百一。其咎又岂二三政治家所能任者？夫亦国民实业知识之幼稚与经济思想之未发达，有以致之耳。又观之军事方面，则自甲午庚子以来，国耻所激，前后练兵将及二十年，而近日于国家缓急外患迭乘之际，可恃以为干城者若干师乎？白狼一草寇耳，以数省之兵力，经年之剿捕，仅乃平之。而骄横之将佐，淫掠之兵士，数年以来，见之于各方报告者不少。此非执军政者之训练失当也，无他，来自田间之辈，未曾受有军国民教育，不知军士卫国护民之天职者众也。历数以上所述之原因、结果，则今日我国之自强问题，决非可仅以政治解决。而少数之有力政治家决不能致我国于富强长久之地。盖以雄杰无类之政治家政策，虽能一时致其国于隆盛之域，而决不能永久持续其国势。若元祖铁木真之治蒙古，破翁一世之治法兰西，非不震惊一世。而若蒙古者，至今未得比于世界开化之列，而破翁一世亦及身而败，且不百年，都城被敌之蹂躏矣。至教育家之行其耳提面命，濡染无形之感化，则足以使国家强盛而不衰。即今日法兰西之强阻德军，而不使之再陷巴黎者，亦为法兰西教育家之功，决非破翁之余威使之然也。夫然而可知我教育家对于国家责任之重，而使国家之强盛，惟在改良社会，训练国民之品性为最要矣。然则今日教育家对于国家、社会之责任，若何而尽之乎？对于国民一般训育之方法，若何入手乎？此不可不研究者也。今日吾国民一般所最缺乏者非他，即国民常识是。夫既为国家之一员，则须有为国家一员之对国义务。所谓纳税义务、服兵义务、参政义务是也。试问我同胞之于此义务，其能明了者有几人乎？则教育家须负使此一般国民了然于此等义务之理由，而处于今日国际竞争、经济共通之世界，当有立于现在世界生活地位之能力，即文明人类生活之知识技能，即工业、商业、农业之常识也，试问吾一般国民，有此知识技能者有几人乎？则教育家须负使一般国民各有一自立之职业，以为生活竞存之资本。为教师校长者，在校之对于生徒也，当以此等资料尽心教授，其课余而出交于社会也。又当热心详语，告之一般国人，且也一人之知识有限，世界之学问无穷。为教育家者，于己有不足之时，或对于教育有疑义之时，须尽心研究，以谋贯彻之方法，或集学会，以收博闻广识之效，或设德义会，以为敦励气节之谋。其对于国民之知育也，务使一般国人深晓国产不丰，实业不振，则经济不发达，外货流行，至于贫乏，而群致力于农商工矿之改良；其对于国民之德育也，务使一般国人知国家政治之良否，尽在国民对于国家之责任心与能力若何，而群致力于政治、法律、道德之科学；其对于国民之体育也，务使一般国人知国家势力之强盛，全在国民体魄之强固，国防之海陆军士，皆为国民必须之服务，而群致力于军国民教育之准备，遍设体育会以谋国民体格之健全。呜呼！今日何日？非我国民卧薪尝胆之日耶！我教育家诸君其共勉之。

民国四年（1915 年）第 7 卷第 9 号

第二章

未来教育之改造

中国教育的改造与建设要适应社会进步的需要，发挥平民教育的精神，力谋公民个性的发展，注意生活的教育。

1）实行教育的民主化。民主系一伟大的社会信念，始于家庭、继于学校、终于社会。教育自身的民主化尤为重要。要做到教育民主，政治、经济、文化、社会一起走向民主才行。公民教育是达到教育民主化的必要手段。

2）民主教育之精髓在于以人为本、发展个性及共同生活，即平等、自由、协同的教育。

3）树立教育思想上的正确观念。教育即生活，教育不是耗费、不是装饰，而是最重要的投资。

4）教育宜参照国情——战时教育应是民族主义的教育、军国民主义的教育、国防科学主义的教育、自力更生的教育。

5）应澄清教育改造与政治之间的关系——教育不能“蒙着头私干”，教育不能脱离政治而独立：政治通过教育实现它的理想，教育通过政治的协力趋于发达。

6）教育改造之成功有赖于教育思想的革新、国人的思想习俗及国民性（保守、自足、功利、低级物质享受）等的全面革新。

7）教育改造的成功，离不开教育人才，他们应有献身教育的理想，掌握教育与生活的相对全面的知识和传授知识达于理想的技能。

8）以新式教育代旧式教育。旧式教育就是治人阶级的教育，完全服务于统治人才的培养。新式教育则在于养成身心健全的完人，其“新”体现为制度完备、注重科学、教育新颖、身心并重。

9）中国教育学会既是国内唯一的全国性教育专业组织，自有其应负的时代使命：倡导教育学术研究、发扬教育民主精神、提高教育专业地位、促进国际教育合作。

教育与德谟克拉西

木　心

“德谟克拉西”（Democracy）一语，今日东西各国，几为一般学者之口头禅，而我国报章杂志，遂亦稍稍提倡。其始也，译其意义，致有民本、民主、民众、民治、唯民、平民、庶民等名词，继而以为未甚妥适，不如径用其音，包含较广，且名称可划一，由是所谓“德谟克拉西”者，乃成为一种新思潮之习用语矣。考“德谟克拉西”一语，由来已古，欧洲政治学家几费许多解释，简单言之，不切于专制政体之束缚，而适合于共和政体之精神。吾国改革政体，转瞬八年，一切制度能合于“德谟克拉西”主义者，固属不少，而有悖于“德谟克拉西”主义者，窃恐尚多，吾人立于教育者之地位，欲使此“德谟克拉西”主义盛行于吾国，使一般国民各能了解其意义，融会其精神。非于教育方面，切实施行不为功。数年来，吾国教育事业颇有蒸蒸日上之势，即兵焚之区，亦能维持现状，此固足以自慰者。果于教育之中，灌输“德谟克拉西”之学识，实行“德谟克拉西”之组织，将来效果，必有可观。兹就“德谟克拉西”与教育之关系，述其要点如下。

一

学校为传达思想之地，欲使国民思想趋于同一轨道上，宜先于学校教育植其基。盖学生既有感受，必有发表，因果循环，无或忒谬，故无论小学、中学、大学，教育者苟以某种主义施于被教育者，必能造成一种国民性可永永颠扑不破。试援一消极事例以证明之：某小国者，向为某大国所统辖，某大国所施于某小国之教育，凡教授训练，皆含有奴性的臭味，而某小国民之奴性，蒂固根深，遂致牢不可破。可知教育之影响，足以移易国民性者甚大。兴言及此，执教鞭者，不啻操国民生杀之权，苟有人焉，不察世界大势，不顾自己国情，而漫施教育，则其结果，必致不堪设想。况中小学校学生思想尚未十分发达，设其时鼓吹某种主义，则印象之深，效力之大，不言可喻。故“德谟克拉西”主义，既为今世各国之新趋势，又合于吾国之国情，教育界诸君务当及早注意，勿视为等闲也。以吾人考想，自根本言，不特行于小学校为已足。盖小学校已属教育之第二步，第一步不在学校而在家庭，吾人一生所受之感化，始于家庭，继于学校，终于社会。故教育上之分类，有家庭、学校、社会之别，是则家庭教育之重要为何如乎？今日吾国之家庭教育，可称付之阙如，即一二热心之父兄对于子女稍稍注意，然大都为官僚式而非平民式，适于专制国而不适于共和国。彼溺爱者，任其流荡忘返，固不必深论，而揆之“德谟克拉西”主义，不大相刺谬乎？故若欲此主义彻底实行，则不可不自家庭教育始，而期渐次推行于学校。一言蔽之，凡施行教育之处，皆为传播“德谟克拉西”之思想之良机关也。

二

传播“德谟克拉西”之思想，除学校教育外，当注意于家庭教育。既如上述，若更推广之，则社会教育亦当加入，唯以学校教育论，自以小学、中学、大学为正鹄。虽然，“德谟克拉西”之主义，岂仅仅传播其思想已为满足乎？必使躬行实践，乃有效果可言。而欲其实行，则学校教育诚为绝好之机关。学校中之关系最重要者，训练是已。我国小学校所有之通弊，即全无民治主义之精神。故身任教师者，辄用其威严以压迫学生，学生之言动，稍有违反教师意旨者，教师即不问其情由如何，加以严厉之手段，是岂相容于“德谟克拉西”之主义乎？故德谟克拉西之精神而真能实施者，则必互重人格，为教师者，决不能强学生以尊敬。盖此尊敬之礼貌，苟非其人之人格及德望，二者兼备，必不能得之于人。故虽居教师之威严地位，若己之人格德望，不足以服人，则学生亦决不尊敬之。吾人自道德上考之，尊敬一名词，似以不用为宜。要知德谟克拉西之道德，非强制要求尊敬者，唯当相互而正其礼仪耳。今使吾人与人格不良之人相遇，虽不能起吾人之尊敬，然要无轻蔑之之理。凡社会上之交际，不论何人，苟不互尽其相当之礼仪，则社会必为之搅乱。譬如与毫无学问之庸役等相见时，虽不必起尊敬之念，然彼此亦人耳。对于其人，决不应以无礼相加，而互尽其相当之仪式，是即德谟克拉西之道德也。教师与生徒之间亦然。教师自以其地位之威严，而强生徒以尊敬，实非所宜。盖教师与生徒，立于平等之地位，互以礼仪而相处，方合于德谟克拉西之真精神。此可于学校中实行者，匪特此也，学校内一切事项，皆宜令学生自治，例如美国之中等学校，即全行此自治者。彼学校之组织，宛如一社会然，由生徒间选举种种职员，选举之权，全操诸学生，选举方法，必用投票，其投票之手续，与选举国会议员大致相同。最初选出学生会之会长，次更由各级选举合于议员资格者，以公议学生间种种之规律，其他更设警察官与裁判官，如学生中有违反规律者，由警察官处罚之，若有不服，则同诣于裁判官处，而受其解决。人闻此言，或视为滑稽，而不知此实彻底之德谟克拉西完全之自治的训练也。要之，学校中之事项，果为学生自能处理者，教师可不加干涉，斯即合于德谟克拉西之旨矣。又如各科之教授法，吾人亦曾依“德谟克拉西”而实施之乎？教师不论于何种事项，皆直接教授之，凡生徒有不能者，立即为之说明，此种教授法，谓之注入主义。我国近日，未尝不极力排斥，故现所盛行者，则为启发主义、练习主义、自学辅导主义，务使学生自思之而自为之，教师唯居于顾问及指导之地位。如是，则养成其探求事物研究学识之能力，所得效果，必为伟大，此亦可谓为教育上之“德谟克拉西”矣。

如上所述，则“德谟克拉西”者，学校内可实行之处良多，为教师者，若能就此数点而实施之，则于学校或家庭，必可为德谟克拉西之练习，此实简而易行之事也。

三

德谟克拉西与教育之第三关系，即教育自身。当实行德谟克拉西之精神是也。盖所谓教育者，非少数人所当独占，而以普及于国民全体为旨归，我国以四年之小学教育，谓为国民教育。试思此四年中，得到“德谟克拉西”主义者，能有几何？夫国民科所得“德谟克拉西”主义，既属有限，则教育者宜如何充分预备，使无形之中，获受适当之陶冶。盖教育既当普及于国民之全体，故教育之自身，实备具“德谟克拉西”之性质。自此性质上言之，则贵族之儿童与平民之儿童，其间无丝毫之差别，不论富家之子与贫篓之子，贵族之儿与平民之儿，皆诣同一之小学校而受优良之教育，是为“德谟克拉西”的教育。虽然国民教育四年云云，是本于经济上而立论，若国家与地方，果能经济宽裕，则不当以四年为限，扩为六年、八年，亦不为多，即以中学校为义务教育，亦无不可，盖义务教育之年限愈长，国民之程度愈高，此为一定之比例。今世人恒言平等主义矣，实则去平等远甚，试以运动譬之，若行注重发足之竞走法，则其竞争必由同一之出发点而始，必不可使劣者稍立于优者之前而发足，以保其均势。设有三学生于此，一人方毕业小学，一人为中学毕业生，一人为大学毕业生，此三之人之出发点迥异，如斯而同处于社会，各逞其所有之能力，则其自由竞争，残酷已甚，尚得谓之平等乎？故今日国家困于经济，不得不缩短国民教育年限，因陋就简，至为不安，苟他日有相当之富力，当展其年限至中学毕业为止，然若欲完全齐一其竞争之出发点，则中学毕业尚犹未足，不能修高级学问者固无论，苟其能之，必不可不使受完全之大学教育也。如是而所谓教育之德谟克拉西，方可谓造于极巅。盖所谓平等主义自由竞争者，于国家及个人之发达，至为有裨。惟如今日之出发点，过于悬殊，实为不宜。若人人皆受大学之教育，由是各以己之才力，从事于社会，此乃吾人所理想之正当的平等主义自由竞争也。然则吾国教育制度，必当如吾人之理想改革之而后可，要之，教育苟能依于德谟克拉西之精神而行，则将来之社会，庶可得享完全之幸福乎？

由以上所述之三点，而考察德谟克拉西与教育之关系，则实行德谟克拉西之精神，于教育上如何重要，当可十分理解矣。

民国八年（1919 年）第 11 卷第 9 号

德谟克拉西教育之实施法

隐　青

迩来吾国言论界之倡导德谟克拉西与德莫克拉西的教育者多矣。余今姑略德谟克拉西之概论，而述德谟克拉西的教育之实施方法。区区之心，惟愿吾国教育界勿徒作架空之时论，而急求其实践之道耳。至所述方法，是否完善，可否实行，还望海内明达共起研究而矫正之。

德谟克拉西的教育之真髓，可大别为三段：人本主义之教育；发展个性之教育；共同生活之教育。约言之，即平等（equality）、自由（freedom）、协同（cooperation）之教育也。论人类之价值，故无不相同，而论人类之个性，则实有差别：惟其有相同之价值，故人类宜平等；因有差别之个性，故人类宜自由。然个人不能遂其成长发达之愿，必合自己之个性与他人之个性，更相吸引，更相助长，而后始成继续的社会生活，故人类又须协同。兹依平等、自由、协同之精神，胪述以下各种德谟克拉西教育之实施法。

一曰使一般人民皆有受教育之机会也。教育既以人为本位，则凡属人类，皆不可不有相当之教育。换言之，人人宜受切于自己生活之教育，对于自己之所为及所应为者，务求十分了解其意义，而感有十分之兴趣，是宜举从前之贵族的特殊的教育，一变而通俗的一般的教育，使人人皆有受教育之均等机会。此不特知识方面为然，即文学艺术等，亦当同作通俗化，使一般人民皆饶有文学艺术上之趣味。试述其方法如下。

学校公开，使有相当之学力者，皆得自由入学或于校内特设讲演部、夜学部等，使一般平民得于职业余暇来校听讲，一面由学校之教师及学生分赴校外，举行通俗演讲，是为纵的方面实现德谟克拉西教育之要策。

提倡私立学校，减除官立学校之拘束。现今欧美各国最发达之著名大学，多属私立。盖官立学校，往往受官厅之拘束，办学校者，不得自由主张，仅成机械的作用，绝无活动之精神。德国教育家甘斯培（Gansberg）有言曰："学校愈减少官厅之支配，则办理愈臻完善。”此言实深得德谟克拉西教育之真谛。

注重女子之高等教育，发挥女子之特性，以补救从前偏重男子之跛足的文化，是为横的方面实现德谟克拉西之要策。盖女子于本代国民应尽天职而外，更负有直接教育次代国民之任务。人种改良及文化进步之基，惟在女子，且女子实富有精密之思想与优美之感情，故职业教育（professional education）当置重于男子，而文化教育（cultural education）当置重于女子。现今美国大学中，习理工农诸科者，多为男子，而习文科教育科者，多为女子，且全国中学、小学之教员，女子实占其多数，即此可见女子与德谟克拉西教育关系之密切矣。

改良文字，以期知识之普及，并可使思想之传达得归于真确。夫文字为教育之利器，古代教育为贵族或特殊阶级所独占，故其文字亦仅能通行于少数之特殊阶级。今欲实行德谟克拉西的教育，宜先提倡一种平民易晓之文字。平民易晓之文字，莫若白话，白话者，一般平民间传达思想之固有利器也。且吾人之思想为精神的、流动的、无限的，而语言文字为形式的、固定的、有限的，欲以固定的、有限的之形式，发表流动的、无限的之精神，已属难事。况夫雕文琢彩、诘屈聱牙之文字，与吾人之纯朴思想，其相去为何如，此古来哲学者所以每叹恨思想之不能自由传达也。白话虽亦为一种固定的形式，然较文言为浅近，其运用亦较自由，故提倡白话文字，亦为实施德谟克拉西教育之第一要著也。

各地方多开音乐会以及美术展览会等。或公开，或售以极廉价之入场券，或于通俗讲演中，备以留声机器，或于新闻杂志中，刊入名家图画，俾一般人民多得娱乐之机会，以增进其音乐、美术上之兴趣，而启发其高尚纯洁之精神，其他若图书馆、博物馆、公园、游戏场等。凡昔日仅供少数人之赏玩者，悉宜改为一般人所共有，是亦实现德谟克拉西之一端也。

二曰改革教育之制度及方法也。德谟克拉西教育，即以发展个性为任务，则教育制度及教授训练等方法，自当以各个人所有之特性为根据，务使被教育者有自动的、独立的、活泼的、创造的精神，不可染有被动的、倚赖的、机械的、因袭的恶习，然后各个人之特性，始得自由发展。

教育制度，当视被教育者心身发达之程度而定。大凡吾人生长至六七岁时，心身上生一大变化；至十四五岁时，又生一大变化，故各国教育制度大抵皆以六岁或七岁为儿童就学之时期，而以十四或十五岁为义务教育完了之时期。然各民族发育之迟早，多不相同，斯不可不因一民族之特性而制宜焉。然同一民族中，各个人之特性亦复有异，故须辨别其个性，审察其所能为者何事、所爱为者何事，发其天然之本能，顺其天然之兴趣，然后从而诱导之，引进之，增益其生活上所必需之知识焉。杜威博士谓“教育上当认儿童各有其特殊的能力（capabilities）、特殊的要求（needs）、特殊的好恶（preferences），虽在同一教师同一教科书之下，然儿童对之之反应各有不同”（见 *Democracy and Education*，p.153）。博士又谓“教育二字之语源，本含有诱导（leading）、引进（bringing up）二语之义”（p.12）。所谓诱导引进者，自与注入之义大相径庭。博士又云：“旧教育之观念，视人心如空囊，可任意盛之以何物，又视人心如白纸，可任意绘之以何色。新教育之观念则反是，谓儿童各有天然的本能，以此本能做主，教师仅能从旁启发之、引导之，使各尽其性分之所固有而已。”（见博士在北京演讲记）旧式教育重教材，而德谟克拉西的教育则以儿童为第一位，教师与教材为第二位；旧式教育重知识，而德谟克拉西的教育重个性，不贵知识之供给，而贵养成获得知识之能力；旧式教育以知识为奢侈品、赏玩品，而德谟克拉西的教育以知识为指示吾人作善良生活之一种工具；旧式教育以知识为人生之目的，以其自身为有完全独立之价值，而德谟克拉西的教育以知识为人生之手段，知识之价值全在实用。古今教育上知识之观念，既如此悬殊，则其学校教授之方法，自必因之而大异。故旧式教育重注入、重记忆、重留声机式之试验：而德谟克拉西的教育，则重自习。教师先提示以该课之门径，使学生自在图书馆搜集各种资料研究之，然后教师再为之订正其谬误，批评其得失。换言之，合教科书之所示图书馆之研究及教师之订正或批评三者，然后始能建立正确之知识，世称之为知识之三角塔，此等知识，入乎耳目、著乎心意、布乎四体、形乎动静，已不能复作机械的记忆，其所贵者，在应用，不在再现也。故德谟克拉西的教育之试验问题，非出于所曾教授者之范围内，而当出于所曾教授者之外，惟试验其人之实力如何，而不问其记忆如何也。

复次，旧式教育，取学年制度，每有一学科或数学科试验不及格辄留级一年，并其所及格者亦须重习，徒消耗光阴精力于无用之地，而令学生气沮也。德谟克拉西的教育，则当舍学年制度而采学科制度，视被教育者资质之聪鲁，以定学习期限之短长，所以齐愚智而各发展其个性，如此虽名曰学科制度之教育，其实即学生本位、个性本位之教育也。

旧式教育，既以知识自身为有完成独立之价值，故其教科各个分离孤立、不相关系。教师各以其所授之专科征服学生，而学生遂为教科与教师之奴隶矣。德谟克拉西的教育，以学生为本位、以知识为指导人生行为之工具，故各教科自有其共通之目的，教科与教科之间，必相须相助，而有密接不可离之关系。

复次，德谟克拉西的教育，教师与学生之间不可有截然之界限。教师固不宜有专横的干涉态度，然亦不可一味放任；学生固宜取自动态度，然亦不宜离教师而独立。杜威博士曰：“教师非离学生而但取旁观者之态度也，始终不可不以能动的态度参加于学生之活动，而分任其活动，在此共同之活动上，教师即学生，学生即教师（不知不觉间）。无论教师学生，苟愈失其教授与受教之意识，则其教授愈臻于完美。”（见 *Democracy and Education*，p.188）

三曰务使学校成社会化也。德谟克拉西的教育，虽注重个人内部的本能，然同时并注重社会外部的环境。因吾人不能离社会而生存，个人之本能必向适合社会生活之方面而发展。故教育之任务，即在如何训练如何指导个人之本能，使能适应外部的环境而与社会的生活相合。杜威博士曰："教育者，即使生活成社会的继续之一手段耳。"（见 *Democracy and Education*，p.3）

旧式教育，学校与社会之间划有鸿沟，教育与实际生活判若天壤。是以学生所得者皆为书本上之知识，不适于社会实用，一旦出学校而入社会，辄有生活难之叹。且学生对于学校中所授之课业，因无裨益于目前之实际生活，毫不能发生兴趣，故获效亦甚浅鲜。至德谟克拉西的教育，以学校为一种生活团体，以学校为社会之雏形，以教育为社会环境之需要所惹起之一种生活活动。简言之，学校即社会，教育即生活。故杜威博士曰"学校者，特殊之环境也"，博士之论学校任务，其大意如下：第一，化复杂淆乱之社会环境为单纯的为秩序的，且依其难易而分先后以教授之。第二，排除社会环境中之无价值者与不纯粹者，仅取其于现在有益而于将来必要者以为教授之材料。第三，包举社会一切团体之性质，使未成熟者不至囿于一隅之环境，而可以养成其适应各种社会生活之能力（见 *Democracy and Education*，pp.22-26）。

学校之任务既如此，则凡学校中之编制设备教授训练等项，皆宜适应社会之需要以为措施。例如协作制度（cooperative system）及学校市（school city）之组织，皆为今日使学校成社会化之良法。总之，务使学校生活即为真正之社会生活，学校之学生同时并为社会之一服务员，而学生与学生、学生与教师之间俾成一亲切之共同生活团体，而勉求进于人类全体共同生活之域，是即实现德谟克拉西教育之第三要件也。

民国八年（1919 年）第 11 卷第 9 号

教育思想上“自由”之观念

天　民

自由的问题，在哲学、伦理学、政治学、法律学、经济学上，已经考究不少年代了，就是现在，还是纷纷地议论这问题，直到将来，恐是仍旧要接续研究下去。这个问题，在我们教育学上，也是很重要的，近代的教育思想，没有不是拿它来做中心，向各方面开拓出去的。有人说：“教育是传承从前的传说和现代的文化的。”因此就看自由问题，似乎不甚紧要，但是一想到儿童活泼的精神，这个自由问题恐怕就不能轻看了。况且从施教的方面看来，教育是对于有价值的生活，努力指导他人去构成和改造的；若从受教育的方面看来，是努力从事于构成和改造的；若再合拢两面来看，那教育实在是努力于价值生活的共同生活。这样说来，自由问题岂不是教育上根本的紧要问题么？况且一般所说的教育，不论个人关系、社会关系，在某种意味上，都是和有目的的活物相交涉——交涉的意思，就是保住那活物的活动，并且叫他的活动更有价值。修钟表的人，可以停止钟表的活动，慢慢地修理他的机件，但是我们做教师的，不能叫儿童停止活动，来受我们的教育，是明明要在儿童自由活动的中间施行教育的。这样说来，教育上的自由问题，不是很重要的么？我现在先从近世的教育思想，讨论教育上自由是怎么的，而后再把我的意见陈说出来。

近世思想的开幕，第一总要归到文艺复兴（renaissance）。在这文艺复兴时代，教育上的自由观念，是怎么的呢？就是希望脱离教会的生活，还我们人的自然性，它的手段，不外抛弃教会教义的形式，专从拉丁古典上发现我们人类本性上自由活动的价值。若欲征它的现象，请引薄迦丘（Giovanni Boccaccio，1313—1374）的《十日记》（*Decameron*）中所说的法尔根（Falcon）故事，做个例子。

却说有一少年叫弗翟利哥，又一少女叫乔文拿，弗翟利哥很恋爱那乔文拿，心机不知费去多少，银钱也不知花去多少，末后仍旧落了一场空，乔文拿竟被他人的金屋藏娇去了。弗翟利哥到了这时，恍如晴天一个霹雳，真是哭也哭不出，笑也笑不出，他这时灰心已极，就生了厌世的心，避在一个荒凉寂寞的森林当中，过他冷静的日子。平时的朋友，也一概断绝来往，单单养了一双法尔根的小鸟（与鹰相似），做他的陪伴。这鸟却是非常可爱，可算是弗翟利哥唯一的朋友了。再说那乔文拿嫁了人后，不幸她丈夫不久竟作死别，只遗下一儿，乔文拿的伤心，自然不消说得，心境不好，不乐在闹市居住，也就带了小孩住在弗翟利哥住的森林附近。她是很有钱的，生活上很是宽裕，不过精神上冷寂罢了。有一天，她的小孩忽然生起病来，病了多日，总没见好，乔文拿焦急万分，后来小孩向他母亲说道："住在那边森林里的伯伯，他有一双鸟，名叫什么法尔根，我很喜欢它，母亲若能向他索得，我病就好了。"乔文拿听了这话，很是为难，心想弗翟利哥，我很对不起他，怎么好意思索取这鸟呢？欲待不去，又不忍拗这小孩的意思，这怎么好呢？后来不得已，就同了一个朋友，羞羞涩涩地去见弗翟利哥，那时弗翟利哥，忽然看见乔文拿来到面前，真是出于意外，顿然想起以前的种种事情，这时他心里，又是快活，又是惭愧，种种说不出的感想，一霎间都涌上心来。主客坐定后，弗翟利哥想道："今日对此稀客，怎样供待他好呢？"庖中既无佳馔，囊里又没一钱，左思右想，实是没法，想到后来，只得苦他最爱的法尔根鸟不著，把它杀了，做了供待客人的食品，乔文拿哪里知道，但觉得其味甚佳，食毕，就把自己的来意说出，要想索他的法尔根鸟，弗翟利哥听了，颇吃一惊，然已没法可想，只得从实说出其中缘故，乔文拿不得已，就和朋友告别回家。后来乔文拿的朋友劝她再嫁，她初意不肯，经不起那朋友常常怂恿她，她的心也就活动了，但不过嫁什么人好呢？她自己想我很有钱，是不必拣有家私的，就是声名怎么好，我也不稀罕他，只要有真实心肠的人，就情愿嫁他，想到这有真实心肠的人，除了弗翟利哥，还有哪个？于是决计和弗翟利哥结婚。

我所引的，与书上或者稍有出入，也论不定，但大致是不错的。这就是充分发挥真实性情的宝贵生活，这也就是说脱离教会生活的文艺复兴时代所起的现象。当这文艺复兴时代，把那"超越神"的教会生活看做是外面的拘束，所以要脱离了它，还归到人本的立场——以人为本位——不过它的手段，依旧是研究古典，因此关于自己意识内面的认识的省察，关于自己自由的研究，还没十分著力。虽然那时代的人文主义，却已经倾向于社会的了，中世纪的宗教是超社会的倾向的，后来把"超越神"改做"内在神"的端绪，也是从此而开的。

说到文艺复兴的精神，就是北欧宗教改革、哲学研究、启蒙时代思想、近世许多精神运动的先锋。近世教育上受它的影响，很是不少，其中影响最大的，要算教育上的自由观念了，据我所发现的，约有四派：

第一派叫做自然的自由观。

第二派是宗教的道德的自由观。

第三派是宗教的自由观。

第四派就是理性的道德的自由观。

以下就将这四派的自由观，简单地演述出来。

近世以来第一个高唱教育上自由观念，惊动世人耳目的，总要算著卢梭的教育论。卢梭实是自然观派的代表。他的教育论的骨子，就是自然，他的自由观念，离了这自然观念，也就不能理解。但是他所说的自然，意味也包含得很多：如英国的配唔氏翻译卢梭所著的《爱弥儿》，他的序文上面就说，自然所包含的意味中，还有本于自己经验的意味。美国教育历史家孟洛氏，他做的《教育史纲要》上，也说卢梭所说的自然，第一，是有社会的意味。就是卢梭说的自然人，不是野蛮未开化的人，是能本自己身上自然的法则而指导自己、支配自己的人。第二，卢梭所说的自然，是可以从心理上观察的，就是对于我们的行为上，所有本能的判断和低级的情绪，比那从反省和联想而得的经验还是要确实可靠些。第三，卢梭所说的自然，用做动植物等自然物的意味，也偶然有的（*Monroe Brief Course in the History of Education*，pp.284-286）。照我的见解，卢梭所说的自然，可以分作教育目的的自然和教育方法的自然。教育目的的自然，是什么意味呢？就是孟洛所说社会的意味，就是本于人类自然的法则而发展自己的意味。卢梭的意思，是说我们人类在没有做市民的以前，先要做"人"，这个"人"，只要用着自己身上自然的力量，做他理想上顶好的生活的"人"。卢梭教育理想的内容，就在这种意味的自由人。所以他所说的自然，实在就是自由。

他以为自然性是善的，故本能也是善的。这种话头，都是他积极方面理想；他在消极方面的理想，是要超越腐败的社会，摆脱没有价值的旧习惯，做个自由自在的人，但也不像康德的拿理性生活来做正面标榜的，却和原人简单无为的生活仿佛相似。再从他教育方法上看他自然的观念，也和自由的观念差不多。总而言之，卢梭在《民约论》上说的，是要造出各人自由平等的社会；在《爱弥尔》上所说的，是要用自由教育养成自由的人。我依着这个见解，所以说卢梭的教育论，是自然的自由观。

第二是宗教的道德的自由观。此派的代表人，就是裴斯泰洛齐。拿秃尔泊说：裴斯泰洛齐所说的自然，也有种种意味，有时是指本能或冲动而说的，有时是指精神内面而说的。精神的内面，是什么呢？就是自然性的本质，是努力活动的；这种活力，起初不过单纯的冲动，没有法则的，到了后来，便被社会上外面的法则所束缚，再到后来，才受内面的道德意识所支配。这种道德的力量，就是跟着自由意志生出来的，所以自由意志要算人身上一件最尊贵的东西了。裴斯泰洛齐对于自由意志，虽没有组织的研究，但也能想到这自由意志，是人身内面最贵重的，不过他所说的自由意志，是一种宗教的意味。他的道德思想，也不在理论而在实践。原来宗教自身，本是一种道德，是全在实行的。人能拿自己所爱、所服从、所归依、所感谢的最高的神，靠着自己感情的力量，体验到自身的内面，这个就是自由意志，在这里面，就有最高最深的道德根源。所以裴斯泰洛齐自由观念的根本，就是自由意志观，他的自由意志观，就是神圣意志——神——的体验了（*Natorp Pestalozzi*，47：48；108.114S. *Pestalozzi-Ueber d.Idee d.Elementarbillung*，47-52）。

第三派的自由观，叫做宗教的自由观。此派的代表，就是福禄培了。福禄培是裴斯泰洛齐的门徒，又受了史乞林（Wilhelm Schelling，1775—1854）等的哲学思想的影响。他以为“自然”和“精神”和那一切的事物，都是神的表现，我们应当自己觉察内面的神性，自由地去开展它。而且这种生活不是可以单纯孤立的，必定要有统一的。人的智、情、意要有实行的统一，固然不消说得，就是社会，就是自然，就是神，也不可孤立的，我们自己内面的神性和别的一切的神性，都要把它统一的开展起来才好。神是变动不居的，我们人是神的写像，自然也有活动创造的力量，既然有了这种力量，就应该把它表现到实行上面，统一我们的生活。总而言之，福禄培所说的统一，在一方面，是要把自己内面的神性开展起来。在他方面，是把自己和自然，自己和社会，自己和过去、现在、未来的一切事体都统一起来。后一个的统一，也可以看作前一个——内面的神性——的开展实现，因为这内面神性的开展实现，也靠着自己决定和自由的方法成功的。而且自己决定和自由，就是自己生活的意义，也就是神性的表现。这样看来，他的自由，不是神的自由吗？这种自由观，我叫它是宗教的自由观，就是这个缘故（*Froebel-Education of Man,*2：11：17P）。

第四派的自由观，就是理性的道德的自由观。这是可从康德、斐希脱、拿秃尔泊学说上发现的。康德把支配自然物的法则和支配精神的法则，分做两种法则，和卢梭的自然主义全然各别。他说自然的素质是理性的素质、是道德上自由的素质，叫我们自己觉悟这自由，受着自由的支配，实践的表现这自由，这就是教育的目的。所以他说教育的宗旨，是叫人不要做机械的人，也不可放任无忌做了没有规则的人，要努力地尽了做人的道理，那才不错。

斐希脱在德国和拿破仑战败的时候，有一篇警告德意志国民的讲演，是很有名的。当时德国人的性质都是自私自利，斐希脱的警告说这种自利自私的性质，就是国家败亡的主要原因。又说我们德国的教育，要拿德国民族固有的精神做了根柢，把向来意志不定的教育改做意志确实良善的教育才好。意志果能确实，那偶然的为善为恶，这种自然的冲动，就可以不发出来。那只顾自己的自由，只求自己幸福的意思，也可以不至于十分发达，什么叫确实良善的意志呢？就是遵守道德、束身自爱、能尽义务的意志，那道德的自由，就在这里，它的根本就是自由意志。这个自由意志，在斐希脱，就把它当做“自我”看的。斐希脱又受了裴斯泰洛齐的影响，所以极力提倡振兴实业勤劳刻苦的主义。现代凯善西台奈等主张经济要拿道德做根本，大概也是斐希脱的议论鼓动出来的。

新康德派（neokantianism）拿秃尔泊的思想，也属于理性的道德的自由观。拿秃尔泊对于关系时间的因果律，而承认超时间的论理法则有最高的优越权。他以为关系时间的因果律是靠着超时间的论理法则的力量成立的，又以为这论理的法则是跟着意识的统一起来的。意识的统一实在是支配一切的根本力，它永远的统一，就是我们的理想所在，而且我们的教育，也就拿意识的发展、意识的统一发展做中心的。它的发展可以分做三段：第一段是冲动，第二段是狭义的意识，第三段是理性的意识。在冲动的时候，不过单受外面的支配，内面还没有统一。在狭义的意识时候，虽然还没有普遍的统一，但是已经能从一定的格言（Maxim）行他取舍选择的方法，这是就是相当的统一了。等到理性的意识时候，那最后的统一，方才完全。就是意识能够支配外面的一切事物，在自己身上也能够完全一致了。第二段发展的狭义的意识，就是部分的统一。最后发展的理性的意识，是全体的统一。我们的身心就是靠着它维持的，意识的真自由也就在这最高的统一上面。拿秃尔泊的意见，盖以为这意识自由的前头，先有意识的自由。细说出来，就是实践的判断比自然律的强制还有力量。自然律本来没有绝对的力量，所以不能十分强制我们。我们的意识是不受自然律的强制，是能够自由选择、自由决定的。但是理性的意识，对于各个意识，一面是指示意识的方向，一面是指示他为正当的决定。意识到了能够统一的时候，方才是善。善的法则在意识外面，没有什么力量。它的根源就在意识内面的法则，这内面的法则，是在意识完全统一上发现的。这样说来，道德不是教育上最高的理想么？总而言之，拿秃尔泊的教育上自由观，是在理性意识完全统一的里面看出来的（*Natorp-Philosophische Propadeutix* 33S：So Zial Padagogik，47S）。

近世教育思想上自由观念里面最重要的，前面已经大概的说过了，我现在再补足几句：卢梭自然的自由观，注重在儿童活动和他心身自然的发达上面，我们想想，倒也是永久的真理。不过他以为从自然上生出来的，都是善的，一到人的手里，就退化了。这个理论，我们却不能无疑，或者在他当时是这样的，也说不定。总之，不是一般通行的真理了。裴斯泰洛齐的宗教的道德的自由观，对于教育上应该进行的目的已明明白白指示的了，但是对于“自我”的考究，也还没有十分透彻，他专门说自然的发达经过和适合自然的教育方法。我想还是他热心救济这实际社会的缘故呢。福禄培的宗教的自由观，是要把各方面的关系都统一起来，他以为“自我”是不能孤立的，要和社会相统一。“自然”和“人”非但不能分开，并且要亲密统一，能够和“自然”亲密统一的“自我”，才可以算得是纯洁、平和、自由的“自我”呢。康德、斐希脱等理性的道德的自由观，却和福禄培等全然相反，他们把“自我”考究的非常深刻，把自然和精神，感性和理性分别的很严。拿秃尔泊也是这样的观察，他的组织的合理的教育论，一面认定理性的意识有严肃无上的威权；一面说冲动和狭义的意识生活，要互相协调。冲动生活，表现出来，就是勤恳劳动，就是社会的经济生活。狭义的意识，是叫社会成为法治的规制的。又理性的意识，表现出来，就是拿道德理性做中心的教化事业了。原来经济生活和法治生活，都不是社会生活最高的目的，理性支配的生活，方才是最高的目的。所以教化的生活，就是目的的生活。经济生活和法治生活，只好算是手段的生活。拿秃尔泊虽然这样分别目的生活和手段生活，却又以为这两种生活是有平和的关系的，一面认理性的威权，一面又说各种生活一定要互相调协，这一点就可以算是新康德派教育学家的特色了。

教育上的自由观，在前面说的以外，还有许多的观察法，如海尔巴脱，于自由意志的自由观，是反对的，但也拿见识和意志行为一致的内面自由，做他教育理想的主眼。黑智儿派的陆生克朗志，他以为心的这件东西，是有自由可能力的，使它实现出来，就是教育的理想所在。此外如人格教育自由观和理性道德自由观的关系，诗人希拉等的自由观和现代艺术教育的关系，如果一一考察起来，也都是有益的。但是在历史的方面，耗费许多时间，不是我这篇文字的本意，所以就此打断话头，以下还要把我自己的意见大概的说一说。

上面各种的自由观，在哲学见地上和他们议论的形式及注重的地方，虽则各有各的特色，但是说到自己活动一层，他们还是共同一贯的，这个确可算是真理呢。我们人类，从不完全的自己活动起始，达到完全的自己活动，在这中间，自由才渐渐地发达起来。能够照著自己本性去活动的，那就是自由，拿自己本性去构成价值生活或改造价值生活的，就是意志的努力；这意志就是从自己心中造出价值生活的法则，自己就遵着它行，统一自己的内面生活的。现在的教育学，常拿发达的概念做它中心，教育的实际上已是不能不拿发达的生活事实做中心了。那么意志的发达，自然就是教育的理想。完全的意志，既是完全的自由，所以教育的理想，也可说是“自由”的发达。如果从心理的看来，譬如我们现在读书，这是书本或书本里面的文字，又文字的意味或文章的关系，种种事情都在意志上发现出来，做了意志的内容，同时，我们也直接自觉我现在读这书本，做意志内容的，是被观察的境遇。而直接被自己自觉的态度，是自我的直接意志的态度。做意志内容而被观察的，虽有因果的关系，而直接意志却是超越因果关系的一种自由。前者属精神的机械方面，后者是其目的方面，研究因果关系的是因果的心理学，研究目的的方面是目的心理学（*Münsterberg Psychology*，*General and Aqqlied*，289-296S）。但是单单直接自觉自己的活动，还不是真正的自由；我们的直接意志，必到“真我”有价值的自由意志时候，方可算得真的自由。价值的自由意志，就是从自己内面作一法则，而且就拿这法则来做生活，如此方为满足；若是离了价值，就不是真的自由意志，离了真的自由意志，就不是真的自由。没价值的心的自由，在心理上虽是可能，但不过这样心理的自由，从价值上考想起来，就不能说它是自由了。自由意志和价值合为一体，成了直接意志的，这就是真的自由意志。本来没有感情的、价值的感想，也自然没有；没有智的作用的意志活动，也不能十分。我以为意志就是价值的意志活动的本原。但这自由意志，究是怎样的？大家的观察法很是不同，现在也没有功夫细说。不过据我看来，自由意志不是起初就完全的，是逐渐发展的，既是逐渐发展的，那么这自由意志自然就和教育有关系了。我把它发展的阶段，分做四等：

第一，是冲动的意志，就是冲动的自由，在自由上算是第四级的自由。

第二，是有意的意志，在自由方面说来，就是第三级的自由。

第三，是悟性的意志，在自由方面说，就是第二级的自由。

第四，是理性的意志，就是第一级的自由。

我现在把以上的四阶级大概的说说：

第一，先说冲动的意志——第四级的自由。冲动的意志，是实行自己目的的直接活动，是单纯的外部刺激和单纯的内部刺激相合而表现的。从某种观察法看来，这种冲动是机械的，但我以为也可算是目的的，何以故呢？我以为自然物被他力所支配，和这冲动意志被外界所支配，是大大的不同，因为冲动的意志已经有自由的萌芽了。譬如儿童身体上起了口渴的刺激，一见了水，就要喝它。这时外面的水虽然是靠着冲动的力量，统一到自己身上，要没有构成熟虑的生活，只可算是直接的生活。然而外面的水和内面口渴的不快，并不是生活力的根源，不过是自我活动的材料。这样想来，那么冲动意志的里面，也许藏有高级意识的素质，就是已有直接支配统一这材料的能力。但是从他结果上看来，不论它是构成生活，是破坏生活，都是偶然发起的，因为在这时代，还不能自由选择、自由决定的缘故。这种情形就是自由意志萌芽的时代，所以叫它是冲动的自由。人在幼儿时代，既然有了目的生活的萌芽，故决不可专叫他们做那机械的动作，必定要从目的身上引导他们才好。在某种意味上说，教育是发达目的的、是连续的发达目的生活的，所以没有理想的人，断然没有教育幼儿的资格。虽则导引儿童固有理想的标准，但是教师不自努力于自身的理想，那教育也必定没有成效，要想教导他人，必定先要自己有好理想。所以教师的年幼年长可以不论，只要有理想就好。年幼的人，教授法术，虽然没有驯熟，但他的理想倒是很活泼的，在精神方面，儿童很可以受他的感化。年长的人，教授法虽然熟练，然若没有高的理想，在儿童身上，有什么益处呢？

从这冲动的意思再进一步，就到有意的意志阶级——第三级的自由。进了这个阶级，单纯牵制和单纯选择决定的自由，也就发现出来。但这时的选择决定，多是外面的一时的决定，是不能永续的。所以在这时的教育，应该常常练习儿童的永续性。又这时的决定，还不是从统一的品性上发出来，是跟着时时变化的动机，单纯地发出来的，还有时竟摇摇惑惑地不能决定的。这是什么缘故呢？因为他的品性薄弱，还没有一定的主见，所以这时的决定不免有依靠别人的倾向。但是我们人类，从小就有自己决定的可能性，一到有意的意志阶段时候，当然愈加发达，所以教育上如能指导儿童自己决定，儿童是最喜欢的，这就是因为合着儿童本性的缘故。儿童受了教师的指导，自己决定的能力，就愈加发达，那么他的自由也自然地一并发达了。温狄般德作的《自由意志论》上面说：“选择就是行为自由的动机。”

（*Windelband Ueber Willensfreiheit*，34S）这话也很是有理的，但据我想来，我们意志生活的本质上面，到了相当的发达程度，自然就有一定要选择的要求。也不必问它是自由的动机不是，这个选择的要求，就可算得是意志的本质。意志本来是以统一为本质的，但在有意的意志时代，这个统一决定尚是单纯的很，又多是一时的。所以它的自由，还不能说是坚固的自由，还是练习统一决定的时代。练习有机械的和目的的两方面，如教儿童练习记忆，就是机械的方面；这机械方面的练习，原是不可少的；不过教育的本义，是以目的的练习为根柢的，指导儿童做目的上的生活最为紧要。

再从有意的意志，逐渐进步，就到悟性的意志阶级。在这时代，渐渐地不为一时的外面的刺激所支配，行为上稍能自由，自信自重的念头也慢慢地强起来，责任心也渐渐地发达了。而且它的动机，也种种不一。选择决定的动作，有时为一种战斗的状态。若到不能决定的时候，就觉烦闷异常，很是苦痛的样子。要之它的决定，已经带着永续性了。例如青年时代，社会的精神和同情心都很旺盛，主我的态度也非常强烈。在教育上，这时不是机械的练习时代，是感激的时代哩。

意志发达最高的阶级，就是理性的意志。到这阶级，所谓自己的意志，就是能够从自己造出普遍的妥当的法则，而且要去实行它；那自己的生活，也就从此发展起来。所以在没有创造的时候，就不能说到自由。现代创造的教育思潮，也就要说到这一点。总之，我们就使传习那民族和社会现成的法则，但到了理性意志上能够有价值的，那时对于现成的法则，也不会看作自己以外的东西，就要拿它来做自己的生活，使它同化到自己，并且使它构成了创造的改造的态度。这样做来，那就能够发挥自我的真性，从有限的自我再达到无限的自我。到这地步，意志方才达于统一的极致，这就是第一级的自由了。

在冲动时代和有意的意志时代，遗传、境遇、他人的暗示，以及过去、现在和自己有关系的种种事件，都能限制他的自由。然而等到意志逐渐地发达，就可用自己的力量，构成自己的生活。到了意志超越种种的支配力，并且能够支配他的时候，那自由的范围就越加扩张，达到理性意志上的自由的极致。到这境界，自己的自由意志就能够和他的自由意志相融合，自己的自由意志就是社会的自由意志，自己的自由就是社会的自由，所以做此等基础的教育是不可不普及的。

再从道德方面的关系看来！在冲动时代，要求利己的态度很强，道德上的意义极少。在有意的意志时代，多少有些内面的作用，不过依然是利己分子在自己的内面作主，自己的意志，虽然略略晓得要自由的，但不晓得他人也要自由，对于他人同情是很少的。在悟性的意志时代，不但晓得自己要自由，并且晓得他人也要自由，故于自他及主观客观的协同，也能够注意，主观和客观，自己和他人自由意志的融合，到这时候，方才能够实现出来。在理性的意志时代，更能从自己意志造出普遍的道德律，自己去遵奉它，到这地步，那道德律的权威，就得从此确立，我们教育的中心目的，就在这里。况且有道德的自由的人，就是最能发现自己神性的人，因为这自己神性，只在道德的自由的人格上最能完全表现（*Lipps-Ethiscbe Grundfragen*，95-96；107S）。要之，教育上最重的目的，是发达人的自由意志，引导人到道德的自由——道德的自律——地步，就是最后的目的。但是我们人生，单单有了道德，还不能算完全，一定要把道德的生活做了中心，再统一的构成其他种种文化的生活，才可算是完全的生活。文化这两个字，我以为是和文明两字不同的。文明是应用文化造出来的事物的动作，文化就是自由意志上创造的努力了，所以应合到自由意志的发达阶级，文化也有种种发达的阶级。教育事业，就是文化事业里最重要的一种。教育的努力，就在对着有“发达可能力”的身心上，发展它永远不绝的价值。就叫我们受了教育，要能够本自己的自由意志，在生活上，创造永远不绝的价值，把道德价值做生活的中心，再把其他种种价值构成在生活里面，这样教育，我称它是理性的文化的人格教育。本来是连经济生活、法治生活包在里面的。

在未达理性的文化的人格以前，社会对于教育，有时是它的党援，有时是它的敌人。因为社会对于我们，虽然提供种种有益的材料，可以帮助我们生活的构成；但有时对于我们的自由意志，颇为极大的障碍。若果达到理性的意志自由的境地，社会不但没有障碍，并且全然为自由意志所统一。但是这种境界，实在不容易到的。我们生的社会，都是他人造成的社会，不是自己意志创造的。我们起初，在冲动的自由时代，单本主我的要求，对付周围的社会，有时一无思虑、一无分别而漫然顺应它，有时一无分别而漫然反抗它。进而达于第三级自由——有意的意志时代，内面主我的要求很强，在他方面，对于修练自己选择和决定的力量，也觉很有兴味，常常要拿人家给予的材料和自己收得的材料来，修练幼稚未发达的意志。在施行教育方面看来，这时是最易施行教育的时代。再进而达到悟性的意志时代，精神全体，不论于时于地，都呈远心的倾向，又在一面，是求心的向著内面而取主我的态度。然在这个时代，非常向内面要求自我的发展，因此之故，对于自己周围的现成社会，就不免有许多的疑惑起来，这就是我们青年时代的状态了。我想现成社会不完全的价值生活，从社会的生存发达上看来，是当然要改良的；再从个人的发达、价值生活的发达上看来，改造也是必要的。改造这件事情，虽然是理性意志的本务，但就是达到了理性的意志，改造也仍旧是要的。一般人的理想，以为一到了理性意志的社会，就应该有完全的价值生活，然而在事实上却办不到。因为人生的实际，总是从下级意志，渐次进于上级意志的。那修养的结果，虽能达到理性自由意志的一部分，但依然迷惑在下级意志里面的，却是人生之常。所以社会是不可不改造的，不完全的地方是永远有的，改造也是永远要的，永远发达的物事，一定永远要改造。意志这件东西，是逐渐从下级而进于上级，有创造的向上的本质，教育就是指导这个的。所以创造教育，从个人和社会两面看来，都是必要的。

虽然统一社会的材料，使他在生活上成为有价值的，毕竟全是个人的自由意志。这意志的发达阶级，就能表现出种种阶级的社会。所以社会也有冲动时代的社会、有意时代的社会、悟性时代的社会、理性时代的社会。就像原始民族的时代，是在冲动时代的。有意识表现出来的社会，虽然略略有些内省的倾向，然还没有一定的主义。悟性的社会，已稍有社会的历史习惯，相当程度的主义方针，也已确立，然还没有普遍的价值。进而达于理性的意志最自由的阶级，社会方才有一种特色，并有一般妥当的性质，如今请举出一个例来：就是现在所倡导的社会改造问题，这就是无限发展的社会问题，决不是固定的，是有无限发展的本质。有人倡导打破一切旧习惯，依着人道主义而行，这句话就是社会无限发达的意味。我想旧习惯里面，没有价值的，自然一定要破坏它，但是有价值的，就应该维持它，并且还要发展它。至于依着人道主义而行，这种精神是世界上各文明国都少不了的。

要而言之，我们理性的意志，可以说是绝对的统一的，所以要求自己相关的社会能为理性意志的发展，所以要求自己与社会相统一、相融合。教育是指导自由意志发展的，所以它在过渡期内，对于历来所传习的，常常要发起疑心，这种疑心就是教育的效果。现在我国的教育状态，一面要培养自治的精神和创造的精神，一面又要拘束在传习里面，这不是自相矛盾吗？

我说到此，我想到关于理性的人格内容上一个问题，现在也带说一说，这个问题是可从社会种种分业的业务说起的。拿秃尔泊拿经济生活分配于冲动，拿法治的规则生活分配于狭义的意志，拿教化的生活——以道德自律为目的——分配于理性的意志。这种分法，是拿三种生活看做均等调和的，不像柏拉图有蔑视下级分业的意志。但是他把这三种生活固定地分配在意志发达的各阶级，还没有全然超越柏拉图的见解。因为各种的业务，不是有了客观的材料就成功的，必定要加了主观的人为的动作，方才算是业务。所以业务的价值，不是靠着材料发生，是靠着人为的态度决定的。同样的材料，因为人为的态度不一样，它的价值也就高低不等。照这样说来，明明是流动的，不是固定的。而且理性意志的态度，他生出来的力量当然是最高的。就是经济生活，也不能照拿秃尔泊的说法，常常固定地分配在冲动的阶级上面，他是能够进步的。譬如偶然精勤的人，固可说他是冲动的，但是经济生活的本质，并不是以低级自由为限制的。我们若是晓得了经济生活的目的，体现它真善美的价值，这时的经济生活的价值，就高出冲动以上了。现在各文明国都闹劳动问题，不就是经济的进步程度吗？

就是法治的生活，从它价值上看来，也不是像拿秃尔泊所说，固定在狭义的意志上面的。况且法治生活，是有权利、权力的，若依理性的意志构成法治生活，这时就带有森严不可侵犯的权力。这是什么缘故呢？因为理性的意志，是能完全遵奉自己所作法则的缘故；如果不遵奉，那么，就是理性意志的自杀了。理性的意志，一面为立法的，一面就是遵奉这法则的。譬如在立宪政治上，理性意志的国民遵依理性意志的方法，选定理性意志的代表人，他所决定的事情，国民没有不完全遵奉的。国民如果以为这是应该的事，那遵奉的时候，就毫不觉得有什么拘束，这就是自由的意识。若有拘束，也是为自由故而被拘束的。这也可说是法治的自由，就是公民教育的根本问题。

分业在社会组织上，诚然是必要的，但是它的价值，是与自由意志的态度有大关系的。理性的文化的人格教育，就在它种种内容上，努力使它有相当于理性的意志态度的价值。要之，意志是价值生活的本质，是人类生活发达的本原；他的自由，先从冲动的自由，进于有意的自由、悟性的自由，更从此进于理性的自由，是如此逐渐进步的。到了理性的意志阶段，就是完全的自由了。但不过要到这种地位，很不容易。拿秃尔泊说："自由的意志，是常常离不了努力的。我们保存自己和保存种族，都是意志的实现，这保存的意味，就是常常向上扩张的动作。满足就是努力的死，努力不能尽他的努力，就是努力的自杀，就是生命的自杀。"拿秃尔泊这话，发挥自由意志的本质，可算圆满已极。照这样说来，努力是无限的，自由意志也不能不说是无限的了（*Philosophische A Chandlungen-Hermann Cohen Zun 70 Sten Geburtstag Dargeleracht*，1912-210-211S）。

教育就是发达自由意志的生活，教育成就，社会就能进步。拿秃尔泊说道："我们不是遵奉宗教，我们是直接生活宗教里面的。"我以为教育也是这样；材料上的教育，不能算是教育，一定要组织的统一生活的教育，才是教育的目的。再从教育的程度说来：我以为幼稚园以前的教养，是冲动的教育时代；幼稚园及小学教育，是有意的自由意志时代；中学是悟性的意志时代；专门教育高等教育，是理性的意志教育时代。种种时代的教育，它的程度固然各别，但是在教育的根本上，都是要发达它自由的意志。至于卒业小学教育的，要靠补习教育及社会教育的力量，逐渐进于自己教育；卒业中等教育的，也要靠点社会教育的力量，本来是不必说的。总之，我们常常守着自己教育自己主动的态度，自然能够逐渐到达理性的意志境界了。

我现在所说的意志，如果推广起来，就像教授训练论以及体育上面，没有一处不应研究自由意志的生活的。还有现代的教育思潮，如人格教育、艺术教育、公民教育、动作主义的教育等，如果从根本上研究起来，也哪里能够离开发展的自由问题呢？

以上的研究，我也自知很不完全，但也可算是理性的文化的教育观的一端，倘蒙识者予以指正，那就感谢不尽了。

民国九年（1920 年）第 12 卷第 1 号

国家建设中之教育改造

周谷城

一、国情与教育

1. 概说

在现代的世界，无论何国，没有不因它历史的之不同及自然的环境之不同，而有一种特殊的国情。教育这件东西颇与国情相关：有什么样的国情，便有什么样的教育；反之，有什么样的教育，便也可以维护着什么样的国情。从某一方面讲，教育的确是国家的工具。所以现在中国较为明白的人，常有种种新颖的说法，谓："教育为延长民族生命的要需""为维持国家在国际上之地位的武器""为发展民族精神之工具"。美国的鼎鼎大名的教育家孟禄博士（Dr Panl Monroe）集有《比较教育论丛》（*Essays in Comparative Education*）一书，其首篇《教育与国家主义》（*Education and Nationalism*）一文的末段也有相似的说法，他说："现代的国家都明白教育为发展民族精神之最有力的工具。凡文化落后的民族，可以藉教育这个工具，把文化程度赶快提高起来。凡弱小的国家，可以藉教育这个工具，利用文化的力量和成绩，把自己在国际上的地位弄得很安全。凡从前的旧式国家，如日本与俄国，也藉着教育这个工具，经过了危险的过渡期间，毕竟都走到了现代新国家的地步。所以要世界安全，使国家能够稳定，教育科是一个唯一无二的工具。故当19世纪的时代，国家的历史，无不与教育上的各种问题切切相关。反之，现代教育上的种种问题，如教育的目的、教育的材料、教育的组织，甚至教育的方法等等，亦无不以国家为着眼点而解释之。"这段话未免把教育看作万应灵丹了。但教育是国家的工具这一点，我们确可于上面这段话中，看得十分明白。从另一方面讲，有什么样的国情，也一定能产生一种什么样的教育，恰恰与国情相应。这个道理，我们可从历史上看出来。在历史上，雅典是尚文的国家，故有尚文的教育；斯巴达是尚武的国家，故有尚武的教育。中世纪的国家，完全埋在宗教的空气之下，故凡带有教育意味的事业，无不充满了宗教精神。近代的国家完全受国家主义的支配，故近代的教育也处处带有国家主义的色彩。上面所谓“现代教育上的种种问题，如教育的目的、教育的材料、教育的组织，甚至教育的方法等等，亦无不以国家为着眼点而解释之”云云，可算是最好的注脚。

2. 中国历史上之国情

有什么样的国情，便有什么样的教育。这句话，我们大概是无法否认的。中国的国情究竟是怎样的？这可以从历史上直看下来。中国在秦以前，为统一的专制一尊的封建国家成长之时代。从汉族移入内地，黄帝战败蚩尤以后，所谓国家者，便一方面以武力削平北方的邻居，一方面以和平的手段收服内地的各部。直到周武王的时候，列爵封土的制度，便完全实行，统一的专制一尊的封建国家，便在周天子名义之下完全出现了。不过这时候统一制下的各部落，只是暂时的服从，并没有完全的消灭。所以后来因环境的变迁，便演成了春秋战国时代的局面。直到秦始皇时，这些部落才完全消灭，统一的专制一尊的封建国家才完全确立（列爵封土的制度，到这时候，当然改变了许多。然国家仍可以称为“封建的”者，因“封建的”三字并非单指列爵封土之制而言。凡一国由中央划分行政区域，设为种种制度，设置许多地方官吏；地方官吏更一方面负责维持地方次序，另一方面吸收地方一部分经济的利益，以维持中央之存在。平民于此，无说话之余地。凡此等等，都可以代表“封建的”三字之一部分的精神）。从秦始皇统一中国（西历纪元前 246 年）之后，直到前清末叶道光二十年（西历 1840 年）的时候，（那年英国的军队侵入宁波）中间凡经过两千余年之久。中国在这两千余年之中，内部虽常有朝代的一览无余，外部虽常有外患的侵凌，统一的、专制一尊的封建国家，虽或有时势力削弱，有时势力膨胀，然制度的本身并无根本的变动。所以我们可以说：中国在秦以前（西历纪元前 240 年以前）为统一的、专制一尊的封建国家成长之时代。自秦至于清末（西历 1840 年，道光二十年）为统一的（就制度而言 de jure）专制一尊的封建国家继续存在之时代。自清末道光二十年的时候，直到现在，则正是由封建国家进到一般人所谓现代的新国家之过渡时期。这个过渡时期之到来，完全由于国际资本主义的势力之侵迫。中国从前历代虽有外患，但外患都来自北方民族。北方民族文化程度远不如中国，故最易为中国所同化。若国际资本主义的势力之侵迫，便不是同化两字的高调所能对付的了（梁任公先生最喜欢讲中国民族之同化力。附而和之者，便拿所谓“民族性”来解释中国国家之存在。我想梁任公先生若还活着，也一定不会再坚持他的旧说了）。因此，中国在这个时期之内，便不能不有彻底的变革。

3. 中国式教育

历史上的国情既是如此，在此种国情之下的教育精神，当然与国情符合，当然处处要适应国情。果然，我们在历史上找着了证据，从而知道中国历史上的教育确是中国特殊国情的特殊产物。证据是怎样的呢？一曰中国历史上的教育偏重贵族。秦以前为封建国家的成长时代，一切制度都系始创。贵族阶级因有功于国家社会秩序的维持，也开始成立了。王制上所谓“有虞氏养国老于上庠……夏后氏养国老于东序……殷人养国老于右学……周人养国老于东膠”，国老就是贵族阶级中的分子。朱子《大学章句》说：“人生……十有五年，则自天子之元子、众子，至公卿大夫元士之適子……皆入大学。”这样的情形，总可算是优遇贵族了。从此以后，历代的最高级教育机关，无不是为贵族子弟所独占的。盖在封建的时代，维持政治社会各方面的秩序，全靠统治阶级自身有权威。因这个缘故，贵族教育很有置重的必要。二曰偏重古典。秦以前，古典还在成立时代。故学校里的教材，非后来所谓《诗》《书》《易》《礼》《春秋》等古典；还只是《尚书大传》上所谓大节大义、小节小义等空泛的东西。到了汉朝，古典教育大兴。武帝时，曾为《易》《书》《诗》《礼》《春秋》立了所谓五经的博士，所谓“西汉十四博士”。那些博士们所讲的都是古典，弟子们所习的也都是古典，汉朝可算是中国古典确立的时代。此后唐、宋、元、明、清各朝无不是以古典为教材的中心。盖在封建的国家之内，古典实在是统一民族意识的一种有力工具。三曰注重政治人才或维持地方风化的人才之养成。现在所谓生活必需的教育，历史上几乎没有。自秦至于清末，教育生活，历代都是与普通生活隔离的。学生在学时所习的是古典。学成之后，主要的职务就是做官，或做维系地方风化的人物。总之，只是统治阶级的一员，绝非运用生活必需的智识，以直接从事于生产者。四曰宗古之精神极浓厚。这层可于礼先圣先师一点看出来。《礼记·文王世子》上说：“凡学，春官释奠于先师，秋冬亦如之。”《学记》说：“大学始教，皮弁祭菜，示敬道也。”汉高祖十二年以太牢祀孔子；唐高祖武德二年诏国子学立周公孔子庙；宋真宗时追谥孔子曰元圣文宣王；明太祖洪武元年以太牢礼先师孔子于国学。这还只是普通情形，若分别而论，自孔子被推尊以后，一切带有教育意味的机关，无不悬有孔子像或设有孔子祠，学生没有不礼孔子的。这种情形，几无异于宗教。盖缘此可知一般人的服从精神，使与专制一尊的国政制度相符合也。中国历史上的教育有这些特点，我且称之为中国式的教育。

二、现代的中国

1. 现代的中国之由来

上述历史上之国情以及中国式的教育，完全为封建时代的情形。这种情形，到了现代的中国，便不能不生绝大的变化了。所谓现代的中国，究从何时开始？究缘何而产生？关于第一问，我们可以说：现代的中国，实从道光二十年（西历

1840 年）与英国鸦片战争时开始。关于第二问，我们可以说：现代的中国之产生，实由于国际资本主义的势力之侵迫。现代的国际资本主义的势力，以英国为总代表。鸦片之战，中国失败，英人乃逼中国签订《南京条约》。条约中最惊人的，有下列各款：偿英军费银 1200 万两，商欠银 300 万两，烟价 600 万两；开广州、厦门、福州、宁波、上海五口为商埠；割香港于英；中英两国文书往来，皆用平行格式。单只看这几条，我们已可看出中国在鸦片一战损失之大了。从此以后，法美二国，也要求与中国订通商条约。后来复因法教士在广西被杀及英人在广东袒庇奸商等事，英法联兵陷广州。后又北上，进陷大沽，迫中国与订《天津条约》。条约要点有：偿英军费及商欠银各 200 万两（法半之）；开牛庄、登州、台湾、湖州、琼州为通商港；派员协定税则；英民犯罪由英领事审判；与华人争讼，则由领事与地方官会审；彼此互派公使；允外国人民携带护照游历内地。从这几条，我们又可看出中国损失之大。从《南京条约》以后，外国人乃在条约上获得与中国通商权。从《天津条约》以后，则获得内地传教权并得协定关税权、领事裁判权。又开利益均沾之例，俄人且乘间攘夺东北土地。从此以后，列国并起侵略中国，渐渐由藩属及于内地。直到光绪二十年（西历 1894 年）又与日本开战，中国战败，乃派李鸿章与日本订《马关条约》。条约之大要如下：认朝鲜为自主国；割辽东半岛沿岸之地及台湾、澎湖于日本；偿日本军费银 20 000 万两；开沙市、重庆、苏州、杭州为商埠；许日人航行宜昌、重庆间。中国损失之大，总算大到可以了。到了这个时候，国际资本主义的势力完全在中国显露出来了。国人乃深深的觉得：非改革政治社会，力谋工商各业之发展，不足以图存。更深深的觉得：列强之雄胜，由于工商业之发达；工商业之发达，又由于学术之盛兴。于是在当时便有所谓兵战不如商战、商战不如学战的话。因此中国就开始改革教育，把西洋资本主义社会里的教育制度搬到中国来；开办实业，把西洋资本主义社会里的生产制度搬到中国来；改革政治，把西洋资本主义社会里的政治制度搬到中国来。因国际资本主义的势力之侵迫，乃搬进这一大批洋货。用这大把洋货，乃造成所谓现代的中国。

2. 现代的中国

现代的中国是什么？从消极方面讲，有下列几种答复。

1）就经济的结构上看，中国不是一个资本主义的国家：既没有大资本家，又极少大规模的工厂。交通工具极不方便，生产技术仍极幼稚。以言乎出产，则原料多，而制造品少。以言乎工人，则手艺工人多，产业工人少。以言乎工厂，则手艺工场多，机器工厂少。若与各资本主义国家比较，中国实远不如。

2）就政治的组织上看，中国不是一个民主国家。现代英美号为民治主义盛行的国家。虽然他们的民治主义是假的，是有产阶级的工具，与无产阶级无涉。然而无论如何，他们有一部宪法，他们有完备的司法制度。人民于集会、结社、出版、言论各方面，究有相当的自由。我们若从下面讲，现代的中国究竟是什么，可以有下列的几种答复：第一，现代的中国是一个军事频仍的国家。民国十余年来，无一年没有战争，20 多个省无一幸免战祸。养兵之多，没有别国能比得上。直到现在，有多少兵我们还找不出确数。全国消耗之大，以军事一端为第一。第二，现代的中国是一个土匪横行的国家。匪之为祸，差不多与军事是一样的，无一年没有发生匪祸的，无一省没有遭遇匪祸的。无辜小民无时无刻不在匪祸之下叫苦连天。第三，现代的中国是一个社会混乱的国家。在各国，社会的秩序，有所谓法律、习惯、道德及警察制度等能够维持。在往日的中国，也有所谓名教纲常以及专制淫威足以维持社会秩序，于今不然了，一般人所谓旧道德破产了，所谓新道德也还没有形成。社会秩序极是混乱。第四，现代的中国是一个政治不宁的国家，政治制度变化频仍。第五，现代的中国是一个没有国际地位的国家。外国可以在中国驻军队，可以在中国设审判机关，可以在中国设租界，可以在中国开工厂，可以把持中国关税，可以把持中国的交通机关，列强眼中早没有中国了。凡此等等，数也数不尽。总而言之，现代的中国实处在一种非常的境地之内。既不是现在最当令的、一般人所谓立宪的民主国家，复不是原来的封建旧国。确切言之，乃是一个过渡时代的国家。

3. 现代的中国之前程

国际资本主义的势力侵入了中国，逼迫中国使不得不维新，维新的结果竟造出一个这样混沌的现代的中国。这中间当然有特别的原因。原因在哪里，现在不管，且就这种混沌的现代中国的前程一加推测。关于这一点，可以有两种相反的结论：一则中国或将长此混沌下去，久而又久，以至于灭亡。一则中国将否去泰来，长久在世界上存在着，而为东亚一大部分黄种人的安乐窝。前一种结论，就目前的事实看，似不易实现。要灭亡中国的，当然是帝国主义者。现在帝国主义者自身却遇着了三大危机：一者，国内无产阶级的崛起，使资本主义的生产不能顺利，使资本主义的社会不能稳定。二者，弱小民族的反抗运动，致侵略的政策不易继续施行，帝国主义发生崩溃的征象。三者，各帝国主义者之利益冲突，使彼此之间不易维持和平的状态。因之，要共同整齐步伐，来亡人国家，殊不容易。中国在最近既不至渐就灭亡，那末，迫于国内大多数人生存的要求，不久定会否去泰来，由混沌的状态进到清平的状态。现在国内大多数人民，因受帝国主义的影响，直接受军阀及贪官污吏的磨折；加以天灾、兵灾、匪患，更见不能聊生。在这种情势之下，大家为生存的要求所迫，企图自振，自是当然的事。近年来新兴的革命势力，就是中国人表现生存欲的征象。这种新兴的势力，如果到了完全成熟的时候，中国是很有希望的。我们现在且承认中国是有希望的，但它将来在政治的组织一方面或在经济的结构一方面，究要变成一个什么样子，也很值得推论。有人说中国将变成现在最时髦的国家，如英美之类。政治的组织，将成为虚伪的民主制；经济的结构，将成为资本主义的生产制，不过这一定不是中国的前程，虚伪的民主制及资本主义的生产制，其流弊无处不表现得十足，中国断不应再蹈其故辙。又有人说中国将成为社会主义的新国家，将实现真的民主政治（real democracy 所以别于现在英美的虚伪的民主政治者），将实行社会主义的生产制。不过这只合于理想的要求，事实上在最近的将来断不易做到。然则，中国在最近的将来，究竟是一个什么样子的国家？要用正面的语句来描写，本不容易，不过它那构成的原则，是可以指明的。这些原则是什么？现在国民党所标举的民族平等、政治平等、经济平等，总算相差不远了。打倒国际资本主义，扫除帝国主义在华的势力，取消一切不平等条约，完全恢复中国在国际上之平等自由，这是构成新中国的第一个原则。扫除历史上传下来的封建势力，打倒一切军阀及贪官污吏以及障碍民主势力之发展的分子，完全建立真正的民主政治，这是构成新中国所必遵守的第二个原则。防止资本主义生产制的发展，消灭一切剥削的生产制，建设为消耗而生产还是为剥削而生产的新制度，以徐徐达到经济的平等，这是第三个原则。新中国究竟是一个什么样，固不容易讲得出来，但这些原则是必须遵守的，我们却可以确信了。

三、教育之现状论

1. 教育界

国际与教育的关系，我们晓得了；中国现在的国情及其最近之将来的出路，我们也晓得了；剩下急于要解答的，就是中国教育之现状。关于这一点，我们要问：中国教育之现状是怎样的？在新国家建设的过程中，教育能显出什么作用？新国家的建设，得力于教育的地方在哪里？我们若怀着这些问题在心里，把现在的教育略加观察，立刻就会觉得现在的教育与国家的建设是不相干的。现在的教育，范围极广。我们且摘出教育家、教育、受教育者，来作讨论的对象。现在的教育家怎样？就大体上说来，是一批不察国情、专办教育的人物；是一批不问政治、专管教育的人物。近来有人说：国民革命的势力已经震醒了教育界。其实不然。已经醒了的，便完全跑出教育界；站在教育界的，却未十分醒来。近来著名的教育专家陶行知先生最近著了一本《中国教育改造》，里面有“我们的信条”一章，列举了几十个信条，件件事都说到了，只丢了一件事没有说。一件什么事？教育与政治的关系是也。陶先生是中国教育界有权威的人，陶先生的话实在值得领教，我且把他所列的这几十个信条一字不删的写在下面：“我们深信教育是国家成年根本大计。我们深信生活是教育的中心。我们深信健康是生活的出发点，也是教育的出发点。我们深信教育应当培植生活力，使学生向上生长。我们深信教育应当把环境的阻力化为助力。我们深信教法、学法、做法合一。我们深信师生共生活、共甘苦为最好的教育，我们深信应当以身作则。我们深信教师必须学而不厌，才能诲人不倦。我们深信教师应当运用困难，以发展思想及奋斗精神。我们深信教师应当做人民的朋友。我们深信乡村学校应当做改造乡村生活的中心。我们深信乡村教师应当做改造乡村生活的灵魂。我们深信乡村教师必须有农夫的身手、科学的头脑、改造社会的精神。我们深信乡村教师应当用科学的方法去征服自然，美术的观念去改造社会。我们深信乡村教师要用最少的经费办理最好的教育。我们深信最高尚的精神是人生无价之宝，非金钱所能买得来，就不必靠金钱而后振作，尤不可因钱少而推诿。我们深信如果全国教师对于儿童教育都有鞠躬尽瘁、死而后已的决心，必能为我们的民族创造一个伟大的新生命。”这一大批的“我们深信”描写理想的教育家，再完备没有了，条条都使我心折。我于此只加上一条如下：政治如果不澄清，新中国如果不能建设起来，这一大批的“我们深信”终于只是一些“我们深信”。

2. 教师之里面观

教育家是这样的，是离开政治办教育的。至于教育的本身，又是怎样呢？我有一句话答复，曰“不中用”。现代的国家，莫不各有一种现代的教育以随之。所谓现代的教育，其结果又恰足以帮助现代的国家之发展。中国虽然混沌，也要号为现代的国家，也自有其现代的教育。就系统上说，也有所谓初等教育、中等教育、高等教育。高等教育一段中，也包含着所谓大学院、大学校、专门学校等。中等教育一段中，也包含着初级中学、高级中学、师范学校、职业学校等。初等教育一段中，更也有所谓幼稚园、初级小学、高级小学者。凡资本主义国家教育系统上、制度上的长处，无一不尽量地采取，燦然美备了。更抽象的就内容上说吧，也有所谓适应社会进化之需要啦、发展平民教育的精神啦、谋个性的发展啦、注意国民经济力啦 、注意生活必需的教育啦、注意人才教育啦、注意科学教育啦，凡资本主义国所常用的这套名词，我们也都晓得了。更就入学年龄说吧，12 岁以前为受初等教育之时代：6 岁以下入幼稚园；6 岁以上 12 岁以下入小学校；12 岁至 18 岁则入各种职业学校、普通中学或师范学校；18 岁以上，则入专门学校或大学校；再上则入大学院。就教育系统、教育内容以及入学年龄各方面综合观察，中国的教育实在可以了。若还说赶不上现代各文明先进国（即各资本主义的国家）的教育，我死也不肯信。然而各文明先进国的教育很中用，中国的教育不中用。各国的教育培植出来的人才，能够人尽其材，材尽其用；中国的教育培植出来的人才，人不能尽其材，材不能尽其用。这究竟是什么缘故呢？反复考虑，实只有一个缘故：各国产业发达，人才有出路；中国产业不发达，人才无出路是也。各国自科学进步、生产工具改良、生产力发达以后，历史上所谓产业革命，便完全成功。产业革命成功，生产事业蓬蓬勃勃地兴起，无处不需要人才。所谓教育，乃恰恰适应这个需要。中国是怎样的？自张之洞等主张吸取西政西艺，以图科学之进步、生产工具之改良，谋生产力之发达，以至今日，产业革命还没有完成。今日仍在热烈地吸取西政西艺，生产事业还没有发达，还没有地方安插人才，而在另一方面，教育这个花样，老早就学会了各国的，人才却年复一年，有加无已，结果如何？人浮于事，没有出路！于是学工业的，不能在工业上展其所长；学农业的，不能在农业上展其所长；学商业的，不能在商业上展其所长。其他一切专门人才，无一不是直接、间接因中国生产事业之落后，无处展其所长。情形如此，然而饭是要吃的，人是要动的，于是相率跑入政界。可怜，政界容人亦有限，于是大家一齐在政界上遭一次总失业的惨痛。这是近 30 年来办新教育所得的总成绩，这也是今日中国发生革命的一个大原因。

3. 教育机会论

办教育的先生们不与闻政治，新教育所培植出来的人才又无处消纳，我们且再就受教育者看一看，且看受教育者是一些什么人，且看名流所盛倡的教育机会均等究竟均到了一个什么程度。从这方面看，我们也只有失望。或谓教育机会均等全然是一句废话，现在的教育完全是极少数人所专有的。这件事可从两方面观察：从教育制度的本身观察，现在的教育是只利于少数富人，而不利于多数贫民的；就受教育者的能力观察，只有少数富人能受教育，多数贫民决不能受教育。中国现在的教育，自初等以至高等，从幼稚园以至大学校，都是要纳费的。且就小学校说吧，初级小学与高级小学合计凡 6 年，平均每年假设只需 80 元；6 年合计，也需 480 元。试问现在中国大多数农工民众，究竟有多少人能送子弟受此 480 元钱的教育？再就中等教育说，初级中学与高级中学合计 6 年，平均每年无论如何不能少于 200 元。若在上海各私立中学读书，每年费用 500 元，实是极寻常的数目。普通仅有饭吃的人家，能为自己的子弟每年担负四五百元教育费吗？一个人要在中学校毕业，共费银至少 1500 元，合小学时代的四五百元，将近 2000 元。目前中国人能担负 2000 元教育费的实为极少数。试再看大学校里的费用。现在的大学教育，起码 4 年。每年用费，起码 500 元，4 年便要 2000 元了，入大学校的必须是已在中小学校毕了业的，必须是已经花了 2000 元的。中小学校的 2000 元，合大学校的 2000 元，共 4000 元。4000 元的教育费，在今日的中国，无论如何，只有极少数人能够担负。上面的种种，是专就学校征费的这一点讲的。且试再看国人的经济能力。除了军阀、富翁、财主以及买办阶级以外，无不日在水深火热之中，求生不得。在农村中，因内乱与外患双重的影响，农村经济渐渐破产。农民中除土豪财主以外，自耕农渐渐沦而为佃农，佃农渐渐沦而为雇农，雇农渐渐沦而为无业流氓，终成土匪。到了这样，还要什么教育！在城市中，也因内乱与外患双重的影响，本国的工商业不能发达，故多数工商业者的子弟是不能受长期的教育的。至若成千成万的工人，在帝国主义者所设的工厂内卖血汗的，自顾时虞不及，子弟的教育问题更是多余的事了。所以中国目前的教育，就征费的制度及受教者的经济能力两方面合着，无论如何，是少数人专有的，教育机会无论如何是不平的。国人现在方大唱其提高文化程度、重兴文化运动；若唱之者闭起眼睛，把经济的事实一定要撇开不讲，以为一讲经济的事实，就觉得思想太激进了；那末，文化运动的结果，必然把中国变成两个相反的社会：一个文明社会，一个野蛮社会。现在流行的旧而实新的“士大夫”一个名词可以代表文明社会的分子；“工农民众”一个名词可以代表野蛮社会的分子。把这两个社会弄得离愈远，远至互相对峙，决不能叫做文化运动。一定要使这两个社会愈趋愈近，近至合而为一，才算是真的文化运动，若用新话说出，叫做建设合理的社会。这只是国内目前谈文化运动的先生们必须留意的寻常事，决不是什么讲社会主义者的高调。

四、教育的改造

1. 澄清政治与改造教育

由上面所说的种种看来，我们知道现代中国的教育，与新国家的建设，没有关系。以言乎办教育的人，始终不肯与闻政治，只晓得蒙着头私干，以为这就是艰苦卓绝的教育家，可以处心无愧了，以言乎教育的效果，则三十年来所办的新教育，仅造就了一大批书记、录事、秘书、代表、灾官！以言乎教育的机会，尽管有钱的人得了博士、学士，文学、哲学谈到了极高明的地步，而真正从事力役、从事生产的人，始终无受教育的机会。情形如此，于新国家的建设，有何关系？现在要建设民族平等、政治平等、经济平等的新国家了，教育不得不加以改造了。改造的方向怎样呢？革命的国民政府统治之下的全国教育会议宣言曰：“我们全部的教育应当发扬民族精神，提高国民道德，锻炼国民体格，以及达到民族的自由平等。应该养成服从法律的习惯，训练团体协作和使用政权的能力，以导入民权的正轨。应该提倡劳动，运用科学方法，增进生产的技能，采取艺术的陶镕，丰富生活的意义，以企图民生的实现。”这段话当然是千对万对的真理。不过在这里我们极不放心的就是：在今日这个军事频仍的中国、土匪横行的中国、社会混乱的中国、政治已经糟到一塌糊涂的中国，上面所说的三个“应该”究竟如何暂能变成事实？究竟要怎样才能由“What ought to be”进到“What is”。这里我们不能不拿“澄清政治”四个字为一种万不得已的要求。政治不澄清，教育实在少有希望。且拿教育经费这个实例来讲。上次全国教育会议中，曾设得有教育经费组，通过得有教育经费独立并保障的专案，而且列举得有保障教育经费的办法。办法之最有意思者曰：“教费之标准，应占岁收全额10%以至30%。教费之征收，设中央及各省、区、市、县教育专款管理处。凡划作教育专款之整个税收，由管理处直接征收……教费之保障……由大学院（现在是教育部了）……订定教育经费保障条例……用本会（全国教育会议）名义，通电中央及各省实行教费独立运动。由本会制定教费独立及保障之标语，分发张贴，以资鼓励（案：标语的工作，我从各处探问，据说也还没有实行！）……请大学院呈请国民政府电令各省各市政府：教育经费如业经独立，应切实保障；如尚未独立，应指定专款，克期举办。倘有不治，严行惩戒。”这些办法总算是可以了。不过在今日军事频仍的中国，这些办法，究竟只是纸上的。凡军事领袖，每到一处，为顾全军事上的需要起见，不得不派出县长，不得不派出征收人员，不得不注意财政机关。军费不够的时候，当然只好挪移别项费用。试问在今日，有几处军费得“够”？又怎样军费能“够”？在军费不够的情形之下，谈教育经费独立，再谈三十年也是枉然！

2. 教育平等问题之解决

由此看来，澄清政治，实是改造教育的第一步工作。其次则为解决教育之机会均等问题。现在教育机会之不平等，人人都能言之。不平等之原因极简单，在本文第三段里也曾说及了。一则由于现在的教育制度根本就是只利于富人不利于贫人的；二则中国现在大多数人是贫的，只有极少数人勉强可以称富，因之现在的教育完全为少数人所专有了。要救济这种变态，有两个较为重要的办法：第一，将现在买卖式的教育变为自由的，一切学校均不征费。不征费可以分作两层讲：一曰不征学费，二曰学费及用品费、书籍费、实验费等概不征收。一切学校，不征学费，地方及中央在教育一方面的收入究竟要损失多少？这可从事实上看出。把教育经费的支出与学费的收入比较一看，就明白了。民国十二年，中华教育改进社曾发表了一种统计；据说教育经费的支出大学及专门学校每年 11 085 256 元；中学 5 310 789 元；实业及职业学校 1 448 267 元；高小校 10 089 731 元；国民校 20 759 762 元。共计 48 693 805 元。经费的支出是这样的，学费的收入有若干，能弥补多少？据舒新城先生根据教部法规及个人调查说（见上次全国教育会议图案原文）大学及专门学校的学费收入为 552 825 元，只占得支出的经费 1/20。中学的学费收入为 786 930 元，只占得支出的 1/7 强。实业及职业学校的学费收入为 162 212 元，占支出约 1/14。高小校学费收入为 1 747 337 元，占支出约 1/6。初小校学费收入为 5 814 375 元，占支出约 1/4。全国学生学费共计 9 003 679 元，占教育经费总支出额约 1/5。以入抵出，所抵无多。这一笔收入减去了，实在不算什么。且这笔收入总数只 900 万余元，以之分配于 22 个省区，每省只 40 余万。拿去与军费的开支比较，实在小到可以了。但减免学费，利于贫民者仍极有限。应进一步把用品费、实验费等一概减免。否则学费减免，别的费用增加，便不免成为笑话。第二，不征费仍只是消极的办法之一。若不从根本上着想、不谋人民经济能力之增加、不图人民经济地位之平等，尽有不要钱的教育可供人享受，而贫民为生计所迫，仍无暇去受此不要钱的教育。举例说吧。现在都市上的男女小孩，年达十二三岁，正需教育者岂是少数？然为生计所迫，直到工厂，每日或可得一二角小洋的工资。情形如此，要他们去受不要钱的教育，也是废话。所以要彻底地解决教育机会之平等问题，学校免费，固是一个切实的办法，而根本的办法却在提高人民的经济地位，并使之平等。如何才能做到那一步？仍要请谈教育改造的人，回头到新国家之建设问题上面去。

3. 发展科学与国家建设

假如政治澄清了，教育可以很顺利的发展了；教育机会也平等了，人人也都可以受教育了，这自然是再好没有的景象。倘人人受了教育，人人只晓得谈文学、谈哲学，那便糟了。受了教育的人，上焉者只晓得读洋书，把洋文写成国文、办杂志、出小报，下焉者只晓得拟等因奉此，订章程规则，当书记录事，那便是再痛心没有的事了。所以教育的内容，究竟要注重些什么，到此地也就成了问题。教育到底要注重什么？这我们可以大胆说：要注重有用的科学。向来说话滑稽的一位党国要人，在前次的全国教育会议席上，也曾发了一顿牢骚，说中国不必学外国人的政治、哲学，只须学他们的科学，对着代表先生们大声曰："……但是我要问一问你们，政治、哲学是在什么时候才有条理？是不是在科学发达以后呢？在 1805 年以前，所有政治、哲学，都是看不得的。我们不要倒果为因，我们只要学他们的整理方法——科学——好了；不要学他们整理出来的结果——政治、哲学。换一句话说，就是学要学母亲，不要学母亲产出来的儿子……我以为在中国办理教育，先不要争辩什么规则……我以为在中国简直不必办什么中学、小学，就办些性质类似职业学校的学校可以了……总而言之，想要富国强兵(据他说，是济弱扶倾的那一种，不是兼弱攻昧、取乱侮亡的那一种)。必须注重科学家。注重科学，不是编几本科学教科书便算了事；必须使学生实际上能够应用，进可以富国强兵，退可以得到职业。"我们由这段话，也可以相信注重科学，是教育上必然的普通的要求了。只可惜自张之洞倡始讲求所谓声、光、电、化的西艺以致今日，我们所实际得到的还只是几本科学教科书！所谓学生，还是进不能富国强兵，退不能得到职业。就是到西洋留学过的，得过博士、学士的，顶呱呱的科学专家，也是进不能富国强兵，退不能得到职业。要如何才能进可以富国强兵，退可以得到职业？仍非澄清政治，生产事业发达不可。若在今日军事势力笼罩一切，政治如此混乱的情形之下，而谓学会了科学的就有用，就可以富国强兵，就可以得到职业，那又是笑话。所以我们今日不谈教育则已，要谈教育，处处不能离开国家建设，处处要求政治的澄清。要学校能开门，非澄清政治不可；要教育平等，非澄清政治不可；要发达科学，非澄清政治不可。澄清政治，是建设新国家的起码工作。政治与教育相关的情形既是如此，然则我们还是等国家建设好了，再来改造教育？抑不顾国情，跳到政治势力的圈子外来改造教育？从一方面看去，建设国家，实为改造教育的手段。在太平时代，教育帮助着政治；在变乱的时代，政治实支配着教育。我不愿建设国家的人们忘记教育，我尤不愿改造教育的人们，把国家建设的大事丢在一边，而谓与闻政事就是不清高了。

民国十八年（1929 年）第 21 卷第 4 号

改造中国教育的几个先决问题

陈礼江

一、改造之必要

现在中国教育之错误、之不适国情、之不足以救中国和需要一个彻底的改造，已渐渐为少数从事教育者所感觉。那些自欺欺人的说我们的教育如何的进步、如何的发达、如何的发展个性、如何的适应环境的文章已不多看见了，就是那些抄袭的药不对症的公民教育运动、平民教育运动也烟消云散了。不但如此，一年来关于现代中国教育之怀疑的、批评的、指摘的言论反是一天多一天了。那些本来愿终身从事教育的人，也渐渐的觉得中国教育的无办法而灰心抛弃，并劝青年勿再做教育家的痴梦了。至于各地学潮之风起、青年之烦闷、毕业后之无出路，一般教育界之暮气，更是满目皆是。这些呼声，这些表示，并不都是无病呻吟和无意的举动，实在是一种很悲痛很真切的要求我们中国教育之需要彻底的改造的呼声和表示。

二、历次改造之失败

我们读中国新教育史，就知道中国教育在这四十年内已经改造过好几次，从张之洞们的“中学为体西学为用”起，一直到现在的三民主义教育，中间改革不知多少次。我们可以说中国教育日日在改造中，应当早上康庄大道，直达目的地，为什么还在黑地里摸影子，找不到出路呢？这里面的原因是很复杂的，但最大的原因，即国人将教育从它的赖以生存的社会经济背景中强扯活拉地分开来，把它看作一个离世而独立的事业。因此，四十年来的教育都是与社会无关系、不合国情、可有可无的一种事业。它的起既不源于社会，它的落也不关于社会，它的改革自然更不能丝毫裨益于社会国家。比方提倡公民教育运动的人，心羡美国民主政治之设施和公民的政治知识，于是不问中国经济情状如何、社会背景如何和市民（即第三身份）在中国之有无等问题，而大擂大吹的提倡起来。结果如何？不过留给我们一种教育史料罢了。再看职业教育、平民教育等等，也没有一件能得着一个例外的。因为“没有自由而为政治奋斗的第三身份（即市民），则公民教育虽为民主政治的良药，而病者却退缩而不能急起直追；没有发达的资本组织，则职业教育虽为改良生计的要义，而需要之缺乏仍抛弃技术人才于饥冷街头，失业流散的农民与工人；也没有受平民教育的悠闲和福气，所焦心者则为简单迫切的衣食问题”。

现在又到了一个新时期，教育改造之呼声又起来了。在这个国家建设中之教育改造问题，我们再不能不取从前历次改革失败的经验以为前车之鉴了。简言之，我们再不能把教育从它的经济社会背景中分开来闭紧门户而来做改造运动。作者不敏，愿贡微意，以为今后解决教育改造先决问题之参考。

三、社会改造

教育是人们的一种社会活动，和其他的社会活动，如耕田、织布、做买卖的等都是一样的。它的设施和它的一切历程，都不能离开社会的影响。我们都知道卢梭是一个提倡个人主义教育者，但是为什么他有这种主张？一研究卢梭当时所处的社会，立刻就使我们知道他的主张完全是对当时社会的反响，他的思想完全是当时社会的产物。我们再看科举制度、书院制度及旧式私塾为什么在中国教育史上能占一个重要位置？其所以能存在，可以说完全是因为它合于过去中国的社会。现行的教育制度为什么不能令人满意？也可以说是因为它不适合于我们的社会。它是由欧美或日本移植过来的，是资本主义已经发达、产业已经发达的社会的产物。四十年来的中国教育其所以失败，大概这是一个重要原因。历次改革都只在教育本身上做功夫，而不问其所赖以生存的背景——社会——是怎样，所以弄不出一个好结果来。比方提倡农村教育，而不问中国国民经济情形如何，社会组织如何，所以结果还是免不掉在书本上耕田。再看我们提倡专业精神，使能者来办教育以尽其能，但因为政治之混乱，社会之恶浊，结果能者恐不能有用武之地，而门外汉反得大行其道。其他如为什么进法政学校的学生多而入工业农业学校的学生少？为什么张三在学校勤苦用功，成绩最好，毕业后反而没事干，坐在家中吃闲饭，李四在学校只缴费做个挂名学生，成绩最坏，混得文凭后，反而高车驷马兼上三四个要职？教育到了现在，几乎成了一种可有可无的东西，推其极，也不过是少数少爷小姐们的一种装饰品而已。其所以致此之故，其罪并不在教育本身，而在教育之不与社会相连接，而在教育之离开社会，失其原意变为一种形式的或符号的把戏。历次改革也只限于教育本身之改进，而不注意于整个社会的改造，所以总是干不出好的结果来；而每次的革新运动总是无疾而终，与大多数国民全无痛痒。

论到中国今日的社会到底是怎样的一个社会，年来争论者主张不一，有的以为还是宗法和封建的社会，有的说资本主义的社会，又有的说是封建和资本主义混合的社会。此地我们无须详论，但须注意下面引的两段言论，以为我们做改造社会的参考。

“中国社会是什么社会呢？从最下层的农户起到最上层的军阀止，是一个宗法封建社会的构造。其庞大的身份阶级，不是封建领主，而是以政治力量执行土地所有权并保障其身份的信仰的士大夫阶级。中国资本主义，受这个势力的桎梏，所以不能自然的发展。自帝国主义的经济势力侵入以后，上层社会除兼地主与资本家的残余士大夫阶级而外，新生了以帝国主义资本为中心的资本阶级。在都市，资产阶级、无产阶级的对立，已有见端。在乡村，全国耕地大半属于地主而为佃田，农民土地问题形势极为严重，中国社会便是这样的一个社会。”

“总而言之，中国的现社会是在资本主义将次没落的时候，因为帝国主义的压迫，由封建社会而过渡为资本主义的社会。”

我们可以说现在我们所处的社会是在两重桎梏——封建势力和帝国主义——之下，我们教育也是同样的被束缚于这两重桎梏之下，我们历次的教育改进运动都是在这两重压迫下讨生活，无怪乎其结果，能藉宣传力而轰动一时者，不过幸事而已。其迷于书本，抄袭讲义，朝朝召吾人以适应环境，而偷生苟安于现代病态社会和非人生活者则更不足论了。

教育改造之不能脱离社会改造及中国现社会状况如何，已略论及，试再略述社会改造之概要。中国社会改造之意义与国民革命相等，亦可分为对外、对内两方面。因一则所以谋脱离帝国主义之桎梏，一则所以谋脱离宗法封建势力之桎梏。社会改造亦含有消极与积极两方面，与国民革命之破坏方面和建设方面相同。一则所以尽力摧毁一切不合时代不合人生的制度和组织，一则所以注意建设一切较合时代的较合人生的制度组织。其与国民革命不同者，在一则多着重政治方面，一则着重社会方面而已，其详细方案可参看中山先生学说及主张。

以上结论，作者并非主张从事教育者都去参加实际政治，其意乃在一方面使从事教育者知道教育改造必与社会改造共同进行，另一方面使教育界以外的人们知道改造教育并非是教育界的单独事业。

四、思想革命

中国历次教育改革之失败，国人的思想习俗及国民性亦为重大原因。至教育观念之错误，更当负失败的责任。今后欲改造教育，切不可再狃于旧说“在教言教”，只注重教育本身之改造，而对于支配吾全民族之行动的原动力——思想，反略而不问。兹从思想与国民性两点分述之如下：

现在中国一般人的思想，若想用一个概括的形容词来叙说，恐怕是不可能的事。从最旧到最新，无样不有，真是应有尽有，集各种思想之大成。但是我们下点工夫用心观察一下，就量的方面说一句，宗法思想、封建思想还是盛行，或说大多数人的思想还是受着宗法封建势力的支配，恐怕不是十分错误罢。请看它的遗毒之表现于今日中国之大多数人之思想者。

1. 治人思想之盛行

封建制度特征很多，其最重要者，即将组织社会之分子分为两部分：一治者阶级，一被治者阶级，或称治人阶级、劳心者和治于人阶级、劳力者。一则从事生产，一则从事治术。在往古时代，因为有它的特殊社会经济背景，根据分工合作原则，我们固不可厚诬古人，但是到了现在，它实在是无存在的余地了。中国封建制度虽多数论者意见以为早已消灭，但是封建思想至今还是盛行。试看年来生产阶级——农工等大都骛于当兵干差事而抛弃旧业（固有其他原因）及知识分子之热衷政治活动，不能不归咎于治人思想之盛行。至社会一般人之醉心于不事生产之勾当——做官或其他变相的治人事业，父以教子，兄以教其弟者，更属满目皆是。可以说这种思想几乎成了我们民族的病源。

2. 个性之失却

宗法制度是父系、父权、父治的民族制度。在中国表现最显明者，莫过于家族制度。近数十年来，中国家族制度虽日有改变，但宗法思想的遗毒却是很大。其结果乃将国人个性磨灭、崇古、保守自足、不进取、消极态度等，无一不受宗法式的家族的遗毒。另一方面，因为处处是以家族为单位，而不是以个人为单位，所以对国家和社会、个人简直没有直接关系。只要能达到光宗耀祖同时使子孙有饭吃的目的，就无所不为而不择手段了。什么为社会着想，为人群谋福利，做一个堂堂的人，那更不是封建宗法思想下的人们所梦见的。现在且引一段文章以说明上面的意义，"'不孝有三，无后为大'，人总以父祖不血食为宗系之耻，因此中国人所日夜努力的，凡父以传子、兄以助弟、师以训徒的，便是做成一个家族制度的保护者、牺牲者。讨老婆养儿子，便是中国人生活的根本要义。只要达到这个目的，其他都可以不问。所以中国人没有远大的精神、艺术的思想。谋生活，混饭吃，无非为是讨老婆、养儿子，所以中国人习惯于低级的物质享乐"。

我们再来看看旧思想之影响于一般国民性者。从来学者论中国文明的，主张不一致，我们无须列举，但有一事我们须注意防范的，就是那一般护短并自夸的言论，说中国文明是静的、是精神的、是如何超过其他一切文明的。中国国民民性到底如何，自难笼统的说，现在且引陈东原的民族性之老大的言论以为参考。

形成惰性分子固多，然不妨略举较重大的四种。

（1）保守

中国人在固守的观念中讨生活，“安分、守命、顺时、听天”。“非先王之法服不敢服，非先王之法言不敢言，非先王之法行不敢行。”既不容易发生反抗；既反抗，亦不容易维持。所以普通生活总是“不识不知，顺帝之则”，安于天高皇帝远的境界（下略）。

（2）自足

罗隐诗云：“明年更有新条在，何事春风卒未休。”描写自足的神情可谓透辟入微；又如，“世上尽从愁衰老，几人肯向死前闲”；又如“今宵有酒今宵醉，明日愁来明日愁”，“啼到血红无用处，不如缄口过残春”等都是滔滔者中国的人生观！原来自足的思想，儒家引为最高的德性，故主张“贫而乐”,“贫而无怨”，又说“素贫贱行乎贫贱，又说君子谋道不谋食……忧道不忧贫”，又说“士志于道而耻恶衣恶食者，未足与议”，又说“君子于其所不知，盖阙如也”。故无论精神享受或物质享受，都以苟安目前为得计。

（3）功利

中国思想除道家外，完全充满儒家气味，故于知识的追求，达到功利目的，便不进了，不能“百尺竿头再进一步”，学术之不发达以此。因为中国的圣人孔子，便是一个政论家，带着不少功利色彩，如说：“诵诗三百，授之以政，不达；使于四方，不能专对，虽多亦以奚为？”在他虽别有用意，然“学也禄在其中矣”，还是他根本宗旨。后世帝王即用爵禄为激扬学问之具。自射策献赋，以至固定的八股制义，二千年来视学问为敲门砖。现在的教育还是如此，受教育者的目的，只在得文凭混饭吃，有几个真设想到为社会、为国家或者为学术而求学术。纵使有的，这社会的大环境也要软化了他，教他得着目前功利而自止。

（4）低级物质享乐

中国人没有精神生活，没有艺术欲望，低级物质享乐，饮食男女，便是人生最大目的。芸芸众生，熙来攘往，所为的无非是自己要吃饭，要讨老婆，讨了老婆添了儿子，便要为儿子谋饭吃、谋老婆。人生大事不过如是。这载在圣人的经典、众生的心铭（下略）。

以上是略述现代大多数人的思想和国民性的大概。在三千年闭关自守生活足以自给的国家，养成了老大民族的老大民性和根深蒂固的宗法封建思想充满着社会之中，我们想紧闭门户来改造教育，我看不是多事，就是自欺。此思想革命之所以为教育改造之先决问题。

五、经济建设

孔子说“庶而后教”，这句话是老生常谈，但在这改造教育的时期中，实在可以指示我们一个路径。现在中国穷之为患，恐怕是一件很迫切问题。国家之富力、产业之现状、社会的物质文明和人民的生产能力，都是非常低落，不堪言状。至人民谋生之艰难、失业之众多、生活之困苦及死亡率之增高，更是惨不忍闻。在这样饥寒交迫、生不如死的当中，我们若不顾事实，闭起门来做改造教育运动，其失败和办不通是可以想见的。作者于过去二年努力从事于义务教育之推广和民众教育之厉行，以谋教育之普及；但因昧于人民之经济状况，故虽竭尽心力，提倡督促，结果是很难说得一个事倍功半，不过留得几许法令上的成绩而已。更有一层，在这样产业不发达的社会中，教育愈普及社会蒙其害愈深。因为受教育的日多一日，而事业并不随之增加，结果毕业后失业的也必日多一日，而四体不动、五谷不分的高等游民也是日多一日。现在的一般人都诟病中国工业或农业学校毕业生之不到工厂中或田间去，我意他们不能负完全责任，因为未必人人皆愿弃其所专业而低首下心以趋候于显达者之门以谋得一啖饭所在。社会之无事业，无工作与彼等以效力之地，恐怕也是学工、学农的学生的用非所学或学而不用的一个重要原因。这两年来，各省修筑公路，需用工业人才较多，于是从前愁着毕业后无事干的工科学生现在都有相当事做以用其所学，而投考法政专校的学生不如投考工业的多了。以上的话是说明经济建设为教育改造之先决问题。教育与建设关系之密切和中国今日需要经济建设之迫切，已略言之，兹再述经济建设之步骤。中国的物质建设问题现已为多数人所注意，总理手订的建国方略之实业计划实在是很详细精密的。我们要努力的，力行而已。但是在军事尚未完全终了，训政方才开始，帝国主义的束缚尚未解除，战后人民经济力一时难恢复的时候，谋理想的经济建设，谈何容易，不得已不分先后缓急，鄙意以为：

1）须先肃清土匪，使农民有耕作的机会，以恢复革命前的安静。

2）改良农业，以谋生产力的增加，同时并改善农民待遇及土地问题。

3）维持旧有工商业，并废除一切阻碍工商业发展之捐税等。

4）改善及扩充交通，尤以公路与水利为要。

5）奖励并保护人民从事生产事业，并禁止外人在华设立工厂。

6）以国家资本设立工厂。

7）厉行移民西北及东北，以开拓边疆及解决内地人满之患。

8）提倡对外国际贸易。

以上八条，是作者一时的意见，自不免错误，但其意在表示经济建设之迫切与教育改造之有赖于经济建设然后办得通而已。

在这种经济建设之时期中，教育自不能停办直候经济发达后再来，它亦有重大的使命，以助经济建设之进行，使之能早日实现。简言之，教育须变为一种经济建设的力量和工具。这样教育的宗旨制度和一切设施，就不能改变了。其详细改造方案，容后再论之。

六、人才储养

社会改造、思想革命和经济建设与教育改造之关系已略谈过，再来论人才储养问题。今后我们对教育改造想做一番彻底的工夫，非先有能够担任这样工夫的人才不可，中了封建思想毒的旧教育的人们，固然是不配谈今后教育的改造，就是那些迷于资本主义的教育的外国化的先生们，也未必能胜其任。若不及早储养人才，仍任那些腐旧戏子唱演新戏，将来恐怕仍不过是纸片上的教育改造，或者更有不堪设想的结果。比方年来提倡农村教育的运动，不能说提倡者不努力，但是因为真正对于中国农村社会的情形、经济的状况、农业之知识和技能及其他有关于改进农村之事项等问题有研究者甚少，所以总不免有点不合国情而不能有很大的成功。至对农民疾苦之了解与同情、农村社会改进之兴趣和牺牲一切而实行下乡参加农民生活之决心，更是改造农村教育之切要问题，求之于今日之中国能有几人？再如谈到改造职业教育，其最迫切者即人才问题。那些穿长褂子先生们的口头提倡或纸片上的提倡，做到百分之百的好处，也无过于把职业教育的理论发挥到详详尽尽留得我们研究职业教育者的一些参考材料而已。现在我们想办任何职业学校，其第一个困难就是师资，那些从高等或专门学校来的，大概都是偏于理论，求其能动手而且甘心愿动手的，真是不可多见。所以职业学校毕业学生之书本气与普通学校学生不见得有什么很大分别。这只就农村教育和职业教育的人才谈谈，已觉得有才难之叹，其实哪种教育不是如此的现象。中山先生见革命实力之重要，而创办黄埔以养成有主义、有训练的人才以担当革命的远见，我们实在应当取法，而及早努力于新教育改造人才之储养。

教育改造所需人才种类甚多，其储养标准自不一致，兹订一普通原则，为一切有志改造中国教育者之必具条件：知识方面，应明了中国现今的社会经济状况，应明了普通教育原理，另有一种专门知识（即所欲担任之特种教育一方面的）。思想方面，应有乐于服务人群之精神，应有教育能改进人群之信仰，应有终身从事教育之决心。技能方面，应有普通生活的技能，应有勤于操劳的习惯，应有一种专门的技能（即所欲担任之特种教育方面的）。

以上几条，自知缺点甚多，不过略示教育改造新人才之应如何储养而已。至其他国民常识之具备、思想之健全、习性之正当和人生观之确定，更为重要问题而无须详论。

前面所说的人才储养，并不是说把现在的从事教育者一概停职，等新人才养成后再来进行教育改造。其意乃在：新教育事业之扩充，我们需要多量的人才，所以不能不先储养；教育既要重新改造，不得不从新训练人才，以担当此责任。现在从事教育者，能合新教育之用者固佳，不合者尽可再加训练，使能担当改造责任，则更为美。至详细储养人才之计划和方法，恕不能在此多言了。

七、结论

依于上述，现代中国教育之受三千年来传统的宗法封建思想及近数十年来的资本主义的影响的两重桎梏，变成一种不但无益而且有害，大多数人不能过问而只少数有钱者的专利事业，我们再不能不对它发生一点疑问而要求改造了。但历来改造运动，总是囿于皮相之部分，而忽略了它的社会背景，闭门造车，总是难以合于我们的国情的。现在我们既鉴于历次改进运动之失败，不得不放开眼光去一面要求社会的改造、思想的革命和经济的建设，又一面注意新人才之储养和同时努力教育本身的改造，以与教育界以外的人们拱手共努力于新社会的实现。这些话是作者两年来的不成熟思想的结晶，若是能打醒教育界的熟梦，而注意到教育以外的社会，则此文或者不是多事罢。

民国十九年（1930年）第22卷第5号

中国教育之历史的使命

周谷城

一

中国之教育，自古代以至今日，若就其效力所及之范围而分类，可分为两种：一曰治者阶级之教育；一曰被治阶级之教育。被治阶级之教育与今日一般教育学者所谓广义的教育相当。教师无专人、受教无定所、授业无定式。儿童在家，从父兄学习经理家务，从事谋生，教育也。出而从师，学习手工技艺，以期受人雇请，教育也。入商店当学徒，经过数年，帮他人做买卖，亦教育也。至于稍有蓄积之家，联合数家，延一稍识文字之人，专教子弟识字，以便成人时能记账，能作买卖，当然更有教育意味。此种被治阶级之教育纯为私家之事，社会国家从不过问。若以之与今日文明各国规模阔大之学校教育相比，实不能被称为一种教育。治者阶级之教育则反是，其意义与一般教育家所谓狭义的教育相当。教师有专人、学习有定所、课业有定式。历代由国家所设培植人才之所：如三代时夏之校、殷之序、周之庠；汉之太学、辟雍；唐时之太学、四门学、国子学；宋之国子学、太学；明之国子学、府州县学；清之官学、宗学等等，固纯为实施治人阶级的教育之机关；即今日之大学校、专门学校甚至中学校，亦多只能作培养治人阶级之所。

被治阶级之教育，既无所谓形式，仅潜行乎实际生活之中，实无特别可供吾人叙述之处。若有教育史家欲为中国民众教育或被治阶级之教育著历史者，不若为民众或被治阶级著一部生活史较为切实。此种无形式的被治阶级之教育，因中国经济制度数千年来无突异之变化，人民概生息乎农业及小手工业的经济状态之中，其性质、其内容亦少突异之变化。虽然如此，但其所负历史上之使命则甚大：维持数千年之民族生命，一也；保存数千年之民族习惯，二也；巩固数千年来中国文化之基础，三也。若治人阶级之教育，其历史的使命又如何？可以一言蔽之曰：维持治人阶级之特殊地位是也。

中国社会自先秦以至清末，均需要一特殊之治人阶级以维持之。中国秦以前，完全为一封建时代。自黄帝历尧、舜、禹、汤以至周武王为封建之完成期。自周平王东迁，历春秋战国以至秦始皇，为封建之破坏期。统一之中国，即于此封建制度之成毁过程中完全产出（封建之形势早已破坏，而封建之势力至今犹存）。自时厥后，中国人民全然在专制一尊之统驭下度日。历汉、唐、宋、明以至清末，专制一尊之制，时或遇有波澜，发生动摇，然皆能不久即恢复原状。此种专制一尊之制，需要两种势力以维持之：一曰武力，一曰文力。武力以被治阶级中之游民充之，文力除已经在朝之贵族外，更从被治阶级中选拔俊秀者充之。汉高祖十一年有一通诏书颇足以表示专制一尊之制之需要治人阶级。其词曰："王伯皆待贤人而成名。今天下贤者智能岂特古之人乎？患在人主不交故也。士奚由进？今吾以天下之灵、贤士大夫，定有天下，以为一家，欲其长久世世奉宗庙无绝也。贤人既与我共平之矣，而不与吾共安利之可乎？贤士大夫有能从我游者，吾能尊显之。布告天下，使明知朕意。其有意称明德者，必身劝为之驾，遣诣相国府，署行义年。"（行状年纪也）治人阶级与专制一尊之制之因缘，大抵如此。

中国历史上之学校教育，即专为造成治人阶级、培植致治之人才者也。因其历史的使命如此，故有可记之事数端：一曰受教者皆为贵族或凡民（即被治阶级）中选出之俊秀。朱子《大学章句序》曰："人生八岁，自王公下至庶人之子弟皆入小学……及十有五年，则自天子之元子众子至公卿大夫元士之适子与凡民之俊秀皆入大学，而教以穷理正心、修己治人之道……"历代中央之教育机关，殆完全为贵族所独占；地方之教育机关，稍像样者，为凡民之俊秀者所独占。凡民之俊秀既入学校以后，必常立于贵族一边，而与被治阶级渐渐分家。程子所谓"士农不易业，既入学则不治农"，便是凡民之俊秀与凡民分家之招状。

中国历史上学校教育中第二件令人注意之事，即所研习之科目与实际生活毫不相关，完全为装饰身份之空空洞洞的古典。汉十四博士所讲授之易、书、诗、礼、春秋等，皆古典也。唐时所谓大经之礼记、春秋左氏传；中经之诗、周礼、仪礼；小经之易、尚书、春秋、公羊、穀梁等，皆古典也。尔后宋、元、明、清学校中所讲授者无不是古典，无一与实际生活有关。此外第三件令人注意之事，即受教者之出路皆在服官，或替治人阶级维持国家之次序，巩固专制一尊之制度是也。此一事清顺治九年（1652年）所颁卧碑文最足以明之。文曰："朝廷建立学校，选取生员……全要养成贤才，以供朝廷之用。诸生皆当上报国恩，下立人品。所有教条开列于后（摘录数条）。一生员立志，当学为忠臣清官。书史所载忠清事迹，务须互相讲究。凡利国爱民之事，更宜留心。一生员居心忠厚正直，读书方有实用，出仕必作良吏……"受教者之出路在服官，此本治人阶级的教育之特色也。

二

此种治人阶级之教育，寿命延长至两千余年之久。对于专制一尊的制度之拥护、统治阶级特殊地位之维持，确已奏有奇效。倘非时代变易，国运渐濒危亡之境，尚可延长下去。不幸前清末年，因西力东渐之结果，致生亡国灭种之隐忧。于是当局不得不改弦更张，倡强国保种之教育以对付之。西力东渐所生恶果，最显之例，莫如道光二十二年（1842 年）《江宁条约》。据该约云："中国须偿英国军费银 1200 万两，商欠 300 万两，烟价 600 万两。开广州、厦门、福州、宁波、上海为商埠，割让香港于英。"其次一例，莫如咸丰十年（1860 年）《天津条约》。据该约云："中国须偿英国军费银及商亏银各 200 万两。开牛庄、登州、台湾、潮州、琼州为通商港。派员协定税则。英民犯罪，由英领审判。"上述两者，只是两个最显之实例，此外丧权辱国之事，不知尚有多少。重以咸同间太平天国之乱，同光间朝局之不宁，人民遂不能安居乐业，上下相危。就此种情势而论，亡国灭种之祸，确在眉睫之间。因之强国保种之致用教育，中学为体西学为用之两合教育，乃应运而兴。

此种强国保种之教育，可分为消极与积极两面。在消极方面，有废科举、停考试等大事；在积极方面，有兴学堂、派留学等大事。科举旧制不能应付时艰，自是当然之事。张之洞《劝学篇》曾言及此事。其说曰："中国仕宦，出于科举。虽有他途，其得美官者，膺重权者，必于科举乎取之。自明至今，行之五百余年。文胜而实衰，法久而弊起。主司取便以藏拙，举子因陋以侥幸。遂有三场实止一场之弊。所解者高头讲章之理，所读者坊选程墨之文。于本经之义、先儒之说，概乎未有所知。近今数十年，文体日益佻薄。非唯不通古今，不切经济，并所谓时文之法度文笔而俱亡之。今时局日新，而应科举者拘瞀益甚。傲然曰：'吾所习者，孔孟之精理、尧舜之治道也。'遇讲时务经济者，尤鄙夷排击之，以自护其短。故人才益乏，无能为国家扶危御侮者。"人才而不讲时务经济，而不能为国家扶危御侮，尚有何用？然在科举制度之下，结果又只能如此。故为因应时宜起见，只有改变科举制度。于是光绪三十一年（1905 年）朝廷徇众人之请，将根深蒂固、不切实用之科举制完全废弃。

废科举为消极之事，兴学校、派留学乃为积极之事。光绪二十七年（即 1901 年）有张百熙奏拟学堂章程，对于全国学制规划极详。但未能见诸实事。光绪二十九年（1903 年）张之洞、孙家鼐、张百熙等会同厘定学堂章程，回奏时以管理法、教授法、兴学堂、建设法汇为四篇。其教法以经济纲常大义为主，以历史及中外政治艺学为辅，奉旨准行，遂颁于全国。至是接近现代之新式学校教育乃渐渐开始矣。至于派人到外国留学，乃始于同治七年（1868 年）容闳博士之建议。容闳博士十条陈当局派聪颖子弟往美国游学。曾国藩、丁汝昌赞成之。同治十年（1871 年）派容闳办理游学事业。光绪二年（1876 年）派吴子登为游美学生监督。自时厥后，留学一事，遂为中国教育上一重要部门。

强国保种之教育，或御侮扶危之教育，其内容包括新学与旧学及政治与工艺四大项。张之洞《劝学篇》有曰："学堂之法，约有五要：一曰新旧兼学。四书五经、中国史事、政书地图为旧学。西政、西艺、西史为新学。旧学为体，新学为用，不使偏废。一曰政艺兼学。学校、地理、度支、赋税、武备、律例、劝工、通商、西政也。算、绘、矿、医、声、光、化、电、西艺也……”此种新旧两全、政艺并重之教育，宜若可以强国保种，御侮扶危。孰知不然。亡国灭种之祸，今日虽未完全实现，然危局且较前为有加，外侮亦较前更甚。此中原因，始由于：西方国际资本主义已发展至于登峰造极之时，势力太大，无法抵御；中国一切制度，向未受工业资本主义之影响，事事皆停滞于旧有状态之中。一旦新势力临头，应付不及。虽然强国保种之教育，固未收何种实效，然其在历史上之使命则尽之矣。将几千年来治人阶级之旧式教育过渡到现代的新式教育即其所尽的重要之使命也。

三

旧式的治人阶级之教育，完全为造成统治人才，扩大统治阶级事之工具。在智识方面所重者，空洞的装饰身份的古典智识与实用的智识无关。强国保种之教育，因时代变易、西力东渐之故，已前进一步。除古典外，尚重新知。张之洞之旧学为体、新学为用、不使偏废之主张，即是实证。至于现代的新式教育，则并旧学为体之成见亦打破矣。所置重者完全为东西洋各资本主义国家所盛行的崭新的实用教育。

现代新式教育之所谓新，究在何处？抽象略言之，共有四端：一曰制度完备。如行政之机关、学校之种类、课程之编制、教材之审查，以及其他种种进行新教育之事，无不各有定则、各有规矩。二曰注重科学。凡西洋近代科学，如数学、物理学、化学、动物学、植物学、矿物学、生理学、卫生学、历史、地理、政治、经济、法律、社会学、伦理学等，无一不为现在学校中之重要课程。三曰教法新颖。在治人阶级之教育中，固无所谓教法。即在强国保种之教育中，教法亦只注重呆笨的灌入。直至现在，乃有所谓新的教学法。注重自动，注重兴趣，注重研究。四曰平均发展。旧式的治人阶级之教育，只重无用而空洞之智识，无所谓身体的训练也。现代的新教育，则身心并重，有智育，同时更有所谓体育。据教育名家云，新教育之目的，在养成身心健全之完人。吾人就事论事，亦深信其如是。凡此四端，虽未足以尽新教育之全部意义，然所谓新者，究可于此等处，看出多少。

十余年来，研究教育者，办理教育者，无不倾全力于所谓新之一字。专心致志于教育本身之改良，然而正在倾全力之时遗却两件大事，全未注意。以故教育性质虽与东西洋各文明国之现代教育全同，而效果则远不及。两事维何？一曰教育机会之不平等。现代中国之教育，全为少数定价所独享，大多数贫人不能过问。盖今日之教育，需费甚多。受高级小学教育一年，至少须用费银 50 元。受中学教育一年，至少须用费银 160 元至 200 元。受大学教育一年，至少须 200 元至 300 元。以今日全国人民之经济能力而论，年出50元至300元钱以买得受教育之机会者为数实少。此今日教育之所以只能为少数富人所独有也。二曰人才无可用之地。多数贫民无力享受教育，此机会不平等之过也。至于少数富人，既已受有完全教育，宜乎皆可为有用之才。今则不然，受有教育者，除最少数找得相当职业而外，大多数皆为高等无业流氓，皆是英雄，只惜无用武之地。此中原因，殆由于中国经济落后，生产事业尚未发达。原有专长者不能于生产事业上展其所长，仍只能以其专长作虚闲阶级之装饰品。今日东西洋各文明国家之教育与中国之教育相较，只有程度之不同，并无性质之差别。然在各国，收效最宏者，以各国生产事业较为发达，专才有施展之地也，至于教育机会之不平等，其他各国与中国亦初无二致。

虽然此种现代的崭新的教育，其应有之效力固未完全获得，但其历史的使命，则亦尽之矣。使命维何？造成今日中国之局面是也。今日中国纷扰之象，夫人皆知为由于旧有的残存封建势力及外来的国际资本主义两者互相激荡使然，不过新教育之影响亦极大。倘无新教育造出许多智识分子，一同混战于其中，纷扰之象，必呈异观。在旧有封建势力与国际资本主义互相结合之过程中，智识分子曾显出最大之作用：或则立于封建势力一边，拥护旧制度旧思想，以与维新人物相抗；或则鼓吹新思想，介绍新学说，以与旧势力相抗；或则拥护国际资本主义，立于买办阶级、大资本家一边，并为之张牙舞爪；或则挺身出而为革命党，口口声声打倒国际资本主义，口口声声铲除封建势力。凡此皆现代新教育所生之影响也。新教育而有此种影响，亦可谓已尽其历史上之使命也。

新教育所生之影响固如是其大，但吾人所希望者究不在此。盖此乃时代及环境从教育上逼出之结果，并非出于事理之当然。从今日起，谈教育者又当找出教育之新的历史的使命。何谓教育之新的历史的使命？一言以蔽之曰："适应新中国之建设，发展新中国之生活是也。"如何而后可以致是？一曰务使教育变为一种建设新国家之工具。中国国家之建设，必然的由封建旧社会越过资本主义的社会，径向社会主义的社会进行。所谓教育，必于此中充分显出其应有之作用。二曰务使教育变为一种完成新生活之利器。毋徒替少数富人装饰身份，必须使人人能共同享受之。教育而能人人共同享有，教育而能建设社会主义之新国家，不背乎时代之潮流，不背乎人心之趋向，始可谓之完成新使命。

民国十八年（1929年）第21卷第2号

中国教育的改造和建设

杜佐周

一、今后教育应取的方针

从前国内处于政治的黑暗，困于军阀的专横，一线教育生机，几乎摧残殆尽。故热心于教育者，竭力提倡教育独立运动，以求脱离恶势力的束缚。但这不过是当时一种万不得已的方法。其实，教育必不能离开政治而独立的。昔时教育独立运动，虽经数年的努力，但终未能成功，就是因为这个缘故。教育与政治原是互为因果。从政治方面讲，有怎样的政治需要，才有怎样的教育设施；从教育方面讲，有怎样的教育培植，才有怎样的政治收获。所以一国的教育设施，必须适应该国政治方面的要求；同时一国的政治成绩，亦必依赖该国教育方面的播种。我们试看上古雅典、斯巴达、罗马的教育及最近英、美、法、德、日和苏俄的教育，莫不依据政治的实况，而规定其设施的方针。

可是我国教育的设施，从无一定的方针，东西抄袭，举棋不定。自民国成立以来，教育宗旨屡经变更。不偏重于知识，就偏重于理论，求其能具一种民族独立的精神，依据本国政治的需要而立论的，实未曾见。例如民国元年教育部所颁布的教育宗旨："注重道德教育，以实利教育、军国民教育辅之，更以美感教育，完成其道德。"意义含混，毫不切于实际。民国八年，欧战告终，全国教育界醉心于杜威（Dewey）的学说，以为教育本身无目的。第五次全国教育联合会议，遂决议废止教育宗旨，而仅宣布教育的本意，为养成健全人格及发展共和精神。词意笼统，亦无具体的方针可寻。至民国十一年，教育部重新颁布学校系统标准，其中有四条颇似教育方针，就是：适应社会进步的需要；发挥平民教育的精神；力谋个性的发展；注意生活的教育。就其内含，虽较进步，但仍无一贯的精神。

此等宗旨，究其价值，诚不如晚清时所定的反为有声有色。当光绪三十二年时，荣庆上了一个奏章，请明定教育宗旨，中有警句说："今中国振兴学务，固宜注重普通之学，令全国之人无人不学，尤以明定宗旨宣示天下为要之务。欲审度宗旨以定趋向，自必深察国势、民风、强弱贫富之故，而后能涤除陋习，造就全国之民。窃谓中国政教之所固有，亟宜发明，以拒异说者有二：曰忠君，曰尊孔。民资之所最缺，而亟宜针砭以图振起者有三：曰尚公，曰尚武，曰尚实。”平心而论，这个宗旨，除忠君有背民主主义，尊孔有违信教自由外，其余三项，即在今日，犹可表见其价值。尚公足以发扬民族的精神；尚公足以阐明民权的思想；尚实足以实践民生的主张。今日所谓三民主义教育者，亦不过充实其意义，去除其偏见，使其更周密、完善及明确而已。

关于教育方针问题，今年5月间，前大学院召集全国教育会议，亦有精密的讨论。佥谓我国既以三民主义建国，应以三民主义施教。此后中华民国的教育宗旨就是“三民主义的教育”。所谓三民主义的教育，就是以实现三民主义为鹄的的教育。以后国民政府根据这个提议案，于9月间正式通过全国的教育宗旨。兹录其全文如下：

中国国民党，以三民主义施教，从前所颁布之教育宗旨，自不适用，今特仰遵总理遗教，根据教育原理，订定中华民国教育宗旨如下：

恢复民族精神，发扬固有文化，提高国民道德，锻炼国民体格，普及科学知识，培养艺术兴趣，以实现民族主义。

灌输政治知识，养成运用四权之能力，阐明自由界限，养成服从法律之习惯，宣扬平等精义，增进服务社会之道德，训练组织能力，增进团体协作的精神，以实现民权主义。

养成劳动习惯，增高生产技能，推广科学之应用，提倡经济利益之调和，以实现民生主义。

提倡国际正义，涵养人类同情，期由民族自决，进于世界大同。

现在（训政开始）首要之务，端在教育。可是执行这种大规模的工作，非用国家的力量不可；同时亦惟国家才能负起这个责任。我们细考上面国民政府所颁布的教育宗旨，就可知道国家已有一个振顿教育的计划，以谋依循政治的轨道，使其设施得能满足社会的需要。凡从事于教育者，自应遵照这个方针去努力工作。但就今日的教育实况而言，其去实现这种教育目标的全体，尚属远甚。例如教育经费，尚未独立；义务教育，尚未实行；民众教育，尚未完善；中等教育，尚未充实；高等教育，尚未扩充；职业教育，尚未发达；社会教育，尚未完全；及一切教育研究机关的组织和其设备，均尚非常幼稚！这些情形，均不得不速谋改进的。兹就愚见所及，提出下面一个教育改造和建设的纲要，以为国内教育界的参考。

二、教育改造和建设的纲要

论到教育的建设，非有充分的经费不可，但自今以后，无论中央或地方的教育经费，均应有明确的规定，并宜保障其独立。前次全国教育会议主张，凡国省县，除向有指定的款项外，应于各种税收中，带征教育附税，同时实行遗产税及所得税等为教育特税，以平均国民对于教育的负担。再者，应收用官产、荒地、山林、沙田等以尽地利，以兴教育。此外，该会且提议“由中央指定海关口税，发行教育基金库券 3000 万元，以俄国庚款发行库券 5000 万元，以比义二国庚款发行库券 2000 万元，合共得教育基金 10 000 万元。作为党国新教育建设之用”。这种计划不特无过分的要求，且亦为事实即可实行者。以我国限域之大、民众失学之多，加诸科学幼稚，根基浅薄，这 10 000 万元的基金，诚可说是最低的限度，试以民众教育一项应需的经费来说明。照江苏平民教育促进会办理民众教育的成绩，每人合其识字致用，平均需费二元有半。前大学院曾用推算法计算，若全国人数仍为 40 000 万，则除去已受教育的成人，小学以上的学生，尚未入学的儿童，及年在 50 岁以上不愿或不能再受教育的人外，约尚有 25 000 余万失学的青年及成人。倘若要同时使他们受相当的教育，已约共需费 60 000 万元。义务教育的费用，若充其量而言，还须超过此数。他若中学教育、高等教育及社会教育等均尚未曾计及。如是，则这区区 10 000 万元的基金，得云过分的要求么？

至于筹划的方法，则全国教育会议的提议中说得非常清楚，诚宜于最近期内促其实现。教育不是一种装饰，乃是一种建设；为教育而费用，不是一种耗费，乃是一种投资。政府贤明，自应明了此义，速促其成。此外，宽筹教育经费的方法尚多。从前在北伐期中，每月军费约以数千万计；今则军事结束，军队自可裁减。所余款项，应拨大部分为教育经费。全国民众亦当明了教育事业的重要，对于将来征收教育特税等，均宜乐于接受。其可为地方教育经费的来源，而事实上且易成功者，约有下面数种：鉴斤附加税，江西方面，业已实行；注册税，国民政府业已通过拨为扩充教育经费之用；亩捐，江苏方面，业已试办；丁漕附加税，江西方面，亦已通过七成为教育款项；庙产，至少应有一部分，拨为教育费用。他若特产捐、迷信捐、祠产或遗产等，无不可以利用。再者，关于他国庚款，应当否认以前一切，另行组织委员会统筹办法，完全划为教育改造及建设的用度。其根本的办法，教育经费宜有一定的标准，或占岁收全额 20% ～ 30%。如是，岁收增加，教育经费亦可同时增加，振兴各种事业，可以无虑缺乏了。

教育经费既经充分筹划，后则当保障其独立。无论中央、省区、市县的教育专款，均应设有管理处直接征收。即其他各项教育的附加税，凡由财政机关代收者，亦当解交该处保管。且教育经费一经确定后，无论何种机关，不得加以变更或移作别用。若遇特别事变，致有意外的损失时，应由政府设法偿补之。除设有教育专款管理处外，尚应设有监察委员会，专负监督及审查的责任，以期免除舞弊情事。至于规定各种教育特税，应由教育部聘请教育行政专家及财政专家，拟出具体办法，订定相当条例，再由教育部长核定，提出国民政府通过公布施行。教育经费若已充足，则其用法及分配的手续，亦应研究。最初宜从调查入手，调查实情后，再由专家计划。如何实施义务教育，如何促进民众教育，如何充实中等教育，如何扩充高等教育，如何发展职业教育，如何改良社会教育及如何改进教育研究机关的组织和增加教育的设备等，均应积极研究，以求得到完善的方法。以下特为分别讨论之。

（一）义务教育

凡属国民，不论男女，均应受相当的教育。一个儿童，到了入学的年龄，他的父兄就该负责送他入学。这是他们的义务，如完粮纳税一样，不能避免的，所以普通叫做义务教育。至于义务教育如何重要，现在不必讨论，因为人人都知道。我国提倡此种教育，亦已有多年的历史了，但终未能成功。究其理由，约有三种：经费无着，师资缺乏，畏难心理。倘若我们欲为根本的改造或建设，必须先从这些困难上下一种功夫。对于第一种困难，如上面种种筹划教育基金的方法，均能一一实行，就可说是已经解决了，可以毋庸赘述。不过除出地方教育经费以外，中央亦应拨专款补助，以为提倡。提倡的原则，以能使各省竞争普及为目的。

论及第二种困难，真是一个很大的问题。全国人口 40 000 万，若仅以 10 人中有 1 个应入学校的儿童计算，则已有 4000 万儿童应有学校，使其求学，假定这 4000 万儿童已有 3/10 得到机会，受 4 年或 6 年的教育，则尚有 2800 万儿童未能享受其应有的权利。若是一个教员可教 70 个儿童，则全国应有 400 万个教员。除现在已可胜任者外，其须特别训练者，必尚占大多数。中校还是完全为养成师资的，区区少数的师范科学生，必不能满足这种巨大的需要，所以恢复师范教育或扩充师范教育，实为当今很要之务。我国大多数人民是住在乡间，此后农村教育自应特别注意。农村的环境与城市的不同。他们有他们的需要；所有学校亦应根据这种需要，以为设施的方针。无论行政的组织、校舍的构造、课程的编制及教材的收辑等，须当做一种问题来研究，故今后的师范教育，亦应以发展农村方面的教育为主体。

至于第三种困难，就是畏难心理，诚可谓我国国民性最大的弱点。任何事业，若已认定其需要，惟有努力进行，才可使其成功。否则，畏难而退，安有成功的希望？义务教育，虽是一个很困难的问题，但若政府与人民均能同心协力，积极做去，亦未尝不可以于很短期间成功的。日本就是我们的一个最好先例。

（二）民众教育

欲谋教育普及，治本的方法，固是实施义务教育，至于治标的方法，则为振兴民众教育。我国的农人、商人、工人、女子及无职业的平民，大都是未曾受过教育的。其数虽无正确的统计可稽，大约必超过32 000万以上。若论训政时期的急务，则实无有如这些民众的补习教育之更为重要了。办理民众教育，必须与实施高等教育同时进行，因为经费困难，师资缺乏，非彼此利用，以事节省不可。设施教育，应根据社会的情形及适应人民的需要。今民众所处的环境每不相同，其需要自不能一致，故其教育的办法，亦自然不能完全一样。我们设立学校以先，必须调查他们生活的习惯、平时的经验及职业的需要；然后根据调查所得，办事才有具体的把握。民众教育的目的，一方面使其能读书写字；另方面须促其从事于职业，而谋独立的生活，或增进其职业的能力，而谋生活的改进。因为民众的职业不同，故须有五种补习学校以满足他们的要求：农民补习学校、商民补习学校、工人补习学校、女子补习学校及普通补习学校。

民众学校的种类既不相同，则其课程与教材自然应有区别。为适合各省社会的情形及人民的需要计，应由各省教育行政机关设立编辑委员会编辑民众学校的课本及其他读物。同时各省且宜彼此联络，互相协助。从前中华平民教育促进会所编辑的刊物，如《市民千字课》及《农民千字课》等，均可采为编辑的参考。其编辑的原则，作者在以前发表的《实施民众补习教育的几个根本问题》一文中，曾经说过，可有如下几条：必须适合学生的程度及兴味；必须满足学生生活上的需要；必须补助学生职业的长进；必须顾及社会环境的要求；必须遵循本国教育的宗旨。换言之，各种课程均应因地制宜，参照各方面的情形而斟酌损益之，故所采用的课本及读物，亦自然应以此种原则为标准。

我国失学人民之多，已如上述。今欲使他们均有书可读，则在一城一乡中，至少须有补习学校数十或数百处，故校舍亦是一个很困难的问题。有些当然应新建筑，以求满足这种迫切的需要。但民众学校的校舍，应与普通学校不同。一方面宜求经济；另方面当求适用。可是这是非很容易的事，必须有教育建筑专家特别研究及计划后，始可免除一切无意义的耗费。这种建筑，原是我国教育的一种新建设，实很值得注意的。但就经费的现状而论，欲完全从新建筑，亦是万不可能。有现成的学校，可以借用者，实当设法利用之。他若空闲阔敞的屋宇，如庙宇、祠堂及民房等，均可借为民众学校的教室。至于设备，虽当力求完全，但亦宜视经济的能力如何，而酌量增添之。

（三）中等教育

我国兴学以来，迄今数十年，毕业于中学的学生，亦已不少。除少数升学及少数教书外，从事于其他职业，而能得着良好的成绩者，实不多见。此后改造中等教育的计划，不仅在校数的增加，而且在课程分配的得宜；不仅在班次的添多，而且在教学训练的改良。中等学校的数量增加，固然是教育发达的好现象，但若多设了几个有名无实的学校，亦是无益。现在办学的人只注重形式，而疏忽实质，实是一种很大弊病，速宜改革的。

我国教育的最大缺点，莫如课程编制之没有科学方法。这种情形，在中学方面尤为显著。其实教育的成败，大部分视课程编制完善与否为定。例如英文一科，在中学方面，占了很重要的地位，每周至少有六时或七时的教学。试问每班学生将来能有几个利用英文去谋生？我可以武断说一句：没有 1/3，将来必需英文的。如是，为什么不将英文当做选修科，让其余 2/3 学生去学他们自己需要的功课？再者，我可以说这 1/3 将用英文的学生，亦必大都是应用实用方面的材料。如是，为什么中学里面反要教些文学材料？这都是我们应当讨论的问题。欲谋改造，应由教育行政当局负责组织中学课程编制委员会，切实调查研究，议出科目的纲目，以便采用。所有委员会的委员，且宜是实际从事于教学而且当有学识及经验者，才可胜任；同时，尚须聘请课程编制的专家为之指导。美国全国教育会议（The National Education Association of the United States）指由教育局长组（Department of Superintendence）负责组织课程编制委员会，讨论课程问题；前后共五六年工夫，始将各级学校的课程，拟有相当的标准及纲要。这种工作，一方面是非常重要；一方面又是非常困难。必须由国家指定专款，竭力提倡，由教育界同仁同心协作，努力研究，才有良好成绩可期。不特中学方面，必应如此；即其余各级学校，亦宜如此。

其次，则是教学法问题。现在小学方面的教学，已逐渐改进了。但在中学方面，仍如旧日一样腐败，大都还是用注入式的方法，学生每立于被动的地位。一种简易的材料，若用自动的方法去学习，则一月或二月时间就可完竣；今由教员代为咬文嚼句，则须半年或一年才能完竣。且其能力的养成及见识的保存，前者还要比后者快而且久。这种损失实若就现在商务及中华两书馆所出版的课本而言，则学生已有读书的能力者，实可于最短期内，完其阅读。可是实际在普通中学内，无论历史或地理，每周至少有两点钟在教室里教学。比较进步的教员，尚能指出参考书，叫学生自己学习，以为讨论的材料；但大多数人都是照书说话，在教室里，能敷衍过去，就算完事了。学生在那边看小说，作幻想，教员每是不管的。我们试问一班学生从初中或高中毕业出来，他们的历史或地理程度，能够值得他们三年或六年的每周二时或二时的学习么？说起来，真是可怜，恐怕 10 个人中没有三四人个，这些宝贵的时间，不是白费的！历史地理如此，其他学科如英文、算学、博物等何尝不是如此。这种情形不改良，中学教育永远不能进步。一方面固是课程的问题，另方面亦是教育方法的问题，均应从速解决的。

（四）高等教育

改造中国教育，固当从普通教育及中等教育着手，但高等教育亦是一种不能容缓的建设。现在我国社会的最大缺点，在于缺乏科学人才的培养。高等教育的设施，就是为了这个目的。但我国的高等教育情形如何？计现在所有大学，不论公私大小，充其量而言，不能过 50 所。假定每校平均以 800 个学生计算，则亦不过共有 40 000 大学的学生。若依据人口总数 40 000 万而求其比例，则 10 000 人中只有一人得到机会进入大学求学。再者，这 50 所大学，是否均有相当的研究的空气，能负起大学的盛名而无愧？这 40 000 个大学生，是否均能切实研究，富有学识，将来担任各业的领袖而可胜任？真是很大的疑问！

美国人口，比较我国少 4 倍；但根据六七年前的报告，该国已有公私大学 760 所及学生 50 余万人。换言之，美国 10 000 人中差不多有 50 个大学的学生；这就是 200 人中有一个。与我国相较，其差别不亦太大么？况且该国的大学，都是经费充足，设备完全，程度高深；学生亦大抵是实事求是，有真正研究的精神。如是，其结果与我国必不相同，亦在意料中了。可是这种情形，不当令我们灰心，只当使我们更益努力，以求改进。改进之道，惟有宽筹经费，多设大学，罗致人才，及提高程度的一途。倘若经费一项，如上所论，已有解决，则各省均宜创设大学。至于各省大学分科的办法，则须应适地方的需要；万不宜徒有其名，而无其实。

现在各省若要创办大学，最困难的问题还是人才。我国兴办专门教育的历史甚短，人才缺乏，诚所不免。必须俟将来高等教育发达后，始可不虑缺乏。目下国内能得专门研究的机会既如此有限，一方面惟有继续遣派留学，费用既甚浩大，训练亦不普遍。例如现在留学欧美者，大约有三四千人之多。每年每人的所费须在 2000 元左右。如是，每年当共费六七百万元。倘若以此巨款，在国内建设大规模的研究院，依照从前日本的方法，聘请外国真有学问、真有研究的各种专门人才来华担任教学指导的责任，必可较为得计。故这亦是教育改造的一端应当特别注意的。再者，欲求训练普遍，在国内的研究生，必须优其待遇，轻其负担。研究有成绩者，且宜由国家奖励之，给予相当的学位。如是，庶几国内学术可以提高，科学可以进步，各界亦不至如今过于缺乏人才了。

（五）职业教育

我国民生凋敝，生活困难，振兴职业教育，实是一个根本救济的方法。近数年来，国内对于这种问题，亦逐渐有所注意。一时各处创设各种职业学校甚多，均欲培植学生生产的能力，以为改进国家经济的地位，可是每因经费支绌，设备不完，师资缺乏，组织失当，而不能卓著优良的成绩！但其根本的困难，尚不仅在此。社会方面充满封建思想，一般青年或父兄大都是醉心于正途出身的观念，重文学，轻职业。所以大多数学生，自小学毕业后，均趋于普通学科，预备升入大学。其进入职业学校学习者，大都因为投考普通中学失败，不得已改变初志，以为保存面子之计，非有真心从事于职业的。这种职业的观念，必须切实纠正。同时，小学与中学的课程内，亦宜添加职业科目，如手工家政等，务使儿童明了劳动的意义，养成他们尊重职业的习惯。其实小学毕业的学生，大部分不能进入中学；中学毕业的学生，大部分不能进入大学。如是，离开学校后，势必将从事于生产。与其仅学普通不切实用的学科，孰若兼习与将来生产直接有关系的知识和技能？故这不特是改造职业教育的问题，且是改造中小学教育的问题。此后办理中小学，除少数学生，就其能力、兴味、志愿或家庭情形，确能升学而习普通科外，其余均可免习普通科的一部分，另习其他职业课程。

至于改造职业学校本身的计划，陈礼江曾有几种意见，足供我们参考，兹摘录之如下：第一，任何职业学校当求平民化与生活化，而以教授直接的生产知识与技能为惟一宗旨。无论教师与学生均宜本着“教学和做合一”的精神，实际操作。至在农业与工业学校里学习，须一律短装，躬自操做。从前那种重视理论忽略动作的方法，急须改良；徒尚虚文不求实用的态度，速宜革除。第二，职业学校当以业为单位。惟同一学校内，得设性质相同的各组。其所设立的根据，应以适合地方需要及利用环境及生产为原则。设立一校以先，应当实地调查。如现有的职业孰为发达、孰应改良，及未来的职业孰为需要、孰有希望等，均须详细分析。以后农业学校当专设在农事发达的乡村；工业学校当专设在工业繁盛的地方；商业学校当专设在商务兴旺的市镇。如是，学生可以实地观察与练习。再者，职业学校的组织最好“有一半时间在课室内学习；另有一半时间在实际生产机关中做工”。第三，职业学校的课程，当以职业基本学科及职业学科为主体。至于其他与职业本身没有关系而且非公民常识所必需的材料，均可除去。此后学生应准毕业与否，当以能够实际工作与否为标准；至于修业年限，亦不必规定。第四，当注意职业学校毕业生的出路。今后职业学校的设科，如能根据社会调查的情形；学生在校时，如能注重实地的工作；他们能毕业与否，如能又以实际工作的成绩为标准，则这个出路问题，就可解决一大半了。因为一方面社会既有一种需要，另方面学生又有相当能力以满足这种需要，则介绍学生工作，自然可以容易许多。可是欲求有系统的办法和科学的精神，则除用上法改进职业学校本身外，尚宜注意职业指导及与社会联络的工作。这些问题，都是改进职业教育方面应当研究的。

此外，增进设备，亦为改进职业教育的要图。盖职业的训练，重在实习。上面所谓以实际作业为主体者，就是这个意思。从前各种职业学校的成绩，不甚优良，虽或因为教学不当，实亦因为设备不完。既无充分的设备，自然不能有实际训练的动境；以致纸上谈兵，徒凭空言，就完全失掉职业教育的本义！他若教学人才问题，亦为重要。从前办理职业学校者，何曾自己受过职业的训练，既无常识，又无经验。一切设施，完全根据于办理普通学校的办法。其成绩腐败，自不待言。故此后对于人选问题，亦应十分严密审慎。

（六）社会教育

除家庭教育及学校教育以外，具有发展社会文化及增进民众修养的一切设施，均可称谓社会教育。现在我国普通教育未能普及，社会教育的扩充，尤觉不可一日容缓。其扩充之道，首在经费的筹划。这个问题，上面已有具体的讨论，可不赘述。今当注意者，则在经费数额的规定而已。从前我国对于社会教育素不注意，故其经费占有教育款项全额的比例，极为有限。这种情形，速当改良，必使在普通教育经费中，划有一定的成数，以便各种社会教育事业有顺利的进行才好。至于成数多少，尚须待诸专家斟酌。前数月大学院颁布图书馆条例，规定图书馆经费须占教育经费全量 5%。盖图书馆不过为社会教育之一种，其余社会教育机关尚多，我们亦不妨以此为准则，暂定一个数额，占教育经费全量 15% 左右，以资改进。

社会教育的种类甚多，此地不能为之一一讨论。兹特提出其主要者，以为实际建设的标准。关于智识方面，如图书馆、讲演所、博物馆、阅报处、美术馆、展览会及公共问字处等，必须逐一添设。关于体育方面，如公共体育场、儿童游戏场及民众休憩所等，亦当酌量增开。关于娱乐方面，如教育新剧场、民众俱乐部、循环音乐队、普通影剧院、公共游艺室及其他公园等，尤应从速设立。但欲实行这种计划，必非少数经费所能办，故必须由国家指定一种特别的社会教育建设费，才有成功的希望。

再者，办理社会教育的人才，亦当与办理普通教育的人才不同。必须有特别的训练者负责，方能胜任愉快。作者前在江西助理教育行政时，对于此层，曾提出下面几个标准：须富有普通常识及知国内外教育的趋势；须明了教育原理，特别关于社会教育方面；须明了社会教育的实施方法及与教育的情形；须具有特别的热忱，而愿贡献全部精力于社会教育的改进；须能忍劳耐苦且无他种嗜好；须品格端方，且长于言语交际。此外，如资格声望，亦属重要。最好，各大学如有教育科，诚宜另设一系，专门训练这种人才。

（七）各种科学研究机关的组织及其设备的扩充

我国知识界贫弱恐慌的最大原因，就是科学幼稚，学术不兴。关于普通教育事业，虽腐败消沉，但究竟尚有其物。既有一定的学制，又有相当的经费。若再进一步，使国家及地方教育经费更形充裕，则为长足的进步，亦是容易的事。至关于学术及科学方面的事业，国家既无一定的计划，更无一定的制度，若论经费，除最近中华文化教育基金委员会利用庚款一部分略事补助及现在国民政府月拨数万元为

“中央研究院”的经费外，就无另外确款。有许多事业应宜兴创，且急宜兴创者，均尚未能举行，诚为可惜！我国留学历史已有三十余年之久，成绩优良者，原不乏人；但所有专门学者，一回国后，不但不能日新月异，继续研究，且都相率改弦更张，弃其所学。这对于个人的损失尚小，对于国家的损失实大了。

“中央研究院”的成立，诚可为我国学术界的创举，至少亦可谓我国政府对于这种文化事业的重要，已有具体的认识了。惟创办伊始，经费仍形支绌；且设备不完，人才亦欠集中。改进之道，自当以宽筹经费、扩充设备及集中人才为前提。再者，现在“中央研究院”是一个独立的机关，为保持独立的精神，以便研究可以专一计，这固是很好的办法，但为工作经济着想，仍当与各大学互相联络，分途研究。科学是一种专业，学术非用一曝十寒的方法，可以提高的。我希望今后国内的科学家必须认定宗旨，誓立志愿；不要见异思迁，奔走于政治的门户，醉迷于官僚政客的生活。就是教育行政方面的事务，亦要少干些。人生精力有限，科学高深无穷，身兼数事，欲望有充分的时间研究，获得良好的结果，这诚是欺人的说话。故科学家必须自己保持科学的态度，专心于一种特别的研究；如是庶几数年或数十年后，可以树立中国科学的根基，不至事事不如人了。

现在国内最紧要的研究院，而且须于最近期内成立的，约有如下数种：自然科学研究院、社会科学研究院、教育研究院、心理研究院、农业研究院、工业研究院、商业研究院、美术研究院。各院之内，分科均当力求专精，设备亦当极求完备。例如自然科学研究院内，至少须分物理、化学、数学、生物、天文、地质等科，自由研究，以求进步。每科且宜各有巨款，购置设备；并当规定充分经费，以为补助、津贴及印刷之用。其他如各科的图书馆、实验场、陈列所、编译处及研究会等均应同时成立，以资扩充研究的范围及提高其精神。本志第16卷6期曾出一次庚子赔款与教育的专号，关于科学教育的建设问题，亦有许多讨论，颇足为本段的参考，还希有志于此项建设者留意之。

三、结论

上面所叙述的我国教育改造及建设问题，不过举其大概而言；实未能为之逐一详细讨论。因为范围太广，节目繁多，欲在单篇文字内，尽量分析研究，亦事实上所不容易做到的。倘使读者对于各项问题，认为确甚重要，而且愿意为之进一步贡献意见，以为实际从事于整理教育者的参考，则作者就很感激了，因为“抛砖引玉”，原是作者应本志的请托而作此文的意思。

民国十八年（1929年）第21卷第2号

教育生活化与生活教育化

瞿菊农

近年来，教育上常说的一句话是“教育即生活”，这句话是对教育为生活预备的学说而言的。我们以为这句话还该有深一层的解说与进一步的应用，所以又提出两层意思来。这两层意思可以说是两个概念，这两个概念是教育生活化与生活教育化。这两个概念所要说明的，实在是一件事，是一个圆球的两半球，是一件事情的两个方面。

从生活全体看，教育有两个作用，也可以说是消极的作用与积极的作用。试分析教育的内容，教育所包含的，不出乎艺能、知识与行为之方法与态度。教育就是要社会上的各个人有相当的艺能、知识与行为之方法与态度，以参加并适应共同生活的各方面。共同生活是整个的，在共同生活里，有种种的社会组织与活动。所谓社会组织，就是根据于共同生活的需要而发展的一种结构，取得绵延的存在的。社会活动就是根据于共同的生活的需要而发生的相互的刺激与反应。人类的需要不止一类，所以才有各种不同的社会组织与社会活动。个人要做共同生活之一员，不能不参加适应。要人人能参加适应，才能有生活。从社会方面说，亦非如此不能得共同生活之继续。

但这不过是一方面。照前面的话说，至多只能维持现状，不能有进步。社会对于教育的希望，不仅如此。教育还有改进社会的责任，教育不仅是适应现社会，更要能创造新社会。教育的根本问题就是要如何能顾到这两个方面。从个人的立足点上说，如何一方面使它能适应现社会，又如何能使它尽促进社会的责任。从社会的立足点上说，如何一方面能使社会组织维持其存在，又如何能使社会组织有进化生长的机会与可能。一方面是以教育为社会的保守作用，一方面是以教育为社会的创新作用。这两种作用在教育上如何安排，是极根本的问题。也可以说全部教育史正是表明这两种作用的相反相成的行历。

从适应社会的教育作用上看，教育非与生活打成一片不可。决不应当在生活之外找教育。教育不能离开生活，离开生活即无教育，教育即是生活。要达到这个目的，非教育生活化不可。再从改进社会的教育作用上看，教育既负有此种创新的责任，应当走在社会前面，领导社会，不是跟在后面的。教育如其赶不上社会的进步，那是教育的失败。但所谓改进，所谓创新，是改进生活，创新生活。离开生活，尚何改进创新之可言。所以教育要完成这个作用，非生活化不可。

社会生活变化无穷，人类文明无时无刻不在变迁之中。如其教育与生活隔离，如何能适应此正在变迁中之生活，更何从改良促进。我们既不能使生活不变化，也不能不有与生活的节奏相调应的进化的教育，以对付指导此种变化的生活。由此更可知教育应当生活化。

然而现在的学校——最重要的教育组织——实在不曾实现教育生活化的目的。在学校读书的学生，假如六岁入学，过几年小学毕业了，又过几年中学毕业了，再过几年大学又毕业了；考试屡列前茅，文凭张张到手。那时已经二十多岁，回想十几年来，所得只是几张盖上大红印记的硬纸，对于实际生活的情形实在不知道什么，不能适应社会生活。生活所要求的，与所学的不能相应。幸而文凭还可送到当铺当钱，否则真是废纸！（听说辽宁有些小押当文凭可以当钱，不知确否？）学校应当是过教育的生活的所在，不是去等文凭的。

现在教育的病源，就在不曾能生活化。因为教育不曾生活化，所以所学非所用；因为教育不曾生活化，所以不能适应变迁中的文明生活。教育本来该站在社会前面的，现在却正相反。教育的进步赶不上社会的进步，此可名之为教育之落后。现代成人教育发达的一个原因，就是救济这种教育落后的现象。从这一点上说，成人教育的发达，是学校教育失败的证据。不过成人教育的意义，却不止这一点。

十年前，杜威博士著《哲学之改造》一书，说现代哲学该重新走一条切近人生的路。他所说的改造，就是要恢复从前希腊某一时代注重人事的哲学。现在让教育改造，也可以说是要恢复从前教育与人生一致的精神。

从前教育与生活本来是一致的。现在人以为儿童在学校围墙以内的工作，才是教育，从前没有这种想法。未有学校，早就有教育。学校是很晚近的社会组织，学校制度是很新的发明。在初民社会里，亦极注重教育，但他们没有学校。全体的社会组织，各方面的社会活动，就是他们的学校。他们的方法是让儿童与青年跟着参加团体生活，直接学习成年人的行为，到相当年龄，经过相当的试验，即是团体之一员。这种教育是彻底的，是实际的，是同化的，是整个的，是与生活一致的。在初民社会里，教育是要发展每一个儿童，使他对于团体生活、团体习惯等等，都有他的份。要这样才能延长团体的生命，这也确是生活化的教育。——但学校与教师是怎样发生的？教育与生活是怎样脱离的？生活与教育是怎样隔绝的呢？

初民社会在人数上、地理上、经济上，乃至于心理上，都是比较小的一个单位。人数不多，地方很小。大家互相认识，分工不很细密，精神上是一致的，可以说是直接的共同生活。在直接的共同生活里，儿童对于成人的思想可以直接领会；成人的言语举动可以直接听到见到。此时，他的学校是整个的团体生活，他的教育即是生活。但久而久之，人口增加，地方扩大，分工渐密，大家因种种原因相互的关系不完全是直接的，精神也就分开了。于是团体生活失去了从前的直接的相互影响与相互认识，社会分成许多部分，虽说是共同生活，但是间接的共同生活。没有人能整个的了解他的团体，所得的只是部分的认识。——也许是靠语言文字而认识，不是从前的直接经验。团体生活变成了市府生活，比从前复杂的多，儿童再不能和从前一样直接的与生活全体接触，所得只是局部的接触、部分的认识，教育已经与全部生活隔离了。

但是儿童所要认识的是整个的生活，社会也希望它将来的分子明了整个的社会生活。于是教师这个阶级即应运而生。教师的作用，是要使儿童明了整个的社会生活。做教师的资格，就是问他能否明了社会生活的各方面，能否同着儿童直接的观察，或者参加各方面的活动，能否明了现在的市府或近于市府的团体生活的全体与各部分。在这种办法之下，虽则不如从前，但儿童多少还能接近实在生活；多少还能知道全部生活；多少还能在局部生活之下，直接的了解全部生活。但这还不是现在所谓教师，而是希腊时代的Pedagogue。他是儿童对于全部生活的向导，好比参观的领导员。他没有教科书，没有分数，决不是现在的教师。是生活教师，而不是学校教师。

但能担任生活教师的人一定比较年老，否则，他们不能了解各方面的生活。因为这些老师必定多少要见到本团体范围未扩大、社会作用未分化以前的生活，才能担任此领导的责任。久而久之，他们成为最了解此市府的人、经验最丰富的人。或者他们自己知道，死后继起无人；或者他们的学生也觉得他们的透彻的了解与丰富的经验应当保存；于是或者他们自己著书，或者由学生记载他的说话，这就是书本。在他们死后，果然继起无人，幸而还留下了几本书。

有了书本，找几位能讲这些书的人，再找一所房子，再有些儿童来听讲，岂不就办成一所学校么？书的确是好的，的确是关于生活全部的，但究竟是以书为媒介而了解全部生活的，是间接的，不是直接与生活接触的。教师所教的是书，而不是生活；学生所学的是书，而不是生活。将活泼泼的有生命的生活教育安放在纸上；将活泼泼的有生命的儿童安放在有围墙的校舍里。教育与生活隔绝，变成书本的诵读记忆，变成上课考试，一切都是讲堂的讨论，不是生活的经验了。

教育的进展与学校的产生，是极复杂的一件事，未必如前面所说的这样简单。前面这一段话，可以当做比喻看。然而现在学校与生活分离，却是一件事实。儿童的生活训练常常是得之于家庭，得之于游戏场所，未必是从学校得来的。就历史上说，希腊的苏格拉底是在大街上讲学的，谁都可以和他讨论。等柏拉图的“学园”出来，学问就圈进园子里去了。初期的罗马教育，是直接的生活训练；等后来希腊思想输入，也逐渐的归入学校去了。

看前面的几段话，似乎是直接的反对学校，不是的，学校教育之发展是历史的事实，是自然的步骤，也许历史就走不出别的路来。在从前共同生活范围小的时候，生活与教育一致；在现在共同生活如此复杂的时候，其势不能再有从前的办法，惟一的出路就是用种种方法努力使教育生活化。

或者有人以为前面的话太看轻书籍。书籍上的知识当然不是教育的全部，但决不是说不要读书。书籍是从前人生活上成功的经验的记载，在当时是有生命的，在现在有的还是有生命的，很值得我们研究，对于我们确有好处。书籍也是文化的成绩。但世界是变迁的，从前人的话在现在不必全对，就看我们在生活上是否能得到益处，读书所得能否与生活连贯起来，随时观察、随时批评。譬如定州这里有座料敌塔，据说塔旁有唐开元寺。从前的书上的记载，一定说有座开元寺。如其肯到塔旁去看一下，就知道现在开元寺已经倒了。例如只管看书，也许你以为开元寺依旧存在，那就与事实不符了。书是有价值的，只看读书人能否活用，能否不为书所束缚。即从这一点看教育，也要生活化才行。

总结一句，现在教育的病源，是不曾生活化。新的途径是要教育生活化，要有生活化的教育，教育才能尽它的责任。

教育与生活既是一致，我们可以说要生活化的教育，也就是要教育化的生活。

人之一生，无时无刻不增加新经验；即无时无刻生活上不起变化，不受影响；即无时无刻不学习。人们生活上不断地发生问题，不断地要求解决。人生就是遇到问题、发现问题、创造问题、解决问题的历程。但能否人人解决问题，却就不一定了；能否有理想最圆满的解决，就更不一定了。教育是要人能继续地对于问题有理想的圆满的解决，因此，我们以为生活也应该教育化。将人之一生看做不断的教育活动。何况现在社会变化如此之快，要能适应生活，或者促进生活，更非生活教育化不可。

近来成人教育十分发达。推原其故，就是因为过去的生活不是教育化的生活。从前学得的能力，不能应付变迁不已的生活。非根本上改变对于生活与教育的态度不可。要以全生活为学校，以不断的变迁为班次，才能做现代生活之一员。所以成人教育的目的不应该认为仅仅是补习教育。成人教育的目的是教育化的生活，其实这就是教育的目的。

教育化的生活，是试验的，是学习的，是批评的，是自由的，是自强不息的。生活上遇见困难，不是用已成的呆板的方法来应付，也不是以旁人（不论是古人或是现代的人）的办法为办法；是认清现在的困难，以试验的态度来应付的，是运用思想随时求解决，如其一法不行，再想第二种办法试验解决。人生就是这样不断的试验。有了困难，不是在纸上求解决，而是随时研究，随时习行，随时实用，随时直接应付事实的。在实行之中就要有批评的工夫。一方面看这种应付是否合宜，一方面看这种行为是否有价值，是否能促进圆满的人生。这种活动是自由思想的活动，是经过衡量选择自动实行的活动。其道德的价值在此。在对付困难的时候，是不断的自动的发现困难，不是等候困难到来，处被动的地位的生活。这是自强不息的生活，是不断努力学习的生活。

教育化的生活是要生活历程与教育历程合成一个历程。从出世到坟墓是一不断的教育历程，并没有受教育年龄与非受教育年龄的分别。儿童要教育，青年与成人乃至于老年人的生活也都该是不断的教育自己。毕业两个字是没有多少意义的。儿童的教育目的是要他自己将来能有教育的生活，能自己教育自己。最好的教育，就是使个人能自己教育自己。在这个观点之下，教育无所谓是生活的预备。最好的预备生活的教育，是个人在他发展的段落上，都过最自然的教育化的生活。

生活总是变动的。教育的一个意思就是改变，但不是被动的改变，不是无目的的改变。教育是要个人在人生理想领导之下，自己能相当的支配自己的改变，这是自主的改变。这样的活动是实现人格的活动，是改进共同生活的活动。由此可见要有教育化的生活，才能实现理想的生活。

教育生活化与生活教育化，是一件事情的两方面。从生活观察教育，教育要生活化；从教育观察生活，生活要教育化。可以说生活教育化是生活的目的，而教育生活化是方法。同时也可以说必生活教育化，而后教育始能生活化。

我们以为现代教育所要求的是生活化的教育，现代生活所要求的是教育化的生活。这也可以说是我们的教育信条。

民国二十年（1931 年）第 23 卷第 8 号

战时教育的目标与设施

马宗荣

一、绪言

战时教育的目标与设施应该是些什么？著者在未列举目标与设施之先，要先释明所谓战时教育的目标的意义。据我个人的看法，中、日两国间的裂痕太细密复杂了。要想修复这些裂痕完美，是很难的！有人以为日本之侵略中国，是一部分军阀在操纵。这话固然有几分合理。不过除军阀而外的日本人，果不想侵略中国吗？据我在日本留学十余年的观察与体验，则大感不然。中国非与日本势均力敌，可以用文，可以动武，是不能并存共荣的。简单明了的说，今后中、日的关系，是和德、法一样的。即令此次抗战终结以后，我们时时刻刻要以日本为假想敌，要将平时作战时看。故我以为所谓战时教育的目标与设施，即认为今后教育的目标设施亦无不可。

二、战时教育的目标

1. 民族主义的教育——唤起全国民众的民族意识、国家观念，使个个国民能尽忠报国

战时教育的目标，第一当提倡民族主义的教育。倭寇之所以一再侵略中国，其主要原因，他们认为我中华民族性极端的自私、极端的涣散，无民族意识、无国家观念，只知图私利而忘公义，不能团结。语云："一人折十矢难，十人折一矢易。"所以它以区区三岛的岛国，敢举倾国之力来做蚕食鲸吞我大中华民国、支配我大中华民族之痴梦，敢一步一步地跟着它的大陆政策，用各个击破的方法，来实行侵略我地大物博、人口众多的中华民国，与我有数千年光荣历史的中华民族为敌。由他一方面看来，在国民革命军未入南京以前，数十年来，我们中国也真太不争气了！政治腐败，内战叠兴。所以它才敢毫无顾虑地实行侵略。逼得我们忍无可

忍，让无可让。我全国民众渐次觉悟，潜于内心的民族意识、国家观念渐次油然而兴。然后“八一三”沪上的炮声一响，我全中华民族遂一心一德，各竭其力、其财、其心，与倭寇拼命。虽倭寇的军器较我锐利，飞机大炮较我众多，而我前方将士浴血奋战，士气之锐，勇不可当，真可以惊天地、泣鬼神，受全世界国际间之赞美，使敌人心惊胆寒。以此士气杀贼，何愁倭寇不败；以此士气克敌，何愁倭寇不摧，最后胜利必属于我！

虽然此次的抗战，乃全民族的抗战。前方忠勇的士气，固属必要，而后方民气的坚决雄厚，亦同样的十分着重。至忠勇士气之养成，实由于蒋委员长数年来在黄埔、庐山、峨眉及其他各军校所施精神训练之伟大结果。读者试以此次抗战中北方军队初期之不振及沪上之战绩一相对比，即知著者之言不为无见。若后方民气之养成，则有赖于一般的教育。故战时的教育目标，宜以蒋委员长训练将士之教育方针作为宝鉴，各级学校及社会教育机关，宜重民族主义教育，继续彻底实施精神训练，讲授帝国主义侵略中国的历史，尤重日本帝国主义侵略中国的过程；中华民族解放之途径，以唤起男女老幼之民族意识、国家观念；阐明国家民族与个人不可分离的关系及相互图存之必要，使民众熟知有国始有家，有民族始有个人的大义，养成人人能为民族牺牲、为国家殉难、杀身成仁、舍生取义或毁家纾难等尽忠报国的精神。要日日为学生讲演，时时向学生灌输，讲了再讲，学生听悉了还要讲，要他再听，学生尚未知道的知识，要使他知道，使他认识，学生已知道了的知识，要使他回忆，使他体验，日浸月润，使各级学校学生人人能成为有民族意识、国家观念之人，个个能具有为国家民族牺牲的意志，则全民抗战局势中之前方及后方之民众，均能公而忘私，牺牲小我，完成大我，以抗敌图存，打倒倭寇，复兴我中华民族。

2. 军国民主义的教育——训练全国民众的自卫知能，使个个国民有冲锋杀敌的本领，有冲锋杀敌的意志

我们知道对日抗战，是全民的抗战。而我国的国势与倭寇相较，一为弱国，一为强邦。倭寇有极锐利的军器、丰富的军火，我国则远之不及；倭寇通国皆兵，我国最近以前尚行募兵制。所以中、日不战则已，一战，则死亡之数，有时或我多而倭少，且我方补充不无困难，这是能预想得到的。但举敌国人口之数与我国人口比较，相差远甚。故我国各级学校及社教机关能积极提倡军国民主义的教育，彻底认真实施军事训练、自卫训练，使人人进能执干戈而效命疆场，前仆后继，有一夫当先，万夫莫敌，杀尽倭奴方能罢休之势。退能尽力于后方勤务，维持地方秩序，俾前方与后方密切联络，则全民抗战之使命必可达到而完成。关于此项目标，我国各级学校，固早有军事训练及童子军训练之设。不过过去的军训，每有极少数学校当局与军事教官不能合作，尤以大学为甚。试考其故，或因文人之学校当局，受传统观念之影响，对于武备之军事训练未免较少重视；或因军事教官未能十分了解教育之原理、学校行政之

苦衷，而与学校当局不能密切合作。故由整个学校军训言之，军事训练的成绩，尚未能达到所期之理想。但吾人须知现今的中国，已达到最后关头，非与倭奴一决雌雄不可之际，提倡军国民教育，养成补充士兵或低级干部，以备万一之用，实为刻不容缓之要图。是故战时教育，对此军国民主义教育的实施，自宜十分重视，彻底力行。不可像以前的军事训练一样，流于形式化，不可敷衍塞责。设备要完全，训练要认真，要令学生荷真枪实弹操练，要令学生触风雨冒寒暑实地演习，手榴弹、机关枪以及一切机械化部队的知能，都应采为教材，要养成各级学校学生人人有冲锋杀敌的实在本领，个个有冲锋杀敌的坚决意志。此项目标，如能彻底实施，在校时的学生离校后，即成为有战斗能力的民众，战时士兵及低级干部之补充上，受益匪浅。也有人主张学生另有其他的责任，不宜用学生做补充将士之用，其说以局部学生而论，虽亦言之成理。不过训练以备万一为一事，因才而任用，又为一事，决不可以局部的学生不宜用之以效命疆场，而使军国民主义之教育中止。

3. 国防科学主义的教育——要养成国防工业及生产、医疗的高级、中级技术人才及熟练职工，使国防科学教育能短期完成，充实国防力量

全民抗战，前方将士之浴血奋战，固属必要，后方民众之努力生产及军需品之供给，受伤人员的医治，亦不应轻忽。举例言之，如食粮、蔬菜、食盐、衣、履、煤、炭、石油、汽油、车辆、枪弹、炮弹之需给，被毁飞机、重炮及交通机关之修复，后方防空、防毒的准备及实施，受伤将士及难民的救护、治疗及机械化部队的充实扩充，国家资源之增加，无一不需要技术人才。高等技术人才固不可缺，中等技术人才及熟练职工尤为必要。此项技术人才之有无，影响于抗战的前途颇巨，尤以长期抵抗之战争为然。而我国专科以上学校中，属于工、农、医科的学校，寥若晨星；近十余年来，职业教育的呼声虽高，所谓职业学校者，除极少数外，多有名无实，徒知趋易避难，只以办理商业簿记等轻而易举的科目为事。工、农、看护等类的职业学校，政府近一二年来虽力事提倡，然其数终究属有限。养成熟练职工的职业补习学校，国人能明了其与国防上之重要性者已甚少，遑言实际施设！各级学校实施之特种教育（国防教育），其历史甚短。故抗战发生以后，前方后方均感高等及中等工、医技术人才及熟练职工的需要，均感高等及中等工、医技术人才及熟练职工的缺乏。而此项人才的生产品，对于国防力量之充实及对前方军队的援助甚大。故战时教育，宜事养成国防工业及生产、医疗的高等、中等技术人才及熟练职工，使国防科学教育能短期完成，充实国防力量。

4. 自力更生信仰心的教育——要养成民众自信抗战胜利必属于我，中华民国、中华民族能自力更生的信仰心

语云：“天下无难事，只怕有心人。”又云：“有志者事竟成。”我们的抗战，

也可适用此金言。只要抱了必胜之志，我们的目的必能达到。矧敌人之内在矛盾甚多，国际又十分对我同情。故我们的抗日，最后必获得胜利。不过要有决心、要长期抵抗、要能吃苦耐劳、要能忍人之不能忍，受巨大之牺牲，用最巨的代价，始能换得最后的胜利。必须全民有此眼光、有此觉悟、有此自信，一致坚决抗战，始能达到最后胜利的一天。然民众之知识不齐，中人以上，固可以语上，中人以下，往往不可以语上。故战时教育的目标，宜一再努力向各级学校学生详释此次抗战中国有利之条件及日本内在之矛盾、国际之情形，以唤起各级学校学生的信仰心，养成民众自信对日抗战最后胜利必属于我，中华民族能自力更生之自信心，而立下长期抗日的决心，忍苦耐劳，或赴前方效命疆场，或从事国防工业，或努力农业生产，或尽公务员从政之责，或负维持地方秩序之任，分工合作，协力同心，长期抗战之实际工作。胜固不败，败亦不馁，败后仍战，再败再战，艰难不能怠其志，困苦不能移其心，不怕任何牺牲，不惜任何代价，拼至倭寇之总崩溃而后已，以收最后的成功。我们应这样的施教。

三、战时教育的设施

至要完成民族主义教育之使命，除各级学校及社会教育要彻底实施精神训练，天天对客体者灌输，刻刻向被教育者训练外，义务教育及民众教育要积极推进。地方教育行政机关要尽心尽力来求所以充实之、扩充之。小学教师民众教育工作人员，要像前方将士的浴血杀敌一样的拼命，努力施教，以完成这国民基础教育工作。俾儿童或民众多一人受教，国家增一份力量；民众或儿童增一分知能，国家多一分元气。过去办理义务教育各省市中，不乏敷衍的省市。风闻有将中央补助费留存不发，致义教推进较缓的地方，有于私塾外挂一短期小学招牌以蒙蔽督学及视察专员的地方，抗日战争起后，对此义教民教的推进，总不免尚存观望心的地方。其实处此战时，义教民教之推进，有关于民族意识国家观念的养成者甚大。著者亲聆自前方杀敌归来的汤恩伯军长言："西战场前方地区内，汉奸之横行无忌，真令人寒心，实由于平时民众之组织，乏组织、乏训练，民众之常识水准过低所致。"战时义务教育民众教育的必要，由汤军长之言可以证明。

其次，要达到军国民主义教育的理想，各级学校的军事训练，要彻底实施。学校当局与军事教官要虚心坦怀地合作，根据学校教育原理与军训旨趣，立定一定的方案，切实施行。军事教官要誓以至诚为国家、为民族训练出一批有为国家、为民族冲锋杀敌的真本领真意志的有公无私的忠勇青年。对于理工科的学生，宜利用其已有的理工科学基础，训练其机械化部队的知能。此外各省市要普遍实施壮丁训练、社会童子军训练、妇女队训练等社会军训。此项社会军训，宜与民众学校密切联络。如能与民众学校合并而施教尤佳。

又次，要完成国防科学主义的教育，我以为：第一，宜将所有大学彻底改造，去（或减少）其不适合国家现时需要的院系，而广增工、农、医等类院系。对于设置与国防产业有关院系的私立大学，宜破格特别补助以资奖励。如感国家经费困难，可停办一部分成绩不良之官立专科以上学校，停止一部分私立专科以上学校的补助，而移用其经费以完成此方面的使命。第二，宜积极增设可资养成高等技术人才之专科学校及中等技术人才的职业学校及极易速成颇切实用的职业补习学校。此项专科学校、职业学校、职业补习学校，有关于国防之充实及国计民生之富裕者甚大。德国之富强、日本之富强，德国欧战时之能支持至数年之久者，皆大得利于此。著者曾一再在《教育杂志》等刊物上作文论及，近年来叶恭绰先生亦在《大公报》发表过，我也来谈谈教育一文讨论，甚盼国人切勿忽视。又职业补习学校为社会教育性的学校，最好能使之与中心民众学校平行推进，使各大城市、各大乡村，凡中心民众学校所在之地，均同时有一职业补习学校存在，教当地民众至少能有一技一能，以维持其生活，以改善其家庭生计，以增加该地生产，增加国家富力，则有裨益于民生及国防力量之充实匪鲜。此外中学之“数学”课程宜特别重视，以培植中学生将来学习理工科之基础。

再次，自力更生自信心的教育，可与第一目标的民族教育密切联络进行，于实施各级学校实施精神训练时实施之。

此外，我国为古来以农立国的国家，乡村民众较都会民众之数为多，在全国抗战的局势中，所占之地位极为重要。而乡村民众之见闻甚狭，知识浅陋，故乡村教育之责任甚重。矧自沪战开始，敌人滥行飞机的残暴轰炸以来，都会城市民众多逃避乡间，乡间应受教之儿童成人之数亦随之而增加。兼之，军事上之后方勤务及努力生产之工作，多靠乡村民众担负。故处此战时，乡村教育之使命尤为重大。是以战时之教育，对于乡村教育的施设，宜加意重视。对于充实其内容，扩充其数量，监督辅导诸点，均不可忽！而乡村教育经费的增加，尤有考虑的必要。

又，此次抗战中为国牺牲之将士，迄今为数已甚可惊，而死于残暴倭寇的飞机重炮下之无辜民众，亦有相当数量。随之而产生的孤儿寡妇，其数亦必不少。而此项孤儿若教养有方，数年或十数年后均可为担当抗敌或国防工作之勇士，否则亦可陷为不良少年汉奸，而为国家之大害。又此项寡妇，如教养有方，可使之成为自给自食之生产者，以增加国防力量，如听其自然，即成为不事生产之消费者，而为社会之累。日本在日俄战争后，曾有若干之托儿所产生，遂造成日本托儿所事业的基础。我国教育行政当局及社会行政当局处此战时，对于此项托儿所建设事业及孤儿教育事业，首应注意。寡妇之职业教育，亦宜提倡，可设置妇女职业补习学校或授产所，教之以技能兼灌输其公民常识，借以充实国防力量。

民国二十七年（1938年）第28卷第2号

战后中国教育的历史任务是什么

林仲达

战后的中国，百孔千疮，即使迎头建设，恐怕还赶不上二十年前欧美那些先进的国家，何况日本签降的墨沈未干，惨痛的内战，竟又随可怕的胜利而俱来！际兹东北、西北、华北、苏北各处战云弥漫，全国人民的生活陷于水深火热之时，各级教育工作者几莫不在饥饿生命线上挣扎着，若认教育孤军奋斗，便可挽救这垂危的国运，似未免近乎奢望！

然而，教育并不是像一般悲观论者所目为完全无用，它在一定的社会和历史条件之下，仍能教人走上光明自由的康庄大道，如果目前立即停止内战，真的认“教育第一”，埋头苦干，好好地作百年树人大计的话。

我们知道：战后的中国，正在错综复杂的国际关系里和近百余年来中国社会演变过程中发展着，它的命运，不是决定于任何个人主义或英雄主义，乃是决定于人民的力量。人民的力量必须，亦只有透过了教育，才能表现。

依我个人的见解，战后中国的教育，不能不有一个历史的重心。因为教育的活动不能超越历史发展的过程。它在本质上是反映社会物质生活的文化形态之一，是客观存在的社会历史发展的产物。教育起于人类在生产劳动与社会生活实践过程之中，从事传递与创造关于解决生存问题之最必需的知识、技能、态度和理想。这些知识、技能、态度和理想就是社会文化价值之客观表现，亦即人类教育要求之主观条件，根本具有生产的、社会的、陶冶的、进步的和战斗的诸特性。教育在一定社会条件之下，能使人征服自然、改造社会、促进文化、发挥人性，创造新的世界和新的人类，以完成它在历史上的使命。同时，它亦常被任一个国家或人群利用来压迫欺蒙其他国家民族或人群，甚至作为破坏世界和平与摧残人类文化的手段。但这是教育的变形，并不是它的本质。

我们考察中国的历史，数千年来的政治，始终停滞于封建时代的专制主义和官僚主义形态。试看中山先生关于民主政治的言论，便足以证明这种历史的事实。

“夫中华民国者，人民之国也。君权时代则大权独揽于一人，今则主权属于国民之全体，是 40 000 万人民即今之皇帝也。国中之百官，上至总统，下至巡差，皆人民之公仆也。”（《心理建设》，1919 年）

“共和与专制有什么分别？民国与帝国有什么不同？我们可用现在民国和从前帝国两名词比较来说一说。从前帝国的天下，是皇帝一个人的，天下的人民都是皇帝的奴隶；现在的民国的天下，是人民公有的天下，国家是人民公有的国家。帝国是皇帝一个人做主的，民国是人民大家做主的……从前帝国时代，40 000 万人都是奴隶。现在民国时代，大家都是主人翁——这就是民国和帝国不同的地方——这就是中国从古没有的大变动。普通人民不知道这个变动，十年以来，一般旧官僚和军阀，又死死地压制他们，弄到人民到今日还不能居于主人翁的地位。”（《三民主义是造成新世界的工具》，1921 年 12 月）

“民权主义，就是政治革命的根本。将来民族革命实行以后，现在恶劣政治，固然可以一扫而尽，却是还有那恶劣政治的根本，不可不去。中国数千年来，都是君主专制政体，这种政体，不是平等自由国民所能受的，要除去这政体，不是专靠民族革命可以成功……我们推倒清政府……是民族革命；从颠覆君主政体那一面说，是政治革命，并不是把来分作两次去做。讲到那政治革命的结果，是建立民主立宪政体。照现在这样的政治讲起来，就是汉人为君主，也不能不革命。”（《民权主义是政治革命的根本》，1906 年在《民报》纪念节讲演）

“现在世界之潮流到了民权时代，我们应该赶快去研究……现在的潮流，已经到了民权时代，将来无论是怎样的挫折，怎样的失败，民权在世界上，总是可维持长久的……世界潮流的趋势，好比长江、黄河的流水一样，水流的方向，或者有许多曲折，向北流或向南流的，但是流到最后，一定是向东的，无论怎样都阻止不住的。所以世界的潮流……现在流到了民权，便没有方法可以反抗，如果反抗潮流，就是有很大的力量像袁世凯、很蛮悍的军队像张勋，都是终归失败。现在北方武力专制，就是反抗世界的潮流，我们南方主张民权，就是顺应世界的潮流，虽然南方政府的力量薄弱，军队的训练和饷弹的补充都不及北方，但是我们顺着潮流去做，纵然一时失败，将来一定成功，并且可以永远的成功；北方反抗世界的潮流，倒行逆施，无论力量是怎样大，纵然一时侥幸成功，将来一定是失败，并且永远不能再图恢复。”（《民权主义第一讲》，1924 年）

“现在中国虽称民国，要名副其实，必要这个国家真正以人民为主，要人民都能够讲话，确实有发言权，像这个情形，才是真民国；如果不然，就是假民国……”（《国民会议足以解决中国内乱》，1924 年 12 月）

此外，历史家亦多承认中国历史上任何时期没有实行过民主的政治，这是不必讳言的。从人类社会历史发展过程看来，由神权而君权而民权，更是中山先生明白说过的。但有不少的人却说中国传统的政治自有其民主的成分，并且很早就有

“民贵君轻，民为邦本”等民主理论，如果照这种看法推论起来，把那封建专制时代所谓“仁政”“德政”，认为现代的民主政治，把那为专制主义辩护的理论，当做现代的民主理论，那么，我们回想中山先生当年所领导的政治革命，推翻专制、缔造民国，岂不是变成全无意义的举动？黄花岗诸烈士的碧血，岂不是空流了吗？

世界上任何一个国家，如果它真的要实行民主政治，几乎都是在最恶劣的环境中，经过艰苦的奋斗，才能推翻历史上的专制暴政，摆脱一切违反理智、违反人性的传统权威的束缚，肯定“人”的独立平等和自由的权利，缔造一个光明灿烂的民族统一的国家，法国的革命与美国的独立是如此，苏联革命的成功，也何尝不是如此。

中国的历史原有它的特殊背景，不过在演变过程中，期求扫除人类历史上的封建专制主义和官僚主义，而走上现代民主政治的大道，乃是和世界其他国家的民族一样，甚至更为迫切。

战后中国的教育无疑地要配合这种政治上的任务。从历史上看来，教育与政治二者的关系是很密切的，有怎样的政治，就有怎样的教育。我国自三代至战国时期为贵族的封建统治，贵族阶级与庶民阶级对峙，学校制度必然是不平等的双轨制。从秦、汉以至南北朝之末为官僚的君主政治，其学制则学校与选举并行，由此来选拔统治阶层的助手；而秦代的吏师制度非特确定了后世的教育行政上之中央集权的倾向，还开中国历史上统制思想的文化政策之先河。从隋、唐、五代历宋、元、明一直到了晚清，依旧是官僚的君主政治，所以学校的目的仍只在选拔统治阶层的助手；不过在这时期，以科举代替选举，打破魏、晋以来门阀制度的阶级组织，恢复了两汉的“布衣卿相”的局面，于是统治人才不尽出于学校，而学校制度遂变成科举制的附庸罢了。

这样讲来，教育常被政治所规定，除非当政治与经济脱节，桎梏着生产力的迈进，甚至束缚着人性自由发展的时候，教育对于政治的反作用，就不易显示出来。

但这并非说教育总跟政治走，好像嫁猫跟猫、嫁狗跟狗似的，教育永远得做政治的尾巴。恰恰相反，教育在社会发展过程中，有其自己的特质或内涵的价值（intrinsic value）。教育不是像农村的小孤孀，任凭赵乡绅和阿Q们勾引摆布，她有自己择良而配的主张，她有维护正义反抗强暴的独立奋斗的意志，她得因应着社会和历史的条件，来抉择它自己的前途。我国自前清光绪末年至民元这一时期，新教育的宗旨原在拥护君主立宪政治，可是其结果，新式的学校反成为促进革命的动力之源泉，一反当时统治者设立的初意，便是一个铁证。

所以在事实上，教育对于政治的关系未必永久不变的。如果是一种开明的政治，自然会配合着进步的教育，二者的结合是必然的，彼此相互依存地发展着，即政治透过教育而实现它的理想，教育则赖政治的协力而益趋于发达，二者互为影响，谁也不能利用谁，所谓教育与政治的结合，便是这个意思。

倘若，当社会发生了变动，政治与生产脱了节，无法挽救经济的危机，而它自身将要趋于没落时，病榻相思，还要教育从一而终，这好像希望一个随鸦的彩凤，不受时代潮流的影响而变节，恐怕靠不住吧！

大概，当旧社会向新社会转变的契机，教育一面要协助新生的力量的发展，他方还要尽力打击陈旧腐败的现象，与恶劣的黑暗的势力相搏斗。申言之，所谓教育就是教人们应该睁开眼睛，面对现实，正确地认识客观世界发展的必然规律和一切可能变革的倾向，尽自己的力量，在其历史创造过程中，为争取人类的自由解放，实现和平幸福的生活而奋斗。

依照中山先生的见解，教育不仅要完成人类由兽性向人性发展，即由感性向理性、由不知到知发展的飞跃过程，它更要完成由不平等、不自由到平等自由，由黑暗到光明，由落后到进步，向新社会转变之革命建国的过程(参考中山先生论“人性”及“民权”等节)。

准中山先生所言，则战后的中国教育，不能亦不许再像封建时代专制主义和官僚主义下一般，只是鞭策人们忠于统治者，以造成统治阶层之助手为鹄的，把教育作为奴役人性、桎梏智慧的精神武器。

恰恰相反，教育乃是以“人类”为对象，亦只有“人类”才有教育。所以教育的真义即意味着人类的一切能力之解放，从双手的解放到头脑——思维的解放，乃至政治上、经济上和人格上的解放。它绝不能桎梏人类的自由和智慧的生长和发展。

谁都不能否认，人是自然体系之一，但他是最高级形态的物质的发展。他本身蕴藏着无限量的原子能的反射作用，即人的手力、腕力、听力、目力、脑力——最高级的科学的思维力、创造力乃至“己溺己饥”和“以勇行仁”的爱力与革命力，这一切的力量比铀钍等原子能的力量真不知大几千万倍！他们对于人类文化的贡献，简直是不可以估量的。人们只知道原子能之伟大或可怕，殊不知发明并控制原子能的乃是人类自己。历史是人类自己所创造的，客观所决定者，亦只有经人的努力才能实现。人是自然环境的产物，人却能征服自然；人是社会环境的产物，人却能变革社会。同时，由于自然、社会二者的变革，转而影响到人们自己的天性的改变，而成为更新的人。

然而人是在社会实践中发展着的，人的一切能力的表现，除非通过民主政治下的民主教育，根本就不可能。我们若认教育只是人类的，则它就不能不是民主的。因为民主教育的目的便在使每个被教育者的天赋能力得以自由解放，并藉不断的进步去了解自然和社会发展的必然规律，以培养能评量过去、变革现实、创造未来之各种实践智能和态度。

战后的中国，广大的人民的力量，必须待民主的教育工作者去发掘、培养和发挥。当然，环境的困难，生活的艰苦，多少影响着民主教育的开展。可是正因为这样，民主教育，更感觉到迫切的需要。我深信，若仅有原子时代的科学家，至多只能使物质世界改观，有时亦能使人类自身及其文化同归毁灭。只有民主时代的教育家，才能造就原子时代的科学家，为争取人类的解放，争取人类的尊严与幸福而服务。科学与教育同样，唯有在民主的政治下，才能保证它不以人类的血为游戏，才能使人获得其控制历史与控制自然的知识和能力，而走上光明幸福生活的前途。反过来说，民主政治的真实基础之保障，亦唯有赖战后的中国乃至全世界的教育真的走上民主之路，即结束了一切殖民地化和封建主义的文化——桎梏理智和人性的文化——而从事解放人类智慧和理性，创造独立自由的人类之自觉奋斗的文化，即要求一切被压迫的民族与大众在政治上、经济上乃至人格上的自由解放，以实现新社会之真的普遍的文化，即免除一切支配奴役，人人相亲相爱，彼此平等互助，人当人待的文化。到那时，人类才能获得对社会的解放进而对自然的解放，才能充分发挥他的体力与智力，来役使必然，而不为必然所役使，即由自然的奴隶，转变为自然的主人，才能消灭兽性由人性到达“神性”（中山先生语）。到那时，足证真的民主教育力量之伟大，它不仅变革了客观世界，而且改造了人类自己，亦只有到那时，我们的教育的历史任务才算完成。

民国三十六年七月二十日脱稿于金陵

民国三十六年（1947年）第32卷第5号

中国教育学会的时代使命

朱经农

人类的教育活动，虽远在原始时代即已存在，但是教师的地位却是在文艺复兴以后才得到新的估定，而自由结合的教育专业组织更是教师正式成为社会上一种职业以后才奠定其基础。到现在，各国教师所组织的专业团体，正如雨后春笋，方兴未艾。即以美国而论，据说各州各地的教育团体，在美国中央教育处（The Office of Education）发行的《教育指南》（*Education Directory*）所载的，即有500余单位，可见其盛况的一斑。各国教育团体之组合，用意虽属不一，大部分则无非是为谋维护本身的专业利益，并为道义的合作和互助，但其影响所至，却普遍提高了教育专业的地位，增进社会和国家的利益，而发挥了更高的价值。

我国近一二十年以来，教育界人士自由结合的专业组织，亦复不少，其中固不乏组织庞大、历史悠久的团体，如中华儿童教育社、中华职业教育社、平民教育促进会等即已拥有不少的会员。但是，论及一般性的全国性的教育专业组织，实不能不首推中国教育学会。该会自民国二十二年成立迄今，恰有15年的历史。虽然其中有一半的时间是在战争的苦难中挣扎奋斗，但是它的组织吸收了全国最优秀的教育界人士，它的活动包括各种专题研究、举行年会、发刊年报，从事实际的教育调查，参加国际教育专业会议等，综其影响所至，不仅增厚了教育界的团结力量，提高了教师的专业地位，发展了教育学术的研究，促进了国家教育的改革，同时奠定了国际合作的初步基础。15年来，实获得了不少的成果。

国家胜利，经已两年，今后正是埋头建设的时期。教育在这一个空前的转变的时代，必能发生伟大的影响。中国教育学会既是国内唯一的一般性的全国性的教育专业组织，自有其应负的时代使命。兹请举其要者，分述如下。

一、倡导教育学术研究

我国目前在教育领域内未被解答或觉察的问题甚多，有些问题看来似属一种局部的性质，实则浪费公共资财，虚掷儿童青年光阴，莫此为甚。过去企求解决此种问题，多喜信仰权威或偏重臆测，因此问题的本身始终不易获得适当的解决。最近虽亦间有运用科学的态度和方法，来研究教育问题的，然多属个人零星的努力，人才经费颇有限制。因此今后教育学术的研究，倘能由教育专业团体来鼓舞、来推动各个分子共同努力，成效必能立观。中国教育学会过去组织有教育调查所，曾发动会员力量，从事两次大规模的调查工作。平时又常举行座谈会，从事各项专题的研究而举行年会、发刊年报，又能使各会员获得交换研究意见、发表研究结果的机会。今后倘能有计划的倡导研究工作，必能完满的实现此一功能。

二、发扬教育民主精神

20 世纪是人民的世纪，今后我国的教育是在向着民主的大道前进，这已经为一般所公认。教育如何而后民主？教育机会的力求普遍均等，并以大部分的经费应用于大多数的人的身上，自然是切要的事，但是教育界自身之能贯彻一种民主的精神，实是急迫之图。本来真能代表教师的自由结合的专业团体，其组织力量的发挥，充分享有教育行政设施建议权，乃是一种真正的教育民主精神的表现。中国教育学会历届年会的决议案，贡献行政当局以教育改进的意见，固曾发生不少的影响。今后应更积极地善用其职能，代表一般教师充分贡献教育改进的意见。举凡对于国家及地方教育政策设施，以及教育立法监察的进行，均能尽其力之所能，争取参与的机会。

三、提高教师专业地位

教育专业组织固在教师正式成为社会上一种职业以后始得奠定其基础，但是教师专业地位的提高，又有赖于教育团体之努力。中国教育学会既是具有全国性的教育学术团体，则必须积极负起责任：设法增进教师的专业知能与其他素质，提高专业水准，以使从事教育工作的人员均有深厚广博的训练基础，而不使未受专业训练，不及标准的或已转业的分子，滥竽或重入于教育专业的领域。同时又须努力提倡专业服务精神与道德，务使国内每一教育工作人员能够敬业、勤业、乐业，对于教育事业具有真正信仰和抱负，能以毕生精力，贡献于教育事业。

四、促进国际教育合作

教育乃是谋求全人类福祉的事业，原不应以国界而有所轩轾。二次大战的结果使各国彻底觉悟，由于增进国际了解的重要，更使国际教育合作有所必要。此种国际教育合作工作，倘能由各国教师自由结合的专业团体来协作推动，必能更见成效。中国教育学会既是我国足以代表一般性的全国性的教育专业团体，实应积极推进此种国际教育的合作工作。去年八月间之参加世界教育专业会议，以及一部分会员之参加联合国文教组织的工作，固已足奠定初步的合作基础。今后倘能就此基础再进而积极参加各项活动，并相机宣传我国往圣先贤的世界大同、天下一家的理想，则不仅可使国际教育文化得以交流，抑且于增进世界和平得有莫大的助益。

吾人深信：组织就是力量，人类的活动惟有透过组织才会孕育和发挥伟大的价值。中国教育学会乃是国内教育界公认重要的专业组织，它已具有辉煌的 15 年的历史。我们希望它能就此业已奠定的基础，更进而发扬光大，肩负起时代的使命，表现无限的伟大的力量。兹值第九届年会伊始，仅贡数言，以与我全体会员共勉之。

民国三十七年（1948 年）第 33 卷第 1 号

我国教育政策之回顾与前瞻

陈景磐

民国以前君主专制时代，我国教育主要的政策，无疑地乃是以统治者或君主为中心，所有教育不是以愚民即是以柔民为政策，养成统治者之顺民而已。因之儒家五伦之教始终为政府所采用，奉为金科玉律，支配了吾国二千多年政治教育等思想。统治者以教育柔化人民的法术历代多有不同，例如：两汉以家法取士、唐以诗赋取士、宋以经义取士、明清两朝以八股取士。家法、诗赋、经义及八股无论何种，多是消磨人类精神的利器，很少有真正的教育价值。

自民国成立以来，我国教育所采取的政策，最重要的厥有二种：即“儿童本位”与“民族本位”的教育政策。

所谓“儿童本位”的教育政策，民国八年全国教育联合会第五次会议解释颇详。该会议决案中有云：“从前教育只知研究如何教人，不知研究人应如何教；今人之教育应觉悟人应如何教，所谓儿童本位是也。”他们以为，“施教者不应特定一种宗旨或主义以束缚受教者”，应让受教者各按其兴趣、能力自由发展。换言之，儿童本位的教育，乃是以儿童或学生为教育的中心，儿童不是“大人的缩影”，不应以大人的方法、宗旨、教材等强儿童去学习，儿童的自由、自治、自动等应得到最大的发展，教师或社会人士不应横加干涉。这种政策早为民国成立后第一任的教育总长蔡元培氏所采用。民国初年即发表此种政策的意见，说：“民国教育与君主时代之教育，其不同之点何在？君主时代之教育方针，不从受教者本体上着想，用一个人主义或用一部分人主义，利用一种方法，驱使受教者迁就他之主义。民国教育方针，应从受教者本体着想，有如何能力，方能尽如何责任；受如何教育，方能具如何能力。从前瑞士教育家沛斯泰洛齐有言：‘昔之教育，使儿童受教育于成人，合之教育乃使成人受教于儿童。’何谓成人受教于儿童？谓成人不敢自存成见，立于儿童之地位知而体验之，以定教育之方法，民国之教育亦然。”

至民国十三年，国民党第一次全国代表大会宣言，更明白地以“全力发展儿童本位之教育”为对内政策之一。此种政策的形成与发展主要的原因，乃是受辛亥革命成功、民主思潮的影响。迨民国八年五四运动，人民的思想更趋解放；且当时我国革命成功，德奥战败，自由民治思想弥漫全球；加之美国杜威等教育家被聘来华讲学，对于儿童本位教育亦努力提倡，遂靡然风行全国。

所谓“民族本位”的教育政策，乃是以社会或国家民族为中心的教育政策。我国此种政策发端于民国十八年三民主义教育宗旨及其实施方针的厘定。二十一年中国国民党第四届三中全会，对民族本位的教育政策更有明显表示，以为此后教育政策应为：“发扬民族精神、灌输民族思想，以及恢复人民之民族自信力，而达到中华民族独立自由平等之目的。”二十二年三月，蒋主席更申述是项政策的要点，更特别注重于发扬我国民族固有的文化道德，他说：“我们今后教育方针，要以民族主义为基础，特别注重中国的伦理哲学。”抗战军兴，我国各种教育的理论与实施，其中心政策更积极地以民族为本位，“国家至上”“民族至上”为全国各项设施的最高原则，教育政策当然亦不能例外。例如：全国教育的严格统制，以达到国家之预定国策；重视本国文化，以增强民族的自信心；培养军事化、科学化、生产化的国防人才，以巩固国防，加增国力；培植民族思想，以增加民族自觉心与爱国观念；发展边疆教育与华侨教育，以灌输边民与侨民民族的思想等；在校内，则厉行军事训练、军事管理，学生的思想行动等亦严加管制。这种教育政策的产生，可说是受了当时国难严重的威胁，与世界一般的政治潮流所影响，亦是适应环境一种权宜有效的措施。

儿童本位与民族本位的教育政策各有其优点与弱点。儿童本位教育的优点：适应儿童的兴趣与能力；重视儿童的人格；养成儿童自动、自治和创造的习惯与能力；符合宪政时期自治的理想和国民党对内的政纲；促进社会的进步。民族本位教育的优点：适应社会的需求，造就社会化的人格；重视社会的文化，民族的精神；养成儿童服从法规、保守秩序和爱国、互助等美德；配合民族复兴的计划和三民主义之建国理想；促进社会的安宁。儿童本位教育的优点即是民族本位教育的弱点，民族本位教育的优点亦即是儿童本位教育的弱点。儿童本位教育乃是偏重于个人，民族本位教育乃是偏重于团体。

考现今教育主要的思潮，原有偏重个人与偏重团体两大派别：前者或称为“新福禄倍尔”或“软”派，以学生的活动与兴趣能力为中心，以发展个人的人格或改造个人的经验为教育主要的目的，教育家中如克伯屈、武拉革（H. O. Rugg）、米莹斯（H. Mearns）、柯惕斯（S. A. Courtis）、武埃汤（G. Welton）等多属之；后者或称为“新海尔巴脱”或“硬”派，以社会的需要、教材或教师的活动为中心，以适应环境为教育主要的目的，教育家中如查得（C. H. Judd）、莫礼逊（H. C. Morrison）、伯克勒（W. C. Bagley）、傅音尼（R. Finney）、黑力斯（W. T. Harris）、拔帖罗（N. M. Butler）等多属之，不过健全的社会需要健全的个人，健全的个人亦需健全的社会，两者乃互相为用，不应畸重畸轻。柏敦（Burton）说得好："个人需要社会组织以保证个人的稳定和安全，社会亦需有才智、受教育、能创造的自由人，以保证社会的进步。个人必须适应社会才能成为人，社会亦须适应个人才能避免停滞灭亡或革命。"偏重个人或儿童本位，与偏重社会或民族本位，两者皆非所宜，惟如何调和此两种教育政策，乃是今后我国教育行政上一种重大的问题。

按宪法上的规定："中华民国基于三民主义，为民有、民治、民享之民主共和国。"所以，今后我国的教育政策应以配合国策，养成学生有民主社会的认识态度和习惯，以达到民主社会理想的实现。杜威在《民本主义与教育》中对于民主社会的理想和教育有如下的解释，他说："倘有一个社会，能使社会里的利益，全体分子都得同等的参与共享，又能与其他社会联络交际，有相互的影响，藉以改良自己的制度，以求适应于需要，这种社会就是民主主义的社会，这种社会所需要的一种教育：要使社会里面的各个人对于社会的关系与制裁，都有个人的兴趣；要使各个人所有的心理习惯能改进社会，而又不至因此扰乱社会的秩序。"换言之，在民主的社会里，大家一律应有平等的机会，对于团体的福利都有同等的义务与权利，同时对于团体以外的团体亦能发生正当的联系，和平共处，相互影响，以谋生活的改良与适应。这种社会的教育，一方面要注意到每个人的个人兴趣和创造的精神，或心理健全的习惯，能改进社会，所以强迫教育，注入式教育，使学生不感学习的意义或兴趣，压抑学生创造自动的精神，皆非民主教育；另一方面，民主教育虽重个人的兴趣与自由，但是亦不应忽视社会制裁与秩序，所以盲动、漫无目标或纪律，扰乱社会秩序的教育亦非民主教育。

又按杜氏的意见，在教育史上曾有过三种主要的教育哲学：一种为柏拉图理想国的教育哲学，以阶级不以个人为社会的单位；第二，18 世纪个人主义，以个人为单位，反对一切社会制度；第三，19 世纪的国家主义，个人应服从社会以求得进步。民主主义的教育有异于上述三种的理想，不偏于阶级或国家社会而忽视个人，亦不偏于个人而忽视社会，乃是个人与团体并重兼顾的教育，如此的教育应使国民切实明了国家社会一切重要的情形，如历史、地理、民族的理想及与他国的关系等，并应养成国民自治的习惯与能力，包含健全的身体与精神等，使之对于"社会的关系与制裁，都有个人的兴趣"。美国《进步教育杂志》在 1940 年 11 月出了一本民主教育专号，所规定民主教育所应注意的九点，可说是就是根据上述原则。兹录之如下，以为我国言民主教育者一种的参考："（一）教育须帮助我们明了本国和国民：美国教育应当培养国民对于国家忠心和了解，俾能奠下一种强调的情感根基；（二）教育须帮助我们了解和利用本国的人力和财力；（三）教育须帮助我们了解民族主义的贡献；（四）教育须帮助我们觉得我们对于国家的进步是负有一部分的工作；（五）教育须帮助我们了解民主主义生活的价值；（六）教育须帮助我们改善人们的关系，或加增我们对于个人的价值和个人的尊严，有深切的关怀；

（七）教育须帮助我们在这互相倚赖的世界上做一个合适的世界公民；（八）教育须帮助我们得到强健的身体和精神，教育对国防上的贡献，可用注意健康的方式和注意工作、读书、游戏等健康之环境的方法；（九）学校能够拟定计划，帮助我们更加了解民主主义的各种问题，在现在情况之下，学校应当加倍的努力，帮助本国教育去防卫民主主义。”

按宪法第一五八条的规定：“教育文化应发展国民之民族精神，自治精神，国民道德，健全体格、科学及生活知能。”民族精神偏于团体方面，自治精神偏于个人方面。换言之，我国今后的教育政策，乃是个人与团体兼顾，德、智、体三育并重之一种优良的政策，兹分论之。

1）发展国民之民族精神。蒋主席在《中国之命运》说：“要使我们中华民族度过战危，趋于巩固，则必须全国的教育家以国家观念为中心，以民族思想为第一。”所谓民族精神，对内求全体国民，各民族的团结，提高国民对于国家民族的意识、爱国的观念；对外要求世界各民族自由平等，和平相处。此种精神在我们今日的中国有亟宜发展的必要：第一，时代的需求，提倡民族精神可以说是现在各国教育共同的动向。在这世界新战国的时代，惟有激发民众爱国思想，统一意志，集中力量，以国家民族的利益为前提，消除意见，团结一致，然后才能希望在国际间取得真正自由平等的地位。第二，补救华族民族性的缺点——缺乏民族思想。老庄的个人主义，浸透了大多数华族人民的心，自利性、孤独性变成了华族普遍的性格，只求个人的利益不顾社会国家的利益，要补救这种缺点，今后教育亟应发展国民的民族精神。

2）自治精神。自治乃是宪政时期社会的理想，亦是宪政时期教育主要的政策。民治社会之得以实现，端赖一般民众皆能自治，学生为将来社会的领导者，应首先养成有自治的精神。克伯屈说：“学校的存在（最少在民主社会里）乃要帮助青年长大成为文化团体上一个聪明自治的分子，能够并且愿意与他人合作，不断地去创造普通的文化和生活，使他们能变为更好。”纵观我国一般学子，大率缺乏此种自治创造的精神，只重模仿与接受，少有自动与发明，传统训教方法的不良实为主要的原因。所谓“教者，上所施下所效也”，“学者，效也，受人之教，而效之也”，“幼者，听而弗问”等都是这种传统训教方法的说明，压抑个性，抹杀学生自动自治的精神莫此为甚。杜威早就警告我们说：“无论小学或大学的学生，如果我们以为他们可以跟从固定模型的方法去获得或解释知识，那便是自欺，而有很可怜的结果。”所以今后教师主要的任务，应是指导和鼓励学生作自动的学习或行为，以养成他们独立自治的人格。毕力格斯（T. H. Briggs）在其所著《中等教育》内说：“教师应比从前更当注意，他们最主要的工作乃是用各种方法有效地养成学生独立自治的能力，此种能力乃是他们大部分的学生所固有的。”

3）国民道德。今日学校教育每多忽视道德教育，这是极危险的现象，急应加以纠正。所谓国民道德，最要的当不外礼、义、廉、耻四德，而耻德尤为重要。清初大儒顾亭林先生早已说过："礼、义、廉、耻，是谓四维，四维不张国乃灭亡。"然而四者之中，耻为尤要，人之无廉而至于悖礼犯义，其原皆生于无耻，故士大夫无耻，谓之国耻。又说："呜呼！士而不先言耻，则为无本之人。"

4）健全体格。"健全的精神，寓于健全的身体"，身体健全乃是一切事业成功之基础。我国国民常被讥为"东亚病夫"，我们不能以病夫来造就第一等健全的国家。养成健全的体格，诚为人们成功、国家强盛之第一要着。

5）科学及生活知能。关于智育方面，应着重于科学及生活知能，二十七年四月中国国民党临时全国代表大会亦曾决议："对于自然科学，依据需要，迎头赶上，以应国防生产之急需"，为今后教育设施方针之一，我国自兴学以来，对于科学教育，可说是皆不断地加以提倡，历年来亦有不少优良成绩的表现，不过比诸欧美先进国家又未免瞠乎其后，非加倍努力发展不可。又我国课程中一种最大的毛病，就是对于生活知能，未能加以充分的注意，所以学校课程与生活常有脱节之弊。三十四年五月，六全大会，亦以"课程教材与广大农工生活之需要亦未能适合"为现今国民教育一种重要的批评。所以今后我国各科教材急应加以注意，以求适应于各种不同的社会生活。

总之，我国宪政时期主要的教育政策，应以民主为中心：一方面，继续儿童本位教育政策的精神与方法，尊重学生的人格、兴趣与需要，养成其独立自治的精神，尽量让他们自由发展他们的个性和德、智、体各方面的能力；另一方面，最少在此后30年之中（大概全部实业计划的完成，若无其他的阻碍，要积三十至五十年之久）还须继续过去以民族为本位为教育的中心政策，发展全国国民的民族精神，推行计划教育与统制教育，使全国各级各类的教育皆能各按需要得到平衡的发展，机会的均等，以配合民族复兴的计划。

再者，民主社会的实现，有赖于每个公民皆有知识，所以普及教育应为我国目前教育行政当务之急。宪法的教育文化节的中心思想亦即规定如何使教育机会得以均等，以达到教育普及与平衡发展的目的，例如，推行义务教育、补习教育及社会教育；广设奖学金的名额；补助华侨、边远、贫瘠等地区的教育；厘定国营与民营的教育政策；保障教育经费并规定中央、省、市、县的教育经费在预算总额中的百分比；保障与奖励教育人员；保护古迹古物及奖励科学的发明与创造等。设能按此政策认真办理，切实推行，则我国教育之前途当可乐观。

民国三十七年（1948年）第33卷第2号

民主教育的性质

Counts 著　赵廷为译

一、浅薄的民主概念

有许多种浅薄的、片面的甚至错误的民主概念，在美国民间流行着。在开拓时期的传统中，有一根深蒂固的观念，以为民主鄙夷优美的生活，却对于质朴而甚且粗劣的行为，反表嘉许。更趋极端者，竟认为对于服装华美及受有教育的人士所作的粗鲁无礼的举动，即是崇信人类自由的明证。还有一种相类的见解，以为民主社会是不拘形式的，人与人的相待，都亲切得像一家的人一般，抚肩拍背，以简名相招呼，即对于不相识者，也不妨以其私人生活情形相询问。属于同一类型而较为适当的思想，则着重在不事虚张，简单质朴这一点，尤以富家贵族为然。依另一派系统的美国传统来讲，民主只是指有权势的人对其依赖者及贫乏无能者表示仁慈及恩惠而言。

另外有一种观点，则大异其趣。依此观点，一个有天才、有宏图的个人，是否容易获得财产，并在经济政治方面发展，而卒能以其本人或其子女的姓名列入最精选的社会优秀分子的名单之中，乃为量度是否民主的尺度。根据另一信念，民主的主要特征，乃在保证个人得以随心所欲，摈弃一切社会义务，并将他人利益以至国家法律置于不顾。又有一种谬误概念，则以为在民主社会内，人人皆得投票，人人皆得合格当选，并担任任何类的公职。像上述各种说明民主本质的概念，虽也未尝不含有若干真理在内，都是非常浅薄，嫌欠充分的。

二、几种更根本的民主概念

还有四种更根本的民主概念，在美国民间也相当地流行，虽各有很大的优点，却仍不能视为恰当。

第一种概念最为普遍，乃是属于政治性质的。根据字源并且自古相沿，这只是指一种由人民管理，并保证个人若干政治的及公民的权利与自由的政府形式而言。因为这不问种族、阶级或宗教信仰若何，能够适用于一切的人类，所以这一种概念显极重要，吾人欲阐明民主的意义，自必予以重视。

第二种概念重视人类自由的经济基础。民主的社会秩序是以企业自由为特征，鼓励每一个人自己选择职业并保护他们占有并享受其工作的成果。无疑地，缺乏了经济的基础，民主就名不符实了。

第三种概念着重在社会方面。民主是一种具有极大弹性的社会，一切人为的障碍，必须要破除，阶级的严密划分不仅在原则上加以摈弃，而且必须要在事实上要使成为绝不可能。这也是一种不能不予以考虑的极有价值的理论。

第四种概念于政府、经济及社会机构之外，着重在一种道德的观念。依此论，民主指一种生活的方法，把个人作为一切事件的中心，让其依照本性自由地发展。这一个着重点，确具至理，凡认真企图检讨此一问题者，断不容予以漠视。

确然，民主兼具此四种不同的含义。民主有其政治的、经济的、社会的和道德的方面。这是一种政府的形式；这是一种经济；这是一种社会的秩序；这又是一种生活的方法；这是上述一切的总和，而且还要多一些。很明显地，如果要能够应付新独裁主义的挑战，这必须要具有一种动的性质和普遍的倾向，上述各种概念尚不足充分地加以表示。在这举世骚动的时期中，这必须要能够激起人类的忠诚和能力。这对于社会的维持和改造，必须要昭示指导原则和目的。

三、民主系一伟大的社会信念

民主不仅是些制度及生活方法，而且是一种伟大的社会信念。这一种社会信念，应合着许多次种族和人民的奋斗，而继续地发展，业已达数世纪之久。

民主信念，迄未有条文的规定。在人类先知先觉的名言和著作中，颇有所记载；甚至在男女平民的日常谈话及通信中，以及在被压迫人民的歌谣中，也未尝不可有所发现。各种习俗和制度，例如公立学校、权利法规、法庭议院立法、各种法律以及道德规条等等，都有民主信念附丽在内。此种信念虽界限不严，弹性易变，却必然把以下各条相互关联的条文包含在内。第一，个人具有最高的价值。第二，世界和人类的文化乃为人人所有。第三，人类能够并且应当自己管理自己。第四，人类的心智（mind）可予以依赖并应听其自由。第五，和平的方法较战争的方法为优。第六，种族、文化和政治方面的少数派应该要予以容忍、尊敬和重视。

第一条民主信念，最属基本，实把其余各条的意义隐含在内，至少可说是供作其余各条的基础。依此条而言，个人具有最高的价值。这确是一个胆大的解放概念，这对于每种压迫的方式，隐含着一种永久性的挑战。个人比其所居住的更宝贵；比维持其温饱的食物和衣服更宝贵；比其所赖以谋生的农场、工厂和船只更宝贵；比其所欣赏的油画、雕刻、诗歌及其他艺术作品更宝贵。个人的宝贵，远胜于国家都市、远胜于风俗制度、远胜于科学和工程、远胜于哲学和思想体系、远胜于权力名誉和光荣。据耶稣教建立者所述，安息日乃属耶教传统中最神圣的征号，也是为人而设的。个人不是牛马、不是奴隶、不是农仆，个人也不是供人买卖的商品。人是在地球上最为宝贵的，除非为了争取自由的生活条件以实现崇高的伟大思想及愿望，而准备于必要时牺牲其生命。

第二条民主信念，实隐含在第一条中——物质的世界以及人类的文化，乃为人人所共有。不论所采行制度若何，这一个世界，包含着土壤、水、气候、植物、鸟兽、矿物等富源，以及洲岛海洋、山谷平原；使人得以生存于其中，决不能视为某一优越的人种、民族或阶级所独有。同样，人类的文化，系代代相传的社会遗产，如工具、机器、建筑，以及习惯、风尚、民俗、知识、欣赏、价值、思想、哲学、制度等等，实为人类赐予个人的恩物，使其异于禽兽，这也不能视为某特殊阶级所得垄断的权利。这第二条民主信念，即含有耶稣“四海之内皆兄弟”及美国独立宣言中“人类平等”二语之精义。

前二条民主信念，若不以其他各条去补充，或可为一种开明专制政体所接受，有了这第三条民主信念，才打下了一种“自由人”的社会的政治基础。依第三条而言，人能够并且应该自己管理自己。值得注意者，这一信念包含两部分；这两部分同样地胆大而宝贵。这不仅说“应该”而且说“能够”。断然拒斥每类的独裁政体，不管其如何合于人道，这条信念宣扬“一切人类皆能自由皆应自由”的理论，坚持一切人类，不论就个人言，抑就组成社会的分子而言，皆应参与决定其生活的目的。古代对于治者和被治者的区分，依据此信念而言，简直可视为专制。现时的美国人民，因有久长的政治自由的经验，很不易了解这信念的胆大处和宝贵处。从古代的观点来说，若有人谓樵夫苦力都应该在国会中有发言之权，则简直可被视为叛逆。这条信念的胆大处和宝贵处由此可见一斑。民主是否尚有其他意义，姑置勿论，顶重要者，这是一种自由人的社会。

第四条民主信念乃是第三条的系论，这直截了当地说明，人类的心智可予以信赖并应让其自由。这便是说，依通常情形，人应当依赖其心智，并加意维护种种机会及权利，俾其心智得趋成熟健全。其更进一层的含义，乃谓任何阶级或团体，欲束缚其思想，左右其意见，狭隘其求知途径，并限制其研究及学习的自由者，吾人均应加以抗拒。这第四条信念，承认多数人的判断较一个人的判断更为优越。欲了解关于人事和社会事务的知识，这又肯定科学方法为唯一可靠的指导。这条信念又明白认识这件重要的事实，聪明的并且受过严密训练的头脑乃属自由的最稳妥的保证。

第五条民主信念肯定，在调整人类的歧见及争执时，和平的方法远较战争的方法为优越。诉诸武力乃属古代野蛮的遗迹。永远消灭武力，系民主不断努力追求的理想。民主又认为和平系人生最高的美德；至所谓军事的训练及德性，实与民主精神相背驰。在任何情形之下，民主企图以和平的方法来代替战争的方法。社会上通常采用自由讨论、批评以及不记名投票等方法，实可说是文明人类最高的成就，这一种成就也许可视为文明人类降生的标记。自然，争执的各方必须要忠守民主的原则，并准备接受由民主程序产生的各种决议，然后，这第五条信念才能够发挥作用。如若社会上有一党派，或世界上有一国家拒绝和平的方法，则民主仍必须准备以武力对付武力。吾人固然应该要不断努力使此信念普遍地被人接受；却对于民主的防御，仍不容稍加忽略。

最后，依民主的信念，对于种族、文化以及政治各方面的少数派，应该要予以容忍、尊敬及重视。集团主义认为，一个社会是否健全，视其人民如何顺从及缄默而定。民主信念拒斥这一种的理论。在一方面，我们确信，人格的统整性以及恻隐之心，原系最属珍贵的人类价值，曾被窘迫及压制少数派所引起的情感所毁灭无余。顽固和不容忍实为人类自由的大敌。在另一方面，依民主的信念，从少数派以及怀异见的个人或团体当中，我们可以得到社会上一种巨大的创造的动力——一种社会发现，发明和进步的工具。然即在此处，容忍也必须要有其限度。倘若少数派利用民主所赋予的自由，以阴损滥用或破坏这类的自由，则一种自由的社会，即失掉其保证。像这类事件的暴民行动，应该要在任何代价之下加以阻止，民意及舆论的力量应全部予以运用。最后也许要诉诸警察的力量，如若民主听任其徒守形式而消失其特有的精神，则其对于独裁主义的斗争，便不能够获胜。

四、美国和民主信念

民主信念的起源，历史上颇有些模糊了。在其最初的发展中，希伯来、希腊和罗马等古代民族，均有所贡献。后来，若干日耳曼民族，特别是在西欧及邻近英伦三岛部分，也对于这精神的遗产，有所发扬光大。晚近英法瑞士以北海波罗的海沿海各小国，颇有贡献于这民主信念的阐扬，但在现代世界各国之中，美国特别与民主同其运命。从最早的殖民时期起，移植于这新大陆的大部分民族，即为普遍自由而奋斗。他们大部来自欧洲较民主的国家，开始就选定这个民主的信念。于是在这大西洋沿岸，他们的生活情形及生活经验，一代一代地相沿成习，更倾向于民主的方式及精神。虽其中也有逆流，美国历史的一贯精粹，即在于这一种自由人的理想。

五、诉诸教育

为维护民主而诉诸学校的教育，乃为此种民主传统的逻辑的结论。在各大州的公立教育制度建立时，虽有许多种动机及兴味曾充分地表现着，但是对于“学校教育乃为保持及改善美国政体所必需”这一种的信心，实具有极大的力量。即在现时，大多数美国公民的内心中，却还存在着这一种信心，这对于各种施于教育的攻击，实为最有力的防御。美国人民常常假定——也许这假定尚未经批评的分析——公立学校的教育必然会成为民主的最坚强的堡垒。他们相信，这对于机会的均等，阶级划分的消逝，以及同化移民使其接受美国民主的方式和理想，乃至于经济、公民、社会方面理解能力的一般水准的提高，都有莫大的贡献。

美国人民对于教育的信念，实在是非常健全。无疑地，民主的保持和改进，乃依赖着有组织的教育。况且，这一种的依赖，在现时远过于往昔，较在各大州公立教育制度最初建立时，这种依赖的程度，不知道要巨大多少倍，若与科学技术尚未发达、政治经济问题未臻复杂的开拓时期相比拟，更何啻天壤？但在此处有一困难问题。依赖教育决不仅限于民主。每一种现代社会，不论是独裁的或是自由的，都必须要有一个完密的学校教育制度，以教育下一代人民，否则便有灭亡的可虞。因为这个缘故，美国人民的直觉固然非常健全，即尚未臻透彻。确然，这一种直觉必须要加以剖析。教育对民主的关系若何？其本质若何？民主对教育的关系若何？其本质若何？对于这类的问题，就美国人民的全体而言，尚未获得明白充分的理解。欲使公立学校致全力于自由人的教育，那么，消释这一种的混淆，实为必不可少的首要步骤。

六、教育对于民主的关系及其本质

为维护民主而诉诸教育，固然为一般公民及教师所共提议，却往往同样地未经批评的分析。此种困难的根源，乃由于这些人们虽不明白表示，却在内心中都有着一种观念，以为教育的过程是举世一致的。他们假定，除掉了承认教育过程必须适应一般的知识进步这一点而外，教育在何时何地，问题在本质上完全相同的。依此见解，教育永远是站在“天使”这一方面的，这对于能接受者是一种幸福，这必然是人类自由的良友及维护者。这对于民主是好的，对于独裁主义是坏的。易言之，无论如何，前者决不嫌其太多，后者只能忍受少许。他们武断地承认，有组织的教育必然是能够使心智开朗及解放的。

就人类关系及社会价值方面而言，民主是一个巨大而复杂的文化成就，像其他最优良的成就一样，这是十分精微而脆弱的，不易维持其最高度的优越性，而易趋于逐渐衰退。民主只能在一个民族的行为感情和思想的形态中存在着。如果这些形态被破坏，则民主也本身归于毁灭。如果此后每一代都不能由教学的复杂过程重新获得这些形态，则从此民主不能复存。各学校中，均集中注意于读、写、算及技能、艺术、科学等的教学。这显然是很对的，而且是必要的。但是民主方式的熟练，是一件远较困难的教学工作，却对于“自由人”同样的重要。若以为任其自然，儿童也能学习这些民主的方式，那就陷于十分谬误，正与假定儿童不经师傅而能熟练几何同样地不合实际。

由此看来，每种复杂社会的延续，一部分依赖着有组织的教育制度的道德的性质。如果要延续，要发扬，这社会必须要有一种适当的教育——培养青年特殊的性向和能力，以自别于其他的社会。

美国人民，必须要把整个教育理论及实施方法详加考察，俾其与民主信条完全调适，他们必须要使教育适合民主的精神并致全力于民主的维护及其彻底的实现——这一种教育，应准备儿童去保卫及发展一种自由人的社会，并能生活于其中。他们特别要使教育直截了当地并且有系统地给予一代人以自由人的忠诚、知识和训练。总之，美国公立学校的教育，在其学校生活及课程方面，应该要审慎地从事培养并加强民主所赖以存在的各种有关体、智、德三育方面的特性——使民主生活及信念透入青年男女的行为形态中。

美国教育政策委员会所出版之《美国民主教育政策》一书（*Policies for Education in American Democracy*）系一部极有价值的著作，不仅阐明民主教育的本质，并可供作我国确立教育政策的参考。现由笔者与李季开、袁昂三人合译。笔者担任第二编，出自 Counts 教授手笔，本文即为其中之一章。本书不久即可脱稿付梓，由商务出版。

——译者附注

民国三十七年（1948 年）第 33 卷第 9 号

教育民主化的根本考虑

刘百川　朱佐廷

基于时代的要求，民主化的教育已日益进入实施的阶段。不过，民主化的教育是一种革命性的改造运动，不是安坐而至，必须要用革命的力量，努力争取，打破历史的传统与心理上的迷信，才能实现。不然，障碍重重，将要遭受严重的阻碍，尤其是中国的“双料的传统教育”——固有的本国传统，加上西洋的传统，更要有大无畏的革命精神，破除一切不合理的制度与方法，才能走上民主的前进坦途。墨西哥“革命由于教育”的事实与记述，是教育革命的很好前例，实足以启示吾人。而所谓民主化的“化”字意义，正是藉助教育以破除旧的建设新的。因此，民主教育的实施，不独在理论上要有一番革新，建立健全的基础，同时在做法上也非大大地加以解放不可。这是实施民主教育应该考虑的根本问题。兹分述如下。

一、怎样清除前进的障碍？

民主化教育的实施，由于历史的传统与迷信心理，还有许多障碍，如教育内容方面，特别注重保存固有的意识形态与生活方式；方法方面，只是用力把前代的学术、思想与制度传给后代，以致守旧的迷信与偏见成为革命的民主教育前进的绊脚石，尽管教育维新了若干年，但尚无进步。有人说，我们的民主制度，到如今还不能建立，历史传统实有极大影响，实非过论。所以民主教育的实施，先要清除历史传统的障碍，教育上有哪些历史传统的障碍？最显著的如：

1）受教育便是读书，读书便是识字写文章，教育唯一的任务在读书识字写文章。读书识字写文章以外，尽管是生活上很重要的知识技能，一概不问。因此，误认读书便是教育，识字便是教育，造成教育与生活脱节、与实际脱节，制造一批批不事生产不能劳动的废人出来。

2）由于误解遗传、本能、个性差别及智力恒定等等学说，造成社会上反民主的阶级观念，误认有钱有势的人，是得天独厚，又贫又贱的人，是命里注定。以致贫贱的人，失掉教育机会，变成文盲，也说是命里注定；有钱有势的人，获得教育特权，也认为是得天独厚。因此，教育一向被少数人所占有，形成教育特殊化，专为少数人谋福利。

3）受教育的人成为社会上一个特殊阶级，所谓四民之首的“士”，表现出“人上人”的特殊地位，“人上人”便可以四体不勤五谷不分的“食于人”，而且高高在上的“治人”，变成坐享权利、不尽义务的高等游民，不独自己不能做和不屑做劳动事情，而且还轻视其他劳动生产的人们。

4）教育方法，注重形式训练。误认教育的使命是在训练各种独立的官能，学科内容以训练官能的成效为主，不注意生活需要的适应。例如学算术，不教学生算账，而练习“鸡兔同笼”“父子年龄”等一类玄妙问题，说是训练推理的官能，学国语不指导学生练习实用文，以供应用，倒注意死读死记，认为是训练记忆力，以致教育所重的是训练的形式，而非学科的内容。

5）学生入学目的，都希望读书能够吃饭，抱着“学而优则仕”的心理，走升官发财的路，对于用力的劳动工作，存着轻视心理，以为教育是生活以外的事，以致教育愈发达，结果愈生与教育相反的作用。

6）教育目的，钻向狭隘的升学路上去，学校是升学的准备场所。小学要升中学，中学要升大学，大学再升比较更大的学校。因为要升学，便不得不注意考试，一切科目专作考试打算，考试以外无目的，也可说考试以外无教育。因为考试要考得取，小学便做中学的俘虏，中学便做大学的俘虏，中小学本身毫无教育任务，只是盲目的跟着上一级的学校瞎跑。

教育上不民主反民主的历史传统与迷信，阻碍教育的进步很大。为着策动教育前进，道德应该清除这些障碍。至少我们要用下列各种方法。

1）从我们做教师的彻底自我改造起，改变自己的思想意识，改变自己的行为态度，一切教育实施，不专重读书识字及空洞知识的传授，而注意生活的适应与改造，并且在做上教，做上学，领导学生实地去做，同时自己也实地在做，打破书本教育的观念。

2）一切教育的材料，要力求实用，使学生学过的东西，马上便能应用起来。以行动为学习的方法，学习为行动的试验，天天学习，天天试验，以改造实际的生活，使生活在学习、试验当中不断的改造，更能满足实际需要，更能合乎实际理想。

3）实行学校社会化，开放学校，把教育从校内伸展到校外，从儿童扩大到成人，并且不受时间、场所、书本等限制，随机进行教育。给予人人有受教育的机会，教育的方式不必采用上课形式，校内以会议式的讨论为主，师生共同活动，校外要用各式各样的方法，每一件事不独要诱导民众彻头彻尾的知道，而且引导他们去做。

4）国民教育为贯彻“在学儿童一律免纳学费，贫苦儿童并须供给书籍”的政策，各学校无论成人或儿童应一律不收任何费用，即地方为办理教育筹集经费，亦不得以学生为筹集对象。如由学生家长捐献，应依照人民富力，作合理的负担，贫苦学生的书籍用品，并一律由学校供给。

5）国民教育应以培养健全国民为主要任务，学生升学应是自然的结果。国民学校的课程，应针对着国民生活的需要，不得完全致力于准备升学。政府不以升学的成绩作为考成的根据，教师不以升学指南为唯一的教材。积极指导小学毕业不能升学的学生，乐意的从事农工商各业。

6）国民教育以外的各级学校教育，应各有其明确的目标，充分发挥其特殊的功能，不完全以升学为目的。农工商各项职业教育，应根本改造，使能确实替代中国固有的家族制及徒弟制的职业训练，使每一个学生为个人、为社会都有很好的出路。

7）政府对于各级学校的设校设班，应有整个的计划，无论毕业后升学或就业，都有一个必然的去路。准备升学的，毕业后便应有升学的机会；准备就业的，毕业后即从事相当的职业，使每个毕业生都获得适当的出路，有相当的职业或学习的机会，不致失学或失业，游手好闲的流浪。

8）正式学校教育以外的各种补习教育，应普遍的发展，使不升学的人，仍有受各级教育的机会，已经就业的人，也有专业进修的机会。每一个学生毕业以后，都能为着自己的适当出路努力。

二、应该具备哪些条件？

教育民主化，既有重重的障碍，那么，要打破这些障碍，必须要有其条件。主要的条件当然是教育自身先尽可能的作革命的企图。同时由这种企图的努力影响到教育以外的其他种种，使教育配合也可说领导各方面奔向民主的大道。教育本身的条件是要改变方针、政策、内容、方法、工具等等，使之适合民主化的要求。这些条件应该是顺应历史发展的规律，有其现实性的根源，不是幻想、空谈。究竟教育民主化应该具备哪些条件？

1. 教育民主化要争取

我们知道民主化的教育理想，不从今天开始。吉德说：“我们谋教育的扩展，使其趋于全民主义的途径，足足有了五十多年的历史。”不过，民主教育的理想真正实现，还十分渺茫。在今天谈民主教育，多少还带有点“单相思”的意味。因为从教育自身言，单纯就教育言教育的时代已经过去，教育经常受着政治、经济、社会等等条件牵扯，同时政治、经济、社会等也常为教育所决定。要教育民主，必须配合其他种种共同走向民主，才能奠定基础；从教育对象言，人民狃于传统的积习，缺少民主的意识与素养，大都误认自己是“被人管”阶级，没有权利义务的观念，也没有自由的享受，因此，养成自私的狭隘观念，只知为己，不知为公。不知真正的民主，要人民自己管理自己、管大家的事、管国家的事，而且各人要贡献出自己的聪明才智为社会服务。对于义务权利有正确的观念，义务不规避，权利不放弃，大家会用自由，不误用自由，各人都获得真正的平等。要做到这一步，必须大胆的、勇敢的努力争取。把握住每一个社会环境周围一切客观形势的现实，具体而微的发现现实的需要，克服现实的困难，变革现实的环境，提高当时当地人民的教育水准，发扬当时当地人民的集体知能，配合当时当地的人民实际生活。用教育力量发扬人民的智慧，促成民主的实现。争取的主导力量，当然是领先实地从事教育工作的人们。我们翻阅世界先进国家的历史，自全盘的民主，以至于教育的民主，都是靠长时间争取来的。而争取的领导力，又常是教育家和思想家的觉悟。所以教育民主化的争取，要靠多数学生合作与教师同情，根据社会的需要、学习的需要以及学生个别的、集体的需要，通过师生合作的路线共同商订教和学的计划，把教和学的方式，由先生讲，学生听，先生写，学生抄的注入被动，一变而为师生大家集体的互教共学，也就是由死板的传授，变为灵活机动的检讨。学习的天地，由狭小的课堂，扩大为和大自然真社会接触起来。所以教育民主化的实施，要用力争取，要像恋爱时情侣追求爱人的一般热烈，才能达到目的，完成理想。

2. 教育民主化要创造

“民主没有深奥的意思”，教育民主化也不是难事。主要的要改变“尊重遗传和努力仿效的倾向”，对于一切旧的不合理的传统的制度方法，加以改革，使之合理适用。所以教育民主化的实施，第二个条件，要无情地摧毁一切传统的制度方法，另辟新机，向着创造之路迈进。美国史沙乐氏论全民教育制度的实施，曾说：“要鼓励一种教育上的创造和试验，使学校教育，对于国民社会生活，能有一种最切当的适应。不过，要讲到教育上的革新，现时我们大家都持着一种极谨慎的态度。假使有一种新计划，不见得能够给我们十分完满的结果，便很少有人肯来热心提议。像这种样子，实在不对。我们要知道凡一种实验，全要我们心胸广大，不受拘束，然后这种试验成功的机会，才能增加。若过分小心，要确确实实，见得有十分善果的事，方才去做，所谓东顾西虑，畏首畏尾，哪里有许多机会可以希望成功呢？老实不客气的说，我们现在做的事，有许多地方，只要得一点表皮上光荣，便心满意足了。至于其中真正有什么错误，我们却不曾想到改正。更进一步，我们在教育上的耗费损失力每每失于尝试的反少，失于不肯尝试一味疏忽的反多。所以我们的需要，是大家在教育上肯有真实的试验，肯将世上的经验作比较的研究，求得真正的效果。”民主教育原是一种革新的改造运动，改造旧的，便要建设一个新的来代替。不过，创造要把握住客观的现实条件，力求其合理化、现代化、社会化，切不能不顾事实，不顾政策法令，随便的标新立异。关于民主教育创造的路线，有人主张先从教育环境改造入手。创造健康的、劳动的、科学的、艺术的以及改造社会的各种生活环境。创造健康的生活环境，使人人生活安康，身心健全；创造劳动的生活环境，使人人有正确的劳动观念和生产技能；创造科学的生活环境，引导人类追求真理、认识真理、服从真理。创造艺术生活的环境，使人人获得艺术的陶冶和学习；创造改造社会的生活环境，使大家不安于故常，敢于突破传统窠臼，敢于正视现实，改造现实，创造新的现实。总之，要创造合理的生活环境，也就是教育环境，使人人过合理的生活，享受合理的教育，在合理的教育和生活环境中，陶育成为有思想、有智慧、有创造力的活人。

3. 教育民主化要解放

教育是人类生活的历程，也是人类解放的历程。教育要解放人的生活，教人获得生活上的知能，促进生活更美满、更丰富的日渐其充实，进而推动社会前进，使社会生活也更美满。教育要解放人的思想，给予人们思想的自由，大家无拘无束地想，大胆地想，想得周到，想得彻底，以解决人生问题，推动事理的进步和人类的进步。教育要解放人的言论，造成言论自由的风气，以舆论指导集体进步，由集体进步领导个人进步。教育要解放人的行动，以行动发挥人的创造力，为自己谋幸福，更联合起来为大众谋幸福。教育要解放人的时间与空间，使大家不受时间的限制，做自己愿意做的事，做有益于大众的事，抱着为大众服务的观念，表现出于大众有益的有力行动。而且扩大大家的空间，使大家处处有学习，处处受教育，不受定型的教育场所限制。因为人类惟有在各方面获得了充分的解放，才能获得了充分的自由，才能发展个性，各学所需，各教所知，使大家各得其所。也只有这种教育，才是真正的“人民的教育”。所以要教育民主化，必须教育自由，所谓教育自由，不独人人有办教育、受教育的自由，而且在教育方式上，也应有一种新的改变，给予每个人自我表现的机会，使每一个受教者运用他自己的头脑和双手，去试探和实验。积极地启发和鼓励自动，自动的思考、自动的讨论、自动的实践，使受教者的思想能完全自由，智慧充分解放，更使他们能鉴别世事，能批判自我。一切的活动，在教者开明宽大的指导之下，孕育出民主的人格，成为一块民主土上的一个“民主人”。

4. 教育民主化要配合

教育是一种社会改造运动，与政治、经济、社会等息息相关，不是一种孤立的东西。虽然教育负有领导社会、推动政治、协助经济繁荣的重任，但在不正常的状态下，教育往往为政治、经济、社会等所决定、所控制，所以教育不能单独完成其自己的民主的革命任务。要教育民主，非政治、经济、社会一齐走向民主的任务。所以教育民主化，要与政治、经济、社会多方配合。也就是说教育的民主，非有其多方面的民主基础不可。试想如果在一个没有民主化的政治的国家中，从事政治的人不以人民为主，时时怕教育普及，民智提高以后，人民不受其统治，请问教育怎会民主？我们知道，民权的发展与运用，与民智的启发是有连带关系，只有民主化的政治，才需要民主化的教育，也就是说，教育的民主必须配合着政治的民主。又如经济的民主，更显示其攸关于教育民主的密切深度，如果经济上不民主，还存在着剥削和压榨的不平等的经济制度，那么一般挟有压榨剥削特权的财富人们，有钱有闲的享受教育，一般工作代价被压榨剥削的穷苦人们，终岁辛勤还得不到温饱，谋生不遑，安有余闲余资去受教育？这样完全以财力而决定受教育的性质与时限，教育如何谈到民主？所以没有民主化的经济，是产生不出民主化的教育。再如社会方面，如果没有建立起真正的平等民主秩序，人与人之间还划分出不平等的阶级，一部分享有特权的"过分自由的人"，一部分被压迫的失掉自由的人，那么这种不平等的现象，不独是违反民主的进化规律，而且有碍于教育的普及，如何使教育民主？所以教育民主必须配合真平等的民主社会而滋生教育不是超然的孤立动作，要教育民主，必须配合教育以外的其他种种一齐进向民主，那么教育在与其他种种多方协调合作的情境之下，自然也会很顺利地实现它的理想与完成它的任务。

三、要达到什样的要求？

教育民主化，不是简单的事，也不是一蹴而就，必须作有计划的打算，依据具体条件，逐步实施。预计要达到什么标准，应该详细考虑。兹特拟订教育民主化各项要求标准如下。

1. 公民教育方面要分期达到的标准

第一步先达到每户至少有一个人能参加团体生活，并且能准时出席各种集会；知道遵守公共集会之秩序；服从团体之决议；热心为团体服务。

第二步须达到 45 岁以下、18 岁以上的男女，均分别参加组织，并且能充分了解个人与团体之关系；对于应尽义务不规避，应享权利不放弃；利用组织从事各种生产事业及经济活动；能利用团体的力量，随时改造组织的方法及活动的内容。

第三步须达到全体公民均能运用四权，推行地方自治，至少须会开会，并能自动召集会议，商讨临时事件；会选举，并知道重视选举的权利与方法；知道利用会议及各种组织，推行地方公益事务；乡镇民代表会及保民大会组织健全，并知道利用会议推进并考查地方各项工作办理情形。

2. 生计教育方面要分期达到的标准

第一步要达到每户都有正当的职业，足以维持其生活，并且能无业游民及乞丐等劝其习业；营不正当职业的人，逐渐加以取缔或改正；对于职业指导及介绍，有合理的组织及活动；每家都有副业，补助其生活不足。

第二步要达到45岁以下、18岁以上的民众，都能营正当的职业并能独立维持其生活。其标准：一般民众普通受过职业训练或职业补习教育；无论贫富或男女，在18岁以上的，都愿意从事于生产劳动的工作，并能自食其力；一般民众对于改良生产的方法，多愿意接受；一般民众知道用合作的方法，减少商贩及高利贷的剥削。

第三步要达到生产事业科学化，能够以合作的组织，调节民众的需要与供给。其标准：成年的民众，每人都参加合作的组织，并能以合作的方式经营生产事业；从事农业生产者，至少有80%以上采用新式工具或机器，改良其产品；一般民众都知道储蓄，更愿以公共之力量，经营养老、慈劝、恤贫等事业。

3. 康乐教育方面要分期达到的标准

1）第一步先要达到各家庭都能注意清洁，每一个人都能戒除不良嗜好，并注意身体健康。其标准：各户都能注意厨房、厕所、水井及道路的清洁；不良的嗜好，如赌钱、吸食鸦片等，都逐渐戒除；不良的习惯，如缠足、蓄辫、迷信鬼神、露宿、饮生水等，都逐渐改正；成人妇女都知利用体操国术及乡土游戏锻炼体格。

2）第二步要达到每人都有适当的娱乐及运动，并且都有公共卫生的习惯。其标准：成立乡镇卫生所、运动场、俱乐部等，每一个民众至少有一种以上的娱乐及运动；公共卫生事业，如健康检查、防疫注射种痘、妇婴保健等，能普遍的推行，公共厕所、茶馆、浴室、饭馆、理发店等均分别加以改良使合卫生条件；乡镇国民兵队成立，并实施严格的军事训练；按时举行乡镇运动会、同乐会、卫生运动大会及国民兵检阅典礼等。

3）第三步要达到公共卫生与娱乐有健全的组织、永久的设施，并且疾病死亡率有逐渐减少的趋势，人的平均寿命有逐渐加高的趋势，地方自卫有健全的组织与训练，并发挥其效能。其标准：卫生所、运动场、俱乐部等组织健全，设备充实，工作能普及于全体民众；对于民众的疾病死亡、寿命健康状况及工作成绩等历年均有精确的比较统计，按时公布；国民兵能切实保卫地方治安，土匪及窃贼绝迹，必要时能服从国家的命令，抵御外来侵略；全体民众都充分表现勇敢活泼、快乐、强壮、团结、进取的精神。

4. 语文教育方面要分期达到的标准

1）第一步要达到每户除学龄儿童应按时入学外，至少须有一个人读书识字。

其最低标准：认识文字至少在1000个以上；能阅读相当于初级民众学校课本之民众读物；能写简单之书信及契约等；能作普通应对之谈话。

2）第二步要达到35岁以下的成人、妇女、小年儿童有80%以上读书识字。其标准：新识字的人，其程度须达到第一步所列的各项标准；已识字的人，并继续进修，至少须能阅读相当于高级民众学校课本之民众读物；程度较高的人，都有阅书看报的兴趣；一般民众都有普通演说的能力。

3）第三步要达到全体民众有80%以上读书识字。其标准：新识字的人其程度除须达到第一步所列各项标准外，并且都会写选举票；已识字的人应分别达到第二步所列后三项标准；一般民众能自动组织各项读书会，并能编制各项壁报；一般民众能自动举行讲演会等，并且在开会时有发展讨论的能力。

教育民主化，是当前教育上一个重要课题，如何把握有利条件，运用有利条件，顺利地踏上民主大道，是我们每一个教育同志应该深切考虑的问题，我们要披荆斩棘，割去陈腐，清除传统的障碍，打破迷信的顽固偏见，使教育摆脱一切束缚，奠定民主的基础，为人类谋生存的幸福，创造社会文化的自由，终结教育上一切不平等、不民主的劣迹，用全世界民主教育的力量，解放了人类的一切精神能力，实现“天下一家”的理想，创造成一个大同的世界和美满的人生。

民国三十七年（1948年）第33卷第12号

第三章

关于教育改造的进一步思考

教育的改造，既有技术层面的改革，更有教育思想层面的革新，关于学者在教育思想层面的思考，主要有如下的观点。

1）人权时代的教育应着意于国民意志的锻炼和被教育者人格之完善。

2）教育不仅应因个人之特性而发展之，更要尊重个人之价值，因为个人天性愈发展，则其价值愈高，则社会文明进步愈速。

3）教育是道德的事业，政府不可独占道德的控制权，教育虽应培养忠于国家的观念，但怎样方算忠于国家，不能单让政府去解释。

4）为什么不要国家专断教育？因为要保持地方和私人发展的自由。

5）教育作为一种工具，它的主要功用应能满足最大多数民众最急迫的需要，即民生的教育，所以，要提倡民生本位的教育。

6）“德谟克拉西”教育的宗旨在于培养善思考及决断的人民，纵有人不欲我们怀疑，我们也要大胆质问。

7）没有学术研究支撑的教育是有问题的教育，当前，无论在学制、课程、训导或行政等方面都有许多重要问题有待进行研究，但在高物价的压迫下，许多教育学术工作人员为油、米、柴、盐等所困，于是，教育的问题始终难以解决。

8）旧道德已不能满足时世的要求，必须提倡新道德。新道德必然是进取的，不因循守旧；必然是自觉的，非出于专制强迫；必然是平民的，满足共同生活之需要；必然是人格的，符合独立自尊的观念。

论硬教育与软教育

无　始

数年前，日本汉学家远藤隆吉著一书行世名曰《硬教育》，力诋现时之教授法为软教育，其说曰教授儿童，须与以难于理解之教材，且分量不妨过多，以养成其奋勉之习惯，又盛称日本昔者藩阀时代寺子屋教育，令儿童谙诵四书五经。其初虽似困难，而其结果则非常良好。明治初伟大人物，多出于此。是故国民意志之锻炼，人格之修养，断在乎此，是谓硬教育。若如现时之学校，教材务取简单，使儿童易于领解，又斤斤于教授法，务开发儿童之兴趣，儿童从容以赴，绝无困难之状。其结果必致全国青年，均养成畏难苟安之人，是谓软教育。远藤氏之论一出，惹起彼国教育家之注意，赞成者固有之，非难者更复不少，迄今此议论已息。在汉学派虽犹有主张硬教育者，卒不能见诸实行。盖硬与软云者，不过名词新奇，足以炫人耳目，实则新旧学派思想之代名词耳，无所谓硬与软也。教育上学说，必须根据真理，止乎其中，矫枉过正之论一时足以惊人，事过境迁，未有不令人遗忘者也。

我国向者私塾授课，强令儿童诵读四书五经，视如机械，威以夏楚；前清时改设学堂，犹励行读经讲经，颇似远藤氏所主张之硬教育。民国成立，教育部采取舆论，特令中小学校废止读经，颇似远藤所说之软教育。吾虑硬教育、软教育之新名词，足以炫人耳目也。乃就学理与事实两方面，一论其利弊。

儿童之心理与成人不同，此心理学上之定则也。教授当以儿童之心理为基础，此教育学上之定则也。为硬教育之说者，则初不根据此理，惟务为高远之论。以成人所知行者，漫焉责之儿童，是犹强学步之赤子，使之登梯，号于人曰：此猛进主义也。吾恐其未必能进，挫跌而已，且教授当由易入难，循序渐进，是故宜取开发主义，不宜取注入主义，亦数十年来教育家所持之公论。即孔子之教人，亦循循善诱。释之者曰，有次序也。为硬教育之说者，则不取此，曰教材宜难不宜易。虽精深之义、古奥之辞，宜悉举以授诸儿童，是犹强童子为乌获，使举千斤之重，安见不折膑绝脰耶？此就学理上言之，而知其说之不可行也。

试思我国学子，除近来在学校毕业者外，吾侪年长之人，孰不曾受往者之硬教育乎？终日呆坐诵习经典，读书十年，偶能操觚作文。而通常书信，则不能下笔，寻常卖买，而不能识权衡之轻重者，比比然也。教育者，非欲施诸实用乎，而硬教育之弊固如此，或曰此乃一偏之见。今所谓硬教育者，固非悉废学校他种科目，恢复向日之私塾，不过增加艰深之教材，以锻炼儿童之意志耳。诚如是，吾更有说矣。今日学校之教科目，数且逾十，以与数十年前儿童终岁仅卒业《大学》《中庸》一二册，以为蒙养之始基者，其多寡实有霄壤之别，讵可再事增加，且昔之教者，仅授儿童以书，使习其句读，能谙诵而止，其领解与否，勿问也。今日之教授，乃将此十数科之教材，灌输于儿童脑中，使融会贯通，能施诸实用，以云锻炼意志，固在此不在彼矣。或又曰，硬教育之最终目的，在修养人格。盖今日之学校，只知灌输知识，不能陶冶儿童之品性，以完成其道德；硬教育者，则施以古典之教材，智识与道德。冶为一炉，其结果之伟大，断非软教育所几及。答之曰，今之学校忽视儿童之德育，诚不能为讳然。此乃办学者之不尽责，非软教育之害也。夫培养儿童之道德，应就日用常行之事，俾能即知即行，几于实践今之修身教材，即本乎此。果教师能注意训练，则未尝不养成适于现世之人格。若必取古人高远之行，一一责诸儿童，则徒托空言，不能实行，人格奚由而成，适见其南辕而北辙矣。

要之，硬教育主义在中等学校以上，未尝不可略师其意，惟欲施诸小学校，则万不能行。彼邦教育家，固已详言之矣。吾愿主张硬教育者孰思而审察之。

民国二年（1913 年）第 5 卷第 9 号

论教育权——敬告中央教育部之二

庄　俞

国之强否，视主权之所属；事之行否，亦视主权之所属。主权失则国日衰而事日堕。盱古衡今，不有以揽权而败者乎？又不有以丧权而败者乎？际此百端待理之秋，使主权者不得其当，国之安危，有难言者矣。教育为立国之基，教育又为行政之一，是何待言。惟此教育权，果谁为之主，宜令全国教育界，人人知之，而人人明之。不然专制时代之教育界，尚有统一之象；共和时代之教育界，转呈分裂之机，是则主权无所隶属之见端，抑亦主权者无完全之能力故也。至高无上之教育部，非名正理顺而握教育权者乎。然命令之颁布，往往行于一隅，不能行于全国。好权者伺其后，各挟习俗不同之说，滥发命令，使一地如是，各地皆如是，一省如是，各省皆如是，则何必于中央更设教育部？大总统又何必任命教育部总次长？直以教育权分寄之各省各地可已，信如是也。且可引共和国先进之美利坚以为证，何则？美之教育权，不属中央而属之州政府，且有不属州政府而属之市政厅者（详见本杂志调查栏美国教育行政制度）。美国区域广大，行之数十年，利弊参半。我国合五大族组织一大民国，土地之广似美，风俗之庞似美，民情之难亦如美，所以得引美国以为证者，即在于是。然而以天真烂漫之国民，屈处于专制政体之下历数千年，其知教育为急务，不受教育为奇辱者，千百而无什一。稍具知识之徒，大抵为权利所惑，不问事理如何，要以攘权为第一义。如此程度，如此现象，而欲以至重且要之教育，盲从北美，而付之各地各省，岂其可哉？故今日之教育权，非集于中央不可。集于中央，将谁主之，则行政权属之教育部，立法权属之国会是也。

环顾吾国，有自然之界限，其天时不同，地利不同，民情不同，非镕陶久之，不能同化。则今日欲强之受同一方策之教育，其利害若何，乃一极大之研究问题。大江流域也，黄河流域也，珠江流域也，关东也，蒙藏也，各谋适当之教育，谁曰不可。但宜由教育部召集各省代表会议之，议决，由教育部执行之，则于事实上无窒碍之端，而权限上有统一之效。况吾所谓教育部应有之主权，专指全国教育之大纲、大法、大本、大原而言之，决不愿教育部将各省各地琐琐屑屑之事，而囊括无遗也。教育部之善用其主权与否，与全国教育之进行有绝大关系。今之教育部，当非放弃主权者。

惟明白教育者，方可与谋教育之进行。热心教育者，方可付以教育之职任。约言之，教育权当由教育家主之。呜呼！林林总总中，果谁为教育家，谁为非教育家，岂一孔之子所敢妄论？在今日欲觅一名实相称之人，亦第视国人皆曰是教育家，则教育家之耳。今之教育部，未尝不欲网罗海内教育家，分司要职，以求教育之发达。然而普通司、专门司、社会司，职员不下数百，欲尽得所谓教育家，乌能达此宏愿？惟有于各司总揽主权之人，慎选严择，庶几发号施令，不致有讹谬之虑。若为事择人，而人不称职，则于事何济。人才缺乏，普通教育家尚属易得，所谓专门，所谓社会，则已难之。援引一二不明专门教育社会教育者，与以专门教育社会教育之权，固属不可。即于专门教育、社会教育研究有素，而其才力足以坐而论，不足以起而行者，亦未见其可也。敬告教育部，慎选员司，乃执行教育权之一事也。

法令者，有主权者宣布之，亦惟有主权者执行之。有此法令，而无执行之主权，与无法令等。国家之设国务院，欲以全国之政治权委之也。国家之设教育部，欲以全国之教育权委之也。国务院不得执行政治法令之权，国家焉得而治？教育部不得执行教育法令之权，教育焉得而兴？教育部固为国务院之一分子，而其宣布之法令，即属国务院之法令。有一法令，必求一法令之执行，故法令不可滥发，尤不可不实施。今日教育部之能力，果足执行一切之教育法令否？苟其不能，则必速自整顿，速求挽回。不然丧权之害，教育部不足惜，其如全国教育何？教育部之成立，四月矣。各省教育行政，不遵教育部之法令者，不知凡几。前者教育部通令，学堂一律正名为学校。而近日犹有惶惶然以京师大学堂名义，广告各省者。区区称号，尚欲弁髦法令，其他可知矣。北京咫尺之间，尚欲弁髦法令，其他可知矣。背景咫尺之间，尚欲弁髦法令，则距京较远之地，及僻远省份益可知矣。是故今日之教育部，必先求完全之教育权，而后教育行政方可着手。敬告教育部，严重法令，乃执行教育权之一事也。

事之当否，只问其可行不可行。可行，虽亘古未有，不妨自今日始；不可行，虽有成例，不能沿袭而不改。麻木不仁之政府，不肯负责任，遂致事事援引例案，明知时异势迁，犹在故纸堆中讨生活，以完全之教育权，付诸若而人掌握之，使亿万青年永无革新之希望。此前清学部之鸩毒，想国民独未忘也。今日何日？乃一摧陷廓清之绝好机会。以教育部而论，凡前清学部之例案，可一举而火之，或封固一室，给养蠹鱼，不得再用为比例之资料。庶乎新幕大张，精神一振，而舞文弄墨之胥吏，藉得扫荡无遗。教育部之主权，可省去无限之障碍，又何乐不为耶？敬告教育部，消灭例案，乃执行教育权之又一事也。

今日不有主张教育权独立者乎？兹事体大，不佞以为今日所亟者，乃在教育权之统一，而不在教育权之独立。世有独立，世有疑吾言乎？窃不敏，愿闻教。

民国元年（1912年）第4卷第3号

论道德教育

贾丰臻

人心造教育，教育造人心。教育不能革今昔之人心，人心不能产今后之教育，此民国之大患也。有教育家作，为国家万年计，为教育报本计，不图小利，不贪近功，规划全局，措置裕如，则教育界或有回生之望。虽比之东方森有礼，亦非过誉，否则敷衍失责，因陋就简，枝枝节节而为之，终无当于万一。仆敢谓国运纵长，而教育界不免永居于被动之地位，以之消耗人民负担则有之，以之辅助国家势力则未也。然则所谓教育家者，当自何处入手，曰急宜注重道德教育。盖军国民教育与实利教育，虽为今后之要图，但道德教育未能得完美之结果者，则所谓军国民与实利，亦不过成一社会上之名词。幸而造成，恐终邻于武断或贪鄙近利而已。盖聚群盲不能成一离娄，聚群聋不能成一师旷，聚群怯不能成一乌获，聚群卑污虚伪残忍愚懦之人，则虽东西洋之良法美意，在人行之而已有成效者，在我终退处于无权。强而行之，亦不过成一沐猴而冠之变相耳。此道德教育之于今日，犹饥之于食，寒之于衣，布帛菽粟不可一日或离，而非他说所能间也。

道德教育，行政界所标示也。注重道德教育者，非仆一人之私言也。教育部发布教育宗旨，与大总统发布整饬纲纪命令，亦言之审矣。教育部之命令曰：注重道德教育，以实利教育军国民教育辅之，更以美感完成其道德。大统领之命令曰：（前略）中华立国，以孝悌、忠信、礼义、廉耻为人道之天经，政体虽更，民彝无改。（中略）古人以上思利民朋友善道为忠，原非局于君臣之际。自余七德，虽广狭有殊，而人群大纪，包举无遗。（中略）当此存亡绝续之际，（中略）惟愿全国人民，恪循礼法，共济时艰。（中略）本大总统痛时局之阽危，怵纪纲之废弛，每念今日大患，尚不在国势而在人心。苟人心有向善之机，即国家有底安之理，凡吾邦人父兄子弟，敬而听之。（下略）虽今后之成效如何，然其文诰上固言之谆谆，则不得望其实心实力以底于成也。

道德教育，国家不可须臾离者也。昔路得尝就国家福祉之根源而言曰：凡一国之昌荣，非因岁入繁多，非因城垒之坚固，亦非因官衙公署之壮丽，只在乎教育善良之人民，即因于知识品格兼备之人物。又司马衣而司曰：立宪政治之国，其人民不论何种类，皆得保有政治上之几分权利。故由其人民道德上所生之行为风俗，即可作出国之品格。故人民之品格，即国家之品格，人民品格之性质，如何为优等？曰心志高尚，曰诚实，曰忠直，曰有德，曰勇敢。人民之性质如此，则其国光辉璨然。他国皆克尊敬，国威自能重如磐石，足以镇压四方。而以上诸性质外，尚有数要件，曰敬虔心，曰规则的观念，曰独立自治之精神，曰职分之观念。此皆人民之品格所不可缺者。吾辈闻司氏之言，从事于道德教育者，亦可知所返矣。

道德教育，社会上所赞同也。自国家维新而道德之希望生，又自国家维新而道德之希望绝，仆尝闻今日社会上一般之言论矣。老者以少壮为傲慢无礼，不知敬长为何物；男子以妇女为桀骜不驯，不知家政为何事。表而出之，鲜有不姑甚其词，推其波而助其澜者。此虽一时悠悠之口，未可援为定论，然亦安知非当日之不能注重道德教育，有以使之然也，盖天下事有利必有弊，有弊必有利。畴昔闭关自守之日，无所谓知识，无所谓权利，则其硁硁而不失者，虽不过属于言必信、行必果、宗族称孝、乡党称弟之一二端，而其敦庞成俗朴直成风，自是以征取社会上之信用，则反之，而今日之竞尚知识纷争权利者，无惑乎！其不能如筹昔之信果孝悌，以酿成风俗，而为社会上所信用也。入乎此则出乎彼，如扶醉人焉，扶得东来西又倒。此固时会所使然，而无可如何者。诚能注重道德教育，既保其已往之善，复作其后日之新。社会上焉有不踊跃欢呼而赞同者哉？

道德教育当自家庭始。吾国家庭教育之不讲，非一朝夕矣。以未受教育之母姊，操一家之教育权，鲜见其能胜任也。或以神鬼，或以毒蛇猛兽，或以碧眼虬髯之洋人，种种装魔作怪，以怖小儿之啼。在当局者以为可取便于一时，而不知适养成一将来畏葸退缩之国民。或以果食，或以奇技玩物，或以特别之哄骗手段，种种花言巧语，以迎合小儿之性。在当局者亦以为可取便于一时，而不知适养成一将来奸诈百出虚伪无耻之国民。履霜而知坚冰，础润而知降雨，非一朝一夕之故，其所由来者渐矣。昔孟子幼时，问东家杀猪何为。母曰：欲啖汝。既而叹曰：子适有知而欺之，是不宜也。遂买猪肉以食之。华盛顿幼时，以刀斫樱桃树，而能自认不讳。父曰：樱桃千株，能及诚实之可贵耶？重勉之。是二者虽属老生常谈，但以仆视之，实为今后家庭教育所必当取法者。至于胎教一节，如不邪视、不妄想之类，亦为妇女所不可不知者，盖因果感召之理，原非绝无影响者也。

小学校之道德教育，当自何始？聚不识不知天真烂漫之儿童，与之说孝悌、忠信、礼义、廉耻之大防，是犹盲者而使之辨五色，聋者而使之听八音也。然则重修身教科乎？曰：修身固为小学校之注重科目，但规规于形式之课本，则不合时宜者有之，干燥无味者有之，终非良善之法也。然则重讲堂训话乎？曰：讲堂训话，诚为小学校所不可少，但小学教授注重直观，断非可以庄言正语感应之也。仆视之，则非注重作法教授不为功。外国小学校有作法室，凡对人行敬礼及送礼迎应对进退一切，加入修身正课，作为练习之用。故外国小儿，对于长上，对于不相识者，大都彬彬有礼，动作有法，言语有节，积之又久，成为良习惯。虽求其将来不为谦让之国民，不可得矣。吾国小儿，非畏缩不前，即傲慢无礼，种种不知自爱，欲其将来不为畏葸阘茸之国民，亦不可得矣。此虽关于家庭之无教育，然亦安知非小学校之不知作法教授，有以使之然也。诚能注意于此，则仆所编之作法教授法，可展卷而寓目焉，固所愿也。

中学校以上之道德教育当自何始？吾国中学以上之学生，大多不脱从前书房习气，娇养文弱，为各国所罕见。此虽数千余年来之习惯，然亦中学以上之道德教育不发达之故所致也。为今后计，当以忍耐劳苦为前提，而不当取从前书房教育贵胄教育之风。欲实行之，其法当自训练始，而训练当自锻炼始。点石可以成金，炼铁可以成钢。聚有为之青年，锻炼其身体、锻炼其精神、锻炼其心性，养成强固不拔之气概，则异日可贫可富、可贵可贱、无尤无怨、无谄无骄。为吾所当为，而不为外界所摇惑，此其事非异人任也。锻炼之法：第一，学生自动者。如守贫耐寒，一面勤学，一面作业，勉为善学生是也（外国苦学生有卖牛乳及新闻者，有挽人力车者，有为人雇役者，有扫除电车路者，藉薄微利以充学资）。第二，学校所提倡者。如长距离远足，或设练胆会，夜半在荒野远足，或长距离游泳，或奖励无钱旅行，或奖励探险队。此种情状，虽与体育知育者皆有关系，然于道德教育上，亦万不可少者也。其他如道德上之名词，车载斗量，不可胜数。然以仆观之，吾国学生目前所再当注意者，曰诚与敬。非诚无以戒虚骄之气，非敬无以杜傲慢之风。愿当局者勿视为弁髦，而实心实力以成之也。

今后之社会教育，究以何项道德为要乎？吾国一般人民所最缺乏者，曰爱国心与公德心。甲午之役，台湾割矣，而闽人之醉梦如故。庚子之役，北京危矣，而南人之酣嬉如故。是何也？曰爱国心故也。一家堂奥，美哉轮奂，而门外之道路，置若罔闻。商贾货财，富埒王侯，而公家之输将，悭于挖肉，是何也？曰无公德心故也。彼主持社会教育者，诚能于此二者格外注意，则固仆所馨香祷祝者也。然此断非口舌之宣讲，所能挽回其积习，必也有白话报焉、印刷品焉、图画焉、油画焉。凡关于国耻之历史，可一览而靡遗也，此养成爱国心者所不可少者也。公园、学校、医院、善堂、社会之公共事业发达，汽车、汽船、电车、电话、社会之共通业务进步，则公德心亦油然而生焉。且也社会上一般人民，等于小学校之儿童，断非一时之庄言正语所能感应，要必有恃于国画标本模型之直观教授。此小学校设备上所以有博物列器室，而社会教育上亦不可不有教育博物馆也。

道德教育不宜呆滞。昔孔子答弟子之问，也莫不因材而施教。诚以教育也者，乃一种活泼流动之物，须与学者之程度兴味䜣合无间，而后能受领也。道德教育亦然。人有言曰：中国人尚孝，日本人尚忠，西洋人尚公德。一若历史上固有之物，断不可以舍己而从人者，仆敢谓此说未尽然也。盖孝果为家族伦理所不可少之要件，但道德云者，正不仅限于家族一方面也。如仅限于家族一方面，则所谓纳税、服兵、入学种种之义务，地方自治、议会、选举之种种权利，皆为吾国道德上所吐弃者也。无惑乎吾国人之性质，只知有己，不知有人；只知有家族，不知有社会，不知有国家，不知有世界。外人谓我四万万人，实四万万国，最可引为羞耻心也。此主持道德教育者，所当力求进步，不必为前说所拘牵，尤不必规规于往圣前哲之一言一行而竭蹶从事也。

道德教育宜有信仰心。西洋人崇拜宗教，日本人专奉天皇。道德教育，自当立一标准，以为吾人道德最终之目的。否则蓬梗萍踪，游移无定，断非道德根本上之解决也。孟子谓曹交曰：子服尧之服，诵尧之言，行尧之行，是尧而已矣。子服桀之服，诵桀之言，行桀之行，是桀而已矣。尧与桀虽善恶殊途，但学者以尧为准则竟为尧，以桀为准则竟为桀。断乎不为尧不为桀，而成一道德上无标准者也。纵宪法上有信教自由之条，但既云自由，则可知信仰者，诚为道德上之问题。吾国向来固无所谓宗教，但专制时代，强者为王法所抑制，知者为名誉心所拘束，而一般愚夫愚妇，大都为先王神道设教所支配。自国运更新，势必放驰其旧所固有者。而今后之如何设施，反至青黄不接，此最可虑者也。仆意为人不可无信仰心，纵不必明定某某为国教，要不可不表而出之，以为道德之标准。如是则旧有之道德，不至毫无凭藉。而于他方面，复择吾所缺乏者以为之助，庶信仰心不至流为迷信，而道德上又可免挂一漏万之弊矣。

以上所述，为今后道德教育上所当注意者，惟有治法尤贵有治人。仆深望吾国教育行政界，而有森有礼其人也。

民国元年（1912 年）第 4 卷第 9 号

个人之价值与教育之关系

蒋梦麟

教育有种种问题，究其极则有一个中心问题存焉，此中心问题为何？曰“做人之道”而已。做人之道为何？曰“增进人类之价值”而已。欲增进人类之价值，当知何者为人类之价值。然泛言人类之价值，则漫无所归，且人之所以贵于他动物者，以具人类之普通性外，又具有特殊之个性。人群与牛群、羊群不同，牛羊之群，群中各个无甚大别，此牛与彼牛相差无几也，此羊与彼羊相差亦无几也。人群之中，则此个人与彼个人相去甚远，有上智、有下愚，有大勇、有小勇、有无勇，有善舞、有善奕、有善射、有善御，皆以秉性与环象之不同而各成其才也，故欲言人类之价值，当先言个人之价值，不知个人之价值者，不知人类之价值者也。人类云者，不过合各个人而抽象以言之耳。

陆象山曰：“天之所以与我者，至大至刚，问尔还要做一个人么？”此言个人之价值也。我为个人，天之所以与我者至大至刚，我当尊之敬之，尔亦为个人，天之所以与尔者，亦至大至刚，我亦当尊之敬之。个人之价值，即尔、我、他、各个人之价值。识尔、我、他之价值，即知个人之价值矣。个人云者，与尔、我、他有切肤之关系，尊敬个人即尊敬尔、我、他，非于尔、我、他之外，复有所谓抽象的个人也。

我国旧时之社会，由家族结合之社会也，故合君臣、父子、兄弟、夫妇、朋友为群。今日文明先进国之社会，由个人结合之社会也，故合尔、我、他各个人而成群。由家族结合之社会，其基础在明君、贤臣、慈父、孝子；由个人结合之社会，其基础在强健之个人。

何谓强健之个人？其能力足以杀人以利己者非强健之个人乎？曰非也，杀人以利己是病狂也，犹醉酒而胆壮，非胆壮也，酒为之也，其能力足以杀人，非能力大也，利诱之也，强健之个人不当如醉汉之狂妄，而当若猛将之奋勇。

“天之所以与我者至大至刚”，我当如猛将之临阵奋勇直前，以达此至大至刚之天性，而养成有价值之个人。做人之道，此其根本。

此“至大至刚”者何物乎？曰凡事之出于天者皆“至大至刚”。卢梭曰：“天生成的都好，人造的都不好。”此即承认人之天性为“至大至刚”。教育当顺此天性而行，象山曰“教小儿先要教其自立”，自立者，以其所固有者而立之，非有待于外也。

个人各秉特殊之天性，教育即当因个人之特性而发展之，且进而至其极。我能思，则极我之能而发展我之思力至其极；我身体能发育，则极我之能而发展我之体力至其极；我能好美术，则极我之能而培养我之美感至其极；我能爱人，则极我之能而发展我之爱情至其极。各个人秉赋之分量有不同，而欲因其分量之多少而至其极则同，此孔子所谓至善，亚里士多德所谓 Summum Bonum（译即至善）。

个人之价值即存于尔、我、他天赋秉性之中，新教育之效力，即在尊重个人之价值。所谓“自由”，所谓“平等”，所谓“民权”“共和”“言论自由”“选举权”“代议机关”，皆所以尊重个人之价值也。不然，视万民若群羊，用牧民政策足矣，何所用其“言论自由”乎？何所用其“选举权”乎？牧民政策，仁者牧之，不仁者肉之，牧之始，肉之兆也。故牧民政策之下，个人无位置，尽群羊而已。共和政体之下，选举之权尽操于个人，此即尊重个人之价值也。政治因尊重个人，故曰共和，曰民权；教育因尊重个人，故曰自动，曰自治，曰个性。

我一特殊之个人也，尔一特殊之个人也，他一特殊之个人也。因尊重个人之价值，我尊重尔，尔尊重我，尔与我均尊重他，他亦还以尊重尔与我。尔、我、他均各尊重自己，人各互尊，又各自尊，各以其所能发展“至大至刚”之天性。个人之天性愈发展，则其价值愈高。一社会中各个人之价值愈高，则文明之进步愈速。吾人若视教育为增进文明之方法，则当自尊重个人始。

民国七年（1918 年）第 10 卷第 4 号

人权时代之教育

陈正绳

初民社会，浑浑噩噩，于自然现象，无以明其妙谛。由是而惊讶，而恐怖，拟之为神，而对所拟之神，则生严恭寅畏之情，莫之或畔。其身之所系属者，神也，其行之所取则者，亦神也，甚乃蹂躏他群，杀戮异己，亦自谓称天而行，此时代学者名曰“神权时代”，厥后社会演进，有黠慧者起而统治其社会之众，斯时众之视此统治者，殆如第二之帝天，戢戢然奉令从命，犹恐或失，其好恶取舍，必准于其君之意旨，或命令，故以夙夜匪懈，以事其君，为惟一之信条。此时代学者名曰“君权时代”。逮演进稍深，知出治之君，亦犹乎吾人，且无异吾人任使者，则其行法于民，施政于民，自不可不本于吾人之好恶，于是聚其群之智且贤者，谋立法制度，以为社会制治之具，于此之时，固稍稍解脱于神权时代之迷误，与君权时代之淫威，惟必须凛遵恪守此人为之死法，故此时代学者名曰“法权时代”。是三时代者，其于人生价值衡之，都无有当。何则？以其皆无发挥个人天赋才能，俾得成己成物之功，而皆有刍狗灵才，戕贼天性之害耳。夫神权时代，所以范束人心者，宗教的信条。而宗教的信条，以无所用其思辨审度，隤然默守，足矣。由是而人界之才，以无所用而消亡，则生人化为木偶矣。且黠者假神之命，有时或至诛锄残虐，贻社会以莫大之祸，征诸往事，此固神权时代必不可免者。至君权时代，所以范束人心者王法，时或杂以神道，其社会之众，无所用其才德心能，殆无以异于向之神权时代，惟能俯然以就其君之衔辔，斯为忠顺之良民，其君则褒之奖之，有时群雄角逐，各怀取而代之之时，则其为祸于忠顺之民，殆洪水猛兽，不足以喻其万一也。此亦验之前事，可决君权时代必然有之结果。若夫法权时代，宜若可以长久相安矣。无如其于磨砻奋发个人之才德心能则不足，而造成多数冷酷狡猾之鬼蜮性行则有余。民上之黠者，弄法坏法之事，日出不穷，便于己者，则取之以绳他人，曰是固国法也，尔等不容背叛之；达于己者，则舍之以适其志，其行法于民也。深文周内，援引比附，逞威福而便己私，为其惟一之特长，而下之奸者，亦以是应，终至驱一世之人，为至工极巧之衣冠盗贼而后已。是故之时代，皆反人性之常则而背天演之自然，无以启其自发、自治、自律、自由之心意。惟用科条刑章，为外铄、为束缚、为他律、为矫揉之抑制，以阻其生机之开展。换言之，即味于人类内部之潜能，而妄用外部之拘束，使其精神与身体为君权、神权、法权之牺牲也。晚岁以来，科学与哲学日益进步，人类思想界因之解放，弃暗就明，向上发展心之弥切，社会上一切建设，皆以人生价值为衡，学者名此时代，曰人权时代。此时代之人类，在发挥个性，而营社会生活，行以和同之力，谋社会文化之建设。质言之，即人类全体自用其力，自奋其才，造人类之前途，而不迷信神、君法等权之支配，致被规定。故又可谓社会自决主义时代。吾当研究教育者，对于今日人权时代，所取之径术，当若之何？是不可不讨论及之也。

人权时代于吾国，方始过渡，其能否得收良好之果，纯视所教育其民之道何若。使其所教育之道不差，则安然而达所期向之岸可也。如其不当，则我中华民族，行且有覆亡之虞，何也？盖逆世界潮流，莫能适应于时代故尔，是以所教育其民之道，苟不再三研究，谋善培其本根，则他日之美花善果，宁可得而收乎？

人权时代，人人以自由生活为第一义，以人不受一切牵系，而后能启沃其才智，变励其德操，庶几自负其一身利害之责，而无反乎自求多福之义也，惟所以牵系吾人，使不得自由者，有主观的原因焉，有客观的原因焉，主观的原因在心理（即思想界），客观的原因在社会（包政治、法律、经济、社会制度与一切风俗习惯等），故必须解放此内外牵系之两原因，夫而后有自由，有自由而后能启沃其才智，磨练其德操，向光明之路径而进步，否则，不受神权之牵系，则受先人乎其心之说之牵系，不受君权之牵系，则受经济政治等之牵系，不为此物之规定，则为彼物之规定，虽欲弃暗投明，打破此关头，为特立独行创作发明之建树，顾可得哉。

原夫人权时代，必人人明了进化的人生观，故于自己，于社会，不绝其改革的创作的新生的运动，勇往直前，不竦不难，而征服自然，驾驭自然，绝不受制于自然及其他一切外力也。自其负面言之，则为心理的解放与社会的解放；而自其正面言之，则为心理的自由与社会的自由；其实一也，一者何也？濯磨其身心，奋发其德情，以臻极其高明，而成美满具足之人格耳。

虽然，为此之道，必有术焉。苟无其术，而虚悬其鹄，无乃类于炊沙作饭乎？请言其术。

一、唤起兴味

人类之向上发展，纯由一种兴味操纵之。故兴味缺乏者，决无远大之谋，其所计较，必局蹐于小天地之内，其患得患失之情愈重，而失败弥多，终则精气消萎，神情沮丧，无一事之可为矣。兴味浓厚者反是，常觉天下事即吾分内之事，吾分内事即天下事，且得失成败，亦度外置之，故常悠然自得，用能鼓其志气，为进取之资；抑人权时代，环境之范围拓大，吾人与世事之关系日繁，而万事万物，又必从多数人之公开的性质应付。故尤当有兴味浓厚广博之人物，然后可也。惟人生兴味，常在少年时父母与教师之鼓舞奖励，使其有好事好动之良习惯。吾见冷酷之教师与父母，其自身已陷于枯寂无聊之绝境，而于活泼泼地之童子，亦不欲其对于社会、国家、世界等问题有多少之兴味，故事抑阻其好事好动之天性，使其精神陷于早熟状态，而供彼等之牺牲，诚堪扼腕者也。向使父母与教师有深厚广博之兴味，应付世事，研究世事，本此而辅导儿童，则自易唤起其深厚而广博之兴味。由是而修养经验之机会多，而处世治事之才增，是则成自主自立之人物，夫何致枉生一世，为机械之生活也耶？不宁惟是，人权时代之生活，尤须对于所操之业、所任之事与对于人类总体，谋文化的建设，为一种娱乐的生涯，果如是，庶于人生有真意味，而远于服役之马牛尔。

二、发皇思想

向谓人权时代，人人必确认进化的人生观，而进化的人生观，全在思想之新生命，不绝创造，不绝发展。而欲思想之新生命，不绝创造，不绝发展，则思想自由其要矣。盖思想自由者，磨洗心灵，探究真理，必由之路径，舍此，则心灵未由磨洗，真理未由探究，约举其故，可有四端。宇宙之间，决无绝对真理，有之，非为迷信宗教之教徒，必为盲从古义之学究，一也。真理必为永续进化，决非一成而不变，二也。藉使其所服膺之教义或学说近于真理矣，必有缺而不完、遗而有漏之义，故常当竭吾之心思，为之补缺拾遗，庶几有当，三也。姑让一步说，藉使所崇奉其一，较有当于真理，完满而较无缺漏之教宗或学说，无所用其审思明辨之能，习焉由焉，不察其所以然之故，而道乃因之不明，其行遂日即于腐败，四也。积此四端，不论古今东西之名贤大哲，所视为真理，而一群一国一世又复奉为天经地义，而不敢不从者，吾尚宜用其智照灵明，吹索推求，冀得吾心之所安，而免于自欺其心，自昧其良。是故为思想自由之大障者，在皈依一宗之教，服膺一家之说，与夫漫然率由社会上之风俗习惯等，一切模型的道德，以其最为胶固人心，而为灵性拘囚之监狱，与正心诚意之道，相背而驰也，明乎此，则可知思想之新生命，全在自由，为求此自由，不可不灭绝障碍物决矣。

然则教育之道，非在范围人心之难，而在展拓人心之难。故教育者所当留意者，在养成被教育者之思辨力、选择力，诱启其内心之尺度，凡所一言一行，必使有充分取舍之权，各派之学说义言，尤不当预存成见，乱其去取，更于被教育者之怀疑的批判的精神，随时随事，为之引诱启迪，务使所遇，如当于真理，则迎受之，如非真理，则拒斥之，如迎拒无外力之牵掣，得自用其才思智鉴，必得尺度之宜，夫何用鳃鳃过虑，防其心无所主，而解韬堕表，跅弛不羁，遽欲今受宗教之洗礼，陈言之服膺，型模之范束也耶？

惟今之父母与教师，其于己所拳拳服膺者，辄漫然用以教育儿童，曰此金科玉律也，尔等不可不谨率之，或遇聪慧之童，有所质问，而无以复，则出其疾言厉色，而斥其倔强好辨，必使其盲从瞎受，不入于此，则入于彼，不受此方之范束，必受彼方之拘牵而后已，果有当于思想自由发展性灵之义乎？哲家谓为治之暴，莫大于强天为同，称天而行，抑以人作则，举不必论，今之父母与教师，使其权力可以令天下，其不强天下为同者几希！呜呼，可悲也已。

三、发挥特操

浅化之社会，凡同一社会之各个人，其嗜欲、感情、行谊、志趣，甲固无异于乙也，而乙亦无异于丙也，推而至于丁、戊、己、庚、辛、壬、癸、子、丑……以至于余人，俱可断其无异于甲乙若丙也。若夫深演之社会，则大异，其嗜欲、情感、行谊、志趣，皆相异而莫有同者。夫惟其相异，而相需相待益亟，于人道通功易事相生相养之事益便。不特此也，社会文化呈特异之色彩，而收殊途千虑之功，胥视乎此，为究其所以致此之由，则固在教育修养之术异，操业服务之途殊故尔。是故教育之道，非惟不当夭阏被教育者之行己自由，且宜引导奖进之，俾得有躬亲实验、处世治事之机会，夫然后可操心缮性，发挥其才智，启沦其心德，苟无损于他人应得之权利，即宜任其自由，偶有微伤小误，吾人应视为人类实验其行为必然有之结果，俗语所谓，“不经一事不长一智”，迨实验已得其结果，自能悟其当否，为后来治事从违之准绳。教育者于事前则或为之发踪指示，于事后则或为之批评失得，而自居于参谋顾问之识可耳。至若古贤之行藏取舍，所以供吾人之参酌考证，无必循之理，而一时一地之风俗舆论，苟其违反真理，而谬于世事，固不妨称心而行，而为之矫正变革其失也。今夫学术与社会之进步，何莫非出群超拔之士，振其特立独行之操，而求惟义之适，乃臻此日文明之盛。向使人类习常蹈故，有因无革，或名教纲常已立之后，颓然长守，则人道犹是僿野狉榛可也。即或进矣，而仍腐败沉沦，失却光辉可也，尚何有所谓文化，更何有所谓人生价值乎？英人穆勒（Mill）著《群己权界论》，其第三篇，释行己自由明特操为民德之本。中有曰：“今夫人伦之所以贵，而于人心为美无度者，非必取其殊才异禀，磨而刓之，使浑然无圭角而同于人人也，固将扶植劳来，期其各自立而后已。若无损于他人应得之权利乎？虽纵之于至异，无害也。又况非常之事，待非常之人而后举。故一国之中，必其民品不齐，而后殷赈繁殊，而国多生气。民之思理愈高，感情益上，其才以不同而相需，而雍睦之风亦著，此文明之民，所以为人类之幸福也。故特操异撰者，兼成己成物之功。明德新民，胥由于此，吾之有以善吾生，与人之所以得吾声而益善，必不以同流而合污，而以独行而特立也。自小己而言之，则一人之身，以其特操异撰而生气丰，自国群而言之，以其民之生气丰，其国之生气，亦以不啬。”篇首且引德人浑伯特（Humboldt）之言曰：“政教之鹄，在取其民各得之天禀而修之，使各进极其高明，而成纯粹雍和之全德。是故人道所力争，而教育所常目存者，天资学力所两相成之特色也。为此其道有二焉：曰行己自由，曰所居各异，二者合，则异撰著；异撰著，则庶功兴，而非常之原举矣。”则观于穆、浑二氏之论，欲为划一之教育，以鼓铸其同型之物者，可以废然而返矣。诋人居养之异趣，谓其不循某贤某种之途径者，亦可以息其喙矣。夫总总林林之众，方日趋于同而为人道晦盲否僿之大原因，议者尚忧其立异，不其慎乎？

四、崇高人格

行为无束缚，思想能自由，于人格之义，思过半矣。虽然尚有未尽者，人格者，认识我之为我是也。惟能认识我之为我，故我之思想行为，宜如此不宜如彼，以受他物之拘牵，则其人生之真价值益显，愈不愿枉道而行，以其精神身体供他物之牺牲，汲汲然而为向上发展之谋，更于人格之义，分层释之。

1）消极义。世无论何等高贵之物，离人即无价值可言。盖夫物之自身，不能自生价值，经人利用之结果，始定其价值。惟人则不然，自身固具特别之价值，故不容他人作商品以行交易，不得为他人意志之牺牲，亦不当为物欲之奴隶，抑又不应受习惯形式之束缚。夫服役之马牛，非限制无以显其功用，使用之机械，非操纵无以显其效能，而人类则任其发挥，然后其效乃大，故不容轻蔑，不容限制，此人格消极之义也。

2）积极义。人之所以为人，属于静的一方者（即消极义），前已言之。至其属于动的一方（即积极义）者，则为向上追求，思想上、行为上随时营改革的生活、创造的生活，有以蜕其故而为其新。不然，如今日退守无为，所谓束身自好者流，不几等于痿痹瘫痪之半死的人格乎？此人格积极之义也。

总之，人格之义含动静两义，兼攻守两方。申言之，一方当无为而检束，一方当进取而发皇，夫然后乃完全无缺，又无论其攻与守，皆须出自吾人智照之衡量，良心之裁决。而任何法则，任何例故，俱不受其限制也。

抑尤有进者，吾人知我之为我之不容他人侮蔑，则当知人之为人之不容我之鄙薄，盖人人皆知尊己而尊人，为人权时代之通义，是故卑己而尊人固非，而卑人而崇己亦无有是。尝见不知尊崇自己人格之人，其于他人之人格，亦决不能尊重，故喜发其兽性，以侮慢他人，而显其崇高宠幸，而一遇他人之兽性较强烈于彼者，则又帖然戢然，甘为他人意志之牺牲。事有骤视之似甚相反，而实则相成者。此类是已，此所以崇高其人格，然后能尊重他人之人格，而亦惟能尊重他人之人格者，然后能崇高其人格，此所谓人格对待的崇高之义也。

是故人权时代之教育，于崇高被教育者之人格，必当大为加意，不惟不可滥施其破坏人格，阻抑其心意发达之道，尤当于培护其人格发达进长之道，有如保赤子心诚求之之意。然而今之父母与教师，鲜不鲁莽灭裂，凭其主观的意思，滥用命令暗示，强其必从，何曾体察客观之心意的要求，而为之地乎？至于课业，尤大半沿用数千年前之强灌的方法，压抑填塞，背心理之自然，发达则有余，而助长培护则绝无望。然则虽不欲破坏被教育者之人格，其可得耶？其可得耶？

五、能率增进

人权时代，人类生活之环境，既已日趋广大，则驯服自然，利用自然之才，自应与相适应，是故才高而力富，智大而识远，为各个人普遍生活之要素；盖所以养欲给求之事，既不容懈于自谋，而于人类总体文化上之建设，愈不能不求绝大之贡献。故奉生既遂，则致力于科学艺术，俾有创作发现，且斯时不生产之劳动，不正当之营业，消磨精力，妄费时日，与一切无聊赖之生活，如烟酒赌娼等事，皆已绝无，则其时间自多余裕，当此之时，人类不为向上之图，将安出耶？然则科学艺术，非惟人人有问津之机，且又视为必要之图。惟必于幼年时代，善为养护启沃，使其觉官锐敏，思考精确，筋肉灵活而后可。申言之，被教育者之四肢百体与夫内部之潜能，必须尽量发挥，而后能为适应之对付也。是故徒为咿唔呫毕之学者，既穷于应付，即仅有一部之才力，能为一部之事务者，亦恐不能为适应之生活也。吾侪教育家，其有憬然觉悟，孜孜矻矻，不懈其修养，而为被教育者，谋适应人权时代之生活者乎？吾诚望之不置矣。

六、互助生活

衣也、食也、住也，个人可以自给自足乎？不能也。智识也、道德也，离社会可以自长自进乎？不能也。盖吾人初生以至终老，于精神或物质方面，殆无时无刻，不需仰给于他人，而于精神方面，尚有仰给于古人者（即借古人言行为我等考镜参酌）。故人也者，社会的动物也，虽谓离社会，无个人可也，夫以社会的动物，长受社会之熏陶复育，而不善营社会生活，吾不知其可也。则社会同类，当力为谋相互相助之生活，庶几己与群之福利，益增而益进。故人权时代，对于社会同类，人人皆知我与他非为仇敌之对峙，而为友谊之佽助，全不适用前此之狭隘酷烈与社会同类为生存竞争之凶横手段（生存竞争，本为抵抗自然界之灾害而说，黠者假之以为人类社会之争斗、末流之弊，且视强弱智愚之相欺夺，为人类所当然，其亦不思之甚矣）。非惟相对的互助已也。夫老幼废疾者或为过去文化有所贡献之人，或为未来文化有所贡献之人，即不然，而人道正义之社会，强健者之对于此等人，犹有用其一方之力，以为扶助之本务。盖是等慈爱之情，苟不存于人类，而世事之往来，惟斤斤于彼此利益之互换为的，则所谓人道，无乃大觳乎？又况人权时代，生活之环境日大，而人类之危险弥多，而开物创始，又端赖履威蹈险之勇士，使于身体或精神偶遭伤残，无为之衅者，其于人道正义，果不刺谬否耶？故教育者于养成儿童互助的与扶助的（对于社会上无能力或能力薄弱者）生活，为莫大之任务，于家庭或学校中，时时留意培护，如同类中之集会结社及一切共同作业，与夫尽力扶助能力薄弱之同辈，务使被教育者喜通力合作与辅助能力薄弱之同类，则人类之同情心日深而日广，而生活之内容益丰富矣。尚奚致薄于社会性，而为枯寂寡情者乎？

七、男女平等

男女平等问题之能否充分解决，当先讨究女子之生理心理问题，有无低劣于男子。英人斯宾塞（Spencer）推论男女心德之异同，其结论有曰“女子心德所逊于男子者，厥有二端，其心量所涵，不及男子之光大雄硕，一也。情感理想，心之二用，乃天演最后之结果，其在女常绌于在男，二也。若夫即异见同，籀绎会通，谓之玄识，而公平之义，尤为玄识之最高，人必有此，而后发言制行，不以一己之所亲疏好恶而紊其经，于此女德之逊于男，滋益远矣”，此犹斯氏所谓同质异量之逊于男子者。斯氏又以为天演异施，尚有与男子殊其质者，如保育赤子之情，容悦匹偶之情是。氏于前者所谓女逊于男，为同质异量者，骤视之，似可言之成理。而后者谓为女子之殊质，则绝不论理之辞。氏故不知同质异量者，纯由数千年环境势力之范束，成一种无形之斩刈矫揉，使其生理心理不得婆娑畅遂之发展，岂其先天的本性也乎？吾友虚一君谓“当成社会之初，如适遇女子为主治之人，而后之传统的治者，又适为女子，则数千年后安见男子心德之衰弱逊懦，不同于今日之女子耶？”吾友之言如此，深合乎吾环境势力左右人类之说，而亦生物生存适应环境之大例必不可逃者也。总之，吾人决不认先天禀赋之有大差异。纵偶有小殊，亦不认其有若何之势力，而不可以人力修养熏陶变化之也。然则理论上之男女平等，殆不成问题，而吾前所云思想自由，行己自由崇高人格等问题，亦自是对于青年男女而发，无用再加讨论。惟今后所急谋者，在进求高等专门之科学教育与艺术教育，当绝对的无分男女，庶几可以尽量发挥其内蕴之潜能，而为人类文化建设之工匠，于以适应人权时代之生活也。

难者曰，子言男女平等则可矣，夫何必谋职业学术上之平等，以苦女子之负担乎？今夫生生存种之事，为女子之特职，如抛弃之，则其群立衰，此不必甚智之士而后能喻也，子于生生存种之事，独不为之地乎？客之言固非绝无所据，然此其变时而非其常时，吾固知生殖短时期间，当稍稍节其精力所消耗，以为其育子之需，若夫长期之保养，则社会上应有之责，此正所谓人人不独子其子之时矣。吾人所以主张职业上学术上为平等之负担者，诚以舍此而言平等，必为空谈，决不能成事实也。

凡上所述，皆为人权时代或渡过人权时代，于教育上，所急当注意之点也。综而论之，此时代之教育，必尽量发展人类内蕴之心力体力，使其不藏于身。故小之养欲给求之事，可以自奉，大之则发为人类文化之光辉，又非特尽量发展普通一般人已也，社会中之聋盲跛哑，犹将大施其特殊教育，尽量发挥其所存之官能，务使其奉生之余，于社会文化犹有多少之贡献。如此则各得其所，人怀乐生之心，而社会日益和乐，而文化益呈其光辉矣。惟人类之生理心理，其成长也有经，其发达也有节，必顺其生理心理成长发达之常经大节，而后所施之教育，乃无揠苗助长之忧，庶几得人工天工交资进长也。是故将欲发挥被育者之天才，必准乎自然之方法，但所谓自然者，人工的自然，亦可谓自然的人工，而全反乎人工的人工，尤深非自然的自然，任其自生自灭也（余他日另有自然教育法问世），故自然教育之要务，一面则极力扫有形无形之障碍物（即背理教育），一面则鼓舞被教育者自用其心。故乘机会造机会实验其处世治事之才，久则其才自有光辉烂然之望。然此时代教育者之科学的艺术的基础，固宜深厚，而其一生之修养，尤宜奋励不懈，或可免于陨越。吾人言念及此，惄焉心忧，为问吾国今日之教育家，其基础若何？今后所准备者，又若何？曾研究及之者乎？寻行数墨之生涯，尚适应于今日之教育家，而不虞覆餗乎？愚暗如予，诚不敢轻下断语也。

民国八年（1919 年）第 11 卷第 10 号

青年与政治

刘熏宇

这里所谓青年，是专指有机会受着学校教育的一部分，作为这部分的青年对于社会负有比较重大的使命，换句话说，他们便是将来社会的中坚。这样的说法，自然不是硬将那些没有机会受着学校教育的青年从社会里面排挤出去，只是要使得他们跨进这个领域还有别的问题，而这个问题又不是属于教育的范围以内。虽然除了学校不是就没有教育，但教育的比较完全的机关只好算学校；所以为便宜计，将范围缩小到学校教育以内。

照中国传统的思想说来，学是致用的，而所谓用不外修身、齐家、治国和平天下，所以政和教根本分不开。黄黎洲说："学校所以养士也，然古之圣王，其意不仅此也；必使治天下之具，皆出于学校，而后设学校之意始备。"从此更可见中国历来教育的目的完全安放在政治上。虽然有时也有人分着经义和治事两科，但中国人致力于经义，原是为阐明先王之道的，所谓先王之道也出不了修身、齐家、治国、平天下的范围。根据了这样的历史，似乎学校中的青年对于政治应当有浓厚的趣味和明确的了解；但实际却恰得其反，一切的误解和紊乱便从这样发生出来；"青年与政治"在教育上所有讨论的必要，就在这一点。几千年传下来的政教不分的思想所以不能使青年得到政治的趣味和了解的原因，大部分是由历来的人所以热中政治只是为了自己的生活，而真是以天下为己任的实在不多。现在大家的生活方式既改变了，当然要弃若敝屣，惟恐不速。现在青年对于政治虽然有热中和淡漠的两派，而这种旧思想的影响都同一受着的；因了这样，过犹不及，便都不得其中。

亚里士多德认为人是天然的政治动物，而政治社会就是达到人类的生活的工具。卢梭以为国家有一个国民总意（general will），而各个人将他自己的身体和所有的权利放在这国民总意下面受它的指挥，所以在这个团体以内，各个人便是和全体不可分离的一个团员。这种意见，就是表示一个人离不了政治的关系，人既不能和鲁宾孙一般漂流到荒岛去过孤独的生活，所以总和别人发生关系；不但有关系，而且许多人还不得不结合起来，过那团体的生活，享那互助的福利。有了团体，政治便相应而生。所以我是承认青年和政治应当发生关系的，因为青年，从他本身说，一方面是独立的一个人，一方面是社会的一个分子。以下所要讨论的就是青年和政治应有什么关系。

中国在五四运动以前，青年对于政治总是处在旁观的地位，不客气点说，有大部分就是旁观都说不上，因为他们连眼都不肯张一张。我曾经遇到过这样的专门学校毕业生，徐世昌已经退出了新华门，他还不知道冯国璋曾经住在所谓总统府以内卖过鱼，而以为一直到底是黎菩萨在里面坐镇的，这是事实，而且这位专门学校毕业生所进的专门学校和新华门相距不过十来里路。五四运动以后，青年的思想得到所谓解放的机会，气象固然迥乎不同，但是这种现象并不是全化乌有，许多青年仍然保着这旧有的态度，大概是因为他们不想在政治上讨生活的缘故。其实所谓“不想在政治上讨生活”这句话里面所说的“政治”只是“做官”的代名词，不然，哪一个人能脱了他所属的团体的政治而生活呢？这种名士高蹈的态度，只是不负责任的变形的表现。

除了这一种以外，还有一部分的青年对于政治也是非常淡漠的，但是形式不同。他们大概是酷爱个人的自由，由厌恶现在的政治组织，就并政治也厌恶了。他们觉着团体生活，个人不免有所牺牲，而这点牺牲又吝而不与，所以并团体厌恶。这部分青年和前一部分不同的地方，就是前面的只是依赖着别人，而后面的在骨子里依赖了别人——因为他们对于团体并不负责任——而表面上却只是厌恶别人，把所有团体内的坏现象的责任都加到那些人的身上去，用一种冷酷的态度去批评。是的，不负责任而批评，是最聪明的。因为有这点不同，所以结果也就大异，前一种人任人支配，后一种人实际也是任人支配，但并不甘心，而要叫苦，越叫苦，越增加了厌恶的心情。总之，这两种人都是生活在团体的里面，而对于团体的有关于本身的共同事业，袖着手，冷着眼，不肯负责。最不幸的，在现在，这样的人有时还被人认为好人，因了他们不会在团体里面捣过乱；其实，分子对于团体不只是负了不捣乱的责任，还负得有比这样更重大的责任，就是防止其他分子的捣乱和积极地增进团体公共的利益——政治。

第三种青年，是五四以后产生的，最少是五四运动以后增加的，对于政治非常热心，大有“舍我其谁”的气概。但他们有两种很显著的弱点：第一，是有热心而缺乏实力，所以热心成了徒然；第二，只看见了公共生活的政治而不见着个人生活所需要的条件。这样，所以终天在公共事业上面活动，而将自己所应当修习的知识和技能，以及应当锻炼的性格，一切都丢开去。根底既然浅薄，自然只有浮动或盲从了。只凭着热情对付一切，一遇困难或引诱，不是灰心便是堕落。这种进取的态度，虽然可以相对许可，但能力的浪费，终不免可惜。从他一方面说，政治的败坏决不是这样的青年所可挽回，而有时反只有徒增纷忧的。

试举一个例看看，这几年来，各学校先先后后地发生学生自治会，但结果简直有 99% 都不良。仔仔细细地考察所以失败的理由，最重要的就是学生没有这样的训练。一部分是决不表示意见，除了举手或投票，一切都不过问；其中最少数的，还是置之不闻不问；一部分是做事不来，而专门批评指责；再一部分便是热心从事，但缺乏方法，甚而误用了热心，演出轨外的行动；这里面还有很少的人，是借着机会图个人的便利的。将这样的分子集会在一个团体里，哪里能生出好结果来？这种现象虽然可怕，但是中国历史必然的产物，用不着失望的。只是这个问题不好再把它轻易地放了过去，因为长此以往，便不难到了万劫不复的地步了！可怕呀！在原则上，我绝对主张青年要有政治的趣味、理解和修养；但对于这种不着实的浮动，却不敢苟同。因为要是使青年对于政治具有趣味、理解和修养，学校教育有应特别注意改良的地方。相当于前面所举出的三种态度的青年，现在办教育的也有类似的三种态度：漠然的、批评的、引诱青年盲从的。也许青年所以有那样的态度，就是这个原因造成的罢！倘然如此，青年和政治的问题便是刻不容缓，应当加以适当的讨论而求一个比较正确的结论的了。

我虽然绝对赞成青年对于政治应有相当的趣味、理解和修养，只是为了一个人既难不脱团体而经营孤独的生活，就不能和政治绝缘；但我同时也不赞成现在流行着的所谓政治活动。表面看去，这好像是自己矛盾，实则这两种事含义全不相同，前者是指人类生活所不可不具的作用，后者是指所谓国政的参加。固然后者也是政治，但绝不能概括政治的全体，而且因了下面将继续着说明的理由，青年的这种活动实在是非徒无益而且有害的。只要是团体生活，都有使人感到政治的趣味，而获得相当的理解，以及修养的可能，不必定要在国政中才有所谓政治生活。

我何以反对现在流行着的所谓政治活动呢？第一，因为这种活动只是徒劳；第二，因为青年没有应付这种政治的能力；第三，因为青年修养不足，这样的活动反容易引起堕落；第四，为了这样，就是幸而不堕落，也未免将能力浪费，而使将来的社会更陷于困难危险的境界。

先说第一种原因。从民国六七年起直到现在，青年为了国家的事曾牺牲了几许时间？所得的效果若何？别的且不必一一地详细举出来，只就五四运动而论，也就很可以明白了。五四运动，青年界总算费了九牛二虎的力量，但得到点什么？《凡尔赛和约》虽然拒绝签字，青岛虽然有名无实地收回，但中国得到的好处在哪里？而在这几年间，重新断送的利益又有多少？大家最初闹得轰轰烈烈的储款赎路，现在怎样？又以最近的五卅运动而论，生命和经济的牺牲有多少？所换得的结果是怎样？大家好像都明白了，内政不修，外交是无从讲起。是的，这确是一点儿不错。但内政问题又从哪里下手呢？所谓裁兵废督不是内政问题中第一个切要的问题吗？然而裁兵废督的呼声，不是高唱了几年吗？裁掉一个兵，废了一个督没有？若是说，这是因为民众不会普遍知道的缘故，还须要把他们唤醒；我觉得这话未免太说得笼统了。试问哪一个老百姓还没有吃过这种苦头？哪一个人吃了苦头还觉得那是应当的？归根结蒂，可以武断一句，没有人不愿意裁兵废督；而兵所以终于不裁，督所以终于不废，只是能力和方法的问题。说到能力和方法，现在流行着的运动便是徒然了。“打倒军阀”的口号不是张天师的符咒可以使诸邪回避的，所以喊破了嗓子也是徒然。裁兵废督如此，一切别的内政问题也是如此，绝不是民众愿意长此终古的，他们所以不敢出来反抗，高举革命的旗帜，也不全为着短见和胆怯，实在有一部分是办法少有的缘故。记得五四运动的时候，到了“六三”各处相继罢市，蔓延到汉口和天津、北京，便十分的危险。那时若有革命的准备，实在不难一鼓成功，因此也有一部分人主张彻底做一番。但仔细一考虑，这里面的问题，实在不少，不幸而不成，无非演一幕悲壮的历史，倒还没有什么；幸而破坏成功，建设的责任谁来负？甲去了，请乙来吗？谁敢相信乙比甲正派而高明？甲、乙都不要而自己来吗？谁有此自信力，也许因为那时的青年界没有天才的政治家，所以有那般的困难，但谁又能保证现在的青年界就有这样不世出的天才？为了免除这种困难，便有两种似是而实非的办法：其一，自己造党以增厚实力；其二，加入已成的某一党，以借助于它。何以说都是似是而实非呢？因为第一种的团结最多只能在量上增加，而于全体的必需的能力上不能有何等增进，因为智力不是随人数而可以照样加高的。第二种，在某种情形，倒也不是绝不可行，但非中国现在的状况说得到的。现在中国已成的党，他们的政绩都已昭昭在人耳目，哪一个是可以把革新政治的使命担当得起的？若是说青年加了进去，便能使它改善起来，这简直是梦想。一个旧党的形成有它的自己的历史和灵魂，岂是“末学新进”能使它改弦更张的？我常想一个旧党改善比创造一个新党还要难，因为后者只是培养的功夫；前者还要对旧病加一番治疗。复次，青年对于政治既缺乏理解和修养，怎能判别甲、乙、丙党的孰善孰恶，从而决定进退？所以青年入党，就不是盲从的，也是为了某种的因缘，而决非由政治上的理解所决定。这样的投身党籍，不是枉送了自己的终身吗？固然入党可以脱党，但这样不忠实的态度，不是我敢赞同的。何况入主出奴，往往因了接近而生偏私，由偏私而混淆是非呢？试看，现在加入党籍的青年，有多少是明了他所隶属的党的党纲的？党纲尚且不了解，不是盲目地加入是什么？倘若以为盲目地加入于初，而可因训练而不盲目于后，这我自然承认，但这只是于党有利，于青年本身不一定是好处，因为他已失去了辨别的充分自由的机会。这种办法正和牧师劝人信教说你相信了自然会知道好处一样。所以我为保留青年择别的自由，而不赞成青年轻易投身于任何党籍。既然自己造党无补于事，而加入已成的党又是利少害多，所以我认为现在流行的活动是徒劳无功的。不客气地说，中国现在政治的昏乱而无可如何最大的原因是缺乏指导的人才，这样的人才绝不是可以在短时间内急切培养得成功的。总之，中国现在的政治状况，是要经过一番破坏，才可以建设起来。破坏的工作并不十分难，比起了建设，所以中国需要建设的人才比破坏的人才还急切。现在流行着的所谓政治活动最多只是头痛医头、脚痛医脚的勾当。不但这样，还是与虎谋皮，所以终于是徒劳。

我何以说青年没有应付这种政治的能力呢？青年没有政治的素养，固然是缺点中的一个，但依我看来，这倒不必是很重要的。因为现在在政治舞台上的角色虽然不可全然抹杀，总有99%，他们头脑的混沌、知识的缺乏，比一般青年是有过无不及。他们所挟以相周旋的，并不是政治上所许可的手段，他们不知道政治的使命，也不认识政治的道德。试看所有政治上的变乱，哪一次不是尔诈我虞，互相以私人的利害相结托？青年本着他们的赤诚，投到这样的恶浊漩涡里去，哪还有翻身的余地？我常常在每次变乱起来的时候，心中都决定一个胜负的形式，而无一次不失败。所以失败的原因，都是因了变化中所生的出人意表的变化。这种变化是超越理法和道德的。于是我一次一次地归纳起来，便得了一种公式。什么公式呢？就是内乱的苟息，不但无关于政治，而且无关于实力；只是各派的内变，哪一方变在先，哪一方就失败。而这样的内变，不但要局外人无从得知，局内人也是一样的茫然，因为他们本来就是相互敷衍着的，哪一时敷衍不过去便翻了脸。这样紊乱而堕落的状况中，青年哪有应付的能力？说到这里，一定要有人提出这样的反诘，习游泳应当在水里去学，不能说习好了再跳到水里去；不入虎穴，焉得虎子？我知道，许多青年最初投进漩涡去都是抱了这样的意见，但终于自己便陷落在里面而不能自拔了。跳到水里习游泳固然是千真万实，但跳到什么样的水里去习，却是应当讨论的。不然，一个不识水性的人，破题儿第一遭就跳到汪洋大海去，岂不是自己寻死！入虎穴擒虎子，也不是赤手空拳或几岁的小孩子所能办到的。青年果有这样的决心，要到那样的恶劣团体中去奋斗，绝不能无所准备。从他方面说，虽然因团体有大小，而政治有繁简，但所需的根本精神却没有两样；正和习游泳一般，河水、江水、海洋虽有点差异，所需的基本技能并无不同。所以练习游泳，无妨先投身到河里去；练习政治的能力，无妨从较小的团体起。青年，最好的练习的机会就是学校。倘使学校中有适当的计划和指示，将青年生活态度根本地改变一番，政治的力量必可得到适当的训练。教育本是教人做人的，政治生活也是做人所不可缺的条件，所以教育也负有相当的责任。现在一般人不向这方面努力，而舍本逐末，去近图远，岂非过于空洞浮泛吗？

再说第三个原因。其实这是很明了的。青年，因为修养不足，所以根基没有稳定。染于苍则苍，染于黄则黄，偶一不慎，投身到现在中国这样恶浊的政治漩涡中，没有不被它吞没和污染了去的。这几年来，青年虽还不会直接钻进政治界去，但多少和政治有点因缘，于是堕落的人也便加多。青年界蹈空的毛病，便继长增高，演成近年来混乱的现象。从解放一方面说，好像青年界已有长足的进步，但实际考查考查，就使人不得不抱“杞忧”了！青年界现在最大的弱点，就是想暴发。固然，这是受了社会的暗示的缘故。侥幸得到皮相成功的人，所在都是，按部就班的人反而不免寸步艰难，教青年怎不眼红？从民国七、八年以来，中国思想界，特别是青年，可以算得自由了，而自由的结果怎样？几乎所有欧美发生的思潮都传播到中国过，但总是此起彼灭没一种着点实际。试一翻这五六年间的各种杂志乃至于新闻纸，便看出各种思潮转变的痕迹，无一不是一哄就归于沉寂。这是什么原因呢？简单地说，就是因为在思想界浮动的时期哄一阵是比较容易的；若把它摆到实际上去，或钻了进去加一番更深的研究，并非一朝一夕轻易可以做到，惟其青年不愿忍耐着下这样的死功夫，而只想走捷径，企图事半功倍，所以思潮终于是思潮，于实际绝无丝毫补益。因而青年的根基和性格和老年似乎只有程度的差别而无本质的不同。一旦得有机会，卷到腐败的政治界去，要不堕落，怎能不堕落呢！

为了上述的三种原因，青年若是投身到现在的政治界里去，要免去自己被同化和熏染而堕落，已是千难得一。即或幸而做到不同流合污的地步，终于免不了就要被挤出。即如年前的所谓“好人政府”，平心而论，总算差强人意，但它的寿命如何？总没有人忘记了吧？那样妥协又妥协的状况，还不能免于被挤，其他更可想见。照这样的情形，青年不断地做现在流行着的所谓政治活动，不是徒劳吗？本来青年所负的使命，是二十年后的，现在因为不得已而先背了去，固然情有可原，值得同情；但必于事有济，才不枉费一次苦心；若是终于无可如何，或被吸收或被排挤，能不可惜！岂但可惜，未成熟的青年，便浪费了去，二十年以后正需他们出肩巨任的时期又将陷于无人负责的境地，危险当又更甚，困难愈发加增，不将沦于万劫不复吗？我爱现时的青年，我为他们二十年后的责任而更爱现时的青年！我爱他们，所以我深盼他们为了他们自己未来的使命珍重！据我看来，中国今日的紊乱，最大的原因就是二十年前的青年对于政治没有真确的修养，所以到了现在应当负责任的时候不配负责任。

本着这些理由，我觉得现在的政治紊乱，是几千年历史所结的必然的果，无可如何的，只有忍受了去。起死回生的唯一办法，在青年的急起直追。这种伟大的事业不是旦暮可以期待的，没有长时间的培养的人不能负这种使命。今日教育上最重大的责任就是根本改造中国人传统的生活态度，由自私的转而到人己两利的；由孤独的转而到群生的。这样政治的趣味、理解和修养便绝对的必要，而不能不将这种培养的责任加到学校教育的身上去！所以我虽反对青年对于现在国政的徒劳的浮泛的活动，同时我也反对那种闭户读书的教育的主张。我始终认定，学校教育是培养青年各方面的趣味和能力的。我以为对于政治的生活，学校是青年学习游泳的初步的游泳池。

学校本来是负有社会的使命的。换句话说，就是负有社会的继往开来的责任，所以学校不是维持社会现状的，然而也不是超越社会、别有天地的“世外桃源”。它对于旧社会所蓄积的遗产负有传给青年的责任，同时对于社会将来的开发也负有指导青年的责任。因此，它对于政治，不应当阿其所好地盲从，也不应当袖手旁观地不闻不问。假如没有别的误解，可以说学校对于政治是局内中立。明白点说，它对于当时的社会的政治应当保持着公正的批评的态度。大概，无论哪个人对于和他没有切身关系的事，绝不能引起兴趣，自然用不到批评。要对于某件事下批评，第一就得养成对于那件事的趣味；有了趣味，才进一步去研究它，理解它；由理解中才有批评可以发生。只是许多事体都要靠自己去历验才能认识得清楚，政治生活就是这样。因此，学校要不辜负它所背负的使命，团体生活的训练便不容稍缓。其实这样的事，几乎成了自明的了，但现在一般的学校虽在原则上已承认，却并没有见到实施，中国教育的无裨于实际，或者就是这个理由吧！我很盼望各教育家把它当作一问题去讨论！

学校里差不多都有校训或德目，而课程上也把修身或伦理之类的东西很郑重地看待，列在第一。近来，有的学校更在德育、智育、体育以外特标群育，对于青年的政治生活，总算肯负责任了。但实际若何，总是疑问。试从近年各学校的状况找出几点来研究一下，便知道所谓团体生活，仍然是和乌托邦一样。即如学校一有风潮，第一次的宣言一类的东西，总是署着“全体”两个字。但不久，便有人出名更正，证明它不实在，甚而只是少数。若风潮不幸延长，就至少有两个自己各标明多数或全体的意见出来，实则除了“某某等几百或几十人”以外，实际都只是少数，真实的多数总是超然的。几十几百人的学校，不幸遇了事变，尚且没有一致的精神表现，这样的青年，要伸出肩膀来，担起更大的担子，作所谓政治活动，岂非梦想！再从又一方面考查，各学校中所能维持得比较久远的团体，总是同乡会；并且“同乡”的所同之乡的范围越小，就越容易长久。这不是和上海有宁波同乡会、广肇公所相同吗？推广一点，不是和政治上的奉系、直系，或甲派、乙派相同吗？从青年时候就自己封锁在某一省、某一县乃至于某一乡的区域以内，一朝大权在手，怎不陷到有党同时有仇的地步，而自是其是，抹杀一切呢？这种宗法社会的陈旧思想还根深蒂固地保留在青年的脑海里，还有什么宽大而较近于人性的团体生活可说？

许多相信政治过度的人，特别是唯物史观的信徒，以为政治一改变，一切都可好起来。倘使你问他，为什么专制变了共和，大家不好起来呢？他的回答就是：真的共和并没有实现。但若要再问他，真的共和怎样才可以实现呢？他又不得不回答说：民众了解了共和，真的共和才可以实现了。这不是在骨里头循环了吗？政治好了，人就好起来；而政治要好，却有赖于人的好。其实，社会现象，因果截然两事的很少，而互为因果的多，政治和个人就是这样。在这种时期，不能不将那不可分的环，强勉持着一点下手，政治也好，个人也好。只是从教育的立脚看去，当然要从个人方面下工夫。我所以主张现在的青年应当有政治的趣味、理解和修养，而达到这个目的所采取的手段，不是现在流行着的所谓政治活动，而是学校中的团体生活的实施。一般人要对于政治有趣味，能理解，且有修养，并不是为了都要去做官或当政客，这倒是不必的，只是要生活在团体里面，于人于己两不相防，便不得不如此。照某一种意义说，中国人并不是过的是孤独生活，孤独生活本是不可能的；但几千年来的所谓团体生活，不过是同着七八个人同坐在一部小车上，任凭一个车夫推了往前走一样，许多人各自的责任，都放在一个人的肩上。现在这样的生活已是维持不下去了，所以有所谓共和出现。然而一方面形式虽然改变了，一方面却仍旧牢不破地保守着旧的习惯，唱新戏仍然走台步，自然是不伦不类越显着紊乱。我敢武断一句，若不从根本将青年的习惯养成，中国的社会永不会和紊乱状态绝缘。

学校怎样能够使青年发生政治的趣味，而理解政治，得到相当的修养呢？表面上虽是三件事，功夫实在只是一个。有了趣味便自自然然地想理解，有了理解也自然想去试行，而从试行中更可增加理解，这样久而久之无形中就得到了修养。所以，第一要紧的工夫，就是培养趣味。趣味因高低不同，来源也就随着不一致。大概低劣的趣味，是容易使青年成功的，因为不必要经什么辛苦。至于高深一点的趣味，便非经过一番大大的努力不能够得到，学问、政治等等的趣味就是这一类。因此，适当的指导是不容缺少的。团体生活所需的下列的三个条件，都是中国人所缺乏的，所以指导青年养成政治的趣味，就应当从这点下手。

第一，将团体认成自己的，公私两方的利害放在同一基础上，不但不互相冲突，且互相助长。

第二，在事实上，保守着少数服从多数的原则。同时多数派应当尊重少数派，而不加以压迫，容受他们的批评。

第三，对于团体的事，个人须有很深的考虑，而不轻于从达。

看来，这三个条件都是平常而易于做到的，但中国人，青年当然也在内，却就没做到一点。学生对于学校，自己完全处于顾客的地位，始终只替自己打算。纳费总望减轻，权利总望加重，这就是自私的心理。无论大团体和小团体都是这样，就是召集一个会议，要足法定人数，已极不容易。而这些不肯出席的人，大半都是为了自己不相干的琐事。有人告诉我，学生会开会，明定两点钟，总要迟到四点钟、五点钟才能将人数凑齐，自己热心的事尚且如此，其他更可想见了。团体中，总是背了手批评的人多，埋着头呆干的人少，所以几乎没有一个团体能有善终，至于精神逐渐发扬的更是绝无的了。我觉得，团体的生活的不能完满，在中国，一般所谓坏分子的责任还少，而所谓好分子的责任反大。因为自己只顾着自己，最多做成一个自好者，于团体全没有尽力，而纵容坏人做坏事，也是要负相当责任的。最近某军阀对着学生说：“你们天天喊打倒军阀，我们已经静候了几年，还不见你们动手，这怨得谁来？”细玩味这句话，确实道着了中国人的老毛病。一般人总是这样想，团体坏了，自己还可跑开；团体好了，不止自己得利益；于是好像个人为团体尽力是极不合算的。学校一有风潮的时候，学生差不多都有将那学校根本打倒的雄心，这便是团体和个人分开太清楚而没有承认学校是自己的表现。在学校中要矫正这种毛病，依我看来，还得从办学校的人做起。现在学校的办理人，有几个是将学校当成自己的在办？所以在师生的关系上说，似乎现在的学校还不如从前的私塾的亲切，这是谁也感得到的。只此一点，已不能使青年脱离了小己的利害而对于团体生活发生趣味。在学校已如此，投身到社会，自然更不了解群己的关系，而能够感到对于为群众谋幸福，将自己的幸福包含在里面的趣味了，还有什么善良政治的希望！

第一个条件如此，第二个条件就比较容易了吗？不然！不然！青年人本着了虚骄的性格，往往目空一切，自己的主张无论是否合理，只要有人反对，便迁怒于反对的人，这是很平常的事。而团体生活的不能成功就在这一点。本来，全体一致的事，只是一种理想，事实上绝不容易遇见的，即或偶然有一二次，也只好算成例外。因此，少数服从多数，就成了事实上不得不然的条件。倘使少数尚且不愿服从多数，多数绝无服从少数的可能，那么，所谓团体生活，当然一筹莫展了。近来，有一部分青年，误认了个人自由的意义，并且以易卜生的“最强的是最孤独的”见解作护符，更不肯容受任何人的意见。不但如此，在团体中若自己的意见遭了否决，便愤愤不平，想将团体作牺牲，最少也要灰心。其实这是错的。团体要进展，绝不是少数人所能为力的，这是第一点。“最强的是最孤独的”就是真理，而最孤独的也不一定就是最强的，所以不容许轻易用它；这正和李太白好酒而好酒的不一定是李太白一般，不好借李太白作好酒的护符，这是第二点。何况，天才指导社会的群众，而群众能跟上他，总是他入了坟墓以后的事，而这也不是群众的罪恶，不这样就无所谓天才，这是第三点。还有，倘使少数者一遇意见不合，不肯服从多数，便和多数分离，那么，团体的事业绝无有进展的可能，因为一分再分，势必至人各自己为止，这是第四点。民国六年旧国会恢复，在北京开会，终于无结果而演成被解散，引起以后的政潮，就是少数不肯服从多数而施以消极破坏的缘故。德国革命以后，制定宪法的时候，原案有些地方，独立社会党都是根本反对的。但多数通过以后，他们便宣言，良心上仍然反对，只为使宪法成功，事实上绝对服从。将德国和中国比，究竟哪种态度是适于团体的生活呢？有人用革命事业来相反诘，以为革命总是不得大多数的同意的，所以少数不应就服从多数。其实这全是两件事。一个是处常，一个是处变。并且革命虽不是得大多数的同意的，但只是发难的时候；若要收成，非到大多数同意不可。再分析一下，就是发难的时候，革命的目标虽然不一定是大多数同意的，而一定要利用大多数所厌恶或想望的某件事作机会。所以，我认为革命最少也要得大多数人默许或放任——只对于行动说——才有发动的可能。认识这一点，少数服从多数的原则，在事实上，就不容怀疑了。但是，少数虽服从多数，多数却不当因为势力大而压迫少数，并且要容受他们的批评，因为这是团体内部真实的调协不可少的条件，不然，多数专制并不比少数专制有理由。

第三一层，青年最容易忽略，不但遇着团体的事不加判别，还常常要用游戏的态度去对付。这种习惯养成，对于政治便缺乏真实的信仰和浓厚的趣味。我经过许多学校，往往学生投票选举某种职员时，发现许多可怜的事实。票子写得潦草几于不认识，固不用说。将被选人的姓名写错的，也很多，甚而写别人的绰号的也有。还有故意举身体有缺陷的人的，也有举一班中最高的或最低的或最柔弱的。诸如此类的怪状，真是不一而足。倘使严格地检查选举票，废弃的总要在一半以上。这虽是极小的事，已经很可看出一般青年对于团体生活的趣味和态度。一个议案刚通过，经另一个人提出反对的意见，大家便将通过的议案轻轻放下，重新讨论，甚而也通过了。这样的事也是数见不鲜的。这正足以表示青年对于团体生活的不郑重、不加考虑。

倘使学校对于青年能够指导他们在共同的事件上切实履行这三个条件，我相信他们一定渐渐地对于团体生活发生兴趣。由努力的结果，兴趣益浓厚，便不难走进去得到相当的理解；同时也就得到适当的修养。话虽如此简单，做起来确不容易。我觉得，现在一般学校的组织，根本上还是君主专制的老套。就客气一点，也不过是日本式的君主立宪。所谓校务会、教务会这一类的组织，最多不过是校长的咨询机关，因为教职员根本上是可以由校长的好恶而进退的。对于教职员犹且如此，对于学生更不用说了。从这样的组织中，要使青年感到团体生活的重要，绝对不可能。因此，要使青年对于政治发生正当关系，恐怕还得根本从这方面改革一番。

虽然学校和更大的团体略有差异，而所谓政治——团体生活的表现的方式——也不尽同，但所需要的根本精神却没有两样。我不相信，青年在学校里还不能担当共同生活的责任，投身社会而能处理政治生活。以学校范围比较小的团体，并且各分子间有相亲近切磋的机会，还不能培养出政治的根本精神，而且要想卷到恶浊不堪的政治漩涡里去讨生活，怎能不失败！我所以希望教育家对于青年，注意培养他们的政治精神，而希望青年从自己最切近的生活上加一番真实的磨练，至于现在流行着的政治活动，实在是徒劳的，我不敢因为恭维青年而陷他们于不可救拔的地步。

民国十五年（1926 年）第 18 卷第 1 号

全人教育论发端

刘薰宇

“全”字照平常的用法，有两种意义：一个是“完全”的意思，一个是“整个”的意思。这里是用后一个意思，因为所谓完全实在不容易说，即使抽象地说了许多好听的话，做起来终是可望而不可及的。所谓全人教育，简单地给它一个界说，就是“教育者用整个的人格对于被教育者整个的人格实施的教育”。为了方便起见，先来检查一下现在中国的教育，再详释我所说的全人教育。

流行在中国的教育，第一个缺点就是将教育的作用拆散了去估价。这种毛病，可以说是由来已久了。从教育者将一个三角形来作教育的象征，而分成所谓德育、智育和体育，便开了端。从这分歧的结果，常常使教育者感到这部机械不便应用，因此想加些副件上去，如所谓美育呀、群育呀之类。但是这样一来，歧之上又有歧，更显出纷扰而难于应用。这种分离的现象使教育上生了两种怪状：第一是涣散，第二是偏重。

从教育者的立场去看，没有一个人敢自认为是万能的，因而合众人之所长而给与被育者，固然好像是不得已中的较好的方法。但是反过来一想，似乎这种的理想也是徒然。甲教育者是文艺专长的，把他的文艺的知识和技能传给被教育者；乙教育者是科学有素养的，把他的科学的知识和兴趣传给被教育者；丙教育者是体育优长的，把他的体育的见解和技术传给被教育者。这样的勾当，在教育者方面固然是各尽所长了。实在想一想，这样的一个学校虽然不至于和市场一样，商务书馆只卖书，马玉山只卖罐头，大成只卖绸缎，那样的分散着任顾客东奔西跑地去购买。最好也不过和先施、永安一类组织较完备的百货店一般，只使顾客省却了奔走的苦痛。更进一步想，教育的作用究竟和做买卖绝然不同。买卖只要各得其所，便能交易而退。顾客和商人的关系非常简单，一方出了愿出的代价而取得想要的货，他方付出愿卖的货而取回自己认可的货价。银货两讫以后，两方便不相关涉。教育岂是这么简单的事吗？就是教育者认定了非自己所长的不给与被教育者，但事实上教育者怎样能够孤零零地只将那点长处交付给被教育者呢？在知识的传授上或者还有几分可能，其实已是问题——教国文的不谈数学，教数学的不管英文，仔细想想，这已不是绝对可能的了。彼此既有点关联而无法分析，那么教育者诚心地将他的所长给与被教育者的时候，就免不了要将自己觉得不擅长的，也无意中附带了送出去。所以所谓各尽所长，根本上不是可以干干脆脆地做得到的，即使做到了，也免不了散漫无归宿。这层弊病早已有人感到了，所以无论哪个学校都竭力地在想法谋各科的联合和统整。再从教育者和被教育者精神方面的关系考查一下，更见得所谓各尽其长的理想是和做梦一样。要用数字来表明教育者和被教育者精神上相互的感应的可能的程度，自然是不容易成功，但人和人中间有精神上的感应存在着，总是无可否认的事实。因此教育者的精神，乃至于极细微的行动，都可以无意中传给了被教育者。在不知不觉间被教育者模仿了教育者的语调、风度，这是随处可以见到的。所以将教育的作用分裂开了，只有在教育者方面表现着涣散，于被教育者方面没有什么积极的功效。最可笑的，还是因了这样分割的缘故，倒开了教育者的方便法门。所谓德育只由几个“指导”“学监”这一类的人负责任，体育自然更是很明白的是体育教师的事，至于生理卫生的知识便归到智育方面去。于是教功课的只管教功课，教运动的只管带了学生运动，遇到了学生有违反规则的事，便装作不闻不见，或是去告诉那负训育责任的人。当时可以片言而决的，也留给那负训育责任的人来重费一番审问指导的工夫，甚而至于将学生在课堂上或运动场上不规则的责任也推到负训育责任的人的身上，对他们加以批评或指责。所谓负德育责任的人便成了司法官，负智育责任的人便成了知识贩卖者，负体育责任的人几乎和拳教师一样。各人保着一个范围，丝毫不放松地按规则去做。教功课的人下了课，便可以放纵无行，自以为没有负训导学生的责任；教体育的人仅可和中国郎中一样分不清楚人体的构造；甚而至于“学监”一类的负训育责任的人，可以在知识方面非常贫乏，而只按规则点名、记过、扣分数。这样一来，学生不但对于学校没有中心的信仰，就是对于教师也同样地缺乏深切坚实的信仰了。

因了涣散便免不了第二种的毛病，就是所谓偏重。偏重的现象又有两种：第一，因教育者的力量的差别而起的；第二，因照德育智育和体育的分划，各有难易而起的。一个学校里常常有这样的现象，某一科的教师的能力强一点，或是因或某种原因而学生的信仰深一点，大多数的爱好便偏那一科去。不但对学科成了偏向，就是学生的态度也随着偏向了。这是一件极危险的事，依我的观察，有时学生所以偏向于某教师所教的学科或他的态度，并不全然是良好的动机，大概只是为了各自一时的惰性的适合，或偶像的崇拜，或势力的屈服。这样的现象，仔细分析起来，有一部分可以说是事实的无可如何，即如各教师的能力（各方面的）不能均等；但有一部分却可以因了教育的完整而消减，就是要学校里有中心的信仰。所以这种弊病还不难救治。第二种现象，却是中国教育界最普遍而受害最深的。因智育和体育的工作比较的具体一点，所以学校容易变成知识的贩卖店或运动员（自然以养成运动员为目的算不得体育）养成所。德育虽然没有人敢说不注重，那终于只是空无一物。现在只要有教师、有学生、有房子、有黑板和教室用的桌凳，就可办成一个学校，所以学校很容易产生。这就是只认识智育的缘故。虽然也有人常常叫着三育并重的话，但事实上全没有效力。从别一方面说，这种叫喊就是有了毛病才发出来的。其实所谓德育、智育、体育全然没有分开的可能。许多毛病都从这样的区分产生的，所以应当将它重来估价。

正和一个人一样，既然已被肢解，灵魂便早已飞开。现在教育界所常讨论的问题，好像都是手要带什么戒指、脚要穿什么鞋的问题，至于灵魂的安放和全身的健康倒不曾顾到。一个学校里，分几个教师去专门讨论训育的方法，分几个教师去讨论教授的方法。结果，方法虽然开出不少的来，用了以后，毛病依然存在；或者有时连所开出的方法根本就行不通。这样，所以愈见其纷扰而对于实际问题毫无裨益。根本的救济，只好将教育统整起来。

以下当先大略讨论教育的目的。关于这个问题，各教育家的意见全不一致，大概都是为了救济当时的病症而发生的。至于是否有一个可以放诸四海、流诸万世而不变的目的存在，我也无从回答，所以现在所说的也只是对症的药，而不是万应的仙丹。近几年来，中国教育界中进步一点的人，都在口头上谈着“教育即是生活”的话，从表面看，似乎已脱去“为国家造就人才”“为什么造就什么”，纯把教育当作达到某一目的的手段，而把被教育者当作材料的见解。但在教育的实际状况上去考察，却仍然没有两样。所谓“教育即是生活”，似乎应当注重于被教育者受教育的时代。明白点说，人的生活本受经验的支配，所谓经验就是各个人过去生活的残痕。但在青年时代，这种经验比较的少，所以他们的生活不容易有定向，而不得不借别人的经验做参证。教育，不过是对于青年为他们的生活供给一些经验，使他们比较地易于得到正路。不过人的生活因为受了经验支配的缘故，所以一天一天，乃至于一秒钟、一秒钟连续下去，先前的生活状况总给与后继的生活一些影响；而一个人不受教育的时期总比受教育的时期长，所以往往容易使人迷惑了，以为教育是为后来生活的预备。其实这完全是错的。今天吃了三餐，饭固然于个人生命的延续有关系，但因此就说今天的吃饭是为明天的生活的预备，总不见得合理吧。因此，我以为所谓“教育即是生活”，就是教育是使被教育者在受教育的时代得着较正当的生活的意思。人的生活是不可分的，所以教育也是不可分的。

斯宾塞的意见，教育所负的正当的责任，是在养成人的完全生活。所以教育的设施就是履行这种职责，教育的良否也就是用它所能履行这种职责的程度做标准来决定。而构成人的生活的各种活动，可分为五种：直接求自己的生存；借维持生命之物而间接求自己的生存；为最远的目的，而保存后嗣；保存社会的关系；努力求感情和嗜好的逸乐。但这五种区分，并不是绝对的，并不能各自保守它的领域而不相关涉。所以教育应当保持它们适当的比例而加以调和使它完成。依照他的这般说法，教育的根本也是不可分的，而教育除了人的生活，并不再有其他目的。总之，教育目的中虽包含着被教育者将来成人时期的生活的关系，但教育的最大使命却在满足被教育者当前正当生活的需要。不过因为青年时期的生活影响于成人时期很大，不能使它们互相冲突。这也只是同饮食一样，虽然最大的目的只在满足当时的食欲，但有恶影响于日后的健康的不能不排斥。

除在青年当前的生活当中，再没有所谓教育。像从前私塾一般的教读，只为读者日后的发展而全不置意于他当前的生活，绝对不好算是教育，最少在现在和以后是这样。但是现在的学校和从前的私塾根本精神的差异在哪里？这实在不是我可回答得来的，依我的意见，教育的目的，不过是意识地造成良好的环境，给青年以满足生活的较好机会，而使他们在那时期得过较善良而安全的生活，并且从这生活中锻炼他们的生活力，使他愈形充实。一个人，尤其是青年，总从环境上受到许多暗示和磨练，但自然存在的环境不一定全是可以助人向着善良方向发展的，所以良好的环境只能依赖人力去创造，这是教育的根本责任。青年在这样的环境当中，生活的满足自然在不知不觉间可以取得较有滋养的材料。这样的生活，自然比较漂泊在自然的海洋里，完全受盲目的命运的支配安全了。由这种生活中所能得到的经验，也是比较有益于他们的生活的，因而生活力也就充实了。所以教育应当以被教育者整个的人格为对象，不然，势必致使他们变成一班畸形而生活力微弱的人物。全人教育的第一个主要点就在这点。

注重被教育者的整个的人格的教育，全人教育怎样会可能呢？关于这个问题的回答实在很简单。全人教育所以可能的原因，全同于一般所谓教育所以可能的原因，而在全人教育对于这一点更特别重视，或者简直可说，正因特别重视这一点，才有全人教育。倘使人同人中间，生活不能互起共鸣、互相感染，教育根本就不可能。其实一个人的生活不只是能和他人的生活起共鸣、相感染，就是和他所接近的一切事象，也能起共鸣、受熏染的。关于这一点，似乎用不到辞费，很容易得到是认。惟其人的生活对于他所接触的一切有这么大量的吸收性，所以教育非以被教育者的整个人格为对象不可，也非由教育者以整个的人格去实施不可。不然，无形中竟会将教育者所自己觉着不负教育的责任的一部分传授给被教育者去，而发生意外的教育过失。这是全人教育的第二个主要点。

进一步，再略说一说被教育者。一般的说法，被教育者总是在青年期的人。这个时期因了生理和心理的关系，一个人总是努力向各方面求发展。因为努力求向各方面发展，所以需要很多，而且很广泛。又因为正是求发展的时期，所以一切多不固定，偶一偏向便要使他失却一部分的能力和兴趣。我且以我作个例，我是一个不能用毛笔写字的，而且就是用铅笔或钢笔写的字，也和初学写字的所写的没有多大的差别，这是见过我的“墨宝”的人都知道的。所以这样，追根究底，就是在小学时期受了某一位先生的暗示。我进小学校的时候，学校教育真是幼稚得可以，记得除了国文以外，没有一门功课有教科书读。所以每课都要抄黑板，而黑板虽有，粉笔也还没有上市。先生都是用毛笔蘸了水化的粉去写。因为这样，所以一块黑板写不了几个字，势非擦了又写不可。当学生的就不得不很快地抄，先生也就只好奖励用铅笔写得快了，哪知道我就永远受用呢？这虽是一个好像无关大体的例，但很足以证明前面的话。试就我们所缺的能力想一想，都是有点极小的来源的。被教育者有这般大的保守着暗示的能力，教育怎好忽视他的生活的某一部分呢？

全人教育既是基于青年的强烈的感受性，而着眼于他们的整个的人格，所以要达它的目的，除了由教育者整个的人格去活动，没有方法。教育者整个的人格能够给与被教育者善良的有力的刺激，教育就成功了。教育者的指导被育者，不是和审判官对于诉讼当事人下判决一样，因为前者是要别人感受，非能引起他的共鸣不可；后者只是强制执行，并不需要别人内心的许可。所以审判官只要他下的判决在条文上有根据，不至于因上诉而撤销，就算成功。而他的判决于他和判决直接有关的行动以外的一切行动无关。教育者所施的教育的效能，却于教育者的一切行动，就是整个的人格有关联。现在教育的失败，我敢不客气地说，根本的原因就是由于教育者不曾注意到这一点。教授学科的人，只要跳下了不到三尺高的讲台，便觉得一身轻快，因为一切言语行动都可不顾到学生而放浪了。最普通的，是群居终日，言不及义；其次的，是狂嫖滥赌；再其次而最可以痛心的，是带了学生一同去胡行。某校长向人说，某教师不但教学生的功课，而且教学生害花柳病，这是何等可耻的事？还有什么教育可说？推究原因，都是由于他们认为教育者和被教育者只有在教室里内有关系。又如所谓学监这一类的教育者，在评判学生的行为的时候，满口仁义道德、规则，但到了学生不见的时候，却并不能反求诸己，这也是极普遍的现象。因了感到这些事实，更不得不大声疾呼地高唱全人教育。知道了全人教育，才能真实认明教育者所应负的责任！

我不觉得世间上有任何一件事，是毫没有相当训练的人所能担负的。最神圣的教育事业更是如此。所以，教育要成功，教育者决不是一般读过几句书的人就可冒充的。教育所以神圣，不只是它的结果的关系，最大的关系还是它的责任不容易负。虽是这样说，从全人教育的立脚点所要求的教育者，也不是可想望而不可成就的超人，只是在人格上有适宜的修养而不是畸形的人。可怜，中国现在的教育者许多是在别的生活上鬼混不下去的人！教育，我认为教育者最少应具备四个条件：丰富的热情；普遍的兴趣；清晰的头脑；确切的信仰。其实，人格的完成，这四个条件本是缺一不可的，全人教育既以教育者的整个人格为中心，对于教育者便非有这四个要求不可。

一般人，都认教育是清苦事业。在一般人要这样看法，固然不算什么，倘使教育者也作如是想，怎能担得起这副担子呢？清苦也好，甜蜜也好，全是主观的。对于某一事有了热情，自然千折百挫也不至感着不好过。所以教育者应先具有丰富的热情，再从教育的作用说，根本是要使被教育者受了刺激，发生共鸣。这刺激的传播最好的媒介物就是感情。教育者若真有热情，教育的功效一定是很伟大。这本来是极平常的事，一个人对于他所心爱的朋友所受的感化比对于其他的人所受的大。良师所以不如益友，就是因为情感的浅深不同。情感是用情感引起的，富于热情的人随处都可得到同情者，更何况在感受性极强烈的青年队伍里呢？我近来，深深地感到使人理解比使人同情更难，由自己的理解不能就使人理解。对于某事理的理解，是应当具备相当的智力的，而同情的发生，却只关系于诱引同情的人的情感的热度，所以我认为教育应建筑在情感上。

至于教育者需要第二个条件，普遍的兴趣，这是根据上面所说过的教育的目的和被教育者的性质，很易于明白的。照现在的状况说，本来是对于被教育者在形式上各方面都顾到的，而一般青年所以不能各方面同时吸收，免不了偏枯的原因是由于教育者也有偏向。各人具有不同的性格，在能力上有偏向，原是无可如何。但为教育的完成，兴趣不能不普遍。教育者对于各方面都有兴趣，虽不是直接在各方面指示被教育者，也就不至于给他们一种消极的暗示，使他们堕到偏枯的地位。

说到清晰的头脑，也是极易明白的了。然而负于笼统思想的中国人却不容易做到。要和丰富的热情并存，更是极不容易。教育者的难能而可贵就在这一番工夫。

既有丰富的热情，何以又需要确切的信仰呢？感情本是变动不居的，没有确切的信仰在后面，绝不容易维持久长。而教育事业，又非旦暮即可奏效，所以不能不仗着信仰来维系着。这几年，很有许多人高呼排斥宗教——我认宗教的根本只有信仰——一切都要诉诸理智。表面上似乎中国人很富于信仰心。但仔细一想，中国人信仰心最缺乏。为主义而牺牲的中国人有多少？真实奉行一种宗教而至受它的害的有多少？抱定一个目的呆呆地往前走至死不变的有多少？就以教育界而论，表面上虽时时有不少的改革，但有几件事是真的感到了旧的不适用，理解了新的较妥善，确信无疑才改革的。因了对于一切都缺乏信仰，所以浅尝辄止，教育不是可以这样漂泊的事业呵！所以我郑重地向教育者要求须具确切的信仰。

上面所提的条件，没有说及关于知识的，这是因为关于这方面我没有在现在的教育界里感到很大的缺乏的缘故。不，不但这样，大家正偏向着呢？又一般的教育书上还要多少讨论到教育技巧的问题，如管理教授之类。我觉得这不是教育上的根本问题，教育者倘能真具备上列的条件，就是技巧不十分高明，也很可在教育上奏效，因了他的对于被教育者关系的密切。

虽然我在教育上不很重视知识的传授，下面也略说说关于这一点的意见。我觉得教育是使人完成人的生活，在人格没有适当修养的人，知识反而变成他的作恶的工具。学外国文可利用了去使外国人的势力以图自己的私利，学化学可以知道某种物质能够杀人，只要安放不好，一切知识都是害人的。所以知识无论怎样充分绝不能就算一个人格健全的人。

教授知识，我以为使被教育者领受了所教授的知识，这还是次要的、副产的目的。而最重要的目的，是在使被教育者培养对于学问的趣味，发展研求学问的精神，了解探究学问的方法。无论哪一部分的学问，要希望在十来年的学校生活中，从教育者传给被教育者，是不可能的。有了学问的趣味、求学的精神和探究的方法，便可终身受用。反是，只得了一些片段的知识，离了学校便和它绝缘，岂不是徒然？

我觉得中国有一个侵入肺腑的凶症，就是一般人的趣味低下。这个病根不除，一切改革都难有好结果！而趣味改革只有由教育上从青年下手。中国也办了几十年的学校了，学校毕业生也可以随处遇见了。但是在社会上做事，每天事务完了，用点时间去运动的有几个人？将在学校学习过的课程继续研究的有几个人？轮船里，旅馆中，哪处不是鸦片烟熏得人头疼，麻雀牌声音吵得人耳震呢？再看学校里面，有几个学校是一开学学生就到齐，放了课学生才走散的？从此可见，在教育上并不曾给被教育者一种趣味，所教的运动呀、各种课程呀，都是纸上谈兵，比较说大鼓书的魔力还小。这样的教育再办一千年，中国人的生活有什么影响？推究原因，就是教育者并没有将整个的人格在实施教育的时候活动，而只使用着运动器官和发音器官。所以我敢大声疾呼地高叫全人教育！这不是一件小事，中国人的趣味不改变，生活就永远维持旧状，也就无法适应20世纪的新潮。我盼望教育者醒过来，努力地办点活教育、全人教育！

现在的青年，大多数只好空虚、玄妙，而希图侥幸，这也是教育上的最大缺点。因了有这个缺点，所以仔细一调查大多数的青年都将容易头痛的自然科学等放在脑后，而在文艺里面钻。而所谓钻文艺，就是天天拿了一支笔诗啊、小说呀地创作，并不肯埋头多读两本名著；至于实生活的体验，更是风马牛不相及了。这种风尚的成功，若不及早挽救，教育只有消极地产生坏结果了。所以演成这种现象，也是由教育者没有整个在教育上活动的缘故。求学的精神，最重要的是切实、有恒，现在的学校果然能将这种精神昭示于青年吗？

学问探究的方法，更是教育上所不曾注意到的。教育者所孜孜不倦传授给被教育者的，只是别人研究所得的结果的某一部分。纵令被教育者完全领受了，也不过是贩得一批现货，至于怎样制造终于茫然。更甚的，还是不能跳出所曾受过的某一本书的范围。知识原是教不完的，有了方法自己可以去寻求，所以指示方法倒是根本的问题。教育者似乎不当和探求学问分离，对于探究学问的方法应当有相当的理解。这条件成了功，在实施教育的时候又不断地努力，自然可以给与被教育者一些方法了。

以上拉拉杂杂地虽然写了不少，但自己也觉得不透彻，所以如此，是因为我关于全人教育的意见全由于最近的感触逼成，但虽没有十分成熟，我个人的信念却已结成“教育者不将被教育者整个的人格作对象，用自己整个的人格来实施，教育是无效的”。

民国十五年（1926年）第18卷第3号

教育与国家

章　益

一、教育与国家的关系

教育和国家的关系，极为密切，一谈到教育，便撇不开国家；谈到国家，也去不了教育。希腊的先哲柏拉图，在他的《共和篇》里，把教育和国家看成一片。他这部书里“内容虽然很杂”，但是他的主张却有一贯的线索。他本想通论“人生的哲学”，所以他第一个问题便是“什么是善良的人？”或“怎样造就善良的人？”希腊人的思想，凡是善良的人必定是国家之一员，也必定要是国家之一员，才可造就得好。所以第二个问题便是“什么是善良的国家？”又因为自苏格拉底以来，都把道德知识看作一件事，以为凡是善良的人，必定要有知识，所以第三个问题便是“什么是使人善良的真正知识？”最后还有一个问题是“知识既是做善良人的条件，那么，好国家应该用什么方法引导市民向真正知识上去？”解答这个问题，自然只要说教育是必要的了（参阅 Ernest Barker，*Greek Political Theory*，*Piato and His Predecesors*，p.146；高一涵《欧洲政治思想史》，第 26 页）。

亚里士多德亦说：“我们主张政治的目的是至善；政治科学最努力的一事，就是养成公民的某种品格，使他们善良而有优美的行为。”这样说来，政治的功能就是教育的功能。并且他说，这种的功能必须属于国家。他以为“教育责任也是不委托私人的。因为什么呢？（一）因为教育制度与国家的宪法有关，教育是想发展市民的政治才能，使保存国家的宪法；（二）国家的目的只有一个，凡是国家的市民必定要全体统一，所以教育不能让私人去随意发展个人的特性；（三）市民是属于国家不能自主的，所以必定要受国家所定的教育”（高一涵《欧洲政治思想史》，第 102 页）。

近代的思想家如亚当·斯密（Adam Smith）、马尔萨斯（Malthus）等，亦以为国家谋政治上的安全起见，应当注意到人民的教育。斯密在《原富》书中，有这样一段论议。他说："即使国家施教育于下级人民是无利益可言的，尚且不可将人民教育有疏忽，何况人民受了教育，确乎对于国家是有利的呢？人民愈受教育，则愈可免去执迷盲从的危险。在缺乏教育的国家，常因此而致重大的骚乱。而且受过教育和明敏的人民比愚蠢无知的人民，较有礼仪秩序，他们每人的自重心较强，较易受高位者的尊重，所以他们对于高位者亦容易发生敬意。他们的鉴别和观察的能力较高，所以不易接受旁人存心的煽惑，而无谓的反抗政府的设施。"（*The Wealth of Nations*，*Everyman's Library Education*，p.268）

在现代的教育思潮中，主张教育的权衡归诸国家，而以事实为立论根据的，当推苏俄的教育者品格微支氏（Pinkoviteh）。他说："每个国家自然地努力去尽量把持青年的教育。现代的国家既是某个阶级利益的组合，常在那里争取最高的地位。这就是说，争致现在当权的阶级于最高的地位。公众的教育既以模铸将来的公民为目标，是一种政府不能轻易让予他人的利器。换句话说，无论布尔乔亚教育者如何鼓吹，学校与其他教育机关绝不能脱离政治，'打倒学校里的政治的口号'，不过是句假话。因为它的实现，只有在未来的社会主义的社会中或者可以。假使我们翻开公众教育史一看，就可知道，无一时无一地学校曾离开政治。在古希腊，尤其是在斯巴达，公民的教育完全在国家手里。同样的办法——虽然不如此明显——盛行于中古时期。法国革命，对于这个问题，很直接坦白地主张把教育放在政治之下。在19世纪中，欧美各国不亦是有同样的倾向吗？现在俄国大革命采取同样的政策，不过比资本主义的国家来得干脆些、老实些罢了。"他接着引用列宁的话，说表面与政治隔开的学校，实际上还是做布尔乔亚阶级的工具，制造愿为资本家效力的能干仆人。反正学校总不免为人利用，与其如此，不如还是爽性把教育交给为多数民众谋利益的普罗政府倒是最妥了。

二、国家对于教育的权力与责任

教育与国家的关系密切，在现在已经成为浅显的事实，无须再加以申说。现今所要讨论的，不是国家要不要施教育于人民的问题，而是为什么国家要施教育于人民的问题。前面所举几段的理论，除柏拉图是以国家和教育同为达到善良的手段以外，如亚里士多德、斯密、马尔萨斯等，都以有利于国家为实行教育的理由。这样的见解，是把教育当作国家谋利益的手段，似乎教育的动机，纯粹为的是国家，在人权膨胀以后便易引起怀疑。反对这种见解的，以为教育的施行是国家对于人民的责任，人人都有受教育的权利，而且就为应享教育的权利而受教育，并无须以谋国家的安全为理由。依照这样的理论，一面要求国家履行教育人民的职责，一面却又限制国家不得以某种有作用的教育施于人民，即便如品格微支所说。事实上，不得不把教育权付之国家，然在付托中仍宜有限制的条件。

国家施行教育的时候，为什么要加以限制呢？这可说基于教育力量的认识。把教育当作模铸思想意志的工具，以前的教会和帝王，均能行之有效。历来政争，在朝的一派可以利用教育来巩固自身的地位，在野的一派也想攫得教育的权衡来推翻对方。教育既成为模铸思想意志的工具，现在就要问，若把这工具放在国家手里，有什么危害？

密勒（John Mill）在 *On Liberty* 文内说："假如人民的教育，整个的或大部分交给国家，我是反对的。前面所说应当重视品格中的个性、不同的意见和不同的举止等等，这必须有不同的教育才行。一切教育操于国家之手，势必模铸所有人民使之齐一。而且所用的模子一定是政府中当权者所合意的——无论这个当权者是帝王，是牧师，是贵族或是现有人民的大多数——模铸的功效愈高，愈造成心理上的专制驯而成为身体上的专制。假如一定要有国家设立，国家管理的教育的话，亦只能把它当作许多比赛的实验之一，其目的仅在示范和鼓励其他教育，使合乎一定之成绩标准而已。"

密勒对于国家管辖教育的疑虑，是怕造成刻板划一的结果。以外来的力量，强迫人的心志，使趋向于一途，这是自由主义者深恶痛疾的一件事。罗素（Bertrand Russell）亦反对以教育为政治的武器。他的立论是重在儿童固有权利的维护。他说，在两派互相倾轧而用教育为手段的时候，"儿童的本身不为任何一派所重视。他们不过把儿童当作充实他们军队力量的材料罢了。假如顾到儿童的本身，教育绝不能存心使他们加入这派或那派，而以使儿童能在两派之间自决其取舍为目标。这样的教育，培养儿童思想的能力，不是叫儿童以教师的思想为思想。假如我们尊重儿童的权利，便不会有用作政治武器的教育。假如我们尊重儿童的权利，我们就应该教育他们使他们获有独立意思所必需的知识和心理习惯。但是作为政治武器的教育，其养成习惯和限度知识的方法，却务使学生的意思不得不趋向于一途"（*Why Men Fight*，pp.154-155）。

从两氏的说法，都可看出一共同之点，就是他们并不是主张国家绝对不可过问教育的设施，他们所反对的，是把政治的目标摧残了儿童的独立与个性。假如教育在国家管辖之下，教育的一般效能可以提高，而同时对于儿童的独立与个性有了切实的保障，想必可得二氏的同意。

从来以教育为儿童天赋的权利，视教育的过程为自然发展的过程，必需顺应自然的法则，绝对不准人意的干涉，主张最力的大概无过于自然主义的领袖卢梭（J.J. Rousseau）了。他慷慨激昂地说："在大自然主宰的手里一切都是善的，但一切到了人的手里便坏了。""都市是人类的墟墓。""我们假如要造成一个公民，就不能造成一个全人。"他连一般社会都看在应该打倒之列，以训练公民为目的的教育，当然尤其是他所痛恨的了。然而他心目中的社会和国家，只是当时虚伪、做作、专制、不合理的社会和国家；他所鼓吹的个人主义，却并不能完全脱离社会的意义。

杜威替他诠释得最好："实际上它（个人主义的运动）的主要的兴味，还在进步，还在社会的进步。表面上似乎是反社会的哲学，并不能掩盖了倾向于更广大、更自由的社会——倾向于世界主义的动力。其正面的理想是全人类。做全人类的一员，和做国家的一员不同。个人的潜能是可以展放的，而在现有的政治组织之下，则个人的能力，为要迎合国家统治者私利的要求，每每受着压迫和扭制。极端的个人主义不过是一种希求个人无限的完美，和以全人类为边际的社会组织的理想之换样说法罢了。"（Dewey，*Democracy and Education*，pp.106-107）

根据上面的讨论，我们可将眼前的问题归纳如下：如何能使国家执行教育的职责，一面不妨碍世界主义的实现，一面不拘束个性的发展？如若这两条件有了保证，国家行使教育的权衡，对于教育的效能，是比较国家完全采取放任的态度，可以多所助益的。

三、宽容的国家教育

什么样的教育才能一面顾到国家，一面顾到全人类？这个问题的解答不能不先问此地所说的国家是什么样的国家。假如确定了国家的性质，使它非特不为实现世界主义的障碍，而且可为促进世界大同的阶梯，那么，以这样的国家为目的的教育，便也是以全人种为目的的教育。中山先生以为根据三民主义所造成的国家就合乎上说的意义。中华民国的新教育宗旨，亦以促进世界大同为最后的目的。胡汉民氏说："教育是使民族的文化无限延长与展布的；教育是以民族为本位，而以进展文化为任务……这种生活上的逐步进化，就是人类文明的进化。在这种文化中，一面是民生的发展，一面是民权的普遍。所以总理的三民主义乃人类进展文化的最高方案。三民主义对于人类是一个莫大的教训。推行三民主义，实在就是人类教育的最高目的。"（《建设与教育》一文，载十八年《申报》国庆增刊），依照这样的说法，可见国家民族与全人类是可以调和、融洽咨于一处的。

说到个性的发展，胡氏亦以为的三民主义化的教育里可以顾到。他说："主张包罗青年于万象之中的教育者，以为如此才可以让青年的个性尽量发展。这是以前没有知道个性上面还有必要的公性在，所以才如此想。这个公性是什么？就是民族精神，全国国民应该融会一切好的个性于此公性之中。我们既然一切以民族为本，自当民族在前，个性在后，公性不张，个性何用？教育先导被教育者去发扬民族精神，再谋发展其人的个性不迟。民族精神必不妨碍各人的个性发展，因为它正需要各种好的个性去充实表现它。不过彼此先后轻重之间，不可倒置。"

我们对于胡氏的意思，大体上是很容易明了的，虽然在细密的部分，还有进一步讨论的可能。比方说胡氏对于个性这个名词，用在一段里似乎有两歧的意义。从一面看上去，个性可以与私性相通，从另面看上去个性又可解为个人特有的潜能。依前者的解释，个性应放在公性之后之下；依后者的解释，个性却是民族精神的内容，丢了个性，民族精神便将变为空虚无物。因为有了两种的含义，所以忽而把公性与个姓排列先后，忽而又把个性与共性作为一物的两面观。惟其把个性看作私的意思，所以有公私应分轻重的主张。但这点疑问与胡氏的主要意见——就是三民主义的教育一切以民族为前提，既无害于世界大同，亦无妨于个性发展——是没有牵制的。

三民主义教育的功能，确如胡适所描写，是不容异议的。三民主义是一种具有宽大精神的主义。根据真正三民主义而施的教育当然也是一种具有宽大精神的教育。这样的教育，决不会对于促进大同、发展个性的目标有所冲突，可以深信无疑。此地所要加以说明的，不是三民主义教育能否达到上说的目标，而是三民主义教育以外，有无他种教育也可以达到同样的目标。说到这里，我们便遇到一种困难。因为和三民主义教育迥不相侔的共产主义教育，也正在那里高唱着发展个性和为全人类谋幸福呢。品格微支便是这样说："我们必须教育成社会主义（共产主义）的战士，他们须明了本身阶级的问题，能独立地评价现代文化的各种重要表现。这不是说我们疏忽了个性的发展，我们所梦想的，是一个具有现代完备知识且富于审美性的人。我们梦想一个活泼健强的人，他能从现代社会的革命阶级奋斗出来，以求实现致全世界人类于平安快乐的理想。"（前书，第 28 页）

"全人类的幸福""个性发展"，原是美妙的名词，任何主义都可把这灿烂的花冠佩戴上，并且都能言之成理，持之有故。要找出具体的标准来限制谁佩戴这花冠，谁不佩戴，真不是容易的事。即以全人类的平安快乐来说，也可以在各种不同的状态之下办到。比方说：麻醉了的人类，是很容易平安、很容易快乐的。历来所说的圣君贤相、仁慈的君主（benerolent despots）和现在实行怀柔政策的殖民政府，都能够一部分办到，这是否我们所企望的呢？个性的发展，亦有同样的问题。人的个性都是多方面的，哪一方面是我们所应发展，也是应当先决。人类幸福和个性的意义，不加界说，便最容易为人所利用。

我们所要求诸实现的，是什么样的人类，什么样的个性？罗素以为人性中的优点，有宜于少数人的，有宜于一切人的。一切人所应培养的性格可分为四点：就是活力（vitality）、勇敢（courage）、敏感（□）和智慧（intelligence）。换句话说，他的理想的人，在个人是一个活泼泼的、进取的、头脑清明的个人，在人类就是活泼的、进取的、头脑清明的人类。这样的人，既不会唯口腹之欲是图，甘心受人豢养；亦不会固执成见，一味地孤行己意。只有这样的人才值得我们的企求，否则，所谓芸芸众生，不过是些騃如木石、蠢如鹿豕的货色，天地间多他亦无所益，少他亦无所损，又何必去费力培养呢？

假如我们接受前节里所说的人的理想，那么，要养成这样的人，所需要的教育，不难知其大概了。消极地说，这里所需要的教育，绝不是抑制的、拘束的、划一的、刻板的。因为这样的教育，足以消磨活力，阻挠勇气，使人渐归于麻木不仁。反过来说，这里所需要的教育，必须具有宽大、广博、容忍的精神。虽然在大体上，不妨确定目标，但是对于异乎这目标的理论，至少亦可给以尝试之机会。假使这异议是错误的，尽可让讨论去阐明，让事实去证实，无需乎强制的排斥。现在再来看一切有主义的教育，谁可以谋全人类幸福，谁可以发展个性，就凭它有无这宽大广博的容忍的精神。立场狭隘的主义决不会产生人类幸福个性发展的结果；就是具有宽大精神的主义，如于实施的时候，把它当做一种钳制人心的工具，便也将失去其固有的功能了。

四、教育的内质和外形

因为要利用国家来管理教育，以增高教育的效能，同时又要防制国家来操纵教育的作用，近来，有人主张把教育行政的事项分为二类。一类可称为外形（externa），一类称为内质（interna）。外形包括检查学生出席、改善教学环境、规定学年长短、教师之资格及薪额、校舍建筑的样式和用材、学校图书仪器之设备等等。内质包括教材、教法、课程的编制、教科书的选择、训育方针、学校生活和精神、教师的训练等等。外形部分可以完全听国家的制裁；内质部分，则不要国家过问，而归之于地方或私人。

内质所包括的因子，都属于教学过程的本身，可以直接影响到教育的结果，只须在这些上面有所变更，就足以变更学生的知能品格，所以不可轻易受着垄断的。至于外形的因子，只能影响到教学的效能，却不能决定教学的本质。假如内质相同，在适当的外形之下，成绩较可完满；在不适当的外形之下，所造就的成绩便不能完满。效能的增高，总是应该的。无论做何种工作，都不当草率从事，何况是教育的事业？为要提高效能，必须利用一种权力，这种权力正好由国家供给，所以把外形的管理付托给国家最为适当。

国家对于内质与外形所行使的职权，在欧洲有三种不同的例证。第一种，把教育内质的全部操于中央政府之手的，可推法国为例。法国在拿破仑的时代（1808 年）便用法令规定："在皇家大学范围以外，且未经大学主脑之许可，任何学校，任何施教机关，一概不准设立。"（Reisner，E.H.，*Nationalism and Education Since 1789*，p.35）直至如今，一切学校内政，如教职员之训练任用、升级，课程的编制，教科书的选择，学生的训育及社交，考试的标准等项，仍都归教育部长管理，以命令行之。其结果是：因为中央的独裁，把一切详细的节目件件都已决定，地方教育团体无参赞意见之机会，他们便不肯认真做事；教育部长个人的任免，可以影响全国的教育。在 1923 至 1924 年的中间，因为更动部长，全国中等学校课程经过数次整个的变更，便是实例。教育上发明新学理的实验，在法国很少遇到。

（参阅 kandel，I. L.，“The State and Education in Europe”，*Teachers College Record*，Vol. 31，No. 8，pp.721-732 及 Russell W. F.，“School Administration and Conficting American Indeals”，*Teachers College Record*，Vol. 31，No.1）

与法国恰成相反的是英国。在英国，市镇小邑设立教育委员会，管理学校的内质各项。其教材若何、教法若何、教师若何，中央绝不过问。但因国家支给地方以教育补助金，所以关于学期的长短，学生就学及出席，教员薪金、恤金及退养金问题，校舍及体育卫生问题等外形事项，教育部长仍有权审议。各地应设学校之种类，国家亦不规定，仅责成地方教育人员按期拟具扩充本地教育计划，送达中央。核准之权虽属教部，但如两方面意见参差，则由部方及地方会议磋商。如仍不能决，则呈请国会处断。总之，英国国家与教育的关系，是以鼓励、建议、磋商、多容伸缩余地为原则。每个教师可享充分的自由，同时亦担当相等的责任。

英国的见解以为，国家教育制度的要义，是国家应当保证每个公民都能受到某种最低限度的教育，但是供给这样教育的责任，是放在学童父母的身上。子女在学龄年限以内，父母必须送他们到一所合格的学校，公立或私立，倒不可拘。英国的基本理论以为，无论公私经营的教育，必须有相当的自由，才能期望有创作，生长和健全人格。独裁制度下的刻板划一和辅导制度下的伸缩自如，是两不相容的。有两件事，既属有利于国家，而应当多加注意的是：自由实验和适应地方需要。有了这两条件，才能够造成各色各样的人才。教育最应重视人格，凡是人格发展的障碍，都应当芟除。英国教育的理想，可以沙德勒爵士（Sir Michael Sadler）的一句话来表达。就是说：“以国家组织的型廓为边际的变化。”（Variety set in a framework of national organization ）对于任何合格而适合需要的学校，加以承认，并于必要时给以补助，这是国家的职能。要谋国家教育制度的健全，和谋个人的健全一样，非把权力、自由、责任融合不可。教育是道德的事业，政府不可独占道德的控制之权。教育虽应培养忠于国家的观念，但怎样方算忠于国家，不能单让政府去解释。国家的组织应很宽广，足以涵容代表各种不同信仰、不同生活、不同判断传统的学校。选择哪一种学校，可让学生的父母去决定。国家的主要职责是：厉行教育状况的改进，用公款来充实设备；至于教育的兴办，谁愿意就让谁去干。

第三种例证，国家从管理教育内质渐趋于管理教育外形的是德国。从 18 世纪末叶普鲁士建立统一的教育制度以来，教育权力都操于国家。1794 年的法令规定：“各级学校与大学为国家机关，负教诲青年以有用知识及科学的学问之责。学校之设立，必须经国家之许可。”耶纳之败、费希特（Fichte）、黑格尔（Hegel）的哲学，都在促起德国国家意识之觉醒。国家渐形成超乎个人的、理想化的实体，教育必须实现国家的使命。

及至大战以后，德国对于教育职权的观念，稍有改变。1919 年的新宪法，关于教育一章，开场便说：学校中的艺术科，“学和教学，均为自由的。国家担任保障及参加提倡之责”。教育虽仍由国家管理，然国家与地方及教师间之关系，则与前不同了。国家已由专断规定的态度改为鼓励、劝告、磋商的态度。关于课程、学程及时间之分配，不复颁发命令，而以建议的方式出之。德国教育行政方面所表示的新精神，足以显露出国家与教育关系的新观念。往昔以为一国文化的性质，可由国家界说和制定，现在才明白民族性非可以强力制造，是须从教育慢慢地养成的。为要使社会中的各阶级能够结合一致起见，必须产生一种共同文化为之维系；但文化不是专制一事，其内容甚繁，非某种权力所能制定，这样的民族文化，还是由个人与环境交相感应而自然地发生。国家只能供给种种便利，帮助它的自然生长。既有如此的理论，所以国家关于教育内质的部分渐给人民以自由伸缩的地步，而多多努力于教育外形（校舍、每级学生人数、学年长短、教员资格及薪率等）标准之提高了。

为什么不要国家专断教育的内质？因为要保持地方和私人发展的自由。消极方面，防止刻板划一和少数人滥用政治权力等危害；积极方面，要以自由实验为进步的基础。为什么要国家管辖教育的外形？因为要求教育的机会均等；基于这个目的，所以国家不但可以制定各种物质部分的最低标准，并且于必要时，应当设法补助之。总而言之，国家所处的地位，总是注重在提倡、颁导、奖励、激勉；虽在取缔之中，犹须存劝激之意。

国家在管辖教育外形的方面，设施规定，不厌其详尽。如德国施行强迫教育的方法，虽十分周密，而人民不苦其繁，今举其办法如下：

“在执行强迫教育的效率上，很少国家能够比得上普鲁士。从 1717 年起，已经规定，‘凡已设立学校的地方’，12 岁以下的儿童都须入学。1763 年，更将此办法列入全国教育法规（□）。1794 年通过的普通法令（□）规定从满 5 岁足岁起，直到本地牧师证明该童已具有与其社会地位相称之学识止，必须置身学校。按照现行法规，一切儿童均须于注册日入学。注册日每年两次，每学童择其与本人第六次生日相距最近之一次注册。注册以后，必待满 14 岁后，方准离校。强迫教育之所以能执行有效，非但由于一般人民对于教育的欲望，亦应归功于警局的助力。警局于人口的生产统计，都有精确记录。新婴诞生，立即报告警局登记，所以警局得以制成学龄儿童姓名清册。在开学二星期前，送交学校当局。入学日期公布之日，同时将学龄儿童逃学罚规公布。在这种办法之下，学校当局可以预知开学后之学生人数，于充分时间内，设法给予收容。并且学生入校及离校，每年中只有复活节（二十一日以后月圆之后第一日□日）及秋节祭（九月二十九日）的时候才行。如此，使行政上更为便利。学生如要转学，须得原在学校校长的许可。假如家族迁移，须向原住区域的警局报告。该所警局即通知学生所拟迁入区域之警局，此警局再通知本地学校当局。这样精密的方法，使逃学的事件无从发生。又规定累次迟到，须受与旷课同样的处分。学生请假的理由，只有数项，即本人或父母的疾病、天气恶劣及交通阻滞等。无故缺席者的名单，每两星期制成一次，汇交本区督学或校长，再转送警局。对于逃学学生父母之惩戒手续，由警局执行。警局有权警告、罚款或拘禁逃学学生之父母。这样制度的结果是，一万学生中尚不到一人能够逃学逃得成功，这就可见其效率之一斑了……”（Kandel，“Education in Germany”，in Standford，*Comparative Education*，pp.126-127）

我们对于上述的办法，只觉佩服其计划完善，而不觉其专断，就是因为这种办法限于外形方面。假如关于课程教法，亦万分拘束，就不可相提并论了。

在结束本文讨论以前，应有一件声明的，就是本文所论，都以国家与私人相对而言。这里的私人，是国家构成的分子，不是国家以外的实体或力量。假使有某种团体或个人，他们藉用乙国家的政治或经济力量，来到甲国家里经营教育事业，那么，他们活动的范围，当然应当受甲国家的严格限制。至少在现在的国际关系之下，每一个国家对其他国家而言，应有全权处分本国的教育事项。

民国十九年（1930 年）第 22 卷第 11 号

教育界之人权运动与党狱

据七月六日《申报》南京电京市私立十三中学校长乔一凡等呈教育局，约法乃训政时期上下所共守共行者。人民非依法律，不得逮捕拘禁审问处罪。人民因犯罪嫌疑，被逮捕拘禁者，其执行逮捕或拘禁之机关，至迟应于二十四小时内，移送审判机关。军警机关前来逮捕嫌疑份子，应请事先通知学校当局，以免妨碍学校秩序。其有因犯罪嫌疑，而被逮捕者，亦应依法拘禁审问处罪，以保人权，而符法治精神。教育局据呈，函卫戍部警察厅，自后如逮捕学校员生，务请先行通知学校当局，以重约法（五日专电）。

又据六月二十三日天津《大公报》平讯：师大学生自治会以日前被捕之学生郭维稚，迄今尚未释放，且无犯法证据，故该会昨函东北总兵司令部，请其早日释放，免荒学业。原函云敬启者，前于本月十日晨五时余，经侦缉队协同警察，由敝校寝室内捕去同学郭维稚、吴培申、席生厚、郭鼎元四名，常晚复经到校检查郭维稚等之信件、书籍等物，并无任何证据。贵部审讯吴培申、席生厚、郭鼎元三名，确无犯法事实，先后释放回校，未予长久羁押，全校莫不感戴。惟同学郭维稚一名，自被捕以来，经敝校当局及敝会分请开释。迄今十日之久，未见准行。窃念当兹酷暑，以一身体不健全之青年学生久困缧绁，衣食起居，迥异在校。且必书夜焦思，实易囚而致疾，此深堪忧虑者也。且闻关于郭维稚，亦无犯法之证据，为是敝会曾代表全体同学恳请贵部早日释放郭维稚回校读书，以免荒学业，是所至盼。

民国二十年（1931 年）第 23 卷第 8 号

读宪法草案初稿修正案教育章

常道直

不佞于去岁七月曾发表《宪法上关于教育之规定》一文，比照当代各国宪法上所有涉及教育之条文，对彼时报端所揭载“宪法草案初稿之国民教育”章（第三章）略加论列（见《中央大学教育丛刊》第1卷第1期，二十三年一月出版），并陈述个人认为国家根本大法上所应有之教育准则。在宪法起草者是否采及刍荛之见，虽不可得而知，然试一披览本年三月一日立法院公布之中“中华民国宪法草案初稿修正案”教育章（第四章）以及最近七月初旬出版之“宪法草案初稿修正案”教育章（标题节去“国民”二字，移至第九章），其内容颇多进步，且不少与吾人所持见解，若合符节之处，足予关心教育者以相当的满意。惟宪法既系比较上具有恒久性之法规，其中之教育章，对于今后国家文化政策上当为一主要决定因素，凡属国民咸与有切肤关系，苟有所见，虽似涉微末，亦当尽量公诸国人。爰本斯义，列叙个人对于宪法草案初稿修正案教育章之几点补充意见。

一、关于教育宗旨者

“宪草修正案”第一五三条规定：“中华民国之教育宗旨，在发扬民族精神，培养国民道德，训练自治能力，增进生活知能，以造成健全国民。”愚曩于宪法上关于教育之规定一文，提出各级学校之共通目的的两点：涵养道德品质，陶铸民族精神。“发扬”与“陶铸”意义似相近而实不尽同，近年忧时怀古之士，多认我国目前国势凌夷，民族堕落，皆源于固有道德之沦丧，故从而倡为恢复固有道德，发扬民族精神之说。所谓“国术”“国医”之运动，即其支流也。可见“发扬”两字，显然有偏于复活固有事物之意味。我中国民族之精神的遗产，完成于闭关自守时代，不足以应付目前民族决斗之世界，早为有识者所共视，是以健全之文化政策，一方面对于民族之优点，固应发扬光大，同时更需积极采取其他民族之特长，以补我之所不足。愚于前文提出“陶铸”两字，即兼摄此二义。若仅云发扬，恐易被抱残守缺者所藉为掩护其“复古”行动之具。至于“培养国民道德”一语，虽颇扼要，可惜与上句有重复之处，“民族精神”与“国民道德”非可分离者也。“涵养道德品质”一语，似侧重个人方面，要知一切陶冶施为，固不得不以个人为其直接对象也。

二、关于教育权利之保障者

“宪草修正案”第一五四条云：“中华民国人民受教育之机会一律平等。”此与1825年“国际联盟”第四次大会所通过之《儿童权利宣言》(*Erklarung der Kinderrechte*)中：“每一个儿童应享有正常之身体的与精神的发展之权利”云云，实含有同等之意义。

前条系原则之规定，保障人民教育机会平等之较具体的方法，表著于以下各条。

1)“基本教育”与“补习教育”，均免纳学费(修正案第一五六条、第一五七条)。此条法意极是；本此则吾人所向非难之《小学法》第十六条但书规定(按：《小学法》第十六条云：“小学不收学费，但得视地方情形酌量微收”)，依修正案第十二章附则，第一八五条：“一切法律及命令与宪法抵触者无效”之原则，当然不容存在矣。

2)“国立大学及专科学校之设立，应注意地区之需要，以维持各地区人民享受高等教育之机会均等，而促进全国文化之平衡发展。”(修正案第一五八条)在省立大学及专科学校数量多于国立学校之今日，此处应标出“国立”二字，殊费揣测。愚则主张国立大学与地方大学(national and local university)应当各有其功能；且私立大学似亦不应放任其漠视国家及地方之需要；故此处标出“国立”二字，殊非必要。

3)“贫瘠省区之教育经费，由国库补助之”(修正案，第一五九条末项)。此与不佞在前文所提出“对于贫乏之省、县、市，应由国库补助其必需之教育经费”之主张相同；必须做到此一地步，然后方能希望全国教育事业均衡发展，而全国人民教育机会一律平等之原则，方不致长为不兑支票。

4)“全国公私立学校应设置免费奖金学额，以奖进学行俱优，无力升学之学生”(修正案第一六二条)。此条果能与第一五条末项，同时施诸实际，庶几可望逐渐实现教育机会均等理想。惟此条将责任归诸各学校自身，则不无窒碍难行之处，不如改为“教育部及省、县、市教育行政机关，应于所属学校内设公费学类。”(事实上各省已有实行依据会考成绩，给予免费待遇之办法者。)“免费”往往被解释为“免除学费”，其实学费所需，在公立学校中并非阻止学子升学之重要障碍；中学以上学生所需维持费(衣食住各费)及课业用品费，为数不□，仅免学费，恐犹未足以惠及清寒，且江苏省立中学已实行免收学费，是“免费”在该省已无意义。愚意应改称“公费”，其中除包括学费免征外，应更给予维持费等。惟可视个别事件，斟酌决定或仅免学费或兼给维持费。至于“奖金”之受领者，当为在校学生成绩之优异者，自应由各校自定，此处可以不必并列。

三、关于学校教职员之保障者

“宪草修正案”第一六三条云：“学校教职员成绩优良，久于其职者，予以奖励及保障。”依此条文解释，凡欲获得保障者须备具成绩优良和久于其职二条件。然教育工作，乃造人非造器，其成绩非久于其职，不克表现；在其职务未有保障以前，而责其成绩优良，殊悖于人之恒情。且所谓成绩优良，又以何为评定标准？一般情形，评定教职员之成绩者，自属各级教育行政官厅督学或视察员之职责所在。然今之此职，而胜此任者，殊有才难之叹；成绩之评定，谈何容易！故此条规定，在立法者虽出于善意，窃疑其实惠未必能及于一般教育职员也。

愚见拟具如后：“公立学校教职员为服务国家之人员，凡经专业训练或检定合格，应予以确实保障；其应得薪俸，退休金，（养老金）及家抚恤金以法律定之。”

彼此，则受保障之条件为“曾经专业训练或检定合格”，此为欧洲各国所□（参看拙著《教育行政大纲》之“教职人员”篇），苟非重大失职或触犯刑律，不得任意停职或免职。不过为预防一般教师之“故步自封”，不求进步起见，可于教师服务规程中，严密规定在职教师之进修办法，以免流弊。

至于在该条之首，冠以“公立学校为服务国家之人员”字样者，亦是从现代多数国家之通例，在欧陆及日本且径以公立学校教职员为国家之公吏。在我国，此项确认教职身份之条文，尤有其必要。盖教育原属国家事业，地方政府之办理学校，乃受国家之委托，为国家造就国民也。然一般人往往以各级学校经费担负者之不同，而误以办小学为县、市所有事；办中学为省所有事；办大学才是国家所有事。某省之省立中学免收学费，而一般县区立小学反以纳学费为原则；又某省之省立学校教职员，其子女仅得在省立学校受优待；同样，服务县立学校之教职员，其子女亦仅许在县立学校免费入学。此项办法，显为明认或默认前者系为省服务，而后者系为县服务，故其界限分明如是！如以明文规定各级学校教员均为服务国家之人员，则此项误解，自然归于消释。

此外关于公私立教育机关之受国家监督（修正案第一五五条）教育经费在中央及省区、县、市预算总额中应占之最低限度（第一五九条前半），以及学术研究发明之奖励保护（第一六四条）等规定，均系不容忽视之重要法条，其中第一、第三两点，详本文篇首所提及之另文中；第二点则国内教育界人士已有先我探讨者，兹均不再详论。

仅按“宪草修正案”，“人民权利义务”章第二十六条规定：“凡公务员违法侵害人民之自由或权利者，除以法律惩戒外，应负刑事及民事责任。被害人民就其所受损害，并得依法律向国家请求赔偿。”此条所担保者，自系以该章所列举之各种权利为限，惟教育乃人民所应享之最基本的权利，既为现代法理学者所是认，则第二十六条条文之精神，于此亦当引申适用。从而各级政府机关，如漠视教育，不充分设置其分内所应设之教育事业，实不啻消极的侵害人民之教育权利；在教育机会被拒绝之“被害人民”，似亦应许其“依法律向国家请求赔偿”。否则，国家对于人民之其他权利，既有较确实的担保，而于人民之最根本的权利，反独付缺如，未免不合逻辑！未知国内公法学者于意云何？

二十三，七，二十五，于北平

民国二十三年（1934 年）第 24 卷第 1 号

民生教育刍议

邰爽秋

一、中国教育应当走哪条路

我国抄袭西方教育制度三十余年了，办了一种不合我国国民经济状况的教育。到了现在这种教育的缺点一天一天的暴露，虽职司教育者亦觉无可掩讳。热心教育的人士纷谋补救，改革教育的声浪，洋洋盈耳。有的说过去的教育忽略了中国的现势，于是乎提倡民族教育；有的说过去的教育是少数人的专利品，于是乎提倡民众教育；有的说过去的教育太偏重了城市，于是乎提倡乡村教育；有的说过去的教育只能养成士大夫，于是乎提倡生产教育。众说纷纷，莫衷一是。在这种教育思想混乱的局面之下，欲为我中华民族在教育上找一条真正出路，自非先行立下一个标准来做指针不可。这个目标就是："今日中国最大多数民众最急迫的需要。"

我们深信教育是一种工具，它的主要功用应当是适应最大多数民众最迫切的需要。因此，今日中国的教育就应当拿这种需要来做标准。中国教育的基础，也就应当建筑在这种需要之上。所谓最大多数民众最急迫的需要，就是："民生的需要。"

我们深信任何教育不应离开了民生，民众教育应以民生为基础，乡村教育应以民生为脊干，民众教育应该以民生为灵魂，生产教育应该以民生为归宿，任何教育，若使离开了民生，就不是今日中国所需要的教育！

我们觉悟了已往的错误；我们觉悟了民族教育的基础落空，乡村教育之没有脊干，民众教育之缺少灵魂，生产教育之忽略分配；我们觉悟了这都是由于忽视了民生的根本需要。所以我们毅然从"民生"的观点，确定我们的教育主张，而另行提倡："民生本位的教育。"

就是以发展人民生计的经济活动为脊干，来改进民众生活，扶植社会生存，保障群体生命而达到"民族复兴的教育"。简言之："民生教育。"

1）就发展人民生计来说，民生本位的教育，是发展民众的经济生活，使各个人皆能衣暖食饱的教育。读书识字虽说要紧，但都不应离开了穿衣吃饭。衣单食缺的民众，读书识字的教育也无法可施，勉强施进去，有时也会产生很大的危险。

2）在改进民众生活来说，民生本位的教育不仅发展民众的经济生活，使各人皆能衣暖食饱，还要在发展经济生活的过程中，改进民众其他各种生活（文字生活在内），达到美满人生的目的。

3）就扶植社会生存来说，民生本位的教育，不仅使各个人皆能衣暖食饱生活改善而已。它还使全社会的民众集合而成为一种有机的生命单元——活动的社会——永远的生存，不断的进步，我们可以说民生本位的教育，就是一种创造社会新生命的教育。

4）就保障群众生命来说，民生本位的教育，不仅使各个人皆能衣暖食饱，生活满足；不仅使一个社会永远的生存，不断的进步，还要使全社会全民族里的群众生命，得着安全的保障，使民族的生命得以延续。在现在时候，我们可以说，民生本位的教育，就是以民族复兴为远大目标的教育。

从上面四点看来，可知民生本位的教育，实抱有发展人民生计、改进民众生活、扶植社会生存和保障群众生命的四个目标，不过这四个目标是有先后次序的。发展人民生计是一种基本的工作，必得把发展民众生活、扶植社会生存、保障群众生命的工作贯穿在发展人民的生计活动当中，才能达到民族复兴的目的。

以上所述，是我们对于民生教育的主张，我们要用这“民生教育”的锄头，为我国中华民族在教育上开辟一条新路！从民生的需要上建设我国教育的新基础。

二、我们对于实施民生教育的主张

1）对象。以实际参加或力能参加民生经济活动的男女老幼民众为教育之对象。

2）组织。提倡“经济分团制”，就发展民生的经济活动，将民众分为若干经济合作的团体，如“种植合作团”“畜牧合作团”“工厂合作团”“贩卖合作团”等均是，凡是经济活动相同的民众，不分男女老幼，只要程度相同，便可在一团内某组中一同受教，不拘于儿童教育、成人教育、青年教育、妇女教育的种种界限。

3）活动。寓一切教育于民生建设之中，以发展民生的经济活动为经，以文字、公民、卫生、休闲、自卫、救国种种的教育为纬，制为大单元的设计，取消了传统的科目制度和通常把各种教育和生计教育并列不分轻重，先后拆开训练的办法。

4）场所。不用传统式的学校来和社会争夺民众，充分利用经济活动场所施教，因此打破了学校、社会、家庭三种教育分立的制度。

5）时间。不仅在工余农闲的时间施教，工忙、农忙的时候教育同样重要，所有开学、放学、学期、学年、学业等等的制度一概取消。

6）教学。取消离开了民生经济活动的关系而施教的办法，要充分利用机会，在经济活动上教，在经济活动上学，指导民众，互教互学，不管年纪大小，先知觉后知，先觉觉后觉，无所谓先生，也无所谓学生。

7）设备。设备力求适合一般国民经济的状况，力避无谓铺张。

8）设施。设施务以有裨于民生者为先，不提高民众消费的欲望，不直接或间接推销外国货物，不把民众造成新士大夫。因此我们反对从事民生教育的人戴呢帽、皮鞋、自来水笔，长衫、学生装、西装、洋纽扣、风琴、留声机、雪花膏，幼稚园、运动场的东西下乡，反对在乡下造洋房做办公所，反对在洋房、校园、草地、□□、电灯种种新式设备的环境里，训练推动民生教育的人才。

9）经费。不因创办教育而增加民众之负担，惟利用社会上未有正当用途之资财，并于增进民众富力的当中逐渐解决教育经费的问题。

10）学制。推翻以学科为基础、以造就学者为目标的传统教育制度，而代以根据民生经济活动以造就民生事业专家为目标的新制度。

11）人员。普及民生教育的人，应有农业生产的技能、工艺生产的技能、畜牧生产的技能、指导合作的技能、指导教学的技能、实用医等的技能，还应有释迦慈悲救世的精神、耶稣牺牲服务的精神、孔氏杀身成仁的精神、孟氏舍身取义的精神、墨氏摩顶放踵的精神、武训行乞兴学的精神、孙总理天下为公的精神、甘地刻苦救国的精神，穿着老土布的民众便装深入民间做普及民生教育的工作（以上各项办法有些地方遇必要时可酌量情形变通，容另文发表）。

三、我对于解决民生问题的主张

民生教育的主张能否实现，要看民生问题能否解决。欲解决民生问题，当先认清这问题的性质并非单纯的贫穷问题。如果只是贫穷问题，那么只要增加国富，减少入超，便可解决。可是增加了国富，减少了入超，尽可能解决贫穷，却必不能救济民生。试观世界上有好多出超的国家尽管很富，而他们的民生问题往往还是不能解决。可知解决贫穷问题是一回事，解决民生问题又是一回事，我们应该认清此点，确定今后建设国民经济的责任：“不在救贫而在救民。”

谈到救民的方法时贤所论虽多，可惜大家的目光只注重发展农村经济，对于城市经济问题却少注意。中国的城市到底是什么？就一般情形说，它是消费享受的中心，奢华浪费的处所，洋货推销的市场，农村寄生虫的聚集地，这种寄生虫，照开封社会调查统计推算，至少有 8000 万条之多，并且他们所吮吸农民血液的数量恐怕比 30 000 万余万的农民用以自养者还要来得多，所以我将认为我国农村经济破产的主因，不在农村而在城市。城市经济问题不同时解决，农村经济永无恢复之望。因此，我断定，欲解救农村，恢复农村经济，不可不到农村之外去想办法，不可同时不解决城市 8000 万人的寄生问题。现在各处谈中国经济问题的，居多忽略了这一点，所以他们制出来的方案，只是注意到农村生产的增加，而忽略了都市寄生虫的消耗。像这样做下去，纵使能达目的，也不过和替腹内有寄生虫的病人打补血针一样，打进三磅恐怕就被寄生虫吃去四磅！这病人恐无痊愈之望！况且一个民族的经济问题是整个的，不能就哪部分单独把它解决。纵使照现在通行的办法做得有效，农村经济问题竟尔解决，而那时的城市经济问题定必变成非常严重。别的都不必说，只看农村合作，如果行之有效，那占城市人口 2/5 的商人——约有 3600 万人——的生活将必发生影响，试问如何对付？我说这话并非反对乡村合作社的办法，而是以为我们解决中国经济问题的人，不能只顾到乡村，而把城市经济问题丢开不管。我们应该统筹全局，而同时替这 8000 万的寄生虫预谋一条生活的出路，所以我坚决主张：“化寄生虫为生产者，使城乡经济问题同时解决。”

其次，我们应当注意的便是节约与生产并重。发展国民经济，提倡生产，救济民生，固为重要之图，但徒然提倡生产，而不提倡节约，这问题还是不能解决。人们的欲望是无止境的，若不加以相当的节制，无论达到怎样的地步，都不能得到满足。即以性欲论，有了黄面婆，还想摩登女，有了摩登女，还想小老婆；又如住居，有了茅屋想瓦屋，有了瓦屋想洋房，有了洋房想在租界上造别墅，有了租界别墅还要海外山庄，诸如此类，不一而足。若不加以相当的节制，降低物质的欲望，生产结果不敷应付，势必产生互相争夺，甚或不顾一切做出种种丧心病狂之事，社会纷乱自必不可遏止了。

节约的理由，如上述。不过我们对于生活不十分困苦的人，却要把节约加上一种社会的意义。这就是说“社会节约”。节约固属美德，但将节约省下来的钱存入外国银行，或是窖藏地下，就不啻使人变成守财奴、吝啬鬼。在这民穷财尽、金融枯竭的中国，这种办法为害之大，甚于洪水猛兽。我主张社会节约的意思，是要大家“不为个人而省俭，而为帮助民众发展社会事业——尤其是社会生产事业——而省俭，使社会金融得以流通，社会生产事业费的来源得以畅旺！”

更次谈到生产的方法，国人所论居多偏重在发展农产方面。对于农村工艺问题，却少注意。中国是农业国家，发展农业，自属重要。不过土地生产力是有限的，并且中国可耕地的面积，据统计所载，每人仅得数亩。专靠农产改良，无论如何都不能救济民生，况且农民有了农产以外的收入，农业生产也就容易发展，所以，我主张：“以工裕农！”

不过这儿所说的“工”是指的民族固有的手工艺，并非指的新式机器工业。我们主张在这青黄不接时代要救济民生，须维持固有的手工生产，绝不可无条件的发展机器生产。因为：

1）在民生主义未实现，分配问题未解决之先，机器生产只能使少数人发财，机器生产愈发达，失业者愈众，民生愈陷入绝境！

2）中国新式工业，照实业部统计所载，只能容纳800万人，不及全国人口2%，而同时有30 000万多的民众，不能在新式工业中获得工作，尚须直接或间接靠手工生产维持生活，若不维持手工业，此辈将何以为生？

3）况且发展新式工业须有大量的资本，今政府既无充分的资本帮助民众，民众又无力自筹，与其束手待毙，还不如利用已有的手工生产，虽说这是很笨拙的生产方法。

基于上述的三种理由，所以我主张，在这青黄不接的过渡时代仍旧“维持手工业生产”。

并且我认为维持手工生产，仅为过渡时代所采用的一种政策，我们绝不能永远停滞在这种生产方式之下，我们必须逐渐赶上机器工业的路，不过这儿所说的机器工业，除重工业由国家经营外，仍是民有、民治、民享并具有合作性质或者公众经管之小规模农村工业，并非如欧美日本那种制度下的大规模城市工业，我主张：“工业下乡，寓工于农。”

最后，我认为维持手工生产救济民生，如政府免税、银行投资均属要□，但是最要紧的，还在使农村生产出来的土货有通畅的出路。否则货物滞销，政府免税徒有其名，银行投资亦难稳定。况且，我国银行界亦复可怜得很，把全国银行的银子都倒入农村，每个农人至多亦不过□得两元。至于五六百万的款子，分散开来，每人不过□到十数铜板，以言救济农村，何异车薪杯水？若使提倡土货，尤其是提倡农民手纺手织之土布，使全国30 000万农民于5个月之农闲时期中，皆有工作可做，即以每日赚银两分计，每年所得之数，亦当有90 000万元之□。比之今日银行界之放款数百万元相去殊远。所以我坚决主张“提倡土货”，“提倡乡下人自用土货，提倡城里人购用土货”。

我们希望“土货上城”！不希望“国货下乡”！我们希望一般企业家到乡下去发展合作农村生产，不要把乡下的银子吸收到城里来开工厂，使农村金融枯竭！

总体来说，处今日之中国，要解决民生问题，第一，当认清国民经济建设的责任不在救贫，而在救民；第二，当谋城乡经济问题同时解决；第三，当提倡社会节约；第四，当以工裕农，当维持并发展手工生产；第五，当提倡购用土货。除此之外，应当做的事，固属很多，不过这几点我认为是最重而绝不可忽略的。

四、民生教育与民生问题之解决

教育的主要功用，既是应当适应最大多数民众最急迫的需要，而以发展民生为基础、为脊干，而民生的出路，又系于社会节约之提倡及固有手工生产之得以维持与土货之得以畅销，那么今后中国教育的出路，自非从这几点做起不可。不佞抱此主张，已有数年。

民国二十四年（1935 年）第 25 卷第 6 号

教育统制之检讨

刘亦常

国家统制教育，使教育为政治之工具，在20世纪之今日已视为事理之当然，故今日当前之问题不在国家应否统制教育，而在如何统制教育。举其荦荦大者言之，如宪法教育专章之规定，教育宗旨目标之颁行，课程教材之控制，教育经费之筹支，行政组织之规划，均以国家之意志为主体而谋其实现。世界大战以远，各国怵于国际形势之险恶，教育上之国家主义及帝国主义，已取以前之放任政策而代之。吾人居今日而论教育思潮之演进，对于此等教育根本问题不能不有所检讨。本文之作，即在搜集历史上之故实，阐述国家统制教育之起源及趋势，藉供教育立国及教育救国论者之参考。

一、国家统制教育之意义与必要

关于统制之意义，陈立夫先生言之最剀切明了。

统者，统一、统筹、统率之谓也，制者，节制、裁制、限制之谓也。前者充满积极指导之功能，后者具备消极防范之方法。故欲求一专业之统制，须具有统一之准则、统筹之计划、统率之能力、节制之权力、裁制之法律、限制之方法，换言之，即具有政治之全部权能也。从事教育者当先于此种地方加以注意，则统制之真实意义得之矣。

根据以上之解释，则所谓统制云者，必需具有若干之基本条件，空谈统制无益也。统制所必具之条件有六。

1）统制之最高权力机关及其有系统的下级组织。

2）被统制事业之任务之有机的分配于全部行政系统。

3）被统制事业之明确的目标。

4）被统制事业之全部计划。

5）统制权之合法的规定。

6）违反统制法令之适当的制裁。

教育为实际社会上层建筑之一，未曾在真空中举办，亦永远不能在真空中举办。故无论国家或社会是否树立教育统制之目标，教育常为一种有意的活动，而受教育思潮之重大影响。吾人于此必须特别注意分辨者。教育活动受教育思潮之影响与受行政统制之影响，二者实大异其趣。教育思潮之影响于教育活动为暗示的、理论的，执行教育职务者并无采择施行之义务，教育统制对于教育活动之影响为强制的、实际的，执行教育职务者确有负责推行之使命。人类自有形式的教育之初，其教育活动即受教育思潮之支配或影响。上古、中古之教育历史中能与吾人以多数之例证，无待列举。中古以后，教育渐入于统制之领域，其大前提有二：国家为教育之主体；教育为国家行政之一部分。

由第一前提之说，则教育为国家事业，塾师家庭或者社会团体并无办理教育事业之权，有之，亦为国家所依法赋予，而听从其监督与指挥。由第二前提之说，则教育为全部行政之一端，教育未能与政治划地分疆，教育独立云云，实为不合前提之结论。施行教育统制之最低限度之条件，必须包括下列各项：在中央政府有最高教育行政机关，有对于地方政府发号施令之权；教育行政之主要原则及标准，必须明令登载于根本法典（宪法），并有合理之教育法与行政法规；必有全国一致之成文的教育宗旨或类似教育宗旨之文献以为全国共同趋赴之目标；中央教育行政机关对于全国教育必须有调整与推进之通盘计划，纵令实行地方自治，中央仍有奖进与督促与取缔之相当权限；中央与地方政府应有分工合作之统率制度，以民主集中制之原理为准则。

教育统制之精义即在对于教育实施之各方面加以严密之组织、精详之计划与一致之努力，以谋教育步伐之整齐及教育效率之提高。若以“统制”与“专制”“独裁”等名词相提并论，以为统制教育即为教育之上专制政体，此实为谬误之见解。教育统制与教育上之放任政策，为相对之名词。统制废弛，即为放任主义；反对放任主义，即无异赞成教育统制。

最近数十年以来，中国文化旧基础日就崩溃，而新基础尚未确立，于是教育制度在缺乏定型文化之中，陷于放任主义之境。中国国民党在第三次全国代表大会宣言中对于教育情形有沉痛之描写：“……由此放任遂生六滥：一、学校滥；二、办学之人滥；三、师资滥；四、教材滥；五、招生滥；六、升学滥。由此六滥更生四恶：学校往往成为个人制造势力之工具，一恶也；教员与学生，虽有天才，亦遭其戕贼，二恶也；不能养成一般青年之学问品格与技能，只足增高青年放浪之精神与物质之欲望，三恶也；为社会增加分利失业之徒，为国家断丧民族托命之根，四恶也。综此四恶，即成三害：一曰害个人；二曰害社会；三曰害国家。举此三害，即知教育上所种之恶因，乃直接予中国以民族危亡之恶果……”

第三次全国代表大会以来，我国教育有长足之进步，如课程标准之实施，毕业会考之举行，义务教育之推进，教科书本之审定，私立学校之取缔，均足以表示国民政府对于教育具有整饬改良之决心与计划。然教育方面之所建设，终不若物质建设之普及与发展。

试以教育经费为例，而论国内教育事实之凌乱与缺乏合理的管理。每一学生所占经费之比较研究，即足以发现吾人日常所未意料之离奇事实。据民国十九年之教育统计（教育部□行），各级学校之学生所占经费数目如下表：

高等	中等	初等	教育等级	
36 798 410.00	48 713 057.00	89 416 977.00	岁出经费总数	
1 785.71	775.98	93.95	最高	每一学生所占经费（以元为单位）
194.25	30.61	4.77	最低	
668.96	94.70	8.14	平均	

观于上表，可知每一大学生（或专科学生）每年所耗之经费，可敷小学学生15名或中学学生7.5名之用；每一中学学生之经费，可敷12名小学学生之用。大学学生每名所占经费，应比中学学生为多，中学学生每名所占经费应比小学学生为多，此固事理之当然；然亦不应相差如此之甚。尤可注意者，各级学生每名所占经费数目，小学最高为93元以上，最低不及5元，相差20余倍；中学最高为770余元，最低约为30元，相差20余倍；大学最高将近1800元，最低不及200元，相差几达10倍！吾人于此得一结论曰："各级学校之经费，相差太大，在同级学校中，彼此经费之相差亦太大。"

公立学校与私立学校之经费相比较，以每年每一学生所占经费数目为标准，在小学差异较小，在中学与大学差异均大。试阅下表：

高等	中等	教育等级	
955.95	147.19	国立	每生每年所占经费（以元为单位）
791.93	145.94	省市立	
626.03	92.56	私立	

可见国立学校学生每年每名所占经费数目最多，省市立学校学生次之，私立学校学生又次之。国立与省市立之差异小，公立与私立之差异大。

又取各省之经费而比较之，除大学不计外，新疆中学生每名每年所占经费为775.98元，而威海卫则仅为30.61元，相差在25倍以上。湖南、湖北、江西三省接壤连圻，湖南中学生每名每年所占经费为69.87元，湖北为135.47元，江西为119.27元。小学方面，每名每年所占经费最多者为青岛计93.95元，甘肃最少为4.77元，相差约20倍。湖南为7.25元，湖北为13.46元，毗连之富庶区域相差几达1倍。南京、上海、江苏在同一省区内，上海为25.25元，南京为22.29元，江苏则不过8.91元。总而言之，各省市之教育经费使用或支配之不合理，可以断言而不诬。

其他在教育资格方面，在学校行政组织方面，在义务教育经费方面（除去中央补助费），在就学儿童与学龄儿童之比率方面，如□暴露事实真相，均有缺乏合理的控制之弱点。为矫正错误及弥缝弱点起见，惟有厉行教育统制之一法。

教育统制在消极方面可以纠正凌乱泄沓之习惯，在积极方面可以提高教育行政之效率。依中国之教育现状，就多方面观察，有厉行教育统制之必要。

1）欲以教育为安奠国本之工具，非厉行教育统制不可。

2）欲使全国教育机会均等，即谋教育之普及，非厉行教育统制不可。

3）预谋全国教育之实质的改进，即成绩的标准化与一般程度之提高，非厉行教育统制不可。

4）欲求教育经费之合理化，非厉行教育统制不可。

5）欲求教育人才之适当的培养与支配，非厉行教育统制不可。

6）欲在教育上谋全国设施之统一，以为精诚团结之基础，非厉行教育统制不可。

吾人并非以教育统制为教育上之万能药膏，谓一经厉行教育统制则一切教育问题皆迎刃而解。吾人所以主张厉行教育统制者，乃以统治为教育行政之先决条件，教育有合理之统制，而后一切改革及建设乃有较大之方便与较大之效率。历年以来，主持教育者具有切实改良之决心，可于最近各种措施中窥见当局之意旨。其所以成效不著者，要以缺乏通盘之计划与严密之组织为主要原因。坐是而不能为一致之努力，以谋应有之进步。挽救之方法，首在企图统制制度之确立。

……

二、三民主义与教育统制

我国以党立国，以三民主义为最高信条，顾行之逾十年而未达到三民主义所欲达到之目的，于是或对于三民主义之实现可能性及其效率，根本发生疑问：若就三民主义与教育统制之关系，稍加阐明，必可增进吾人对于三民主义及教育统制之认识。

三民主义为革命之主义，其所欲摧毁之对象为帝国主义，盖帝国主义为军国主义、资本主义及官僚主义狼狈为奸之结晶。军国主义以武力征服异族为目的，必以宣传与教育为其利器，故以强迫教育为其手段。自18世纪以来，各国先后实施强迫教育，再辅之以征兵制度，于是人民咸乐为军国主义用，以造成世界大战及今日之局面。资本主义以个人自利活动足以发生社会经济效率为理论之出发点，亚当·斯密实首倡之。国家对于个人经济活动，茫无限制，于是对于足以造成财富之具有交换价值之商品，一听个人作制造之竞争，分工制度及工厂制度由是兴起，复以教育增进工人分工生产及其他必需技术。官僚主义则攫取教育为工具，以造成“治人者”之阶级，把持政治，藉更繁衍其族类。军国主义、资本主义与官僚主义三者前后发展，而帝国主义于以形成。

官僚、资本家与军阀之互相依傍，互相勾结，殆为必然之势，否则无以自存。官僚既欲把持全部吏治，以强固其治权，势必引资本家及军阀为后援，以度其优越生活。因此而国家之计划与方针不能不以资本家之利益为根据，亦不能不接受军阀之意旨，而听从其暗示及指挥。资本家为控制国内经济及占领国外商场起见，势不能不依赖于官僚之政治及军阀之武力。军阀为达其对内专横、对外侵略之目的，不能不利用官僚为傀儡，而以资本家为供应之来源。

三民主义为欲铲除帝国主义以实现其理想之世界，必深悉帝国主义成功之由来，而加以根本之改革。官僚资本家及其军阀皆以教育为工具而成功，则欲建设三民主义之国家，必须针对帝国主义之政策，以夺取其武器。换言之，帝国主义既以教育为实现其主义之工具，三民主义即当以力谋教育之三民主义化为手段，始能希望三民主义之成功。

或谓帝国主义以统制教育而成帝国主义之社会，则三民主义即不应采同样之方法。是大不然。教育本身无所谓好坏，可以为帝国主义之工具，以达到帝国主义之目的，亦可为三民主义之工具，以达到三民主义之目的。譬如武力可以用以自卫其国家，亦可以用以侵略其他国家，三民主义亦以武力为对内打倒军阀、对外打倒帝国主义之工具。不得谓帝国主义以武力为其工具之一，三民主义即不应以武力为其工具也。国民革命之势力，自十三年党内改组以来，军事方面之发展最快，政治方面之发展较慢，教育方面之发展不能与军事、政治并驾齐驱。三民主义之未能圆满实现，教育之未能彻底三民主义化，至少当为主要原因之一。

三民主义博大精深，本文当不能为详细彻底之叙述。简而言之，民族主义以达到“民有”为目的，其三大原则为中国民族自求解放，中国境内各民族一律平等，世界被压迫民族的解放；民权主义，以达到“民治”为目的，其两大原则为政治为人民所共管及世界人民在政治地位上平等；民生主义以达到“民享”为目的，其两大原则为平均地权及节制资本。为达到以上目的起见，依据以上之基本原则制为若干推进方案。在民族主义方面，第一，利用我国固有社会组织，恢宏而扩大之，以造成伟大之团体势力；第二，发扬固有之“王道”文化，以为实行国际协作及世界大同之基础。在民权主义方面，使人人依其天赋之能力作最大之贡献，且将政权、治权划分清楚，以收权能交辅之效，而建立崭新之政治范畴。在民生主义方面，使地主呈报地价，政府以征税及收买两方法，制止土地之集中，且自报价而后，土地之因社会进步、政治进化而增长之利益收归公有，复以直接征税法，防止私人资本之过度膨胀，由国家经营营业机关以发展国家资本。

且三民主义之间，富有连环性，即某一主义之解释与实行，必以同时顾及其他两个主义为条件。民族主义必须是民权主义与民生主义的民族主义，民权主义必须是民族主义与民生主义的民权主义，民生主义必须是民族主义与民权主义的民生主义。换言之，民族主义之所谓“民有”，是在民权与民生的意义上的“民有”，政治上人民不能有权，不得谓之“民有”。经济上人民自己不能利用天然富源，不能控制生产与分配，亦不得为之“民有”。所谓“民治”，不仅是民权意义上的“民治”，而且必须在民族、民生两方面有意义而后谓之“民治”。同样，“民享”不仅是民生主义上的“民享”，必须在民族、民权两方面同时达到目的，使民族独立、民权普遍，而后能谓之“民享”。总括言之，三民主义之革命理论，包括全部生活之各方面，包括政府之全部机能，包括世界上之一切国家，必须全部问题一律同时解决，而后可谓三民主义获得实现，故曰：三民主义对内为救国主义，对外为大同主义。片片段段地解释三民主义，枝枝节节地实行三民主义，只可谓为顾及解释之方便与实行之步骤起见，不得不如此，然解释者之心目中与实行者之计划中，固非有全部三民主义之意义及计划不可也。

三民主义之意义既明，以下当略论三民主义与教育之关系，由此可以推求三民主义所以尚未实现之原因，并以指示实现三民主义之途径。

就民族主义而言，其实现条件为巩固社会组织，造成团体势力；就民权主义而言，其实现条件为人人尽力于公共事业并有运用四权之能力；就民生主义而言，其实现条件为生产技术之改进与消费支配之平允。然则如何而后能使国人具备以上各种条件？曰：惟道德、知识与技能。如何而有高尚之道德、丰富之知识与优良之技能？曰：施以适当之教育。

以三民主义为建国理想，至今已逾十年；以三民主义为教育宗旨，亦已早经见诸明文，何以行之至今而成效不著？后者之问题为本文所应讨论。

我国教育向采放任主义。三民主义之理论体系完成以后，其初未能实行全国。民国十五年北伐成功，建都武汉时，即有统制教育之趋势，然而为时不久，亦无通盘之计划。嗣后于十六、七年完成统一，奠都南京，举行第三次全国代表大会。深知以前教育上之放任政策之不足以完成国民革命之使命，故于代表大会宣言中列举放任政策之“六滥”、“四恶”与“三害”，并规定教育政策于下：“大会于此，以为本党今后必须确立整个教育方针与政策，其根本原则，必须以造成三民主义之文化为中心……为欲期此功能之增加，则必矫正从前教育上之放任主义之失，而代之以国家教育之政策。”

此地所谓“确定整个教育方针与计划”，所谓“代之以国家教育政策”，质言之，即本文之所谓教育统制也。宣言对于统制教育之要点亦有说明：“言其要点，则必确定：国家由训政时代以至宪政时代，所要求于国民之知识、能力、品格、道德者究为如何之标准，从而改善教育制度，提高教育内容，以期养成国家所需要之国民及人才，而发展时代所需要之科学与文化，然后所谓国家教育政策者，始为有健全充实之内容。”

可见，党国领袖对于教育制度与教育内容，均有统制之决心，凭此以谋三民主义之实现。第三次全国代表大会迄今又有六年矣，教育确有进步，然结果仍不能深惬人意者，则以统制之原则虽已确定，而统制之方案尚未建立，且教育事业非可以一朝收效者也。吾人于此，应深信统制教育为实现三民主义之手段，而且应研究实施统治之原则与方案，以为高度的统制之基础。

三、教育统制之原则

民国十八年第三次全国代表大会确定统制政策以后，政府对于教育统制着手进行，如教会及私立学校之取缔，二十一年之颁布课程标准，二十二年之实行毕业会考，二十三年之取缔中小学教科书，二十四年之以中央经费推进义务教育，均有重大之意义与久远之影响，允为我国教育历史上之纪元事实。

综观以上所述，可知教育统制问题，已非应否统制之问题，而为如何统制之问题。教育统制之详细方案，当非短篇论文所能从事规划，本文仅能提出若干重要之原则，以为实施教育统制之商榷，或供拟具全部统治计划者之参考。

1）我国教育统制之行政统率及权力之划分，应采用均权制度，即“凡事务有全国一致之性质者划归中央，有因地制宜之性质者划归地方”（建国大纲第十七条）。教育统制在地方分权制度之下虽无从实施，但在均权制度之下则有实施之可能，因“凡事务有全国一致之性质者，仍归中央”，则中央可直接作若干之重要规定；又中央政府有指挥监督下级政府之权，则可于中央所规定之最低限度以下实施其统制机能。如此，则一方面不违我国政治经济组织之基本原则，一方面能发挥教育统制之功能。

2）教育统制之范围，须逐步切实施行，使发生事实上之效力，不必先有脱离现实状况太远之理想计划，而应有按部就班之次第推行计划，以求实质上之统制。上级政府对下级政府之统制方法，率以法规命令行之，或附以不能执行法规命令时之罚处办法。但事实上或格于行政环境，不能切实奉行，以致发生潦草敷衍及欺罔蒙混之弊端。例如以前曾由中央规定实施义务教育若干年，法良意美，然绝对不能发生效力。盖以实施行政环境尚未满足此种良法美意之条件也。教育统制，只能逐步实行，各国教育历史及我国现实状况，均予吾人以事实上之昭示，此后不可闭户造车。以乌托邦之教育统制方法实施于任何现实之国家，必遭失败。善良之教育统制制度，乃由实行而得之，并非教育思想家冥想悬构之产物，全部严密之统制，为实现各局部统治而发生良好效力之总和，不可一蹴而成。

3）教育法律之制定，为教育统制必有之手续，应即从速着手。宪法草案第七章第一百三十五及一百三十六两条，关于“基本教育”及“补习教育”，有“其详以法律定之”之规定，可见我国将有教育法律出现，实为差强人意处。查我国现行教育法令均为“行政法规”而非“法律”，执行结果不良，不过受行政处分，并无法律之明定条文，为之制裁，是以朝令夕改者有之，阳奉阴违者有之。教育法之制定，自应与其他法律经过同样之立法程序，严格执行。教育法根据现实教育状况而定，自有依法按期修改之必要，以适合在演进中各阶段之需要，其有不足者，以行政法规补充之。法律之强制性较行政法规为强，其永久性亦较行政法规为大，故宜审慎厘定，否则或难于执行，或时须修改。宪法为一切法令之根本，为教育法所依据，凡过富于时间性之规定不可列入，而在日新月异之教育事业上，尤不可不特别注意。例如义务教育之年限，理论上当以较长为好，但事实上则全国一年之义务教育至今尚未办到，即不妨由宪法规定义务教育之必须举办，再以教育法规定其最低年限，以后修改法律，逐渐延长年限，提高标准。又如中央教育经费，宪法规定最少须占总预算之15%，地方最少须占30%；规定则规定矣，然徒见不能实行，强迫全国人视宪法为弁髦，亦又奚益？岂宪法之为物，仅树立理想之良好标准，以备将来实行邪？依作者之见，此等事在宪法上仅应为原则之规定，以法律规定其详细办法或逐年步骤，根据事实上之施行可能性，一步一步切实施行。统制贵乎有效之实施，不宜作无裨实际之空洞标准也。

4）教育统制之目的，固在现行教育环境之控制，而尤在将来发展之企图。控制现在教育环境，不过使现在教育为国家之工具；国家为有机之实体，吾人所当希望者，为其未来之发展，于是教育统制之目光，又不能不注视于未来。国人有言：“十年树木，百年树人”，今日“树人”之方针，在原则方面不能不顾及其将来之发展，否则所谓一贯之政策与久远之计划，均为不可能。“头痛医头，脚痛医脚”之办法，当为谈教育统制者所不取。故教育统制，不仅在横的方面使被统制事业之彼此调协，且必在纵的方面，要有“深谋远虑”。

5）教育统制须以三民主义为依归，换言之，即当遵守我国教育之宗旨。现行教育宗旨，规定于民国十八年；正在讨论审查中之教育宗旨，见宪法草案第七章第一百三十二条，条文虽有变更，然均以实现三民主义为教育之目的。统制教育之一切理论与方法，统制之范围与步骤，均当以促进三民主义之实现为原则。

他如某阶段教育（如初等教育、中等教育、高等教育）之应如何统制，某种学校（如职业学校、师范学校）之如何统制，某种特殊教育（如成人教育、社会教育、家庭教育）之应如何统制，教育行政之某方面（如教育经费、课程、教材、教师训练、任免及待遇）应如何统制，以及关于教育统制之其他问题，均有分别讨论之必要，本文未能涉及也。

民国二十五年（1936年）第26卷第3号

教学自由的限制

黄觉民

“德谟克洛西”教育的宗旨在于培养善能思考及决断的人民。上命下行的教育不是“德谟克洛西”的教育，亦不是教育。教师把所有问题答案告诉学生，则其教学亦必拙劣。无论对什么问题，他都不应现成地代学生解决好，也不可教他们左右袒，只可指导他们学得如何去解决，而任其自己解决。教与学都应自由，不可加以限制。兹将与学习自由辩论有关的几个问题解答如下。

问：国家应否代教师定好他们所应教的课程？教师有权教授其他任何东西否？

答：国家在道德上及“德谟克洛西”上都无权决定将目前争辩问题的偏面擅教学生。这是法西斯国家之所为，是宣传主义和注入教训，而不是“德谟克洛西”的教育。

问：那么，是否教师应决定用什么来教学生呢？

答：所教的问题若是仍悬而未决，则教师在道德上及“德谟克洛西”上也不应以偏面教授学生。他的职务在于辅助学生，使对社会问题较能自加解决。这才是培养“德谟克洛西公民”的正轨。

问：所有社会问题是否都应视为悬而未决？学生对所有问题是否将永得不到结论？

答：凡真思考的人都似乎必得结论；但不宜未加思索或少加思考即贸然来下断语。就是经过细思的结论，也不该视为天经地义，永远不变。至于社会问题，有的已经相当解决了，有的完全还是悬案。对已经相当解决了的问题，我们可以用以教儿童，使其确实了解，酌量接纳；其未经解决的，则应小心翼翼，多方考虑，纵有人不欲我们怀疑，我们也要大胆质问。

问：那么父母与公民对学校进行有权过问否？

答：他们应有此权，但须有限制。社会和学生的福利往往与无知父母及公民的愿望有所抵触。

伦理学在教育上之地位

朱言钧

在数学与自然科学蒸蒸日上的今日，国际政治亦趋险恶，社会民生每况愈下，此种现象大可发人深省。近年以来，数学与自然科学中的各种理论，真是雄伟深刻，得未曾有，其所产生之应用科学，又复日新月异，于是一般人均谓自然界之定律，不难求索，伦理学之真理，终不可得。人与人之间，仅有强弱之别，利害之争，无是非公理之可言。长此以往，公理不彰，正义不立，科学愈昌明，世界越混乱，纷纷扰扰，无有已时。有识者忧之，慨乎欲有所挽救。惟世变既成，非一二人所能为力，且其用心固属可佩，其企图果有无学理之根据？何以言之？世上除有必然定律，支配自然之变化为人人所公认者之外，果有无其他定律限制人类之行为？限制人类行为之定律，为伦理学所研讨，励其所应为，知其所不应为。倘此种定律无存在之可能，则今日挽救世运之图，不特为迂远，而且为无谓。故伦理学果能成一种科学与否，实为最先决之问题。

大凡一种科学之所以成为科学，有两先决条件。科学中一言一理，均为真确。凡与逻辑不相符合或与事实相牴牾者，均非真确。复次，科学之理，为有系统的而非散乱的，将种种真确之理加以组织，归之于最后少数之原理，由原理以明其他之理之所以然，如是而后科学始得成立。要而言之，科学之内容，必为真确之知识，科学之形式，必为一贯之系统。伦理学如果成为科学，亦必满足此两种条件而后可。

一、自然科学与伦理学

科学中发达最早、系统最完者，首推数学及自然科学。晚近以来，自然科学日臻胜境，其所用之方法，乃益为人所推重。伦理学如欲成为科学，其基础似宜求之于自然科学之中。惟细考自然科学中之定理，不外说明事实中间必然的关系，谓在某种条件之下，必发生某种现象；伦理学中所欲求索的定律，规定何者应为，何者不应为，两者之性质截然不同。前者所论为必然，后者所论为应然；前者为陈述式的，后者为命令式的。惟其如是，欲由自然定理推论伦理定律，无异欲由必然以知应然，在逻辑上是不可能的。

世人不加细察，每欲从自然定理中求索一行为之标准。如据物理学的研究自然现象，不外能力的转换，能力的转换必使其现象的恩托比愈趋愈大。人类可用的自由能力日渐减少，故能力的消费，应以节俭为主。不过，节用能力或为一真确之伦理定律亦未可知，惟其何以应当如是之理由，不能由物理学之结果得以知之，何则，自由能力之日渐减少，为一事实之论断，由此事实之论断，用逻辑的推论，无从决定能力之应否节俭。

复次，据生物学的研究，人类从下种动物蜕变而来，生物愈进化，其机能分化愈甚，发展愈烈。考此进化定理，或可作为人类行为的标准。此种学说，因得有力者的提倡，很足影响一般人心，惟其陷于推论之错误，亦显而易见。所谓进化，分析言之，不外是一种状态向一确定方向变迁之谓。如果以此方向作为行为的标准，则必因其有特殊价值，胜于其他各种方向的价值，使我们放弃其他方向而必奉此为追求的目标。然生物学就事论事，说明生物依某种方向变化，至其价值如何，丝毫不曾提及。若谓就进化之过程，以时间之前后，定行为之优劣，前者必劣，后者必优；准是以谈，试问此种标准果何从而知之？谓由于生物学之研究，则生物学所论者，生物机能前后状态之不同，而非生物机能前后价值之高下；以状态之不同定价值之高下，其事已超出生物学之范围。彼不自悟者每陷于循环推证之错误，或改易定义以证其所欲证，在逻辑上是万万不许的。

观于上例，可知伦理学之基础，不能求之于自然科学之中。人生世上，俯仰观察，反复实验之所得者不外种种事实，由事实之前提所可归纳而得者不外事实之断案。由是以论，应用自然科学之方法，充其极不过知事实界之必然而更明其所以然；若用之以求应然之理，必无成效，可以断言。

二、数学与伦理学

其次，我们可否应用数学方法以治伦理学？数学之理，至繁至赜，惟其所本，不过原理数款，盖种种无尽之理，无不可由是而推。欲推一理，必有他理，为其所本；惟此他理，复有所本；循是以论，最后必有一至精之理，不能推自他理，而为一切他理之所从推，是即所谓原理。惟一理之是否真确，视其所本以为断；故原理亦必有所本而后可，惟其所本，不在他理，而在其本身。凡本身含有所以成立之理由，不必推考而知其为真者，谓之直接认识。原理之所以成立，细考之，以其为直接认识而已。数学中之原理，平淡无奇，显而易明，凡属人类，莫不公认。因此之故，我们可称之为著知。著知之为直接认识，自无待论，盖其精确著明，可以直接感受，不必推考而后识之。数学以此为基础，建立一完整的系统，其精确遂不可摇。我们欲以研究数学之法研究伦理学，当先问两者之认识是否同其性质，伦理学中之原理，能否亦为著知之重述。我们略一思索，便知两者实厘然有别；伦理学中众说纷纭，相持不决，其理之非显而易明，无待详论。数学中之概念，如圆，如抛物线，义皆不苟，反观伦理学中之概念，如仁义、善恶、权利、义务，随俗应用，莫明所谓，听者言者复以己意，各为之解，歧义更见日出。复次，伦理原理为一切争论之焦点；兼爱为我，各是其是，穷理者复易为利害情感所左右，不能鉴空衡平，无所偏倚。常观古今中外之学者，每好任意自立原理以建一伦理系统，惟其所立原理，自以为是，非他人之以为是，遂致治丝益棼，一无成功。要之，在伦理学中尚未获得一真确原理之先，数学方法无从施其技。

三、伦理学能否成为科学

治伦理学，非数学及自然科学的方法所能奏效，观于以上所论，可以概见。然则伦理学果否能成为科学？苟其所陈之理，真确不易，所立系统，井然有条，则未始不可成为科学。

世人每以伦理学中学说纷歧，争论莫决，遂谓伦理学不能成一精密的科学。诚然，就学说之派别而论，真是百家争鸣，异说纷起；然平心静气，就日常事实而细加观察，则强者欺凌弱者，无不代抱不平，孺子将入于井，无不奋身往救；故所争者，在伦理学说，而不在日常流行之伦理论断。伦理学说之所以发生争论，正因为其任意建立系统以自标榜，未曾以事实为根据之故。

难者曰：即就事实而论，亦何尝不错综纷纭，彼此牴牾，如中国人以孝亲为道德，西洋人年届弱冠，即离亲别居，非洲国家有杀老亲以供奉上帝者，诸如此类，可见道德随习俗为转移，仅有相对之真理而无绝对之标准。此说为一般人所乐道，惟其见事既近于肤浅，推理亦陷于错误。非洲国家因天然环境之严酷，人至相当年龄，不能自保其身，为子孙者不忍见其亲为禽兽所残害，乃自行设法使其脱离苦境，故就其行为之动机而论，仍为孝亲无疑。中国人与西洋人孝亲之形式虽不同，其动机则一。要之，欲治伦理学，必考行为之动机；若舍动机而专谈效果，无异否认伦理学之可能，何则，动机有善恶之可言，效果无善恶之可言。行为之动机，有时诚不易明，然我们安可因此而不谈？

要而论之，伦理学自有其研讨之对象，其所以至今未成科学者，或由于研究方法之未讲，我们果用何法以求真确之伦理认识，更用何法使之有一贯之系统呢？

四、剥蕉法

就伦理学说而论，真是众说纷纭，聚讼不决，至于日常流行之伦理见解，详而审之，实未尝有何争论。如为友所欺，为人所辱，人人均为慎慨，而道德之有无，尚为争论之焦点。又贫困之苏格拉底，终优于享乐之纨绔子弟，亦为人人所共认，然谈及主义，则有主张快乐为人生之目标，自陷矛盾而不顾。诸如此类，不一而足。考其致误之由，实因开宗明义，即将所拟原则首先提出，初视之未尝不新奇动听；殊不知个别评断，未有详密之分析，其结果必流于空虚矛盾。欲救其弊，当从具体的事实出发，分析解剖，穷原竟委，如抽蚕丝，如剥蕉皮，进了一层，更进一层，追求其最后之所根据，果为何若。因其出发点为可靠之事实，而事实之成立，必有其所以成立之必要条件，故由事实出发，加以剖析，以求其必要之假定，如是则严密无漏，不落空虚，一切玄渺、独断之病，可以尽除了。

由具体的事实，层层逆溯，以求其所本之理，此种方法，谓之剥蕉法。剥蕉法与演绎法显然有别，前者由特殊之事实逆溯最后之所据，后者由普遍之前提推论特殊之断案。又剥蕉法与归纳法亦截然不同。剥蕉法从事于剖析，归纳法从事于推论。复次，我们必有多数特例，始可从事于归纳，但欲应用剥蕉法，虽仅有一个特例亦无不可。略举数例以明剥蕉法之用。

当我们遗失了东西，必设法追寻，此为无可否认之事实。考此事实之何以可能，实因我们公认物质不灭之定律为普遍真确之故。又如桌上满堆铜元，我们欲知其果有若干，自必相叠相加以计其个数；并为避免错误起见，常颠倒其原有之次序而重加之；苟所得之结果前后相符，即认计算为真确，此经验之所昭示于人，莫之或疑者。然细考此事之可能，实以数学中之交易及缔合原理为根据，倘不假定交易及缔合原理之有效，则任意相叠相加，结果前后相符，毫不足以证验计算之无误。由是以观，此种原理为一切计算之所依据，无此则计算将无从实施。

关于上述两例，剥蕉法之用可以略见。我们欲探索伦理原理，舍应用剥蕉法，其道莫出。何则，剥蕉法者，由特殊之事实，回复至普遍之假定；普遍之伦理原理内容如何，尚为聚讼不决之问题，所可依据者，惟散见日常生活中之个别论断。故以此为基，而从事于解析，溯本穷源，以求其何以如是之故；彼伦理原理如果存在，即可一一由是得之。此种方法，固可避空虚之病，复可免独断之护。

五、内证法

伦理原理一一获得之后，其果为真确之认识与否，尚为悬而未决之问题。此种原理，惟其为个别论断之所根据，故不能以事实为根据；惟其为伦理学中最高之理，故不能复由其他之理推论而得。然则一理之立，必有所本，伦理原理之所本究竟何在？

原理之所以为原理，正因其本身不能推自他理而为一切其他之理之所从推。故原理如能成立，必为直接认识而后可。换言之，其所以成立之理由，为内在而非外铄。如数学原则即为著知之重述，即为一种直接认识。伦理原理，必非著知，可以断言。虽然著知固为直接认识，直接认识不必定为著知，著知者，自明之知，不必待证，其为直接认识，自可不言而喻；直接认识，含有内在的所以成立之根据，不必待证而后识之；惟其为知，大可不必自明。直接认识之自明者谓之著知，其不自明者谓之良知。伦理原理如有成立之可能，必为良知之重述。因此之故，我们必反观内索，致其本有之良知以求与伦理原理相印合。此种方法，谓之内证法。昔德国大哲学家 Fries 承康德之后，创内证法为伦理学立不拔之基，其所论与吾国古代圣贤学说有不谋而合者，而精深博大，而有过之。

内证法者，所以证伦理原理之为直接认识；证其为直接认识，而后伦理学之基础，始得坚固不拔。惟此种直接认识，与数学中及经验中之直接认识有异，其为认识，晦□难明，有之而不自觉，孟子所谓“夫道若大路然，岂难知哉？人病不由耳；良知良能，愚夫愚妇圣人同；但圣人能致其良知，而愚夫愚妇不能，此圣人愚之所由分也”。又王阳明所谓“心体本自宏毅，不宏者蔽之也，不毅者累之也；故理明则私欲自不能蔽累，私欲不能蔽累，则自无不宏毅矣；宏非有所扩而大之也，毅非有所作而强之也，盖本分之内，不加毫末焉”。其意很可与 Fries 之伦理学相发挥。欲论其详，必先述康德与 Fries 之认识论；惟综观以上所言，要不失为建筑伦理学之一法，至详细纲目，可以求之专书。

六、伦理定律之有效性与实践性

自然定理之有效者必能实践，实践者必为有效，然者必然，必然者然，然与必然有不可分离之关系，故其有效性与实践性遂可并而为一。反观伦理定律，其情形大异于是，应然者不必然，然者不必应然。盖伦理定律之为真理与否为一事，其为人所遵守与否又为一事；故其有效性与实践性判然为二。惟其如是，穷理之后，尤贵执行，种种伦理定律必求其实践性而后可。实践与否，视人类意志为转移；而意志之培养，惟教育是赖。循是以论，伦理定律藉教育而得实践，教育方针藉伦理学而始有一坚固之基础。故完成一精密之伦理学为教育之基础可谓今日急要之图；世变之成，虽曰天运，岂非学术，甚愿海内外人士一深思之。

二十五年六月二十五日

民国二十五年（1936 年）第 26 卷第 9 号

教育学术研究的重要性

赵廷为

在本志的复刊号（第 32 卷第 1 号）里，编者曾说过：本志今后将尽量刊载学术性的教育研究报告，以提倡教育的学术化。为什么我们要提倡教育的学术化？在这里先简单地说明一下。

目前我国的各种教育设施，需要彻底的革新，以适应新的时代，以适合儿童或青年的自然发育程序。这是一个学术研究的问题，不是随便表示几点感想或意见，而就可据以推动革新工作的。这问题范围太大，在这篇短文里，姑且撇开不说。现在只举出几个极浅显的需要学术研究的例子。

1）在上海及其附近地区的小学里，本国文字还没有打好基础的小学生们，都要学习英文，这“小学应该不应该教英文”的课程问题当然值得我们注意研究，今在此处只附带地提一提，暂置勿论。中学教了六年英文，每周授课时间不能算少，但看了一看，每年大学入学考试的试卷，真令人啼笑皆非！即说考进了大学，不能读原本书的，还不在少数。请读者想一想，每一中国学生，由小学、中学而大学，耗费了这许多的时间和精力学习英文而获得如此的结果，究竟是值得不值得呢？编者深信，这完全是由于不讲究教法的缘故，如果由教育学术研究，发现了一种更有效率的教法及一套更完善的教材，使学生于极短的时间内学好英文，这不仅节省国家教育经济的消耗，而且造福于莘莘学子，实非浅鲜。这不是一个需要教育学术研究的极好例子吗？

2）大家知道扫除文盲及推广失学民众补习教育乃为当今的急务。民众学校的上课期间只有四个月至六个月，要在这短短的时间内，使一般文盲识一千余字，养成阅读能力并获得必需的国民常识，这究竟能不能做到呢？翻开初级成人班课本或初级妇女班课本一看，真不禁为之咋舌，“目标”真是太好了，但是“实现”却太不容易了！徒有极好的“目标”而不讲究“方法”去实现，试问有何用处？让一般能力薄弱的教师仍采用其各人所用惯的无效率的教法，把成人班课本或妇女班课本糊里糊涂地教满了四个月或六个月，于是以统计数字骗人说，已经扫除了多少多少的文盲，像这样地推行扫盲工作，岂不是徒耗国帑呢？关于民众学校教法的实验研究，编者认为亟须提倡，以增进扫盲工作的效率；这岂不是需要教育学术研究的又一例子？

例繁不胜枚举。无论在学制、课程、训导或行政等方面，都有许多重要问题，等待着学术研究来谋适当的解决。刚才举的二个例子，是极其浅显的，还有不少的小问题以及理论问题，在表面上看好像不很重要，却是其解决方法若何，影响于教育实际，异常巨大。例如苛勒（Koehler）所做的"猩猩用木杆拨取香蕉"的实验，引起了学习心理上的大革命。领悟较反复练习更属重要。依此学习理论，问题解决及有目的的活动应成为中小学学生的主要学习工作；流行的背诵强记等教法应在淘汰之列。又例如吉特（Judd）的眼动习惯实验，引起读书教学法上的一大转变。浅易补充读物的重要作用，也可引用这个实验来解释。待研究的教育问题，真是多极了！一定要有许多教育学术研究人员分头进行，通力合作，始能直接贡献于教育的学术，间接影响于教育的实施。

教育学术研究既如此重要，值得鼓励提倡。让我们再放眼看看国内教育学术研究的现状吧！

说来痛心！胜利以来，已有二年，而我国一切学术研究——包括教育学术在内——都继续在停顿状态之中。一般学术工作人员，除极少数拥有资产仍能保持币值而外，都在高物价的压迫下求生不遑，已无空余的时间及精力继续攻修。实验设备既难利用，图书馆内容又极空虚。在战前每一学术工作人员莫不有一书室，书架上陈列专门书籍，俨然成一小图书馆；现则连中文的新出版书籍也无钱购买，还有什么话说。缺乏了图书及实验的设备，这些学术工作人员正好像失掉了双戟的典韦，英雄无用武之地，让此等人"反淘汰"，决非国家之福，这确实是一个当前的严重问题呢！

教育的学术，在各种学术之中，更居于不利的地位。不要说是一般社会人士，即说学术界里的同仁们，也常常对教育学术轻视、怀疑及误会，现在我想略加解释。

有些人觉得教育学术太肤浅，所讲的都是"卑之无甚高论"，所以不值得研究。他们说，这不能说是一种科学，甚至有人说这不配称为一种学问。对于这类的论调，我可以作如下的答复：关于教育的科学的知识，确尚非常幼稚，不能与数学、物理等科并驾齐驱；但早已采用科学方法研究各项教育问题，即就正确性而论，与社会学、经济学等学问，也只是五十步与百步之比；若承认社会学、经济学等都是"科学"，就没有理由否认教育学是一种值得研究的学问。教育学术虽较肤浅，但也有不少专门的知识，像美国《教育心理月刊》（*Journal of Educational Psychology*）等杂志所刊载的文字，不是一般人所能看懂的，即如本期教育心理研究专辑也刊载着几篇科学性的艰深文字，可见得教育的学问并不如一般人所料想那样的浅薄。

有些人觉得我国需要物质建设，研究教育学术尚非急务。我的回答是：心理建设的重要性决不在物质建设之下。教育学术研究的重要性，无待词费。即以最浅显的例子而论，如果由教育学术研究发现有效率的教法，使全国莘莘学子少读一年书而获得相同或更好的成绩，试思节省国家每年教育经费的数量有多少呢？然而这只是一个容易明白的例子而已！

有些人觉得学习教育的人们，自己所用的教学方法并不见得优良，办起学校来，成绩有时还不如人，所以认为教育学术毫无用处，所称也许是事实，但是我可作下列的答复。

1）教育学术已极分化。有些人是研究教育哲学的，有些人是研究教育行政的……大概说来，专攻教学方法的教育学者，其所用教学方法比较一般好些。

2）“学”和“术”是二件事。“学”靠研究，“术”靠经验。对于教育学术有深切研究的人们，也许尚未获得充分的教学经验；故与有经验而缺乏深切研究的一般老教员比较，有时反觉相形见绌。有了较丰富的教学经验之后，我相信，有深切研究的教育学者，一定能比较不习教育者更胜一筹（除非禀赋有缺点。）

3）对于教育学术有深切研究的人们，固有时办学并不如人，却也不足以为诟病。事实上有临床诊断不及普通医生的医学专家，有审判案件不及有经验的法官的法律专家；为什么教育专家单独是例外？剧本作者不一定要能做舞台演员；发明电气的人也许对于电灯的装置修理，不及电料店里的学徒。大发明家牛顿连“炉旁取暖”的日常生活问题也不会解决，远不如仆人聪明。真正研究学术的人们常常要脱除实际的事务，而专心作抽象的思考，我们不应因其不能有效地处理实际事务而轻视其学术的贡献。

4）办好一所学校是有许多条件的。顶重要的条件是：全校同仁皆为优良教师并能精诚合作；经费充裕，可以无虞匮乏；校长及教员皆能久于其位，生活安定，绝无牵挂；环境相当优良，得受控制。试问国内学校能具备这些条件的有几所？大多数的校长们是在保管学校（keep the school），并不是真正地在教育学生（educate the pupils）。所谓办学成绩优良者，实际上只是“不出乱子”“光滑地进行”“保管得不错”而已。事务能力见重于世，真正有能力的专业的教育者们在此时只有自叹“生不逢辰”而已。整个的教育，需要着改造，老实讲，没有一所学校真正可说是办得好的。如果一切条件相等，我决不相信“不懂教育”比“懂教育”更好。我决不相信教育学术研究竟成为办学的障碍！但是对于“一切条件相等”这几个字，特别要加以重视。

5）我刚才说,“术”是从经验中得来的，要教得好，一定要有经验，好像“学”是不重要的。如果作这样解释，那就误会了我的意思。教导的技术也必须要受教育的科学知识的指导。兹举一例为证。有一次我参观一位有技能的小学教师教二位除法，他并不把试商方法讲给小朋友听，把上课时间浪费了不少，小朋友们的困难仍无法解除。如果他能够学会一点指导试商的方法，他就不会犯这种错误了。虽然我自己不能说儿童话，并经二三年的练习，决不能与那位小学教师在小学教学技术上争短长，却是我深信不疑，我所懂得的试商指导方法，对于他实有莫大裨助。技术是重要的，却是供指导技术之用的科学知识更重要数倍呢！

6）有些研究教育学术的人们，对于许多实际问题的解决，尚不能作切实有效的建议，这也不足为病，这是因为“教育学术”尚是一片不毛之地，需要教育学术工作人员努力去开垦。我们却不能因此瞧不起教育学术研究人员，并同时瞧不起教育的学术。教育学术尚在“开垦时期”，这正证明教育学术研究有加以竭力提倡的必要。

关于教育学术的重要性，话已经讲够了。今以编者的地位，谨告读者：今后本志将努力于二大运动：教育学术化运动和教育专业化运动。

在此经济恐慌时期，一切事“无啥话说”，提出这两个口号好像很迂腐。但是我相信，目前的局面不会持久下去的，到了真正办教育的那一天，这二种运动也许是极合时宜的了，凡事要未雨绸缪，我们应该先努力提倡这二大运动。到了国家真正需要我们这批专业的教育者从事复兴工作的时候，便可有备无患，努力苦干，愿教育界同人共勉之！

本期有常道直教授及本志编者李季开先生的二篇关于专业道德的文字，即代表专业化运动的开端。为提倡教育学术化起见，这期的教育心理研究专辑，刊载着几篇研究报告以飨读者。今后拟每期继续刊载一篇或二篇，以刺激专业研究的兴趣。抗战以来，有许多教育学术工作人员，已为油、米、柴、盐所困，无法进行研究工作，而艾伟先生仍能领导许多学者不断攻修，真值得钦佩！此外，还有几篇文字，对于一般教师的实际教育工作似有裨助。

民国三十七年（1948 年）第 33 卷第 4 号

新道德的教育

相菊潭

道德二字，范围很广，《说文》上说 :“道，路也；德，得也。”韩愈做《原道》，开首就说 :“博爱之谓仁；行而宜之之谓义；由是而之焉之谓道；足乎己无待于外之谓德。”可知道就是人所应走的一条路，德是得到这条路的意思。西洋在柏拉图及亚里士多德的时代，通用 Ethics 字。此字系由希腊文 Ethios 变化而来，其义为风俗或习惯。至罗马文豪雪西洛拿拉丁文中多数式的 Mares 一字代之，于是相习沿用，遍行欧洲各国。如英文中之德育（morality）及道德哲学（moral philosophy）等字，探其语根，皆采自拉丁文 Mos 一字。其后到文艺复兴时代，研究希腊文的人加多，ethics 一字，又恢复采用，与 morality 并行。而其字义有无区别，遂发生疑问。美国博尔满氏曾下一定义，谓：ethics，指理想方面而言；morality，指躬行方面而言。推其义，与我国古贤所说的“知”“行”大略相同。

道德的范围，既然很广，它的标准是一定的呢？还是不一定的呢？吾们知道：中亚细亚的土人，老者以其子食之焉有福，其子亦以食其亲为孝。这个风俗在开化的地方，不但不能推行，听到这句话的时候，且要非常骇怪的。吾们又知道：法国当战争的时候，他的国民最大之善，是抛弃本来的职业，到战场上去效力。到了罢兵之后，他们的见解又不同了。照这样看来道德本无一定标准，须随时势、境地或程度而变易的。当那个时候，在那个境地，大家的见解以为善的，就可谓之善；以为恶的，就可谓之恶。如果时候或境地或社会有了变迁，那善恶的标准也就不同了。现在东西洋的局势都起了极大的变化，从前的旧道德，自不足以应时世的要求，而必须有新道德来代替它哩。然而新道德是什么？与旧道德有什么不同？这是我们不可不首先知道的。

一、旧道德是保守的，新道德是进取的

东西洋的旧道德虽各有不同，然根据习惯，乃其共同之点。拿过去的经验，

定为永远遵循的极轨，视为神圣不可侵犯的常法，合此则为善，不合则为恶，董仲舒说："天下变，道亦不变。"这句话可以证明旧道德保守的精神。不过有一个问题是我们应当研究的：这个问题，就是为什么要有道德？因为人不能单独生存，人生相互间必有自然的交际，而此自然的交际中亦必有自然的规律，这自然的规律，就是道德。惟人生相互间的情状，非一成不变，恒因时间、空间的变异而有进化，则其交际所需的道德，自必随其序次而谋进取。如仍泥守陈法，故步自封，不但破坏人群的自然进化，且破坏当时的生活。故新道德不斤斤以习惯为准，而特重理想。凡过去之经验，必衡其良否，良者则留，否则尽力革去，以超越旧习，力图进取。

二、旧道德是被动的，新道德是自动的

旧道德观念，不出于专制政治，就出于专制宗教。凡帝王心中以为善的，就定为法律，发为命令，令人民一律遵守，违则犯罪。而古代宗教的领袖，亦恒假托上帝的意思，强迫一般人民，遵奉无违，其势力也非常之大。人民受了这两种的专制，就绝无思想的余地。所谓善恶，非帝王大臣所规定，即宗教领袖所限制，并不是人人心中原有的善恶，而完全为被动的。新道德则反是：善恶的判断，大率委诸个人的良心。良心以为善，才是善，以为恶，才是恶，政治、宗教概所不问，以自己的鉴别，定取舍的标准。以自己的理想，陶镕自己的品格，自由体会、自由发展。昔儒布诺远哥拉说得好："人为万物之尺度。"可知一切事物的大小、长短和利害、得失都赖人而定。人各具有灵性，各具有意志。任其自由发现，才能够自由发展。所以新道德的精神，在注重自动。

三、旧道德是贵族的，新道德是平民的

古代社会，阶级极严。道德上的遵守，因而也生差别。同一行为，贵族为之不为恶，平民为之则为恶，或平民为之不为善，贵族为之则为善。不但如此，即贵族当中，依其贵的等级，也生出许多的歧异，这样怎能合于公平的道理呢！新道德则无分贵贱，无分贫富，其标准恒一致无二。既为共同生活之一分子，则同伦之行，务须共守，没有什么身份的差别。

四、旧道德是非人格的，新道德是人格的

古时因为专制的压迫，臣民对于君王，子女对于父母，不但以服从为善，并且自卑自贬，丧失人格，以博取欢心为荣；而君王父母亦不视臣民子女为具有人格。此种观念，不但不合真理，且要算是野蛮极点了！按拉丁文中德之一字为Virture，其语根即为Vir，Vir的解释为人。希腊解释道德，也含有人格Manliness

二字的意思。可知道德是因人而发生的。没有人格，怎能有道德呢！新道德的根本，首在尊重人格。人与人的交际，是相互的，是对待的；道德上的法则，是双方的，是共守的。相感相应，各致诚敬，才能算是真正的道德。

什么是新道德，吾们已经明白了。现在就要依着这标准，以研究教育的要点。

1. 培养独立自尊的观念

人所以异于他动物的缘故，因为有自我的目的。世界上一切事物的价值，从哪里生出来的？都是由人而生的。人有支配一切事物的能力。真理在哪里？怎样去实行它？皆要人去体察，去契会，才能发现。我既为人，就应以自我为主，支配一切事物，不为一切事物所支配。那么道德上的法律，就不应由他人之外铄，应凭自我之指挥。道德上之义务，不应由他人之强迫，应由自我之志愿。自我具有自然的理性，自由的意思，天然的批评、判断和立法的能力。教师倘注意斯点，关于教科上或办事上各项问题，都令其自己考虑，自己设计，自己判断，革除倚赖教师的通弊，养成其独立自尊的精神，发挥自我的真正能力，则其进步，就不可限量哩。

2. 增长想象力

旧有的经验是否合于现在的情状，须自由想象，以发明新理。不可泥守陈迹，为旧道德所锢囿。譬如对于事功方面，不能仅仅以“勤慎”和“忠信”为止境，并须进一步去想“辟新”的方法。对于财产方面，不能仅仅安于“给用”和“藏富”的情状，并须进一步去想“生产”的方法；对于才智方面，不能仅仅以“颖慧”和“淹博”为满意，并要从“超卓”上着想；对于文艺方面，不能仅仅以“好尚”和“工巧”为能事，并要从“创制”上着想；对于社会、国家方面，不能仅仅以“服役”和“忠爱”为尽责，并要从“改进”上着想。事业无穷，斯进步无限；总要超越旧习，自由想象，才能开辟新路出来。教师对于学生，应随时启发，随事兴疑，以练习其想象；切不可一意注入，闭塞其思想的能力。

3. 发达意志

意志对于思想、感情，有挑拨或制裁的力量。旧有习惯，沿用已久，欲屏绝之，不令其再见，颇不容易。外界固多牵引，自己也难免有一种惰性，以阻碍新理想之实现。故必有坚强的意志，一方面制裁不合的旧习惯，一方面挑拨初创的新理想。虽经非常的痛苦、非常的困难，拿新冲动来抑制旧冲动；拿含有大创作欲望的意向，来操纵一切的行为；始终一贯，不为中途困苦所阻，自新的目的，必定能够达到的。此种意志，须养之有素，才能坚定。第一步是引起注意；第二步是时加练习；第三步是养成习惯；第四步是引起内心的快感，使永久专注。

4. 扩充博爱情

博爱是自己之外，更爱他人的意思。“爱恋”“友情”“同情”等感情属之。人不能单独生活，个人之外，尚有他人；一团体之外，尚有他团体；其相需相求，至关密切。亚里士多德说：“不能为社会生活，与夫自营独立，无所取助于他者，非禽兽即神。”同是为人，同是为一时代的人，息息相关，他人所未达到的缺点，即是自己的遗憾。当以高尚的理想，为人己共同的准绳，以热诚的态度，相助相爱，共趋于圆满的一途。学生在校，应勿令与残暴的事物相接触，以免消灭其本性，一切不适宜的环象，设法改良，以免刺激脑筋，致生残杀的念头。同学中有疾病时，令互相扶助，以为扩充爱助他人的准备，更于功课之余，予以服务社会的机会，以激发其互助的精神。

5. 养成情操

情操乃感情最高尚的。没有人己的分别，没有利害的关系，但觉事物有真理的价值，就是了。其类别大概分真、善、美三种。道德上的情操：牺牲一己，怜爱他人，是其要义。人与外界接触的时候很多，欲其永持高尚的感情，而不为外感所动摇，非养成情操不可。那么美感教育，是最要紧的了。

6. 练习自治

有了种种修养，再加以实地练习，则其印象，永留脑中；且能因实在的状况，推行的胜利，增加其确信，而引起兴味；并能触遇类似刺激，以旁通类化，增添他种新的观念。故学生自治，实为培养新道德的要件，教师不可不注意的。

民国九年（1920 年）第 12 卷第 12 号

第三编

学校教育：中小学教育的反思

中小学教育始终是民国时期教育改造的重点，学制的改革和公民教育无疑是其中最重要的部分，这两部分将在第四编、第五编单独展开。中小学教育的反思，既包括教育内容的，也包括教育形式的，涉及教育目标、环境、效果、问题等各方面。

1）教授上的缺陷，包括不利于学生好习惯的养成，教科书不能很好地适应学生的程度，授课难引起学生的兴趣等。

2）划一主义的教育泯灭了教育的本性，所以应促进教育教学的民主化，尊重儿童本性的自由发展，注重因材施教、启发引导，注重以生活为中心的知行转化，特别要注重培养有民主意识、态度、作风的教师。

3）我国民创造力不发达。学校教育应弘扬自主的、独立的、创造的精神，培养学生的观察力、思考力、想象力，培育儿童的创造力。

4）教育缺乏内部变革的动力，不能引领社会的发展。秦汉以来，社会的停顿与循环，非有外来势力的侵入或内部不同势力的发展，不能变更，教育始终处于被动的地位，急需教育制度之改革。

5）实现学校教育的理想，必须克服特权教育、治术教育、定型教育等教育之弊，发扬军国民教育、公民教育、职业教育、平民教育的积极作用。

6）抗战时期，中小学课程宜根据非常时期的需要进行调整，以激发儿童抗敌情绪，培养儿童社会知识，灌输儿童战争常识，训练儿童服务精神。

7）环境对中小学生的影响巨大，在教育过程中，要反对独裁，提倡自由、平等、民主。

8）今后的学校教育，要养成国家的好公民，不要只养成家庭的好儿女；要规律学生的全部生活，不要只顾其知识生活；要使学生养成求知识的兴趣，不要只以知识灌注于学生。

现今教授之缺陷

沈步洲

仍岁以来，侧身学界谬掌教符，出其昔日所学，以饷后进。虽驽下亦斤斤焉期不负所司。讲演之余，亦尝稍事研究，察理阐微，时有所感触，痛教术之不修，虑字风之日隳，不揣冒昧，愿揭之以质我国人。

一、任教务者，不宜启学生偷惰苟安之习也

今之学者，不远千里，惠然肯来，非必真有好学之心，乘其后而驱之前也。虚荣实利，萦其心曲，苟可以弋获之稍劳苦亦所不辞。倘不劳苦而亦可幸获，更何暇计实而求名。甫入校门而侈言文凭，侈言利禄者，比比是也，真知卓识，于是焉凋落矣。然人之精神常相贯注，少年血气未定，一举一动，恒视师友之品格为高下。苟有贤者，秉其热诚，因势而利导之，鲜有不靡然同化者。故教者勤，学者罔或不勤，教者惰，学者罔或不惰。陶冶之力愈宏，搗铸之形愈完。此教育学说中所以有持躬率下之论也。今观吾国所谓明师，乃每每背于此诣，或一月之中，无故而屡屡请假；或时命课题，而不强人以应对；或动止有倦容，或讲解欠明了，疑难字句惮于研求，则率意附会，虽舛误而不自知。顽劣生徒，拙于约束，则漫示宽大，即放纵亦所不恤。驯令学生之良者，则怀轻视师长之心。劣者，则有顽惰偷安之习。种孽既久，挽救无从，岂不甚可痛耶？尝闻美儒勃朗论德国教师曰："德国高等教员，其学问常迈越等伦，彼不独科学、文学之智识，足以为人师表也。教授之道，盖亦讲之精矣。缘是上无陨越之虞，下有勤学之习，习之有素，守之以恒，出于自然，无假强为。诚非不学无术率尔操觚者，所可同日语也。"中土教者毋亦不学无术，率尔操觚者流耶。

二、选用教科书，宜求适合于学生之程度也

英美各国采选教科书之权，或属于教育部，或属于地方教育会，或属于市民

合组之审查会，或属于省县视学。其意盖在齐一小学教科，而于中等以上之学校，则常听教师自择书籍。故高等学校教员于教授而外，并有慎选教材之责。其选择也不徒分类标纲，任择一二册，而定其可否也，更不徒沿用其幼时所读之书，而以所学限所教也。必穷搜博览罗列种种书籍，按图而索骥焉，得一卷问诸心而安衡诸学程而合，然后用之。既用矣，尤不敢漫事更张。自乱其例慎重教育此其一端也，吾国教员，则不然（以下云云，专就中学以上而言，若中学以下之教科书，则经教育部之审定，各校校长教员之商榷，已大致厘定。当不至再蹈五岁读大学，十岁诵左传之旧习矣）。学生程度卑下有浅易之书，可以采用，必曰："是乌足教者，孔孟讲之无味同嚼蜡矣。"所用教本大率躐等越级，高远难臻。读英文甫一年，即讲司各脱之小说，莎士比亚之诗歌。化学甫开卷，即谈溶液之定则，分子之构造，中文属笔不能成篇，造句未能入彀，即与之谈庄说老，议列排韩。盖不如是不足以夸耀外人也。学生知识未充，乐虚名而忽实际，亦复不措一辞。三五年后，学者之能力非不略有所增，则聊复自慰，殊不知苟肯按程而进，由浅入深，其效力且倍蓰于所得也。虚荣之心，牢踞不拔，而有用之精力，半耗于无形矣（此章大概就见闻所及言之，不佞足迹未经之学校甚多。未敢执一概万，度教师之量程选材者，亦大有人。不佞之意，亦曰有则改之无则加勉而已）。

又案选择教材之眼光，常视教员智慧之高下为衡，聪敏教员，每舍易就难，中材必畏难而趋易。二者各有利害，未可拘泥究之，仅就教材言教，不免失教道之全。教材一事，用教材之术又一事也。

三、一级学生，不容泛然视为一体也

考今昔教育学说，上自柏拉图，下逮卢梭、裴斯泰洛齐、康德、赫尔巴特、斯宾塞，莫不谓人有特性，有遗传性，言教育者，宜顺其性而导之，不宜拂其性而责之，更不宜忽其性而率意措施。故近年言教育者，皆操因性利导之术。就生徒智慧之高下、能力之厚薄、品性之纯疵，一一加以教养，善者劝，而恶者惩。惩劝之多寡，又各视其情感之所向为断。某也爱名，则重奖掖；某也尚耻，则慎惩戒；某也惰，则以勤率之；某也记忆力弱，则以有形之事物、切实之器械助之。一级之中有三十人，虽用三十种教法，亦所不恤。于是生徒无弃才，师长无废时，教育成绩视昔有加，其故可思矣。吾国学校历史，先后仅十余年。整饬之道未详，升转之途未确，考选生徒，既不限其资格，又仅凭一时数纸问答以为进退，赵钱孙李，黑白朱紫，皆罗而致之幕下，程洛不齐，性情不类，言语不同，杂处一堂，莫辨教授之何从。为教师者，自宜衡其浅深，察其高下，分类而投以药石，不宜视为一体，铸诸一炉也。今观某某教员挟一书入某课室，批读某页某页，逐字讲解，闻钟而出，诘朝稍加诘问，继续讲解，如是习以为常。易一课室亦然，易一年级亦然。又观某某教员，挟一书入某课室，指定某页某页诏生徒自为之，翌日，举前所指定者，释其疑难，复指定若干页以已备后日之需，如是习以为常。易一课室亦然，易一年级亦然。囫囵吞枣，敷衍塞责，学生之果获益与否，不遑问也，幸而讲解明晰。有少数受业领会精意弥满，有多数受业信服，即已安然擅良师之誉，殊不知讲解不以明晰为足。一级中智愚贤不肖，绝不一致，安得不量其缺乏，酌予调剂，诘问之时，又安可不分析问题，各宜其人，且性有勤惰，有勇懦教者，惮烦而责学生以讲解，或仅诏以质疑。其究必有勤者益勤，惰者益惰，智者益智，愚者益愚之病，袒智抑愚，又乌足为善教，盖执是说以论师，吾国殆无一良师也。

四、授课宜以引起兴趣，促人留意为专的也

海尔巴德曰："授课之时，教师当熟察生徒之思想，能否触机即发。苟思想之来，如弩出弦，则学者必留意所授之课，已引起其兴趣。苟其来也缓，则兴趣甚弱，仅能暂时专一其心志，不能保其永存爱好之心。"盖人各有所爱，爱斯就之人，各有所恶，恶斯远之。学生初习一科，初涉一艺，苟非性之所近，良不能辨其爱恶，而卒有所爱有所恶者，教者实施其责，尝见某若某教政治法律，甫启卷而课室寂静无哗，讲解之际，旁搜远证，取譬设喻，娓娓不倦，学者耳聆心应，神会其旨，各怡然自得，则叹曰：斯其兴趣存，故谛听移时而不知其劳。又尝见某若某授物理，携仪器药品一筐，置诸案端，取成书，柔声诵读，偶作试验，若即若离，手与口不相应，学生或蹙额有不安之色，或俯首发酣睡之声。鸣钟一响，众气为舒。又叹曰：斯其兴趣亡，故言者谆谆而听者藐藐。夫物理实验科目也，不善教者，得以器械济其穷，政治法律说理科目也，善教者，常苦敷陈之无术，而二人所授之生徒，其情态乃悬异若是。甚矣，兴趣之不可稍懈也，不佞以为身司教职，固不容借课室为剧台，胁肩谄笑以媚学者，亦无庸肃恭拘谨，敛其五官四肢而不予施展。苟可以引起学生之兴趣，虽杂以诙谐，参以小慧，亦无伤大体。而至重且要者，实为语言清晰，声音朗澈。有一含混声价减而兴趣薄矣。

五、不宜限学生之心思于课室中所传授也

友人某，童而入学，读校中选定之书籍，听校中师长之演述，一如常人，然考其所学，不徒远驾同级生之上，且超乎所用书籍之外。盖其推绎之心专参考之念笃，常就所已知推所未知，纵心思耳目之所之，救耳提面命之或缺，故能化尺寸为寻丈，垒土石为丘陵也。英国高等学校教员于讲义外，必指定书籍若干册，以备参考。校中必有藏书之所，罗集各科新书，供教者、学者之用，平时既不囿于纯尺，临试自可广其范围，成绩乃优学问乃邃。反观吾国学者，则一误于授课之时间过

多，再误于教师之学术有亏，三误于藏书之或滥或缺。舍一二册法定书籍，十百纸油印讲义而外懵无所知，学识隘狭，心思偏蔽。为书所用，而不知用书之道，奚怪其涉世不知通变耶。吾盖不能不归咎于图书馆之缺乏矣，然教师亦不能辞其责，学生知识有限，见闻不广，即琳琅满架，典考盈笥，而鲁鱼亥豕，莫辨是非，又何从借镜者？是在良师指点其迷途，诱引其好问之心，涉深之趣，就已经选定之书旁搜远证。苟无躐乎程叙，无陨于贪多，学者受益，良非浅鲜也。间尝思之，科学书籍，每出于名宿之手。方其援笔著述选材订例，决不肯以拾人牙慧为名高。平日独思有得之处，常揽而纳诸篇，与他书所论，虽同题所陈，虽同理而详略各异，瑕瑜互见，读者勿知参酌折中为由。而集思广益，若文学书籍，尤浩如烟海。吾土邃于汉学者，必涉三坟五典八索九邱。西人之谈国学者，亦必考稽文献错综古今。若仅以一二书卷为其知识之藩篱，又安能析义论文，迎刃而解耶？学不贵博而贵专，然不博又乌能专也。

六、教授资料，各有其用，不宜丧失也

海尔巴德谓人生智力方面不一，纵各有其性之所近，亦不可徇其所近。而汩其余，又谓学者兴趣，约可判为六途。或附丽于经验，是为有形兴趣，或凭借人类之联合，是为同感兴趣。经验之事物，引起心思之想象，是为论理兴趣。循绎社会之广系而迹其枢纽，是为社团兴趣，加以美感、宗教二者，而人生好学之原动力，于是乎，全学者之兴趣，既如是其繁复，学科之用，遂亦各殊其致。算术足以培养论理兴趣，社会学足以培养社团兴趣，文学历史或召美感，或陈经验，几举种种兴趣，而悉隶其指挥。任教之人，主掌一科，正当利用其特长，推展其途径。乃观吾国之教员，则殊不足与言此。既主某科之教席，即凭其专长布置教授之方，全部纲目由浅入深，递演而进，遂以为能事已毕。文学则必先授名物字、动作字之变化，树将来诵读古书之基，未谈诗歌，当解散文。数学则首宜熟知算术，稍进或责以演习对数。历史则先立年表，前后事迹，悉以年表为本，推敲论断，务循定程面命耳提，不逾正轨，习惯相沿，遂成常例，学生亦视为固然。然各科所应激发之兴趣，每每荡涤无遗。习数学全部而演绎之能力未完，读历史数十卷，而同感之心思尚稚。其受业也，仅得若干往事，若干条例，劳其记忆，若干问题，若干考试，费其经营而已。非能深受学问之益，于死科目中得生趣也。穷原竟委，教员盖不能辞责矣。

七、当鼓铸学校精神，整饬校风也

东土学校，每虑学者公德匮乏，品性不纯，作乱犯上之恶象，应时而现。教者、治者不知补救之奚从，则交相推诿。教者曰：是管理失宜，措置乖方，嚣张之习中于平日，故一泄而不可羁。治者曰：是教授不良，或言学问而不讲道德，或拙

才力而时召怨尤，学者不爱敬其母校，故毁弃而不恤。二说兹陈后者，固不足以敌前者，然教员果能脱然无咎乎？夫吾国青年童而入小学，朝出暮归，虽与同学嬉游饮食而不共居处，联合之精神，末由发现，朋党之气焰，亦无地自容；年稍长，由小学转中学，犹多不住宿校中，比入高等学校，血气未定，遽与多数年相若性相类之友朋，一旦邂逅，终年往来。课余无事，聚首一舍，不免见猎心喜，鼓劝者多，忠告者少，遂荡检逾闲而不能自持。（注）主政之人，目击心伤，乃悬种种禁令，以为法则，而溃堤决防，事仍恒见，虽三令五申，惩劝交至，终不能驾驭狂澜，此岂人性本恶哉？亦曰少年精力方盛，必畅其气，逞其神而后也耳。因是西土教员，常奖劝学生联合之举。文学科学各有专会，司其职务者若干人，新生旧生共相肆应。贾其余勇者若干日，运动竞赛，日不暇给，歌啸谈话，靡有停晷。教员导其机，学生扬其流，上下唱和，历久而敬爱之心生。敬爱其教员，即敬爱其学校，联合精神跃然呈现，非有大变，不能磨灭校风。于以整饬道德，于以高尚，诚吾国教者所当考镜者也。英人某来吾土任教，诧师徒之隔膜，痛心志之乖离，惄焉忧之，谓不佞曰，此其病在无学校精神。问养是精神，当操何术？则曰：运动会一端，恳亲会一端，音乐会又一端也。苟假我斧柯，吾且为之倡，不佞闻其言，私心常紧念不敢忘。然环顾各学校，其能于形质之外兼重精神者，盖甚少也。即就教员言，其能不营营奔走，与学生同甘苦，筹进止者，尤不多觏也，可胜慨哉。

（注）罗伟（A. L. Lowell）继伊略脱（C. W. Eliot）之后为哈佛大学校校长，尝著《英国政治》及《欧陆政治》两书，在哈佛大学演说曰："高等学校之大者，应付其生徒以广袤之界线，苟学校仅能令诸生之友谊根于溯源之相同，而不能令其根于性爱之相近，则所付之界线，失之狭窄。学生钩组，大抵铸造于初履堂奥之时，以后动作范围，概以首学年之动作范围为断。故新生相交宜密，相聚必恒，而爱性乃萌，且今日学生由小学而递入大学，其环象变移太骤，不加董率，将有绝缰泛驾之虞。自由如美酒，徐饮之可以扶助精神，骤吞之必醉且迷，所以加董率者，防其醉且迷也。学校之要旨，教者谓在训授，学者多梦想其在陶情适性，持的异而机缘坐耗，补救为难。其实学校生活，本非儿戏，纵横错杂，方类靡殚，而挺然持其中坚者，惟心志之训练，此尽人所当知。学生入校时，苟咸使服膺斯义，则于治学之道，思过半矣。"此说颇可与不佞之意相辅。

凡此皆不佞，三年来蕴积于心之言也。置诸西欧学者案头，几等陈文腐语，而质诸吾土通人，或且罪以陈义过高，盖时俗者流，往往狃近效而忽远图也。窃不敢自默，笔而著之篇，明知言之非艰，行之惟艰，责人厚而律己，宽在所不免。惟愿自今伊始，益自奋勉，求吾行之副言，更愿普中国教员不以斯说为河汉，熟思而匡正之，则庶免夏虫语冰之诮乎。

民国三年（1914 年）第 6 卷第 8 号

现今学校教育上急应研究之根本问题

俞子夷

一、教育目的之根据如何

当学校之初兴也，其目的在培植洋务人才耳。教育二字尚未通行于社会，遑论研究其目的耶？迨普及教育之议起，于是国民教育之名词始出现。然亦未有研究教育目的之问题也，清末教育宗旨之上谕下，民国元年教育部之教育宗旨令出，小学教育之目的，殆全为该部令文所限定。教育家仅知奉行，未尝细讨论之。近时教育书籍，间有道德主义、实用主义、实利主义等研究主张者，然对于教育全般之大目的，仍无以热烈之态度，为根本上之考究，大都亦如日本教育家之对于天皇教育敕令，为类似之解说而已。培植洋务之人才，固不足以当教育目的也，既曰国民教育矣，则必为平民的、共和的无疑。平民的、共和的云者，不限于富贵社会一部分人之小范围，而全社会平等普及者之谓也。社会由人间所组织，人间各有生活，得营完全之生活者，其人间、其社会得随宇宙之进化。而发展教育者，人间社会为谋其进化发展而特设之一种作用，藉以解决其本社会中之重要问题，即生活问题是已。故教育之目的，一言以蔽之曰：养成能营完全生活之人，间以处理实际之社会问题耳。美人麦克马利博士曰：教育之目的为使儿童将来统御其自己及世界。而在社会中成一高尚贵重深虑有力之社员，即此意也。

一般教育书中，以品性陶冶为教育目的，常人意中，似以此说较前说为完全，或且疑前说近于实利而偏一也。虽然品性之真相何如，不可不知也。盖品性者，非谓其动作之结果，乃谓其有动作之实行力，有合理之判断力，有高尚的感情之反应力，此杜威博士解说品性之要义也。夫所谓合理之判断力者，所谓有高尚的感情之反应力者，非即统御其自己及世界之谓乎？所谓有实行力者，非即谓有能力之社员乎？要言之，品性陶冶论与麦克马利氏教育目的说，非相悖而相一致，则无疑也。麦氏之言，极完全，而毫无所偏，仅由字面观之，则完全生活似不及品性陶冶之冠冕堂皇，且世人每以实际生活与拜金主义相混淆。实则生而为人，谁无生活？生活云者兼肉体、精神二方面言，与现实派之主义迥不相同，能处理社会之实际问题者，决不乏良品性，品性仅生活处世之一种教育目的，当就人生全体生活上着眼。品性陶冶似嫌偏一，日人稻垣氏曰：伦理学欲其直接取为教育之目的，实有所不能，况就其他各动因言之，无论若何，要不可不依据于社会学。可知教育目的，当由社会生活而立论，此教育目的之急当于根本上研究者也。

二、划一主义之利弊如何

前不云乎，国民教育者，平民的、共和的教育也。故凡为教育者，均得自由发挥其学理，学理之得实行与否，视乎人民对之信仰如何。只须不妨安宁，为政者即无干涉之理。如工业地之民，咸欲其子弟为工，而信仰工业教育之主张，行政者持何理由，必欲以“定章所无”而不令其小学加工业乎，所谓共和者，行政家之政策，尚视民意而转移，教育为共和之根本，可得以少数行政者之意见以划一之乎。地方而不兴教育也，或所兴教育而无效果也。行政机关乃以执行民意、督促社会进化之名义，出而干涉之。然教育之效果，岂仅依少数人理想之教则规章，为最善之方法，舍此别无良策乎？各地私立学校，北京、清华学校均不在划一制下，将谓其毫无效果乎？否则何以对于多数公立学校必为此无谓之划一乎？或曰各地程度不齐故也。试问将令已发达之地方，暂停其进步，而待他地方之进行乎？抑将令未发达之地方，用划一制之力，使一跃而与已发达地方，列于同等之程度乎？吾知其均不能也。然则划一制之实效，将何由收乎？惟其各地方程度之不齐，故更不宜划一。所贵乎教育者，为其能养成自己活动之人间也。教育者受划一制之束缚，已无丝毫自己活动之地步，被教育者之不能自动，可想而知矣。不能自动者，木偶也。国民类木偶，其国亡；民族类木偶，其族灭。呜呼，划一制者，亡国灭族之教育也。夫见小者量狭，自以为万能者，适以显其无能。划一制之规定，实由于见小量狭，以为教育制非划一不可。所定规章，为教育上万能之方法，实则划一制之规章，世界之最无能者也。美人潘烈博士曰：“同一小学校，同一教室内，有为准备高等教育者，亦有大多数只须求生活必需之知能者，而将来之生活又千种万别，对之用同一教师、同一教材，宜乎现今教育家急急于准备儿童将来之成效而终失败也。”

夫以南北延长七千余里之大国，用同一之课程，定划一之放假期，不知潘烈博士对之，将生何感？总之，教育重大问题也，提携促进行政者之责也。法令之规定，宜仅涉纲要，定最低之限制。此外，应恃地方行政官之提携，视地方之程度，而为相当之督促，否则，行政者视划一之法令，若信徒之视信条，对于教育事业，仅下“不合法令”“有背定章”等评语，而不尊重人苦心之研究，亦不用科学的方法，以考查其究极之效果，则吏胥的行政，且将为戕贼教育进步发展之机关。划一之制度，为亡国灭族之导线而已，此划一的法令之急应根本上研究者也。

儿童创造力养成法

天　民

我国夙以精神的文明发达最早自负，而究乎其实文明之精神，衰竭久矣。且自西欧之物质的文明东渐以来，我国相形见绌，西方列强遂俨然为世界之先进国。近则扶桑三岛，夙以沾溉我文明立国者，以稍稍模仿西欧物质文明之故，亦侈然以东洋霸王自期，气焰熏灼，有不可向迩之势，视我邦曾老朽之不若。呜呼！孰为为之而令吾至于此极哉！毋亦我国教育者于国民创造力之养成，夙不措意，而有以致之欤。窃当论之，精神的文明，我国为最，物质的文明，西欧为著，果能融合此两文明而创造一种之完全的文明，以发展于全世界，未始不足立于指导者之地位。况自今兹全世界大战以后，我国民创造力之养成，尤为刻不容缓之要图，即如西国商品之输入，虽暂时减少，而纸类、染料、药品以及其他用品之价值，已非常踊贵，则何莫非吾国民无创造力之所致乎？

国民能力之消长，教育者实施其责。故当今之教育者，宜审察时代，而定适宜之教育方法与教育主义，决不可苟且委蛇，以模仿的、被动的为满足，当使儿童咸有发动的自立的、创造的之精神，充分发挥其禀赋之能力，各随其所适而表现其特长，则于当今时代之要求，其庶有当乎？

一、我国民创造力不发达之原因

我国民之于今日，几全无创造力之足云。故策国者论振兴工艺，挽回利源之策，每以仿造洋货为提倡。一若但能仿造，即已毕工艺之能事者，良可叹也。夫“创造”一语，学者所用，殊有种种之意味。其在哲学的解释，固至幽深而繁赜，若但以常识解释之，则创造云者，亦非自无而生有之意，不过以某材料为基础，构成前所未有之事物耳。以如斯意味而解释创造力，则固我国民所夙有者，征诸历史，彰彰然已。若文字、若器用、若医药、若农工、若武器、若政治制度，何一非先民所发明而制作者？他如蚕桑之业、指南车之造，尤为西欧之先导，中西人士无不念如是。我国非唯于精神的文明有创造之能力，物质的文明之创造，亦不亚于欧人也。然数千年来，创造之力，不唯不进，且日益衰退，何欤？是皆后世之作育人才者，但务虚而不务实。若诗赋，若策论，若八股，皆摧折铲除创造力之唯一武器矣。今虽致力于学校教育，而于儿童创造力之发挥，仍全未注意。然于今则相需甚殷矣，当教育之任者，可不于此速加之意哉。

二、现时教育学说主张创造力之养成

吾常考教育史，而知教育学说之进步，其阶级凡四：

1）主张器械的暗诵时代——感觉中枢时代。

2）主张观念主义时代——联想中枢时代。

3）主张发表主义时代——运动中枢时代。

4）主张创造主义时代——统一时代。

古昔之教授法，以暗诵为唯一之法门。自心理上观之，唯刺激脑之感觉中枢，而为盲目记忆耳。至 18 世纪，泛爱派之巴绥特、卢骚等，以“任自然”之一语为原则，而痛斥暗诵的苛酷之教授法，然独未尽行改革也。自 19 世纪之初，有裴斯泰洛齐出，以非常之热忱与坚忍不拔之努力，标榜主观的自然主义，倡导开发教授，采取观念主义教授法，移脑之活动于联想中枢，迨海尔巴德氏出，遂完成此主义焉。然至最近，心理学之研究大进，更有孟斯太白尔希氏之发表主义，拉伊氏大主张之，此主义即以脑之活动移于运动中枢者也，近时之作业主义实亦基于此。

得陇望蜀，人情之常。吾人于此发表主义，依然未能满足也。盖此发表主义与观念主义，固无相异之处。即其发表，亦以观念之明了为目的者，惟导其所得之观念于行动，乃其所独优耳。然详察之，此教授法，依然导儿童为模仿之作用，而使之直观各种材料，类化新旧观念，以发表之。其所欲发表之观念，即在目前也，然教育之真价值，非在直接发表其所得之观念，而在以几多之观念表象，分解综合于意识中，构成有意之观念表象而实现之耳。真之创造，实在于此，文明发展之基础，唯当于此求之。如考案、发现、创作等之作用，悉由此心的作用。吾人称此过程为意识之统一作用，如此目的之教授，谓之创造主义。现时之教授，务宜注目于此，而自现时教授法进步之大势以观，实已达于此境域矣。

三、创造力之心理的基础

吾人主张创造主义之教育，既如前述，而此主义果适于儿童与否，亦不可不一为详察者。今试自心理学上研究其适否，并求其创造之基础焉。

创造力之心的活动如何，今虽欲由心理学以求其说明，而心理学尚在幼稚时代，殊未能与以十分之解决。所谓创造作用者，乃种种心的状态之结合，而为有机的统一者，故分解之，则不得称为创造力。今为研究其心理的基础起见，故以心的要素分解之，而列举如下。

1. 观察力之锐敏

吾人知识之根元，在于直观。触于外界之刺激而感觉生，遂有知觉与观念，而此观念，实意识作用之资材也。此观念之明确及复认之容易，所以使一切复杂之意识作用易于发现者。观念之成立，端赖于刺激得确实之把持，把持确实，则观察敏锐之根柢，即可存在。而于此尤须注意之集中，注意之集中，又非努力不为功，要之，观察之锐敏，实为创造力养成之根本，故教师不可不注意修炼者也。

2. 观念联合之确实

所得之观念，以易于复认为必要。复认之容易，端由于联合之确实，而联合之法则，学者多互有异同。如阿里士德勒斯，立类似反对同所连续之四法则，其他多数学者，则采取同时联合与继续联合之二法，就一观念而想起联合之他观念，是为某思想构成之要素，即提供创造之材料者也。

3. 想象力之旺盛

想象者，乃将旧观念分析其要素而综合于新观念之作用，此有被动的想象与自动的想象二种。被动的想象者，想象作用之再现、分析、综合等三过程之经过颇不完全，行于无意识之中，如圣于诗者，以天机之凑泊，一气呵成而吐惊人之句即是。此创造以哲学的狭义解之固为被动的想象之意味，若解以广义，则创作之意味，亦含于其中，故兼有自动的想象焉。此想象之三过程，其经过较为完全，凡有意识的工艺上之考案、发明、创作等，大抵以此想象为基础者也。创造力之养成，当先养成此两种想象为必要。然儿童于此想象作用，颇极旺盛，各种之游戏中，时时实现之，故教育者，宜注意而图其正当之发达焉。

4. 思考作用之明了

以观察之锐敏而观念得以丰富，以联合之容易而复认得以迅速而确实，记忆亦于以强固，此为儿童思想界之材料，构成此材料而发生新思想之原动力，厥唯想象作用。然若唯有此想象作用，则新观念必不能统一调和而合于理性，现实性必因之而缺乏。维持其统一调和使合理性者，是为思考作用，而概念判断推理作用，乃所必要也。

概念云者，乃由多数之具体观念，比较对照而识别其异同，抽象概括，即以其共通点而命名者也。判断者，乃以此概念为基础，接触于未尝经验之事项时，于旧概念中求其适合而决定其为何，以开创造之端绪者也。判断进行而为推理作用，由既知之断定要素，而移于未知之断定。其最简单者，于知觉中亦运行之；其复杂者，则为论理的推论。以想象作用构成创造上之假定，更于推理作用与以合理的之解释，以明实现之方法。此实创造力养成上最重要之意识作用也。

5. 构成的兴味

由于观察而供给材料于思想界，由于想象而配合种种材料，由于思考作用而得合理之顺序，于是创造作用之形式，乃整然而不紊然。仅仅如是，而无活力与元气，欲其实现，仍不可得而期也，而使之得活力与元气者，其唯此构成的兴味乎？构成的兴味者，乃结合既得之观念而构成种种思想时所生一种之快感，而此快感，实使人努力于构成作用之原动力也。

6. 努力之精神

以上五项，虽为养成创造力之要件，然是等之意识作用，非无意识的自然发生者，必先有基础之意志存焉。如前所述，观察之锐敏，亦以注意之集中为要，而此端赖于意志之强固，即努力也。原夫注意中亦有无意的注意，想象中亦有无意的想象。然无意志以辅之，惟一时之现象，而必无永续之理。勇往、猛进、坚忍不拔之精神，其根柢实在意志之强固，即不外于努力之精神，故务当有以养成之，儿童极富于活动性，此活动性之善导，其最要矣。

7. 教授上注意之诸点

1）注意直观物之提供。教授上直观物之必要，今无庸喋喋，而创造力养成上直观物之提供，又特需一种之注意。盖不唯使于实物得确实之知识，又须养成其精密观察，俾有一种发现之能力，故提供直观物也，不可一一为之说明。但当指示观察之要点，使儿童自由观察，而导其自行发现。例如教授理科，示油菜之花于儿童，而不言其花四瓣，但问以花之瓣数，使自由作答，最为适宜。儿童有所发现，当不惜齿牙余论以奖励之。此观察力之养成，在理科尤宜注意，图画、手工、作文次之，其他各科，养成之机会亦颇多，要之，惟在教授者之注意与手腕耳。

2）教师之指示不若儿童之考想。现今之教授惟以导儿童于多识为要务，而启发其思考力者甚少，故其所得者，多属死知识而不能活用。由此见地，各科之教授，亟宜改良之点颇多。例如算术科，教师先说明例题之内容，而后课以类似之应用问题，此普通之教法也。以余所见，宁当先提出应用题之平易者，课之儿童，使儿童为种种之考想，而后出示例题以说明之。又手工教授等，宜大加改良之点亦颇不少。今之教师，惟希望其成绩品之优良，恒加以种种之说明，而导儿童为器械的之制作。夫制作品之优良，固所望也，然宁以于制作过程中认手工科之价值为尤要。盖与儿童以考案创作之余地，使之自行发表，其裨益甚大也。他如图画、理科、作文等教授上当论述之点，亦颇有之，唯限于篇幅，姑略焉。

3）与儿童以自由想象发表之机会。儿童天性想象力之旺盛，为创造之一大要素。既如前述，教师于此禀赋之发达，切宜注意其机会，于儿童自由游戏之际，发现甚著。故教师务当多与儿童以自由游戏之机会，如砂石、木片之利用，学园之自由栽培等皆是。而于手工、图画、作文等，此养成之机会颇多，无俟赘言。尝对于四月入学之儿童，以色板作华表课之，迨后课以自由制作，则彼等皆以华表等为单纯而乏趣味，而喜作如五层塔、汽车、电车、军舰、帆船等之复杂难者。故教师宜善为注意，与以养成此想象力之机会也。

4）教师之说明，当以简明为旨，注意于应用方面。旧时之教授，以时间之不足，于应用段常不能为充分之教授，其原因以教师之说明冗长无节故耳。儿童之脑，尚属单纯，故简单之说明，效果最著，且时间可有余裕于应用方面，自能充分致力应用。所以操练儿童思考力者，创造力之养成，于此方面至为有效，且足以诱发儿童之构成的兴味，有生命有活力之授业，端在此耳。

5）预习之奖励。置重创造力之教授，预习最为必要。依于预习可使儿童为十分之准备，自由发表其考案。不尔，则儿童之受业，决不能出于自发的态度，终处于被动之地位而已。

6）感动儿童对于创造之兴味。儿童中若有新考案、新发现、新发明等，当充分奖励之，感动其中心愉快之情绪。如开此等成绩品展览会，亦有效之一方法也。

7）养成努力之精神。创作之根柢，在于努力之精神，前既详言之矣。万事皆以发现发明之精神临之，至为必要，教师苟以养成此精神为心，必有相当之效果。如于体操科，培养奋发孟晋之精神，凌厉无前之气象，其一法也。有能努力者，则亟与称赏，亦一法也。教师亦努力于考案以感化之，又一法也。总之，养成百折不回之精神，为教师者苟能念兹在兹，奉为教授上唯一之要旨，则庶乎其可。

民国六年（1917年）第9卷第10号

儿童创造力养成之研究

静　庵

吾人之知的作用，凡有种种之方面，而其中高等知能之研究，非唯于教育问题上，至为重要，且于个人之运命、社会之前途，亦影响甚大，盖实重要之社会问题也。

虽然所谓高等知能者，居于精神诸作用中之何处欤？此为最当先决之问题而又不易解释之一难问题也。

自通俗之思想考之，吾人知能之本质，当在于记忆。夫记忆云者，本为心理学上之复合名词，包有表象之联合及操持、复起、回想等之数多意义，而善良之记忆，要为高等知能之一要件，其于高等知能之活动，殊有密切关系，亦事实上之昭昭者。世传马其顿亚历山大大王能记忆数万兵士之姓名。云凡大伟人大学问家及天才之人（即有高等知能者），其记忆无不优良，此亦世人所稔知也。虽然吾人若唯善良之记忆是赖，则于变化繁复之人生，危险实甚。彼下等动物中，其记忆力（本能的）优良者，亦殊不少，而彼则毫无进步发展也。要之，吾人之记忆上，若有非常之缺陷，固不得谓有真之高等知能，然若唯有善良之记忆而已，则亦不能成伟人及学问家，即记忆不可谓为高等知能之本质也。

世又有所谓高等知能之本质在于注意者，如詹姆斯（James）教授及日本元良氏之主张皆是。元良氏所制用于低能儿之视觉练心器，即由视觉进而磨练心意之义，又名注意练心器，或名视觉磨练注意器，皆无不可。大凡天才之士，其注意力皆非常发达，而于学问的天才，为尤然。牛顿尝以其发现归于精神集中力之功，雷布尼志氏每遗忘一切之俗事，终日静坐而熟考一问题，加拉尔哥的叔本华等，亦皆喜静坐而永永集中其注意云。依今日多数之心理学家，亦有谓注意为接近思考之内部意志者，此固无不可，然谓注意即高等知能，则未可也。

其他尚有以锐敏观察力为高等知能之本质者，又有谓高等知能别无特殊之作用本质者。种种之考想，不可一一数也。

虽然高等知能之本质，似不当于吾人之知性以外别有所在，即如俊才及天才之人，亦非于寻常人所有之精神作用以外，别有作用也。所谓俊才者，不过其精神各方面之水平，视常人为高，故其作用，遂超越侪辈耳。至于天才者，其精神作用之一部分，似略有缺陷，而他之部分则非常发展，即其一部分之水平，特为隆高耳，此亦非有别种之心意也。所谓锐敏之观察力者，在艺术家为必须之资格，或为某种高等能力之本质，亦未可知，然谓为高等知能之本质，则非也。

马伊孟教授对此问题，尝加意研究，以为高等知能之本质，必有感情生活及意志生活之关系，然其关系最主要者，何欤？其结论如下。

1）属于思考及想象之关系上，即思考及想象为高等知能也。

2）此高等知能，不唯关于思考及想象之质的要素，又于其量的要素，亦有关系者也。

即思考及想象，较一般人为高等，而其作用最为显著，又能考想至一般人所不到之处，此高等知能所以为高等知能也。

申言之，即思考及想象乃造作表象内容间之新关系，创辟知的世界之境域而于人生演最高等之活动者，迥非记忆观察及其他之作用所得而比拟也。

马伊孟教授更进一步而论之曰：高等知能之最优秀者，果有如何之特色，演如何之活动乎？

其第一种特色，大概如下：其想象及思考，有高等之分析能力，即就现实及过去之经验，能适宜分析之，而撷取其中之要素也。其想象及思考，于分析能力以外，又有高等之结合及总和能力焉，即其想象富于结合作用，将其所分析者，更连接而组织之，其思考又富于综合作用，就诸种之经验而施以抽象概括，更于此求综合的法则，以考案其系统也。

具此特色之最高知能，又当有自主的、生产的之第二种特色，如下：想象及思考富于自主性时，斯不为因袭之思想所束缚，而对于一切之事务，皆能自由研索矣。想象及思考，富于生产性，非唯能分析破坏而又能建设生产时，则自可脱陈旧之窠臼，而为独创的意匠的，造成新结合、新系统矣。

要之，高等知能之本质，乃专在于想象及思考者，此本质，若富于分析综合之能力，而能为自主的活动，又有建设的生产的之属性时，斯为最高形式之知能，而彼之锐敏观察力、注意及记忆等之诸作用，在此有最高知能之人，亦自然较常人而特为发达矣。

以上为马伊孟教授之所论述，于教育上大有参考之价值者也。特创造力之养成，为普通教育上最重大问题之一，而于此次之欧洲大战，尤表示国民创造之力，于国运消长有极大之关系者，此诚教育家所宜非常考虑者也。夫然而为教育家者，诚不可不先知创造之力，究为知性作用中之如何作用，而关于养成儿童创造力之方法，亦不可不充分研究之矣。

对于儿童创造力养成之注意，缕述如下。

1）真正崭新之发明发现，唯可期之于最少数之天才，欲于学校中养成如斯之发明家、发现家，本属世人之空想。盖于小学校内，惟多方发展其个性，以养成其将来发明、发现之素质，斯足矣。

2）是以于小学校，全无发明、发现之可言，惟使其以既习之知识材料为基础，而推之于尚未学习之材料，十分解释之、考案之、构成之，又抽象之、演绎之、总括之，而附之以系统而已。普通之考想，以为如斯之分析总和，唯于理科教授及图画、手工教授能之，而实则不然，盖于读法教授、于缀法教授（自由作文为尤）、于算术教授、于历史教授、于地理教授等皆有如斯处理之机会者也。

3）欲使儿童为上述之学习法，当先导其不依赖教师之辅助，而渐进于自学自修之地位而后可。今日小学校之教授，往往说明及指导过于亲切，反有阻害儿童独立思考之虞，此于中等教育之学校为尤然，教师讲演诠解，唯恐不尽。殆今生徒无自修自学之余地，一若不如是，即不足以博良教师之评者，此亦一弊习也，然如彼之卢梭及斯宾塞之意见，以为学校课业，当悉委诸儿童之自动与发现，则亦同为极端之教育法耳。

4）虽然余亦非谓凡属自学自修悉能资于创造力之养成也，必其材料足以发起相当之想象思考，而且必需考案总括、抽象、系统者而后可，若唯以器械的、复现的处理记忆材料焉，则其自学自习，亦于创造力之养成无大效果也。

5）以上之分析综合及自主的考究，以年龄相当为必要之条件。何则，幼年时代之心身发达，概为年龄所限制故也。

6）于复习练习，不可但以反复既习之材料为满足，必以应用考案之形式而练习之，方为有效也。

7）然欲使儿童自行解释、考案、构成、抽象、演绎、总括之。则第一，须比较的多耗时间；第二，儿童所得之结果，其价值亦少，此乃事理之当然，吾人不可不豫存此想者也。

8）美国芝加哥大学教授长巴加尝言使生徒自行思考研究之机会，凡有四种，如下：使各生徒自身为独立思考之时；追随他生徒之思考又当补充之之时；追随教师之思考又当补充之之时；追随教科书所记述之思考又当补充之之时。

9）巴加所言之二、三两项，即为共同思考（与各个人之单独思考相对立）之时，儿童与多数之学友共同思考，外有数多之暗示，内有竞争心之刺激，故兴味多而活动亦易，但往往唯优等生徒从事于活动，而劣等生皆畏难而退缩耳，于三项之时，又易有教师活动过多，儿童唯作壁上观之弊，至关于四项所云，则教科书之组织，大有亟须研究者在矣。

民国八年（1919 年）第 11 卷第 1 号

中国学校教育之史的观察——学校教育之理想与实际

陶希圣

一、理想与实际的探求

本文是历史学的教育论，不是教育学的历史论。历史学的教育论是从历史学上把教育这个社会现象加以论列；教育学的历史论是从教育学上把教育这个历史制度加以考查。本文的用意在于前者。以此占领《教育杂志》的篇幅，而呈示于教育学家之前，作者实抱无限的歉意。

历史是一个继续不断的社会过程。中国史是从中国太古原住民族到今日的社会生活继续不断的发达。中国今日的社会现象有许多是和古代不同甚且相反的，但是要深知今日的社会现象，必须追溯那不同甚至相反的古代现象，因为今日的社会现象是由古代不同甚至相反的现象胎育而成的。所以从历史学上观察今日的教育现象，必须追溯到清末改制以前的中国教育现象，而指出其沿袭或变迁。若反是而由教育学上观察今日的教育制度，则中国今日的教育制度是从欧洲到日本，经日本到中国，以及直接从欧美到中国的一个“继受”制度，与中国古代到清末的“固有”制度很少有渊源的。所以今日各学校所讲授的教育史，大抵要从欧美、日本教育制度讲起。

要了解制度及制度的理想，必须用后者的方法。要深察实际及实际的效用，必须循前者的途径。试更别举两例以明之。

造塔是由印度传来的，换句话说，是继受印度的佛教的制度。然而中国的塔的构造，以及人民对塔的观念，却和印度不同。中国的塔大抵是中国宫殿式的层积圆形构造。中国人民以为塔是镇压蛇精或其他魔鬼的。这些不能够求解释于印度浮屠史，而必须求之于中国建筑史及神话史。

选举是由欧美传来的，换句话说，是继受欧美的国会的制度。然而中国的选举是绅士包办，官僚现身的。人民对于选举毫不注意。这不能求渊源于欧洲第三身份的政治斗争史，而必须求之于中国的士大夫政治史。

Clark Wissler指出美国文化的混合特征是机器发明、普通选举及教育万能（*Man and Culture* N.Y.，1922，pp.5-），这三个不是孤立偶合的现象而是联合交互的构造。美国的教育万能不是离开机器发明与普通选举而独立发达的现象。中国的教育也不是离开农业经济与士大夫政治的独立现象了。美国的教育制度可以移植于中国，但教育万能的精神是不能够表现于中国的。所以要了解中国教育制度及制度的理想，必须求之于欧美日本教育史。但若要深察其实际及实际的作用，则必须从中国史上求之。

二、特权教育

从历史学上观察教育——学校教育——最好由教育的实施者为谁及教育所造就者为何这两点来着眼。

在上古“日出而作，日入而息”，孜孜不怠，始能够“鼓腹而游”的时代，没有专门施教育的人，也没有专门受教育的人。前代累积而来的工作经验，由老者记忆以指挥族人的劳动，而老者自己也是由劳动的经过中出身的。古代的人因为生产器具的钝拙及生产技术的幼稚，不能够克服自然，反而畏怖自然。渔捞狩猎及畜牧民族便有拜物教，畜牧及农业民族便有拜天兼拜物教。依此种迷信，而有药咒师及祭师。渔捞狩猎民族因食料供给有限，所以只是二三十乃至五六十人聚居。随生产技术的进步，人口逐渐增加，其初则因老少分工而有世代的组织，其后则因男女分工而有两性的差别，于是有民族组织发生发达。在民族组织之中，父系父权父治的民族，便是宗法。依此种宗法而有尊祖教，以其宗子为祭师。药咒师、祭师是古代专门教育的实施者，因为他们是古代生产知识的保存者。宗子是古代专门受教育及施教育者，因为他们是古代宗法社会的最高贵的身份。药咒师、祭师和宗子在中国称为巫觋祝宗。《国语・楚语》，观射父述古代的传说，以为：

古者民神不杂，民之精爽不携贰者，而又能齐肃衷正，其智能上下比义，其圣能光远宣朗，其明能光照之，其聪能听彻之，如是则明神降之，在男曰觋，在女曰巫，是使制神之处位次主，而为之牲器时复。而后使先圣之后之有光烈，而能知山川之号、高祖之主、宗庙之事、昭穆之世、斋敬之勤、礼节之宜、威仪之则、容貌之崇、忠信之质、礼絜之服，而敬恭明神者，以为之祝。使名姓之后，能知四时之生、牺牲之物、玉帛之类、采服之仪、彝器之量、次主之度、屏摄之位、擅场之所、上下之神、氏姓之出，而心率旧典者，为之宗。于是有天地神民类物之官，是谓五官。

在封建制度成立以后，农民耕分田，时耕公田，而妇人、小儿皆帮随工作。《小雅甫田》与《大田》之诗说道："曾孙来止，以其妇子，馌彼南亩，田畯至喜。"《豳风·七月》之诗也说道："同我妇子，馌彼南亩，田畯至喜。"农夫及其妇子在公子或曾孙监督之下，以其不怒为幸事。《甫田》之诗说道："攘其左右，尝其旨否，禾易长亩，终善且有；曾孙不怒，农夫克敏。"

农隙则："一之日于貉，取彼狐狸，为公子裘。二之日其同，载缵武功，言私其豵，献豜于公……上入执宫功，昼尔于茅，宵尔索绹。"（七月）

在这种徭役劳动之下，农家成人乃至小儿是没有受教育的机会的。受教育的自然以贵族优先。传说中所谓"庠""序""瞽宗""泮宫"乃是养老及教育贵族子弟的。周礼大司徒所谓"选士""俊士""造士"乃是汉人于汉初选举制度创始以后，附会传说而成的。但即依汉人的附会，受教育者仍然贵族优先。例如《周礼》下列各条便可见之："师氏，……以教国子弟，凡贵游子弟学焉。""大司乐，学成均之法，以治建国之学政，而合国之子弟焉。大胥掌学士之版，以待致诸子。"

此所谓贵游子弟、国子、诸子，都是指诸侯、卿大夫的子孙而言。《礼记·文王世子》也说道："凡学，世子及学士必时。"

世子不用说是诸侯、卿大夫的长子，学士是"卿大夫诸子"。所以，封建制度之下，受教育是贵族的特权。

封建制度崩坏，土地私有制度成立。一方面农民耕豪民之田，缴纳全收税十分之五为地租，即《汉书·食货志》所载董仲舒之言："小民或耕豪民之田，见税十五。"他方面商人以贩贱卖贵，使农民买贵卖贱，而"子贷钱家"则以重利盘剥为业。农民呢？依《汉书·食货志》朝错所说：

> 今农夫五口之家，其服役者不下二人，其能耕者不过百亩。百亩之收，不过百石……治官府，给徭役……又私自送往迎来，吊死问疾，养孤长幼在其中，尚复被水旱之灾，急政暴虐，赋敛不时，朝令而暮改，当具有者半价而卖，无者取倍称之息，于是有卖田宅、鬻子孙以偿责者矣。而商贾大者积贮倍息，小者坐列贩卖，操其奇赢，日游都市……交通王侯，力过吏势，以利相倾……此商人所以兼并农人，农人所以流亡者也。（参照《新生命》2卷3号方岳《中国封建制度之消灭》）

于是有奴隶制度，夷良民为奴隶，供豪宗富室的驱策。在这种商人资本与土地兼并交相为用的情形之下，优先受教育的是什么人，可想而知。所谓博士弟子员者，虽不必官僚贵族子弟，然亦非穷苦无告濒于破产或夷为奴隶的农家子弟。而其举贡，又由于官僚。到了后汉，则诸侯王子弟及大将军至六百石子弟皆有入学的特权。博士弟子员仍选举士子以充之。魏吴皆以官僚子弟入太学。晋则大臣子弟优先入学，而所谓"国子学"则名实相符，为官僚子弟学校。其时选举的制度，则"上品无寒门，下品无高第"，所以学校皆为门第所独占。六朝的国学都是这样的。唐的国子学生、四门学生、律学生、书学生、算学生、京都学生、弘文馆生、崇文馆生，都是官僚王公子弟。宋代时有兴废，而国子学仍为官僚子弟所独有，金国子监亦同。太学则四百人中，百五十人为五品以上官子弟。元国子学皆贵族官僚的"胄子"。明的国子学，官民优秀子弟皆有。清代的宗学、太学、国子监，皆以官僚子弟优先。

三、治术教育

秦汉以后，也有王公官僚子弟的特权教育，有如上述。不过封建制度已经分解，教育的对象与春秋以前不同。商工子弟大抵不能受特权教育，而商人资本又是流动的财富，虽能一时使个人为经济上优越者，而不能长使一族一家为政治上、社会上优越者。土地则稍有固定性。因此，官僚的地位虽荣辱无常，而豪族名门却有相当的持续性，因为豪族名门的基础便在于土地的私有（参看《新生命》第 2 卷 2 号方岳《关于士大夫身份的几个问题》）。豪族名门能够独占知识，便能够左右选举，也便能够参加特权教育，即不然，私立的书院、私塾也优先把捉于其手。这与春秋以前社会上固定的贵族身份独占教育是不同的，但仍不是平民有同等机会的教育。

若从教育的目的观察，则此时期的教育所施者虽不是固定的贵族身份，而是流动的士大夫身份；但所欲养成的人才，却与春秋以前相同。教育的目的在造就治术人才，而不在造成技术人才；在造成统治阶级预备军，即士大夫，而不在造成指挥生产的专门知识分子。原来自春秋以后求学是为做官的，所以《论语》说道："仕而优则学，学而优则仕。"

下列一段，孔子教育的对象与目的，尤可一目了然：

樊迟问稼。子曰："吾不如老农。"请学为圃。曰："吾不如老圃。"樊迟出，子曰："小人哉，樊须也。上好礼则民莫敢不敬；上好义则民莫敢不服；上好信则民莫敢不用情。夫如是，则四方之民襁负其子而至矣，焉用稼！"

由此可见，所欲造成的人才是去做"上"而不是做"民"的。因为要做"上"，所以只要学治术。治术只是"劳心"而不必"劳力"，所以也不必作稼。不独不必作稼，也不必学农业生产的科学了。然而由农民看来，却是：四体不勤，五穀不分，孰为夫子！换句话说，士大夫的教育目的在养成统治人才，即孟子所谓："有劳心者，有劳力者；劳心者治人，劳力者治于人。"亦即荀子所谓："大儒者，天子、三公也。小儒者，诸侯、大夫、士也。众人者，工、农、商、贾也。"（儒效篇）数千年来教育的精神不变，数千年后学者的意见仍如下："学校所以养士也。然古之圣王，其意不仅此也，必使治天下之具皆出于学校，而后设学校之意始备。"（黄宗羲《明夷待访录》）。

此所谓“治天下之具”与司马迁所谓“治之具”不同。司马迁所谓治具是“法”而上层士大夫从来轻法，例如，苏轼诗说道：“读书万卷不读律，致君尧舜知无术！”原来律是“吏”事，不是“官”的事。因此，知“治天下之具”不是指法，而是指政。所以黄先生理想的太学生是与朝廷争政事的：“东汉太学三万人，危言深论，不隐豪强，公卿避其贬议。宋诸生伏阙捶鼓，请起李纲。三代遗风，唯此为相近。”换句话说：学校教育的目的在于造成治术人才，在平时则致君尧舜，在变时，则与朝廷争政事。再换句话说，学校教育的目的在养成政治活动分子。

四、定型教育

清以前的学校教育——及在科举影响之下的私塾教育，不但是特权教育与治术教育，并且是内容有一定格式型模的教育，假定一个名称叫做“定型”教育，其目的在使士大夫的思想嵌入一定的定型。

定型教育有两个理由：其一是统治中战斗集团的政策，若干是统治阶级的骥尾，即士大夫身份自己的政策。

战斗团体既以武力得政权之后，所希望于士大夫者，正与荀子所称“儒”者相同。

儒者法先王，隆礼义，谨乎臣子而致贵其上者也。人主用之则势在本朝而宜，不用则退编百姓而悫，必为顺下矣。虽穷困冻馁，必不以邪道为贪；无置锥之地，而明于持社稷之大义。

这是由《论语》所谓孝悌而后不好作乱、“不好作乱而好犯上者鲜矣”这种思想传来的。但是事实上，每一个战斗集团得政权时，平民之中常有反抗思想存在。例如《史记·陈涉世家》：

陈涉少时，尝与人佣耕，辍耕之垄上，怅恨久之，曰：“苟富贵，无相忘！”佣者笑而应曰：“若为佣耕，何富贵也？”陈涉太息曰：“嗟乎！燕雀安知鸿鹄之志哉！”

又《项羽本纪》：

秦始皇游会稽，渡浙江。梁与籍俱观。籍曰：“彼可取而代也。”

其时六国贵族大夫士之后，散在民间，自有这种抑郁思逞的气概，刘邦称帝以后，关东豪族仍然有反抗的势力。如《刘敬传》所称齐诸田，楚之昭、屈、景及赵、韩、魏后，与豪杰名家，非有以处置不可。所以一方面徙他们入关中，他方面便开始选举——自然不是今日所谓选举。这在最初，不过招徕豪士大夫；后来便以六经为定型，考试士人，使他们在预备考试时浸润于定型之中。继续至数千年后，尚有以异族入关，尊崇朱熹以为定型，开科举以软化士大夫的满清一代，稻叶君山《清朝全史》说道：

当时有一朝鲜学者谓帝（康熙）之尊崇朱子，非真心信服，实一种权术而已。彼盖察天下之人心，窥当时之趋向，于是呼号天下，谓朱子之道为帝室之家学，其实彼何尝识朱子之学问，要不过利用朱子之学说，以钳天下之口，以避夷狄之称而已……于是抱反对清朝之思想者并朱子之学术而呵斥之，而阿附之徒，则皆润饰考亭，以求仕宦矣。（但译上卷 101 页）

定型科举制度对于教育的影响之深，是无足怪的。依此定型乃可以致身仕宦，致身仕宦乃不再反抗战斗集团了。这本是人情之常，最透澈的是下列自叙：

苏秦喟然叹曰："此一人之身，富贵则亲戚畏惧之，贫贱则轻易之，况众人乎？且使我有洛阳负郭田二顷，吾岂佩六国相印乎？"（《史记 · 苏秦传》）

最忠实的是下列行事：

荣大会诸生，陈其车马印绶，曰："今日所蒙，稽古之力也！"（《后汉书 · 桓荣传》）

在士大夫身份自己，则一旦社会中生产者的上层，则必须封锁身份，使之不滥，今不惮烦，抄近世学者笔记一段于下，以明封锁的重要：

晋宋以来，尤重流品，故虽蕞尔一方，而犹能立国。《宋书 • 蔡兴宗传》：兴宗为征西将军，开府仪同三司，荆州刺史，常侍如故，被征还都。时右军将军王道隆任参国政，权重一时，蹑履到兴宗前，不敢就席，良久方去，竟不呼坐。元嘉初，中书舍人狄当诣太子詹事王昙首，不敢坐。其后中书舍人王宏为太祖所爱遇，上谓曰："卿欲作士人，得就王球坐，乃当判耳。殷刘并杂，无所益也。若往诣球，可称旨就席。"及至，球举扇曰："若不得尔！"宏还，依事奏闻。帝曰："我便无如此何！"——五十年中，有此三事……自万历季年，搢绅之士，不知以礼饬躬，而声气及于宵人（原注：如汪文言一人为东林诸公大玷）。诗字颁于舆□，至于公卿上寿，宰执称儿，而神州陆沉，中原涂炭矣。（顾亭林《日知录》流品条）

封锁身份的条件不外乎门第、品行及知识。门第是土地权及官僚地位的产物，品行则出于游扬，知识则源于特权教育。然而秦汉以后的士大夫身份与以前的贵族身份不同，较富于流动性。士大夫身份为使其身份在社会组织中永保同一地位而不因个人的流动有所变化计，于是不独独占知识的来源，并且确定知识的标准。知识的标准自然是依身份的基础来定的。

士大夫与工、农、商、贾之间是一种权阶制度（hierarchy）的关系，所以身份意识所流露的学说，其中心思想便是“分”。“分”之例示的定义便是“君君，臣臣，父父，子子，夫夫，妇妇，兄兄，弟弟”，而解释的定义便是荀子所谓“度量分界”。千年之后，宋明学者虽篡取禅学之说，还是一个“理一分殊”。所以儒家的学说是士大夫的身份的典型学说。宋代以后，书院盛兴，于教育有些影响，而大体的说，其教育不外是在“理一分殊”的标准之下教育治术人才。

然而我们要注意的，上述学校制度不过极少数人的教育，其影响可以说是极少。影响大的不是学校而是选举。选举对于士大夫治学有关系，士大夫治学即以选举所定的型模为准，所以可以叫做定型教育。不过选举的精神即与教育不同。下列数语，可以把选举与学校的差别及古来学校的作用解释清楚：

> 取士之法，自汉至隋为一类，自唐至明为一类。无论或用选举，或凭考试。立法虽有短长，而大意实不相远。汉魏至隋，选举为主，而亦间用考试。唐宋至明，考试为主，而亦参用选举。要之皆就已有之人才而甄拔之，未尝就未成之人而教成之。故家塾则有课程，官学但凭考校。（光绪二十七年五月张之洞刘坤一会奏变法自强第一疏）

五、教育制度改革之初

中国自秦汉以来，社会常停顿于商人资本与土地兼并交相为用的经济状态，而政治亦常往来于战斗集团合并分解之环中。随此种合并分解，士大夫身份起伏变幻而永持一国的治权。社会的停顿与循环，非有外来势力的侵入或内部势力的侵入或内部势力的发展，不能变更。内部向外的发展，自汉以来间亦有之，但其过程是间断的、狭小的，且不能冲抉封建军国的藩篱。于是中国社会的变革只有待外部向内的侵入。

外国势力侵入中国，其表现为军火，为交通机关，为商品。军火、交通机关及商品所以能压倒中国的，肤浅观之，乃因为其有科学与技术。此种表现，刺激了中国士大夫。寻源推本，他们以为军火、交通机关及商品的根源之科学与技术，只有“就未成之人而教成之”，决非从来治术教育之下“五穀不分”的“已有之人才”所能为力。换句话说，其时中国的地主、士大夫方以为“焉用稼为”，与生产技术远相隔绝；而商人亦袖手优游，只凭市场的昂落取利润，只凭资本的利息取赢余。中国在外国商业战争的蹂躏之下，只有发达资本主义，而资本主义技术却从无储积可用。正如李泰棻请推广学校折所说：

曰：然则岩穴之间，好学之士，岂无能自续学以待驱策者？

曰：格致、制造、农、商、兵、矿诸学，非若考据、词章、帖括之可以闭户獭祭而得也。（舒新城《近代中国教育史料》第1册2页）

为储积资本主义技术人才，所以采用欧美日本学校教育制度。

但是，中国的商人资本，因其本身是兼并农人的，所以破坏了农人的购买力，农人的购买力衰落，所以商人资本不能发达为工业资本。中国的地主，依农人的徭役劳动与现物地租而为生，所以只投资为地价而不自当农业经营之任。资本主义的经营方法从未发达于都市，更未移用于农村。因此，中国的资本在外国强制开阔的时候，还没有扩大商工业以适应时势的气魄，有些且畏惧开关。中国的开关是纯被动的。在纯被动的开关时，最使战斗集团与士大夫身份感觉者是中国军事组织即统治机关的薄弱。换句话说，他们于军火、机关及商品三者之中，最感觉军火的切肤。统治者自然与经济生活所切肤的商品较难痛感其利害，而感受商品的利害者又没有充分的实力。

因此，中国初创学校的时期，虽也感技术人才的必要，而宁重视于变法图强的治术人才的培养。不独重视治术，且畏避技术的昌明，因为资本主义的发达，本有破灭封建政权的必然性。

……①

所以当时，除不废科举，反以科举诱导士子入学而外，光绪三十二年所定教育宗旨为忠君、尊孔、尚公、尚武、尚实五项。这年十二月上谕尤具体申言之如次：

学堂以中学为主，西学为辅；培养通才，首重德育；并以忠君、尊孔、尚公、尚武、尚实诸端定其趋向。

这其中含有多少军事组织分解的危惧及国民革命爆发的恐怖！

六、军国民教育的用意

战斗集团及士大夫身份因强制开关而最先感觉者是中国军事组织即统治机构的薄弱，已如前述。此薄弱的军事组织果因资本主义侵入而分解。我在《中国社会

① 此处文字原文缺失，所以省略。

之史的分析》小书中，关于辛亥革命有下列的叙述：

> 东亚诸国随帝国主义强制开关，进入于资本主义的过程，封建军国当然陷入崩坏的定命。在中国境内，滨海沿江建设了空前的大商埠，铁路、轮船纵横国内，农村经济已成了工商业发达的代价而为之牺牲。在这个时期，和日本下层武士阶级站在商业资本阶级的先头，反抗封建的统治，造成明治维新的局面一样，中国的满清朝廷为准备资本主义建设而养育的知识分子，站在市民的先头，反抗满族的封建统治。

但是，因两方面的原因，辛亥革命终于失败。第一，资产阶级的势力还没有成熟。第二，旧封建军国因革命的打击而破坏，其崩坏过程为军事组织的分解，遂演成革命后的割据局面（136 页以下）。

依上所述，辛亥革命是迫于外国资本主义的刺激，于中国资本阶级成熟之先急起的革命。这实与欧洲诸国民主革命为第三身份即市民阶级奋勇斗争夺以攫政权者不同。所以，革命以后，政权仍归于与帝国主义相结的战斗集团与破坏了的士大夫身份。

辛亥革命既不是社会势力的倒转而是军事组织的分崩，所以，民国元年以后的教育定为军国民教育。其用意不外乎是军事组织的整理，而所谓军事组织（即统治机构）原有外御强侮与内弭革命的两意义。最鲜明的是二次革命失败后，袁世凯所颁布的教育宗旨，为爱国、尚武、崇实、法孔孟、重自治、戒躁进。其最要之语是："凡一切邪说暴行，足以启作乱之渐者，拒之勿听，避之若浼，恶之若鹰鹯之逐鸟雀。"（舒新城前书二册 106 页）。

依此以观之，革命的恐怖比外侮的侵凌，强大多多了。因此，当时的教育，在施教育者看来，与其说是重技术教育，勿宁说是重治术教育与定型教育。

在这种治术定型教育之下，民众是不能忍受的。社会经济的发达，忽遭逢世界资本主义的动摇与停滞而感受刺激。革命思想的储积，忽遭逢帝国主义列强的战争爆发而兴起。前者有破坏治术教育的要求，后者有扫除定型教育的倾向。此后的教育思潮，为非军国主义的自由主义思潮，其表现为公民教育运动、职业教育运动及平民教育运动；又为反资本主义的革命思潮，其表现为党化教育，即三民主义教育。

七、公民教育、职业教育及平民教育无效的根源

公民教育、职业教育及平民教育在欧美是资本主义的产物，在中国是空想的幻影，为与经济生活隔膜的知识分子所追求。

中国的封建制度分解已久。秦汉以来，中国有封建的地盘，有大土地私有，

有为地主而治理的官僚政府。但此三者竟不相汇合以操于一个阶级之手，所以中国的社会有封建的象征，而没有封建制度。封建制度是三者的汇合，中国社会只有三者的分立。

中国的商人资本发生已久。中国有资本的蓄积，有剩余的人口。但此二者竟不能对立以形成资本主义的生产制。自然经济对抗着货币经济。商业资本压倒住工业资本（参看《新生命》2 卷 3 号方岳《中国封建制度的消灭》）。

中国的地主类似于欧洲中世的土地贵族，袖手游闲以取尊荣。中国的商人类似于欧洲中世的 Guildmen，退缩持重而畏政治。换句话说，中国没有欧洲的第三身份，即要求民主的市民。

中国的政治活动从来独占于士大夫身份之手。他们与经济生活隔离，他们向生产技术蔑视。他们自认为统治者，为“国之琼宝”，唯政治地位即劳心的治人者的地位之幻影是求（参看拙著《中国社会之史的分析》附录一）。

中国自接触世界商场，便已为帝国主义列强所压倒。中国都市确已资本主义化，但享受其利益，沾取其实力者，是外国资本家。中国仍然没有第三身份即市民，而只有买办式的仰息承欢、坐分余利的豪富。民族资本主义既不能够发达，所以，清末维新以后，为准备资本主义所教养的人才，不用于机器文明的建设，而走入了政治活动的旧轨。此种旧轨忽歧为相反的两途。其一为自由主义的景慕，其二为社会主义的追寻。此外则小径别开，陷进了官僚士大夫的泥淖。

没有自主而为政治奋斗的第三身份即市民，则公民教育虽为民主政治的良药，而病者却退缩而不能急起直追。没有发达的资本组织，则职业教育虽未为改良生计的要义，而需要之缺乏仍抛弃技术人才于饥冷的街头。失业流散的农民与工人也没有受平民教育的悠闲和福气，所焦心者别为简单切迫的衣食问题。

八、治术教育与定型教育复活的机遇

说中国没有西欧式的第三身份，就是说中国只有勤劳民众与腐旧势力的存在。接受现代思潮的是中世的残余士大夫与现代式的新兴知识分子。他们的力量注重于改革，换句话说，即注入了政治活动。

政治活动不是生产的活动，不是生产技术的施用。政治活动所需要的是治术。这是古代治术教育复活的机缘。

政治活动不是和平的活动，不是个人能力的施用。政治活动所需要的是主张与斗争。这便是古代定型教育复活的机缘。

若误解党治主义与党化教育，则上述的机缘必一朝成熟。我们必须注意的是：党治与民权主义是贯通的。党化教育与生产的勤劳民众是密接的。这不在本文论述之列。

九、结论

依于上述，我们可以说：中国固有的特权教育、定型思想、治术修养，是旧来土地兼并与商人资本交相为用的经济以及士大夫政治所造成的。依黑格尔所说：“一切现实的，都是合理的。”

中国社会经济的发达与民权政治的要求，必然扫除此种教育制度。依黑格尔的推论：一切非现实的，都是不合理的。

但是，乍见似乎合理的，即不必是现实的。军国民教育、公民教育、职业教育及平民教育，虽反于古代的特权教育、定型思想与治术修养而注力于技术人才的造就与第三身份的培植，然而基础与对象既与西欧悬殊，西欧制度的移植，却竟没有成效可言。整千整百的技术人才仍流入治术的活动，而使古代的教育又有复活的危机。

在教育家看来，这是悲观的。在历史家看来，这是必至的。教育制度及制度的理想本可求之于欧美的文明。教育的实际与实际的效用却仍决定于中国的历史。

但是，“一切合理的，都是现实的”。我仍旧用黑格尔的话。中国旧制不是不能扫除，而且应当扫除。欧美新制不是不能参用，而且应当参用。但是中国的政治、经济与教育不可分离的基础现象，却非先加深刻的观察不可。无论如何，教育制度改革案若不对中国政治、经济加考察，而唯以法、美、英的现行制度及中国的传统思想作基础理由，必定是一个不合理的改革案。这是我所能提出的不能使教育家满意的消极的结论。

一九二九，二，二五，上海

民国十八年（1929 年）第 21 卷第 3 号

抗战时期小学课程及教材之研究

吴　鼎

抗战时期之小学课程及教材，我们根据战时环境之需要觉得原有课程及教材力量太小，不足应付这非常时期的需要。虽然在战前，我们的课程标准是二十五年七月才颁布的，我们都很明白：在二十五年二月里有一次课程标准的修正，那次修正完全是因为适应“非常时期”的需要。所以修订的结果，文字课程减少了，活动课程加多了，有的科目根本除消，有的与其他科目合并，确有不少的更变。但其所以要有这样更变，我们可以说是解放儿童身心的束缚，培养儿童的活动与能力，是由和平的而趋向到进取的，由消极的而趋向到积极的一个转变。再说明白一点，那次课程的修订，是为要和适合当时所谓“非常时期”的需要的。

不过当时所谓“非常时期”，究竟还不比现在的情势急迫，那时可以说是“非常时期”的“准备”时期，现在却已到了“非常时期”的“实行”时期了。故那时的课程拉到现在来用，当然是感到不够用了。

以前广州中山大学教育研究所对战时教育的课程，主张各就原科目内加以分量上的缩减（原文见该所出版之《教育研究》第 64 期“战时教育工作计划”第六项）。

不过，依笔者研究起来，有些科目的分量固应该减少，但有些分量却也应该增加，并且在许多科目分量减少后多余的时间，对于战时需要的技能也要列出，这样才能完成战时教育的需要。

根据这点意思，笔者觉得战时儿童的课程本应包括儿童战时的整个的生活，故凡战时生活所必需要的，皆有列为课程给儿童学习的必要，据吾人研究所得，在战争期间，对于儿童教育的实施，应以下列四项为基本原则：激发儿童抗敌情绪；培养儿童社会知识；灌输儿童战争常识；训练儿童服务精神。

盖儿童具有高亢的抗敌情绪、清楚的世界知识、丰富的战争常识、敏捷的战时服务技能，则不但于抗战前途有莫大的裨益，且于战后社会的建设运动，亦有良好的帮助，故依此四大原则去产生课程，则过去课程中之各种科目均有保存的必要；不过其内容（即教材，后文讨论）应该完全改变过来，此外再有增加些战时需要的科目，兹一一述之如下：

激发儿童抗敌情绪的课程，其科目有：公民训练、国语、音乐、美术。

培养儿童世界知识的课程，其科目有：社会（应包括时事）、算术。

灌输儿童战争常识的课程，其科目有：自然、体育、劳作。

训练儿童服务技能的课程，其科目则须增加：施教、宣传、募集、看护（以上四科或可合并为一科，名为“后方服务”）。

至于以上各科的分量，则应斟酌需要，决定增减：公民训练、国语、音乐、美术等科，均照原分量减1/2；社会，不增减；算数，减1/2；自然，加1/2；体育，加1/3；劳作，减1/3；施教，每周应有3小时；宣传，每周应有1小时；募集，每周应有1小时；看护，每周应有1小时（以上施教、宣传、募集、看护系分别列定时间，如混合成为“后方服务”一科，则其时间亦可斟酌减少为3小时至4小时）。

至于战时小学之教材，根据战时课程，将战时需要的各种知能编作补充教材，兹将各科要目列下。

1）公民训练。我遇到战事不惊不慌，不畏怯；我知道自卫抗战是民族复兴的必要手段；我有勇敢冒险的精神；我拥护领袖，服从指导；我绝对遵守纪律，服从团体；我节省物力、财力献给国家抗敌之用；我每天看报或听时事报告，并把所得的消息告诉家人或邻居；我能帮助残弱和穷困的人；我遇到灾难能镇静，能敏捷的避免；我愿意为中华民族的复兴和世界人类的公道，做个很勇敢的战士。

2）社会科。中国民族危机的来源和实况；日本帝国主义的认识和研究；帝国主义侵略中国史；弱小民族反抗帝国主义史；中国民族运动史；世界民族运动史；民族光荣历史的叙述；我国边疆的情势及其危机；东北、华北之历史与地理；东北、华北与国际之关系；人民自卫组织之研究；我国军事、政治、经济、教育等状况的探讨与研究；各国军备比较；扩大救国运动的方法与一般救国运动的关系；认识汉奸对民族之危害与歼灭之方法。

3）劳作科防毒面具的制造；国防工具模型的制造；炊事、缝纫、洗涤等的练习；打索结绳的练习；战时各种简单生活用品的制造；简易野外工作（如开壕沟、打山洞、挖地窖及筑路等的设计练习）；主要农作物新法栽种、试验；家畜家禽的新法畜养；交通模型的制作及交通玩具的仿制；普通生活用具的修理；抱、负、拉、推、挖、堆、抬、扛等各种技能的练习。

4）体育科。集合与解散的练习。爬、攀、跑、跳的练习；长途步行的练习；拟战练习；战事模仿操；抗战的各项练习（如警备、侦查、打靶、避灾、建设、防御、运输等）；国术演习；驾车、骑马的演习。

5）美术科。抗战宣传画；画地图；民族光荣史画；民族英雄画像；战事想象画；战具想象画；乡土名胜古迹画。

6）音乐科。爱国爱乡的歌曲；抗战豪歌；古英雄歌，如岳武穆之《满江红》等是；抗战进行曲；军歌。

7）社会服务。施教的意义和方法；宣传的意义和方法；募集的意义和方法；社会服务的态度和信心；其他。

民国二十七年（1938 年）第 28 卷第 5 号

独裁与民主环境对于儿童影响的实验

黄觉民

这是Lippitt和White两氏在美国爱恶亚儿童幸福局以10岁、11岁儿童团体为对象而做的实验。他们造成独裁、民主、自由三种环境，在独裁环境中并不极端专制，独裁者态度友爱，亦不故意施行压迫自由表现，他仅告诉儿童谁去工作，应做何事，如何做法，好像一个和蔼的教师严格管束学生一样。在民主环境中所有问题均由儿童自行解决，领袖亦等于儿童团体中之一分子。在自由环境中领袖几全不管事，一听儿童自然，也不去鼓励他们合作，仅于儿童觉得需要时给予相当的帮助。第一次实验是用独裁与民主两个等组作比较，第二次实验是用四组来循环比较独裁、民主、自由三种的影响，各组都受到三种领袖的指导。结果如下。

1）在独裁组中儿童所表示的仇视行为其次数比民主组中的儿童所表示者多30倍。

2）独裁组的团体机构较不稳定，儿童各自动作，不相和协。其合作的机会在实验时期中仅有12次，而民主组同时则有56次，并且合作机构虽经领袖建设起来亦随即涣散，不若民主组日渐滋长。

3）独裁组的儿童较为独断独行，较少客观行为，较少发表个人意见，多是听人批评不自斟酌。

4）独裁组儿童在语言及测验中有27%具有只顾自己的“我”的感觉；而民主组则有47%具有兼顾他人的“我们”的感觉。

5）在民主组中，合作的机会及需要均较多，儿童间友谊及赞美的相互表示亦较常。

6）在民主组中，儿童较有客观及注重事实的态度，而在独裁组中儿童则多凭自己意见。

7）民主组儿童组织力较强。当领袖离开时独裁组的组织随即崩溃，而民主组仍能维持工作。

8）民主组对于团体财产及团体目标较有公共感及公德心。

9）在民主组中曾发生两次众欺寡强凌弱的暴行。

总而言之，独裁组较为紧张、主观、仇视，儿童虽较服从领袖，但常恃强凌弱，缺乏创造力。

同样，儿童变换环境后，显见行为随亦改变。实验者曾以电影片摄制儿童前后行为及态度而加以比较。由民主组改入独裁组的儿童原很喜欢说话，在第一小时就见他变为默然无语，活跃的面貌也变为淡漠的容颜，及至第五日则此种态度居然确定。儿童在民主组时原能独立尽力工作者改入独裁组后，领袖走开亦立即停工。至于自由组在电影片上所呈现的行为恰与“自由”一词甚为符合，也有几个儿童从事合作，但很快地散漫起来变为各个做自己的事情，结果胡闹一番。民主与自由的环境所得结果显然不同，适足说明社会两种趋势：一是所有事情均由联合决定，而由个人或团体付诸实施；二是所有施设均由个人全权自由决定，而以个人利益为目标。

总之，这个实验的结果，虽以社会上民主、独裁、自由的环境与上述者容有出入，而不应用以概括一切，但各种环境在教育上价值不同当堪注意。这实验亦重新证明教育力量之惊人，教育者责任之重大。

民国二十八年（1939年）第29卷第2号

今后学校教育的几个目标

王云五

谁都知道教师与国家关系的重大。国家的强弱，与其人民的教育程度有密切关系。教师是直接施教的人，当然对于国家负有很大的责任。量的方面，一个教师假定每年所教的新学生平均为 30 人，10 年便是 300 人，30 多年便是 1000 人。故以教师为终身事业的人，至少有 1000 名上下的学生受其直接的教育。质的方面，假使受其教育者多成为优良的学生，将来也都成为国家的好公民，或者其中还有特殊的人才，对国家社会有重大的贡献。这样看起来，一个教师对于国家的关系真是不小了！但就另一方面来看，假使教育的结果，仅能使人读书识字，或增进一些知识，而不能为国家养成好公民，则受教育的人数纵然多，于国家社会却未必有多大的补助。因此，怎样完成教师的真正职责，确是值得研究的一个问题。要解决这个问题，当先就学校教育的适当目标研究一下。

我以为今后学校教育的目标，为适应大时代的需要，似应特别注重下列各项。

1）要养成国家的好公民，不要只养成家庭的好儿女。我国新教育，自始就提倡尚公，但其结果仍不免重私，实因为我国家庭之见，渊源很深，牢不可破。做父母的只知养成好的儿女，很少注意替国家养成好的公民，办学校的人也往往迁就学生父母的愿望。殊不知国家为一切家庭与个人所寄托，国家危则家庭与个人必不能苟安，此在被侵略或发生战事的时候，尤为显明。所以要保家保身，必先保国，而养成国家的好公民，实较养成家庭的好儿女更为重要。而且无量数家庭中之所谓好儿女，未必就是国家的好公民；反之，国家的好公民，却无不兼是各家庭的好儿女。认识到这一点，便知所轻重了。

2）要规律学生的全部生活，不要只顾其知识生活。我国向来的学校教育，多侧重于知识方面，然知识的生活，仅系生活之一部分，侧重一部分，而未能顾及全体，已经是缺憾，况且因为忽视了其他部分，往往会使所侧重的部分也无法维持。举一个校内的例子，现在的学校表面上体育和智育并重，但因事实上的关系，体育的设施总不及智育的普遍和认真，结果便使一部分的学生缺乏体育，影响到健康，以致智育方面的各种功课也受妨碍。再举一个校外的例子，一个人的空闲时间消遣得正当与否，对其学业和事业都有很大的关系，按三八制的原则，一个人每日的生活，分为睡眠8小时、工作8小时和休息8小时。除睡眠可以不学而能外，8小时工作所需要的智能现在几乎占据了全部学校教育的时间。而8小时的休息，怎样才消遣得当，学校教育中却很少注意。因此，学生一出校门或一离工作场所，所有休息时间的消遣悉听个人的高兴或社会的诱惑。结果，往往因休息时间消遣之失当，致连累工作也做不好，学业更逐渐荒疏，有退无进。要矫正此弊，我以为学校除了向来侧重的智育外，对于健康、消遣以及做人、做事，一切都还要施以适当的教育。

3）要养成学生求知识的兴趣，不要只以知识灌注于学生。天下事往往有费力多而不讨好，费力少反而收获更宏的，对于学生的知识教育，这正是一个很显著的例子。一个人生来就有一种特性，就是好奇，读书原是满足这种好奇心的最好方法，在理学生没有不喜欢读书的，为什么事实上往往要教师执着鞭子来督策呢？这实在由于开始读书时候遭遇了错误的方法，使学生将读书乐视为读书苦，许多教师不知从根本上救济，反而严格督策，以致读书苦的心理愈重愈深。结果读书的学生固苦，教书的先生尤苦。这种学生在校时既不喜读书，出校后自然更不喜读书，但这种状态决不是正常的。假使一开首便顺着儿童好奇的天性，使其对于读书感着自然的兴趣，教师更从旁助长这种兴趣，兴趣一经养成，在校时既无待教师之督策而能自动读书，出校后也随着这种习惯而无往不读书，这样一来，学生固知读书之乐，教师也感教书之乐，而学校造就的人才，于脱离学校后，岂惟不致抛弃书本，荒废所学，转因无往而不感读书之乐，离校后学问与日俱新，随时并进了。此中关键端在学校中能否养成学生自动读书的兴趣，至这种兴趣应如何养成，说来话长，时间也不容许，诸位都富于教育的经验和学识，定必有许多高见。但就愚见简单说来，不外两端：一则充分给予学生自动研究的机会；二则充分给予学生自动研究的工具。第一项，就是时时出些适合儿童兴趣和能力的问题，使他们就书本或实物中自动谋解决；第二项，就是学校中多备可供学生参考的适当图书，使儿童就其中解决前述的种种问题。经过若干次的习惯，学生本其天赋的好奇心，自然而然的，会向图书中谋解决因日常接触而起之其他问题，甚至虽没有什么问题，亦自动向其中求新知；于是读书的兴趣便渐渐根深蒂固了。总之，家庭好儿女的养成，为父母者以优为之，不必专赖学校；普通知识的养成，私人教学与自修，亦可使其实现，不必专赖学校；但是国家好公民的养成，与全部生活能力的训练，则不能不有赖于学校的集团教育。此在平时，已属当然，今后更应由学校积极负起这种责任才对。

——本文系著于二十八年教师节对香港九龙教师之演讲稿

民国二十八年（1939年）第29卷第7号

民主化的教学实施

刘百川　朱佐廷

因为民主的基础在教育，所以教育的实施，必须合于民主的要求，这是教学民主化的问题被提出的主要根由。我们知道，民主政治的实现，要着根于教育，而教育要达成民主政治的目的，必须使教育的本身彻底民主化，教育的目的应为实现民主而教育；教育的内容应以教育民主为教材；教育的方法也应采民主的方式。因为时代的进步，已汇成一道民主的洪流，社会一切均趋向于民主，社会一切都在民主洪流里改变、前进，旧的、传统的教育方法已不适合于新的现代的进步要求。因此，教育实施方法必须顺应时代的要求而有所改变，好完成教育的民主时代的任务。杜威说："儿童的工作，应当由团体生活中给予刺激和管制。"又说："教师在学校中并非对学生强迫注入某种观念，或是形成某种习惯，而仅以团体中一分子的资格去选择影响儿童的方法，并帮助他对这些影响给予适当的反应。学校的训练，应当将学校视为一个整体观念下进行。而不直接得之于教师，教师的职务仅仅是以较多的经验、较成熟的知识作基础，来决定如何使儿童得到生活的训练。"这正说明今日的教育方法，必须肃清违反民主的主观主义，而代以民主方式，尊重多数儿童的意见，站在客观的辅导地位，使儿童有充分的自发活动。因为现时代的人类一切有意识、有计划的活动，无论政治、经济、文化，都必须伴随着大众的需求而出发——就是多数的民主倾向，才能生根成长；反之，如果违逆大众的意志，无论若何强大压力，也难持久，这是人类文明一个极大的进步象征，教学方法当然也难违背这种自然的进化规律。

民主化的教学实施，固有如上所述的理论根据，可是在实际运用的时候，还须紧握几个重要条件，才能发挥它的特殊功能。尽管这些条件有时也常常被发现在一般教学方法上，但欲教学的真正达到民主的目的，这些条件更应有特别重视的必要，教学的进行必须依此为中心准则。哪些是民主化的教学主要条件？

1）因材施教的机会均等。机会均等是民主教育实施的重要原则，一切教学的进行，必须掌握这个原则，才能使教育上的民主目的真正实现。因为人类因先天、后天的关系，形成各种不同的个性，各人原有的天赋能力固然不同，需要也随之各异，但无论智、愚、贤、不肖，其固有能力都需要充分的表现，其个性都需要圆满的发展，教学的实施应该顺应各人的智力、才能、需要、志趣，分别予以适当的满足，使其获得适当的发展，不能限制各个不同的人达到相同的目的与获得相同的结果，民主化的教学精神是以个别为基础的发展儿童个别的创造力与社会意识，以及助成儿童内心的与社会的种种调适，“无论从各人自身的幸福看，或是从社会全体的进步看，自我表现的自由，与夫各人独具一格，不与众同的权利，都是必要的”。但个人与同侪间相互依靠的整个关系还是存在的。孔子“中人以上，可以语上也，中人以下，不可以语上也”的主张，及杜威“必须给儿童自导的性质以充分的机会及材料以使其发展，以使他随自己的心欲去动作”的学说，都充分说明了教学民主化的理由。

2）尊重本性的自由发展。“民主就是自由具体化”，所以民主化的教学实施，要予儿童以身心上的自由，不自由的作业，流为机械的苦工，只有义务，没有权利，只有作业，没有目的，重视儿童的个性，给予儿童自由发展的机会，培养儿童自由作业的理想与习惯，是教学上应注意的事，也是顺应儿童自然发展的规律，因为当儿童某种能力成长时，便想发挥某种能力，而厌恨师保的压抑。因此，公意集体游戏，每较师保指定演习游戏为尤快乐，师保强迫他服从，这服从是勉强的，一群儿童自由玩耍，自定节目，自觉玩具，便演出狂欢的态度，这些都是人类天性爱好自由，爱好民主，反抗不自由、不民主的自然表示。近代因生物学、生理学与心理学的进步，教育上“顺着自然”的趋势日益扩张，这种趋势就是说：直接的教育改造势力虽大，而人的天性或“未经学习”的能力，实供给这种教育的根基与最重要的凭藉。卢梭的自然发展说便是指示我们对于教育方法，要适应儿童天赋能力的个性差异予以自由的发展，承认不同等的自然发展，有动力的价值，“宁可有参差不齐的状态，不愿用削除的手段，使他们整齐划一”。

3）自觉自动的启发辅导。学习应是儿童的一种自动的历程，一切的事，必须儿童自己真实的在学，才算是学习，别人替他做或强迫他做的事，都不能算是真正的学习，这种学习已不生作用，因为自动的学习是由于内在的自发，纯粹出于自觉自愿，没有丝毫的外□强迫，儿童对于自动的学习，每较被动的为努力。所以教学的进行，应时时鼓励儿童自动学习，指示儿童自动学习方法，“凡是仅依赖法律的强制，或是刑罚的威胁，或仅靠机械的改变或外表的安排而得的改造是短暂的、无益的”。在自动学习的原则下，教师的责任是站在客观辅导的地位，启发儿童，帮助儿童，予儿童以解决困难提示方法的协助，不能带有任何的强迫意味。平常强迫儿童、命令儿童，或代替儿童做的事，都不合于民主的原则。如演讲时，替儿童做好稿子，叫儿童背诵；演剧时，做好剧本，叫儿童表演；订正课卷，一味的批改，不尊重儿童原意；以及教学时发问，只注意少数儿童，或不予儿童思考，进行代答，讲解教材不注意儿童的反应与接受了解程度等现象，都是剥夺儿童自由，都违反民主化的教学原则，都须一一加以纠正。

4）社会化的集体互助协动。“教育是社会进化及改革的基本方法”，所以教育的实施，除须适应个性外，还须注意社会的效率，所谓“社会的效率，就是心的社会化，要使各人的经验能彼此交易，要打破社会阶级的畛域，不再使一人对于别人的利益漠不关心”，具体的说，便是“学校自身须是一种社会的生活，须有社会生活所应有的种种条件，学校里的学习须与校外生活连贯一气”，使个人惯于受社会的制裁，使个人的自然能力受社会的管理。积极的利用个人的自然能力，去做含有社会意义的事情。一方面，各个人对社会都须有所贡献，以报答所受于社会的利益；另一方面，各个人也经获得机会去发展他们的特别能力。从教学的方法与技术上说，就是给儿童以民主政治的精神训练，整个过程包含：集体的活动，积极的兴趣，生动的讨论，负责与创制，研究的态度，交换意见，有真正的目的，有服务团体的意志，不因个人的利益而牺牲团体，共同合作，拟订计划，以求某一种工作的实现，这样不仅训练儿童使其自动养成集体互助合作的精神，更能刺激与促进学习的进步。

5）由行到知的实践。教育是经验的改造，学习是生活的锻炼，民主是有组织的集体活动，所以民主教育的民主教学实施，必须指导儿童在实地上做。从做上学，才能增加经验，改造经验，发现困难，克服困难；才能把知识变成行动，才能使经验发生力量。因为从实际出发，所得的知识才是真知，所有的经验才是合于实用的经验。而且惟有在实践中学习，才能发挥互助协作的精神，才能解放各个人的能力和创造性。“樵者必入山，渔者必涉水”，都是很好的譬喻。陆地上学游泳，总归是幻想空谈。过去教育的失败及不合民主要求的地方，便是太注意空洞知识的传授与高深理论的讲解，缺少行动的实践，以致学非所用，学无所用，形成只能坐而言不能起而行的病态，完全与实际脱节。各级教育都呈现“毕业即失业”的偏颇，影响社会人群至大且重。要教学民主化，必须注重实践，从行到知，贯彻“学由于做”的精神，从做出发，把做的结果上升为理论，“做了某种本未了解的事情，也许由此有所学习，由此懂得其中内容，甚至有许多最聪明的动作，是我们无意中做出来的……我们所以能够有所学习，便因为做了这件之事，我们看出从前未曾见到的结果”。

6）生活中心的锻炼。根据“教育及生活”的理论，民主的教育即是民主的生活，民主的教学实施，必须以生活为中心。学习的内容，打破传统的科目限制，须依各地的生活及社会环境的需要而定。学习的材料，以能在实际生活方面应用为主。一切教学的进行，以过生活为日常工作的重心。在过生活的历程中获得有用的知识、技能、习惯等，而道德习惯的养成，亦寓于日常生活之中。教育的实施，不仅限于室内，更不仅限于校内。因生活的需要时时变更，教育的地点和时间更须注意与社会事业的联系，养成儿童独立自主的生活习惯。儿童自己的事，自己去做；自己的生活，自己去料理；自己的问题，自己去解决。不但要养成刻苦耐劳的习惯，更要注意生活方面各种知能的获得。关于生活教育的考查，以实地生活本领有无进步为根据，不取形式的考试，更不注意死知识数量的堆积。教师更须以儿童生活的需要，拟订教学计划，提出公开讨论，共同决定，突破书本的限制，把书本仅当作是一种学习的工具而已，这样才能在生活实践中不断的改进，才能完成民主化的教学任务。

民主化教学的主要条件，因为上述，但目前一般的教学情形，是否合于上述要求，还须重行检讨一下，俾作改造的依据，现行的教学情形怎样？最显明的，有下列各点不合于民主的原则。

1）一切教学的进行，完全以书本为中心，很少书本以外的活动。书本上的文字符号及空洞的知识理论，叫儿童死读、死记、死背教条。离开书本，便没有学习，离开课堂，便无所谓活动，更谈不到校外的生活实用知能及社会活动。教师所教的，儿童所学的，都以书本为限，都是书本上的知识，真所谓“死读书，读死书。”在一般小学里不独教育生活化的最高理想无以实现，即与法定的国民教育目标“注重道德之培养及身心健康之训练，并授以生活必需之基本知识技能”距离亦远。而且所学知识，只能作为升学的准备，除升学以外，别无他用，而实际升学的人，又占少数。每见小学毕业的儿童，仅能读教科书，而看不懂通俗的广告，仅会作学校的作文，而不能写一便条，只会算数教科书的习题，而不能算日用账目，这差不多已成普遍的现象。这种现象，过去是这样，现在是这样，如不加以改造，说不定将来也还是这样，这合与民主的要求吗？这不需要改造吗？

2）一切教学的进行，没有目的，也指示不出希望。教师只是在教，儿童只是在学。为什么学，为什么教，怎样教，怎样学，都说不出究竟。教师只以为教是一种责任，儿童也只以为学是一种义务。最流行、最习见的便是儿童以为奉父母之命而学，把学看作是为他人工作的义务；教师是为薪而教，把教学看作是薪给的代价。教与学都在盲目的进行，都是由于外铄的要求强迫，毫无内在的自发，也缺少自动的兴趣。所以，尽管做了多年的教师，对工作既无困难又无心得，只是循环的反复。当了多年的学生，也只是按时上课、下课，学不出什么实用知能。

3）一切教学的进行，完全以教师为主体，儿童处于被动地位。教室内只见教师的活动，很少见儿童的活动。所以作业的安排，科目的编配，分量的多少，时间的规定，都依教师意见，都由教师支配决定，儿童绝无参与的机会，只有服从的义务。教学过程上所谓“引起动机，决定目的”，实是一种形式。上课的时候，只见教师在照本宣扬的滔滔不绝的讲解，好像似开留声机、播音机，儿童静坐的听取报告，反应怎样，能否接受，了解程度如何，有无学习兴趣，教师概置不理。所谓“注入式”的形容，真刻画得活像，儿童对于学习，只求能通过考试，便认为有了成绩。而一般家庭对于儿童学习的结果，也只在求教师一个漫无标准的评语——“及格”和“不及格”，“好”和“坏”而已。

4）一切教学的进行，完全采取班级形式。以班级为教学组织单位，把年龄不同、智力各异、程度不齐的儿童凑在一起，用同样教材，在同一方法下施以同样教育，作同一的要求，不分智、愚、贤、不肖，都一样教法。但有时却两样看待，聪明的儿童，每被教师重视；愚笨的儿童，成为教师玩忽或厌恶。无论回答问题，或指定作业，都是聪明的儿童占先，教师都注意少数的聪明儿童，用为班级代表。因此，愚笨儿童的自由权利，每被剥夺，真是何等不平。因为班级教学，不能使全级儿童均衡发展，所以结果有些儿童超过标准而升级，有些儿童因为不及标准便被留级。一留便是一年，戕贼儿童身心，耽误儿童时光，影响所及实非浅鲜。这是班级教学违反民主的极端例证，至今还未获得合理的解决。

5）一切教学效果的测量，很少客观合理的标准与适用的科学方法，仅凭教师主观，举行所谓考试。考试的目的，只在求空洞知识堆积的数量而不注意实用的效果，因此，往往考试成绩很好，但毫无实际知识。比如，尽管懂得常识书上的名词，却不认识实物；尽管学会算数上“亩”的数量，而不知实际“亩”究竟有多大面积。关于自然科学成绩，尽管考试的成绩优异，但生活上最简单的日常事务，如种菜、种麦、养蚕、养猪……，都不会做，诸如此类，表现得考试是一种形式，考试不出真正成绩来，倒反因为考试方法的不善，引起许多流弊，如引起儿童不正当的侥幸心理，嫉妒他人的心理，以及作弊、开夜车等不良现象。

6）一切教学的竞赛与奖励，只注意少数人的选拔与鼓励，而忽视刺激多数人的上进。如运动竞赛，只注意少数选手的甄拔，鼓励少数人夺取锦标，养成锦标主义，关于大多数人的健康卫生，如体格检查、姿势矫正、适宜运动及疾病防治与合理营养等，都不注意。又如讲演竞赛，只注意几个参加人的训练，代儿童做好的稿子，叫儿童背诵，目的在训练参加几个人获得第一的荣誉，而平时对于大多数人的说话训练，如内容的准备、怎样确定中心思想、怎样组织结构及方法的指导、语言声浪的正确、态度姿势怎样适宜等都不注意。结果，竞赛变成个人竞争，毫无团体的社会价值，优胜的人固易养成超人的思想，超出群众，与群脱离，而在群众方面，又易发生一种妒忌的心理，再如奖励的实施，往往注意个人的奖励，忽略了团体的奖励，以致奖励的作用，只限于个人，而不能刺激全体，有时倒因为个人奖励而引起全体的不满，失去教育意义。

关于目前教学方法违反民主精神的地方，尚不止上述情形，检讨起来，值得我们警惕，需要我们以全力改造，给予旧有的制度以无情的革除，才能使教学踏上民主的大道，才能实现教育上民主化的理想，用特提供改造的意见。我们以为现行的教学实施，至少要有如下的改革。

1）以不平等对待不平等。前面说过，现行的班级教学，以级为教学单位，会使聪明的儿童，天才受了限制不得充分发展，愚笨的儿童用尽心力赶不上人，是教育上极不平等的事，要消灭这种不平等的事，只有也用不平等的方法对付，这种不平等的方法是什么？就是按照个人的智力、才能、兴趣需要，分别予以适应。具体的说，就是适应个性的发展，尽管教学方式仍然采取班级制度，但对各个儿童要有不同的教法、不同的要求。对聪明儿童的学习，要求不妨加多，内容不妨加深，除课内学习外，并应多予以课外自学的辅导，介绍课外补充读物，指导课外自学方法，使其得到合理的长足的发展。对愚笨儿童的学习，要求不妨较低，分量不妨较少，内容不妨较浅，除课内特别注意指导其学习外，并能利用课余时间，多予补习机会，使能赶上标准，发展本身固有的才能。至于一般中型的儿童，则不妨以一般标准为标准，不增不减，亦求适其能力，这样，教学的方法、内容、要求虽然不同，但智、愚、贤、不肖，都可以各得其所，不会有“过”与“不及”的偏颇现象发生。

2）把教师的说教改为儿童的共同讨论。先生讲、学生听，先生问、学生答，先生是教学的主宰，学生是被支配阶级，学生一切听命于先生，先生始终在支配学生，课堂好像书场，先生就是“教主”，这是教学上顶不民主、顶不自由的方式。要改变这种现象，必须翻个身，使教师授权于儿童。教学的进行，完全要以儿童为主体，一切由儿童提出来商讨、决定，由全体儿童发表意见、参加意见，放手让儿童活动，教师只是根据儿童多数的意见，启发儿童，引导儿童，对多数的意见予以适当的判断，使儿童趋向于正确合理途径，在共同讨论的时候，遇有疑难，引导解决，发生错误，加以改正，并需得出一个总结，与其说是在上课，勿宁说是开会，大家都有发表的自由，大家都须知无不言，言无不尽，这不独是民主的学习，也是民主生活的实践，而且机会普遍，意志集中，较诸教师的说教，真是集思广益哩。

3）从主观的指定引渡到自我学习。指定作业，由教师主观愿望出发，不独未必尽合儿童需要，引不起儿童兴趣，而且儿童往往因为作业是由教师指定，便认为是一种命令，是一种差役、义务，甚至认为是一种负担，不是抱着得过且过的敷衍态度，便是带有了差还愿的心理，只要能把教师搪塞，便万事大吉。因此，要儿童对于作业认真负责，努力学习，必须采取自我学习的方式，由大家共同设计，集体决定，通过民主方式，各人提出学习的材料、方法与希望，当会各尽所能的履行自己的诺言，把大家所通过的事项，尽心尽力的做成做好，虽没有命令的强制，但由于内心的自发，便兴高采烈的愿意去做。

4）由强迫的考试改为自我测验与集体鉴定。考试为儿童所厌恶、所畏惧的原因，大都由于考试不公正、不科学，不是儿童自觉自愿。如果把考试也当作一种活动，由儿童自己决定，自己主持，以老老实实的态度，用检讨反省的方法，各人根据自己学习的经过和结果，实实在在的当众公开出来，让大家批评判断，分别优劣，得出一个公正客观的验证，那么，儿童不感苦恼，而且必很高兴。因此，关于试验的意义，事前要有彻底的说明，务使儿童认识测验是一种检查而不是评定，更要打破分数的心理，测验的内容、方法、标准，也让儿童参加意见制订，根据多数人的意见，决定一种检讨反省的办法，每个儿童先对本身作一检讨，有无进步，进步在哪里？没有进步的原因何在？已具备哪些知识？已学会哪些技术？这些知识技能从何得来？作一综合的考查，这样不独清算自己困难的心得，而且把自己的经验公开发表，与大家交流，得到合理的批判，作为以后改进参考。自我检讨反省以后，再将结果公诸大众征求他人意见，看是否正确，大众鉴定后，便算是成绩。这种成绩不独真实客观，而且供自身未来的借镜，并可刺激团体，发生社会作用，且在大家批评激励之下，可以鼓起努力进取情绪，方法既然简便易行，免去传统的复习准备时间，而且随时可以举行。

最后还要指出，民主教学的实施，必须要有民主化的教师。民主教育的推行，都赖教师的努力，所以教师要有民主的学养。一个民主化的教师，除须具备民主的思想意识、民主作风、民主态度外，还须注意下列各点：第一，儿童是教育的主人，民主教育便是以儿童为主，所以小学教师要了解民主，认识儿童，研究儿童，关心儿童，尊重儿童。思想行动儿童化，一切以儿童为本位。第二，民主化的教师不独要关心儿童、领导儿童，成为儿童的一员，随时随地予儿童以启发引导，更须时时跟儿童学习，因为“不愿向小孩学习的人，不配做小孩的先生”。所以，教师必须有“从儿童中来，到儿童中去”的实践精神，深切体察儿童，深入儿童中去。第三，民主化的教师要顺从儿童自然的发展，引导儿童朝志趣所在的方向发展，不是在课堂内填塞死知识、死教条，而是在实际生活中注意发挥儿童的聪明才智，与儿童共同生活，打成一片。第四，民主化的教师要随时随地帮助儿童，根据儿童生活需要和生理、心理的发展，和孩子们一道创造新的生活，绝对不能固执，不能师心自用，不能自作聪明。第五，民主化的教师要解放儿童，让儿童自由的想、自由的做，使儿童自由生长、自由发展，创造自由的民主新生活。第六，民主化的教师要突破传统教育的限制，废除一切不合理的打骂制度，并且彻底改革吃人的考试方法，而代以儿童自觉、自动、自治的新精神和集体主义自我学习的新教育方法。第七，民主化的教师要不断的学习，不断的进步，时时检讨自己，作自我批评、自我反省，经常研究讨论各种教学实际问题，俾便大家交换心得意见，改进工作。第八，民主化的教师要善于运用民主制度的精神，一切施教方针原则应征求大众意见，服从大众意见，采取民主的会议方式，共同讨论决定，一切取决于会议，同时一切都要集中权力，切实执行。

民国三十七年（1948 年）第 33 卷第 6 号

如何使学校教育民主化[①]

李建勋

现时，整个世界的潮流已进入民主时代，反观我们当前政治、经济及社会环境与国民对民主的认识及修养，还远落在潮流之后。铸成此落后事实的原因，主要应当归咎于往日的教育，欲期快马加鞭与人齐头并进，亦端赖今后民主教育实施之成效。在改进的历程中，当以学校教育关系最重大。所以今天愿藉此机会提出这个题目与各位研讨。

如何使学校教育民主化？拟分五段来说明：民主意义、民主特质、学校制度、学校行政、学校课业。现依次缕述于后。

一、民主意义

“民主”一词的含义，常被人误用着，其真义究竟是什么？我国新颁宪法第一条：“中华民国基于三民主义，为民有、民治、民享之民主共和国。”其中之“民有、民治、民享”可说是民主意义最适切的诠释。此诠释并非中国所固有，在美国宪法中亦有此一条“Government is instituted of the people，by the people and for the people”。此意义的引申，可云政府为人民的利益而存在，若违及最大多数公众的利益，可随时推翻，另组新政府。在我国古代，圣君贤相，莫不以民为重。孟子曾云：“民为贵，社稷次之，君为轻。”又云：“得天下有道，得其民，斯得天下矣；得其民有道，得其心，斯得民矣。得其心有道，所欲与之聚，之所恶，勿施尔也……”可是，像孟子一般人所说的“民”，乃官是官，民是民，并不一致，所以，他们那一套话只可作为治人者的施政方针，并非民主的真正含义，简言之，民主的意义，即民有、民治、民享。

① 本文为中国教育学会北平分会学术演讲稿，由郭晋华、靳东岳两君笔记。

二、民主特质

简要提出六点来讨论。

1）民众至上（principle of popular soveriegnty）——即服从众意。如法律应由人民代表订定，法律即民众意志之表现，无论人民同官吏，在法律之前，应是同等的遵守。美国的社会较民主，所以国民都认法律为神圣，其他可以类推。

2）人人平等（principle of equality）——不论种族、男女、贫富、社会地位诸差别，一视同仁。我国政体虽号平等，但国民仍存有阶级观念，略注意日常生活及社会现象者，可找到不少实例。

3）公正态度（principle of fair-play）——绝不以多数人欺压少数人，或以强凌弱，在相同的机会下来竞胜。我国人的投机取巧、以强凌弱诸习性，都是缺乏民主修养的表现。

4）公共利益（general welfare）——一个人日常行为不仅为个人利益，同时应顾到公众的利益，应为别人设想，当个人利益与公共利益冲突时，应牺牲一己利益。在民主社会中，是先公众而后个人，更培育为公众利益而服务的旨趣，此种民主德性在我国今日社会中非常需要。

5）公民自由（civil liberty）——一人尊重对方应有之自由及权利，个人应自由，同时应尊重别人自由。所谓“自由”，绝非任性妄为，一个民主国家的公民，对于对方行使其职权时应当尊重。

6）重视理智（the appeal to reason）——无论何事，大则国际间之纷争，小者私人间之不和，皆可诉之理智以解决，莫意气用事，更不应用暴力口服。如美南北战争，若在今日，绝不会演成此同类相残的惨剧，盖当时文化程度尚未发展到相当的地步。在我国目前国共之战争，学校中之械斗，皆因未诉诸理智、民主的理想，认以暴力压抑对方为最野蛮之举。

以上六原则与教育有何关系？欲了解此，须先问学校教育是什么？我们知道，各级学校教育目标即国家社会之教育政策，国家社会如欲确保上列原则，加以培育发扬，须责成学校依此作为实施教育之目标，来培养学生（下一代国民）成民主的国民，以圆满造成国家社会的教育政策，即养成服从多数，热心公益，尊重他人及重视理智之思想与习惯，并保证人人教育机会均等且获得充分之发展。学校教育欲往这方面走，还须注意下列有关的问题。

三、学校制度

分两点说。

1. 学制

民主学制最重要的原则，就是适应各个人的需要。打开我们的宪法，就可以看到好多不足处，如何种学校文治武功归中央办或地方办？中央或地方对教育应采取何种态度？集权？分权抑均权？这些都是应该规定而付诸缺如的，在规定此等问题时，应以上段之结论为遵循之原则。试观现行的学制，过重“升学”的目标而每年卒业升学者却占极少数，据统计结果，小学卒业入中学者，约占总数 20%；中学毕业入大学者，不及中学毕业生总数 10%。各级毕业生，大多数无有着落，在学制上尚没有对他们给以适宜的安排。我们想，一个大学毕业生，起码须具备下列几个条件：聪明且学说有根底；身体健康；家庭经济宽裕；有学习志向；不需要照管家务。由此，可以看出，要想人人均由小学至中学而大学毕业，在事实上根本不可能。所以，若学制仅顾及到升学一个问题，为败策。照理讲，小学阶段应人人必需受，小学毕业无力升中学者应入职业学校，但今日中学与职校并无有机之衔接，学制过于硬性，使转学转业发生困难。在美国，有所谓多科制中学，有七科以上多至十数科，包括中学、师范及各种职业等，各科间可互相转入转出，富有弹性，易于适应个别差异，且教育是一年一个段落，能努力到何段落就至何段落，凭资质、志趣、环境而得向最适宜的方向发展，这样，学制富伸缩性、流动性，才易达民主教育的理想。说来我国教育真可怜，由于过去科举思想之遗毒，小学毕业无力升学者又不愿入职校，中学生不能升大学者又不愿准备就业，固然，我国产业落后，尚未走上工业化，职校毕业生的出路有问题，然而，旧思想之遗毒与社会上残留的封建体制，却是最大的阻力。这些阻力都是民主学制应当歼灭的。民国十一年颁行的新学制，在这方面有不可泯灭的贡献，今后当使学校与社会打通，建立适应人人需要，富有伸缩转动性能的新学制。

2. 编制

我国在科举时代，尚有励才之道，才智高者，十几岁可以典为状元，才智平庸者到晚年还中不了秀才。现今的编制，却按常年依次递进，无论才智如何高亦不能猎等；才智低者虽常被拖着走而也不降级。这样，只注意年级而不重才智，只重制度而牺牲个人，恰是反民主的措置！在英美民主国家，尤其是美国，将跳级、降级问题当作专门学问研究，视为学务调查中的特有技术。在编制上，他们真切的注意每一个儿童的发展情势。春秋皆有始业，才智高、品学特优者随时可以向上跳级，资质平愚、成绩较差者，随时□实降级。各学级都具有较客观的标准，中、大学多以学分制来伸缩年限。使每一个受教者均能依其能力，作最适宜的发展。这是民主的设置。像我国“压抑才者，助长愚者”的死硬编制，弄得才智高者不可得充分的发展，平庸者老被拖着跑，使同级学生良莠舛差甚大，欲行民主教育，对这种病象应急加矫治。

四、学校行政

仅提出较重要的三点来讨论。

1. 事务分掌

在新教育的实施下，教员已非雇工，其职责已不仅上课教书。每一教师应将整个学校的事作为自己的事，分掌学校行政及教导学生已为必有的权责。若恪尽此权责，须经常明了整个学校情形，否则，就难尽职守。事务由各教师分掌，通力分工合作，人人有权，人人有责，事功易宏，此其一；再者，校长虽为整个学校的领导人，能力常较强，但若加上各教师的才能，自可补一己之缺，而得最圆满之效果，此其二。基上两点理由，欲使学校行政经济而有效，必须实行事务分掌的民主办法。

2. 行政公开

所谓公开，即民主学校校政的推行，设有教务、训育、事务等会议，每种会议，请校内各有关教职人员参加。重要事件，使多数人有机会提意见和参与讨论，大家决议，大家实行，一反过去统由校长独断独行之作风。可是这样的公开作法，可能有一问题存在，即有时候教职人员常藉集会机会，故意通过使校长无法执行的案件。于此，校长应再三审虑，若确认此决议案碍于现实环境及诸内外条件，不能照办，或无力，或不应照办时，当本其对外代表本校、对内代表上级教育行政机构的身份，坦诚申述困难，并提出新意见，交付会议“再议”，再议结果，若仍持原案，校长在维护整个学校的利益与荣誉下，应予以“否认”，不过，此乃万不得已之法，不可常用。

3. 用人维贤

关于从事任用方面，教育界较之他界还算好，但事实上仍不免有政党、权势、情面、关系诸成分搀杂在内。这些靠非正常关系而获得职位的人，尝自觉有所恃，在能力上多不称职，又不听命，直接减却事功，间接还影响整个工作人员情绪，实为今日教育的大病。民主教育的实施，要因事择人，以工作成绩作考绩的标准，靠著作、特有贡献诸条件以升进，用人唯贤，方有事功。在英国，各级政府常务人员，多靠文官考试以得职位，依年资及工作成绩而逐次升进，不受政潮影响，工作有保障，自然可安心工作，努力以进。

五、学校课业

分课内、课外两方面以述。

1. 课内

1）尊重学生人格。即所谓“儿童本位的教育”，依个人需要使之得充分的发展。英美民主国家的民治教育，皆以个人能力之充分发挥为主，尊重受教者人格，不因制度而牺牲个人。反之，德日之法西斯教育，以教育作政治的工具，以制度来约束受教者的思想，不能使之自由发展，故为反民主，民主与集权主义之教育的主要差别即在此。

2）布置学习环境。过去各级教育的实施，是学生靠先生，先生靠书本，这样的教与学不会收丰硕效果的；要扩大教学的效果，最重要的就是学习环境的布置，教育者要善用环境以激发受教者作自动的学习，期得充分能力之发展，在环境（学习情境）的布置上，要多种多样，以适应个别差异。

3）提倡自动学习。在此，我愿拿在美国实地参观过两个学校教学的实例来作说明，或较具体切实些。

第一，Horaclman School。这个学校低年级教室里的布置，桌椅只占教室之半，四周放满儿童读物及参考书。在参观时，教师正在宣布一项活动，让儿童在书架上任意自择一本认为最有兴趣的书，阅读10分钟，然后放下书本，集合在前面（教室内之另一半空地）指名听取阅读报告，别的儿童若看过该书，可随时提出订正。一一报告完了，教师询其能否用一句话说出阅读之重要内容，然后互作批评讨论，最后由教师补充总结。下课后，儿童均和颜悦色、愉快天真的走出教室，对别人善意的批判均能虚心接受。这样，不但所学的是生动有用的，而且在学习的过程中，亦能自然的养成观察、思维、发表、批判、容忍异己诸民主的基本修养与态度。

第二，Speyer School的一课理科教学。学年开始时，教师先提出自拟的一个计划，征询儿童在此计划之外，是否另有其他较好的计划或意见，待儿童说出各自的意见后（如有愿学飞机者，潜水艇、汽车者等）由教师加以整理，按相近者分组，责令学生分别负责研讨并按期报告心得（教师坐在后面），互作批评讨论，最后由教师加以指导和总结（教室、实验室及图书均在一处，在研讨时教师在该处指导）。

上两个实例，都可作自动学习的示范，从这里亦可认识所谓自动学习的真义。

本人在日就学时，闻一日籍教授曾言：“美国大学生四年学的东西在日本可以二年学完，但美人是永久继续不断的学着，日人学完则停止。”此语颇为中肯，盖以平日多凭讲义教授，学生完全是被动，所学的不能完全消化，不能自动学习，致不能养成学习的习惯也。我国注入式的教授，教师只作留声机式的传授，从不指定参考书及研究问题让学生课外自动学习，当然所获学习的成果是可悲的。自动学习的好处，就是养成学生自动学习的习惯与兴趣及继续研究的态度与能力。

2. 课外

略述要点如下。

1）提倡体育活动，培养公正态度。在体育的活动中，最益于民主德性的修养，如 fairplay 精神，合法取胜的习性，胜勿骄、败勿馁的情操，合作进取的态度等。

2）养成法律头脑。重理智，不意气情感用事。

3）培植服务观念。公而忘私，立己立人。

4）养成自治习惯。服从多数，尊重异见。

民国三十七年（1948 年）第 33 卷第 9 号

第四编

新学制与教育：公民教育纳入教育系统

第一章

从修身科到公民科

《奏定学堂章程》在小学堂设读经一科，颇有争议，有人认为，小学堂读经其谬有二：一是是否过早；二是能否理解。修身科也遭遇各种批评，认为空讲个人修身的道德，所获效果不大，应当以使儿童养成一个适合于共和国家、世界潮流的好公民为目标。经过社会各界的共同努力，修身科在新学制中为公民科取代，“新学制课程纲要总说明”中明确指出：“旧制修身科，归入公民科，关于个人修养，仍宜注重，各学科均应兼顾道德教育。”[①] 从此，公民教育作为独立课程被纳入教育制度，开启了中国公民教育的一个新时代。

1）小学堂读经，既不合古教育之法，又不合今教育之原理。

2）修身教授宜重仪范、用故事、重实践，与日常生活相联系，以培养儿童的国家思想。

3）编制小学教科书，须注重自由平等之精神，传承中华国粹特色，发挥尚武精神，提高参政能力，启发国民爱国心，以养成共和国公民之人格。

4）学制革新之先决问题，一是学校要有充足的办学经费——办学的命脉；二是解决学生毕业后的出路——办学的后盾。

5）公民科，包括修身、伦理、法制、经济，旨在培养群己之间生活的常识与习惯，提升儿童进行共同生活的意识和能力，以家庭、学校、社会和国家生活为中心，不断提高儿童的公民素质。

---

① 全国教育联合会新学制课程标准起草委员会．新学制课程标准纲要．北京：商务印书馆，1925：8.

论小学堂读经之谬

顾 实

《奏定学堂章程》，小学堂有读经一科，海内外教育家，莫不有异议。如日人某诋我学堂为科举之变相，仍用腐败旧法教授。（去岁见某日报）某公上□学部书：请减少读经时间。至学堂中则大率碍于功令，减少时间，聊以塞责。夫外人之诋我无论矣，而我国上下相遁，习为故常。上必悬此读经一科，以强下行；下则明知不可行，不能据正当之理由以驳正之，而徒主张减少时间。是孟子所谓“月攘一鸡”之类耳，小学堂读经，既不合古教育本法，又不合今教育原理。试为一发其覆。举告上下有教育之责者，若读是篇而犹谓圣经为人人所当读者，余亦不屑与之言矣。

何言乎不合古教育之法也？周代教育普及人人，《大戴礼》《小戴礼》《尚书大传》《白虎通·辟雍篇》《汉书·食货志》诸书言之綦详，虽互有异同，而其大纲不越二者，曰《小学》，曰《大学》。是二学者，古代贵族与平民同之者也。《白虎通》曰：“古者八岁毁齿，始有识知。入学，学书计，十五成童志明。入大学，学经籍。”此天子之公卿大夫之子共之，贵族教育也。《汉书》曰：“民八岁入小学，学六甲五方书计之事，始知室家长幼之节。十五入大学，学先圣礼乐，而知朝廷君臣之礼。其有秀异者，移乡，学于庠序；庠序之异者，移国，学于少学；诸侯岁贡少学之异于天子，学于大学，命曰造士。”此邻里、族党、州乡之庶人之子共之，平民教育也。由此观之，古代无间贵族平民，其教育莫不由小学而入大学。小学者，凡民教育也，专以养成庶人。今所谓国民教育，专以养成人格者也。所学之书计，书即六书：象形、象事、象意、象声、转注、假借。其课本，即史篇，如《史籀》大篆十五篇，凡九千字是。类今之字典而兼课本，谓之古代之国民课本可也。即九章算术，又有洒扫应对进退诸事，所谓见小节焉，践小义焉，其书如《管子·弟子职》一篇是。大学者，秀民教育也，专以养成卿相大夫。今所谓人才教育，专以养成官吏者也，所学之经典，即《诗》《书》《礼》《乐》《易》《春秋》。故《诗》《书》《礼》《乐》《易》《春秋》，谓之古代之仕宦教科书，或做官教科书可也。经典学成，则以文学显矣。是以《荀子·王制篇》曰："虽王公士大夫之子孙，不能属于礼义，则归之庶人。虽庶人之子孙也，积文学，正身行，能属于礼义，则归之卿相大夫。"故夫古代之能书计而不能经典者，则为庶人；当今之国民，由能书计进而复能经典者，则为卿相大夫，当今之官吏。古今对照，制度厘然。盖古人必年及十五岁，方读经典，未尝令七八岁及十二三岁之小儿读经也。其所以不令读经者，必以乳臭小儿饮食饥饱之未审，断难强令读先圣言治言道之书，作以身临民之想故也。年龄之限制，学科之配置，必本诸经验，夫岂苟焉而已。今小学堂儿童，初、高两等，不过自七八岁至十三四岁，而必迫令哑哑读经，抑独何哉？其背乎古教育之本法，昭然可睹。岂真今之人胜于古之人耶？岂古人以当世语言文字之经，犹须令十五岁以上之成童读之。今人以远隔三千年古言语、古文字之经，而小儿能了然耶？此其谬一也。且孔子至圣也，犹曰："吾十有五而志于学。"其学，即学经典也，岂今日儿童其聪明皆远迈至圣，不必逮十五之年，而即能读经耶？此其谬二也。汉唐以来，虽有一二文人，自幼即读经典者，然未尝悬以为令。强全国儿童读之，亦越宋明科举之制兴，流弊极于八股。于是以制艺为利禄之阶，举国之中，父诏子，兄勉弟，咸童而读经，戕贼子弟之脑质，以自愚其国民。数百年来，受祸之烈，夫人知之矣。岂今日科举废学堂兴，而犹沿讹袭谬，牢不可破耶？是殆未知六经为何如物也。余请言周公作六经之本意。夫周公承文武之德，制礼作乐，六经统可名礼，礼乐即是六经。周衰，学校废，六经缺，孔子修之。故《淮南子·要略训》曰："孔子修成康之道，述周公之训，以教七十子，使服其衣冠，修其篇籍，故儒者之学生焉。"盖六经，在周为官学，至孔门遂为私学。原夫经之所以得名者，《左昭十五年传》曰："礼，王之大经也。"《左昭二十五年传》曰："礼，天之经也，地之义也，民之行也。礼，上下之纪，天地之经纬也，民之所以生也。"六经之外，孝亦是经。故《孝经》亦曰："孝，天之经也，地之义也，民之行也。"由此言之，顾名思义，则周孔六经，经纬万端究极天人，乃治人之学，而非治于人之学。故孔子曰："六艺于治一也。"而《孝经》纯为孔门私经，其开宗明义章，首揭孝始于事亲，中于事君，终于立身之旨，亦为治人者之书。是以历代君主，言治必祖周礼。然而周公作六经，创王治之统一者也。孔子述六经，复王治之统一者也。后世只传孔子之复古主义而已。当孔子倡复王治之统一也，与春秋时势，适相凿枘，故穷老尼山，志终不行。孟荀继轨，亦复如是。然李斯，孔子之三传弟子也，司马迁称其如六艺之旨归。是以秦虽焚诗书而李斯创制，实际上已为孔子达其统一之目的。迨汉武用董仲舒议，表章六经，罢黜百家，则为孔子经学第一次实行统一。唐太宗命孔颖达等作注疏，糅和南北学说，为孔子经学第二次实行统一。宋儒倡道统之说，阐扬四书，缓读六经，为孔子经学第三次实行统一。大抵多行一次统一，学术范围即缩小一次。本为周公官学，降为孔门私学，而范围小矣。秦皇焚书，六经减为五经，而范围又小矣。朱子注四书后，人多读四书，少读五经，而范围乃至小矣。是何也？

则由学术定于一尊，无对待，故无竞争。无竞争，故无进步。所以日就缩小，而无发挥光大之事也。而历代儒生又大抵视君主之好恶，逐时会之风尚，以为转移。历数之，则有秦皇之焚书，而后有两汉之传经；有王莽之奸窃，而后有东汉之气节；有魏晋之污浊，而后有江左之玄学；有六朝之纷说，而后有唐人之义疏；有隋唐之科举，而后有两宋之道学；有朱子之四书，而后有明清之八股；有制举之空疏，而后有汉学之考据。大而别之，则汉学也，宋学也。汉学，其究也，流而为名士。由汉至唐，所以国力虽弱，尚堪自支也。宋学，其究也，流而为学究。由宋至今，所以国力之微，将难自振也。嗟夫！三千年之教泽，只以养成官吏，而非以养成国民，岂不痛哉？余不敢轻量天下士，然度今小学堂教授读经，大都八股学究之所为而已矣。朝廷兴学，惩前毖后。小学教育，养成国民。不啻三申五令之，而必留古来养成官吏之教科书以为教。本欲使为国民，反教以为官吏，将来教育普及，全国之民，胥是官吏，何来国民？南辕北辙，果谁之咎哉？（未完）

宣统元年（1909年）第1年第4期

论小学校读经之谬（续）

顾　实

何言乎不合今教育原理也？本乎原理而为之律者曰原则。今教育之所由可贵者，以其必本于科学之原则也。凡百科学不越二大原则。一曰自然科学，亦曰说明科学，其学务主说明旧说有不能明而新说能明之者。则旧说废，而新说行矣。二曰人为科学，亦曰规范科学。其学务主便人应用，适合时势，一方面守旧，一方面维新。立定规范而著著进行者也。《论语·子贡》曰："夫子之文章，可得而闻也，夫子之言性与天道，不可得而闻也。"据《史记·孔子世家》《汉书·李寻传》，则文章指《诗》《书》《礼》《乐》，性命与大道指《易》《春秋》，不佞谓文章可以一"人"字代之，即今所谓人为科学也。性命与天道可以一"天"字代之，即今所谓自然科学也。六经成立之原则，与今科学成立之原则适同。古今中外，心同理同，无足异者。是以即今科学之大原则，以绳六经，无异即六经本有之大原则，还以自绳。今自然科学务主说明不惜舍旧而图新，故易始乾坤，终未济，为循环哲理，不值今进化哲学之一哂。春秋、日月食、桃李花、冬雷、夏冰诸文，称天以警人君之术，不足当今地理学家之一盼。今人为科学务适时势，半旧半新，著著进行。故《诗》《书》《礼》《乐》为宗法社会之规范。施之军国社会，便有不合。在春秋战国已然，孔孟可鉴，奚待今日。是故居今日而主张读经，强今之世，循古之法，乃正背科学之大原则，背六经本有之大原则而为之。却步求前，成何教育？凡在仅具普通学科之学堂，其读经即为不合教育原理，何独小学堂为不合原理哉？曩者尝静居深念，求我国之所以废兴存亡者，有是地理，爰有是历史。二十四朝兴亡，如弈棋，欲保我国不得不就其固有之教泽而扩充之，故不可不兼崇孔子。孔子之教，绵亘三千年，保历史，即以保国保种。不独君位藉尊孔子而绵延，即国脉民命，亦藉孔子而绵延也。是则六经不可不重视也。然而重视之，亦有道焉。道何在？曰：依夫教育原理，用人为科学法，取六经为修身伦理之资料是矣。就修身伦理而讲，古圣贤之言行，必采其适于今用之部分，而舍其不适于今用之部分。一人然也，一事然也，数人数事亦无不然也。此吾国修身伦理之特色也。故今日之经，只有编纂而已。其适于今者取之，不适于今者去之。择之精，守之约，不特愈于读全经万万也。且经本官吏教育，一经编纂，亦可施之国民教育，此诚所谓立之规范之妙用也。抑教育亦一科学而属于人为科学者也。故其原理，有如何之时势，即应为如何之教育。无古无今，无中无外，以时为主。夫惟读经，必欲执古法以愈今病。于是为教育界生二魔障，深三恶习。何谓二魔障？一曰不合儿童心身发达之程度。如初等小学第一、二年，须读《孝经》《论语》。《孝经》为人君以孝治天下之根源，彼小儿起居饥饱，皆须保母，骤语以先王之至德要道，能知之乎？《论语》为孔门达德弟子记载先圣论政论学之要，彼小儿甫事咿唔之了无才识，骤语以为邦为政之策、为己为人之理，知之乎？二曰不合今日世界竞争之趋势。今日何时？衣服不改，不适军队，不合机制，而死守《孝经》，非先王之法服不敢服一说，其可乎？言语不改国语，日常文字不改简字，则民心难一，民智难开。而死守《孝经》，非先王之法言不敢言一语，其可乎？何谓三恶习？一曰早婚之恶。我国之人婚期较早，有室之乐，经实倡之。今高等小学学童，即读诗书，诗咏《关雎》，书言厘降。其他言男女之事，盖不胜枚举，是读经而益深早婚之害也。二曰守贫之恶习。方今世界强国之民，无不满脑金钱主义，惟其取之以义，用之以义，乃为义利两尽。而我国之民，向贱视实业，以致工商实业不发达。今小学堂儿童，读君子喻义，小人喻利，能无贱视货利乎？读毋或作为奇技淫巧，能无贱视工业乎？是读经而益深守贫之恶习也。三曰以官为荣之恶习。三千年之教泽，只以养成官吏，前亦几于流涕而导之矣。今西东强国之民，崇拜学术事功，而吾国则铜臭司徒，羊烂骑尉，争以为荣，趋之若鹜。小学堂儿童，天真未漓，亦既根性于遗传，读《论语》学优则仕。《孟子》三月无君则皇皇如也，其做官之思想当何如？尝见高等小学毕业，而中庭高悬廪膳生之头衔矣。是又非读经而益深以官为荣之恶习乎？凡此五端，仅略举其例耳，其他更仆难终，良由不明乎教育原理，故致百无一可。《易》曰："差以毫厘，谬以千里。"此之谓矣。

总而论之，小学堂读经，既不合古教育之法，又不合今教育原理，由政府之无学也。任其不合古教育本法，不合今教育原理，而吾民终莫一言者，由国人之无学也。政府无学，国人之耻也。国人无学，亦国人之耻也。国如是其大，人如是其众，而相安于无学、无理由之教育，其奚能以一日忍也。方今列强竞争尽注于我国，我国存亡，全在教育。又奚能坐视此腐败教育，使之亡国灭种哉？此所以不惮据真理，举实证，言之哓哓而冀有以一警醒我国人也。

宣统元年（1909年）第1年第5期

说两等小学读经讲经之害

何　劲

记者主张两等小学皆不当有读经讲经者也，然办学务者或狃于国粹之说，或惑于尊经之议，表同情者殊属寥寥。何君此篇为对于全国教育联合会意见书中之一节，亟为刊出以供研究。

孔子圣之时者也，其著书也亦按时以立言。五经之书，皆适合孔子之时者也。孔子时列国聘问，赋诗之风盛行，一有不能，而相鼠茅鸱之诮即随之。故编集《诗经》，使学士大夫分类而熟习之，得以专对而免不学之诮，用心亦良苦矣。而今非其时也，乃学部现章，以《诗经》为其高等小学必修科，每星期教授十一小时，其中窒碍，请得而略言之。高等小学生年龄十三四者居多，嗜欲初开，防闲之犹虞其横溢，乃《诗经》中多男女相悦之辞。在诗人之意以为讽也，而不啻相劝矣。即如《关雎》，孔子之所谓乐而不淫、哀而不伤者。然其词曰："窈窕淑女，寤寐求之。求之不得，辗转反侧。"教员讲解时，学生听之，以为淫耶、乐耶。况《卷耳》乃妇人思夫之诗，《樛木》为众妾颂嫡之德，《螽斯》庆子孙之众多，《桃夭》咏新娘之美善，一部《国风》大半不离乎妇女。以此为教科书，与德宗景皇帝所定之教育宗旨，合乎否乎？于国民教育之前途，利乎害乎？中国早婚蓄妾之害，时贤论之详矣。而《国风》一编，则不啻为早婚蓄妾者推其波而助其澜也。孔子编诗，原有闺房、乡国、宗庙、宴享之别，非为一般人民之普通教科书也。今乃令全国之高等小学生诵习之，吾恐不惟无益而反害之也。他如《大学》《中庸》，理太深而文太奥，非十三四岁之生徒所能了解，亦不适于高等小学之用。至于初等小学第三、第四年，须授《孝经》《论语》，其弊亦与高等小学之用学《庸》同。盖《孝经》言孝，概括天子诸侯及士庶人，乃为能传道统之。曾子言，非为八九岁之儿童言也。《论语》乃孔子学堂中之日记，孔子与门弟子之言行，多记录之。孔门无小学生，故所记皆关于高等之治术、学术。然即可见孔子之教授法矣，一贯之理，于曾子则直授之，于子贡则曲喻之，以下则不复使闻矣。同一问孝问仁，而所答各异，盖相其人之学问、性情而语之，非漫然而施之也。今乃执八九岁之童子，而遽语之曰道千乘之国，曰吾道一以贯之，何其视今日八九岁之童子，其程度竟高于孔门之高足弟子乎？吁夫亦可以返矣。

宣统三年（1911 年）第 3 年第 5 期

修身教授应注意之要项

修身教授，最当注意，对于活泼之儿童，须用活泼之材料。兹以平日研究所得，作修身教授上应注意之要项数则如下。

一、教授宜重仪范

以初等一、二学年为限，一、二年级以上所用材料，不易使人奋起。故修身教授，在最下级收效最易，最下级之修身教授，实处至重要之地位。

1. 慎避学理

此时之儿童，于学理全不能领悟，故教授时一不涉及，自为当然之事。先生之素行，本为其父母所深信，一旦示以校中所授之课本，父母以为如此，儿童易遵，促其子女实行，则儿童日渐模拟，毫不觉苦矣。

2. 宜顺儿童之直观

直观有直接、间接二时。当前得好仪范可以照行之时；教师取旧说或借他人好仪范为指点之时。直观的儿童，用直观的教授，以自然之法则教之，此为最良。

3. 谈话当为具体的

谈话模仿成人，是为修身教授之根本。儿童在教室中模仿教师之谈论，固在禁例。然彼等以长久之时间，集多数人之注意，渐摩感奋，于是教师之谈话，遂为学生发言之模范，而有几分近似之。是即谈话为具体的也，幼童头脑清晰，最易使之想象当时情事，想象其人之行为，亦兴奋，亦感动，于是得收修身教授之实效。

4. 教授时用兴奋剂

幼小之儿童，忍耐力薄弱，故讲授中间间不容发之顷，时时易生倦怠。教师必须豫为注意，见其将倦未倦之前，用短句如“于是乎”“唉此时当如何”“唉此大事”等语，以起儿童之注意。此种短句，可名之曰兴奋剂。

二、用故事教授

小学校修身教科书之大部分，用故事教授者最多。此以教师不得以己身为模范，故假他人之事以为言，若知情意圆满发达之教师，则不必借用故事。故教师不深自修养于平时，则不能为完全之教授。

1. 宜顾本末轻重

故事为客，而其主则别有在。故教以故事，尚非本务，由故事而教以道德，则为本务。教师不可注重故事，而轻视讲授道德，惟教时须用侧面敲击法，最为紧要。

2. 不可有训诫之陈套

现行之教科书，易落训诫之陈套，颇难使儿童有感奋心。训诫虽不可缺，常陷此弊，恐终阻其实行。与其用“决不可为”“必须实行”“不可不守”“此当严禁”“须极注意”等训词，不如用侧面敲击法，使儿童易于感奋，而能实行。

3. 养其国家思想

现行之教科书，多为故事之零缣碎锦，与国家初无关系，教师但择其要项为教授，而于国家思想，不能十分养成，当随时连类指点，发其爱国之心。

4. 注意动机

历史教授，可以其结果为主，修身教授之结果，则无此重要。结果为客，其主在乎动机。如讲岳飞事，岳飞战功之事实为客，其精忠报国即主也。讲故事而不注意于此，则修身教授之目的不达，道德之价值失其贵重矣。

三、以作法教授

修身教授之大部分，属于知。其一部分属于技术，即作法教授也。作法者，以言语显之于动作，其动作之关系，有身体及物品之区别，而皆属于修身教授之范围。作法之如何，亦与人品之高下相关，故于此尤当尽心教授。

1. 重实习

关于技术之教授，必须实习，其理易明，习惯之对于作法，当盛加注意。

2. 使以表情为主

动作无论如何熟练，苟非表其自然之性情，终成为无精神之动作，作教授时切宜注意。

3. 勿为抽象的

如为抽象的，则其作法全为无用。

4. 与日常之行为相联络

门之开闭出入，种种动作，相为联络，务使随地实行，以收作法教授之效果。家庭之间，固宜协力匡助，奖励其行为，尚须特置监视之人，使之实地练习，是亦一善法也。

四、以训辞教授

是为学级较高之修身教授。修身教授，最后必须臻此一境。此为修身教授最艰难处，非至明达之人，不能达其目的。如教授时不甚注意，则生徒感奋之念，难于发生，知识虽广，实行不符，修身教授，终归失败矣。

1. 具体的训辞

抽象一偏之训辞，教师儿童，皆无由感奋，非徒无效，且令儿童生反背之观念。教师于此，宜深加注意，力用具体的训辞。

2. 由分解而进于综合

具体的训辞，为一种之分解，由分解而进于综合，于事为顺，训辞之教授，由演绎以至分解，未必定须综合。此种教法虽无不可，然由分解而进于综合，即归纳法必经之途，万不可忽。

3. 认儿童之人格

以训辞教授时，如不认儿童之人格，易成一种可厌压抑主义之教授，特令儿童生不快之感情。果认儿童之人格，而为自己忏悔之词，如曰：“吾年等诸生时，固亦如此。此非美事，诸生今受完备之教育，宜注意勿更有此失败。”如此教授，不惟儿童无反背之意，且平心静气以听之，不知不识之间，自能鼓实行之动机矣。

五、当用偶发事件施教

修身教科书之材料，只为修身教授材料之半分。其余半分，当取材于偶发事件。故为小学教师者，又当注意收集偶发事件，以为教材。

1. 偶发事件为学校全体之教材

偶发事件在修身教授材料中，为最灵活之好模范。不论何级，不问校内外，皆可取之，以为该校全体之修身教授材料。惟所取必当为善行，此最关紧要。

2. 毋逸时期

既得偶发事件，则直用为教授材料，不当失其时期。偶发事件发现时，即举以教授，其效甚宏，日复一日，效益亦徒而薄弱。当前之事，俟诸明日之修身教授，或俟诸后日之集合教训，迁延无已，效力必減。有时且忽忽忘之，大好材料，纵之使逝，至为可惜。惟去年之事，至本年次日重复述之，所得效益，与当时同。

3. 教师当常以父母之至情持珍物归贻儿童

例如教师出门旅行，或薄游公园，必将新奇之事，有趣味之事，可怪之事，凡可为修身教授之材料者，细大不遗，持之而归，以语儿童。非此，则育英事业，不能完成。

4. 令下级儿童注意上级儿童之举动

上级儿童之举动，为下级儿童最适当、最近情之活泼好材料。当常告诫之，使为下级儿童之模范，而命下级儿童学习之，此于儿童训练上，为最有势力之教材。深望究心校风问题诸君，务于此处注意。尤在全体职员同心协力，实行其事。非此，则校风之维持，训练之调和发达，皆不可望。

六、礼堂之训辞

多级学校之中，于统一全校之趋向。陶铸全体儿童划一之品性，养成共同之意识，维持善良之校风。集全体儿童于一处，加以训辞，是为最要。各学校深信其有效者，虽亦不少，亦有疑其并无效益，而怠于力行。抑且并其方法不加研究者，窃谓行之须不拘常格，定时之外，临时亦无不可行。泥于定期，必多不便。故以双方并用为宜也。

1. 训辞当令儿童如食适宜易化之物

儿童之数至多，其学力以及各种事项发达之程度不同。故一堂之上，普施训辞，至为匪易。然教师苟如此着想，则所发之言，必能使全校儿童倾听，且其谈话，必须平易易化。譬之于粥，无论老者、幼者、康健者、不康健者，无不适宜。谈话像此，则儿童如食甘味。校长诸君，漫不经意，立于多数儿童之前，出条文之训辞。儿童教员，无不倦怠，校长亦无愉色，诚为无味。此全由校长、教师不注意之所致也。

2. 注意时间

普通恒以五分时为限，中间间断稍久者，或长谈至二三十分者，儿童至不知教师作何语，其效力可知。故礼堂训辞，必用五分间主义，而每次只以一事为限，此为最良之规范。其训辞须用工夫磨练选择，使之平易易化，并于五分以内得毕其辞，举例如下。

1）校长今日某先生为至有趣味之话，诸生听之。

2）主任教师某今日余对于诸生有一言，试述与诸生闻之。

3）今晨余自家出，经某某桥，见人群集一处观一事，是盖某某某死于水，陈尸其处也。众人中有林生掣其俦李生之袖曰："吾辈速赴学校，为时恐迟也。"二人遂急行，到校不迟晷刻。人人皆如林、李二君之刻刻在念，自无迟到之时矣（三分间）。

3. 多含奖励表赏之意

礼堂训辞，为一种集合之教训，不可使儿童及他职员、教员预有成见，谓此为校长个人之见解。现在之小学校，蹈此弊者恐至不少。如此则礼堂训辞，将无价值之可言，而听者亦必生厌，故至少三度之中，必有二度含奖励表赏之意。如只一度，犹不免有上述之讥，若每度皆然，则又足令感神经迟钝，而漠然无复感觉。训话之时，当时时杂举儿童之善行、趣味深长之时事，则儿童必所乐闻，而盼俟礼堂之集合教训，否则训话之效力，将无所得。故以学校之禁示命令，在各教室行之，善行之表赏，集合众儿而在一堂之上言之，如此方两相适当矣。

4. 全体教员各负其责

礼堂训辞，视为校长之专责，此甚不可。窃谓集合教训，校中全体职教员皆当分任其责。偶发事件，则由发现者任其责，此于理论实际，皆至妥善。偶发事件，由发现者发表，则必热心如沸，十分加意，冀得盛大之效力。而其所言，亦必平易近人，易入人耳。且发现者负发现之名誉，亦必以自行发表为当，苟由此法，则得偶发事件，不患时机之逸，人以负责任故，至有鞠躬尽瘁，不惜生命者。如此则学校教员全体于偶发事件之发现，无不深加注意矣。由儿童之方面视之，时时更易教师，则兴会亦振。“今日某先生来”相与待之而倾听其言，谈话者之心理状态，自有几分不同，听者自无憎厌之意。故余力主礼堂训词，以全体职教员任其责也。

5. 分定期与临时

定期者，或每周一度，或学校纪念日及他纪念日，凡前定之日行之。临时者，以有偶发事件之日行之。两者皆为必须，尤在所言之事项，适合时期。而临时之训辞，较诸定时为尤要。

6. 集合退散须敏捷活泼

集合退散，多费时间，训词即有著效，而为时间所牵，往往不能实行。故集合退散，不可不敏捷而活泼。果全校职教员一致实行，三四次后，敏活之行动，必能习惯自然。惟最紧要者，集合之处，校长必最先至，次则教员各率所管之儿童，列队而来，列于集合之地，即时训辞开明，此为第二要事。退散亦同，级任教员于训词既毕，即引入各教室教授课业。故教授时间之终始，皆有兴会，无意绪阑珊之状。世以实行为难者，宁非因此缺点之多欤。

宣统二年（1910 年）第 2 年第 7 期

编辑共和国小学教科书缘起

我中国改建共和政体，开四千年以来东亚未有之创局。政体变更以后，事事物物，均当乘机革新，教科书尤其先务也。夫立国之本，在于教育，而教育之良否，教科书关系最巨。同人学识浅陋，窃不自揣。于壬癸之际，纠集同志，从事于教科书之编辑。十数年来，叠次改订，以求进步，虽处专制政体之下，不能无所顾忌，而所以进民德、牖民智、伸民权者，未尝不兢兢致意焉。今际此教育大革新之机会，同人应时势之需要，本其年来编辑上之经验及教授上之心得，别编共和国小学教科书。注意于实际上之革新，非仅仅更张而目，以求适合于政体而已。时势之变迁愈亟，吾人之责任愈殷，既不敢稍有稽延，又不敢或滋草率，兹将编辑要点列下。

1）注重自由平等之精神，守法合群之德义，以养成共和国民之人格。

2）注重表彰中华固有之国粹特色，以启发国民之爱国心。

3）注重团体政体及一切法政常识，以普及参政之能力。

4）注重汉、满、蒙、回、藏五族平等主义，以巩固统一民国之基础。

5）注重博爱主义推及待外人、爱生物等事，以扩充国民之德量。

6）注意体育及军事上之知识，以发挥尚武之精神。

7）注重国民生活上之知识技能，以养成独立自营之能力。

8）联络各科教材，以期获教授上之统一。

9）各科教材，俱先选择分配，再行编辑成书，知识完全，详略得宜。

10）各科均按照学生程度循序渐进，绝无躐等之弊。

11）关于时令之材料，依阳历编次。

12）各书均编有详备之教授法，以期活用。

13）书中附图书及五彩图，便与文学相引证，并以引起学生兴趣，而启发其审美之观念。

14）初等科兼收女子材料，以便男女同校之用。

初等小学校用：

共和国教科书	新修身	八册
新修身教授法		八册
共和国教科书	新国文	八册
共和国教科书	新图画	八册
共和国教科书	新唱歌	一册
新国文教授法		八册
共和国教科书	新算术	八册
新算术教授法		八册
共和国教科书	新体操	一册

高等小学校用：

共和国教科书	新修身	四册
新修身教授法		四册
共和国教科书	新国文	八册
新国文教授法		八册
共和国教科书	新算术	四册
新算术教授法		四册
共和国教科书	新历史	四册
新历史教授法		四册
共和国教科书	新地理	四册
新地理教授法		四册
共和国教科书	新理科	四册
新理科教授法		四册
共和国教科书	新图画	四册
共和国教科书	新唱歌	一册
共和国教科书	新体操	一册

编辑人姓名（以姓之笔画多少为序）：

包公毅　杜亚泉　杜就田　沈　颐　沈庆鸿　徐傅霖　秦瑞玠　秦同培　孙毓修
庄　俞　张元济　陶保霖　高凤谦　傅运森　寿孝天　戴克敦　骆绍先

民国元年（1912年）第4卷第1号

论审查教科用书——敬告中央教育部之三

庄　俞

教育足以制造完全国民，足以培成强国固本。故其事业，千端万绪，不易言之。第今日有亟待讨论者，即审查教科用书是也。

教科用书，不过为学校中教具之一种。各种教具，为教授时聊供教员之应用，大抵属于形式的。惟教科用书，所以灌输常识，培养智能，大抵属于精神的。譬之造器，材料不良，虽盛饰外观，不能持久。况为国家教育国民乎？故各种教具，死物也；教科用书，活物也。各种教具，形式教授之补助物也；教科用书，精神教授之主要物也。各种教具，良窳不妨任选用之；教科用书，则当精益求精，不可稍事苟且者也。使有良教员于此，本其平生之经验，度其学校之状况，察其学生之程度，随时采取材料，依据事实，集学生于一堂而教授之。其热心甚可佩，而成效亦必可睹也。然而此种良教员，千万中不能得什一，况施行其法于大学校专门学校，或可胜任，普通学校及幼稚学生，断难容受此种教授法也。环观世界各文明国之教育，其普通学校，未有不用印刷成册之教科书者。是殆多数教育家经验得之，不可或废也。

普通学校，既必用教科书矣。则编辑教科书之职务，果当付之何等人耶？编辑教科书亦既有人矣，此书之适用与否，必由审慎选择，但此选择之职权，又当付之何等人耶？是则教育先进国，未尝有一致之政策。吾国当教育萌芽时代，择善而从，不可谓非现在之重要问题也。

今日世界各国，使用教科书之法制，大率有四种：其一，国家设官编辑，民间不得自由为之，若日本是。欧美各国，殊少用此制者。其二，民间自由编辑，国家不为干涉，若英、美、荷兰、瑞士各国皆是。其三，民间编辑之本，必由国家审查当否，定为可用之本，未经审定者，民间不得采用，若德、奥、挪威、瑞典各国皆是。其四，国家将审查权委托教育会，凡民间自由编辑，经教育会审定者，皆可采用，若法、比各国皆是。四者之中，各有利弊，惟教育会审查制，地广民繁之国较为适宜。国家编辑制，无比较，无竞争，有碍教育之进步。世界日进文明，此制必将消灭。教育会审查制，能从民所好，至公无私，此制必将盛行。数十年间，各国行国家审定制者，本居多数，法国当三十年前，亦行国家审定制者，自1880年改教育会审查制以后，教育日益发达，于以知此制之善也。

吾国今日，当行何制，是一极大问题，而亟当讨论者也。将行国家编辑制乎？则前清学部之弊政，彰彰在人耳目，决不能蹈此覆辙也。将行自由编辑制乎？则优劣纷陈，害多利少，揆今日之情状，惟国家审定制及教育会审查制，可以采用之。今日中央教育部，已设专官审查民间编辑之教科用书，是已采用国家审定制无疑矣。惟兹事体大，宜分别言之。一曰：小学教科用书当暂行国家审定制也。今日之小学教员，欲尽以师范毕业生充任，则师范学校尚未遍设，何能足用？已毕业之师范生，任以教员，又未能人人游刃有余。学校日益推广，师范生求过于供，不得不于非师范生中遴选任用。此等教员，既非师范出身，事事须于经验上求进步，教员如是，校长亦如是。教员校长之能力，既未充满，则教育机关自宜设法补助，审定适用教科书，俾此等校长教员，有所适从。其裨益于教育前途，何可指数？此暂行国家审定制之理由一也。国民教育之范围，以普及全国为主，教科书之用途既广，利益自不待言。人人图其利，乃人人具一编辑教科书之狂想，草率从事，出而问世，其目的为“利”字所束缚，何暇于“教育”二字上稍加研究？试观近数月间，以编辑教科书告者，不知凡几，究其内容，可供学生之讽诵者，能得几种，苟不详为审查，关系至巨，此暂行国家审定制之理由二也。专制国之教育与共和国之教育，绝对不同。欲养成共和国民，必先普及教育，欲普及教育，必先有适当之教科用书。前清学部所编之本，除尊崇君主材料加意经营外，普通知识，反缺而不完，或偏而不当。民国教育部成立，首先禁用，此正本之道也。坊间印行，亦有此弊，且从前各书取材，莫不遵照阴历编次之，阳历改行以后，自宜速编新教科书。但其宗旨如何，材料如何，不能不详为审查之，此暂行国家审定制之理由三也。嗟夫！古之圣贤，著书立说，以传后世，犹有不能完美之讥，今欲令略具普通知识之人，摇笔成文，以供全国青年之诵读，岂易事哉？由此例推，则审查教科用书亦岂易事哉？

世之论国家审定制者，有数要义焉。曰“公平”，曰“周详”，曰“正直”，曰“迅速”，是殆为公私两利之言也。前清学部之行此制时，事事与此相反。今日教育部当能一扫此弊矣，不佞于此，尚有赘论。宗旨是否合于共和，公民知识是否完备，程度是否适当，分量之多寡、文字之浅深是否由渐递推，材料顺序是否合于阳历。小之如书之定价是否低廉，盖国民生计困难已极，父兄之担负子弟教育费，力有未逮，小学用书宜为统合计之。譬如初等小学必修科为修身、国文、算术三种，则宜取三种教科书而合计之，大约一学期所用文册，合计不得过银币三角以外。高等小学必修科为修身、国文、算术、历史、地理、理科六种，则六册合计之价，不得过银币五角以外。为数有限，则为父兄者不致为难。国中自无失学之国民矣。

一曰：中学以上各教科用书不必审定也。中学固犹是普通教育，然小学毕业后，不必人人须入中学。小学用书，宜求整齐统一之效。中学以上，程度渐高，似毋庸更为干涉，况程度既高之学校，教员之程度亦必随之而高。此等教员，大抵已具别择教科书之能力。故各国于高等学校之用书，常任各校之自由，即主张干涉政策之日本国，其于中学以上之教科书，悉听民间自由编辑，但仍须由文部审定耳。不佞以为吾国今日，不必效尤日本。在办学者可各就其目的以选用书籍，在教育部每岁可节省无谓之巨费。至专门学校，其目的、性质、程度，皆与普通学校不同。办一学校，自有一校之目的、性质、程度，则其所用书籍，当由自主，庶与其所挟之目的性质程度，可以吻合，无待教育部为之审定也。苟有违犯法律及不合教科之作出现于世，教育部仍可随时禁止出版，谁曰不可者？

抑不佞更有言者，教育部为政府之一种机关，由职官主持之，教育会为人民之一种机关，由教育家组织之。审查教科用书，与其委权于政府机关之教育部，毋宁委权于人民机关之教育会。今日各省教育会，尚未一律成立，宜催促进行。而中央教育会尚未组织，宜筹备召集。中央教育会既成，则审查教科书事，可委托之，复令各省教育会襄助之，而总其大成于教育部，苟其行之无弊，即此教科书审查制，亦足与共和先进国之法兰西后先比美矣。或者谓今日之教育会，组织未见完善，骤令掌此审查权，未见其宜，是则别一问题。亦今日教育家所当讨论者也。

宣统四年（1912 年）第 4 卷第 4 号

教育部公布教育宗旨令

兹定教育宗旨，特公布之此令。

注重道德教育，以实利教育、军国民教育辅之，更以美感教育完成其道德。

中华民国元年九月初二日部令第二号
民国元年（1912 年）第 4 卷第 7 号

学制革新之先决问题

姜　琦

近来大家都说：我国学制，完全是由日本抄袭而来的，所以我国教育毫没有效果。但是我现在要问一问：我国教育之所以没有效果，是不是完全归因于学制之不完善？抑或另有一种原因？又现在我国学制，是由日本抄来，和国情不合，固然是不好的。然若我国从前已经仿照国情相同之美、法的学制去办学，能不能决定我国教育就有效果？照我的意思，我以为：学制还是一种形式，学制虽称完善，倘办学人没有活用学制的实力，仍旧是不中用的。换一句话说，若使办学人有了活用学制的实力，那么，学制不求革新而自然会革新了。所谓实力是什么呢？不外二点：一是校内经费之充足；二是学生毕业后之销路。

第一点是办学的命脉。简直可以说，学校没有充分的经费，无所谓办教育。从我这几年的经验，总觉得事事因为经费困难，不能够进行。所以我近来每论一问题，别的不说，第一先要讲经费。我以为经费不充足，一切事等于纸上空谈就是了。我现在举一例：美国在一八〇几年的时候，受战争的影响，教育也是很腐败的，这个时代，好像我国现状似的，在教育史上叫做“教育黑暗时代”。后来他国的教育家都自觉以为，要使振兴正当的教育，非先有充分的经费和完全的设备不可。那时候美国的政府和议会，愿采这议，遂发给大宗经费，建筑校舍，添置器具，向欧洲聘请优良的教员，或派教员往欧洲留学。不出百年，美国的教育非常振作，就不让于欧洲了。不但美国，就是英、法、德、日诸国，他们都能够有完全教育，无非靠着经费的充足。

第二点是办学的后盾。学校平时的教育，大半视社会的需要而设施。换一句话说，社会事业越发达，学校教育自然会因之而改良了。从前有许多人说：我国教育，太不讲究实用，不是一种职业教育。所以学生毕业后，依然无所事事，养成一般游民就是了。于是极力提倡职业教育，以为补偏救弊之计。今则何如？职业学校学生毕业后，除极少数外，依然没有事可做。为什么呢？因为社会各种事业都未发达，不会需要这类人才，所以虽有职业教育，也陷于有名无实了。大凡学校学生毕业后的销路广不广，实在影响及于平时管理训练上很大。譬如一个学校，学生毕业后，人人都有事可做，那么，他们平时在校一定会用功，肯适应社会的需要去学习。倘毕业后没有事可做，那么，他们平时常生灰心，容易引起自暴自弃的观念，在学校管理训练上，往往发生困难。虽有完善的学制，也无所施其技了。我现在举一例：我浙甲种工业学校为什么比别个学校能够收些成绩呢？因为他有一个纬成公司和一个武林铁工厂做它的后盾，学生毕业后可以安置一部分，所以能够使学生平日安心求学，用不着顾虑生活问题怎样解决，所以，办事非常顺手，不觉得有许多困难。

照这样看起来，学校办得好不好，不必问学制完美不完美。第一，还靠着经费的充足；第二，学生毕业后有销路。所以我们与其仅仅在几个文字上讨论什么学制，不如脚踏实地，请求当局解决经济问题及振兴各种事业。这次改组内阁，政府要请范源濂先生出来做教育总长，听说范先生不讲什么政纲，只问政府有没有教育经费，做个去就的交换条件，这是范先生的卓见。所以我们现在对于教育上一切问题，也应该暂时搁笔不谈，只愿政府和议会有了觉悟，实行裁兵废督，把所有经费拿来振兴教育及举办各种事业。更愿本届全国教育会联合会不要专在纸上空谈讨论问题，应该合力一致向政府和议会请愿，要它一面把教育基金筹得充足，一面举办各种社会事业，这两大问题一经解决，不但学制可以革新，无论什么问题，都可以迎刃而解了。

民国九年（1920 年）第 12 卷第 9 号

新学制运动

去年十一月间，全国教育会在广州开第七次联合会，议决一种新学制，大引起国人的注意与讨论。现在将此类消息罗集于下。

十一月十日，《时事新报》记者发表《评全国教育会联合会改革学制系统案》一文，其主要语说："我所认为最满意者，中等教育之采用选科制，与中学校延长为六年，于后三年分科，把职业教育升学预备都能顾到。"

十一月二十一日，江苏省教育会公推出席本届全国教育会联合会代表袁希涛报告联合会议决学制系统草案，并说明推行新学制方法。兹将推行方法转录如下：第一，分发各省，详加讨论，于明年二月后，将讨论结果报告联合会。第二，联合会汇集各省讨论的结果再加讨论。第三，明年二月后，各省讨论内容的支配，如功课衔接法、教材支配法等。第四，明年十月，再请教育专家详细讨论。第五，试办，广东执信学校已经实行试办。

十一月三十日，江浙教育协进会在杭州平海路省教育会开会，由江浙两省教育会的代表报告讨论新学制的计划。

十二月三、四、五三日，余家菊在《时事新报》发表《评教育联合会之学制改造案》一文。其主要语说：此次新案之创制，有二点颇值吾人之牢记，而可视为吾国民新精神之觉醒：一为从儿童身心教育阶段以为划分学级之大体标准；一为顾虑各方情形而采富于弹性之方案，而免去一派硬行其主张之险象。但他不赞成小学由七年制改为六年制，兹转录其一段文字如下：

我之不满于小学减为六年，实另有一层原因在。案小学教育之旨趣，在完成国民生活上必需之知识与技能。今者联合会改少为六年，是否确信六年即可以达此目的而有余，无须多费一第七年，诚不能代为解答。无论吾国文字难学，六年恐不足以达此目的；即不论文字难学这一层，教育于国民之常识常能亦只有尽量提高的，多一年又有何妨？各国义务教育日益延长，就是为此之故。即舍别的不论，而就美国一国的小学年限言，固然有所谓六三三制、六二四制，然而八年的小学与九年的小学亦属很多，我们何为于七年的小学而定嫌其长？诸公莫说在纸上所列之表上，把一条线划高一点，或划低一点，没有多大的影响呵。实在，假使此制实现，许多儿童受教育的机会就将随着小学制度短命一年呵。直接受害的是儿童，间接受害的是社会。因为社会上一般人的智能就将随着教育年限的短少而低落一层。不要说小学毕业后仍然可以进中学，其实社会上许多人家于小孩子毕业小学校，多半不肯再加上三年乃至六年的担负，而让他再入中学。照现制，使他多受一年小学教育，他们已视为容易担负而毫无吝容，我们又何必引诱他使他少教儿女上学一年呢？

还有一层，新制于小学分为二期，并言明单办前期者听，而未言及后期是否可以独立。依我的意思，后期实有可以独立的必要。如果单把眼睛放在都市上，或者不觉吾言之有理，试一观察乡村教育，当知后期小学之普遍决不能如前期小学一样。而且有后期小学的学校亦决不能不容纳别校的前期毕业生。与其使各校于前后两期兼营并顾，而增加教授上、经济上的困难，倒不如使其单办前期，而另立若干独立的后期小学以容纳其毕业生。原案只言明单办前期者听，而未虑及其毕业生可升学何处，是无异制其教育的死命。

十二月八日上午九时，江苏教育界在南京公共演讲厅开新学制草案讨论会。讨论后，提议组织各股委员会，分初等、中等、师范、大学、专门、教育行政六股，每股主任二人。下午二时，委员会组织成立。四时，开第一次委员会。九日上午，开第二次委员会，议决各项议案。

十二月十四日，《时事新报》记者发表《新学制问题》一文，大意唤起国内研究教育者从速发表对于新学制的意见。

十二月十八日，有署名秋墨者在《民国日报》发表《新学制实施之必要》一文。文中说："我以为研究的分子，不妨多些，不能偏重在教育行政人员——劝学所所长和第三科不是迂腐固执的学究，没有眼光，便是假充官僚，没有学识——应该使教员方面人物多量容纳，使他把教授方面亲历的苦痛，或者学生方面学非所用的现象，一一陈述出来，好有个解决方法。"

十二月二十四日，江苏新学制草案讨论会委员会在上海江苏省教育会开第三次会议决定于十一年二月二十四日，由江苏教育厅召集第一次大会到会各会员、各县劝学所长、县署第三科主任、县视学，并令劝学所酌召小学校长共同出席讨论。

十一年一月五日，《民国日报》登载广州新闻一段云：

自教育会会议议决六三三学制后，广州市教育局现已着手进行，拟从市内各国民学校为入手办法。日来各视学对于各校认真查视，即欲择其办理完善者，于春季时先行改编。日前许局长亦前往考查。兹查有第二十四国民学校及二十国民学校办理颇属认真，而教授亦用新法，且该两校校长江鋆、陈明均毕业高师，故拟将该校先行试办云。

一月七日，杭州中等以上学校校长在第一师范开会，讨论新学制系统案及教育独立案。关于学制方面，议决下月四日，在教育会开中等以上及省会高小国民等校校长联席会议，解决新学制系统案问题。

十一，一，十五。（予）

民国十一年（1922年）第14卷第2号

对于新学制系统草案的我见

予 同

我平素有一种空想，我以为教育在现在不合理的政治和经济制度底下活动，总带有许多的污点。想使教育以全人类进化为目的，而免除一切利用的色彩，决不能仅就教育本身去解决，而非从经济和政治制度着手不可。教育事业固然有许多可以用零碎解决的办法，但根本问题不能不采用总解决。因为怀抱这种空想的缘故，所以我对于教育的意见，近于革命的，而非改进的。

去年全国教育联合会议决一种新学制，国内教育家自命的人都视为绝大的问题，东也集会讨论，西也发表意见。我对于这种改革总不能引起十分热切的情感。因为我觉得就是依议决的草案实行了，社会上无穷的悲剧恐怕依然不能减少。但是，排斥超越的空想，而就现在的世界、现在的中国立论，的确也很有讨论的价值，也不能不承认它是中国教育上的一种改进。因为这缘故，所以我又想张开我厌倦的眼睛，发出这微弱无力的话来批评一下。

就我个人的私见，我觉得新学制系统草案的优点只在中等教育段。中国以前的中等学校太偏于普通教育了。按原理说，这种办法也不能说是错误。因为教育制度不想法使儿童受完善的陶冶，发挥他固有的天才，而反受私产制度的限制，使贫者在幼年受职业的训练，好像专为吃饭而生存，这实在是悲惨的现象。不过在现在不合理的经济制度底下，绝没有实现这种合于原理的教育。所以中学生毕业后的生活，在这数年来成为教育界绝大的问题。教育界人士虽然也将学制修改过几次，主张添设什么甲种、乙种的职业学校，但总是“补苴罅漏”的办法，不容易得到圆满的结果。这次新学制系统草案的中等教育段能够将升学和职业两方面兼顾，在维持现社会的原则上面，使学生依据经济的状况和个人的志趣，受相当的教育，这是不能不赞许的。某教育家说，新学制是“八面玲珑”，我以为配称这四个字的只有中等教育段。

新学制中的初等教育，主张采用四二制，这使我不能不怀疑。他们主张四二制的表面理由，说是根据儿童身心发育的次序，以六岁至十二岁为童年期，其实背后受了两种谬见的束缚。其一，似乎有点想模仿美国的六三三制。我觉得不就本国实际的情况去改进，而采用这种“削趾就履”的办法，总是不大对。数十年来，我们模仿日本的教育制度，大家已经知道失败了，现在又拼命的模仿美国的教育制度，就预料能有成功吗？其二，似乎有点忽视乡村的教育。他们只着眼都市的或省立师范附设的小学校，以为自四三制改作四二制并没有什么困难；况且就说四二制缩短一年，但还可以进初级中学。不知道许多乡村的儿童，因为小学年限的缩短，而受教育的机会也随之减少了。总之，我觉得现行初等教育制度并没有改更的必要。现在小学校的重要问题，乃是扩充校数、增加经费、造就真正教师、教师生活改善等等问题，而决非减少年限的问题。本是一个问题，而不想方法去解决，固然近于麻木；但不成问题的事情，而勉强去“改弦更张”，也近乎自扰。浙江省教育会某君提出不赞成采用四二制的意见书很有相当的理由。因为已见本志本号的教育界消息栏，所以不必再重复地说明了。

总之，我以为新学制草案，除初等教育段外，都没有讨论的必要。现在最要的，就是中等教育段的教科与课程的规定。所以我希望国内教育家不要费很大的时间和精神去争论这笼统的学制系统，而实际的讨论第二步的进行方法。还有一层，我以为中等教育段教科与课程的规定，须由中等学校教职员亲加研究，而参以国内真正教育家的意见。那些科长视学等的官僚化的人物大可以不必参加，因为他们不过能在席间发出官气的外行话罢了。

民国十一年（1922 年）第 14 卷第 3 号

四志新学制运动

三月十四日，江苏教育界组织新学制学程研究委员会。议决分初等、中等、高等、师范、职业五部，部设干事一人。其进行程序，由各部组织委员推举分部及分科会员，以便易于研究。嗣后中等部商定以各中学校长及校务主任为分部委员；其无校务主任者，由学监或级任科任等支配课程之职教员充任。四月十四日，该会中等部分部委员在省教育会分事务所举行会议，以一中预拟之初中学程标准草案为讨论根据。其草案如下。

标准：

一、教材。

（一）以人生为主。（无关于人生者，从阙。）

（二）以常识为主。（过涉高深者，从阙。）

二、方法

（一）注重应用。（不重记忆名词。）

（二）讨论问题。（不用演讲灌输。）

三、说明

（一）公民科（包括修身、伦理、法制、经济）

1）主旨。培养群己间生活的常识与习惯，发展人类中大群的决心与能力。

2）程序。第一学年以学校生活为中心。第二学年以家庭生活为中心。第三学年以社会国家生活为中心。

3）方法。择相当的常识与问题，用研究、辩论、调查、参观、表演等法出之。

（二）国文

1）主旨。切合实际应用，以能领略、能发表为度。

2）程序。第一学年以语体文为中心，文言文辅之。第二、三学年以文言文为中心，语体文辅之。

3）方法。用学力分级，不以学年进退。教学法重自习辅导。

（三）英文

1）主旨。与国文同。

2）程序。第一学年以会话为中心，阅读为辅。第二学年以阅读为中心，以会话、作文为辅。第三学年以阅读为主，会话、作文、文法为辅。

3）方法。用学力分级，不以学年为进退。教学利用机会，以口为基础，注重养成自然习惯。

（四）史地（仍分二科教授，但须同时并进，以资联络）

1）主旨。增进史地常识，了解重要问题。

2）程序。第一、二学年为一周，尊重本国史地之常识与问题。第三学年为一周，尊重世界史地之常识与问题。

3）方法。打破历史分代、地理分区之呆板成法，以研究人生问题为中心，如历史上宗教问题、地理上交通问题等等。

（五）数学（包含算术、代数、几何、三角）

1）主旨。研究数学基本常识。

2）程序。第一周以算术为中心，几何、代数为辅。第二周以代数为中心，几何、算术为辅。第三周以几何为中心，三角、代数为辅。

3）方法。用圆周法混合式，以免学者精神时间之耗费。

（六）理科（包含生理、卫生、动物、植物、矿物、地质、理化）

1）主旨。研究关于人生之自然界各种常识。

2）程序。第一周以生理卫生为主，其他为辅。第二周以动、植、矿、地质为主，其他为辅。第三周以理化为主，其他为辅。

3）方法。用圆周法混合式。以实验证明理论。

（七）艺术科（包含图画、手工、乐歌）

1）主旨。兴起美感与应用技能。

2）程序。第一、二学年授简单之写生画与竹工或木工。第三学年授简单之用器画与木工及金工。乐歌授二年。

3）方法。图画手工联合教授，注重创作，模仿为辅。乐歌单独教授，调节精神。

讨论后，加以修正：所有括弧内注语，一概取消；方法项“讨论问题”四字改为“诱导自学”；艺术科第三学年改为选科，将乐歌列入，学生于三种内任习二种；女生刺绣缝纫等归入手工，家政并入公民科；艺术科程序项“与竹工或木工”

六字改为“工艺单音乐典”；第三学年添设选科指导。至高级中学学程之详细纲要及标准，推陆步青、廖茂如等为起草委员，待与大学高专委员接洽后订定之。

民国十一年（1922 年）第 14 卷第 5 号

第二章

关于公民课程和教学法的探讨

新学制确立公民科代修身科后，关于公民科的讨论可谓如火如荼，这些讨论包括修身科之弊、公民科设置之必要、公民科的课程设置、公民科的内容、公民科教学法等。

1）学校设立课程的目的在于教授儿童自立自强的知识、技能，养成健全人格，培养为公众谋幸福的精神。

2）公民科应教授公民生活必需之常识，培养公民善良习惯，教授道德、法治、政治、国际生活等大意，为其成为明达的积极公民做准备。

3）公民科教学的具体目标包括，教授公民日常生活的知识、团体互助之必要、公民参与之态度、公民监督之必要、自治与合作的能力、尊重他人权利及人格之习惯、履行义务之意识、服从法律之精神等。

4）对于儿童自治，首先要养成儿童对于自治的认识、培养儿童自治的能力，更要发展健康的儿童自治组织，并使其真正是儿童的、为儿童所治且能够使儿童享受自治组织的利益。

5）公民科的教学与其他科目的教学有别，特别要注意引发儿童学习的兴趣，教学内容与儿童的现实生活和知识经验相联系，同时，还要处理好理论教学与实践教学之间的关系。

6）社会科的教学，要注意个人的基本需要与个人的心理发展，使受教育者既能适应社会，使自己的生活得到改善，又能对社会进行改进，以促进公共的福祉。

7）小学社会科课程的修订，要适合国情，满足国家、社会和个人的发展需要，可供全国通用，又给地方留有余地，内容应确实为社会和儿童所必需。

8）通过教育改正儿童的不良习惯如迟到和无故缺席，忘带学用品和学用品的散失，乱涂墙壁和不爱惜公物，随地涕吐便溺或抛弃纸屑果壳，多吃杂食，说谎和诿过，骂人和叫嚣，窃取他人的物件，以恶毒的行为捉弄别人和蓬头垢面、衣衫不整等。

对于新学制小学教科目的意见

庄　俞

二十年来不满意的学制，居然有改革的希望，不是莫大之幸么？这回改革学制之动议，发生于教育界，不是发生于教育行政官厅；发生于全国联合之教育团体，不是发生于一地方或一机关；更是莫大之幸了！可惜只定了一个系统表，办教育的人虽想急进，无所适从，所以要进一步研究课程才是。全国教育联合会把这个问题留到今年大会再行讨论，预先征求全国教育家的意见，以为开会时资料。这个时候，凡有教育学识和责任的人，都应该各抒所见，不问说的对不对，尽管说来，便算各尽其责。如有意见而不说和没有意见而乱说，我以为都是不对的。

我对于新学制，可以说是赞成的一个人。对于小学六年分为前四、后二两期，尤其赞成。不过小学的课程，照六年支配，如何适当，是很大的问题，我略为发表意见如下。

无论何种学校，必先定教科目。没有教科目，将使教师无所教，学生无所学。不过这教科目，如何方和儿童心理上、生活上、身体上融洽，不得不细细讨论。第一在于设科的范围；第二在于教材的选择；第三在于教授的方法。前清学部和民国教育部的学制，也经过几次的修订，我且把它写出来比较一下：

时期	学校		教科目
清光绪二十九年	初等	初等小学校完全科	修身、国文、算术、体操、手工、图画、唱歌，三年起加读经讲经
同上		又简易科	修身、国文、算术、体操、手工、图画、唱歌
清宣统二年		初等小学校	修身、国文、算术、体操、手工、图画、乐歌、读经讲经
民国元年九月		初等小学校	修身、国文、算术、体操、手工、图画、唱歌、缝纫（女）
民国四年七月		国民学校	修身、国文、算术、体操、手工、图画、唱歌

续表

时期	学校		教科目
清光绪二十九年	高等	高等小学校	修身、读经讲经、中国文学、算术、中国历史、地理、格致、图画、手工、乐歌、体操
清宣统二年		高等小学校	修身、读经讲经、中国文学、算术、中国历史、地理、格致、图画、手工、乐歌、体操、农业、商业
民国元年九月		高等小学校	修身、读经讲经、国文、算术、本国历史、地理、理科、图画、手工、唱歌、体操、农业、商业、缝纫（女）、英语
民国四年七月		高等小学校	修身、读经、国文、算术、本国历史、地理、理科、图画、手工、唱歌、体操、农业、商业、缝纫（女）、英语

就前表看来，我国小学校的教科目，从前清直到现在，除读经讲经一科时加时删外，简直没有什么变动。读经讲经根本上不合儿童教育，它所以时加时删的缘故，为了行政机关少数人脑筋新旧的不同，这问题很容易解决的。民国四年七月，教育部修正小学校令，还把高等小学的读经科保留着，经的潜势力可谓大极了！民国九年，教育部将国文改为国语，真是小学教科目上绝大的变更。除此外，都是仍旧。我们要知道我国从有小学以来，所定的教科完全是日本式的改来改去，还是这样。我再把日本和其他各国小学教科目列成一表如下。

国别	教科目
日本明治卅十三年	修身、国语、算术，日本历史、地理、理科（以上三科第五年起），唱歌、裁缝（女）、手工、农业、商业、英语
美波士顿	修身、读法、词法、书法、算术、体操及休息、唱歌、图画、手工
法	论理及公民须知、读书、习字、算术、本国历史地理、手工（女设裁缝）、唱歌、体操、几何、簿记、物理
德	宗教、国语、读书、习字、算术，历史、地理（以上两科第五年始），几何、物理（以上二科第七年始），博物、图画、唱歌（以上三科第四年始）、体操、裁缝（女）
英	国语、算术、图画（男）、裁缝（女）、地理、历史、理科初步、唱歌、体操
意	国语、读法、习字、算术、体操、卫生、家事经济（女）、宗教、农业、手工（随）
奥	宗教、读书、习字、话法、算术、博物、理化，历史、地理（以本国为主），几何画

就前表看来，除宗教一科不论外，我国现行小学教科目所无者，有几何、簿记、家事经济数科。

教科目在学校的地位，要算是第二生命。而规定小学校的教科目，格外困难。因为学校的儿童正在发育初期，教科目太繁，就怕漫无抉择，脑力不胜；太简，又怕废弃时间，现在所受的知能不足将来的应用。怎样能够不繁不简，适合儿童心理、本能、身体的发育，实在不容易说。以我所见，教育部现行的小学教科目太简；有极少数的革新小学不受教育部的学制束缚，创制若干教科目，似乎又太繁，并且不能使一般小学校效法。这问题很可以研究的。

近来有几处小学校主张不设修身科，又有主张设修身科而不用课本，我都不以为然。以前修身教授成绩不很好，都是教学的方法和教材不好，不能“因噎废食”的。我也曾试验过，其结果等于不设修身科。主张不设修身科的人，以为修身注重作法，不必在一定时间内“正襟危坐”，使得“言者谆谆，听者藐藐”的。其实都是矫枉过正，不设科，不用课本，弄得毫无把握，毫无稽考，还不如设科的好。只要把支配时间、选辑材料改良改良就是了。

国语及国文是必修科的主科，没有什么问题。不过小学六年，是否完全教授语体还是后数年要渐渐的文语互授，或全授国文，现在议论很不一致。我的意见，小学一年至四年，当然全授国语。因为过渡时代，社会上应用国文还是大多数，儿童所受六年教育，如果全是语体文，那不升学的儿童到社会上做事，必有许多困难。所以五、六年必须语文互用，而且把文体的应用文要一一的举例教他。至于文和语教授时间各占几分之几，还是语多文少，或是文多语少，可听各校的便。

算术也是必修科，不过以前小学的算术只教四法和小数、分数、诸等数。教育部所定的要旨在使儿童熟习日常的计划，增长生活必需的知识，在各校所选的教材、所定的程序未必相符。儿童在小学毕业出来，于升斗、斤两、钱分、丈里、货物兑换等，茫然无知，其他更说不到。我意小学后二年宜兼教几何和单式簿记。几何是各种计算之母，簿记是生活事业之基，不可缺少的。

体育极为重要，以前学校拿体操当体育，太简单了。每周教授体操三四小时，就算有了体育的功课，更太简单了。既然是体育，应该常常注意的，天天练习的，一周只有三四小时的注意和练习，又不过是柔软操、兵式操、团体游戏等，怎样能成功呢？现在的学校里，必设法将体育科所包括的事项支配的天天都有，庶几合于儿童身心发育，并且渐渐养成习惯。这是很要紧的一件事哪！

新学制既将高等小学裁并为小学六年，则历史、地理、理科三种，从前在高小科的，现在应该如何支配，很难解决。就生活和社会的需要而论，小学第二、三年，即应该和儿童讲谈原始人故事、名人故事、事物发明故事、生活进化故事等，这都是历史科材料。本国历史，浩如烟海，但合于共和目的，又为小学儿童适用的，并不多；只要精选编辑，应用的时期得当，效率自然大了。从前小学教授历史，限于本国，现在交通渐见便利，国际渐趋大同，世界历史似乎不可不酌授一二，以唤起儿童的世界观。地理也是这样，应该从二、三年起，即将各地方民族生活的状况，如衣、食、住和风俗、职业、普通物产、名胜风景等选为教材，规定适当时期，依次教授。理科应该改为自然研究，也从二、三年起，先注重实物或图画，使儿童观察；三、四年起，注重故事；五、六年注重采集标本和研究问题。这历史、地理、理科的教材和目的，都要注重生活上应用的为第一义。卫生也是很重要的。吾人衣食住事项，无一不和卫生有密切关系。吾国儿童，比较欠活泼，体弱而多病，90% 是这样的。吾国社会又最缺乏卫生的习惯和知识，公共卫生格外冷淡。必须于小学设为教科目之一，庶几可以养成常识。以上所说的，都要算必修科才好。

此外如工艺、园艺、商业、家事、音乐、图画等，可定为随意科。但随意科的解释，向来认为学校设科可有可无的意思。其实要就两方面讲：学校教授方面，实在没有人才或经费得以暂缺一科或数科；学生练习方面，如和性情不合，或有特别事故，也可以暂缺一科或数科。从前小学教科目，得就地方情形，酌设农业或商业科，而工业不在内。农商业固然是重要，工业未尝不重要。凡玩具制作法、家庭用具制作法和工艺发明家的小史，都应该讲授的。从前商业科认为男子的补充科，家事科认为女子的补充科。现在社会需才日多，男女可以并用。生活日难，女子也要自立，所以商业科不但男子应该修习，女子也应该修习了。家事以缝纫、烹饪为主，从前认为女子的专职，我常想到男子不能缝纫，凡有衣服破裂或添置，虽极容易的，也要求教女子。如在旅行中，非求教缝工不可，烹饪也是这样。殊不知衣食二事是人生一日不可缺少的。高尚精美的技能自然不能责备人人会的，不过极普通的应该不分男女，人人都会一些，方合于生活的道理。因此，我以为小学的缝纫、烹饪二科，男女可以同时教学的。

外国语是否为小学所必修，小学所设的外国语科是否仅限于英语一种，这也要研究的。我国沿江沿海各省，有通商大埠商业繁盛，需要英语，这种地方当然于小学得设英语科。他如奉天等省，和日本的关系很多，似乎应该设日文日语科，依次类推，和法国关系较多的地方，应该设法语科；和俄国关系较多的地方，应该设俄语科。可以各就他地方情形，酌定教科目，不可用一律规程去束缚它。进一层说，既然要设一教科，必使儿童得一种实益。现在有许多小学设有英语科，因为小学的经费不充，没有较多薪金可以请较好的英语教员，以致儿童读了数年，实际上读音不准，语法不合，升入中学的时候，须重新教学起来；不但以前的工夫虚耗了可惜，他那先入为主的不当知识也很不容易矫正。所以内地的小学不必定要设外国语科。要设外国语科，必先有了良好的教员；没有良好的教员，虽是需要，也只可以暂缺。这外国语和商业、工艺等科，还要视儿童将来升学不升学，定他选习不选习的标准。倘使不升学，毕业后就到商界去习业的，那是算学、簿记、商业等科，应该格外注意才是。

总之，学校设科目的要养成健全人格，创造进化社会，所以儿童时代便当修练自立自助的知能，使将来得为公众谋幸福。从前的设科，大概以成人为本位，以划一为手段，以简单为主旨，以模仿先进国为标准；以后当以儿童为本位，以活动为手段，以适用为主旨，以合于国民性为标准。研究这问题，第一步为决定某科为必修科，或称主要科，或称教通习科；某科某科为随意科，或称补充科。第二步要决定某科占教学时间若干，某科更占学时间若干。第三步要决定各科所用教材的标准和分量。本文就只第一步立论，兹就我见假定一表如下。

	教科目 \ 学年	一	二	三	四	五	六
通习科	修身	••	••	••	••	••	••
	国语及国文	••	••	••	••	••	••
					••	••	••
	算学	••	••	••	••	••	••
	几何				••	••	••
	簿记					••	••
	历史		••	••	••	••	••
	地理		••	••	••	••	••
	自然研究		••	••	••	••	••
	理化					••	••
	国画	••	••	••	••	••	••
	音乐	••	••	••	••	••	••
	体育	••	••	••	••	••	••
	衡生			••	••	••	••
选习科	园艺		••	••	••	••	••
	工艺			••	••	••	••
	商业				••	••	••
	缝纫			••	••	••	••
	烹饪					••	••
	外国语					••	••

民国十一年（1922 年）第 14 卷号外

小学的新课程

俞子夷

新学制系统最好的一点就是纵横能活动，毫无呆板的弊病。这学制的初等教育段不如中等教育阶段的活动，我们已经在前一期里论过，并且再拟了个修正的方法，使初等段也能纵横伸缩。不过凡事愈活动的愈难办，愈呆板划一的愈容易办。呆板的，可以有一成不变的法则；只要依照了做去，不怕弄出事来。活动的，没有一成不变的法则，随时随地要用心调节，若不然，就弄得纷乱。我们主张小学要有一、二、三、四、六年的各种可以适应各地的生活状况，已经在前一期里说过。小学有了这许多的种类，不是将来实行起来纷乱的机会很多的吗？从前小学只有高、初两级就直接中学，尚且高小和国民、高小和中等学校彼此隔膜，不能衔接。现在中等教育和初等教育都是变化无定的，那么将来势必弄得各校各成一个风气，学生难于转学。所以我们谈起新学制，就要联想到课程标准上去。倘使课程上做不通，那么就是证明这纵横活动的制度是不可能的。制度是目标，课程是方案；配不出方案的目标，不过梦想罢了。

还有一层，旧制第七年的课程，是不是照样送到初级中学去，还是节约了在六年里结束？若是送初级中学去，怎样割切，六年的课程到什么地步为止？若是节约，便怎样节约？从七年变成六年，课程上总逃不了这一番改动。即使不为衔接，不是要防活动制度的纷乱，我们也有这很急切的需要，要把课程细细的讨究一下。

不定衔接的课程，同等学校毕业的学生程度高下不一。所以上级学校招考时不得不行很繁重的入学考试。同是上级学校，也因为没有一定的标准，所以各校入学试验的难易也没有依据；不过听凭几位出题目的先生随意出了几个题目就算是标准了。所以同一所学校里，前后几年出题目的先生不同了，入学程度的标准也跟着变了。即使同一教员出的考题，也因为没有课程做依据，所以前后学年也有很多的出入。毕业考试也是同样。我们各级学校在这上面受了许多的损失，教员、学生也虚耗了许多的时间和精神，父兄的金钱也因此空耗了不少。若能定出标准课程来，不要说上下级学校可以直接升送，至少可以免去一重的考试。就是不必免这一重考试，不用保送的方法，无论入学毕业的考题都有了根据，可以省却不少的纷扰呢。

旧时教育部有一种课程表和教则细则，此外没有什么课程了。就是各省各县也从来没有定过什么要目细目——有几个省立师范附属小学校自己定过的，不过是一校用的，地方公立学校是从来没有法定的课程做依据，那部定的东西是很笼统的几句条文，大略有些种类上的范围，没有程度上的高低。全国小学校的绝对标准就是那坊间的教科书。各家的书不能尽同，所以用不同书的学校就彼此不能衔接。高、初等用书往往不是一个人编的，所以高、初等不能衔接。请看高、初等国文书，初四的末了和高一的起头相差竟有一年多的程度。这就是一个不衔接的证明。教科书虽是送部审定，但是审查员只留心在一部书的内容，没有顾到上下程度的衔接——即使他要顾到这一层，也没有可以依据的标准。并且部定的东西又没有说明是最大限度还是最小限度。人家拿了这东西当是一个绝对不可动的模型——但是要做模型又嫌得太笼统。所以我们此刻要研究的，不能再犯教育部从前那种笼统的弊病。

像教育部那种东西太笼统了，太不明了了，所以不能有什么用。有一种顶确定的课程就是细目。各科细目里要把各项教材逐一规定，每项教材又有一定的时限。或者更有参考书、教具等附注，也有把什么教材当怎样教，不当怎样教，一一列举。斐岛旧时的课程都是这一类的，大部分至今还用着。这种课程在升学、转学衔接上确有很多好处。但定得太呆，也有许多弊病。

第一，这样详定的细目顶缺少伸缩的余地。教材的种类不得变更，就是各种的先后次序也被课程束缚住了，教员的个性完全不能发挥，学生的需要也无从表现出来。

第二，教材有公通的，也有地方的。一切都有细目规定，各地方没有变化的余地，地方的教材没有机会加入。

第三，教材也有临时的。预先规定了细目，一学年里前后没有更调的余地，临时的教材也没有机会插入。

第四，教材是一种适应，所以教材也宜随时随地能适应学生的需要。顶好的课程不是束缚教员自由的，是帮助教员适应的。所以一切都有细目规定了，教员可以完全不负责任，适应的责任由细目去负了，这就是教育的机械化。

太笼统了，不可以做依据的标准；太细审了，又不能伸缩自在。在这两极端的中间有一个折中的办法。

教材有地方的，然而也有共通的。譬如各地方教本地的职业、交通，当然是各地不能一律，然而人类生活不外衣、食、住三大项，三项的职业不外织工、缝工、粮食店、农夫、屠夫、木匠、瓦匠等等；人类交通的机关不外车、船、轮船、火车、轿、马等类。同是职业或交通，有地方的，也有共通的。此外文字、算法、卫生、道德、技术等类，共通的教材也是不少。所以课程里应定的教材，就是这一种共通的东西。

教材有临时的，并且各地方气候不能一律，就是同一地方各年也略有迟早，所以课程里只能列举种类，汇类编排，决不能呆定先后次序。就是算学一科时候的关系最浅，也不必呆定先后。譬如分数加减法和通分小公倍数，旧日教科书都是先学小公倍，次学通分，然后再学分数加减法。现在有人先教同母分数加减法，次由不同母分数加减法引起通分的需要。再用视察法教了通分，然后引到小公倍去。亦有先学分数乘法，后学分数通法的。所以我们定课程时只能规定一年或半年内应学什么，决不能规定什么在前，什么在后。

同是共通的教材，也不能件件收入课程，当权量价值的大小去决定去取。这去取的标准：第一当看社会的需要；第二当看学生的能力。课程里应收社会顶需要的，并且是普通学生一定能学的，这就叫最小的限度。这最小限度就是各学年学生不可不修习的最少的教材，此外地方的、临时的、补充的，尽可由教者自由处量。

同是共通的最小限度，照中国地面论，至少还要有两层的区别。一种各省自定的最小限度，一种各县自定的最小限度。譬如江苏省的学生，至少都应该明白本省的政治中心是在南京，东面是海，本省地位在中国沿海的中段等。这就是江苏省地理科课程的最小限度里应收入的教材。又如无锡的丝米面粉，无锡在江苏省里的地位等等，是无锡县地理科课程最小限度里应收入的教材。南通地理课程最小限度里应收入的就和无锡不同了。地理、理科、职业指导等科，除省课程外，必定要有县课程。其余国语、算术、公民、体操、卫生、历史、手工、图画、音乐等，若为一时不易举办，就单有了省课程也还可以无妨。定课程的最小限度，从社会需要方面讲，当从实地调查入手；从学生能力方面讲，当从测验入手。譬如要定小学生识字数的最小限度，先应调查本省各界人民最通行的是什么字。收集公私信件、传单、广告、日报、杂志、小说，拿来统计，看什么字用得顶多。再把这统计出来的字测验学生，看哪一年级的学生能识哪几个字。这样统计以后可以做成一个识字的最小限度。下面是个人私拟的各科最小限度。

第一，修身公民科。

1）本省最普通的不良习惯。先调查，次决定哪几种是顶重要，哪几种较为轻些；哪几种能在一年级改正，哪几种在二年级改正。

2）本省公民应有的良习惯。先调查，次用统计方法求出哪几行重要，哪几行不很重要，再定各学年应注意养成的习惯。和第一种相仿佛。做时宜分别，做成后可以合成一起。参看南高附小出版的《好国民》，《吴县教育月刊》第一期“消极训练研究”。

3）职业指导。同法由各县调查编制。

第二，国语文艺科。

1）识字的种类，见前。不但研究单字，要连成语熟语一起在内。参看 Thorndire：*Teacher' s Word Book*。

2）语法文法，先调查本省人顶容易犯的错误；再定各学年应注重练习的文法语法。参看 *Sixteenth Yearbook of the Society for the Study of Education*，pp.85-100。

3）文艺种类，先查学生爱读的书，再决定各学年应读童话、寓言、冒险谈、传记、小说、诗歌、童谣等的种类和分量。

4）应写熟的字，同第一项。参看 Ayers：*Spelling Scale*。

5）写字和作文可以参看"小学校"第十号、第十一号。最好仿照第二项办法，调查易犯的错误，编订各学年练习的最小限度。

第三，算术科。

1）整数四则，可以利用 Caurtis：Standard Practice Tests 和 Thompsom Mimimum Essentials，调查各学年能力，编成最小限度。

2）诸等关系，小数、分数、百分数可以仿照第一项办法做，参看南高附小的"吴狄麦克尔"混合四则测验。

3）应用问题，宜先调查本省习用的问题，再用测验法决定哪一学年宜学哪几式。参看南高附小的应用题测验。

除这三课以外，别科暂时搁置几时，将来再研究。因为那几科目就是一时没有最小限度，也不至于发生重大的困难。并且上述三课十一项已经足够我们二三年的研究了。

我们主张小学要有一年、二年、三年、四年、六年各种，那么各式小学的课程怎样衔接、怎样循环，却是个重要的问题。照上述，修身公民、国语文艺、算术三科，既经有了各学年的最小限度，当然没有什么问题。把课程里一年的教材教一年小学；二年小学里截到二年课程止。三年、四年的小学也各各截到三年、四年的课程止；六年小学修完六年全课程；初级中学入学标准，就是六年课程的全部。各学年转学，也没什么大难，并且一定可以很衔接的。

不过有一件事是要注意的：这课程里一个学年的最小限度是根据本省普通学生用测验法定的。所以一学年的课程，不是定要用一年的光阴去学习的。倘使有聪明的学生用了一年的功夫，修了一学年半的课程，当然要承认他已到一年半的标准。在年长失学的小学生，这层尤其要紧。一年或二年的小学里，年长组或年长班的学生如能用一年的功夫修了二学年的课程或用二年的功夫修了三学年的课程，他就学虽只一年或两年，他的学力要算他二年或三年的。将来倘使要转学，二年课程完的当入三年级；三年课程完的，当入四年级。切不可再照现行办法，只问学生在学的年期，不管学生的学力，把学生宝贵的光阴牺牲在呆板的法令上去。部定教则太笼统了，没有可以做凭据的标准，所以走这末路只向在学的年期。倘使有能力较低的学生，也不防用一年半或二年的功夫去修一学年的课程。这就是新学制说明里所说明的弹性编制法。要行弹性的编制，恐怕没有这最小限度定出来，也是不容易的事呢。

还有那种一时定不起来的各科便怎样呢？我想有一个临时的办法。

1）办一年的小学，科目不必多，除修身公民、国语文艺、算术三科已有最小限度外，其余体操、音乐合设一科，乡土、图画、手工、园艺合设一科。前一种可以采用六年小学第一年的教材；后一种乡土、园艺拿本地的做主体，图画手工注重发表的和乡土联络了教。这种教材宜各市乡、各区域各各不同，在六年小学里也该如此，所以转学上可以没有什么问题。

2）办二年的小学，科目和办法可以仿照一年的小学。音乐、体操科用六年小学两个学年的教材，乡土加些本县的教材，图画手工也做发表用。

3）办三年的小学，可以采用六年小学前半的课程。

4）办四年的小学，可以采用六年小学前四年的课程。

以上各种小学校加重职业课目时，就取消图画手工科。

5）六年小学校宜设

音乐体操科。一、二年合教。从三年起两科分列。

乡土科。一年注重本地，二年加些本县的教材。在一、二年时可以和园艺、图画、手工等科联合。三年加本省的教材，原始人生活、异方人生活；四年起分教本国史、本国地理、本省的理科，并且园艺图画手工都可以分列。五年续本国史，六年世界大势；五年续本国地理，六年世界地理；五、六年的理科宜注重理化生理——如别设卫生科时，从四年起。

图画手工科。请参看南高附小课程；截去第七年课程就是了。一年、二年可以和乡土联合，从三年起才分列。

英语科。可以从四年起或五年起。

此外有最小限度的科目已见前。

第二个办法：音乐和体操四年起分列；三年以下的园艺、卫生、图画、手工等一起并在乡土里；卫生、英语也从四年起分列。

一年的乡土是本地的教材，二年加本县的教材，三年加本省的教材，二、三两年里学些原始人和异方人的故事。四、五、六年历史方面是世界人生的进化故事；接续原始人生活，把东方、西方各时代的故事相间研究。四、五、六年地理方面是人生在地上的故事，从本地推到全世界，末了结束到地球。四、五、六年理科方面是本省及附近的生物界和自然界，关于衣食住用具、器械各方面的理化关系。

照第一个办法便于四年小学学生转学，第二法纯然是用小学三三制的编制法。

关于新学制的课程方面大略有这许多问题，或许我们还有缺漏的，请读者补正。

民国十一年（1922 年）第 14 卷号外

新学制草案高初级中学课程之研究

潘文安

自新学制草案发表后，国内教育家纷纷讨论，或开会商榷，或发表意见，处此国本飘摇国事蜩螗之秋，居然有此现象，不可谓非中国教育界之幸事。顾学制仅大体耳；运用变化，全在内容；甚拘执于学制之形式，而于内容不事研究，则新学制与旧学制又奚择哉？鄙意以新学制之讨论，暂可告一段落；今后最亟要之工夫，为学科之支配及课程之变更。兹就管见所及，对于新学制草案高初级中学之课程，略有贡献，愿海内教育家进而教之！

中学校之不满人意，由来已久；其不满人意之处，究竟何在？或抨击现学制之不良，或归咎于选科分科之未实行；其实最大原因，在学科之支配不当，课程之规定不适用耳。试检阅元年十二月教育部颁布之中学校施行细则及二年三月颁布之中学校课程标准，其弊病所在，不难发现。试抉其不适当之点及改良之办法如下。

一、关于学科之支配

1. 改简中学校之学科目

学科不宜繁复，一繁复则学生学习不专，而主要科目之程度反不足以提高。现在中学生程度之低浅，中外教育家莫不引以为憾——去年门罗博士在沪演讲，对于我国中学校最不满意，极言中学生无科学根柢而程度太低，如北京大学入学试验时，应试学生能及格者，千人中不得百人，且此百人亦勉强入彀，即其明证，循是以往，实为寒心，今后办学者应早觉悟，非将学科程度加高，课程内容更变不可云云。故新学制实行后，中学校不论初级、高级，第一件宜将学科门类减少，然后学科程度自然加高矣。鄙意中学校之“修身”“法制”“经济”三科，均可废去——此科现在南京高师、北京高师均已实行废去。加“公民学”一科，足以括之。调查欧美中学校，均有“公民学”一科。我国中学校，今后亟应改定。“公民学”教材问题前年江浙教育协进会曾定要目，分道德、卫生、法制、经济四编，委托鄙人编道德、法制二编，不日可脱稿。至每周教授时数，仍定一时足矣。此外“体操”“乐歌”亦不必列入课程，以“体操”可改行朝操，日日行之；“乐歌”则不妨于课外令学生自由练习也。

2. 提高学科之程度

新学制之小学修业期，虽减少一年，程度未免略低，但中学校之修业期，则加多二年，较之旧学制，实多一年，故学科程度，当然提高，以资深造。如数学科之不仅限于代数、几何、三角，化学科之不仅限于无机、有机。鄙意高级中学之最后一年，应参酌大学预科及高专之学科课程而调剂之，斯为善矣。

二、关于课程之变更

新学制既分中学校为初、高两级，则学科程度当然有深浅之分，但鄙意课程不妨参酌圆周法而活用之，其所以主张圆周法者：其一，初级、高级实自成一段落，有以家况关系，入初级中学校，未必能入高级中学，则各科之普通知识、技能亦当完备。故三年一结束，必不可少。况课程用圆周法，可以由浅入深，学生之兴趣，自觉增多。其二，初级中学毕业，适为青年身心发达之一阶段。由此以往，教科程度又当另为编配，以适于学生之身心。其三，中学既采选科分科制，教材自以活动为宜，而圆周法则最具活动性者也。准此，则课程变更，略如下述。

1）公民学科。初级中学授以公民善良习惯，公民必需之常识，道德、卫生、法制、经济之大意；高级中学，授以共和国之要旨，并继续授以道德、卫生、法制、经济等。

2）国文科。初级中学第一、第二学年之国文，为讲读（古文、国语文）、国语文法、作文。第三学年加文法、简单日用文、演说辩论；高级中学第一、第二学年加修辞要略、文字源流；第三学年加日用文（或职业应用文）、文学史、论理学大意。各学年课程均可规定阅书质疑一栏，以便说明问难或考查。

3）英语科。初级中学注重发音、拼字、读写、译解、会话、造句、文法等，高级中学注重文法、作文、修辞、文学、阅书等。

4）历史地理科。初级中学注重本国之历史、地理，而兼及世界史、世界地理，高级中学第一学年为本国史、本国地理，第二学年、第三学年为世界史、世界地理，而兼及史地学之研究法。

5）数学科。初级中学注重算术、代数、几何、三角（可采用混合数学，如布利氏数学书之类）；高级中学注重大代数、几何、三角、解析几何、微分、积分等。

6）博物理化科。初级中学第一学年，为植物、动物，第二学年为动物、地质矿物，第三学年理化大意；高级中学第一学年为物理学，第二学年为无机及有机化学，第三学年为有机及应用化学。

7）图画科。初级中学注重写生、图案、简单用器画；高级中学注重意匠画、用器画（平面几何、投影、透视等）。

8）手工科。初级中学注重木工，应设木工厂；高级中学注重金工，应设金工场；可视地方情形酌定，令学生在课外实习，鄙意不必列入课程。兹将初级中学、高级中学之课程标准，列表如下。

初级中学课程标准

学科目 学年	公民科	国文科	英文科	历史科	地理科	数学科	理化博物科	图画科
每周时数	1	8	8	2	2	6	3	2
第一学年	公民善良习惯 公民必需之常识	讲读（国语文）、国语、文法、作文	发音、拼字、读法、译解、默写、会话、文法、习字	本国史（注重发明家及创作之圣人）	本国地理	代数算术	动物、植物学	写生图案
每周时数	1	8	8	2	2	6	3	2
第二学年	卫生道德大意	讲读（古文国语文）、国语、文法、作文	读法、译解、默写、造句、会话、文法	本国史（注重社会变迁及学术文化）	本国地理	代数、几何	动物、矿物学	写生图案
每周时数	1	8	8	2	2	6	3	2
第三学年	法制、经济大意	讲读、文法、作文、日用文、演说辩论	读法、译解、作文、会话、文法、练习、阅书	世界史	世界地理	代数、几何、三角	理化大意	图案初步用器画

注：每周教学时间共计 32 时

高级中学课程标准

学科目 学年	公民科	国文科	英文科	历史科	地理科	数学科	理化科	图画科
每周时数	1	8	8	2	2	6	3	2
第一学年	共和国要旨	讲读、文法、作文、文字源流	读法、译解、作文、会话、文法、练习、阅书	本国史	本国地理	大代数、几何、三角	物理学	写生图案、平面几何画
每周时数	1	8	8	2	2	6	3	2
第二学年	道德卫生	讲读、文法、作文、修词要略	读法、译解、作文、会话、文法、练习、阅书	世界史	世界地理	三角解析、几何	无机、有机化学	平面几何、投影画
每周时数	1	8	8	2	2	6	3	2
第三学年	法制 经济	讲读、文法、作文、日用文、文学史、论理学	读法、译解、作文、会话、文法、修辞、阅书	世界史学研究	世界地理、地理学研究	解析几何、微分积分	有机应用化学	投影、透视画

注：每周教学时间共计 32 时

鄙人复有一言：则以高级中学又行选科制，如分文理二科，则文科之国文，可加授美文文学史等，而加多时数；理科则加添数学，博物理化之时数，以为精研求深之资。均就学生性质所近，由其自行选定，他日更为文专论之，兹姑不赘也。

民国十一年（1922年）第14卷号外

编制小学新课程之具体目标及求达目标之进程

盛朗西

杜威说："我们可以说除却依据社会上各种活动，便无从决定课程的内容。然而社会活动千头万绪，究从何处着手？是则宜以科学重正确不厌繁琐之精神，搜罗此千头万绪之活动，按其性质，以归纳法分列之。"

当代研究课程专家，当以美国之巴必（Bobbitt）与斑塞尔（Bonser）为巨擘；外此更有孙特惠克（Sandwick）。巴氏曾以此法归纳吾人全部活动为五大类，而斑氏、孙氏则为四类。

三氏分类之差异：一以语言占吾人生活之重要地位，故列为人生活动五类之一；而其他二氏则以语言为达其他活动之手段。例如职业活动用语言之处甚多，语言为职业的，其自身不存在，是以不列语言。三氏分类之是非，容专论之，兹姑从巴氏。

然人类活动既经归纳，则第二步调查今日社会现状，分析人类通性，由此可得其强弱之点与其利害之处；再审查今后社会当有之趋势，斟酌教育之主义，审慎详核，于各类中，求其何项知识、何项技能、何项习惯、何项态度、何项欣赏、何项思想与精神为做“堂堂的一个人”所不可少？综合种种，定为具体目标。此种目标即为选择教材和运用方法之标准。兹就管见所及，并参酌群书，拟就各项具体目标，并连带述及求达目标之进程。深愿各教育专家详加讨论修改，或亦可供学程委员会之一种参考资料。

一、具体目标

公民生活方面：有所属团体之历史、地理、法律、政治、外交及经济状况之知识；有造成公共幸福之原子的知识；有团体间互助之知识；有关于家庭及职业方面日常生活之知识；有明了一己在社会经济上所处地位之知识；有明了如何选择交友并保持友谊之知识；有正当支配及使用钱财之知识；有明了及利用自然现象与生物之知识；有明了如何可以达到集思广益之知识；有履行公民的指挥与监督责任之能力；有能主席会议及参与会场活动之能力；有发表意见造成健全舆论之能力；有以普通原理解决经济的、政治的及其他社会的问题之能力；有能根据事实以运用思想及判断之能力；有自制、自治之能力；有维持公共秩序之能力；有与人协谋共进之能力；有推想他人见解之能力；有共同计划有益社会事业之能力；有明了卫生规则与实行之能力；有增加国民经济之能力；有改造社会生活之能力；有交际时亦能与过气味不相投者周旋之能力；有能领会自己才能、性情优点及缺点之能力；有乐意履行义务之习惯；有尊重他人权利及人格之习惯；有求知社会现象之习惯；有适合现时礼节之习惯；有能尽一己责任保护公物及维持公众地方清洁美观之习惯；有利用休闲时间以增进社会、家庭及个人幸福之习惯；有留心时事之习惯；有能强制一己义气之习惯；有无论于游戏或作业时，均能公允无欺之习惯；有愿为群众服务不思报酬之习惯；有遵守关于银钱往来之定章及留意个中变迁之习惯；有解决自身困难，不多依赖他人之习惯；有能随时随地表示活泼精神之习惯；有能注意他人言语举动，藉收集思广益之效之习惯；有各事均能守时履行之习惯；有保持一己所处环境整洁优美之习惯；有服饰雅素恰如其地位之习惯；有能尽一己能力维持公益之习惯；有能尽本身责任及尽力做事之习惯；有遵守一切便于人类组织之社会的设施之习惯；有团体间互相了解之态度；有服从法律精神及条文之态度；有拥护或服从真正领袖之态度；有对于所属团体能协力促进或造就团体幸福之态度；有协力为社会保储人力之态度；有协力保存公共富力之态度；有保全个人健康以服务社会之态度；有执行正当职业，以增进社会幸福之态度；有乐意履行群众互助上的职务之态度；有选举或拥护办事忠诚而有实效之人员及免去溺职者为个人之责任之态度；有增进及拥护团体合法的权利之态度；有遇任何险阻艰难能从容应付之态度；有随时随地表示乐观之态度；有无论作何事业肯负责任之态度；有领会子女，有图报父母之必要的态度；有保存有益社会之风俗之态度；有谈论公众大事，能持正不阿之态度；有知足自乐之态度；有爱人如己之态度；有光明磊落之态度；有温和大量之态度；有诚信相孚之态度；有为团体尽忠之精神；有为真理牺牲之精神；有为人道互助博爱之精神；有德谟克拉西之思想；有世界大同之思想；有人道主义之思想；有合乎论理之思想；有领会人生意义及价值之思想；有领会父母、地方、国家培植儿童，使受教育为应尽责任之思想；对于天然美与人工美，有充分的欣赏；对于各种高尚娱乐，有充分的欣赏；对于团体生活，有充分的欣赏。

职业生活方面：有按自己兴趣能力，选择一相当职业之知识；有充分了解科学、艺术之关于自身职业之计划及经营之知识；有领会本身职业沿革或进退步之原因之知识；有关于各种经济问题，如保存及节用资本、材料、时间、工作能力等之知识；有了解社会分工互助之原则，并如何享受一己权利之知识；有凡遇到需要材料时，知如何着手搜集之知识；有关于各种契约、支票、火险寿险证书以及其他一切公交之知识；有应用经济的、社会的、科学的、卫生的原理，解决作工时间、作工环境、工银、资本家与劳动者相互关系之能力；有利用资本、材料、时间、人力、适当发展本身职业之能力；有对于不平之待遇，用正当方法抵制之能力；有遏制种种妨害公共秩序之暴动或骚扰之能力；有与人交际时均能与之周旋之能力；有应付新环境之能力；有按自己之兴趣及特能，操作一定职业之技能；有对于自身所选择之职业，知其最经济、最有效验之历程而使用之技能；有除本身职业之技能外另具其他一二种之技能；有使用各种度、量、衡之技能；有寻常计算及登录账簿之技能；有乐于作业之习惯；有事前计划之习惯；有各事皆能守约之习惯；有能尽一己分内之责任，协力节省人类精力与时间之习惯；有利用公余时间求个人及团体幸福之习惯；有做事兼用心力之习惯；有遵守关于银钱往来之定章及留意个中变迁之习惯；有安分守己、乐业之态度；有对于同业人员，能共同协助，增进全体幸福之态度；有关于雇主劳工两方面充分了解、互相体谅之态度；有与社会各团体合作之态度；有不以现有知能为满足而能竭力吸收之态度；有与人交接不失礼于人之态度；有以自己职业增进公共幸福之思想；有尊重雇主与劳工双方利益之思想；对于劳工之服务有充分的欣赏。

二、求达目标之进程

（一）科目教材之贡献

目标既已选定，且又能按其比较的价值加以排列，于是进而求达此目标之科目。譬如达公民生活之目标，其工具的科目为公民教育中之历史、地理、修身、语言等社会科学，而有时自然科学亦可达公民目标之一部分；达健康生活之目标，其工具的科目为体育、生理、卫生、救急、医药常识等；达职业生活之目标，其工具的科目为算术、商业、簿记、农业、园艺□□□□等；达休闲生活之目标，其工具的科目为美术、工艺、音乐、体育、文艺等；达语言生活之目标，其工具的科目为国语中之话法、缀法、书法及外国语等。此以目标为主，科目为用，与寻常互相抄袭之课程不同（详见 1922 年 11 月 4 日《时事新报·学灯》拙作《讨论编制小学新课程底入手方法》篇）。大抵通常的课程表以科目为主体，系以科目训练学生，故常谓由某科目可得某种利益及教学某科目之目的如何，其法为演绎法。科学式的课程，以学生必需之经验为主体，换言之，以社会生活之现象为背景，以学生之生活为主体。其采用之科目与教材，随客观的经验目标为转移，其法为归纳与演绎并用。总之，一则以某科目可予学生以某种经验，一则以学生必需之某种经验可用某科目得之。求达目标之科目既定，于是更进而求各科目应用之教材。其旧有而不足以达吾人之目标者，应如何淘汰之？应有而未有者，应如何采用之？换言之，即教材之选择与组织应有适当之标准。今列举如下。

1）抱定目标，采取人类之经验，以为教材。教材为达一定目标之工具，故凡与本目标无直接关系者不选。

2）目标是否达到，以学者之行为上有无改进为断。故选择教材，当以能否使学童发为更好的行为准则，否则不选。所谓行为，包括行、思、觉三者。

3）教材之必求其能改善学童之行为固矣；然行为之能否改善，必视以下之条件。教材自身方面：必须为历代人类之精华，可以代表文化之精神；为现在群众生活所必要；能刺激思想，概括原理，俾得进化之趋势，以为立身之方针。儿童方面：对于所选教材，宜有动机；对于所选教材，宜有背景；对于所选教材，能领会，能享乐。

4）儿童智慧有上智与下愚之别，故教材宜以中等智力之儿童为标准，俾有伸缩，可以适应各个之需要。

5）所有数数、发音、语式、笔顺、朗读、习字、图画、手工等机械的练习，行之过度，危险殊多，宜以儿童应用此项工具之能力为转移。

6）教材必须根据儿童生活范围内之经验，设必不得已、必须应用、逸出儿童经验之外或年代久远之教材，亦宜由近事而渐次引及之。

7）晚近教育学者译著之各种教育测验方法，宜常用之。此种教育测验，非特使吾人明了选材标准，亦且表示各个儿童能力发达之程度。

8）用过教材，宜根据儿童之成绩重行改组，应淘汰者淘汰之，应加入者加入之。课程既为活的，亦有随时修正之必要。

自杜威博士极力主张减除教育中耗费及缩短小学年限以来，教育界多倡时间经济之论；然欲求教育中时间之经济，其消极方面必须减除徒废时间无裨实用之消耗，积极方面必须厘定课程中教材之标准，然后儿童始能学一事即得一事之实用，不致徒耗学者之时间与脑力（见“Shortening the Elementary Schooling”，“School

Review”，11，17，February 1903）。1911 年 2 月，美国教育行政会议由五人委员会之设置，专以研究教育上之不幸的消耗。1913 年，美国中央教育局出版第 38 号报告，颜曰教育中时间之经济（economy of time in education），该报告书中，多披露初等教育中之耗费；并谓此种耗费设能尽量解除，可缩短二年修业期间，而无伤于儿童教育之效用。今我国新学制业已颁布，小学教育已由七年改为六年；教育者苟能力求教育时间之经济，则非特无庸牺牲其七年中有价值之科目，更能加增适合社会儿童需要之新科目、新教材。今日小学课程中科目之不完备及时间支配失当之处甚多，尤以前四年之国民小学为最。例如地理、历史、自然研究诸科目，皆直接造成一般共和国民之资格者，然均支配于后三年高小之课程表中，而国民学校无之。设儿童之毕业于国民学校而又能升入高小者，或有学习之日，但按诸近年之统计，国民学校毕业后复升入高小者为数至少，而义务教育又仅四年。是多数之不能升学者，终其身无学习地理、历史、自然研究等科目之机会，而义务教育终不能培养一完全共和国民之资格。或谓旧时国民学校虽无地理、历史、自然研究等科，实则将地理、历史、自然研究各科知识容纳在国语科中，但此种用书本以灌输知识经验之方法，实非合理。须知知识经验须从实地观察、亲身研究而后得，如纳地理、历史、自然研究等科于国语科，作为一种记号教学，其结果学生仅获得一堆死知识，毫不能应用，并减杀读书之趣味。故国语科应加入儿童文学，而将原来包含各科之实质的材料，另立科目教学，不许占据国语中之地位。又小学课程中应另添园艺、卫生等新科目，以及一切其他各种补充科，如急救、中药、新闻、裁缝、烹饪、采集、照相、养禽、斥候、技击等等。心理学专家詹姆斯于其“On a centain in human being”论文中，谓生活，必生活然后有所知；旁观者对于四周之生活现象，必盲目无睹。故学校之设木工，非必使学生将来作木匠，其意欲使学生了解材料之性质，与夫变更粗才为细工，以及用具时所感受之艰辛，对于木工有正确之经验，俾将来于此方有深切之同情与了解。学校中所有作业，皆当造成学生之实象。学生于习作某工业时，所行、所感、所思，恍若自身为一工人。故乡间男生于农业上易成实象；盖于耕耘、收获、采薪、牧畜上，自幼即与成人共同生活，自身已化为农人，故于田器之性质、使用之方法、材料之支配，深感其中意味。至城市中子弟，非特于农事上毫无感受，即农器名词亦未有若何之了解。其实象与乡间学生既完全不同，以是对于农事之辛苦，并无深切之了解与同情，而社会阶级之争遂无已时。以是故学校于木工、金工、藤工、农业、园艺、商业、家事等职业科目，应完全设置。惟各科目中之教材，亦大有当重行选择之势。现今小学中之量不经济者，厥为使用非社会及个人需要之教材以及教材之不适合于儿童心理发达之程序者。就国文一端言之，东南大学教授程湘帆先生曾于国民学校第三年级即 10 岁儿童所用之某书馆出版国文教科书第七册中拣出生冷字 10 字，请与大学同等学力之高材生及曾作教员者 21 人试之，其结果如下：

	觎	阒	毹	迤	袤	逶	撷	橐	馔	塅
认识者	19	12	2	15	17	17	15	17	18	14
常用者	12	3	0	11	9	6	9	9	15	2
不常用者	6	4	4	5	14	4	5	5	4	9
未用过者	1	13	15	1	2	7	4	4	1	8

此 21 人，年岁约在 20 以上，大都受过 10 年以上之教育，皆能做数百以至数千字之长篇文章，能读高等专门书籍，并能阅览外国文普通书籍。于此 21 人中，不认识“毹”字者 17 人，未用过者 15 人；不认识“阒”字者 9 人，未用过者 13 人；不认识“塅”字 7 人，未用过者 8 人。由以上事实观之，吾人可断言曰：表示通常思想，可无庸采用此等文字。以高材生所不需用之字，而必欲三年级之十龄儿童能读、能写、能用，此实不可能。生字故愈多愈好，然此十龄童子，其生活中所必须之字甚多，舍此不求，而必采用不常用之字，是徒耗公家之费用与学生宝贵之光阴，实教育中之最不经济者。又如某书馆出版之小学校用《新历史》第五册第十课，题为“两晋之世”，全课共 476 字，而此 476 字中有 116 字为历史上之地名及人名。或谓我国历史不殊一部流水账，孰意小学教科书竟系人名地名之统计表册。又芝加哥大学中国学生曾将一般通用之中华及商务两书坊所出版之国民学校用修身教科书作为详细的研究，其结果如下：

教材之性质	字数（以百分计）
政治生活	37.70
抽象的道德	14.50
家庭生活	9.20
健身	8.00
学校生活	6.50
职业生活	3.50
宗教生活	2.60
其他	18.00

设吾人以学童年龄及在该年龄中应有之经验为标准，其教材应多为家庭生活、学校生活及游戏生活，乃细察研究结果，教材之属于以上三种者仅 23.7%，而国民学校学生心目中视为无甚意义之政治及抽象的道德反占 52.2%。是修身教材之支配不适于儿童之生活范围，颇为显著。近日美国教育界亦颇注意于此，多不满于中小学校之历史课本，因其对于职业生活内容记述过少。近以小学通用之美国史 12 种、中学课本 8 种，按职业生活之类别分析之。每类得均分篇数如下：

	小学课本均分篇数	中学课本均分篇数
发明	5.2	3.3
税则	3.7	8.9
铁路	2.7	2.2
沟渠	2.5	2.7
制造	2.5	2.0
国外商务	2.3	1.6
矿业	2.0	4.8
银行及银行事业	1.8	1.6
资本家与劳动家之关系	1.8	1.6
农业	1.4	1.6
道路及转运	1.2	0.7
电报	1.1	0，3
国内商务	1.0	2.4
工团	0.6	1.9
储蓄银行	0.6	0.2
报章杂志	0.5	0.7
歌欢	0.5	1.6
渔业	0.4	0.4
电话	0.4	0.4
工资	0.2	0.2
商标及版权	0.0	1.0
儿童作业	0.0	0.0
妇女实业	0.0	0.3
实业	0.0	0.3
生活程度	0.0	0.2

美人对于上述之支配尚多不满而从事改造；若与我国历史内容相较，则改造更为必要。

（二）阅书能力之培养

欲求达上述种种目标，除科目教材之贡献外，对于阅读能力之培养，亦属紧要。近日学校对于生活上必要之阅书技能，多未顾及，此诚一大弱点。文明愈进步，吾人所应备之经验愈多，经验之须改造者亦愈多；然此种经验之获得与改造，十九得之于浏览。口诵固自有其价值，但就生活上之利用言之，看书技能实有充分训练之必要。所谓技能者，包括了解与速度二者言。学生非特有正当之了解，亦应有相当之速度；盖不可徒求了解而忽略速率，亦不可仅图速率而牺牲了解，故双方均宜并重。然一方面支配时间训练学生之看书技能，一方面又当利用图书馆设备，指导学生选看兴趣浓厚之书籍，以养成其乐于看书之习惯。因徒有技能而无习惯，裨益殊鲜。惟选择图书，颇有可注意之点，须能于儿童兴味上、卫生上两方兼顾为最宜。至拣选之标准如何，教育者不可不胸有成竹。兹就其内容与形式二方面而述其大纲：

关于内容方面者：可以想象者；切近生活者；在儿童经验内者；含有文学价值者；单元少而叙述详者；合于儿童发育有程序者。

关于形式方面者：外观须美；装订须巧；纸张须厚；插图须多；字体须大；标点须明；字句须熟。

上述之内容方面，以合于儿童发育程序为最宜注意。据克尔裴去克氏（Kirkpatrick）之研究，儿童发育，自初生至24岁，分六时期。纯属于儿童时代者，为前儿童时期、后儿童期及前青年期。各期均有特殊的心理状态，故各需适宜的书籍。在前儿童期，想象活动非常强盛，每使用一己之想象作为嬉戏，随意构成各种幻景。此时期又称为故事的时期。此时儿童喜欢听故事，而尤愿听关于自身或关于与自身有关系之人。常使用一己之想象力有连串关系之事实而自造作小故事。在此时期内，儿童所读书籍，自然以歌谣、童话为最合宜。因为此两种文学，似可解，又不可解，在成人似毫无意味，然正合儿童之兴趣。又儿童以富于想象力，不能判别人物之区分，以为一切物类均如一己之活泼、天真，故儿童心眼中之植物亦能行动，野兽亦可谈心，而森林旷野与安乐之家庭相同，因此，一切动物故事等，亦复是儿童所喜读。在后儿童期，即自8岁至12岁时，儿童渐欲追问事之真确与否。在此时期中，对于人的兴趣更为发展。喜独立，好称雄，故好阅英雄、侠义、冒险、侦探诸故事。此时儿童虽渐有求真实生活之倾向，然想象力依然存在。所述的故事，愈为常人所不能为者，愈能动儿童之兴趣。在此时期内，儿童竞争心最发达，常有吵闹互殴等事，故此时书籍当注意养成高尚的勇敢。在前青年期，大约十二三岁至十六七岁，其时儿童心理上与生理上之变化最为显著。自觉已入青年时代，对于前期之个性独立，自知为不可恃，故一变而为交际中最活泼之青年。行为每求公众之赞许，尤以异性之赞许为最。此时喜阅之书，多关于公民、地理、历史、游记、家庭生活等，而尤以感情之著作为最。对于自身及周围事物之感情甚发达，发表感情诗，叙述爱情故事，激起牺牲精神之书籍，均为此时期儿童之所愿披阅者。在青年期之初步，儿童觉悟自己与社会之关系，实为造就将来一生理想之时期，故所读书籍须注意养成青年之道德。

至形式方面，则以字体为最要。各种书籍文字之大小、间隔及每行之间隔长度等，各有标准。兹举日本政府规定教科书之用图书、文字等之标准如次。小学校用之教科书：寻常小学第一学年前半期，用初号活字（44 磅）；其后半期，用一号活字（36 磅）；第二学年以上，用二号活字（22 磅）。师范学校、中学校，用四号活字（14 磅）。又注解、判题、参照之类，用五号活字（11 磅）。地图、插画等，用七号活字（5 磅）；其着色部分，用六号活字。每页之行数，寻常小学一年级前期每页 1 行乃至 6 行；其后期，7 行；二年级，8 行；三年级，9 行。又每字之间，当间该字 1/4 以上；行与行之间，当间该文字同等之宽以上。至萧氏学校卫生中所定之限度如下（Shaw : School Hygiene）：一年用字体至短 2.6 粍，行间距离至近 4.5 粍；二年、三年用字体至短 2 粍，行间距离至近 4 粍；四年用字体至短 1.8 粍，行间距离至近 3.6 粍；五年以上，须在成人用最低限度之上。

根据以上之大体的标准，以与吾人之字形相较，则发现缺点颇多。俞子夷先生曾著《儿童用书字形行间的研究》一文在《中华教育界》“儿童用书研究号”内发表。此实不可轻易忽略：盖因视力疲劳而养成学生近视眼，因看字含糊而使学生认字不正确，因读书迟缓而阻碍学生学习之进步，均字体过小之过。以上二点，为选择儿童用书时最应注意者；否则，于儿童兴趣上及卫生上必大有妨碍也。

（三）课外活动之利用

课外活动之利益，有时较之课内作业为更大。盖课外活动既无形式之拘束，又能根据学生自然之兴趣。故常有圆满之结果，而亦为求达目标进程之一种。例如团体游戏，能使学生养成公同生活之习惯，练习领袖之能力及服从的行为；至养成良好消遣之习惯及锻炼健全之身体，尤其余事。其他如朝会、周会、讲演会、辩论会、音乐会、文学会、运动会、演剧会、青年会、自治团体、社会服务团、童子军、学校新闻社、救急看护院、成绩展览会等，皆可使学生一举而得数益，故办学者应设法使学生自动的组织，而从旁指导，但务必以游戏的精神为之。此外，则参与社会活动，教育者亦当利用之。芝加哥大学教授巴必氏以为：“惟有使学者思团体之所思，觉团体之所觉，行团体之所行，视己为团体之一分子而勉为其行动，争达其目的，有共同之见解与有共同之定论。”故学生利用课外时间而参与社会活动，则将来入社会时，自能富团体的精神，而能谋团体之改进。例如小学生可练习公民活动之机会甚多，教学者苟能利用之，其获益必多。兹列举简而易行者数例如下。

1）洁除校内外道路，补助公共清道之不及，使儿童有处于洁净的环境之习惯。

2）就校中及临近空地，命儿童培植花草树木，使儿童有处于美丽的环境之习惯。

3）扑减危害花木禾稼之害虫，使儿童有爱护公共花木之习惯。

4）按江苏昆虫局之办法，率领儿童扑减蚊蝇，使儿童有维持公共卫生之习惯。

5）邻近垃圾桶之破坏者，使于手工课时修理之，或应设而未设者，使于手工课时造之；使儿童有贡献于公共福利之习惯。

6）调查日用饮食之来源及有害卫生之弊病，设法警告大众，使儿童有翦除地方危害之习惯。

7）探视城中病苦残废不幸之人，培植儿童丰富之同情。

8）于国庆纪念日及其他纪念日加入地方上各团体，共同举行庆祝事宜，使儿童有拥护共和之观念。

其他一切机会尚多，教学者当利用课外活动而为之，在可增加儿童之经验，于教育上占有重大的价值。

（四）实地观察之注意

小学生宜有充分观察之机会，谚云："百闻不如一见。"盖由书本中或教员口中所得，究不若亲自观察所得为佳。学校中如手工之设置，无论如何完备，终系缩形的标本，与工厂之实地状况，究有不同之处。盖农、工、商界之发明创造日渐增多，苟欲应办尽办，学校非特无此财力，亦且无此必要。因学生不能得之于学校者，可以实地观察而得之。学生由观察所得之利益殊多，兹就最著之三端言之。

1）部分间互相的关系。科学愈进步，则工作愈趋于分工；故一针之微，须经几十人之工作。惟分工愈细，有精神、有思想、有感情之工人每变为无生机、无思想、无感情之机械。其故，以工人仅须注意于一事之微，而不知全部之关系，故虽有精神、有思想、有感情，亦无发动之余地。再以机器言之，各部分各自有其作用，彼专司一机器者，每多忽略其互相的关系。学生在学校中，能了解此者甚鲜；故须利用实地观察，由管理员与教员指导，使其明了。

2）材料之价值。学生在校，对于作业之经济方面，每不加注意，而于废物利用为最甚。其故乃以学校之工厂规模狭小，若致力于此，其得转不偿所失；而规模宏大之工厂，对此颇多讲求。

3）增长其鉴别力。学校既不能尽市上各物而备之，则学生于比较上究欠鉴别标准。以木工制作之家具言之，商店或工厂以及陈列所中，其种类之多，实非学校设备所可比拟。故学生须实地观察，以得比较之机会，并从制作上、使用上、美术上、经济上得鉴别之标准。

由上观之，则制造厂、商品陈列所、贩卖处、铁路局、矿场以及畜牧场、农事实验场等等，皆有极大教育之价值。学校为学生之职业训练，宜思所以利用之，以为求达一部分目标之进程。

（五）学校课程之推广

学校有时因经济及效率关系，将课程中应有之活动，推行至家庭或商店、工厂，以达所定各项之目标者。例如园艺一门，学校有时因种种限制，不能使各生在学校中有相当之空地以试验其知识上价值，于是使各学生就住宅前后之空地，作园艺之活动，而学校之园艺教师除教室上之功课外，常至其家中，指导其方法，考核成绩，而给予分数。美国近来施用此种方法者颇不鲜。农校每与农家订立合同，约于农忙时或星期六及其他假期，分派学生至田中作业。而商校亦每与商店订立合同，每周分派学生执行打字、簿记、贩卖、广告等业数小时。美国爱我华省有学会名 Jawa Home Work School Credit Club，实为提倡推广学校课程至学生住宅之最有力者。据该会之报告，该处学校承认学生在家中之活动，而给予学分者，都 330 种。兹列其种类如下。

1）农业上之活动。关于植物者，45 种；关于动物者，18 种；关于建筑及经济者，20 种。

2）家庭经济。关于缝纫者，23 种；关于烹调者，29 种；关于洗衣者，17 种；关于治家者，18 种；关于用具之书案及修理者，59 种；关于家中礼节者，9 种；关于卫生者，20 种；关于□□□阅书、奏乐等事，16 种；关于辅助老弱病废者，11 种；关于实习商务者，6 种；关于节俭者，4 种；关于公民活动者，10 种；关于集会结社者，24 种。

又实业学校之承认此法为最有效率者，首推新新拉地城。该城实业学校学生，于每一年中从事于学校讲课及实验室者半年，作业于工厂而受技师之指挥者半年。其法，分配二生同执一业，轮流读书一星期，作业一星期；星期日学校无课，则二人皆至工厂。斯破克□（Spokane）对于推广学校课程于家中之办法，尤为精密。该城并订有推广章程及奖励规则。按推广章程，学生对于学校课程之推广办法，赞成与否，学校不得勉强，各种作业应完全出于学生之自愿。设某种作业，非其所愿，则请家长于报告之卡片上不为签名。其所定奖励规定如下：

1）本月满 100 分以上之学分，且未尝缺席或迟到者，则每月可得半天之假期，总考试之总分数得增加 5%。

2）本月满 100 分以上之学分，但与第二条件未能满足者，则得奖为第二。

3）一学期中或自本规则公布以后，未尝缺席或迟到，且所得家庭之作业之学分数在本级中为最多者，则董事会得予以一种奖品。

其家庭作业之种类及其学分数如下。

作业	学分	作业	学分
身体上之清洁	2	取送信件	1
刷牙	1	备菜饭	2

续表

作业	学分	作业	学分
去指甲污垢	1	做饼	1
练习音乐	2	做饼干	1
为小孩着衣	1	制乳酪	2
洗碗	1	抹地	2
扫地	1	拂尘	1
擦亮火炉	1	摘取苹果	2
铺床	1	补袜	1
递送报纸	2	摘取番薯	2
九时前入睡	1	收取燃料	1
喂鸡	1	劈柴	1
喂马	1	取水	1
饲牛	1	梳马	1
饲猪	1	捋牛乳	1
收蛋	1	田间作业	2
清洁鸡笼	1	取送牛乳	1

该县教育局长麦克法伦氏谓：家庭作业给予学分之后，颇有利于出席数之增加。据1913年至1914年之统计，全县小学生登录数（斯破克□除外），虽较上年少108人，而出席数反增加16 712学日之多，核算现在省款补助率，每学日以16分计算，则儿童不啻为本校较上年增筹2700元经费；若照上年登录数，则所增加之经费几达6000元云。每一学生每一星期有卡片一张，卡片上有星期一至星期五之各行，各行内可填写所做之事。以上所举之种类，不过就该地之普通作业而言，各校教师仍得依各区地方之特别情形，而酌量他种之作业。

又葛利兰（Greeley Colorado）市立中学对于入星期日礼拜堂所设之圣经班者，亦给予学分，但此等圣经班之指导，须经教育局认可，且学生成绩如何，亦须切实报告。有若干学校，对于学生校外之音乐课，亦给以学分。其成绩，有时学校亲加考验，有时则但委诸学校所承认之指导者。

以上所举之各种家庭作业，经学校给以学分，加以指导，则学生之从事者，不致漫无系统。故学校之管理，能裨益此种作业无疑；而学校亦可达到一部分之目标。惟学校如欲为此种推广事业，必须内力已充；否则，舍己□人，未免本末倒置。故学校应否从事于此，须视教职员之有无余力以为断。又学生方面，更不应以此而夺其对于学校功课之注意。惟据提倡家庭作业者言，谓纵有弊害，亦甚微薄；二者绝不相妨，且常足辅助学校功课之进行。

以上所述目标及求达目标之进程，挂一漏万，在所不免，所有应增应删之处，尚祈海内明达之教育家予以指正！又是篇为修东大教育科课程编制学程后之论文，大半取材于程湘帆教授所编课程、编制讲义及其讲演，附此声明。

又其他参考书如下：

1）*The Fourteenth Yearbook*（Part Ⅰ）。

2）*Juda*：*Introduction to the Scientific Study of Education*（Chapter Ⅹ）。

3）《新教育》四卷五期，廖世承教授译《美国最近编制课程的目标》。

4）《教育汇刊》第四集，侯曜《初级中学课程之研究》。

5）《教育杂志》“学制课程研究号”，吴研因《小学和初级中学的课程草案》。

一九二三，一，二〇，于东南大学

民国十二年（1923年）第15卷第9号

小学社会科课程与教材之整理

储子润

一、社会科教学的目标

每一科的设立，有一科的需要、作用及目标。小学校里设立社会科，对于儿童生活上的需要，发生什么关系？对于儿童教学上，发生哪几种作用？它的目标是什么？这个大前提不解决，社会的课程和教材就无从判别好歹，无从下手整理。但是小学社会科教学的目标是什么呢？个人以为要具下列的几项。

（一）知的方面

小学社会的功课，本来包括历史、地理、公民、卫生四科，现在新添出的党义，当然也应归在社会科里，因此内容非常丰富。不论近的社会、远的社会、现在的社会、过去的社会中所有的事物，可以为儿童生活于社会必需的种种德智上的修养的，都是儿童在社会科应学的知识。然而儿童的能力有限、时间有限，不能一一的学习，所以只能拣重要的、最需要的定一个最低的标准。小学儿童在社会生活中应有的最低知的——认识——标准是：衣食住的供给来源；衣食住的卫生常识及公众卫生的常识；家庭学校及本地方的组织活动及情况；党国及世界的组织及大势；社会的过去和现在的情状和人生与社会的关系；造就现代文化的种种要素和公共幸福的原子；改进党国的主义及知识。

（二）行的方面

小学社会科的目标非但是使儿童得到许多社会生活上的知识，并且要使儿童注意观察、注意实行，而养成他悠久的习惯。因为社会时时在那里变迁，人类生活上的应具的知识也随之而增加，以至于无穷。在这小学有限的时间内里是不能办得到的。所以我们只有设法陶冶儿童对于社会观察的兴趣，而训练他观察上必要的能力、精神及态度。这样，儿童对于社会知能的增长才可以无限量的发展。所以小学社会科里行的训练，是非常重要的。行的方面又可分为两层：一是观念的训练；一是习惯的养成。现在把这两种的目标述之如下。

1. 观念方面

要使儿童有下列几种的精神：有促进家庭、学校、地方、党国、世界的幸福的志愿；有参加社会活动的志愿及互助的精神；有服从法律、尊重领袖及他人人格的精神；有刻苦耐劳、坚持到底的毅力；有努力进取的志愿；有改进社会的志愿及献身党国的精神；有阔大的胸襟、和蔼的态度以待人的精神；有公德和私德的习惯与理想；对于他人贡献于自己的利益的欣赏。

2. 习惯方面

儿童最低要养成下列几种习惯：爱惜公物及公产的习惯；办事能力有条理的习惯；有热诚求知的习惯；参与集会能守会议规则的习惯；遵守秩序、服从法律、拥护公理的习惯；保持个人各种清洁的习惯；保持公共卫生的习惯；各种社交礼仪的习惯。

二、以前的社会科课程及教材之缺点

假使说以前所确定的《新学制课程纲要》里的社会课程和现行坊间出版的社会教科书上的教材是没有问题的，我们就可不必多此一举。然而根据上面的教学目标和我们平时教学的经验，觉到有几点可以研究的。

（一）课程方面

课程是学生应照循序继续学习的材料，以求达到预定的生活上的工具。所谓学习的材料，完全是人类经验的结晶，依照人类生活的需要而收集的。所以，人类在那里时时的进化，社会在那里刻刻变迁，而我们所需的知识、应具的经验也随之而不同。《新学制小学课程纲要》是民国十一年确定的，现在政治改组了，社会变迁了，课程当然也不适应，有修改的必要。明白些说，现在社会科里要教学党义了，并且全国教育会会议有制定课程标准委员会的组织，就事实上说，小学各科课程有重新修改的必要，社会科当然也在内。

（二）教材方面

课程的根据是时代，教材的根据是课程。课程跟时代变迁，教材跟课程而不同。现在课程失掉根据，所以坊间出版的社会教科书上的教材也便发生许多问题。

1. 有一部分教材不合现代社会的需要

自去年政治改组以后，社会组织剧变，以前的教材有一部分已成过去的事迹，不合现时社会的需要了。而现时社会所需要的，反缺而不载。

2. 教材没有活动伸缩的余地

坊间的教科书是要通行全国的，所以缺少地方性的材料。而小学社会科的重要部分，都在地方性质的一部分。因此我们用教科书教学儿童，觉得非常困难，觉得没有活动伸缩的余地。

3. 教材不易和学校内的教学中心联络

教科书上的教材是固定的，学校里的教学中心是临时的。固定的教材与临时的教学中心很难联络一气，因此儿童不能得到整个的学习的机会，更不能从活动里、做事里去求得知识。如此求得的知识是死的知识，不是永久的知识。因此儿童就觉得没有兴趣，教者也只感得痛苦，而教学目的达不到。

4. 单元太零碎，不能满足儿童的要求

儿童发生一个学习的动机，决计不是一小片段和一简单的答复所能满足他的要求的。因为儿童好奇心很发达，一定要有一个整个的解决，才肯罢休，如儿童要研究国家，决计不是单独研究一个立国的要素所能满足要求的，也决不是单独研究一个国体和政体就能满足要求的，除了这两个问题之外，对于国家的组织及国民国家的关系——权利和义务——也一齐要研究的。所以三年级以上的孩子需要大单元的设计。现在坊间出版的教科书却没有顾到这一层。

5. 儿童往往受教科书的暗示，不能发展他的思想和研究的态度

现行的教科书不是活页编制的，每一册代表儿童一学期所需学习的材料。儿童用了此书，往往受它的暗示，只要按课的请教师教，而不想另找研究的材料。因此，依赖成性，思想无从发展，好奇的、学习的良好的态度渐渐地消减于无形。

以上是说以前的课程失掉根据，使教科书及教材流弊百出；现在让我们把社会课程及教材来整理一下。

三、制订小学社会科课程之标准

我们所以要重新来整理课程和教材的原因，已如上述。然而教材的根据是课

程，课程的根据是时代。我们要整理教材，先要整理课程；要整理课程，先要按照时代背景确定课程标准，方才可以着手进行。兹将小学社会科的课程应有的标准大纲述之如下。

1）要适合国情的：要能阐发自由界限，养成服从法律的习惯；要灌输政治知识，养成使用政权的能力（民权初步的演进）；要能培养组织能力，养成团结协作的精神；要能发扬民族精神，提倡国民的道德。

2）社会课程要是本国及社会所缺少而需要的：要提倡职业的训练及指导；要注重生产消费及其他合作的训练。

3）要可供全国通用而多留各地方活动余地的：就社会全体生活的客观的原素而决定课程；就某一居境或一地方情形而决定课程。

4）须含有弹性的：要为各个儿童的教育最终目的而区别；要为各个儿童的家庭经济的景况而区别；要为各个儿童的智力与意志而区别。

5）要体会儿童在某一发展期中的意志与智力：课程的内容须与儿童的意志相应，以引起儿童发现对于课程中所包含材料的需要，而引起其兴趣；某一时期所提示的教材须与儿童的智力发展的程度相符合，激起儿童自动的随着其遗传的倾向而向前发展。

6）排列法要从心理的到论理的，从具体的到抽象的：教材先要照实际经验的顺序，而后整理排列所学习的顺序；教材先要是可以直接学习意义的，而后间接学习意义的。

7）要与各科容易相互联络，而非规定先后不可活动的：各科互相接近的联络起来，成一大单元；各科学习次序不必规定，可以随时活用的。

8）内容要最经济，为社会和儿童所必需的。

9）有促进文化的效能，可以扩大个人的见解，高尚个人的思想的。

10）对儿童生活预备和升学预备不偏倚的。

11）要具进步的性质，有改良的余地的。

12）社会课程材料不得过于拥挤。

13）社会课程的形式须足为教师的指针的。

四、社会科课程的纲要之确定

课程这样东西，是教育的工具，一定要适合国情，适应社会，满足儿童需要，所以决不是少数人用些主观的方法所能达到圆满的结果的，一定要多方面的考察、观察，有科学的根据和客观的标准。编者既不是专家，不能一手包办；又不是教育行政当局，不能请许多教育界同志，从社会查调统计入手；不得已，乃从统计现行坊间出版的社会书籍入手。因为教科书上的教材，编订者至少有一番计划和一番苦心，至少可以代表他个人的见解，这是不能一概抹煞的。把各书局各种社会教科书及常识教科书统计或者比较的，可以得到一个客观的标准。因此就分年级的把商务印书馆出版的《新学制社会教科书》《新撰常识教科书》《新学制常识教科书》等，中华书局出版的《新学制社会课本》《新学制常识课本》等，世界书局出版的《新主义社会课本》《新主义常识课本》《初级常识课本》等，及《新时代常识教科书》等十余种书及党义方面的书籍和教材，如《三民主义读本》《三民主义课本》《前期小学三民主义教科书》等等，再加之本校平时教者所编的讲义，把它归类统计，看它们的性质，共有哪几类，而后决定社会科的课程纲要。用这种归纳的方法，或者可以比较的有根据一些。现将三、四年级的社会课程纲要述之如下：学校市乡的观察和研究与参与；增进健康的卫生常识和公共卫生的大要，急救法、治疗法等；原始人生活；异地人生活；事物发明史；纪念日和节日的研究；国家的组织和近代本国大事；本国大势和本国与世界著名各国的关系；世界的大概；史地观念的整理；自己对于家庭、学校、地方、团体、国家的责任；三民主义的研究；国民党的历史和组织。

五、社会科教材细目之确定

课程纲要确定了，把各种教本上的教材逐一的归类统计好了（可惜限于篇幅，不能把这统计表发表出来），我们就可以知道某一种教材发现的次数多，某一种教材发现的次数少，而辨别它的重要与否。并且可以看出某一项的课程纲要里所占有的教材，我们有了这结果，再认清了社会教材选择的标准，请了好几位对于社会课教学有经验的同事来增删教材及确定教材。兹述我们的社会教材选择的标准如下：教材要和社会发达有重大关系的；教材要与儿童的现实生活有关系而不可不注意的；儿童环境中容易接触的——便于实地观察实行的；和现在社会有大关系，可以发明现在社会各种活动的意义的；可以破除儿童疑团，纠正社会谬误的；可以引起儿童做种种作业的兴味的；能唤起革命精神、创造思想的；与时令节日有关系而不悖现代思想的。

我们教材确定了以后，再把各同性质的教材合并成为若干大单元。由各大单元再分配到各年级，再按照学校生活历及节日，而后确定该单元教学的机会和时期。现将三、四年级的教材大单元之结果录下。

（一）三年级社会教学大单元

二月

1）我们的学校（开学）：①学校的名称、沿革。②学校的地址、校舍。③学校经费的来源。④学校里的先生、同学。⑤怎样做个好学生。

2）身体的卫生（检查清洁开始时候）：①操练身体。②皮肤怎样保持清洁。③怎样保护人体。④工作、运动和休息。

三月

1）孙中山先生的历史（总理逝世纪念）：①孙中山幼年时候的求学生活。②孙中山的革命运动。③孙中山的晚年努力国民革命。④北上逝世的情形。⑤总理遗嘱。

2）县（无锡县）的组织（国民军克复无锡纪念）：①县政府的组织。②教育局的职务。③公安局的职务。④建设局的职务。⑤财政局的职务。⑥地方市乡的划分及市乡行政。⑦其他。

3）痘和种痘（利用种牛痘时间）：①天花的病状和危险。②种牛痘的功用。③牛痘的种法和要注意的事项。④牛痘浆从那里来和发明种牛痘的人。

四月

1）我们的（无锡）县（利用远足）：①本县的位置及沿革。②本县的山脉及河流。③本县的交通。④本县的人口和职业。⑤本县的物产和实业。⑥本县的风俗。

2）原始人生活：①原始人的三个时代。②树居人生活。③穴居人生活。④海滨人生活。⑤畜牧的起源。⑥耕种的起源。

五月

1）日本侵略中国：①日本是怎样的一个国家。②五九国耻的由来。③二十一条的内容大概。④五三济南惨案的经过。

2）五卅惨案：①五卅惨案的原因。②五卅惨案的经过事实。③怎样纪念五卅诸烈士。

六月

1）热带人生活：①澳洲土人的生活。②非洲土人的生活。

2）夏令卫生：①夏天疾病的种类。②病因的研究——传染病。③疾病怎样预防。④驱除蚊蝇。

九月

1）组织学校会：①自治的意义和重要。②怎样组织学校会。③学校会里做些什么事情。④怎样开会（开会方法）。

2）衣食住的卫生：①衣服的研究。②饮食物的选择和消化。③住宅的选择。④睡的卫生。

十月

1）中华民国的来历：①民主国与君主国。②武昌起义以前的革命大概。③武昌起义的经过。④武昌起义以后，中华民国的成立。

2）本县（无锡）的名胜：①名胜地方的古迹。②名胜地方的风景。

十一月

1）地方光复：①地方的光复经过。②光复后地方上革新的事业（交通、教育、公益等）。

2）古代的先民：①古代的领袖。②取火的发明。③种植的发明。④医药的发明。⑤交易的起源和货币的发明。⑥养蚕的发明。⑦黄帝建国与创作。⑧禹治洪水。

3）我国文字文具的发明：①文字的发明和变迁。②文具的发明和变更。③印刷术的发明和进步。

十二月

1）（江苏）省的研究：①本省的行政和组织。②本省在中国的位置和面积。③本省的山脉河流。④本省的物产。⑤本省的名胜和都市。⑥本省的交通和文化。⑦县和省的关系。

2）云南起义：①蔡松坡的事迹。②袁世凯帝制的运动。③云南起义以后的结果。

一月

1）蒙藏人生活：①蒙古人的生活。②西藏人的生活。③沙漠。④高原。

（二）四年级社会教学大单元

秋季始业的大单元：

九月

1）学级联合会的组织：①学级联合会怎样组织。②学级联合会里做的事业。③选举的方法。④开票的规则。

2）人类的信仰：①释迦牟尼。②穆罕默德。③耶稣（基督）。

3）地方上的慈善机关：①红十字会。②育婴堂。③孤儿院。

十月

1）中华民国的组织：①立国的要素。②团体（君主国、民主国）。③中央政府的组织。④地方的行政系统。⑤人民应享的权利。⑥人民应尽的义务。

2）可爱的中华民国：①中国的几个流域。②中国的山脉地势。③中国的人口和疆域。④中国的农产和矿产。⑤中国的铁路和交通。⑥中国著名的工业。⑦中国的区域。

3）全国游记：①全国的都会。②全国的名胜。③沿海的港湾。

十一月

1）汉唐的昌盛：①汉武帝的武力。②唐代极盛时的疆域。③张骞、班超的通西域。④唐玄奘通印度。⑤佛教的传入。

2）东北民族的强盛：①辽金的侵宋。②元朝的武力。③清朝的兴国。

3）清代外交的失败。①鸦片之战。②英法联军。③中日之战。④八国联军。

十二月

1）世界上实行革命的国家：①美国的独立。②法国的革命。③德、俄的革命。④土耳其的革命。⑤波斯、阿富汗的独立。⑥朝鲜、印度的独立运动。

2）地球的研究：①地球上的七大洲。② 地球上的四大洋。③地球的五带。④地球上的人种（五大种人）。⑤怎样分昼夜？⑥怎样分四季？

一月

1）中华民国成立史：①二次革命的失败。②帝制运动的前因后果。③孙文的护法。④中国的国民革命。

二月

1）学级联合会的权力：①学级联合会的政权。②学级联合会的治权。③怎样运用政权和治权？

三月

1）孙中山先生的主义：①建国大纲的要点和程序。②建国方略的三大建设。③三民主义的大略。

2）中国的商业：①我国大宗出口货和贸易状况。②商战的失败和救济法。③我国的四大商埠（上海、汉口、天津、广州）。

四月

1）东西洋人的往来：①马哥索罗。②欧洲人到中国来。③郑和下西洋。④指南针传到欧洲去。

2）华侨：①现在地球上华侨的分布。②华侨的职业和生活。③华侨被外人虐待的情况。④华侨和中国有什么关系。

3）防疫法：①传染病的种类。②防疫法。③免疫。

五月

1）实业革命和民生革命：①汽机的发明和物质文明。②劳动纪念的意义和经过。③什么叫三八制？

2）五四运动和欧洲大战：①欧战的原因。②欧战的损失。③战后的国际。④五四运动的起因。⑤五四和二十一条的关系。⑥巴黎和会。⑦华盛顿会议。

六月

1）帝国主义的侵略：①文化侵略。②经济侵略。③武力侵略。④不平等的条约（领事裁判权、租借地、租界、关税协定等）。

2）公共卫生：①地方上的卫生事业。②街道的卫生。③共同卫生法则。④公共卫生的重要。

3）怎样做个好公民？

春季始业的大单元：

二月

学级联合会的组织。

三月

1）孙中山先生的主义。

2）可爱的中华民国。

3）全国游记。

四月

1）防疫法。

2）汉唐的强盛。

3）东北民族的强盛。

五月

1）实业革命和民生革命。

2）清代外交的失败。

3）帝国主义的侵略。

六月

1）公共卫生。

2）华侨。

九月

1）学级联合会的权力。

2）人类的信仰。

3）东西洋的往来。

十月

1）中华民国的组织。

2）中华民国成立史。

3）争民权的先进国。

十一月

1）欧洲大战。

2）欧战和中国。

十二月

1）地球的研究。

2）世界游记。

3）我国的商业。

一月

1）地方上的慈善机关。

2）怎样做个好公民。

教材的单元确定了，年级支配好了，我们就根据单元的内容编订许多的教学片。这种教学片有两种作用：一是备教师的参考；一是便儿童的学习。因为知识的功课，三年级以上的儿童，实行自学辅导或是道尔顿制最相宜。要使儿童自学，当然先要有功约或课程片。因为要便教师的参考，当然要有实施该教学单元的计划。两方合并起来便成教学片。教学片的内容共分：①课程的单元；②教学的年级；③教学的机会；④研究纲要；⑤研究问题；⑥儿童活动；⑦教学用具；⑧参考资料。其中研究纲要、研究问题、参考资料和道尔顿制的课程片及学习片性质是相同的，其余的是备教师参考用的。为便利说明起见，特把我们的学校的一个单元的教学片举例于下。

社会教学片	年级	三年级
课程的单元	我们的学校	
教学的机会	开学时候	
研究纲要	学校名称沿革；学校的地址校舍；学校经费的来源；学校里的先生、同学；怎样做个好学生	
研究问题	我校叫什么名称？我校从前的情形怎样？我校在什么地方？我校的校舍有多少？我们对于校舍应怎样爱护？我们的经费是哪里来的？我们的经费有几项收入和支出？ 我校有多少教师和同学？我们对于先生应有什么礼节？我们对于同学应当怎样？怎样做个好学生？我校对于公安事情有什么组织？什么叫做巡察员？巡察团里的规则怎样？同学犯规为什么不叫先生罚而叫巡察员罚？我们对于巡察员的态度应当怎样？	
儿童活动	介绍新同学行相见礼；开欢迎新教师会；公布学生会的印刷品；游览全校校舍	
教具	本校平面图	
参考资料	本校现况一览	

六、教材之编订

教材整理的最后一步，就是编订教材。编订教材也是一个很重要的问题，因为教材与儿童有直接的关系：教材适当，儿童学习就觉便利；教材不适当，儿童学习就感困难；所以也不得不详细研究一下的。编者对于三、四年级的社会科教材已经根据上面的各个单元，一一的编好教材了，并且已经去教学儿童了。觉得儿童的兴趣比用教科书要好得多，教学的时间要经济得多。其一编订的内容，现在申述于下。

1. 教材的内容

教材的内容，用大单元的设计材料，在上面已经可以看到了。为什么要用大单元的设计呢？杜威氏说得好："儿童初入校时，心中并没有部类或区分的观念的。儿童经验上，有流动的纯一性。教学地理、历史，在他们看来，都是互相联合一致的。因此在教学上若是不注意儿童的观点，就要发生困难。儿童经验既是整个的流动的，教育上就当接近这立足点，不可将学科分为许多隔绝的门类。”照杜威的意思，各科与各科间的教材尚须连联一气教学，何况同一科同性质的材料呢？以前的社会科教学的教材就没有见到这一点，我们是应该矫正的。实行了大单元的教材，我们觉得有下列几点优点：①儿童学习有中心，易发生兴味。②儿童所得到的知识、观念和经验是整个的。③儿童学习便利，时间经济。④易与儿童的经验及生活联络。

2. 教材的排列

教材排列与编订教材也很有关系，值得我们注意的。我们要注意下列几点。

1）从心理的到论理的。心理的排列，就是根据儿童的经验，以求满足其心理的要求的排列法。初入学的儿童，思想幼稚，用这种排列法最为相宜。论理的排列是根据教材自身的关系，毫不顾及学者的情形的，初学的儿童不甚相宜，但是思想较发达的儿童也未始不可用。并且有些材料不得不用论理的排列的，不过必须由心理的而后至论理的。

2）从具体的到抽象的。具体的东西容易明白，抽象的东西不易明了，这是很显著的事实。而尤其是儿童，他只认识具体的事实，理解抽象的事物的能力是非常薄弱的。所以一定先要从具体的事实而后渐渐的到抽象的观念方面去。

3）从旧经验到新知识。儿童的观念、反应都和旧经验有密切的关系。我们把教学建筑在儿童的旧经验的基础上，儿童的反应一定来得强，学习兴趣一定来得浓；得到的经验、新知识一定来得巩固。

4）从最要的到次要的。儿童的能力、经验、智力，各个人不齐的。在班级教学里，往往聪明的儿童读了这些教材尚嫌不足，而愚笨的人已力不胜任。我们要解除这种困难，一定要使教材有弹性。从最要的材料而后到次要的材料，使得愚笨的儿童学习了最要的一部分也可以通过。聪明的学习了最要的还可以学习些次要的教材。

其余排列教材还要注意“从近到远”“从易到难”“从简到繁”“从浅到深”等。这理很浅显，无须多述。

3. 教材的体例

教材的体例，用问题法。因为问题法便于儿童学习。记得杜佐周君曾说过问题法的优点有六：易于明了，易于记忆，易于应用，易于唤起兴味，易于刺激，易于养成分析、组织、判断和推理的能力。我们根据上面说的话，就可以知道教材用问题法编制要比现在坊间出版的教材高明得多。

民国十八年（1929 年）第 21 卷第 1 号

小学社会科教学商榷

谢　康

这篇文字分三节：教学上的商榷；两个研究问题；一个社会科教学过程。大部分在本年一月二十一日上海特别市教育局国语社会教育讨论会上谈起过，现在修正发表，请读者诸君教正。

一

社会科实际教学上值得注意和改良的，普通有以下六点。兹避去烦琐的学理引证，专就作者个人教学经验与意见，分述于下。

（一）党义教学

党义应如何教学，现在无从说起。各处学校都在试验中，在探求最好的教学方法，情形均不甚一律。然而此不甚一律的情形中，却也并没有十分不好或谬误的地方。就用书而论，有用《新时代三民主义教科书》的，有用《党纪教材》的，有用《三民主义浅释》的，有自编教材的，也有教师口授、儿童笔记纲要的。教学方式，大概低年级是多由教师将党义组成故事，口头讲述；高年级乃仿照史地教学方法，注重儿童内容大体之获得。然有一共同缺点，即抽象名词、专门术语，如“平均地权”“节制资本”等，教师多只注意于“地权”之“平均”,“资本”之“节制”，对于“地权”“资本”等名词，少有为详细明白之解释者。

往昔的读书人“有不辨粟麦”之讥。其实他们对于“粟”“麦”字面上形容的意义并非不知道。儿童亦往往有能唱一至十之数而仍数不清自己左手或右手的手指的。没有数数的实在经验，虽然口头会唱，唱的仍不过是没有意义的歌谣。我们不能以为他们会唱数目或他们自己说知道数目，以为他们真明白数目。所以，我们不能仅教文字的或语言的表面，要确切的使他们明白那文学或语言所代表的观念或事物才对。否则，“地权”二字，儿童竟不难误会为“地皮”或与“地皮”同视；“护国纪念”之“护国”或且作与“英国”“美国”“法国”同样的一个国家看。霍尔（G. Standley Hall）调查波士顿市初进一年级的孩子，有80%不知蜜蜂窠，77%不识老鸦，19%不识鸡。平常的、习见的东西，儿童还不认清“名”与“物”；对于表示抽象观念的文字或语言，自然更模糊、更笼统、更“一知半解”。成人自己亦往往仅知文字或语言表面之意义，即不问实在。

再有一层，教师的态度，在党义教学上，对儿童有很大的影响，其影响或且大于教材内涵的意义。我们都能注意教材内容，但往往不注意自己教学时的态度。小学儿童受教科书的影响不及教师的影响之深切永久，这是我们早已知道的。

（二）教师讲解太详

教师讲解太详，儿童自觉反不必费脑力。公民，尤其是党义教学，易变为演讲式、宣传式，使全班儿童成为听众，即此之故。表面上看，儿童固个个听得津津有味，并且教室秩序也很安静，其实，过后随即遗忘。凡教师所表现的能力愈强、愈多，儿童自觉之获得反愈少。补救之法，教师只须提示大纲：将课文要义预先组成各个问题，上课时随时提出与儿童问答讨论：可以唤起儿童旧经验、旧观念；随时有补充之机会。不必先行将课文精义自己一齐讲尽。否则，儿童于听过教师多精彩之讲述后，必无兴趣再看枯燥的课文，无自已探究之心向。大概社会科无论何种教材，都宜用归纳法教授：以书本为学习研究之归束，不可以之为学习研究之出发点。优良的教师当使教室成为会议室，全级儿童为会员，自己做主席。

杜威说：“在一般小学校中，教授时，多给生徒以一册教科书，由教师指挥监视学生诵习。学生被教师威权所束缚，完全失其自由。此等情形，现在已受教育家之严重的批评。于是有些人误会今日所必需之改革为‘威权之转移（transfer of aauthority）。’以为由教师方面将权力移交学生方面，即为‘自由’之真义。其实此仅为消极的不加限制，实系错误的观念。学校中所谓自由，当着重其积极的要素，如探究、试验、自由讨论等，皆是使学生负责任之较大的机会。”（《平民主义与教育》第330页）其实，真正的威权之转移，第一，教师须相对的信任学生，不可太信任自己；第二，不可使学生于“教科书”中解放出来，又受教师的“讲解”之束缚。

（三）笔记练习、制图、表演等具体的手的工作太少

小学儿童知识之获得，差不多90%是由于教师口语之传授。教师如果于每日课务终了时，将自己上课时讲话用去之时间与儿童说话之时间作一比较，必惊异自己独占继续讲述之太多与儿童说话机会之太少。儿童说话多限于答问，且多以简短破碎之词句出之。至于敷陈说明，则全由教师一手包办。教师亦往往喜于儿童所述

者仅得端倪，即概然承诺，为之发挥注解，视为“义不容辞”，不问所发挥者是否为儿童原意。此种教法，当然，教师的学力是非常好的，但只有聪明的学生能跟得上，大多数学生，即使能注意听讲，也不过盲目的跟了教师乱跑，或者旁观的在那里暗暗惊叹罢了。又或于教材析之又析，非常精细，致失其一部分中一贯之旨，前后关系反因以不明。结果，使全论题变为在同一平面上不相关属的一堆细目，无重心，无要点。大家莫明其妙，虽然一课上了。此种情形，各科都有，在党义、公民、历史、地理诸科尤甚。结果，非但使儿童无整个的思想，且足以养成他们散漫零碎、不得要领之谈话的习惯。所以，我们除上课时自己少说话、多给儿童说话之机会外，于每课教学完了时，宜视情形，酌加笔记练习、制图、表演等具体的手的工作。综合整理以简驭繁，使儿童为各方面之练习与运用。教科书一课教了，实际还未完结。说得过火一点，一课书教完或读完，在教师不过完成了 2/3 的工作，儿童不过完成了 1/2 的工作。例如编演史剧，可使儿童对于古人礼节、服装、起居、习惯等得真确的观念。或令儿童设身处地，为古人作书信、日记或报告某事之经过情形，或将名人言论自己重新演述出来，或制作地图，使山川、城市、交通、物产之分布得具体的观念。其余如党义、公民课之实践、作法，较仅靠教科书文字上得来者，其效倍佳。表演、制图，当然要视材料而定，但须注意者，具体的手的工作应与书本同样重视。

（四）依照教科书原有材料而少选择

教科书是一般的，自不能完全适用于任何一校。如新学制历史教科书高级第三册七课“汉唐制度之变迁”，于儿童生活漠然无关，学习兴趣当然缺乏。此类教材，非在适当的时候，与引起儿童强烈的学习之动机，即有良好的教师，教学也难有良效，故平日尽可删去。依照教科书之编制顺序，逐课教学，教师、儿童两方都便利，但不是最好的方法。

（五）利用图表、器物模型、想象与表演处太少

社会学科之知识多非直接经验而得。其来源不出二途：由于他人经验之传达；由于推理。因此，吾人未到非洲而知非洲内地之山川人物，未到火星而相信火星上有人类，有运河。学习固重自己经验，无奈一己活动所得之经验总觉有限，自不可不有传达的知识以资补充。惟此项知识又皆去吾人经验界甚远，在论述时空的历史与地理上为尤甚。惟一的方法，除文字的记述外，只有图表、照片、器物模型或想象表演，可以使“过去”再现，可以将空间缩小，可以使山脉、河流“高度”“凹陷”具体的表示出来，以为吾人了解之辅助。普通教学史地，多以教科书文字的记述为主要材料，忽视图表等之价值，其错误与教学自然博物之不重试验、观察等（一方

面也因为没有良善适用的图表，我们不得不偏重教科书）。

（六）笔记生字、难句于石版或纸片上

这并不是一个不甚重要的问题。抄写笔记，当然在笔记簿上最好；否则，亦宜在一定大小之纸片上（此种纸片当由学校发给）。抄在石版或零星纸片上，容易发生以下诸不良现象：纸片大小不一，临时抄写，过后不易保存，学生无从温习整理，教师无人考核平日成绩；石版字迹容易擦去，教师不易改正；因一二两项故，儿童误写，教师不易订正，即无异多与以一次写错字与谬误的机会；因一项故，儿童作业不肯认真，视为形式事，无真正学习心向。此种情形，在国语科上亦有。低中年级以石版代笔记簿，固无不可，高年级则极须改良。儿童在上课时用心与否，明白与否，笔记簿便是最正确的答案。没有好笔记，上课即使用功，无把握，所学习得的都浮在表面上。

二

这是两个时常谈起的问题和作者个人的意见。

（一）系统的问题

这里所说的系统是指史实的先后。换句说，依照年代之前后教授历史是否最好。依照史料发生年代之前后逐渐教学历史，与地理上先本国后世界之说，虽前者关系时间，后者关系空间，其中实有相同的意义：不是学者的传统思想，便是成人的成见。这是大人们的系统观，儿童们并不如此。儿童们的系统只是事实的本身——历史的记载非专为教育的目的而作，一也；“人生不满百”，学校期尤短，将全部史实研读一过，非但事实上不可能，且亦无所用，二也；历史固要了解过去，但了解过去并不是目的，目的是在了解过去而知道现在，如何适应环境、营生活，三也（Horn 说小学教授历史之目的，在使儿童适于应付种种实际的活动、情况与现在生活问题。Barom 与 Reavis 以为教学地理的作用是在于传授有实际价值的、种种比较重要的事项，在使学生能够说明现时问题之种种地理的要素，并使他们内心的感得本国之重要及其对于世界的关系）。因此，历史的价值与重要，不过是在指明过去与现在的联络地方。教授时只须选那与现生活有关的史实，换句话说，凡足以使吾人了解现时社会情况、生活之过去的事实，都应特别选择出来，尽可以社会为中心，民族、学术、文化、职业、风俗、时代思想等，各就其进化之程序为程序，不必以过往的帝王的朝代为系统（地理上，亦当以事物为单位，打破从前分省、分国的界限；凡山脉、河流、交通、物产，各就其情状关系教学之），以有关现生活的个别问题为系统，自无“一部二十四史从何读起”之苦。

并且，知道民国纪元前420年，或西历1492年，或明弘治五年，在儿童，即使在成人，生活上有何用处？然而，不知道哥伦布发现美洲，或地球上有大陆名美洲者，则是缺乏常识。所以，在生活上看，我们要知道的是事实的本身，与其发生的影响，并不是事实发生的年代之前后。虽甲事之发生有影响于乙事，如民国纪元前148年，西历1764年，清乾隆二十九年，瓦特发明蒸汽机，后五十六年（民前105年，西历1807年，清嘉庆十二年）富尔顿创制轮船；有义和团之起事，而后有八国联军。但归纳起来，究多属为同一性质的、因果关系的问题。以问题为中心的或设计教学，选材上、教授上并不困难。在学期末，总温习时，可将所教学的问题依照年代先后排列，与儿童共同整理，编制年表，使对于事实发生前后稍有明白的观念，亦佳。

（二）教科书及补充教材之关于文化方面者

现今史地教科书的编制，较五六年前似已有相当的进步。比较显著的，如：从前书中重要的记载多为帝王系统、军事战争。现已渐减少，渐趋向于战事的因果与社会当时的情状的记载；从前历史教学多以政治上的发展为主干，现今则更注意经济上、工业上的发展；从前最常述及者为政治上、军事上之人物，现已减少；体裁比较简明，少主观的、笼统的形容词；低年级采用原人历史（primitive history），能适合儿童需要，提起儿童学习兴味；地图增加；从风景的叙述移到物产的、风俗的叙述；打破分省的界限，以事物问题为单位；编制体裁渐用问题法，藉理解的判断代替机械的记忆。以上种种，从前历史、地理书每不充分注意，今后改良，固事实所必然，但有一点（或许是作者个人的“杞忧”）我们教师不得不稍为注意的：现今史地教科书有渐倾向功利主义之可能。譬如，历史方面，对于工商业之发展，物质的进步，我们很能注意；对于人类文化、学术发明、时代思想、民族精神、道德，所谓智能的历史（intellectural history），据吾人所知，书上还是说得很少（最近已注意到党义、国耻教材，惟还嫌太少）。地理方面，关于国家富源、交通、商埠、军港、物产都有较详的记述，易为教师、学生所注意，关于古代文明足迹或历史上纪念地方等，甚为忽略。我们须要补充，尤其是在设计教学、中心问题教学上，取材时，往往忽略此项重要教材（一方面也因为参考书籍太少），我们并不是要养成孩子“骸骨迷恋”“开倒车”，做“羲皇上人”，也不是故意要他们都成“士君子”。在物质文明的现代，教育者也应相当的使儿童保持“人性”，换句话说，不化为“俗物”，应使孩子们将来于算盘、磅秤之外，还知道点别的高贵的东西。

民治国，全国人民都是公民，厉行全国教育，出版物发达，文化普遍，当然很容易。但文化普遍以外，总还须有深邃的、高尚的成就，否则，民众化使流为浅薄化、平凡化，一如法国文学批评家法格（Emile Faguet）所谓“崇拜无能力者（le culte de l’ imcompetence）。换一句说，一个人对于民族的优良点、祖国的光荣、文化的传留，应有相当的认识与了解，即使无发挥光大之心志与能力。1914 年大战的启示，教育家已有觉悟。我们不能以为孩子程度太低、能力太薄，谈不到什么文化。须知现在不予以认识，以后他们便难有知道之机会了。并且“智识的生活于社会进步关系最为密切，而智识的领袖对于人群之福利，其贡献亦最巨。吾人今日物质的生活及精神的生活上种种便利舒适，殆无不出于智识的领袖之赐者，盖所谓真正的智识的领袖者，乃是发明新工具与新真理，使人有制服环境、操制自己命运之工具者”（杜威说，《平民主义与教育》第 266 页）。当然，我们政治赞成民治，教育要求普及，但国民趣味的标准、文化的程度，我们不愿因普遍而流于低落、肤浅。所以，我们自小就须留心我们的孩子，不要平凡化、物质化，又，中华教育改进社统计，1922 至 1923 年全国大、中、小学生数共 6 615 772 人。如中国人口总数 4 亿，则连小学生算在内，也还不到 1/60。假如这 1/60 的人，所谓有“机会”者，对于本国文化、民族精神还没有相当的认识或认识之机会，岂不危险！小学生原可不与谈文化，但在现在教育情况与国情之下，不可不谈。

三

“方法当在教材之内”（method should be in the subject matter），方法之于教材，犹消化作用之于食物，不能分开来讲。“所以正当的研究方法不应当由方法与教材各别起首，当从教材上或教材中之方法起首。”（to begin not with method and subject-matter ; but with method on or in subject-matter）但也不能只讲究教师的“教”，而忽略学生的“学”。定教学过程的时候，也要注意学习过程；否则，实际上合不拢来，一定发生困难。

严密的说，每一课教材有个方法，每一个教师有他自己的方法。但在不同的方法之使用中，我们可寻得出相同的步骤、顺序或过程。

<table>
<tr><th rowspan="2">赫尔巴特</th><th rowspan="2">杜威</th><th colspan="2">一、二年级</th><th colspan="2">三、四年级</th><th colspan="2">五、六年级</th></tr>
<tr><th>教师</th><th>儿童</th><th>教师</th><th>儿童</th><th>教师</th><th>儿童</th></tr>
<tr><td>预备</td><td rowspan="3">认识特别事实</td><td>（1）引起动机</td><td>（2）决定目的</td><td>（1）引起动机</td><td>（2）决定目的</td><td>（1）引起动机</td><td>（2）决定目的</td></tr>
<tr><td rowspan="2">提示</td><td>（3）提示实物问题</td><td>（4）讨论问答</td><td>（3）提示要项或实物</td><td>（4）讨论问答</td><td>（3）提供问题（或参考品）</td><td>（4）收集材料</td></tr>
<tr><td>（5）讲述故事</td><td>（6）复述大意</td><td>（5）演述事实</td><td>（6）参考读本</td><td rowspan="3">（5）指导补充</td><td>（6）研究讨论</td></tr>
<tr><td rowspan="2">比较与概况</td><td rowspan="2">合理的概括</td><td rowspan="2">（7）指导</td><td>（8）设想与比较</td><td rowspan="2">（7）指导</td><td>（8）推考比较</td><td>（7）比较</td></tr>
<tr><td>（9）整理</td><td>（9）整理</td><td>（8）整理</td></tr>
<tr><td>应用</td><td>应用与证实</td><td>（11）批评</td><td>（10）表演或建造</td><td>（11）批评</td><td>（10）表演或建造</td><td>（10）批评</td><td>（9）证验和应用</td></tr>
</table>

这里我拟定一个社会科教学过程。这种工作原是冒险的尝试、架空的企图。

在过去半世纪中，赫尔巴特（Herbart）的形成说（formation）之影响比任何教育家为大。他注意教材，对于环境亦能充分留意，但他方面忽视儿童固有本能之重要（杜威说）。他制定一个正式的阶段，即著名的赫尔巴特五段教学法，以为一切科目，无论内容如何复杂，范围如何广大，从小学生学习简单数目到大学生研究语言学，最好的教学方法是："预备"，唤起潜在意识中之旧观念、旧经验，以融会新观念；"新教材之提示"；"比较"与"概括"，使新旧观念相接触，发生互相反应；"应用"，将新构成之内容应用于某种行为上（吾国初创学校，规定教科，当时教师亦均奉此为圭臬。实际上或用五段，或用三段，不免稍有出入变通之点，但教授原理则均以赫氏派常说为主归也。近来颇有人反对，以为太拘束，教师不易随宜变化。实则，方法本身只是方法，活动变化全在使用方法之人）。这几个步骤，其实与思想的历程相仿佛。我以为所谓即问题或疑难；即考察事实以定问题或疑难之所在；根据事实造成公例或概念，立假设；证明，以为新观念及试验之指导。所以赫氏五段可以用以"教"人，也可以用心自"学"。杜威嫌它"呆板"，说："这种'一律的'的教法，未免过于拘执。"因此，把五段变为：认识特别事实；合理的概括；应用与证实三段（见《思维术》第210页）。但杜威所改，亦与赫氏一样，同为归纳的方法，并没有什么不同（见前表），杜威原主归纳的教学法，他说："古来思想家多是将演绎法比归纳法看得重要。关于此两方法之理论，在教授法及教科书之编制上有极大的势力或影响。多数教科书开始总是先述定律、原理等，而殿以简略的释例与大概的说明。此种教法与教科书之编制，形式上虽是整饬，但应用时便要发现其与儿童之观念相凿枘，不能使之了解。现今改良的方法是要以归纳的学习方法代替演绎的学习方法。"（《平民主义与教育》第302页）

演绎的方法不便儿童自学，且亦不便于设计教学。

上面拟的，便是参考赫氏五段和杜威的学说，用归纳方法，着重儿童自学，以教科书为学习研究之归宿的一个过程。作者自己的意见，以为用于史地教学尚可；用于党义、公民，有商量；至于低中年级的常识（关于自然方向的），则殊不敢说适用。离开教材与儿童而谈教学方法、教学过程，正如不知道地面若干与用何种材料而打房屋的图样一样，原是危险的企图。实际的教学是立体的，过程是平面的。这不过是个参考罢了。

标出的数目字是表示进行大概的程序，不一定完全要依照它，如"批评"一项，尽可儿童、教师共同批评。至于教师的考核成绩，这里也算作"批评"。

民国十八年（1929年）第21卷第4号

尚公学校儿童自治的昨今明

马精武

一、引言

儿童自治在小学教育上的重要，是谁也不能否认的。小学教育的目的，是使儿童获得生活的方法和应付环境的工具——经验。可是要达到这个目的，并不是一件容易的事情。许多教育家们殚精竭虑地在研究、试验，无非是为了这样一个问题："怎样才能使儿童容易获得生活的方法和应付环境的工具？"在教学上他们想了什么设计教学法，道尔顿制……其目的完全是要儿童容易获得智识。在课外活动方面，他们想了儿童自治的办法，使儿童直接地去生活，直接地去经验人生。因为儿童对于成人的生活，诸多隔阂，他不知怎样去应付，怎样去制驭环境，至于工作，更非儿童所能了解。他们无计划地、盲目地工作着，"错误"是他们时常碰着的恶魔，他们见了这恶魔，简直没有办法。在这种环境之下，我们教育者应当使他学会生活和工作的方法，而使他们学会生活和工作的方法，最好的办法就是施行儿童自治。因为儿童自治是根据"learning by doing"的原则而施行的。书本上的智识技能是死的智识技能；从行动中得来的智识技能才是活的智识技能，也只有从行动中才容易学到各种智识和技能。这一点便是儿童自治在小学教育上的重要。

尚公学校举办儿童自治，已有七八年的历史了。在这七八年中，对于儿童自治的目标和方法屡加变更，这虽然由于主持其事的人常在变换，可是时代潮流的推移消长，也是我们儿童自治屡变屡改的重要原因。我们在新时代的巨涛中颠簸着，力求适合现代教育的新潮，而不愿做一个时代的落伍者。我们的努力，经了许多困难，受了许多挫折，直到现在还是不敢自信。现在趁本志刊印"实验小学专号"的机会，把我们历年努力的经过和此后的计划，报告给国内教育界，请求他们的批评。

二、过去的尚公儿童自治

尚公学校试行儿童自治，始于民国十一年，这一年一月二十八日至四月三十日是尚公试行儿童自治事业的筹备时期。十一年五月一日至十七年一月是尚公儿童自治实行时期。十七年二月到现在，是尚公儿童自治的改组时期。关于改组时期（就是现在）的儿童自治状况，我们留在下面来说，这里要说的是十七年一月以前的儿童自治概况，但是本文所注重的，不是过去，而是现在，所以关于过去的儿童自治，只能说一个大概。

（一）过去儿童自治组织的原则

尚公学校过去六七年中儿童自治的组织，有一个原则是始终一贯的，那就是“从小组织而到大联合”，什么叫做从小组织而到大联合呢？杨彬如君在《儿童自治施行实况》（教育杂志社教育丛著第七十五种，十四年十二月出版）上说：“……我校——尚公——的儿童自治事业，是把学校级自治做基本，各有学级自治会，从小组织上发生大联合。另组一个学校青年会，定名小青年会，把集合会游艺做主体，而附设各种特殊机关。巡查团作为独立机关，主持秩序方面的事情。”这便是“从小组织而到大联合”的具体解释。至于这种组织的理由何在呢？杨君说：“我们知道儿童事业，起初不妨零碎，不妨简单，不必多立名目，也不必有整齐的系统，如果先立系统，把各种章程细则都订立了起来，表面似乎很合步骤，其实不过是一种论理法的——也是演绎的——组织，未必合于心理的。等到零碎的事业渐渐地多了，而且渐渐地复杂了，那时有一种趋势，可以造成组织系统的机会，于是设法组织起来，那么这种组织是可以使儿童都明了的。”（同上）过去的尚公儿童自治是根据这种理由，实行由小组织而到大联合的办法。

（二）过去儿童自治组织的概况

要明白过去尚公儿童自治的概况，请先看下面一张系统表。

过去的儿童自治组织的基本单位是学级自治会，这学级自治会是三年级以上才有的，一、二年级便用临时设计的组织（见尚公儿童自治概况中儿童自治机关组织大纲，十五年六月，商务出版），学级自治会的宗旨是：互相勉励，修养各种良好习惯；分工处理各项学级事务，为便于处理会务起见，可以分组办事，但各级不必一律。当时各级所分的组，大都是学艺组、修养组、娱乐组。高年级另分评议部和执行部两部，但是也很不一致。

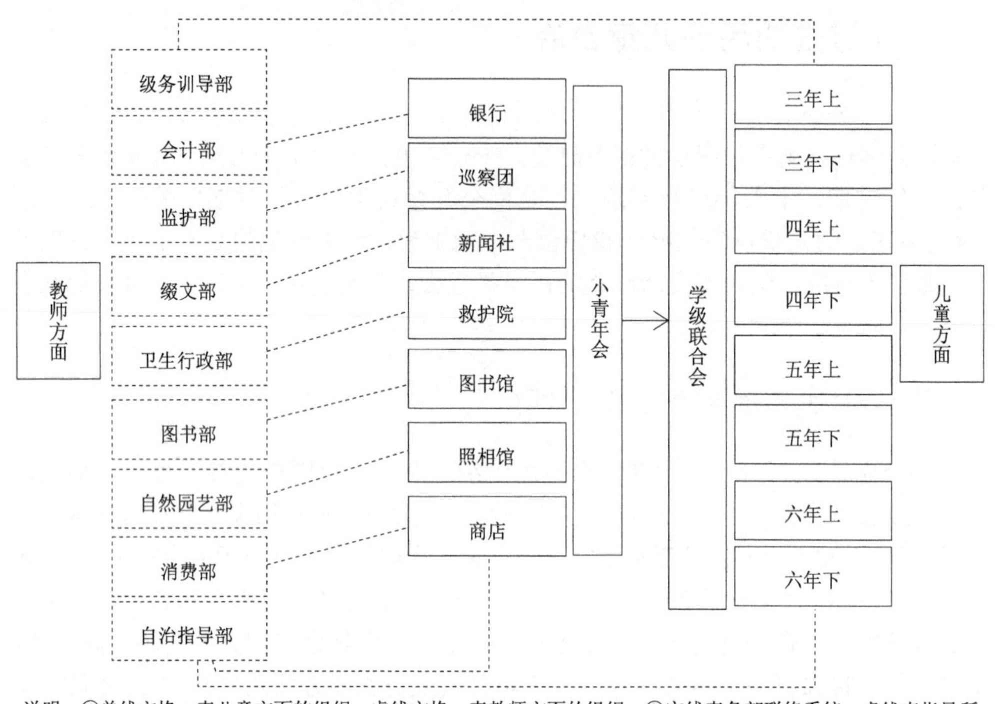

说明：①单线方格，表儿童方面的组织；虚线方格，表教师方面的组织。②实线表各部联络系统，虚线表指导所属。③箭头表发生顺序。④学级自治会的组织：由各级自由规定。⑤学级联合会由各级领袖（级务员）组织。⑥小青年会对于各机关，作为附属事业。⑦各自治机关得随时增减

学级自治，办得有头绪后，各级——三年起——派出领袖级务员两人，聚在一堆，成一学级联合会。由各级代表互选一人做会议主席。至于该会会议的事项如下：各级自治事业的互相报告，并共同研究怎样改善的方法；要二学级以上联合做的事业；对于学校各自治机关建议事件；小青年会总干事的聘任；其他。

小青年会，照儿童自治机关组织大纲第六条的规定，“是各种机关及各团体的联络中心，负督促和协助进行的责任”。小青年会的正副总干事，是由学级联合会聘任的。主任干事、助理干事都由总干事聘任。

小青年会为办事便利起见，分以下六部：总务部；集会部；游艺部；庶务部；会计部；书记部。

所以小青年会主要的事业，只有集会和游艺两种。其余许多事业，则另设图书馆、救护院、新闻社、商店、储蓄银行、巡察团、照相馆七个机关，这七个机关的领袖，都由小青年会的总干事聘任。因此，小青年会在事实上是它们的指挥机关。

以上便是尚公学校过去儿童自治组织的大概。至于过去所做的事业，每学期都有学周历可稽，在本馆出版的《尚公学校行政概况》上，也有很详细的记载，恕我不一一备述了。

（三）对于过去儿童自治的批评

过去儿童自治组织，以“从小组织到大联合”为原则，我们承认，是很合于儿童心理的。但是三个缺点，也不容我们否认。

1. 组织太散漫

过去的儿童自治组织，好像一群群部落似的，散在各处，时而聚，时而分，全无严密的集合。学级联合会是儿童自治最高的机关，而其职权只限于建议，这种只有建议权而没有执行权、指挥权的学级联合会，和从前的资政院、咨议局有什么两样呢？小青年会的总干事，既由学级联合会聘任，而自身又屹然独立，不受学级联合会的指挥；且小青年会本身事业，只有集会和游艺两种，却要指挥下面的七个机关，在系统上固难自圆其说，就是在事实上，也不容易办事。

2. 没有群众的后盾

不论哪一个团体，倘若没有群众做它的后盾，做它的背景，一定要趋于崩溃的。小青年会的产生，显然没有群众的背景。它所办的事是否合于群众的意志，是否可以使群众满意，都可以不管，只要指导教师答应就好了。这样看来，岂不是指导教师一个人代替了全体的群众了吗？不但如此，小青年会的职权是独立的，群众对于它没有指挥的可能，如果该会负责人不认真做事，怎么办呢？所以没有群众做后盾的组织，在形式上固然容易崩溃，而在精神上不免变成寡头政治式的独裁！

3. 不合时代精神

过去尚公儿童自治不合时代精神这一点，是谁也不能否认的。小青年会的名字显然有些宗教的臭味，固然唯名主义，我所不取，但是小青年会所办的事业，专注重个人的智、德、体三育，而忽略了儿童对于社会的责任这一点，却是它们最大的错误，也就是它们对于时代精神不能适合的一点。历史告诉我们，20世纪的时代是一个革命的时代，每一个人的身上都有一副很重很重的担子——改造社会。小青年会对于这一层注意到吗？过去的儿童自治，只造出一大批的书生出来，至多也不过造出大批的“办公机器”出来罢了，哪里能够适应目前这个时代的需要呢？

三、尚公儿童自治改组的经过和意义

对于过去的儿童自治，既然有种种地方不能使我们满意，所以在十七年二月，实行改组。我现在把改组的经过，约略说一说。

先是民国十六年春，革命军克复上海，尚公改组，实行委员制，儿童自治方面的设施，因校事未定，并没有什么变更。这一年秋天，恢复校长制，学校组织，又起了一个变化。十七年春，校中组织了一个校长办公处，分总务、教务、训育、研究四系。主持训育的是刘君铸禹，他把以前的训育方针、训育组织，彻底改革了一下。以前的小青年会，因为它不合时代潮流，不能成为时代的组织。因此，我们决计把它取消。参照了一部分国民党的组织，组织了一个尚公学生会。

改组后的尚公儿童自治实施状况，在《微光》（尚公出版物）第28期儿童自治号里，略有记载。在那一期的《微光》里，我们把儿童自治改组的意义，说明如下：

我们办教育，不应当忘了时代，也不应当忘了社会。因为世界上无论谁人，都不能离了时代，离了社会而生活的。教育是人为的事业，当然也不能离了时代，离了社会，在那里“闭门造车”了。我们应当努力去研究怎样才可以使教育有时代精神？怎样可以使教育出来的人才能够适应时代，在社会中自由活动？那么才是达到教育的功效呢！

小学校的儿童，他们和社会很少接触的机会，要想去引导他们将来的生活能适应社会，不是件难事吗？但是，我们就可以因为儿童没有社会生活的经验，便把社会生活情形关闭起来，不使他们认识了吗？不！不！我们应当想法把社会生活情形，贡献在他们的面前，逐渐的诱导他们去认识。因为他们现在固然是儿童，将来总逃不了走进社会去生活啊！

我们既认清了办教育不应当忘了时代和社会，那么，我们怎样去诱导未入世的儿童认识社会呢？怎样指导他们和社会生活接近呢？方法固然很多，但是从练习自治上引导他们走进现代社会去生活，已经大家公认为最善的方法了。

小学校施行儿童自治，已有十余年的历史，可是它的组织，各各不同。譬如各校的试行市乡制，我校的试行青年会制，各有各的长处，各有各的短处，然总脱不了适应社会这一个目标。但是，时代是变化的，社会是前进的，旧社会的种种一定不能适用于新的社会。现在，旧社会快要破坏了，新的社会正在萌芽，不久便要呈露在我们的面前了。教育既然要适应时代和社会，那么旧的儿童自治组织，当然也不能适用于现代社会了！

我校依据了这目标，从本学期起，把儿童的自治组织，特郑重的修订，以期造就的人才将来能适应于新的社会。他的组织是注意提高民权，希望他们显出民治的精神；他的目标，注意团体生活，希望他们发生参与社会生活的兴趣，建立一个将来为社会服务的基础。这个计划，我们不敢自信没有谬误之点，还望爱护本校的先生们，指正是幸！

四、现在的尚公儿童自治

现在尚公学校的儿童自治组织，以尚公学生会为中心。其组织的方法，是三年级以上各级儿童，组织级学生会，再由各级学生会选派代表，召集全校代表大会，这全校代表大会是全校儿童自治组织的最高机关，每一学期召集一次（遇特别事故，临时召集）。在该会闭会期间，其职权由尚公学生会执行委员会执行之；全校代表大会另选监察委员若干人，组织监察委员会，行使监察的职权。关于行政方面，由各机关领袖组织尚公市行政委员会负责办理，但需受尚公学生会的指挥。这是尚公现在儿童自治组织的大概情形。兹为便于读者容易明了起见，特将现在儿童自治组织系统列表如下。

儿童自治组织系统

十七年二月改订

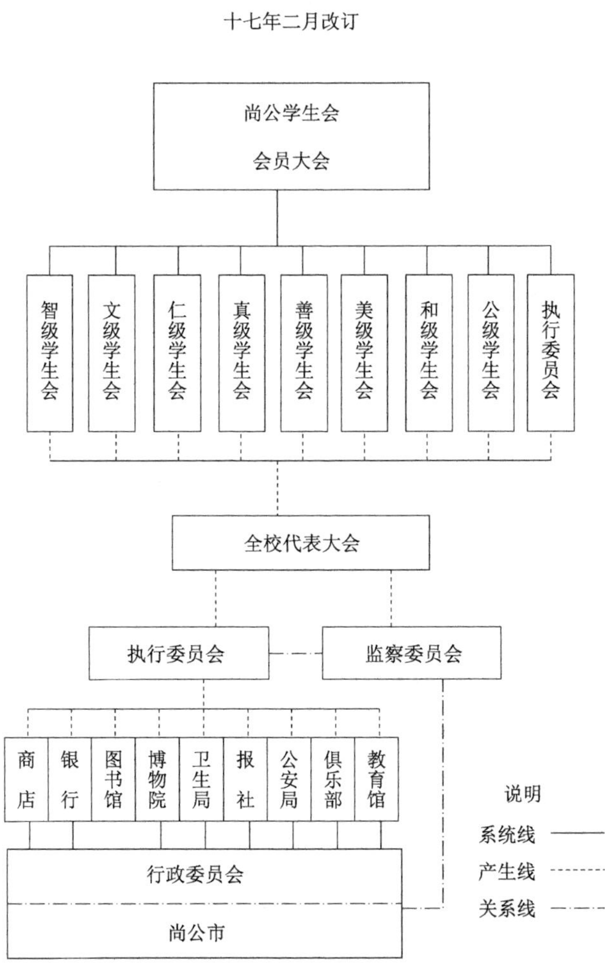

（一）尚公学生会的组织

要明白尚公学生会的组织，最好先把尚公学生会的章程，抄录于下。

尚公学生会章程

第一章　会　　员

第一条　凡尚公学校三年以上学生，愿意接受本会议决，加入本会所辖之级学生会，依时缴纳会费者，均得为本会会员。

第二条　会员入会时，须填具入会志愿书。经级学生会执行委员会之认可，方得为本会会员。

第三条　凡本会会员，须在所属级学生会，领取会员证书，其证书由全校学生会之执行委员会制定之。

第四条　会员如逢退级或升级时，须在原属级学生会报告；向所到级学生会登记，同时即为所到级学生会之会员。

第二章　会之组织

第五条　范围包括全校之学生会，为上级机关。范围包括一部分之学生会，为下级机关。

第六条　各级学生会，以全校代表大会、各级会员大会，为各该学生会之高级机关。

第七条　各级学生会会员大会、全校代表大会，须各选出执行委员，组织执行委员会。

第八条　本会之组织系统如下：

1）全校：全校代表大会，全校执行委员会。

2）全级：级学生会会员大会，级学生会执行委员会。

第九条　本会之权力机关如下：

1）全校代表大会，在闭会期间，为全校执行委员会。

2）级学生会会员大会，在闭会期间，为级学生会执行委员会。

第十条　全校执行委员会，得分设各部，执行本会之通常或非常会务，受全校执行委员会之管理。各部之职务及组织法，由全校执行委员会决定之。

第十一条　级学生会之执行委员会，须受全校学生会之执行委员会管辖。

第十二条　各级学生会之成立，须得上级机关之核准。

第三章　最高机关

第十三条　本会最高机关，为全校代表大会。常会每三月举行一次，但全校执行委员会认为必要，或有级学生会1/3以上请求时，得召集临时全校代表大会。

第十四条　全校代表大会常会开会日期及重要议案，须于一星期前通告各会员。

第十五条　全校代表大会之组织法、选举法及各级学生会应派代表之人数，得由全校执行委员会规定之。

第十六条　全校代表大会之职权如下：

1）接纳及采行全校执行委员会及各级学生会之报告。

2）修改本会章程。

3）决定各机关之办事规则及本会各部事业之应取方针。

4）选举本会执行委员监察委员及候补执行委员候补监察委员。

第十七条　全校执行委员及监察委员之人数，由全校代表大会决定之。

第十八条　全校执行委员遇有因事离职时，由候补委员依次充任。

第十九条　全校执行委员会之职权如下：

1）代表本会对外联系。

2）组织各级学生会，并指挥之。

3）委任尚公市行政人员。

4）支配本会会费及财政。

第二十条　全校执行委员会全体会议，每月至少开会一次，候补委员得列席会议。执行委员有缺席时，得由到会候补委员依次照额递补。在会议时有临时表决权，余只有发言权。

第二十一条　全校执行委员会互选常务委员三人，组织常务委员会。在全校执行委员会闭会期间，处理日常会务，对全校执行委员会，负完全责任。

第二十二条　全校执行委员会，遇必要时得设特种委员会。

第二十三条　全校执行委员会，每月须将活动经过情形通告各级学生会。

第二十四条　全校执行委员会，得派员指导各级学生会执行会务。

第二十五条　全校监察委员会之职权如下：

1）稽核全校执行委员会财政之出入。

2）审查会务之运行情形，并审核各级学生会之财政与会务。

3）稽核尚公市行政委员会之事业及行政人员之勤惰。

第二十六条　监察委员会，每月至少开会一次。

第二十七条　执行委员会开会时，监察委员会得派员旁听。

第二十八条　监察委员因事缺席时，得由候补监察委员依次递补之。

第二十九条　监察委员会得派员分赴各级学生会执行会务。

第三十条　行政委员开会时，监察委员会得派员旁听。

第四章　级学生会

第三十一条　级学生会为本会之基本组织，由各级自动组织之，惟须经全校执行委员会之核准。

第三十二条 级学生会，为会员间或会员与上级机关之联络机关。

第三十三条 级学生会之职务如下：

1）执行会之决议。

2）办理会员之登记。

3）协助全校执行委员会进行会务。

4）征收会费。

5）选派出席全校代表大会之代表。

6）执行全校执行会委员之命令。

第三十四条 级学生会会员大会，至少两星期开会一次。

第三十五条 级学生会须选举执行委员三人，组织执行委员会。由执行委员中互选常务委员一人，执行日常会务。

第三十六条 级学生会执行委员会，每两星期应将活动经过情形报告全校执行委员会一次。

第三十七条 级学生会执行委员会，得分设各部，执行会务。各部之职务及组织法，由该级学生会执行委员会规定之。

第三十八条 级学生会执行委员会，每星期至少开会一次。

第三十九条 级学生会之活动事业，由级学生会执行委员决定之。惟须汇集于全校学生会，成一整个之事业。

第五章 任　　期

第四十条 全校代表大会之代表，于会期终了时，其任务即为终了，但须向所代表之级学生会报告大会之经过及结果。

第四十一条 全校执行委员及级学生会执行委员会，任期均定为半年。

第四十二条 监察委员之任期，定为半年。

第四十三条 级学生会之执行委员，不得兼任全校学生会之执行委员或监察委员。

第六章 纪　　律

第四十四条 凡会员须遵守纪律，服从会章；会内各问题，在开会时，各得自由讨论。但一经议决，即须一致进行。

第四十五条 凡不执行本会决议者，破坏本会章程者，违背学校规则者，须受以下处分：

1）会内惩戒。

2）公开惩戒，并在会报上详细登出原委。

3）暂时或永久开除，被开除之会员，不得在尚公市各行政机关服务及享受一切权利。

第四十六条 级学生会全都有上述行为者，须受以下之处分：

1）全部解散后重行改组。

2）全部重行登记，分别去取。

第四十七条　凡会员个人或级学生会全部被弹劾时，须由全校监察委员会详细审查后，由全校执行委员会判决处分。对于执行委员会之判决，如认为不当时，得上控于全校代表大会。

第七章　经　　费

第四十八条　本会经费以会员所纳之会费、学校之补助及其他收入充之。

第四十九条　会费每周每人应缴铜元一枚。如有特别用费，得临时募集，惟须经执行委员之决定。

第五十条　会员无故不纳会费四周以上者，取消其会员资格，同时停止其一切应享权利。

第五十一条　会费由各级学生会之执行委员会收集之。以所入1/2，呈缴全校执行委员会充本会经费。1/2留充该级学生会经费。

第八章　附　　则

第五十二条　尚公市行政委员，由全校执行委员会委任之，组织行政委员会。其组织大纲，由全校执行委员会另订之。

第五十三条　本章程经尚公学校训育会议之通过。

第五十四条　本章程由全校代表大会议决公布之日起发生效力。

我们从上面的系统表和尚公学生会章程看来，可以知道现在的尚公儿童自治，已经把旧的组织根本改变了一下。我们从前的组织，是仿照基督教青年会的组织，而现在则一部分参照了国民党的组织。这种组织的特点，第一，它是群众的组织，它的直接指挥者是会员大会，不像从前的学级联合会，只处于建议的地位；第二，现在的组织是集团化的，我们只要看上面的组织系统表，便可以知道各机关都是彼此相属，不是各自独立的；第三，除了执行委员会和行政委员会之外，还有一个监察委员会，可以在全校代表大会闭会期间，行使监察的职权，这是以前任何儿童自治组织所没有的；第四，我们虽然改变了以前的组织，但是并没有把以前的“从小组织到大联合”的组织原则推翻，我们仍旧以各级学生会为基本组织，不过级学生会是全校学生会的一支部罢了。总之，现在的组织，是有规律的，不是散漫的；是严密的，不是凌乱的，这是上面那个《尚公学生会章程》可以证明的。

（二）尚公市行政委员会的组织

尚公市以尚公学校为其行政区域，凡尚公学校的学生，都是市民。尚公市行政委员会由尚公学生会执行委员会委任九人组织之。全市行政，分为教育馆、图书馆、俱乐部、博物院、公安局、卫生局、报社、银行、商店九个机关。各机关领袖，由行政委员九人兼任之。所以事实上尚公市行政委员会是尚公学生会的下级机关，尚公学生会对于行政委员会负指挥监督之责。这两者间的关系和从前小青年会对于学级联合会的关系，根本不同。我现在把尚公市行政委员会的组织大纲、组织系统录在下面，以供参考。

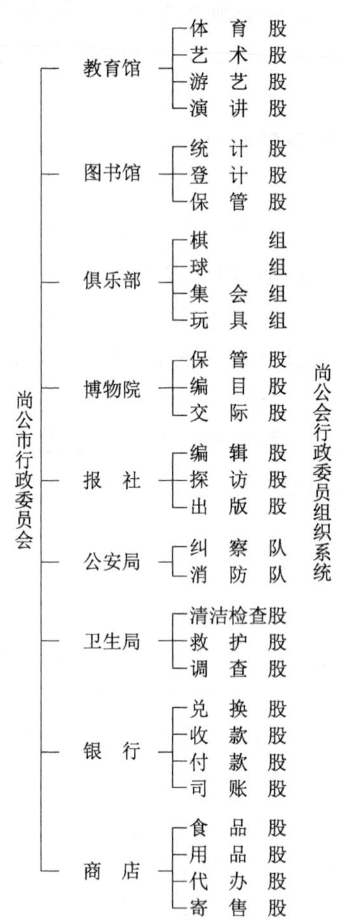

尚公会行政委员组织系统

第一条　本会以养成同学富有民治精神，习惯社会生活，建立将来为社会服务之基础为宗旨。

第二条　凡尚公学校之学生，皆为本市市民。

第三条　本会按同学之年龄和能力，定为三年级以上之同学，方得服务于本会所属各机关。

第四条　本会由尚公学生会执行委员会委任九人组织之。

第五条　本会委员互选主席委员一人，掌理本会经济、文书、集会等事项。

第六条　本会办理全市行政上一切事宜，分设各机关如下：

1）教育馆。掌理本市各种演讲、艺术、游艺、体育等事项。

2）图书馆。掌理本市市民阅览图书事项。

3）俱乐部。掌理本市各种娱乐集会事项。

4）博物院。掌理收集保管各种物品，以供市民之参考等事项。

5）公安局。掌理本市内一切公共秩序等事项。

6）卫生局。掌理本市一切卫生设施及实行事项。

7）报社。掌理本市一切编辑及出版事项。

8）银行。掌理本市市民储蓄事项。

9）商店。掌理本市所经营之物品贩卖事项。

第七条　各机关之领袖，由本会委员分别兼任之。

第八条　各机关之办事员，由各机关领袖聘任之。各机关因事业上、性质上之不同，办事员名额之多少并无限制。

第九条　各机关之职员任期，均定为半年。不得兼职，但得连任一次。

第十条　各机关之规程及办事细则，另订之。

第十一条　本会行政上一切设施，由本会议定后，呈由尚公学生会执行委员会通过，方得施行。

第十二条　尚公学生会，对于本会行政上之设施有意见时，本会必须采纳执行之。

第十三条　本会委员，如有溺职等情，尚公学生会执行委员会有撤任之权。

第十四条　本会所属各机关，必须于学期开始时，将半年内之行事历预定后，由行政会议通过之。

第十五条　本会所属各机关对于预定之事业，如有不执行等情，本会当随时督促之。

第十六条　本会所属各机关如有困难发生时，得提出本会行政会议解决之。

第十七条　本会行政会议，至少每两星期开会一次，由主席委员召集之。

第十八条　本会经费之来源如下：

1）由本会临时募集。

2）由学校指拨之补助金。

3）本会所属商业机关之盈余。

第十九条　本会经费之支配，于每学期开始时，编造预算，呈由尚公学生会执行委员会通过后，方得有效。

第二十条　本会每半年须编造决算书，呈交尚公学生会监察委员审核之。

第二十一条　本会及本会所属各机关，须请有关系职员一人以上为指导教师。

第二十二条 各项机关之事务，均由该机关之职员及指导教师协议处理。

第二十三条 本大纲如有未尽事宜，得临时修改后，呈由尚公学生会通过之。

第二十四条 本大纲经尚公学校校长办公处认为适当后，交由尚公学生会执行委员会通过实行。

（三）级学生会的组织

级学生会是尚公学生会的下级机关，也就是尚公学生会的基本组织。它的组织方法在《尚公学生会章程》上有很明确的规定，其内部的组织，可以随各级的情形自由活动，不过不能和尚公学生会的组织有抵触。同时，尚公市已经举办的自治事业，级学生会就不必再办。所以级学生会的职务，仅仅是执行一级的级务；而其最大的职权，便是选派全校代表大会的代表。因此，级学生会一方面固然是尚公学生会的下级机关，他方面却是尚公学生会的产生机关。一方面尚公学生会可以指挥级学生会，另一方面，级学生会却可以监察尚公学生会，所以二者间的关系是直接的，不像从前学级自治会和小青年会的关系是间接的；并且，现在的关系是互相联络的，不像从前级和级之间的联络关系是很难发生的。

（四）现在尚公儿童自治实际活动概况

尚公学生会从十七年二月八日把章程订好筹备起，直到二月二十三日才召集第一次全校代表大会。那一天各级代表出席的有 37 人，当场推定主席团 3 人；开会后，刘先生报告筹备经过情形，次由周、赵二先生演说；演说毕，各级学生会报告，通过学生会章程，讨论进行方针；最后，选出执行委员 9 人，张雄等监察委员 3 人，又选出候补执监委员数人。

二月二十七日开第一次执行委员会，推定常务委员 2 人；委李兰英等 9 人为行政委员，组织行政委员会，并委任各行政机关领袖。改组后的儿童自治，至是大体就绪。各机关职员，由各机关领袖分别聘定，同时拟定各机关行事历，开始办公。

十七年五月三日，济南惨案发生，尚公学生会除发表宣言外，并派学生赴学校附近演讲，贴标语、壁报，以促起国民之觉悟。

上面一段是尚公学生会的活动概况，至于尚公市行政委员会呢，尚公市行政委员会的 9 个机关各有各的职务，兹简单的分述于下。

1）教育馆。教育馆是从前的照相馆和小青年会中关于智育方面的事情拼成的。其主要工作是集会、比赛、照相三项。集会，如演说竞进会、辩论会、小运动会、书画展览会、竞智会等；比赛，如征文比赛、跳高比赛、篮球比赛、英语比赛等；照相，则继续以前照相馆的办法，摄制各项相片，兼做营业。

2）图书馆。和以前的组织大致相同。最近采用王云五氏四角号码检字法，编排书卡，儿童检查起来，颇称便利。除此以外，每学期征求一次或两次读书录和图书摘要，择优给奖，以资鼓励。十七年暑假，该馆书籍重行编排一次，顿改旧观。

3）博物院。这个机关以前是没有的，我们为鼓起儿童研究古物的兴趣起见，特开此院。院中陈列品，现分稽考类和鉴赏类。稽考类再分社会门、史地门、自然门、数理门。鉴赏类再分文艺门、美术门、工艺门、恩物门。该院自开办后，参观的儿童络绎不绝，尤以低年级儿童为最多，可见这个机关对于他们的需要了。最近并且举行一个邮票展览会。

4）公安局。公安局是从前的巡察团改组的，它的职务是维持同学在课外的秩序；对于违犯治安条例的同学，可以直接处罚。

5）俱乐部。俱乐部是管理从前小青年会中关于娱乐一方面的事情，主要的工作是集会、比赛、游艺。集会，如书片展览会、国乐大会、明月娱乐会、凉风娱乐会等；比赛，如扯铃比赛、六角棋比赛、五子棋比赛、乒乓球比赛等；游艺，如郊游、双簧以及日常的娱乐等。

6）卫生局。卫生局是把从前的救护院和巡察团中的清洁检查队合并而成。现在分救护和清洁检查两部。救护是医治因课外运动而受伤的儿童，清洁检查是检查各教室的清洁。此外每学期举行大扫除一次、卫生运动一次、卫生演讲若干次。

7）报社。报社是从前的新闻社改组的，现分编辑、采访、出版三部。遇特别事故，出版各项专号。每天报上重要的新闻，也由该社社员逐日揭示出来。

8）银行。银行以前分储蓄、借贷两部，现因经济关系，停止借贷，专做储蓄。

9）商店。商店的组织和从前没有大的区别，仍旧发售各项书籍用品，以及适合卫生的食品，其盈余则大半充作儿童自治的经费。惟从前的杂费簿，因太烦琐，已取消，改为一律现购。

自尚公市行政委员会把全市行政事宜分任以后，级学生会似乎无事可做了，其实不然！关于一级的事务，如布置教室、清洁教室、选举代表、参加全校活动，都由级学生会做出发点，所以级学生会的责任并不见得小于尚公学生会。关于级学生会活动概况，我们不能在这儿一一备述。仅就我现在所教的仁级一级而论，他们的组织，是分成三个委员会：级务委员会，关于集会、纪律、自修等，都由这会负责；文化委员会，关于出版、书报、演讲、表演、体育等，都归这会负责；卫生委员会，关于清洁教室、布置教室、救护等，都归这会负责。这三个委员会中，每一个委员会都推出一人做主席，负完全的责任；级务委员会的主席，并且是全级学生会开会时的主席。这样的组织，比了从前零碎的组织要集权得多。所以仁级学生会改组后的组织系统是很简单的。

（五）现在的实际问题

我们对于过去的尚公儿童自治，因为不能十分满意，所以改组；但是改组后的尚公儿童自治，就能使我们满意了吗？改组后的尚公儿童自治就一点缺点、一点困难都没有了吗？我们相信我们都不是自作聪明的人，更不是自吹自擂的人，我们把我们的办法实验以后，如果有缺点、有困难，我们是情愿毫不隐藏地公开出来，供给一般教育界同志的研究。

我们现在实际上难于解决的问题，有下面五个。

1）儿童不容易明白自治的意义。自治二字，本是抽象的名词，固然不必使儿童明白，但是实际的作用，却应当使他们知道。否则“民可使由之，不可使知之”，儿童对于自治事业，一定不发生兴味。儿童对自治事业既不发生兴味，哪里还能努力去做呢？可是难点就在这儿了：怎样使儿童明了他们所做的事情的意义呢？譬如有好多儿童，对于学生会会务抱旁观态度，不反对，也不赞成；叫他们做的报告书，不肯按时交来，甚至不交；种种方面，都表示他们对于自治事业的不关心，但是我们教育者对于这个不关心的问题，究竟有什么方法可以解决呢？

2）儿童怕开会。这也是一个实际问题。每逢开会，儿童往往不肯准时出席，或竟规避不来；就是来，也闭口不言，等于陪客。这种现象，我们是不能让它延长下去的。

3）儿童缺乏做主席的能力。开会做主席，本不是一件容易的事情，有许多中学生甚至大学生开会时做主席，都觉不能胜任愉快！这完全因为我们中国人的团体生活太没有训练了。现在办小学教育，就得从这一方面做去，不过怎样做法？怎样去训练儿童？确是目前一个很难解决的实际问题。

4）儿童缺乏工作的计划。儿童做事，最容易犯的毛病便是无计划。他们盲目地向前做去，不问前面有没有障碍，更不问怎样去扫除这些障碍。因为儿童的注意力短暂，目光很浅，所以这种现象是免不了的。我们要怎样去练训他们做一种有计划的工作，“不致盲人骑瞎马，夜半临池”呢？我们决不能采取保姆主义，不放心他们去做，我们却应当从行动中去纠正他们的错误，这便是试行错误法，在行动方面的应用。不过怎样实际去应用这种方法，是值得我们实验的一点。

5）包办主义。这一包办主义的倾向，是过去儿童自治失败的主要原因。什么叫做包办主义？便是一切儿童自治事业，都由教师一手包办，丝毫不让儿童参加活动，所有练习办事能力的机会，都给教师掠夺了去！譬如一张最简单的标语都不情愿叫儿童自己去写。儿童开会时，教师替他们做主席，一切可以给与儿童活动的地方都由教师在那儿主持。这种包办主义的倾向，对于儿童自治的前途是很危险的。因为第一，失去儿童自治的本意；第二，养成儿童依赖教师的习惯；第三，减少儿童的兴味；第四，儿童不能发展自治的能力。可是事实上，有许多事情，儿童自己不能动手，不得不依赖教师去做；而教师呢？也懒得去指导他们，索性自己做了的爽快。这种情形是数见不鲜的，究竟我们有什么方法，可以免去这种危险的倾向呢？

上面五个困难的问题，是值得我们用很大的力量去解决的。我希望全国小学教育，对于这五个问题，找一个完满的答复。

五、此后努力的目标

关于尚公儿童自治的过去和现在，我说的话已经很多了。现在再简单地把我们此后努力的目标说一说。

（一）养成儿童对于自治的认识

现今儿童自治，大都以标榜为目的，儿童对于自治事业的了解与否，他们可以不问。他们所注意的是系统，而不是儿童。不以儿童为本位的自治组织，儿童当然不能有明确的认识。我们倘若仅不过高高地摆下了一个“组织纲”，使儿童钻到里面去，儿童无论如何是不会明白这个纲的。我们一定要使儿童自己去组织这个纲，至少也须使儿童明了这个纲的每一根绳是怎样织成的。现在各小学中儿童自治和教学方面，很少发生密切的关系。儿童自治好像是另外一个东西，在教室之外似的，岂不知儿童自治是离不了教室的！离了教室的儿童自治，是一匹脱缰绳的马，要四面乱跑的。我们固然不是说教室工作是主要的工作，但在教室之内，也应当充分利用机会，使儿童明了自治的意义，使他们对于自治有一个明确的认识。这便是我们将来要努力的一点。

（二）使儿童自治成为儿童本身的组织

上面说过，不以儿童为本位的儿童自治组织，儿童不能有明确的认识。所以此后我们唯一的任务，是使儿童自治成为儿童本身的组织。这一句话中包含三层意思：使儿童自治组织成为儿童的（of the pupil）；使儿童自治组织成为儿童所治（by the pupil）；使儿童确能享受儿童自治组织的利益（for the pupil）。这三个目标中间，以 by the pupil 为最难，这困难的核心便是包办主义。倘若包办主义不消减，儿童自治是永远不会成为儿童本身的组织。此后我们努力的第二个目标，便是打倒包办主义！

（三）使儿童自治能力普遍的发展

普通办儿童自治，有一个通病，便是只注重少数的领袖，而忽视多数儿童自治能力的发展。学校中能力强、智识丰的儿童，往往可以统制一切，其他的儿童，只有听他的指挥，丝毫不能参加意见。这种趋势最容易养成儿童的首领欲，同时，使其余的儿童对于自治事业根本发生厌恶。这么一来，自治事业就受了一个致命的打击了！我们办教育的目的，决不是造成一二个专制魔王，以压倒其余在水平线上的中等儿童！我们应当使每一个儿童（至少每一个中材生）都有发展他自治能力的机会，千万不能让那个很好的机会，给一二个人抢了去。这是我们此后努力的第三个目标。

（四）使儿童自治成为时代的组织

这里所说的“时代的组织”，便是对于时代的使命。我们既然有了这样一个力量很大的组织，而不去应用，是一百二十分可惜的！我们应当时常在可能范围之内，使儿童去参加各种民众运动以训练他们实际活动的能力。因为现代的儿童和从前的儿童不同，从前我们只要把他养成一个柔如绵羊的孩子便好了，现代呢，我们一定要把他养成一个能活动、能反抗、能战斗的儿童。一个现代的儿童，一定要具有政治的常识，明了目前国内外的政治情势，同时还要有领导群众的力量，以参加各种活动。从前的儿童是一个书房里的书生，而现代的儿童应是一个战场上的将士，虽然他年轻得很，这便是我们的儿童自治应当努力的最后目标。

六、结论

在本文的末了，第一，我希望全国小学教育界，尤其是实验小学，对于儿童自治这个问题加以深切的研究和忠实的试验，切莫把它当做点缀品，以装饰门面，宣传你们的令名！第二，我希望各地乡村小学以及经济不足、规模较小的学校，照各校所处的环境和地位，随时活用这个儿童自治组织，千万不要弄得“画虎不成反类狗”，自治没有办成而儿童已经搅得脑子晕了。你们应当就你们经济力所能举办的自治事业去办，规模小些，尽管不妨。最后，我希望全国教育家不要只注重大学教育或教育理论，而忽略了教育的实际问题。这儿童自治便是许多实际问题中主要的一个，我希望你们费一点心血去研究、去试验。

民国十八年（1929 年）第 21 卷第 5 号

小学社会科教材教学之实际的研究

高　杰

往昔高级小学之史地教学，教部近颁之暂行课程标准已益以公共卫生等，更名“社会”。良以儿童教学之实施，分科过细，反惑观听。为适应儿童心理之要求，合而并之，固得其宜。此项教学见解，吾人于两年以前，即觉有促其实现之必要，实验印证，递演至今。回溯以往之设施，虽与近颁之暂行课程标准微有异同，然于吾人教学演进之下，自草创以至今日，其间改革嬗变，已不知若干次数。故今日教学过程之中之种种活动，实已形成一自然的习惯。追查此习惯形成之因缘，即知每一细小之活动，亦自有其相当之理由。际此吾人自组之教材将告完成之时，而暂行课程标准适亦颁布。援举社会科的教材教学实际之经过，作一比较的研究。

一、教材之编纂

编纂教材，第一须明白一科之内涵。本科内涵之分析，据吾人以往之推测，不能仅视为历史、地理、公共卫生等数科之综合。盖尽其所负之使命，尚含有下列数种目的：基本的需要、习惯的趋势、社会的便利、职业的价值、公民的价值、健康的价值、训练的价值等。此诸种要求之综合的付与，即为社会科所负之使命。暂行课程标准为谋归纳之便利，于作业要项中，虽仅列历史的、地理的、公共卫生的三类，而其细目之列举、目标之概括，实已包孕上述八项。为谋比较之便利，仅举暂行课程标准关于小学社会科之五项目标于次。

1）启发关于社会的基本知识，引导对于人生、社会活动、文明进化、革命意义等的认识。

2）增进对于社会文物制度的探索、思维、设计改进、参加活动等的兴趣和经验。

3）培养改进生活、救助民生、革新经济组织等思想和愿望。

4）启迪尽力社会、服从公意、信赖民权、忠于团体等的精神。

5）培植爱己爱人、参加民族运动、促进世界大同等的道德知识和志愿。

观此五项所罗列，即知社科之目的，实欲择取社会上日常生活必具之知识，以增进儿童应付之能力。故其牵涉学科之广，迥非其他科目所可比。此范围边际之广大，第一给予吾人之困难，即如何攫取各部应学之部分与分量，于此短期教学时间中，与以适当之采取与分配？关于此层价值之估定，事实决不能以每个学科为本位而定舍取之准则。故必以本科教学之目标为依据，而运用各项学科之各部，以为达此目的之手段。如为引起“对于社会文物制度的探索的兴趣”而学习“某种事物发明史”“科学制度的变迁”等；为“革新经济组织等思想和愿望”而研究民生主义所包含之种种建设及中国目前之经济状况等。故社会教材之选组，只需问其于本科教学计划中有无此项之需要，而不必问其每项材料于其本科中之价值为何如。盖此项取舍之支配，应以现实社会为前提，为规定课程大纲时之考虑。即至选组教材，只需于此衡定纲要之下，求其适当之适应耳。

教材之选组与教学方法之应用，亦有若干关系。最初吾人编撰教材之动机，为谋儿童所发问题之解决，故编组排列之先后，并非自古及今，自总论以至分说。教学之顺序亦然。此以每一问题为中心之教学，教师为求儿童学习之周延，常须使用暗示之技能，以引起儿童学习之需要。且此堆积而成的智识与经验，最为教师所顾虑者，即如何于此逐个的问题间造成一联系的锁链。此系统观念之养成，于申述教学实情时当再详论。兹先言编制教材之手续，于吾人经验中之体念，当以何者为优。编制教材之着手，约有下列四种之方法。

第一，且编且教。①视儿童、环境、节令、机会而编以适当的教材（为设计教学法所常用），故为客观的。②自己先定一教学计划，随编随教，以教师为中心（道尔顿制及班级制等教法所常用），故为主观的。

第二，全部教材编成以后，方出而应用，然运用之方法，亦有相异之二点：①将教材全部分为若干段落，规定某阶级应学习某项教材。②用分类法将教材分为若干类，视儿童、环境、节令与机会，以决定教材之学习。

一、二两类之两①项，愈有困难。如照第一①项之办法，教师不特需要纯熟坚强之暗示技能，即教材之支配，亦易流于偏颇而不周延。第二①项办法，偏于论理的排列，既不合儿童学习之心理，且亦呆板。第一②项，既具第二①项之弊，且编纂匆忙，于全部教材之完成，亦不易统筹兼顾。最佳之办法，厥惟第二②项之所述。全部教材之选组，固可依据课程大纲，撰备无遗。又可于可能范围之内，任意选材，以资适应。故弹性甚富，最宜取法。吾人教学之始，为应付之便利，系用第一①项之办法。事后对于教材之整理，与促进儿童观念之系统化，删繁去芜，整理补充，颇费心力。自一度整理之后，分类编辑，按时活用，乃觉经济便利，颇合吾人之理想。今且举所用社会教材之分类法，与最近一学年，于“五上”“五下”“六上”“六下”（正好代表高级小学一阶级）实际教学应用之教材，列之于下，再申述与暂行课程不同之点及其理由。

分类举例：文化类、交通类、建设类、实业类、形势类、政治类、外交类、国际类、自然现象类、物产类、生活类、妇女类、革命运动类、人物类。

南中实小高级社会科一年来研究的问题如下（问题排列的先后，并非研究的顺序）。

五上：我们的国都南京；古代的人；我们祖先的到中国；北平和天津；几个禅让的君主；孙中山先生；中国的三大发明；中国第一条大水——长江；热心公务的大禹；从都城到上海；急待整理的黄河；新都的建设；中国最大的咸水湖——青海湖；五洲公园；河套的利益；全国商业中心的上海；山西的煤铁和陕西的石油；爱斯基摩人的生活；政治界的大□王秦始皇；平民革命的第一声；都市里的水和空气；全国中心点的兰州；公共的卫生；爱迪生；十月十日；四通八达的河南；势如累卵的外蒙；风云紧急的关东；开垦问题；汉朝的三大冒险家；沙漠最多的新疆；山东的要地；青岛的收回；地球；各种纪念日。

五下：用具行具的变迁；我国的气候和物产；废弃物的处置；蒙古人的生活；文字的起源；怎样消毒；三大港计划；太平天国；五大铁路系统；洞庭湖和衡山；中国第一大岛；琼山之战；专制的明太祖；岌岌可危的云广边防；明代的海外探险；革命发源地的广东；浙江的名胜；香港和澳门；汉族和中国；南方大水——西江；安徽、江西的交通和出产；富庶的四川；武汉三镇；藩庶的丧失；鸦片战争；在泰山看日出；到庐山去避暑；中国第一个留学生——唐玄奘；汉冶萍公司；苗族的风俗；西汉的域外经营；武则天；日俄之战；多港的福建；东邻的日本；昙花一现的帝制和复辟；义和团；维新运动；孔子和孟子；兴中会与同盟会；各种纪念日。

六上：农工商的起源；春秋时候的社会；我国各民族的同化；周末学术思想的发达；耶、佛、回三教的东来；中古的学术思想；科举制度的变迁；帝国主义在华的经济势力；贵族的起源和破坏；平均地权与节制资本；中国文化之东渡；西伯利亚大铁道；唐代的军阀；关税问题；国民革命与中国前途；港口问题；国民革命与世界列强；新航路和新大陆的发现；世界上的五大人种；过去的妇女生活；宋代的理学和党争；新学术和发明；元代的疆域和武力；世界商业中心的伦敦；怎样防疫；交通的卫生；苏维埃俄罗斯；巴拿马与苏伊士；班超；国际联盟会议；沙基与济南两惨案；欧战与巴黎和会；各国的海外殖民；各种纪念日。

六下：海洋世界——海洋洲；甘地主义与印度；印度支那半岛；凯末尔和土耳其；迷信的窟宅——印度；棒喝团控制下的意大利；日暮途穷的梵蒂冈；美国的独立；巴尔干半岛的现状；法兰西大革命；复兴运动中的德意志；劳兰与亚尔萨

斯；十字军征；希腊和埃及；瑞士、荷兰和山水；黑暗大陆的现状；北美的富源与南美的特产；被压迫的民族；繁华的巴黎；中古的社会；各国的民权运动；国民革命与弱小民族；各国的民族运动；瑞典和挪威的出产；各国的民生运动；奥匈分裂和中欧的新兴国；国民革命和将来的世界；若安达克；遍地华侨的南洋群岛；西亚的新形势；街市的建筑和清洁；防疫运动；各种纪念日。

附注：此处所举问题，系以曾经讨论者而言，实际编成之教材，尚不止此数。

上之所列，与暂行课程标准比较以后，则吾人过去之教材，似缺乏关于三民主义之单独的讨论与时事教学之注意。实际关于前项之处理，因学校设有党义一科，关于三民主义应行研究的部分，已为之搜罗靡遗。社会教材既已以党之意识为中心，复为避免重复计，故未采及是项教材。有时有许多关于主义的教材，吾人深觉于社会教学中引用之，较于党义教学中教学为便者，如三大港计划、五大铁路系统等，关于此项之处理，每于教材联络会议中（学校定期会议之一种）互相通知，以免重复。至于时事教学，因时事变化无定，故教材无编制之必要与可能，故未例举。此问题于讨论教学时，当在言及。故吾人非不注意此两项之缺乏也。于编制社会教材，纵的方面，尚有一问题，吾人须为考虑者，即如何利用社会教学以发扬民族之精神？此问题已为一般人士所属望，关于此点要求之应付，则于教材之编制与选择，不可不加以考虑。

然则应如何编选教材，以应发扬民族精神之要求？利用社会教材，以阐发民族固有之精神，自为吾人所乐于接受，不过社会教材之选组，无形之中常与此种精神相冲突。社会教学者之主张，常曰详尽略远。然而中国晚近之社会，中华民族恰跨入颓废之过程，以此颓废的史迹给与儿童之影响，只有丧气与颓唐。我民族固有之精神与美德，于过去百年间，颇少良好之表现，关于此希望之完成，常有溯及往史之必要。同时事实上亦不容我人否认详尽迈远之价值。盖小学教育之意义，只欲于最短期间，授予儿童关于社会必具知识之大概，以为将来之应付。其必需于近世社会之一切，具有明确之概念，固无疑义。于是吾人乃定一调和办法。为顾及事实之便利，编选教材，仍以详近略远为主，但须顾及下列四条件。

1）中华民族光荣之史迹及对于世界文明之贡献，则不问远近，充分搜集。

2）述及近世辱国丧权之颓废史，应指出原因，指出今后应付之办法，宁可作愤慨语，不可作丧气语。

3）以三民主义、建国大纲、建国方略为之经，说明中华民族之复兴，已有办法、有力量，以引起儿童努力奋斗之旨趣。

4）以现在之问题为中心，而追溯以往之研究。

以此四条件，为编制教材之规范，既可应恢复民族精神之要求，复合详近略远之需要。

关于自编教材之利弊，可分数于下：利的方面，如教材与教学关系密切，便于适应，富于弹性，儿童学习兴味浓厚，教材的实际化等；弊的方面，如印刷不良，不经济，无美丽整洁之图画以引起儿童之兴趣，易于散失等。故小学自编教材，实际不得已之办法，远不如搜集许多教材，活用之之为愈。

二、怎样教学？

社会科所研究之材料，多为经验与传达的知识。其能引起儿童直接观念之联想者，如家庭、邻舍以及乡土等问题，于初级小学常识科中，讨论殆尽。儿童跨入高级一阶段，教师即将为其预备由他人经验传达而来之知识的学习。此间接知识之取得，于扩大思想范围所占之价值，吾人可置不论。其待决之点，即在如何将此间接知识与儿童之经验取得联络，与原有之知识糅合或混和，则为教学社会科时应行注意之点。因为分离的、隔绝的、堆积的识见，既不能与原有的知识经验有糅合之可能，又不能引起儿童之求知心，而且易于忘却。此等教材，根本与现实生活不发生关系。故教学社会，于初步教材之选择，须审慎周详；同时对于动机之引起、与直接知识经验之如何联系、系统观念之养成等问题，亦须有相当之考虑。

吾人教学之实际，于每一单元之开始，常用谈话、故事、实物、图表、读物、时事、儿童的观察与意见等，以引起儿童学习之动机。目的既定，教师乃揭示研究方法及参考书图表实物等，使儿童先行研究，并指定若干问题，使儿童一一回答。其研究、调查、参考之所得，均记入笔记簿。经过相当学习时间，教师即与儿童共同讨论及研究之所得。其研究精确，调查丰富者，口语奖励之，谬误者令其改正，然后以研究结果，共同立一简表，以概括研究之内容。其他如绘画、制表、作统计、撰报告等作业之分配，大约每一星期，平均可得一次。此项作业，常使儿童于课后为之，其有需教师指导者，始于上课时许其作业。每一单元教学之过程，至作业完成，即告结束。下表即教学过程之顺序。

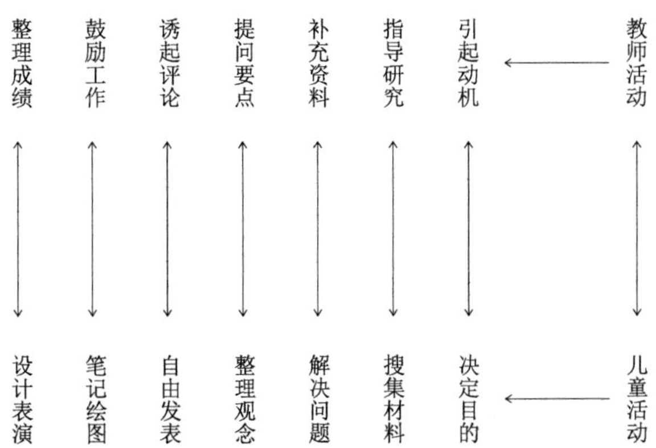

此种教学方法，着重自动的学习。然而以小学儿童符号知识之浅薄，读书能力之幼稚，皆足为此法之障碍。故于学习动机之引起，自由研究之补助与指导，皆应有充分之注意。同时与本教学有关之问题，如环境之设备、图书表籍之供给，如何指导？系统观念之如何养成？时事教学法等，于本教学过程中，俱有相当之价值，吾人亦应加以考虑。

三、环境之设备

吾校为重视学习之环境，特别开社会研究室一所（兼做级机关），设立之初，即设想如何装置此研究室之一切，使儿童一入此室，其研究动机油然而生。同时利用儿童力量，与教师共同布置此室。现该室四壁悬挂之图表，均为儿童于教师指导下，所做成之结果。研究室北壁之下层，满布关于颓废耻辱史迹之图表，如日本对华侵略的总检查（表）被占去的台湾（图）等。上层则取光荣的事迹为材料，如中国的三大发明（图）、世界上的古文明国、我国的物产（表）等。下层所以示国运之颓唐与中华民族之不振，藉以唤起儿童之共鸣。上层所以表示我民族过去之辉煌与天赋之特厚，使知今日之衰颓，实坐不自振作之弊，以唤起其勇敢奋发之气。南窗之下，总标题曰“新中国之创造”，为儿童某次所研究单元之名。于此总题之下，分列图表十数纸，教材全选自三民主义、建国大纲、建国方略等遗教，如五大铁路系统、三大港计划等，所以示儿童今后国民党党治下之政府，对于中国，已有具体改造之计划，以唤起儿童对此新生希望之注意，而助长其奋斗之勇气。室之后壁，取材多涉及世界意识之唤起，如复兴的土耳其（图）、法西斯控制下的意大利（表）等。后壁之北角，嵌有径丈之木板，用以揭载具有时间性之图表。如最近苏俄以兵力侵略我国图（图）、五三惨案的凶犯、田中义一暴毙（文字）等，以供儿童之研究。木板下方，置有斜面之台，陈列报纸，以供儿童浏览。台南置长橱，多为课余补充读物。教具置于橱之底层。教学用之挂图数十幅，以木架承之，置之四隅，典藏俱备，检阅甚易。室门悬图书、登记簿，书具分类存储。儿童需阅何书，翻阅图书登记簿，即可依类检得。需取何物，亦可照表（有教具登记表）寻取。

环境设备之价值，自抽象方面言之，对于儿童精神上的潜移默化之功能，自有其相当之效力。于吾人教学之便利，亦有相当之贡献。此种不断的刺激与反应于恢复民族精神之企图，尤为必要。所须注意者，即吾人提供刺激时，所给与之材料，是否合乎儿童现实之社会及是否能完成吾人之理想耳。

四、图表书籍之供给

图表书籍之购置，原为帮助儿童学习之便利，冀达到教师、儿童两方努力的经济之企图。而且儿童由自动探得的知识，兴趣比较浓厚，印象亦更深刻。教师更可减省许多演述之时间。关于社会科读物，以其使用之不同，可分参考与浏览二类。参考用品，有许多儿童常须用到者，如地图（分省的）、历史自习书、地理参考书等，则令儿童每人自行置备一份。其无恒久性者，则由学校广为搜罗。然参考性质之书表用具，每种至少须在五份以上。其属浏览性质者，为供儿童课余之进修，每种备一份已足。书中内容，亦须加以注意，如避免专门化、语句的儿童化、思想不偏不腐、与日常之教学有关等。图表书籍亦须有适当之管理与运用，方得臻于至善。其次当言及图表之问题。图表可依其性质，分为两类：一为教学时应用之图表，其目的在帮助讲述之便利，每一单元进行以前，即须预备。其一为每一单元以后，教师以其研究之结果，制成一表，或于数单元以后，制成一表，以说明每个问题之联系。用于教学时之图表，可利用儿童的作业，逐渐制成，以为将来之教便物。关于图表备置之唯一原则，就经济与价值立论，自以教师与儿童合力制作，较诸购买之为善。不过几种基本的教便物，如地球仪、地图等，为求其精确起见，自以坊间出品为佳。

图表之为用，以其简洁了当，一目了然，关于各个问题间联系之痕迹，一望即知，于此间接知识之研究与传达，尤有多多利用之必要。其含有时间性之图表，为求合于事实起见，则宜一年改订一次。

五、根据儿童本位之原理，应如何指导儿童去学习社会？

吾人知社会科教材横的边际之广漠，至属无限。固富于研究社会兴趣之儿童，教师不恐缺乏资料，使其失望为虑。然有时亦正为其横的边际之无限，易使儿童偏于一隅之学习。故指导亦不可忘及学习之周延。于吾人教学进行中，每一单元之研究，赖以为学习方法之指导者，厥为研究纲要。研究纲要之所载，包括研究大纲、研究问题，参考调查之书籍图物事实现象之指示，作业之指导与规定，愈载此研究纲要中。单元进行之指导，端赖此研究纲要之撰制以完成之。于此吾人又忆及一问题，即习惯之使用是也。习惯所给与吾人之便利，固人所具知。故吾人常有一理想，即希望于某项教学之先，先养成儿童以某项学习的习惯，藉免日常琐碎之谆嘱与告诫。如此希望果能实现，则教师只需于使用不同之方法时，始需与以特殊之指导。当儿童由中年级升入高年级时，课程既经增加，方法亦有时而异，于此新生活之开始，最宜明白指导学习之方法，与整理学习材料之手续。诸如此等问题，不妨多费若干时间与之说明，并使之练习纯熟。关于此类习惯之养成，可以稍加强制，务使儿童迁就合理的方法。以上所言课文之学习与指导，其最要之点，为研究纲要之撰拟，而以养成学习之习惯，为指导研究之基础。教师复随时以观察所得，举行团体的、部分的、个别的指导，以纳儿童于正轨。

儿童课余阅读本科有关之读物，颇足以充实本科之内容，故亦有与以指导之必要。有许多教师，常喜夸张己之所教学科之重要，或以己之偏见，向儿童作衡定之论。此种暗示之流弊，常易形成畸形之发展。以此教师第一须顾及儿童整个的进展，第二须顾及读书之经济。吾人当用之指导方式，如阅读之方法、内容之介绍（于图书登记簿每一书名项下，作一简单之记述），标明各书宜于精读、略读，先读、后读之分别，置读书心得簿（关于生字及不明了部分与批评意见，可以尽量写出，备与教师、同学讨论），新书之介绍，利用解决问题令儿童分阅各书搜集材料等。同时儿童提出某项问题，亦可不与解答，指示预阅某书，即可明了。有时或由儿童之自动的询问，如某问题须阅何书？某书所载何事等等，则又在教师之随时应付矣。

六、系统观念之养成

社会教学，以每一问题为中心以后，由此每一问题而得来之知识，常易成为分离的、隔绝的、堆积的识见。系统观念之养成，即在运用一种方法，于各个问题间，铸成一联系之锁链，使儿童将来可以由此概念之联想，而看出各个问题间起伏之关系。且每一问题之回忆，亦因有一较大之概念，为各个问题思索之依据，自较分离的、隔绝的、堆积的识见之回忆为便利。曾忆本志二十卷某号有某君之《关于社会教学的两个问题？》一文，曾以系统观念之培养，为教学社会应行注意问题之一，并提制作年表，为解决此问题之方法。吾人对此亦曾有深切之注意，但方法并不拘此一格，试分言之。

（一）制年表

年表之为用，可以看出事实发生之先后，与其因果起伏之皮相。其弊在不易引起粗心儿童之情感，故须以研究之态度，用之方宜。此种方法，施之于儿童，宜令儿童以己之力量，调查撰制，教师仅须居于指导的地位。如以教师之力量，撰成表格，给与儿童，或令其往阅，实际殊无大用也。

（二）做一整理的单元

如于研究长江流域诸省以后，而研究“长江”一单元；研究首都、镇江、吴县……上海等处以后，复研究一从“上海到都城”一单元。此两单元之目的，即在以综合之叙述。以整理数个单元之堆积的知识。此整理的单元，并含有复习之意义，固应偏重儿童，使之多发意见。吾人以为欲形成各个问题之联系，以运用整理单元为较佳，因此方法非若制年表之硬化也。

（三）利用综合性之作业

各个问题间之事实，其能自成系统者，令儿童以图表与文字，报告其研究后之所得。如我国山脉的分支（图表均可）、丧失的藩属（图或表）等。此综合性的作业，常须合于选辑之应用。如此放任的态度，任儿童自行经营，则堆积杂乱之现象，当为不可免之事实。故如何指导、如何校正两问题，为此综合性的作业之实施不可忽略之两点。

七、时事教学

于社会教学中，尚有一时事教学问题，亦有讨论之必要。吾人知历史为现实社会之纵的追溯，地理为现实社会横的经验之扩张。而时事之发生，则常具此两大因缘之综合。吾人追溯既往，固为明白现在与未来；推想世界，亦为现实社会应付之便利。如于每个重要时事，善为分析，即能寻出纵横起伏之线索。故时事教学，常可以增进史地、卫生、政治、经济、法制等研究兴味之浓厚化。教师可以利用之以证明种种学问与现实环境关系之密切，则儿童对于社会之研究，当愈觉其具体化。且时事为现实社会之具体的表现，于详尽略远之社会教学原则之下，尤有重视之必要。于进行时事教学之先，应有两点之准备：为新闻纸阅读之指导；为时事观念之整理。第一问题，可以由教师自由设计，指导阅读之方法；第二问题之解决，其出发点约有两点之不同。一则由教师先将时事现象，作一系统之讲解；但儿童处于被动地位，常有格格难入之弊。或所讲非儿童所欲闻，或儿童已先知。结果儿童所欲知者，反未能说出，故不合教学之希望。其一则由儿童先行翻阅报纸，藉以引起儿童怀疑不懂等性质事实之提出，而由教师整理归纳，遂个为之讲解。此逐个问题研究终了，时事观念，当有相当之明了。时事之变化无穷，教材亦不能预定，故此教学，系用问题讨论法，而以笔记图表整理每一单元讨论之结果。有时时事问题之讨论，亦需要材料为讨论之依据。教师亦常于相当范围以内，搜集材料，印发儿童（如中俄事件之研究，供给儿童关于中东路历史的考证，以及苏俄进兵的布置图等）。其有整个的著作或现成的论文，亦于研究纲要内，指示儿童令其参阅。

时事教学之动机有纪念周之报告、社会之传闻、报纸之记载、儿童观察之所得、教师之提示等。教师可衡其轻重缓急，定其教学先后。有时提出之问题，于他项教学中，将来亦有学习之机会。即可与相关一科之教师，取得联络。请该科教师斟酌情形，提前教学，既经济又便利，此亦教学时事所应注意者。时事教学之时间，有许多学校，多无一定。盖以时事虽日有所闻，其有供教学之价值者太少。然吾人以为相隔时间太久，复有茫无头绪之憾。故限定儿童对于时事之努力。每周必有大事纪，四条以上之记录。每两周讨论时事一次。临时发生之重大事件则不限于此例。

八、结论

吾人两年来之社会教学的尝试，与暂行课程标准所罗列，似属应有尽有。今后之探讨，将在根据既得之成绩为依据，以研究每种份量之支配。吾人固应避开人本主义之立场，以夸张社会科之重要。但关于国民应有的识见，如经济的、政治的、法制的、主义的、史地的、健康的……以及一切关于现实社会最低限度应具之知识，如何包含孕育。融化于社会教材之中，以尽传达给予之责，将为吾人努力之目标。故今后努力之点，即在谋如何解决下列两难点，所谓两难点，即体念观察之困难、选择支配之不易也。

于南中实小

民国十九年（1930 年）第 21 卷第 12 号

关于新课程标准实验方法的意见

杜佐周

今天我们所讲的题目，就是“实验最近教育部颁布课程标准之方法的研究”。关于小学方面的实际工作，诸位所有的经验，实在比我个人要丰富，所以今天最好用讨论的方式，彼此提出意见来研究。不过在这很短促的时间，恐怕不能解决许多困难的问题，故特先将我个人的意见说明，然后再来讨论。

在讨论本题以前，对于编制课程时所应注意各点，应先约略为之说明。其实这部分材料的探讨，正所以供给我们一个全体的运用。我们从事于教育的工作，若要避免走入歧路，自当首先明了教育宗旨。我国的教育宗旨，已经由中央颁布为：“中华民国之教育，根据三民主义，以充实人民生活，扶植社会生存，发展国民生计，延续民族生命为目的；务期民族独立，民权普遍，民生发展，以促进世界大同。”简括言之，即我国教育的设施，当以实现三民主义为依归。无论教育行政、课程编制或实际教学方面，都以达到此种目的为标准。可是此种教育宗旨，对于我们的实际工作，似乎太抽象。我们尚须详细考察社会上的活动，作一个精密的分析研究。这种分析的方法，我们可以援用西洋已有的方法。因为人类活动的分类，大都是相同的，不过详细情形有差异罢了。我们编制课程，必须依据这种人类活动的分类，才有具体的中心，可藉以选择教材。应用这样选择的教材来教学儿童，培养他们从事于实际活动的能力，才可说是真正达到我们所规定的教育目的。

人类活动分析，约有五种：个人方面的活动、家庭方面的活动、社交方面的活动、职业方面的活动及休闲或审美方面的活动。此种分析，各人意见不同；不过这五类，大致已可包括一切了。至于这五类活动所应需的条件，则又可约分为以下十种。

1）传授思想的能力。换言之，就是语言文字的使用。一个人在社会上，这种发表思想与接受思想的社交工具，必须首先获得的。

2）发展及维护体康的能力。这层无论对于何种活动，都甚重要。我国民族衰弱，尤宜注意这种能力的养成。

3）普通的而非专业的技能。一个人虽未必一定经营专门职业，但为普通生活计，亦须有相当的技能。如简易计算的能力以及自然科学的常识等，实为人人所必要。

4）专门职业的技能。欲求个人生活的安全及社会生计的充裕，必须每人具有生产的能力。培养职业方面的兴味或技能，确是教育上一种很重要的工作。

5）参与社会活动的能力。近来，公民的义务日益繁重，其要求于此方面训练的范围，亦日益扩大。如何培养良好公民，实是一个不容忽略的问题。

6）社交的优美行为。在社交方面，除掉应有的工具——语言与文字——外，尚须有实际的行为。因为环境要求的不同，行为自然也应有相当适应的必要。无论何种举动或礼貌，都是教育上所当注意的。

7）娱乐的良好习惯。一般人的生活之所以枯燥，或有不良的行为，大抵因为没有相当的娱乐，或娱乐不得其法。校正此弊，当然属于教育的责任。

8）各种健全的精神作用。人类之异于禽兽，因为具有各种精神作用之天赋。个人之在任何活动上的成败，常视他应用此种精神作用的能力如何为转移。例如分析、判断、鉴别、理解、想象、记忆、组织等能力，确为人生很要紧的元素。

9）实践家庭生活的能力。父母的责任、子女的义务，以及夫妻亲属间的关系，均应有相当的标准。普通讨论家庭中的活动，仅注重于父母的责任方面，未免太偏了。

10）信仰方面的选择能力。人生虽不一定有宗教的信仰，但无论个人或社会的生活，亦应有一种高尚的理想，以为努力的标的。选择这种标的，原是不容易的。教育的工作，应使儿童明白事理，善于选择才好。

以上十种，是人类整个活动中必须备具的条件，亦可谓欲达到教育目的所必须注意的目标。所谓课程者，原欲帮助儿童得到这些能力，使能实际经营完满的生活。所以这种分析虽是我们题外的讨论，但亦是必要的。我们实验任何的课程计划，均宜知道这些目标。

现在言归正题，来讨论实验最近教育部颁布新课程标准的方法。据这次教育部所颁布的中小学课程暂行标准，各门学科以下分为目标、作业类别、各学年作业要项、教学方法要点及最低限度五项。其中虽有许多部分尚须经实际的试验而谋改进，但就大体而言，确是一种很难得的材料，能给从事教学者以一种很大的贡献。可惜在书的开端，毫未论及整个课程的意义。至关于小学教育部分，且未言及它的功能和它所应有的总目标，而直接从各门学科着手，仿佛各门学科就是课程的本质，这未免要令人误会！其实，学科不过是课程中一种工作的单位，它有存在的价值与否，还要看它是否能够满足教育的目的而定。我国教育界往往过于重视学科的分配，很容易发生“教书即是实施教育”的危险。人类的生活原是整个的，我们在社会上所需要的知识、技能、习惯、能力、性情、品行等，亦是广义而应包括各方面的。近来西洋编制课程的专家，且有根本取消分科教学的提议，而代以纯粹的设计，将全部课程组织为若干学习的大单元，一切教学都以这种大单元为中心。如是，各种学科的界限就完全打破了。据我看来，这种方法确是最合于教育原理，而可用以达到理想的教育目的的。若课程完全依这样计划编制，则考查教学的成绩，不在儿童得到许多学科上的知识，而在儿童获得可在社会上实际活动的能力。若就教育原理而论，这样编制课程，确是一种比较进步的方法。因为社会上的生活，既是整个与混合的，我们自不能说某部分活动属于某科，而可在某科中学习之；另一部分活动属于另一科，而可在另一科中学习之。学习各门学科，虽可获得许多实际有用的知识、技能及习惯等等，但究竟还是间接的。设计教学法的长处，就是在于引起儿童学习的动机及工作的兴趣，使他能直接获得当时或将来生活上所必需的能力。

我说上面这段话的本意，是希望各位不要误以学科为课程的本质。其实，学科不过是一种工具，藉以达到课程的目的而已。再者，各位平日虽都分科教学，但将来实验这些课程标准时候，我还希望在可能范围内，多用些设计方法。现在美国哥伦比亚大学师范院附属小学所用的课程，几若完全取消各种学科的名目，其儿童所学习或所做的工作的材料，完全集中于社会上实际有用的问题。他们平日均用设计方法来作整个的研究。他们教学的成功或失败，全视儿童解决这些社会上重要问题的能力怎样为标准。

在我国现状之下，若要严格采用这种方法来教学，自然是不容易做到的，但为实验的目的计，亦未尝没有相当的价值，值得我们的努力。不过关于这种实验的进行，至少须要顾及下面数种条件：实际从事于这种工作者，须有充分的学识及丰富的经验；须有专一的态度及牺牲的精神；应以研究为中心目的，将成败置之度外；须有相当经费的使用及充分的设备；须有完全的自由，不受行政上的约束与干涉；同事中须有热忱的合作及互助。倘能如是，则将来所得的结果，定有很大的价值。我们要谋教育的进步及改进，这种彻底的大规模实验实是必要的。

上面那种实验方法，自然颇为困难，在普通环境之下，不易得到良好的结果，而且所用的教材尚属未曾解决的问题。现在我们姑且讨论一种比较简易的实验方法。为便利计，选择所应用的实验教材，并入一起讨论。这种讨论，对于教育部所颁布的小学课程的标准之应用，或更为切要，而容易进行。所谓简易的方法，就是依照教育部所规定分科教学的标准，将各门学科分别实验的意思。今欲在这短时间内将各学科之实验方法分别为之讨论，事实上必不可能，无已只得择举一门学科为例而说明之。兹特讨论国语。小学教学国语的目的，在养成儿童有下列五种能力：练习运用本国的标准语，以为表情达意的工具，以期全国语言相通；学习平易的语体文，以增长经验，养成透彻、迅速、扼要等阅读儿童图书的能力；欣赏相当的儿童文学，以扩充想象，启发思想，涵养感情并增长儿童阅读图书的兴趣；运用平易的国语和语体文，以传达思想，表现感情，而使别人了解；练习书写，以达于正确、清楚、匀称和迅速的程度。这些就是教育部颁布教学国语的目标。我们在实验时，自应切实记着这些目标。不过此外尚要设法解答下列几个问题。

1）这些目标是否完善，或有增添修改的必要。

2）小学毕业的儿童，如已达到这些目标，将来在社会上活动，对于语言文字等的应用是否已可满足实际的要求？

3）达到这些目标，是否需要全部小学时期继续教学？换言之，若在小学全部时期内，继续教学国语，是否仅能达到这些目标？

4）这些目标，是合于社会上的实际需要么？

5）这些目标，是合于儿童身心两方面的实在要求吗？

6）这些目标，对于整个教育的宗旨，是否确有密切的关系？若有关系在何方面？

7）这些目标，若因各地环境之不同，儿童能力之殊异，以及教学方法之差别，是否亦应有伸缩的余地？

上面这些问题，尚是举例的性质。各位在实验的进程中，更宜继续提出他种问题。

我们既已明白国语科的教学目标及应行解决的各种问题，现当进而研究其作业类别方面的材料。这次暂行标准中对于国语科的作业类别，共分四类，就是说话、读书、作文及写字。对于说话一类，又分日常的和临时的两种。说话是社会上一种很重要的交际工具。平常一人说话能力的优劣，关于事业的成败极大，其应为作业类别之一，自不待言。至若对于读书一类，亦另分精读和略读两种。关于这种分析，我稍有点意见要发表，我以为精读和略读只是方法上的改变，并非是作业上的差异。其实，在读书项下的作业分析，应为默读和朗读两种。默读和朗读，不特在社会上的功用各不相同，而且所有学习的心理亦有差异。故在课程上，何种应更为注重，亦当明白规定。至于作文，不仅限于文字发表，口头发表也是一种。且在每项下，尚宜详为分析其他各种不同的作业。他若写字，则对于应有品质和速率等标准，均应根据实际的调查及研究分别规定，以为实际教学的指导。我们实验时，关于此种分类的情形，亦宜常抱怀疑的态度，在可能范围内，先谋改进其原有的项目，然后继续补充每项的内容。

就实际编制课程的原则而言，作业的详细分类，最好根据社会上实际活动的详细分析。如是，则我们实验时，可依各种活动的价值进而选择材料及规定它所应有的教法。倘若教育部所颁布的标准做到这层，则我们的工作必更轻而易举了。惜乎此种材料，尚付缺如，仍须由我们自己去分别研究！可是实际活动的分析是一件很不容易的事。稍后，我特把说话一种作业下所包括的活动，加以分析和说明。其余各种作业，此地因时间关系，不能为之一一分析，至于其他学科，更不必论了。在暂行课程标准书上，亦有各学年作业要项的规定，例如第五、六年，就说话项下有日常会话、故事的讲述练习、普通演说的练习、辩论的练习、国音字母与汉字的互译等。但这些仅是一个范围，究宜应用何种材料，仍须由教师自己去选择。故欲进行此种实验，真不是十分容易的，我们必宜具有很大的努力及坚忍的态度去干才好。

说起普通选择教材的方法，计有五个重要原则，我们应该注意：第一，必须在儿童能力范围以内者。如说话一项，须调查儿童在什么时期，常说什么一类话等，均应精密记录起来。第二，必须能引起儿童的好奇心的。因儿童常被好奇心所驱使，而愿意努力以求解决。如是，他学习时必可更有兴趣。第三，必须在社会上有实用价值的。教育以致用为目的，所以教材自非对于社会有用不可。第四，必须能适应时令的要求的。譬如在夏天研究冰雪，就会失去了实际证验的机会。换言之，学习时必无充分的动机。第五，必须能满足地方上的需要者。例如我们住在厦门，就应以厦门的需要为标准，去找相当的教材。此外，还有一条补充的原则，就是必须选择那比较更有价值的。因为任何材料都有相当的价值，但为时间与精力所限，自应只能择更重要者而教学之。我们选择各科教材以为实验的资料，必须顾及以上各种原则，才可免除许多意外的失败。

可是要根据上面原则选择材料教材，尚须先从事于实际活动的分析。否则，什么材料是适合儿童的能力，是能引起他们的好奇心，是具有社会上实用的价值，是能适应时令的要求，是能满足地方上的需要，或是比较更有价值者，都无从知道了。所以编制课程，最要紧的工作就是这种详细活动的分析。这种工作，实非一二人所能完全负责，必须由多人合作进行，才可成功。现以说话一项为例，约略分析它的实际活动，以供参考，

就普通人而言，说话的环境有：桌面上的说话，如在家中或在公众宴会中等是；社交会集中的说话，如在欢迎会、茶话会、跳舞会、俱乐部中等是；讨论团体中的说话，如今天大家在此开讨论会及其他委员会等是；公众场所上的说话，如在运动场、戏院、学校及公众讲演所中等是；旅行及买卖物件时的说话，如在街上、旅舍内、商店中及火车内等是；介绍朋友时的说话，如刚才主席介绍我和诸位相见的谈话等是；拜访朋友时的说话，如道喜、安慰、商议、请求及联络感情等是；开会议时的说话，如学生会会议等是；会客时的说话，如亲戚、朋友、僚属或生客等之来造访等是；与朋友相遇或分别时的说话，如在路上或在其他场所中等是；其他各种日常动境上的说话，如对于父母、兄弟、姊妹、朋友、师长、邻人或仆役等说话等是。以上原是举例的性质。需要说话活动的动境，当然不仅如此简单，不过能如此继续分析，然后再在各种动境上搜集相当材料，以为实验教学的工具，就可应用不完了。其他各门学科，也自然可仿照这种方法分析动境。

其次，得到这些动境后，在未实际搜集材料以先，尚应进而分析这种动境中所需的知识、技能、态度等。例如说话一项，至少须注意以下各种要点。

1）要研究怎样可使说话有兴趣。达到这个目的的方法有多种，如应利用各种机会和人谈话，并注意其结果；在学校里应培养儿童有丰富的知识，以为谈话的资料；且宜养成其有良好能力去搜集有价值的事实等是。他若阅读高尚有趣的小说或故事等，以备在闲谈中消遣之用，亦为必要。从前我们所受的教育，就缺少这一部分的训练。譬如在公众开娱乐会的时候，若要随便请一二位谈述几个故事或笑话，给众人听听，各人就感觉非常困难，而将互相推诿。这种情形，西洋人就比我们好得多，因为他们从幼时就有训练。其实，这种讲笑话的技能，亦是很要紧的。他若每天阅报等习惯，则不特可藉以明了时事或社会上的情形，且可用以为谈话的材料。

2）要研究怎样可使说话能令人动听。这是说话者的态度及音调方面问题。譬如一种相同的材料，而由能力不同的二人去讲述，一则姿势适当，声音合度；一则姿势呆板，声音嘈杂，则其结果必不能相同。换言之，前者说话，比较后者更为动听。

3）要研究怎样运用美妙的文字来说话。说话时如能应用适当和美妙的文字，则词意必更婉转而易感动他人的心绪。

4）要研究怎样说话才有意思及合于文法上的组织。同是一种意思，说话时的表述，常有粗莽与文雅的分别。前者常为普通所憎恶，后者常为普通所欢迎。

5）要研究怎样倾听他人说话才为适当，这亦是很重要的。如在公众讲演的会场中，个人缺乏相当的修养，任意咳嗽，或私谈，或高声行动等，则不特自己不易领受讲演者的意思，且将妨碍他人的秩序。此种习惯在修业时期，就要注意养成。

以上不过举其大者数端而言，此外如在和人谈话的时候，应该预想人家的情境，体察人家的心思等，均应注意。诸如此类，实在不胜枚举。

总之，在什么时候，或在什么地位，应该说什么话，都宜详细研究。例如介绍朋友相见后，应该说什么话？在会议场中讨论时，应该说什么话？开会时发表意见，修正议案时，应该依照什么方式说话？都足以供研究的资料。以上所举的，不过是关于说话方面搜集材料的举例。其余各种活动或各科，均可以此方法类推，惜此地不能为之一一说明。

这种研究新课程的方法，自然非少数人的力量所能举办的。至少，亦须有一个有组织的团体，切实来工作才能成事。譬如在厦门，最好由厦门大学的实验小学、集美小学及省立的各实验小学共同组织一个小学课程研究会，所有各校的教职员均应联络一起，通力合作。其主要的目的，在于分工研究新课程标准的各种问题。例如讨论教育部所拟定的每科目标，若有什么不完全或不妥当的地方，应详细为增删与校勘，以求正确。其次，研究所拟订的作业类别是否完全妥当，各学年作业要项是否繁简适宜。倘依据地方上的需要而言，是否有冲突的情形。最后，教育部所介绍各种教学法要点是否可以完全采用，亦当仔细研究。诸如此类，都要经团体精密审查与整理，然后把结果发表，分发各校，以为实验的材料。同时，尚须顾到各科间直接与间接的联络。且在此大团体下，宜再组织许多分委员会，例如若用分科研究的方法，则当组织各科分委员会去分途研究，收集材料。兹以搜集国语科的材料为例，其最便利的工作，莫如收集现行各种教科书，逐一依据该科的目标来评定它。若遇不妥善的材料，自应删去。至其适宜者，则当整理保存，作为实验课程的初步纲要。然后再用上面所介绍的搜集教材方法，由各教师分途去做一番实际搜集的工夫，以补充分析课本所得材料的不足。如是，分列细目，交诸教师，作为实验的资料，则其结果必有可观者。不过这种实验的工作，需要较长的时间，教育部原定一年为实验时间，我觉得实在太短促。

现在，我再把实验时应该注意的几点，略说一说，以为本次讲演的结束。每位教师在这种实验的历程中，须各有其目标，而且各有其最低限度的标准。其教学时所用的材料、所费的时间，以及对儿童所引起的反应等，都要天天记录下来，到一个或两个月后，应该作一个综合报告。其实，各科分委员会每星期须开会一次，以便讨论各种问题及批评各教师前后的报告。至于研究会全体，亦须于每月或每两月开大会一次，使各方面的工作有相当联络。

但是这样做去，教师除教学外，还要收集材料、开会研究及预备报告等，那实在是太忙了。所以学校当局在可能范围内，必须酌减教师一部分教学的时间，让他们能专心去做实验工作才好。再者，在实验时，虽应力求其有良好的结果，但亦不应太重视结果的成败。因为初次实验这种繁重问题，未必就尽如人意的。我们应有诚实的态度、坚忍的意志，以求贯彻实验的目的。

更有进者，教师应有充分的自由，去进行他们的实验工作。如是，他始可尽其能力，而毫无所顾忌。至若经济的筹划，以谋实验有顺利的进行，上面已经说过，亦是必要的。此次讲演，因时间短促，而所欲言者又多，故觉得太无系统，或有疏漏之处，请各位提出来讨论。

民国十九年（1930 年）第 22 卷第 3 号

一个新学制的提议

郝士英

一、学制的总检讨

学制是一国的学校制度。在教育未走出学校范围的时候，学制就是一国的教育制度。可是随了社会的演进，教育已经跳出了学校范围，学制于是成了问题，单轨制、双轨制及多轨制（亦叫折中制）等，构成了问题的一面；学校教育、社会教育及家庭教育等，又构成了问题的另一面。社会一直在演进着，问题一直在发生着，大家于是也就一直在讨论着。

学制成立在农业社会里，起初是循着单轨制的精神走的。农业社会里的人民除了“日出而作，日入而息”的在过着较安定的生活外，一则惊以风雨的祸福，再则惧以疾病的痛苦，三则慑以盗劫的侵凌。于是解释风雨的神学、祛除疾病的医学及防制盗劫的法律，就自然而然的产生了。要传递这神学、医学及法律，于是就有了学校。这种学校，在当初叫做学院，形式虽很简陋，实质却很深奥。学生欲学习神学、医学或法律，没有相当的预备是不行的，于是预备入学院的预备学校，因之成立，再往后，生活日趋复杂，一则所学益精，再则所学更博，即入预备学校，也非再有一个相当的预备不可，于是为了入预备学校的预备学校，遂又成立。这时，学校形成了三级制——学院、预备学校及预备学校的预备学校，另外给它一个较规律的名称，就是大学、中学及预备学校。实际上，只是一个神学、医学及法律等的学习活动，并不就是上、中、下的三个等级。而学习这种功课的，又只是那“治人”的少数士君子的子弟，多数“治于人”的农小人的子弟，是不学习这些的。

到了商业经济兴盛之后，国际间的竞争日渐剧烈起来，“富国强兵”的要求因之提出，同时，为了农产品的商品化，以及商品的扩大推销，农工商的小人子弟也兴起了强烈的求知欲望。于是为了“富国强兵”与“经商致富”的需要，而成立了学校，这种学校，叫做初级学校。产业革命成功了，社会在呈着加速度的演变，科学日益发达，生活亦日益复杂。原先的初级学校，已满足不了这种因科学发达而新起的需要，于是接着而成立了高一级的学校，再进而成立了研究近代科学的大学，因此初级学校、高级学校及大学等三级的形式又形成了。普通叫它小学、中学及大学，这一个小学、中学及大学，与前一个大学、中学及预备学校，形式上虽相似，本质上多不同，不同的内容，不能用同一的形式去表现，必须要分别的来办理，这就形成了有名的双轨制的学制，英、法诸国的学制，现在尚属于这一例。

美国则不然，因为美国的立国较晚，而美国的立国，又是合起许多种民族而成立的，这许多种民族都是由欧洲各国迁移而来的，当迁移的时候，一部分是由于在家没有方法发展，必须向外求生；一部分却是不满意当时本国的现状，而愿意另外出去觅求自己的新世界，可说同是前进有为不同流俗的有志气的人民。同时，美洲又系一新世界，没有大的传统的束缚。因此，一个平等、自由与进取的美国，就在这种平等、自由与进取的背景下产生了。在一个平等、自由与进取的国家里，一切都呈现着平等、自由与进取的姿态，教育自然也不例外，表现平等、自由与进取的教育的学制，就是有名的单轨制。

单轨制的形态，就是只有一种小学、中学及大学的单一系统，全国儿童不分贵贱，凡能入学的就是入同一种学校，小学卒业后，进一步是中学，中学卒业后，进一步是大学，为了适应学生不同的需要，有所谓选修制。这确是一个活泼天真的学制。不过这里必须要有一个没有任何传统束缚的先决条件。

双轨制与单轨制以外，还有一种多轨制或折中制。在这种制度内，除了国民陶冶的国民教育是全国相同的以外，从中等教育阶段起，就分化起来，职业学校固然是分别建立的，就是中学也是就文实等不同的性质而分立的，德、奥诸国的学制属于这一例。

就教育演进上去看，先由学院、预备学校及预备学校的预备学校，再进而小学、中学及大学的双轨制首先成立。随后因有了美国的新兴国家而有了美国的新兴学制——单轨制，再以后才有了折中制。三者所含有的一个共同精神，就是“适合社会需要”，同是由实际的社会需要下产生出来的。

在“适合社会需要”的条件下，由“富国强兵”的需要而成立“统一陶冶”的需要；由“经商致富”的需要而成立了“分化发展”的需要。学制演变的重心，出不了由这两个需要所构成的范围。英法诸国，因为带着浓厚的传统，遂以双轨制来适合这两个需要；美国因为没有历史传统的束缚，就以富有充足选科的单轨制来适合这两个需要；德、奥诸国，历史传统虽有而进化较晚，于是就以折中制来适应这两个需要。不问变化怎样，不论形式多少，其重心莫不是都在设法去满足那“统一陶冶”与“分化发展”两个需要。

要批评上述三种学制的优劣，我们必先有一个标准，这个标准，应该是“适合中国的需要”。因为各种学制的产生，各有各自的背景，亦有各自的功用，以绝对的标准去批评，是不公平与不正确的。我们有着很大的历史传统的束缚，但我们同时又有着极强烈的革命思想。我们虽渴望着很快的建立成一个民主共和国，但我们仍是到处在表示着封建意识。我们不能说上述三种学制的哪一种好。根据着中国现实需要，没有哪一种是完全适合的。在相对的概念下，中国自有中国的背景，中国亦自有中国的需要，中国必须且必然要产生中国自己的学制。忘记了中国，只注意到学制的本身，那就是以往所犯的错误，抄袭来，抄袭去，总是不合适的，好比是不依照着自己的身格去做衣服穿，不管你是穿张大哥的衣服，或穿李大哥的衣服，总是不会合体的。因为张大哥或李大哥的身格是不会同你的身格完全一样的，不过不要误会了不穿成衣就是不看成衣，我们要多看成衣的样式，好参照着来裁自己的合体的衣服，因此，上述的三种学制，在中国学制建立上，同有其参考价值。

二、学制订定的原则

学制在今天已是肯定的解释成教育的制度。教育制度就是教育意义的具体表现。教育意义现在已是“生活的改进”或“改进的生活”，那么学制在今天，就应该是生活改进的制度。在生活的改进上，就全体社会着眼的是政治，就各个个人着眼的是教育。社会离开了个人，是没意义的。个人在今天也绝不能离开了社会。因此，教育是积极的政治，教育制度就是积极的政治制度。也就是说，学制就是积极的政治制度。

在“积极的政治制度”的意义下，没有好的人，自然是建造不成好的社会；同时，没有好社会，也绝对的培养不出好的人来。在顺着人的自然需要下，我们只能够由环境的控制上来培制人，不能就人的本身上去求任何的改进，这就是近代教育方法的本意。因此，学制订定的原则，就是教育方法的原则。人的情况、社会的情况及环境的情况等三者，就是订定学制时所必须兼顾并及的。

第一，在人的情况方面，个人的基本需要与个人的心理发展是必须得同时注意到的。一个人的基本需要，不外是生、存与大三个，或者说只是一个“生”的三种等级。第一要生，第二要永远的生——存，第三要生得永远的光荣——大。人之所以有希望，人之所以有奋斗，都是由于这生、存与大的三个基本要素。这也正是一般所说的“发展”一义的来源处。在订定学制时，要给人留开“发展”的机会与道路。其次，就是个人的实际发展的情况，学制要能够适应它。因为人是不仅需要着发展，而且就在发展着。在发展的每一阶段上，都必须给它一个适当的应付，然后才能使它得遂其发展。需要发展而能使其发展，正在发展而得遂其发展，这在心理学上说是满足，在道德学上说是合理。任何人不能牺牲任何人，任何时期不能牺牲任何时期。人人都要发展，时时都在发展。这是订定学制的第一个原则。

第二，在社会的情况方面，社会的功能与社会的改进，是必须得同时注意到的。社会的功能是在满足个人的基本需要。人们要生，生要衣食住行乐，这衣食住行乐就是人的生的需要。必须能够分工合作，然后才能互利所长，互足所需，必须能够互利所长，互足所需，然后才能够满足他的生的需要，这满足生的需要的分工合作，就是社会，这满足生的需要，就是社会的功能。因此，人们要想发展，必须得有社会；没有社会，人们是跳不出“手到口”的低级生活的，根本就没法谈发展。我们也可以说，社会的功能，在使人得到其发展。人需要发展与就在发展，因此，人就必须得适应社会。要适应社会，就得迁就社会的需要，必须适应社会，才能使社会充分的去发挥其功能，必须使社会能充分的去发挥其功能，然后才能使人充分的发展。适应社会，就是发展个人。适应社会，是要使社会能充分的去发挥其功能的。

在适应社会上，还有改进社会的意义在内。因为适应是适应的应付，不是无条件的顺应。无条件的顺应社会就是随波逐流，与世浮沉；适应社会，是为了发展个人而去应付社会。适应社会就是发展个人，发展个人就是适应社会。社会是为了满足人的基本需要而产生，社会也是为了满足人的基本需要而改进。教育的主旨，是在使受教育者得到其生活的改进。教育的方法是在控制社会去使受教育者得到其发展。因此，适应社会，使社会能发挥其功能，使个人能改进其社会，就是订定学制的第二个原则。

第三，在环境的情况方面，环境是由时间和空间构成的，或说是历史和地理构成的，是人类发展的可能的条件。没有环境，就没有一切，这只是一个不能想象的假定，根本是不会没有环境的。人是生在环境里，存在环境里，与大在环境里。个人的发展与社会的适应，必须是在环境里方是有意义的，否则也是一个不可想象的假定。因此，环境的情况，必须给它一个正确而严谨的注意。

环境虽是包有时间和空间，但时间和空间是不能分开去考虑的，因为时间和空间是一个永远而一刻也不能分开的完整艺术体。所谓绝对的空间或时间，除了是一个不可思议的假定外，就是一个历史上或地理上的死概念。环境永远是一个时间和空间相对的完整的活艺术体。

人是过的活的生活，生活也是一个完整的活艺术体，环境与生活也只是一个相对的概念，就个体自己说是生活，就个体自己以外的说是环境。教育是生活的改进，不是背诵历史或地理，所以，在订定学制上，环境的情况，必须注意。

注意环境，就是注意活的现实、历史的背景、地理的条件、社会的现势及人生的本义等，都是生活的现实内容。因此，一个人有一个人的现实生活，一个国家有一个国家的现实生活，一个世界有一个世界的现实生活，在现实生活内，是没有相同的，相同的只在理想的生活里。在现实的生活内，多是害的一致，在理想的生活内，多是利的一致，人在讨厌现实与追求理想，这也是构成社会的一个主要原因。我们如果离开了环境的情况而去计划一切，那已是天国里的美满了，因此，顾及环境的可能性，就是学制订定的第三个原则。

根据了个人的发展、社会的适应与环境的可能等三个原则，我们来订立新中国的新学制。

三、新中国的新学制

新学制是中国今日的学制。中国今日的环境情况，在主观方面，是内求和平、统一、民主与团结，外求平等、自由、互助与共乐。在客观方面，是列强争以中国为囊中物或踏足石，根本都还不了解国际和平的意义。中国仍是挣扎在一个帝国主义者与殖民地人民的斗争，资本主义者与资本主义者的斗争，资本主义者与社会主义者的斗争，帝国主义者与反帝国主义者的斗争等的一个大斗争网中。中国能够自立，就可以奠定了世界和平；中国不能够自立，就可以扰乱了世界和平。中国的自立，对中国、对世界关系重要。这是中国今日的环境情况。

中国的社会，仍是一个带有极浓厚的封建色彩的殖民地的社会，十分需要给它一个革命，它在迫切的要求着改进。如何铲除封建意识，如何打破殖民地的地位，这是改进社会时的两个基本的注意点。

注意社会，不就是忽视个人，相反的正是重视个人，因为社会是个人发展的必要与先决条件。一般人常易误把个人的一切葬送在社会的里面，实际上，这只是个人的一切葬送在那个人的里面，个人的永远不会葬送给社会的，并且是从来也就不曾有过。注意到被教育者的利益的是教育；只注意到教育者方便的是训练。学制是教育制度，不是训练制度。大家热烈的要求自由，要求民主，正是人生意义的正确表现，这是新学制订定时的一个基本注意点。

雅尔塔美、英、苏三强的秘密协定，就是测看中国今日环境的标尺。烽烟遍地、物价飞涨、民生艰苦，就是测看中国今日社会的标尺。全国人民的热烈要求团结、统一、和平与民主，就是测看中国今日个人的标尺。同时，大同世界、三民主义民主共和国，又是展在我们目前的一个很明显而美丽的社会图样。原子能已成了实现大同世界的有效动力。这一切的一切，都在说明了新中国已不只是时间与空间上的旧中国，它已变成了另一个的新局势，新学制必须由这个新局势内产生出来。

新中国的新学制，在就学年龄上是从生时到死时的一生，在入学的范围上是所有的男女老幼，在所学的内容上是生活需要的一切知能，在实施教育的机关上是尽所有的方式，可说是一个全生的、全民的、全体的与全面的教育。具体的说，学生在学的年龄是从生命形成的开始到生命停止的一整段。在学所学的功课是整个生、存、大等基本需要所需要的，教育机会不但是均等，而且十分的充足，教育机关，就是整个的控制了的社会。这个新学制就是一个用整个控制了的社会作学校而实施整个生活改进的教育制度，这里用一个新学制图作这个讨论的结论。

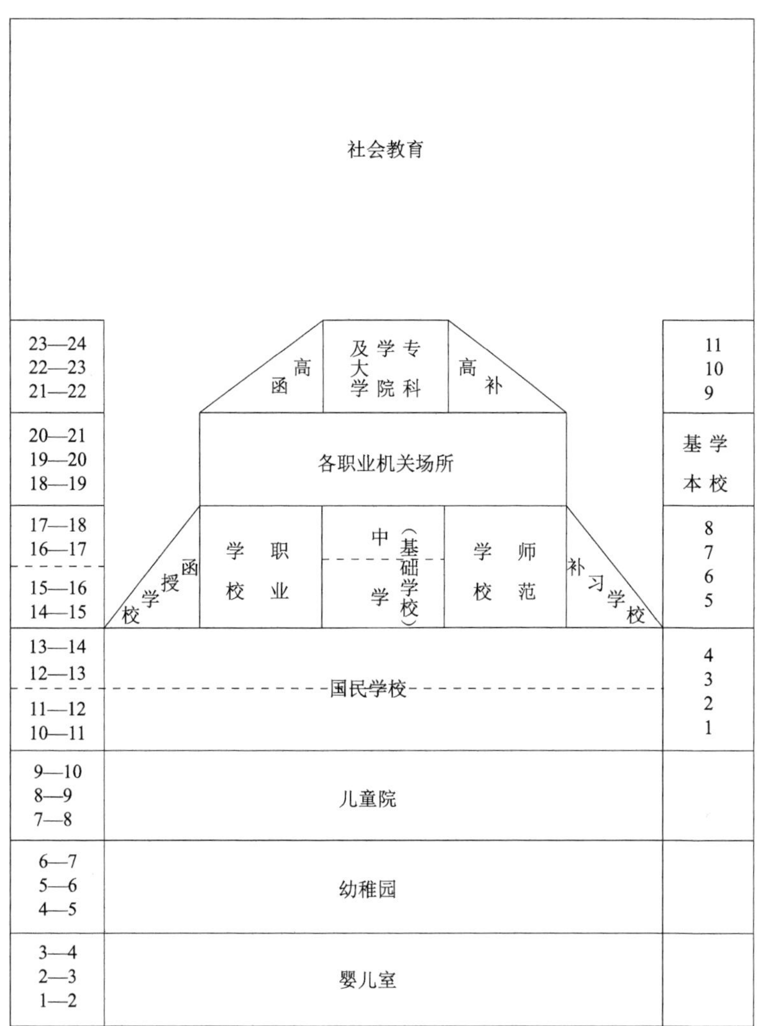

说明：①婴儿室，护育所有的初生到3岁的婴儿，主在健康的维护。②幼稚园，教育所有的4岁到6岁的幼童，主在情绪的陶冶。③儿童院，教育所有的7岁到9岁的儿童，主在意志与秩序的培养。④基础学校，分国民学校与中学两大段，共8年，分2年、4年、6年及8年四节，前2年是读写算最低限度的工具教育，依次增加，8年内完成深造的准备。⑤基本学处，就是社会上各种行政、生产、分配、娱乐、学术与卫生等机关，基础学校卒业后，各就各自的兴趣到各机关场所，实习3年，经各该负责人认可后，再负责送入专科学院或大学。⑥专科学院或大学，3年，专门研究高等的专门学问及技术。⑦科学馆、图书馆、实验室均建设在各个学院学校有关场所内，共同应用。⑧各机关场所，就是各科专门研究的预备机关。⑨职业学校设在职业机关内。⑩补习学校设在各该补习内容的机关内。⑪除准备工作在基础学校，整理工作在专科学院或大学内学习外，真正创造性的研究，必须在实际工作内进行。各职业机关场所必须有研究组织，供研究，供实习。⑫函授，参观、年会及一切社会教育等活动，必须积极的、充分的运用

民国三十七年（1948年）第33卷第1号

小学儿童不良习惯之改正

韦息予

“教育是神圣的事业”，这句带有偶像意味的口号，在现今生计艰难、教育经费支绌的时代，实在不足以使小学教员们听了感到兴奋，增进其对于工作的兴趣和努力的了。但是一般人似乎还很信仰，做小学教员的能与天真烂漫的儿童接触，在所有的各种职业之中，总算是最富有天趣的，这是的确的，“天真烂漫”四个字，怎样的引人入胜啊！现在尚在做小学教员而别无生路的，未尝不以此自慰，把它当作“三间无佛殿，一个有妻僧”的生活中浇灌块垒的美酒。然而按其实际，你倘若用消极的眼光来看这些被称为“天真烂漫”的儿童，你就要觉得十分失望了。衣服整洁、口齿伶俐、很见机、很听话的儿童走近来的时候，真个能使人感到“天真烂漫”的可爱。试问这等儿童在小学校里是多数还是少数？小学校里的儿童，尽多是衣衫不整、蓬首垢面、滞顿顽皮的孩子，他们还从学校外面带着种种不良的习惯来，简直使做教师的麻烦得要命。小学教员们倘若一想到这种苦况，便不禁感得自己的和社会前途漆黑一团，废然长叹了。我和我的同事们，对于这些儿童往往称为“学老阿爹”，你若玩索这个称号，便很可想见小学教员对于儿童的一种无可奈何的神情了。

这个可以使人意态消极的对象，扩大其意义来说，实在是中国教育前途的障翳。你倘是从事于教育事业的，无论你是以教育为“终身以之”的职业，或者存着“做一天和尚撞一天钟”的观念，都该用力攻破这一重障翳，因为这一重障翳攻破了之后，便是光明，便是乐趣；并且这的确仅仅是一重薄薄的障翳，并非根深蒂固、牢不可破的难关，你能日复一日的努力，这障翳便会消失的。你倘是研究教育或是负着指导的职责的，那么也应该先把怎样攻破这重障翳的方法研究出来、指示出来，然后高妙的理想和大规模的计划才可以迅速的实现，因为这障翳若不攻破，大可以减杀教员们对于工作的兴趣和努力的。我现在把小学校儿童几种普通的不良习惯列举出来，并且将我个人所想到的处理的办法和意见开些出来，聊以当攻破这重障翳的几声“杭育”！

小学校儿童普通的不良习惯，约有下列十项：迟到和无故缺席；忘带学用品和学用品的散失；乱涂墙壁和不爱惜公物；随地涕吐便溺或抛弃纸屑果壳；蓬首垢面、衣衫不整等等不整洁的习惯；多吃杂食；说谎和诿过；骂人和叫嚣；窃取他人的物件；以恶毒的行为作弄别人。

这十项当然还没有列举完全，此外，琐琐屑屑的还有，然比较重要而普遍的，不外乎此。就这十项看来，大都是由于儿童心理上、生理上自然的倾向和社会旧习惯的熏染，尤其是社会旧习惯的熏染占主要的原因。儿童的本性是空白的，习惯是后获的，习惯的良与不良，在儿童原没有主观的别择，一听环境与教育的支配和陶冶。小学校儿童就这些不良的习惯，大部分可见是我们中国病态的社会的反映。这些不良的习惯，清清楚楚的反映出中国社会无秩序、不卫生和自私随便的状态。做小学教员的看到这一层，便可以明白这使人意态消极的对象，不是做小学教员的所特有，而是处在今日的中国应有的际遇。并且可以感悟到做中国的小学教员是有负着这么一个使命：从现在起，把小学生从旧社会熏染得来的不良习惯切实改正，使这一辈小学生成长为国民时，重立一个崭新的社会。那社会是没有为举世诟病的无秩序、不卫生和自私随便的状态的。固然社会改造决不是单靠教育可以收效的，但小学教员应负的这个使命是无可推诿的。

现在不妨把本题的意义扩充了来说一说。中国最近十年的教育，实在就可以把改正这十项不良的习惯做一个最低限度的目标。而反过来就可以说，中国教育倘若无法改正这十项不良的习惯，这是完全破产的一个证明。以往的教育谁也不敢估定它是有什么大的成效，也不妨说是这十项不良的习惯是始终存留着，没有改正，就可见一斑。教育当然不是这么简单的事，然而要达到这十项不良习惯完全改正的目的，这就不是怎样轻便的工作了。而其由于改正了这十项不良习惯之后所生的效益，那更是未可小觑。请就我在下面所举的这十项不良习惯怎样着手改正的方法看去，便可以见得我这扩大了题义所立之论，不能算是过分的夸大和虚诞的了。

改正这十项不良习惯的方法，也不很简便。在着手之初，先要教师和家庭双方有充分的准备，着手改正之中，尤宜注意到心理学所指示的定律和社会化的训练的方法。必须如此小题大做，才有成效可见呢。其实这又何尝是小题，不过人们向来不很注意它就是了。

教师方面先要有什么准备呢？我在上面已经说明小学校儿童有这十项普通的不良习惯，是中国衰病的社会的反映。教师比儿童处于这衰病的社会里历史较深，当然也免不了有所沾染，或者自己在小学生时代也不免有此等不良的习惯，而现在也还保存着同性质的不良习惯哩。如果这话是确实的，怎好做儿童的表率，来督促他们改正这些不良的习惯呢？所以在着手之初，教师先当检点自己，严密训练自己，以便身体力行的督责儿童。

这些不良习惯的造成，也有些与家庭有关。倘若着手注意改正的时候，学校不与家庭好好的联络，也不很容易得到成效。所以对于儿童的父兄，应该当面恳谈，剀切说明其意义与方法，使得相助为理。关于联络家庭，有一点应该切实注意：学校对于家庭，不宜责望太深，一切应该由学校多负一点责任。因为小学校儿童的家属，明了教育的很少，他们大都不知道对于在学的儿童应该有什么指导，他们大都以为纳了学费，把子女送入学校，已把教育的责任一股脑儿都交给学校教师了。还有一种荒谬的心理，学校教师似乎是代他们看护子女的。他们觉得孩子们在家里太麻烦，还是把他们送到学校里，乐得家里清静一点。至于他们的子女在学校里的情形怎样，他们可以不问；惟有假期缩短些，散课的时间晚一些，这是他们所馨香祝祷的。在这一种状态之下，你若企求学生家属给与学校的助力太繁多了，便会使你得到意外的失望。干脆的讲，当我们中国的小学教师，其责任不但应加倍努力教育儿童，而且最好能设法使教育的力量由儿童推及其父兄母姊呢。

对于儿童的教育，应该注重科学化和社会化，这是一般的法则，而于改正不良习惯，改正这从旧社会沾染得来的不良习惯，尤其要注重。心理学告诉我们，改正一种错误的不良的习惯，比养成一种新的良好的习惯更是费力。这更是费力的工作，当然更需要遵守着心理学所指示的养成习惯的定律；否则，便难获得成效，或者还要发生其他的流弊。新式的学校教育与旧时私塾的教育，其不同之点，最重要的是学校运用团体生活的方法来试教的，这就是所谓社会化的教育。现在要把从旧社会沾染得来的不良习惯改正，这可算是一种革命的工作。革命的成功，是必须有严密纪律的团体力量去干的。所以要改正这十项不良习惯的教育，更是要社会化。仅仅使儿童个个人自己改正是不够的，应该使儿童在群策群力的环境中去改正，不但是自己改正了便算完事，还要设法使全个团体都改正了方始罢休。

这十项不良习惯应如何改正的意义及方法，总括的说明过了，请再分别讨论之。

一、迟到和无故缺席

小学校儿童往往迟到，便是旧社会不守时刻的反映，小学校儿童往往无故缺席，便是旧社会怠惰不紧张的反映。不守时刻是我国人的大病，谁都知道的了，但是谁也不能自信确已改正了的。甚而至于从事于革命事业的团体中，对于这最起码的革命工作也是尚未成功，或者还有些不屑努力于此的样子。至于怠惰不紧张的风气，那更是普遍。连那奉到动员令而出发作战的军队，也还可以看得见这种风气的流露。所以小学生的迟到和无故缺席，实在算不得什么一回事。

那么就由他去罢！其大者、远者且勿论，在课业上也是大有妨碍的。迟到和缺课者自己的损失且勿论，其影响于全班教学的进行，也是大有妨碍的。在教育言教育，实在也非切实改正不可。

先说教师自身，应该严密约束自己，一到上课时间，绝对不在教员预备室挨延一秒钟；非无法勉强起休行动的疾病，绝对不任意缺课。做校长的，更应注意使全体教职员都努力奉行这个办法。对学生家属，应将每日早晨及午后上课的时刻明白通知，切嘱其务必于规定时间以前令儿童到校；时刻有变更时，应即通知。又应该切嘱学生家属勿任儿童无故缺课；若缺课而未经预先请假的，应迅即访问其家庭；若查出家庭有放任儿童无故缺课的情形，应切实劝导，勿惮烦劳。

要使儿童能准时到校，应先指导下列各事：认识时钟或其他观测时刻的标记；估计由家到校所需的时间；到校的途中不可任逗意留——用故事说明。

以上是各个的指导，同时并应按儿童住居的地点，分为若干组，使于规定上课时间之前相约同行到校。各组互相比赛，看哪一组最能切实养成准时到校的良好习惯。

消极的取缔儿童迟到的办法，我是惯常使迟到的儿童于初入教室的时候，站着授业，等教学逢到一段落的时候，便使当众陈述迟到的原因。我觉得这办法比由教师斥责一番，或者机械的处罚一次，比较有效。似乎儿童对于当众陈述迟到的原因，是觉得最难堪，受刺激也最深。

在这样严密的注意之下，儿童还要迟到，那么一定有什么特别的原因。我曾遇到两个屡戒不悛的儿童，他们陈述迟到的原因时，一个总说："我起身太迟了！"一个总说："我家里有事。"这样继续了两个星期，我这消极的办法，于他们二人也无效了。二人所属的一组，又有排斥这二人的表示。我于是切实调查这二人的迟到原因，原来一个的父亲是抽大烟的，他家里睡得很迟，起得很迟；一个的家况很困苦，早上他要在家助理家事的。这两个有特别原因的儿童，只有用特别方法去指导。我于是去和他们的家属切实恳谈，其结果抽大烟的儿子不幸竟因此自请退学了，另一个则因指导了他提早起身，赶紧做事，居然也不再迟到了。

无故缺席比迟到问题容易解决一些，只消学校与家庭联络得好，学校里取缔得严密，就很容易有成效。有一种奖励精勤儿童的办法，很足使儿童自动的不肯无故缺席。其法，凡儿童继续一个月不缺席——无论因病因事，有故无故——不迟到的，于全校儿童之大集会中，宣布其姓名，当众言语奖励之。继续至三个月者，给予荣誉奖状。继续至一年者，给予奖章。继续至三年者，留照相于大讲堂中作为纪念。儿童企求这种种奖励，往往家里有事，他也不愿缺课了。这种奖励的办法，最好再用之于团体。规定凡一学级全体继续一个月无人缺课迟到者，给予一个锦标，悬挂于本级教室内。继续至一个学期，摄全级之影留在大讲堂作纪念。还可以使各级互相比赛，将每一种奖励估定其点数，于每学期终结算，得点数最多者，再给予一种奖励。

由改正这项不良习惯，还可以联络教学下列各项教材：恪守时刻的好习惯；爱惜光阴的好习惯；地球上方位与时间之关系与各地的标准时；昼夜长短的转变。

二、忘带学用品与学用品的散失

这一项不良习惯，是做事不缜密的一种表现。做事不缜密，亦是我国国民的一个普通的弱点，影响于国家政治和经济也不小。要从教育上消除这一个弱点，改正这项不良习惯，就是一个入手的办法。就儿童切近的利害而言，也很有影响于课业的学习，也非切实纠正不可。

初入学的儿童，管理学用品的能力还不足，那么索性设法减少其学用品携带的麻烦，除一二册每日必用的教科书之外，其余纸张、笔墨，概由教师代为保管，上课时发给，下课时收回。这样既免得儿童因能力不足而得到不良的感应，又可使课业上不受影响。

第二学年开始，先将授课时间表的使用法和学用品整理保管的作法详细指导，并切实说明忘带学用品、遗失学用品对于课业上的妨害与爱惜用品的道理。平时宜严密纠正其关于这一项不良习惯的滋长。其法可于教室张挂忘带及遗失学用品的记载表一纸，凡偶有忘带学用品者，令其自行就表上自己的姓名之下，记一符号，例如“1”或“一”；偶有遗失者使记入另一种符号，例如“△”或“×”；屡犯者，须使数其曾犯次数，报告于大众，并当众认错，誓愿此后切实注意。每一星期、一个月、一学期各结算一次；无忘带亦无遗失者，当众言语奖励之。

对于时常遗失或忘带学用品的儿童，年级较高的，应有惩罚。我惯行的惩罚法是使他于休息时间或散课之后，责令将因忘带或遗失学用品而未作的课业补作完成，并与谈话，指数其过失，而婉言斥责之。

三、乱涂墙壁或不爱惜公物

中国人喜欢乱涂墙壁，不但儿童为然。古庙、凉亭、厕所等处的墙壁，成人涂鸦的成绩，也不知多少。其有伤美观，令人憎厌，已无待赘述。至于不爱惜公物，似乎已是我们中国人骨子里的毛病。“公德”二字的标榜，也有数十年了，但公物的被侵占和毁损，依然“司空见惯”，不足为奇。这两种恶习，被外人奚落得尽够了，怎好不设法纠正呢？

纠正这一项不良习惯，也可分积极、消极二方面着手。积极方面，可于课业中教学下列各事：

1）原始的人类往往涂画墙壁。他们是记载事物，是艺术的表现。他们那时代没有纸张，所以就涂画在墙壁上。现在我们已有纸张了，不必涂画在墙壁了。

2）墙壁以洁净为美观，任意涂画，有伤美观，常受外国人的讥讽。

3）公物与大众的关系，与各个人的关系，比较公物与私人所有之物的价值。

4）公物的来源与公款。

5）爱惜公物的故事。

对于乱涂墙壁和毁坏公物的儿童，我所想到的消极的制裁方法，约有下列各端。

1）使儿童互相严密监察，奖励儿童向儿童自治机关检举他人或自行出首，其违犯的地点，不论校内校外，一律看待。

2）乱涂校内之墙壁，罚其自行洗刷清楚；低学年儿童违背者，处罚时教师应酌量帮助。

3）乱涂校外之墙壁，罚其向所属主人或管理人道歉，由儿童自治机关或校中派人陪同前往。

4）再犯者，除执行上述罚则外，并罚其臂缠红布一日，对大众陈述曾犯乱涂墙壁之过失。屡犯者，递加其臂缠红布之日数。

5）毁坏校内公物者，标其姓名于所毁坏的公物之上，并责令修理赔偿。

6）毁坏校外公物者，令其向管理人自请处分，通知其家属陪同前往。

7）校内公物使儿童分任管理，其有被损坏而未查出，并不能查出谁损坏者，交儿童自治机关议罚。

四、随地涕吐便溺或抛弃纸屑果壳

随地涕吐可算是我国最大多数人的通病，有碍卫生，并亦有妨观瞻。随地便溺亦是很普遍的恶习。无论城市、乡村，尿池、厕所，差不多街头巷尾，随处都是。而尿池、厕所中又复溺便狼藉满地，不可向迩。至于随地抛弃纸屑果壳，更是无论矣。这一类的恶习，谁也知道应该设法切实禁止的，在小学校固当设法纠正儿童，我以为并应作一广大的运动，使成为地方自治卫生行政的目前第一要务；尤是禁止随地涕吐和随地便溺。否则学校中纠正的工作，等于“一齐人传之，众楚人咻之”了。但学校中的注意纠正儿童蹈此恶习，固不必等到地方自治的卫生行政方面实行禁止了才严密执行。

积极方面，可于课业中注意下列教材。

1）传染病的危险与病菌的传播。随地涕吐与传播病菌的关系。

2）涕吐入痰盂的作法和痰盂加盖，痰盂中置臭药水的道理。

3）随地便溺的弊害。

4）便溺时的作法。

5）纸屑果壳宜投入指定用器中。

学校中的设备方面应注意之点。

1）教室及操场大讲堂等处，宜置有盖的痰盂。痰盂只须用陶土敞口钵，上加洋铁盖。安置地位，宜择隐僻之所。痰盂宜勤加粪除。

2）便所不宜简陋，应使十分清洁。

3）休息的场所，宜置一木桶或竹筐，备倾弃纸屑果壳。

消极方面的裁制方法，有下列各端。

1）随地吐痰，罚倒痰盂，并揭贴这标语于校内各处。

2）随地便溺，罚扫洗便所。

3）随地抛弃纸屑果壳，罚扫除游息场所。

五、蓬首垢面、衣衫不整等等不整洁的习惯

这一项，在都市和城邑中的小学校，似乎问题较小，然也还是可以绝不注意的。乡村的小学校，那就大成问题了。农家的生活本是很困苦的，他们一向不知修饰，更不知道怎样才是卫生。但整洁是与经济无大关系，我们并不要儿童衣服美好，只要它们不破碎、不肮脏就是了，赤足或穿草鞋不要紧，不穿长褂子更不要紧，只要清清洁洁、整整齐齐。

关于整洁有四件事必须注意：头面、手指清洁；衣服清洁、不破碎；牙齿刷清；指甲修剪干净。

注意这四件事，在课业方面应注意下列各事项：关于个人卫生的卫生故事；各种清洁做法，如洗面、洗手、刷牙齿、剪指甲等。

在三、四年级，乡村学校中的工艺科，不妨加入这二项教材：实行洗衣服——可分组、分期教学；实行补衣服——这一项，都市小学校也宜加入。

在一、二年级，每日早晨，宜举行清洁检查，时间在第一次的休息时间为宜。其检查注意点，即为衣服、头面、手指、牙齿、指甲是否清洁。衣服不洁，使他于回家后更换；头面、手指不洁，立即使他洗净；牙齿不洁，立即使他刷清；指甲太长，立即给他修剪。

因此，小学校的设备，应添置下列各物：面盆手巾——手巾每日宜消毒一次，最好多备些小手巾，一人洗过后，第二人不立即继续着使用，等消毒后始可用；牙刷——每人一只，每星期消毒一次；洗衣用具；缝纫用具。

对于不整洁的儿童，不须另外处罚，只要随时责令洗净或修饰好就够了。经过小学校四年工夫的严密训练，大概整洁的习惯必能养成。不过做教员的格外辛苦一点，有些简直代儿童们的母亲处理的。但要纠正儿童不整洁的习惯，实际上做小学教员的必需格外辛苦一点，方有成效。

六、多吃杂食

每日三餐之外，要进纳杂食，这大概是儿童生理上所必需的吧。我想小学校的儿童，倘于早餐与午餐之间和午餐与晚餐之间，各给他很有节制的吃一些糖果之类，生理上大概没有什么妨害的，或者也是需要的。当然除三餐之外，不再进食，决不致有感不足。我并非主张于三餐之外，再加两次进食。我以为儿童于三餐之外，要吃些糖果，也不必绝对禁止，不过要教导他有规则、有节制，不要无限量、无选择的进食。要使儿童于三餐之外绝对不吃杂食，实际也是“管不住”的。有些小学校绝对禁止儿童在校内吃杂食，但是儿童往往于到校的途中和散学之后，急遽的、放纵的围住小贩的担子，大吞大嚼，这也不是好办法啊！

我主张在课业中，切实讨论：进食的时间、分量与消化力的关系；消化不良对于生理上的影响；食的卫生作法；怎样选买清洁的食物。

使儿童明了食的卫生，自知食物有节制、有规则。凡同学中有因食物无节制、不规则而患病的，待其痊愈之后，宜令其当众报告其得病的由来和病中的苦况，使其余的儿童有所警惕，而自知谨慎。

惟下列二事，则绝对的禁止：上课时间内进食；随走随食，以致果壳随地抛弃。

我以为小学校里不妨由儿童组织贩卖糖果饼饵的消费合作社，其资本由学校借给，或使募集股款。因为校外小贩出卖的糖果饼饵，往往不很合于卫生。不如索性在教师指导之下，选择合于卫生之糖果饼饵供给儿童消费。有时并可限制其分量，不致过于多食，而进食时间，亦可因此而有规定。乘此使儿童获得关于合作事业的经验，未始不是一举数得的办法吧！

七、说谎和诿过

这一项不良习惯，非切实纠正不可。考其起因，大概是父兄师长督责太严的缘故。中国的家庭，母亲往往很溺爱儿童，而父亲则大抵很严厉。在这种过与不及的状态之下，父亲往往因细故重责其儿女，而母亲则因卫护其儿女之故，往往教其儿女说谎和诿过，以冀避免责罚，于是儿童渐渐养成了说谎和诿过的不良习惯。学校中的教师，也往往为贪图省事起见，不是严厉，便是放任，所谓“循循善诱”的，对儿童很亲切也很严正的教师，却如凤毛麟角，实在稀有。

我以为教育的目的，是教儿童做堂堂的一个人，不单是教他读书写字和计算。读书写字和计算的教学固丝毫不可忽，至于做人之道，尤其不可忽视。不可只求近功，而把这悠久艰巨的责任轻易放弃。要知道倘若任令儿童滋长其说谎和诿过不良习惯，简直是为社会养成许多不能负责任的分子，其影响于社会的窳败，实非浅鲜。

要纠正这一项不良习惯，最重要的不是方法，而是教师的态度，对于儿童，要亲切而又严正。务使儿童有所希求和作为，不必对教师隐讳，有了过失，也不必推诿。使儿童自知不正当的希求和作为不应有，而自行节制；有了过失，应切实悔改。自制与悔改，并非有所畏惧，完全是自发活动，这种品性，最是可贵，要有这样的效果，有两个要件必须记得。

第一，善于体察儿童的心理，听其自然发展，求取满足；有不良的倾向时，好好的引诱他转变方向，切不可严厉的遏阻。

第二，遇儿童有过失时，应寄以同情，讽其悔改；如应行处罚，不宜有严酷的表示。倘若发现其有隐讳和推诿的神情流露出来，应切实指明这是最不大方的习惯，勉励他努力改正。此外，则于课业中采取教训诚实的故事，如华盛顿斩伐樱桃树而向父亲承认过失的故事，以及戒欺骗的寓言，如牧童因诳语而失其羊群的故事等。

八、骂人和叫嚣

你若是跑到所谓“民间”去，你就会感觉得“国骂”太流行了，叫嚣得太厉害了，很足以引起你的厌恶。据说这是文化程度幼稚的一种表示，那么推行国民教育的小学校里，自不能容许这一项不良习惯的存在了。禁止儿童“国骂”与叫嚣，其理由很简单，就是“你骂人，人便生气，这不是与同学和好的办法，所以不许骂人”;“三数人对话，本用不到高声，倘若提起了嗓子乱嚷，声带要受损伤，将妨害发音的优美及响亮，唱歌时唱不好，对大众演说时声音传送不远，所以宜切戒叫嚣”。这理由可直接向儿童说明。儿童于不留意时骂人，则可使向被骂者道歉，或用记载表使自行记载其次数，以便自知改正的状况，并可与他人比较谁改正得快。儿童不留意而叫嚣时，教师切忌高声喝阻，高声喝阻犹之扬汤止沸，效率很小。我惯用的方法是把手指按在口上，暗示他们不要高声，儿童见我这样暗示便都感悟，不再叫嚣了。还有一种禁止高声，利用团体制裁的方法，每一学级用一记载表，凡于上课时或排队时有叫嚣的情形，就表上记一“？”记号，继续一星期表上无“？”记号记着，该级得奖旗一面；积奖旗五面，换取一大锦标；积锦标五个，换取一种美丽的装饰品一种，陈列该级教室，例如名画、对联、花瓶、纸彩等。行了这种办法，儿童就能够自动的相互监察，不许叫嚣了。

九、窃取他人的物件

儿童的窃取他人的物件，不宜把他看得如成人社会中的窃盗事件一般严重，这不过是其占有欲过强的表现而已。所以如发现儿童窃取他人的物件时，固当切实制止，但处理时切勿张扬，以免把儿童廉耻观念弄麻痹了。

有些儿童并不是故意窃取，他或是误取，或是想作弄他人。不幸失物者即认为被窃，报告教师；教师不察，因而严重处理之，性情偏激的儿童就此一不做二不休的干了下去，这样便弄假成真了。一次被了恶名，吃了大亏，他恼羞成怒，下意识的驱使，碰到机会再干了第二次，再被人察破，于是受人一辈子的轻视，他心理上就生成了一个不良的感应。这一项恶习，大都如此形成的。小学校的训育，对此不可不谨慎啊！

我以为如发生儿童失物或指人窃取等事件时，教师宜很镇静的、很缜密的调查事实。对于失物者，切戒他轻口说人窃物。倘查出是误取或戏弄，就当众以不应粗忽误取责之，以不应这样恶作剧责之，并且很亲切的与他个人谈话，劝他以后不可如此。倘事实上确是故意窃取，则宜先与他作长时间的谈话，指明他人之物不应擅取，用很亲切的态度劝他以后不可如此，然后密告失物者来，监视着使取物者把原物奉还，切戒失物者不许张扬。

最重要的，是训练儿童好好管理自己的物件，不要任意弃置，并用其他方法，使这不幸的事件不致发生，例如：使儿童全部分在校的时间，都有事做，不致无聊；儿童放置书物的地方，教师要时常照顾得到。

十、以恶毒的行为作弄别人

这一项不良习惯，惟顽皮的儿童有之。但所谓驯良的儿童，自己虽不这样做，也很喜欢看这种把戏。实际讲来，偶然的很有分寸的作弄人，开开玩笑，亦属人情之常。惟顽皮的儿童，则往往做得过分，以致使人受到伤害，或则不当其时，以致扰乱秩序，这是应当加以裁制的。

顽皮的儿童，其聪明才智往往胜过一般儿童，否则便是心理上有什么缺陷的，所以裁制方法不宜一味遏阻，应当善为诱导，或用方法使他自己感悟，自己渐渐知道有分寸，不再过分的捉弄人。

例如甲儿作弄乙儿，以致乙儿跌伤了，那么再好的方法，不要把甲儿先加苛责，先使他帮同教师为乙儿料理救护的手续，并且向他道歉。事后，教师乃与甲儿谈话，使他详述当时作弄的情形，相机指明其足以使人受到意外的伤害之弊，若因作弄人而致扰乱秩序时，宜使他暂时离开大众，事后乃责其扰乱秩序的过失。总之，务使其知道致人受到伤害及扰乱公众秩序的过失，不宜深责其不应作弄他人。因为顽皮的儿童方以达其作弄之目的，深自欣喜；受教师之苛责，他往往不介意的。

处理十项不良习惯的方法和意见，略如上述。最后，当将我所持的一个原则贡献出来：我们要使儿童于改正不良习惯时，只感到是自动的，是为着自己和大众而强勉改正，一点不觉得受到教师的督责和指导。

倘若我这原则是可用的、是有效的，那么我们对着这使人意态消极的对象，便会觉得一团漆黑的深处，有一线光明透露出来，我们何妨尝试一下这苦中得来的乐趣！

民国十八年（1929 年）第 21 卷第 3 号

第五编

教育的历史转折：民国时期的公民教育

第一章

公民教育的一般思考

近代以来，英国、德国、法国、美国诸国提倡公民教育之论颇盛，民国有共和之名，欲务其实，非全国人民具有公民资格不可。公民资格之养成，非注重公民教育不可。自晚清以降，特别是民国时期，教育界对公民教育展开系统的思考，今天依然显见其价值。

1）近世立宪诸国进步发达之根源，实在于思想及信仰之自由，皆有公民教育之功。

2）公民教育实为增进开化价值之原动力。

3）公民教育与政治的陶冶有别，政治的陶冶不可谓为公民教育，因为政治的陶冶往往与党派的政治教育相混同。

4）人生最强之利害观念，为营富裕充足之生活，而以独立自由之生活为最有价值。

5）民主国家，首先要有能做主人的国民，方可走向真正民主的大道，故民主国家的公民教育要特别注意养成公民能做主人的知识、技能和习惯。

6）国民教育的主要目标在于发展儿童身心，适应社会需要，保持国家的民主和促进世界的和平。

7）考察执政者是否真正拥护民主政治，只要看其是否把普及国民教育列为第一政策，并予以实施，使国民真正明了自己的身份、权利、义务及其相互关系。

8）公民教育绝非“能不能”的问题，而是“为不为”的问题。

公民教育问题

天　民

公民教育者，近世教育之新思潮。各国实际之教育方针，咸注重于此。其办法虽不同，而其以国家主义发挥公民之教育之精神，则其轨辙，无或异也。近时英、德、法、美诸国，提倡公民教育之论颇盛。其他各教育家之学说，有直接、间接之关系者。若窦哥拉等之学校改良问题，来因等之共同国民学校问题，利曼与马亚诸氏之法治的教育，皆涉于公民教育之范围。俄国向未措意于义务教育，而最近公布之义务教育令，其内容趋重公民之意，至为显著。日本近五六十年来，公民教育颇为发达，其小学校令中，以公民教育与道德教育并提。至于今日，提倡尤力，盖世界公民教育之观念如此，其勃兴也。谓为最近教育界之重要问题，岂不信哉。

现时德国教育界，对此问题倡导正盛。此类著述，数年间出版已至七八十种。可见教育之趋势，与夫研究教育者之心理，无不倾注于此。惟其所论，多详于方法，而略于教育学上之理论，盖以为待说明也。然此实为决定教育目的之根本问题及陶冶性行之重要事项，故不可不深加研究之。各著述中，较详于理论者，如恺善西台奈氏之国家的公民教育观念，喜令该氏之国家的公民教育问题本质及方法，法斯他氏及眉萨氏之国家的公民教育问题，利曼之法治的教育，其论述此根本问题，意较明晰。兹参考各家之说，加以评论，而介绍于我国教育家。

恺善西台奈之说（参看学术栏恺氏之教育说）为近时德国公民教育问题发端之一。恺氏以近世立宪国，日渐发达，其国民务宜加以教育，使大多数之感情、思想、意志、行为，成为国家的公民。然此问题，在各种教育问题中，实最困难，必须解释明了，庶免种种误会。故恺氏之意，先就公民教育之根本观念说明之。第一，今人每以公民教育与政治党派之观念相杂。恺氏以为此实大误，公民教育与政治政党，邈不相涉，乃以国家为本位，振起国民之精神，使各尽其才，从事职业，以营共同生活，而国家之大团体，赖以巩固。固非人人投身政治之谓也。苟稍杂政治党派之臭味，则其根本已误矣。恺氏于此辨之至晰，其说颇有力也。第二，人又以公民教育与公民教授并为一谈。恺氏亦正其误，公民教授云者，于浚发国民之知识时，并授以关于民法、经济等各种事项。俾知公民之权利、义务，即为合度。此等知识，虽为公民所必需，然即令博闻强识，不得谓毕公民教育之能事也。盖公民教育者，必使国民具如此之精神，有如此之行为，蕴为品性，养成习惯。品行习惯，决不能责之于此种教授也。世人误解斯意者甚多。即提倡公民教育者，亦不无误认。恺氏此论，实为精确不磨。第三，人又以经济的及技术的教育为公民教育，是亦不然。公民必需之道德，为智虑、诚实、忍耐、注意、勤勉、节俭等项，益之以喜创造、乐生活、励职业诸美德，实较经济的及技术的教育为重要。然所谓公民必需之道德，实非此数端所能尽，必也为公利以抑制私利，为全体以牺牲个人，方为公民最重要之道德。如此精神，如此行为，岂经济技术的教育所能呈效欤？若仅有事于此，则受教育者，不过于生存竞争之中较胜一筹，决不能养成公民之真精神。恺氏之言，实可谓深切著明矣。第四，恺氏之意，以为法治的陶冶，足以养成法治上之识力，亦能见诸施行。故此等公民，在国法之范围以内，为完全立宪之行动，而尽力于国家。在国家固所深望，在彼受如此教育，亦甚合宜。惟此只少数之人能之，而不能望之于人人。故以此为普通教育之目的实难。若以此事悉委之于政治家，而已纯然尽其公民义务。各励其职业，勉为生产，输力于国家及社会，如此，则齐民皆能勉赴之，而亦足为普通教育之目的。此恺氏之见解与利曼不同处。窃谓恺氏此说，至稳健适当者也。第五，人以为公民教育与社会教育大异。恺氏又辩之，以为社会教育云者，与公民教育初不相反，而实为公民教育之一部分，夫社会教育，有种种解释。由广义言之，则以尽力于社会为主，而不能即谓为公民教育。如由科学技艺等方面力求进步，以谋社会文化之发达，固为至美。然其所重，仅为社会之教化，或偏于一技一艺。而非以国家为本体，与吾人所谓国家之公民，为国家尽力之观念，终不能合而为一。是则公民教育，与社会教育不同之点，恺氏之论又至明也。此五者，即公民教育之易于误解者也，剖析而纠正之，其观念庶几明确矣。

然则公民教育，对于教育之目的，果有何种关系，是为又一问题。盖教育上有种种主义，或仅取其一，或取统辖多数主义之至高目的，此实为关键之所在。恺善西台奈氏则谓公民教育，实可统辖教育上各种主义者也。本此意以推行之，则人类活动之最高目的，能依国家而实现。恺氏所据论旨，与古之柏拉图近时之喜拉耶麦等略同。真正公民以实现国家最高目的之故，必须努力进行，自忘其身。世界之内，种种职业，更仆难数，人人当竭其天赋能力，各自奋勉以图功，或为学者，或为劳动，或为艺术家，业各不同，而其根本目的无或差异。此即真正公民之本分，故不问其职业种类如何，皆当充分诠发此根本意蕴。此即公民教育之本质，而教育之目的亦在是矣。施此类之教育于共同团体，同时养成国民共同之基本观念及乐工作、耐劳苦之习惯，是为教育事业之中心。据此根本宗旨于此中心事业而实施教育，则子弟渐能因公而制私，为群而抑己。因精神与道德之进步，得善于服从之自觉心及其习惯，于是种种理论教授，亦能呈效于无形，其究也，公民教育与公民教授亦殊途同归，是在发挥公民教育之本义，使之毫无余蕴而已。

喜令该氏之说，与此略有异同。喜氏盖就德意志现势以立言，以为所以必需公民教育者，即德意志国民之知识，近虽异常发展，而其鼓舞振作之真精神，尚为薄弱。一由经济上之膨胀太甚，锐减其公共心及牺牲个人之念，一由世界时势之推移，国民之自觉心及对于国家责务之观念，次第衰减。救济之策，舍鼓吹公民教育之观念使之普及，无他道也。其意与恺氏之说方轨差同，惟论教育实行之法则，视恺氏之以共同勤劳为本，抑制私利，专务利人者，不惟较逊，且不能无流弊。盖一方以实效为主，一方尤为利他为主。彼其汲汲以致社会之幸福，而其结果必使个人之人格、品性，达于十分健全之域方可。徒以培人格重品性之教育学说为基础，终恐难收实效也。必如恺氏之说，成公共勤劳之团体，益进不已，方为能养成公共心之教育。此于事实，最为著名。虽然以是为公民教育独一无二之方法，则犹未也。

人有询于喜氏，宜用何法，方能使公民教育收完美之效果者。喜氏答曰：施公民教育于少年子弟，实为至要。然不必别立教育系统，别设新教科，但就历来之教授，而参酌活用之，以发挥公民教育之旨趣可矣。其言颇可玩味。喜氏又以现在学校之教科，当略为增补，凡小学校、中等学校、补习学校等，必宜普加公民之教授。惟于大体之旨趣，宜善用各种教材，藉以涵养公民之精神；又谓若但恃学校教育或学校所发之问题，断无实效。必须藉家庭之教训、社会之感化协力进行，方有明效大验，实至当不刊之言也。

以道德为本，而提倡普通教育上发挥公民教育主义者，为法斯他氏。凡仅授以法律及宪法大意等，为公民教育要领之说，法氏亦排斥之，与恺善西台奈、喜令该等意同。惟法氏尤好学深思，谓宜由道德主义，以施公民教育。若徒就知识之方面以为教授，实为谬误。盖法制等学，无论若何赅博，曾无与公民教育之实际。其实际为何，即在提撕国民当然之职业问题、生活问题之观念，而坚强其意志，因而具体的陶冶公民之品性，使凡本分应为之事，见诸实施一无舛错，方得公民教育之要领，真正公民教化，实道德教化最后之结果。正确之公民性质，以人类之品性为中坚，始能成立国民全体之健全，以个人之内心是否十分纯洁为断。盖法氏之意，所谓公民教育者，为道德教育之一种。故不必别树新教育之帜，而自然包括于道德之中，此为应研究之问题。总之，法氏之思想方法，异于恺氏，恺氏主以共同勤劳之团体，养成公民之风气习惯。法氏主由道德的教训，造就公民之人格，此为两人不同之点。恺氏以为团体的共同勤劳之中，使日夕涵濡，自然成为惯性。法氏以为团体的共同勤劳，虽非全无成效，惟少年子弟，必先启发其品性，养其道德之判断力。苟或不然，仅为共同勤劳之练习，其结果如何，子弟之团结力如何，皆为疑问。或恐因此转难消失其利己心，而团体的自私自利之念为之增长。夫至团体的自私自利之念增长，则国家所蒙之弊害，与彼单独的利己心丝毫无异。故无论如何，必当以道德的教训居前，职业的勤劳居后矣。法氏所论，具有精意，足资参考。惟谓不必同时为共同勤劳之练习，则未敢以为确论也。

公民教育问题，各国之重视也如是，学者研究之盛又如是，反观我国则如何，我国非所谓一跃而至共和者乎？共和，岂仅有其名而已。将必务其实，则非全国人民具有公民资格不可，公民资格之养成，岂旦夕可期，非提倡国民道德、注重公民教育不可。然则公民教育于我国其重要盖千百倍于他国矣，教育部公布之教育宗旨，首言注重道德教育。小学校令第一条，亦言培养国民道德之基础，似亦揭橥此义，而全国中身任教育者，果能明此意否耶？是非以世界教育之新思潮，输入于教育家之耳，以振起其精神不可。虽然公民教育固不必特设教科，增加事项，惟须于各种教材，统合联络，以贯彻此主义，其效乃可睹，教育家盍起而图之。

民国三年（1914 年）第 5 卷第 10 号

公民教育论

天　民

一、绪论

近世之国家，随于文明之进步，而其组织及内容，皆起种种之变化，由是国家的公民教育之问题，亦应时而生，迄今犹未彻底解决者也。

此问题以 19 世纪政治上、经济上及社会的变革而起，盖于如斯变革之下，犹欲维持国家之社会的结合，则此一问题，自为新组织之缔造上所必要者也。详言之，即于近世之国家，最有价值之个人自由（研究自由、言论自由、出版自由、经济上自由、组合及会合自由）、选举权利等诸问题，既相共而助个人主义之发达，遂于社会的结合人类全体之共同的发达上，至酿成种种之困难。故今欲以旧教育而满足此新要求，断然有所不能矣。

自国家的见地而观，如上所述之新现象，其结果必致启国家之分裂，而国家于言语、宗教、经济及外交等，不能统一共通有强大之结合力者，其分裂为尤甚，且即有如斯之结合力，而能否十分防维个人主义之势力，尚难言之，此所以民本主义之共和政治之要求，其声日高也。又自具体的言之，劳动者作其劳动者同志之组合，资本家作其资本家同志之组合，两者互相违反，互相分离，惟境遇及利害相同之阶级及团体，其团结强固而与其他阶级、团体之关系，则日益疏隔。如前所述，近世国家，因个人自由之特点，而发生产业界之联合及种种之党派，是实有破坏国家统一之倾向。然则吾人欲防此恶倾向，宜应用如何之方策乎？将如柏拉图所云，欲防国家全体开化力之分裂，须再断绝个人之自由，使为共同的发达乎？抑或欲避免利害关系之冲突，将如挪威、瑞典之合意的分离，破坏旧国家之构造，而别作新团体乎？

凡国家皆由少数之治者及多数之被治者而成立。依柏拉图之意见，谓当由国家之教育，造就少数有才识之哲人，使司国家之政治，其多数之凡人，惟服从哲人而勤其职务，此为治国之最上良策云。虽然所谓凡人与哲人惟可于天赋上分类时而言之。人之性能，固不能如此单纯的造作者也。况历史之经过，固明示所谓“民可使由不可使知之”束缚的政策，其结果必破坏国家者，立宪政治之出现，即发源于此。且今世既以个人自由为生活价值之最高标准，若欲再剥夺其自由以维持国家之安宁而防止其分裂，此不识时代趋势之盲论也，况自由者，固有重大之意义及贵重之价值在乎。

然则前述之第二方法当如何？余谓若行此法则，人类数千年间种种之缔造及其发展，将悉行衰退，其可危孰甚。盖近世之文明国，宛如为各种精力（科学、道德、体力、工艺、财政、经济等）所集成国家之衰退。此精力未有不崩折坏灭者也。凡由共有之某种理想而结合者，若稍有分裂之倾向，必用所有之手段以防遏之。而现今之国家，即由共有之理想而结合，大抵为同一民族所成者，故自有防其分裂及与他国竞争为充分准备之责务。其由利害关系而分裂国家，则其因分裂而得之利益，必反消失，何则？利害关系固日日而变化者，仅以利害关系而结合之团体，决不能永久保持也。试举一例，如意大利背于同盟国之德、奥，而党于三国协约之方面，非明示此中之消息者乎？又自进步上言之，小国之多数存在，决非可喜之现象，盖世界之进步，常由少数之强大国而成。即社会的、经济的、科学的暨艺术的精力之维持及发达，唯大国可以能之。试观历史之经过，非渐成少数大国相对峙之局乎？

依上述之理由，则欲断绝个人之自由及分裂国家以防现代之矛盾冲突者，决非适合于现代情势之政策，宁为违逆时势之愚策也，然则欲适合情势而实现人类之理想，其道将何由乎？无他，惟有对于个人自由上之善点，维持且发展之，而慎防其余弊，又防国家之分裂而益使发达耳。而其最上之方法，厥惟公民教育。然则确定其意义及目的之方案，于今最为必要矣。

二、公民教育之困难

近世立宪诸国之进步发达，发生公民教育之必要，既如前所述，而其事业上实有无数之困难。自现今复杂社会及产业之状态而观，则如斯之问题，殊有未易解决者。凯善西台奈式常分世人为三类：第一，无学者、半开者、单有形式的学位者，所谓高等游民之类。此等之人对于一般教育问题，多漠不相关，惟于狭隘之环境，固执个人的习性及其利益。故于国家之开化事业，全不喜干预，盖彼以为文明开化之进步发达，当任诸自然之运命，决非人力所能为故耳。第二种之人，其自己之权利及义务，不喜与民众平等，过去时代之贵族政治，尚萦萦于梦想，以为国家政治及文化之发达，惟当由少数之有权势者司之，他人不得与也。第三为文学家、艺术家等逃遁现实之世界，而游心于空想之世界，日藏身于如云、如霞美术的世界观之中，其他概非所知也。

若不幸，此等个人主义之人日益增加，尽瘁国家社会之人日益减少，则国家社会之进步，不将大被阻遏乎？盖开化者努力之收获也，若无此努力，而唯任于运命之所趋，则国家社会惟有日日退步已耳。如斯之教育问题，于实际上为各教育问题中最属困难者，此在固定停滞之国家，或有不觉，而在日日发展之国家，则实难中之难也。依凯善西台奈氏之研究，公民教育事业最感困难之原因，实由于国家产业之发达及分业之复杂，分业云者，乃国民各自分担国家开化事业之一部分，以是而国民各自之生活，遂似与国家之全生活为无关系者然。然产业之发达，认识业之自由，泯贵贱之差别，各个人既确认个人之权利及自由，故因产业发达而生之公民教育的困难，正得于其自身而生除此困难之力。如近世之立宪国，实解决公民教育问题之唯一基础也。所冀者不顾本问题之如何困难，而捐弃私利，力谋公益之志士接踵而起，则大幸矣。我国自有史以来，教育问题研究范围之广，实无过于现代者。现代人民对于公民教育之兴味，固日益增进。然随于时代之进步，而益感困难，又欲解决此范围广大之教育问题，则政治家之教育方针，必当一定。何则？教育事业亦为一政治事业故也。凯善西台奈氏更于次论宪政、党政治与公民教育事业之关系，最后又述公民教育之意义不可不一定焉。

为开化的运动，又为纯粹政治运动之政治家，于公共上实有至大之贡献，夫政治家之中，藉政治运动以谋私人利益者固多，然抱国家经纶之大识见、大理想，为国家社会之开化发达而尽瘁以图之者，亦颇不少。彼等虽各属于一定之政党，其识见及政策不免人各殊异，然其图谋国家社会发展之精神，则无不同符，故对于公民教育问题，皆当具有浓深之兴味，纵令彼等唯依一己政见而实行其志，又或就公民教育及所谓公民者之本质而发表片面的意见，亦不得直谓为悖戾于开化主义，惟彼等于经营公民教育事业之际，而挟有非开化的目的者，乃可谓之悖戾耳。然公民教育，实为增进开化价值之原动力，此原动力必由于政治家及国民全体之一致协力，而后始得为充分之发动，故彼略有志于开化者，务当使之同心协力，而尽瘁于此公共问题，然则此同心协力之根底，果何在乎？请更详述之。

依凯善西台奈氏之考想，则政治家及国民全体所以难于同心协力而谋此公民教育者，全由于如何为善良之公民，如何为公民教育，其意义全不明确故也。现今文明诸国，大抵皆为立宪的党派的政治之国家，故欲为优秀之公民（特指欧美各国言）必以先为有力党派之一员，为其必要条件。盖公民欲为国家全体实际有所贡献，又必为其一部分而有所尽力，如此始得实行其政治才能及抱负之保证也。以此因缘，而立宪国遂发生种种之党派，如前所述，理解立宪政治真价值之各党派，对于国家及其开化事业，固皆有浓深之兴味，而于新教育亦无不热心者，然及一日施展其抱负，则突于其处与一大暗礁相冲突，暗礁者何？即公民教育之意义未能明确。各党派之间意见分歧，互相误会，而各相疑贰是也，于是彼等之抱负及努力，遂尽付东流，消灭于无何有之乡，其所有远大之理想，更何由而实现乎？现今我国学制问题未能为根本的解决者，其中必伏有上述之理由，殆可无疑。夫为公民者，固当在某党派之内，常有所尽力，然若于党派观念之上，无一种普遍的意义之存在，则公民教育之意义，虽如何深知其美，而欲实际攫取之，即如空中之石碱泡，忽焉而坏灭飞散矣。故凡为公民，其于党派观念以上，必更有某种的意义而后可，否则必不能于秩序的国家之本质，认为最高之价值也。

凯氏又痛论具体的公民意义之难定及政争之有害无益如次。公民之意义，果如何乎？所谓善良之公民，果谓如何之人乎？或谓精通政治及法律学而实行自己之选举权者乎？抑谓专尽力于某党派而不顾其他者乎？或又谓超越于党派之斗争，而唯盲目的为国家之忠仆，专效忠勤于国王者乎？又固执顽强之保守主义而不顾社会趋势者，较诸抱社会的民主主义之新思想者，孰为优胜乎？又德国之国家主义、军国主义，与英国自由主义、平和主义之中，为公民者当何所取舍乎？更进一步言之，国家之政府，是否必为代表国民全体之意志者乎？此问题恐虽如何理解公民生活及如何详慎研究者，亦必不能为一定之解答也。故某政党于公民教育施行之方针与政府政见不同之时，必至互相误会，而不能沆瀣一气，实为当然之事，彼此既相疑贰，政党遂专以排击妨害政府之施政为志其结局，政党惟妨害国家之教育政策，而毫无有效之结果。故立宪国之公民教育，苟非于一定意义之下，得国民大多数之一致协力，必不能举其实绩也。此凯善西台奈所以谓公民教育与其他教育，殊有本质的之差别，必于某种假定之下，始得实行焉。要之公民教育之事业，全存于党派的观念及党派的政治之上，必由增进经济力及开化力之见地，以国民全体之协力，而始得有功。然则公民教育之本质，果属若何？请于下研究之。（未完）

民国五年（1916年）第8卷第5号

公民教育论（续）

天　民

三、公民教育之范围

凯氏以欲明示公民教育之意义，而先论类似于公民教育者以资考核焉。

公民教育，与公民的知识之养成有别。乃世人颇有同一视之者，此非唯误解，且极危险之思想也。若以公民教育不过为公民的知识之养成，则所谓最善良之公民，专为精通法律、政治等学问之人，此与彼已能暗诵圣书之儿童，再于学校授以宗教上初步的注解者，厥误维均，彼于宗教上及道德上之教授，虽亦能增益生徒之知识，然及导之实行，则即与实际相远。盖唯由于记忆作用，为知识之教授，而与实行上全无关系也。夫关于公民科、法律、宪法、国民经济、国家组织、国家事业等之知识，实为公民所必需，而公民权利、义务之知识，尤为其不可或缺者。故教育者必以意志之实行为主，置重于善良习惯之养成，而后此等知识始发生价值，且尤必与家庭联络一致协力，庶几学校所莳之教化种子，始得发芽开花而结良美之果实。若不幸而家庭紊乱，与学校不相联络，则学校所授之知识，宛如播种于石田，将何效果之发生？世有谓但有知识即得实行者，乃19世纪主知主义之僻论，而现今学校缺陷之最大根源也。美国现代哲学家约翰台惠所著《道德原理》，其间有曰："以正当知识为正当行为之保证，人者实赘论也。"善哉斯言。夫知识者，惟得实行之意志及实行之机会，而始得发生其价值，故公民教育（初等程度尤然）与其谓为纯粹公民知识之教授，毋宁谓为公民之道德的教育为适当也。

凯氏又论职业教育（即经济上及技术上之教育）与公民教育之关系而明示两者本质之各异。夫职业教育苟得其当，则不唯得具公民必要之职业上知能且足以养成正直、廉洁、忍耐、注意、奋勉、素质、喜创作、勤职务等多数之德性，然于公民最重要之道德即谦让及牺牲，则非可由作业之能力及作业之精神而发达之。故作业之能力及作业之精神，虽为公民教育上之一条件，而尚非其最重要者。盖此种能力、精神，不但可与利己心及功名心并存于胸中，更得因利己心及功名心而发生故也。吾观今之各职业学校及其他一般之学校，其组织及内部之构成，殆无讲求防，惟利己心及功名心增长之方法者，是实一极大缺陷也。然现今之教育制度，惟以个人之发达为目的，而培养团体中一员、国家一公民必要之德性者，殆几无之。生徒受如此之学校教育，故以排斥他人，自便、私图为当然，而绝无谦让及牺牲之美德，且亦绝无欲养成此美德之感想者也。方今人口日增，经济竞争日益激烈，以是而利己心及功名心亦益炽。当此之时，此不合于公民教育之职业教育及专门教育，实至为危险者也。如彼北美合众国，罹此危险为尤甚，故于1909年7月哥拉特所开之国民教育联合会，有鉴于此，至议决“尔后合众国之普通教育，以公民教育为必要”云。

公民教育，又与政治的陶冶有别。政治的陶冶，乃培养治理国家之识见及手腕，更进而陶冶实行此识见之意志者也，国民全体胥受如斯之教育，固吾人所极希望者。然此实属于理想，实际惟少数之有为者可得成之。故大多数之人，当以政治的考察委之于少数者，即国民生活之方针及政治的识见等，惟当付诸国民之指导者及政治家等而已。然有政治的识见者，不惟当有实行其识见之欲求，更当养成其实行之力。此何以故，以实行之欲求（政治的野心）与实行力（政治的手腕）之间有极大之差异，故政治教育既须由政治的见识进而养成其手腕，故以自幼年时代即与已有系统之指导为必要，此心理学上不可移易之事实也。而现今之教育，于此点乃大有缺陷。世人往往有谓爱国心之养成，可无须乎法政的陶冶及一般之公民教育，其养成之法，惟当由于历史之教授者，此实极当研究之重要问题也。夫历史教育，固足以培养诸种有益之观念情操，明了权威之意识而增益其爱国心者，而诺斯企志之公使参事官某氏，尝有言曰：“吾人决不可但由权威以养成永续的之国家观念，吾人将来之盛衰，实在于能否除去盲目的服从观念，而养成自发的义务观念耳。”凯氏于此，更附论谓实行此义务观念之习惯，亦不可不养成之云，而此义务之观念，则舍牺牲自己之习惯，别无养成之法。然于此观念养成之根底，务使明了国家文化之为如何者，实为最要。故爱国心养成之教育，不可代以政治的陶冶，亦犹政治的陶冶，不可谓为公民教育耳。

政治的陶冶，往往有与偏狭之党派的政治教育相混同者，此最当注意之问题也。如斯之教育，苟在文明开化之国家，决不能为公民教育之要素，偏狭之政党政治家，其于国家之理想目的及政策，除本党之意见以外，一无所知。故彼等之努力，惟以巩固本党之势力为目的而已。然苟于政治有相当之理解力者，必知近世立宪国发展之根源，实存于思想及信仰之自由，虽反对派亦同为国民，而有生存之权利。国民生活，实由自他相互之理解及和合而立其基础，各自之利害，必全体利害之一致而始得完全保护者也。故公民教育之所理想者，与偏狭之政党所有政治教育之理想，根本上全相殊异。政治教育惟离却政党的偏狭之主观，而教以科学的、客观的知识，是为公民教育重要之一要素。然以此为公民教育之一要素，则必以被教育者有科学的理解力及思考力为前提矣。故普及于国民一般之初等教育，自以公民必需之道德教育为要，而以难解之政治的陶冶，作为公民教育之要素，则甚属困难也。

公民教育，又与社会的教育有判然之区别。社会的教育，乃对于社会直接之公务教育，不能以之为公民教育本质的要素也，何则？漠然之，社会与国家固全为别物，又社会的教育对于一切之人，而课以同一之道德的职务及义务，此又与凯氏所谓公民教育有何等之关系乎？世之科学家及艺术家等，高尚自己之人格，同时更为社会而大有贡献者，往往有之。其所以为伟人者，非以其自负大科学家、大艺术家，而在其为真理及理想发强烈之创作的冲动也。自社会的教育上言之，吾人所得望于彼等者，唯其创作的冲动，以开化发达为意识而发动耳。此外，固毫无所希冀也。然以凯氏之所考，虽如何之艺术家及科学家，亦决不能离国家而独存，故公民教育当常以国家为直接之目的，以养成国家的公民为中心，不可与所谓社会的教育相混同也。

凯氏所著《学校组织之根本问题》于"职业的陶冶乎　一般的陶冶乎"一节中，论及个人与国家之关系，略言所谓"完全之人"之概念，乃由国民及时代之观念中抽象者也，凡个人及其所属团体种族间存在之一切关系，皆在此抽象概念之中。世间数多开化团体共有之知识、艺术、道德、宗教等之珍奇环宝，不可胜数，而此等皆通于全时代为全人类永久之所有物也。然试问此等果能离其所生之时代及团体而独存乎？则夫人而知其不可矣，夫然个人与国家之关系，亦可不言而解也。

凯氏又反对大哲康德之说，谓公民之道德的职分，当由个人自身之性向而决定之云。道德的教育苟离个人特有之性向，而惟强以个人所不喜之普遍的目的者，决不能为养成义务观念之目的，又并无可为目的者也。真之公民教育，欲使个人特有之道德的性向，自由活动发达，故特与以种种之机会，以全其各人之天职。近代社会主义者主张权利、义务绝对的平等之思想，与彼主张极端之抽象的人格主义者，同为迂阔而远于事情，且危险殊甚，何则？吾人之性能，固千差万别者也。

凯氏驳斥社会主义者主张之社会教育绝对的平等之思想，对于由此思想而出所谓世界民（welthurger）之教育，谓全属空想云。社会主义者之教育目的，在于养成超越国家之平和的世界民；而公民教育之目的，则在养成有国家的精神之公民也。彼等动谓国家的精神之教育，将于国家社会之平和，酿至大之危险，而惄焉忧之。然如若言，则家庭之教育，亦当危及国家之统一矣，而何为其不然者？则以国家之统一及发展为理想之公民教育，实胚胎于健全之家庭生活、家庭教育者也。能明乎此，将安有抱上述之杞忧者乎？国家若以健全之道德的家庭而建设，则公民教育上诸种之困难，殆可消灭。盖小团体而有健全之道德，则同时大团体亦必有健全之道德，小团体之各人亲和无间，利害一致，即大团体平和的自治生活之惟一基础也。彼所谓世界民之径路，亦惟公民教育可以达之。世界各国，悉以善良之公民与健全之道德为基础而建设之时。人类团体，始得于同等规则之下，而为社会的道德之法则所支配，然则国家如惟支配于强权者之手，而欲望其以适当之公民教育，增进经济的道德及政治的势力（非以侵略他国而但防御其侵略）保人类团体之平和，岂可得乎？世界之平和，固为吾人之理想，然离却国家而徒觅世界之平和，则只属空想耳。在于现代，欲图世界之平和，必先充实国家之实力，国力之充实与世界之平和，决非矛盾，何则？国力之充实，非豫有好大喜功之野心而后图之者，若豫有野心，而然此乃徒梦想昔时罗马及蒙古之隆盛，而不解现代国际道德者之所为惟自召灭亡而已。

最后，凯氏谓公民教育非与他之教育（各种专门的教育）并立而存在者，又公民教育，乃欲完全其人之教育，非附属于他之教育而存在者也。何则？吾人生活最高之目的，在于实现道德的公共团体之法治国，而公民教育之主要目的，即以欲实现如斯之理想国而施行教育也。凯氏于此处为功名下定义曰："所谓善良之公民者，乃谓牺牲自己，而实现道德的公共团体之国家者也。"然欲为公共而有所尽力，不可不先有足以自立之职业，惟公民之职业教育，其组织及内容，当以不仅使为劳动者、学者、艺术家、僧侣等为要旨耳。

四、公民教育之目的

由上述来，则公民教育之本质，已略可明了。如此之教育根本思想，既于希腊柏拉图及德国近代哲学家斐希脱之著书见之（见于柏拉图之《国家论》，斐希脱《对于国民之演说》），皆永古不朽之卓识也，惟二子于其时代之国家及教育制度上当如何适用则均未及之。故虽抱非常之卓识，而皆不能实现之于实际，殊可惜也。凯氏则反是，谓欲图教育之进步，实现其理想，当先与国家之制度及国宪所定者联络结合，而利用现在公共教育之组织焉。其次又论于如斯主义之下，如何而可达公民教育之目的，而本问题之本质，遂愈益明了矣。

一切教育，皆当以生徒先天的所有之利害观念为出发点。教育之效果如何，全在教育者之预定目的与生徒之利害观念，能由习惯及理解力而融洽与否，以为判决。即如训练，亦必本此根本原则，使得实现其效果者也。盖人生最强之利害观念，为营富裕充足之生活，而尤以独立自由之生活，为最有价值。因是人皆不愿一切，奋其全力图之，以冀于现实之活舞台上，得最上之慰乐及愉快。然人人抱此希望，而实则虽最幸福之人，亦决无能得完全独立自由之生活者。迨至挫折既久，遂莫不恍然于自己与他人之利害关系，其中实有必不可越之壁垒存焉。人类生活不绝之努力，使此自觉益明了，而图谋利害关系一致之要求。于是乎，凡事即小可以见大，就个人之观察如此，而彼努力于物质上、精神上利害关系一致之种种团体发生，亦可恍然于其故矣。要之，对内及对外的国家生活之努力竞争，皆为此利害关系一致而发生者，利害关系一致之价值，吾人对于国家知识幼稚之际，尚不能直接感知，然及其于生活上享受国家制度之利益，则自觉之矣。人之经验及知识，日益发达，则于道德的开化的法制国之生活，自能觉其有绝对的价值。盖在如斯之国家，个人之利害关系，得免其冲突，国家之利害与国民之利害得相一致故也。斯论固属于理想，然如此之国家，既有绝对的价值，国民自刻意努力而实现之也。

今某种之思想家，颇有专重个人而否定国家之存在，以国家为阻害个人之发展者。然个人岂得离国家而独自生存乎？既往之历史，固明诏吾人国家之衰亡即个人之衰亡也。国家与个人似二而实一，有不可须臾离者，个人之自由及其发展与国家之存在，决非矛盾。若个人而为绝对的放纵，是乃化社会为禽兽之搏斗场矣。呜呼！试观伟大国家之背面，非常发现伟大之个人乎！伟大个人之前，非常存有伟大之国家乎！

凯善西台奈以为道德的公共团体，惟敞屣个人之利害而专从属于团体者，始得实现之。故其论公民教育之职务也，谓当建设适当之学校、工场、实验室等，使生徒为团体而勤劳，彼此相顾，服从公理，养其自尽本分之习惯及自发的牺牲之精神。而于他方，则由共同作业，以养其对己行为之责任观念，此实近世立宪诸国自由之唯一基础也，又使明确正义及公平之观念。虽如何微小之团体（例如学校）亦当去其利害关系之冲突，而互相一致，最后则如此成为习性之利害关系之观念。更由过去及现代之具体的实例，而使之益加明确，并使深悟与国民休戚相关之国家团体，不过为学校团体之扩大图而已。故公民教育之理想者，在实现道德的公共团体之国家，此即开化国、法治国之理想也。国家以正义公平而支配公民全体之关系，是即为法治国之理想。国家使公民全体以道德的开化的之旨趣，而活跃其天赋之性能，是即为开化国之理想。故公民教育之职务，惟在使公民直接或间接、意识的或无意识的，渐次接近道德的公共团体之理想，此目的与职务，不论何时何地，乃永久而弗变者。国家之法典，不问其为如何之种类，为公民者，不问其任如何之职务，而公民必当常以国家之理想为目的，从其所订之宪法而动作，何则？努力实现道德的团体之政党，关于国家之目的及其实行之政策，纵或有如何之意见，而要必包容于所谓开化国、法治国之观念以内，又于其政见之上，与以某种程度之自由境界，许其从彼之方针而发展国家焉。且一度规定之宪法，亦非永久不变者。故各政党间互争意见之事，始终无有，以是可常保利害关系及意见之一致，且由有识者之协力，使公民团体之努力，得以畅适进行而免于艰阻。所谓公民教育之本质，即存于如斯目的及如斯职务之内者也。

凯氏所谓公民教育之意义，大要如上所述，兹拟对于以上之说而略为评论焉。

五、概评（公民教育之哲学的基础）

余学识简陋，经验短浅，对于凯氏之学说，殊未能领略其万一，乃竟从而批评之，宁非僭越已甚。然余所谓批评者，不过略抒一己之感想以质诸当世耳。若幸得识者之叱责，则光荣无穷矣。

凯氏教育说之根本思想，以为个人有一个之根性，又必带有个人所属之国民性者，氏一方由拿德尔普及倍尔极曼所谓抽象的、漠然的社会团体之教育说。更进一步，而主张具体的现实国家之教育，于他方则反对爱伦该及格尔利德等所谓绝对重视个性之人格的教育学，与普台等所谓抽象的之道德的人格教育学。又反对康德所谓个人有同等道德的义务及职务之说，而主张个人有国家个性之人格的教育学，此诚可谓明确透彻之学说矣。盖现实之社会，必为一国家而存在，又个人必为有个性之一国民而存在故也。余自"民族我"之见地，而确信教育之第一目的，惟在公民之养成，又余亦力排个性之绝对的开放及抽象的之道德的人格等说，而主张以发达民族我为目的之教育者也。

于教育之内容，凯氏自现今经济的及立宪的国家之见地而论。教育之终极目的，当在于开化的法治国之实现，本于自发的公民道德。而超越党派观念之法律经验及政治上之教育，至为必要。并痛论公民教育含有职业教育之目的，而以公民道德的品性之陶冶，尤为第一义之目的，此可谓最合时代之见解矣。

然统观以上之说明，于国民自觉国家之绝对的价值，氏于利害关系一致之外，别无所论，此得毋稍偏于功利主义之嫌乎？氏论个人之利害与国家之价值，最后谓"国民之于国家，苟因其宪法及其他制度之力，而略有接近其理想境界之望，则国民当尽力国家而效其勤劳，唯其希望既绝之时，始得反对国家而为剧烈之竞争。或以他国有能实行其希望者，则最良之国民，可直脱籍而移住，或又任国家之土崩鱼烂，而终陷于悲惨之灭亡焉"。观此则氏之国家观，非极倾于功利主义者乎？余窃谓如斯之国家观，于我国之本质，殊不适当也。

以余之考想，国家与个人之关系及国家之价值，必于利害关系以上，更有重大之关系及价值焉。盖现今之国家，概为同一民族（至少亦必为同化之民族）之团体。民族团体者，自生理的言之，为同一血族团体。而心理学上所谓民族心理，即流注其中，更进一步而为哲学的考察。同一之灵的生命，其动作至深微幽奥而不易测度，与他民族绝不相容者。故自民族言之，可谓为民族我；自国家言之，亦可谓为国家我。而此实非固定不变者，乃不绝进化发展者也。是故个人我之奥底，当有民族，我即国家我之存在，个人相互之间及个人对国家之间，实有过去及未来不绝进化之生命，互相结合，而不可分解之关系。然则个人与国家间，固当于利害关系之观念以上，别有深远且根本的之一种观念存焉。今自伦理的言之，即其一方面，必当备有爱的本能者也，由此爱的本能之结合，始有真之国家绝对的价值及国民道德之发生，又于此始有真之爱国的精神及自己牺牲之最高道德发现也。

如氏之言，教育之出发点，当措置于生徒之利害观念，当以实现利害关系一致之开化的道德的法治国，为其主要理想。此于利害最切之现实生活而言，诚为一大名论；又自复杂发达之经济的国家而观，亦为最当注意之一要件。然余则颇主张以纯爱的本能为根底之国民道德及国民教育，而不以彼之功利主义之国家观为满足也。

世有谓爱的本能，为种族保存之本能，其结局亦以利害为根本者，此甚不可不辩也。夫余固亦认为爱的本能为种族保存之本能者。然此所云之利害，非自本能发现之结果而推论之者乎？要之，民族我所备有之爱与个人间之利害观念，全不相同。换言之，即对于民族之爱的情操，为民族我生命之一本然性。而所谓利害观念者，乃欲保存个人生命之理智本能之产物。此间问题为至抽象的，又至为复杂，非一言可决之难问题也。详细之讨论，姑俟他日，今唯言公民教育，不当以国家之价值，但属于利害关系之一致，尤当注意于民族我（即国家我）爱的生命之上耳。

余既主张不绝进化之民族我（即国家我），一面又确认有民族我的个性之个人我，各个人之自我，有与他人全异之个性，以是而个人之权威及自由遂得发生焉。

余所谓之个人我，乃以民族我为根柢者，故其自由非绝对的自由，个性之自由必当常以发展民族我之目的而行之。于是乃有真意味的个性开放及其进步之可言，同时而民族我亦始得进化焉。个人我之否定，即为民族我之否定；民族我之否定，亦即个人我之否定。盖实在之民族我，惟于具体的个人之内，存在之具体的个人，惟有实在之民族而始得存在故也。国家与个人是二而实一之理由，即在于此。故个人之绝对的自由，实为兽性之自由，亦实为个人之自杀。而民族我之叛逆者也，夫所谓个人之牺牲者，非自杀之谓，又非否定个性之谓，唯使个人我发展其特性，专为民族我而动作耳。一言蔽之，即个人我当发达生存于民族我之内是已。余于如此之意味，对于凯氏公民教育，当使各尽适应个性之职务及义务之说，至为赞同者也。

又既立于生物的进化之见地而确认民族我，则更当进而确认世界之人类我。何则？民族者，固全人类支派之一也。如是而某意味之世界主义于是乎生，然余所考想之世界主义，与彼所唱绝对的平等及万国平和之世界主义及世界民，则全然有别。盖人类我，本为最抽象的、最一般的者，而非如民族我及个人我具其特有之个性也。所谓个性，乃谓与他人相异之特色耳。若强欲以个性言之，则亦与民族我及个人我之所谓个性全异，不过谓人类对于动物及植物有特殊之生命耳。至人类对于动植物，亦隐寓爱的本能者，固不待言也。若人类全体，受他物之危害时，则人类相互之爱情，自勃然而生。于此意味，则人类平等之意义，亦大可见矣。（更深论之，则释尊所谓宇宙全体之爱者，亦可认见，然此为别一问题，故略之）然现实之人类必为根底于民族我之个人我而存在，自不得不生存于差别相之内。于如此差别相内，有真意味之自由，又有竞争，而进化遂导源于此。若人类而为绝对平等之现实社会，则比如由猿猴进化时之人类社会矣。故此意味之世界民，与夫倡导世界主义者所谓理想的世界民，实有云泥之差。世界主义者之理想的世界民，如欲见之于现实社会，其前途尚极辽远，决不能如唱万国平和论者之期望而迅速实现也。一方当由个人我相互之竞争，而进化于民族我之内，又于他方，则当由个人我团体之民族我相互竞争，而进化于人类我之内。盖竞争之真目的，在于个人民族及世界之进化，而相互间之胜败不过为附属之现象耳。若误以支配于利害观念之胜败，为唯一之目的，而行极端之利己主义、军国主义及侵略主义，则其结果必招自己之灭亡或国家之灭亡也。故真之道德，惟存在于个人间之竞争与个人及民族团体之进化。又民族团体之竞争与民族及世界之进化间，而竞争之真目的，不在胜败而在共存的进化。故国家道德与人道，决非矛盾，唯由利己主义而生之个人间冲突，则得由国家之力而判决。而国家间之冲突（即战争），则以无有具国家以上之力者，故不得不为实力之竞争，而由国家自判决之。战争固为不道德之事，而其罪则在专图自国发展而排斥他国之侵略主义，而不在对于侵略之自国防卫也。然现实社会，专图自国之发展，被驱于利己的、排外的之精神，而为惨憺之战争，惟以战争之目的而图国力之充实，尚未有真意味之国家道德发现也。故所谓理想的世界民或人类的国家之出现，必民族我各自特有之灵的生命及肉的生命互相融洽、同化之后，始可得而望也。若民族之对立可永久存在，世界各国皆以进化为唯一目的，成为道德的国家，而世界之平和，庶可一遇乎？然则凯善西台奈谓教育之主要目的，在于道德的国家之实现，又谓可达于世界民之径路，唯有出于公民之一途，岂不大可味哉！

民国五年（1916 年）第 8 卷第 6 号

略论公民教育

曾在干

公民教育这个名称，是由英语的education of citizenship或德语的Staatsbugerliche Erziehung译出的，这种教育的主张，有其历史的背景，即与“爱祖国”一类的口号同其来历。故不论英美，不论法德，也不论东邻日本，皆加提倡。原来他们都是20世纪的国家——有同一经济构造做社会基础的国家，故所需要的教育，无分是君主国或民主国，莫不大体相同。

究竟这公民教育是什么呢？这乃是以完成现社会制度下，维持这个社会秩序所必要的所谓社会生活与公共生活，养成自治的产业的知识道德，使有贡献于国家社会的发展为目的。换言之，即以养成近代统治阶级的这种国家——帝国主义国家有用的公民为目的。

但照近代有产者社会的学者的说法，公民教育的起源，倒是很古的。追溯上去，一直可以到纪元前8世纪光景的希腊。在柏拉图的“国家”与“法律”中，已经力说国家公民教育的必要，因为这是国家组织的重要基础。希腊的“朴力司”（Plis）即都市国家（city-state）的市民教育，差不多就是一种公民教育。而这种由古代希腊、罗马的市民教育所胚胎的国家公民教育，到了16世纪，跟着国家思想的勃兴，益趋发达；再从19世纪到20世纪，因国家统一思想的兴盛与领土扩张的结果，更当作对个人主义、社会主义等思潮的反应，愈加被认为必要。故至最近，一面授以关于法律、政治的知识，同时即与以关于产业经济的理解，务期养成所谓法治国家的公民所必需的社会公共生活。各帝国主义国家之所以努力提倡，加意研究者，即为此故。所以近代的公民教育，实际上不能与古希腊的市民教育并论，因为这是跟着有产者社会的发达而显其作用，又跟着帝国主义形成的过程而易显其必要的。

以下试略举二三种代表的意见，并约说实际设施的概观。

一般讲到公民教育，总是先举德国明汉市的学务官凯善西台奈（1854—，

Geoug Kerschensteiner）认为公民教育论者的权威。他在《学校组织的根本问题》中，曾说“一切教育，它的最后目的在于公民的教育”；更在《德国青年之公民的教育》中，主张一切教育的终极目的，在形成自立的、调和发达的、伦理上为自由的人间所成立的社会，但这和国家的目的一点也不发生矛盾。原来他所谓国家的目的是这样的：使个人充分了解国家的任务；由此充分发挥个人的能力，使各视其能力以尽为国家一员的自己的职责；养成能达此项目的的公民，即为教育的理想；对于职业的兴味及对于同胞公民的兴味，也须善为了解；而这个职业的胜任，也就是公民的教育之必要条件。故单授职业教育，即仅教育关于职业的智识及技术的教育，以及专教法制经济，为可以达到公民教育的目的，实为大错。他在实际方面，又立有种种方案，但其中最特别者，要算勤劳学校。他提倡一方面利用以手工（广义的）为中心的团体作业以谋职业的知能，同时更注意养成勤勉、忍耐、注意力、自制心以及自己牺牲等的德目。

这种勤劳学校（Asbeitsschule，也译作业学校、劳作学校），除凯善西泰奈以外，美国的杜威（Dewey，1859—）、德国的哥狄（Gaudig，1859—）、赖因（Lay，1862—）、干斯佩希（Gansberg，1871—）、雪雷尔曼（Scharrelmann，1871—）、威佩（Weber，1873—）等学者，也皆主张为必要。从来的教育，儿童完全被放在受动的地位，儿童感到学校的课业是种威迫，没有由自己的决定而发动的事情，像这种注入的主知主义的教育，他们这些学者皆加排斥。他们的主张恰恰相反，重视儿童的自己活动，想实施藉此以贯彻学校作业的意志本位的教育，换言之，即为想反知识的教育，而行行为的教育。

以儿童的自己活动作为教育第一原理，虽为现今教育学一般的倾向，但当解释这个自己活动时，或视为身体的活动，或视为精神活动，于是所生结果竟会大异，如雪雷尔曼及干斯佩希等，即从心理的主意说之见地，比身体活动，实是置重于精神活动；反之，如凯善西泰奈及杜威所主张广义的手工中心主义与赖因的筋肉运动主义等，便重视身体的活动，把身体的活动作为精神作用所不可缺的条件。所谓“由行以学”（learning by doing）这一叫，即为曾激起教育界的大刺激者。

惟对于凯善西泰奈的意见，另有瑞士的福尔斯泰（Förstre，1869—）提出主张，以为凯氏用学校手工场内的教育当作国家公民教育的主要手段，乃不过是单纯的共同作业的练习，而真的公民教育，却有待于伦理的宗教的人格之养成。又对于凯氏的重意志，主张德国下层民众的教育之意见，别有娄尔曼（Paul Ruhlmann）提出重知识，主张德国上流社会的政治教育之意见。更有林台（Ernst Linde，1864—）者，下完全公民的定义如下：有为全体而屈个人的自己牺牲的精神；有使国家强大的强固意识；努力把当作手段的自己充分完成。至于公民教育的方法，他主张：养成对于一切公民事业的情操；当实施公民科（Cioics）的教授。林台又是特别注重教师的人格，倡导教师人格与学生人格的交涉，主体、客体之精神生活的对立，提高儿童之个性中心、人格中心的所谓人格的教育学之权威，上述干斯佩希、雪雷尔曼等也属于这一派。

以上就是德国公民教育主张的与实际情形约略叙述，以明此种教育的提倡与德国国家主义及资本主义的发达大有关系。至于在公民教育中主张什么宗教、伦理以及重视劳动能率的培养，更是近代有产者社会又是进入到帝国主义阶级时应有的“家常便饭”，毫不足奇的事情了。

民国十七年（1928 年）第 20 卷第 2 号

战后中国的国民教育

马客谈

中国兴学五十年，直到今日，尚未能使国民教育做到量的普及，更谈不上一般的质的改进，这不能不算是国家、民族的奇耻大辱，过去和现在执政和执教者，对此皆负有极大的责任。往事不必深究，今后只有痛下决心，限定时日，使国民教育在最近期间质量并进，能与当代的文明国家并驾齐驱，一洗往日之积羞，好教全国国民受到无有等差的基本教育，庶几够得上一个起码的民主国家，也才能侧身于诸强之列，本文所述，即着重此点。

一、重申国民教育的主要目标

我国教育宗旨及国民教育目标，皆经明白规定，其内容亦尚适宜，惟稍失之笼统，且以行之既久，终未能实现，人多视为具文，不甚注意。现在第二次世界大战方终，无论国家之内或国际之间，皆应痛定思痛，谋所以防患与举发之道，而国民教育又为凡百工作根本的根本，不能不详加考虑，重揭目标，藉以正观听，一意志，使实际从事的人们，知道努力的方向，不致再蹈以往恍恍惚惚的覆辙。兹提出适应现时中国国民教育的四大目标，以供研讨。

（一）发展儿童身心

我国目前所推行的国民教育，除一部分以成人为对象外，大多数的对象，仍为儿童。谈到儿童教育，必须以儿童为本位，发展其身心，增进其幸福。在过去以成人为本位的儿童教育，不顾儿童身心的发展，但求实现成人的成见和妄想，不惜揠苗助长，责儿童所不能；或压抑拘束，使儿童不得正常的发育，此皆与儿童本位教育背道而驰，绝不能为儿童造幸福。所以真正合理的儿童教育，在使儿童身体健康、精神愉快、知能适用各方面均衡发展，调协活动，以满足儿童生活的需要，而奠定其做人的初基，这是中国国民教育应有的第一目标。

（二）适应社会需要

一个社会的组成，自有其历史的背景和环境的因素。从事国民教育者，首先对此背景和因素，要精确的考察和明白的认识。然后进一步研究此社会逐渐进步的迹象，更进一步求得此社会当前切迫的需要，归纳事实，发现原则，以之应用于一般的国民教育中，一方面不违反儿童身心的发展，一方面适应国民生活的需求，方为合理。尤其在今日的中国，如何安定民生，在国民教育中，对于儿童，应养成基本的观念和能力。对于成年失学的民众，更应教以人类生存的常识和技能，使社会得从安定中求发展，这是中国国民教育应有的第二目标。

（三）保持国家民主

民主国家，首先要有能做主人的国民，方可走向真正民主的大道。否则号称民主，仍为少数强有力者所把持，大多数的国民，因民治知识的不够，民治技术的不熟，虽欲过问政治，亦力有所不能。故民主国家的国民教育，要特别注重养成国民能做主人的知识、技术和习惯。对于儿童，固应养成其基础能力；对于成人，更应指导其实际行动，使其能了解政治，会做主人，乃能有真正的民主政治出现。这是中国国民教育应有的第三目标。

（四）促进世界和平

世界各国国民教育的过去缺点，在过分发扬狭义的国家主义，种下许多恶因，以致国际战争一再发生，而且一次猛于一次。若干年累积的资产，若干人创作的文明，更加上千千万万宝贵的生命，皆不惜孤注一掷，造成人间极大的悲剧。今后世界人类，果真厌恶战争与残杀，而欲根本的予以消除，惟有从国民教育上早下功夫，使下代国民尽量发挥国家平等、国际合作、世界和平的精神。儿童幼而习之，成人长而行之，则世界大同之望，终有实现之一日。这是中国国民教育应有的第四目标。

根据上述四大目标略述今后中国国民教育改进之道，限于篇幅，只能举要，不及详谈。

二、改进儿童教育的要点

中国儿童教育过去的历史，颇有畸形发展的趋势。即少数大都市中的少数优良小学，颇有可观，即置诸欧、美各国的优良小学校中，亦不多让。但是一般的小学，不论在都市或在乡村，质量并差，不忍多述。兹从量、质、期三方面分述改进的愚见如次。

（一）量的普及

时至今日，无论儿童教育或成人补习教育，皆应以最迅速的方法，限时普及，更不能假借任何理由，延宕推诿。试想在一个实行民主立宪的国家中，还有半数以上的国民未受国民教育，甚至目不识丁，将如何选举？又将如何参政？除了忍心害理，自欺欺人的政客惯用要猴戏的手段，来愚弄人民外，任何人都承认为了政治民主，首先要普及国民教育。过去听到有些人说，国家经济，如此短绌；小学教师，如此缺乏；中国文字，又如此艰深；普及国民教育，是不容易的事。这一类油腔滑调的理论，多半出诸无诚意、不负责的官僚或别有用心的政客之口，绝不能使人置信。因为我国兴学五十年，时期不为不长，如执行者果有诚意，未尝不能及时克服经费与师资的困难。试看革命初期的苏联及法西斯政权初起的意大利，它们皆有半数以上的国民未受基本教育，而且皆处于经济短绌、教师缺乏的环境中，为什么它们皆能于数年之间普及了国民教育？至于说到中国文字艰深，不易普及，更无理由（此理下文详释）。再试看日本人学习文字，需先学中文，再学假名，似乎更难于中国人学习中文，但在明治维新的初年，也不到十年的时间，就普及了义务教育。所以中国义务教育的普及与否，绝非“能不能”的问题，而是“为不为”的问题，果真执政者有诚意，下决心，少打几次内战，多裁几师军队；把多余机关、无用人员大加淘汰；把战时增加 200% 的大学加以调整；更把地方教育经费加以整顿（下文详释），则经费来源不虞匮乏，教师待遇亦不致太坏，所谓师资缺乏问题亦自能解决。我常说，要考察执政者是否真正拥护民主政治，只要看他是否把普及国民教育列为第一政策，而予以实施。我诚恳的希望全国上下，一德一心，把此事认为国家民族第一命脉，务使于三年之内，普及了四年制的义务教育，使到达最低的阶段。否则，中国的义务教育，只有等待外国人来代我们普及了。最近联合国教科文组织不是正为各个文化落后的国家扫除文盲吗？同时，基本教育委员会不是就要来中国开会吗？他们究竟是羡慕中国基本教育的方法特来参观呢？还是认定中国是文化落后的国家特来领导我们呢？只待我们执政和执教者扪心自问了。

（二）质的提高

关于儿童教育质的提高问题，不是仅仅提高几个示范小学的素质就算满足，而是要把全国的小学普遍的加以改进。因为中国儿童教育，受了过去科举思想的流毒，总不免注重读书而轻视儿童身心的发展。要想革除这个陋习，最好根本上废除了国语、算术、常识等严格的分科。更要铲除所谓“主科和辅科”的错误观念，而以健康教育、公民教育、知能教育及休闲教育等四类名称来代表整个儿童教育的各方面，不使有畸轻畸重之弊。兹略释各类教育的内容如次。

1. 健康教育

儿童教育，在平时即应健康第一，况在中国，经过八年的抗战和两年的内战，儿童因兵火流徙，直接所受的伤残，更因营养缺乏，间接所受的损害，可谓极人类之惨事。吾人对此幼弱的孑遗，再不从健康上为他们着想，十年、二十年后，中国将有找不着一个壮丁的危险。我主张在小学中首先要实施学校给食制度，对于家庭经济困难的儿童，由小学校中供给一餐午饭，食品不必过求精美，只需按照营养条件予以适宜的配合，使儿童在一日之间得到一餐合理的饮食，以补其家庭饮食之不足，或者由公家供给儿童牛乳及鱼肝油等滋养品，以增加适当的营养。这类工作，在英、美、苏各国，皆行之有效。在今日的中国，更有推动的必要。虽因此而增加国家一项庞大的支出，亦应在所不惜。其重要性绝不在大学生及中学生增加副食费之下，千万勿以小学儿童不会请愿，就忘记了他们。其次，小学校中运动游戏的场所和设备，亦应大加扩充。一个小学校里，只有教室而无运动场所和游戏器具，则教室等于牢狱，反有害于儿童的健康。再其次，学校各种卫生设施亦应与地方卫生机关联系合作，务使活活泼泼的儿童进入小学以后，得遂其自然的生长，更能得到卫生的知能，养成卫生的习惯，而奠定未来健康国民的基础。

2. 公民教育

儿童的公民教育，并非把儿童立刻训练成一个具体而微的成年公民，而是要从儿童的生活环境中给予种种的机会，使能欣赏社交的快乐，具有服务的精神，并养成处人方法、公民责任、民主作风、国际好感等等的基本能力和态度，使将来能适应所在的社会而为其有用的一员。至于社会经济问题，虽亦为公民应有的常识，然以之教授儿童，似嫌太早，不易了解。不过关于儿童自身的时间、力量及金钱等的应用方法和节储习惯等，亦应于小学校的环境中给予适当的经验。

3. 知能教育

人类生活必需的知能，在小学校中，一部分是要完全养成的，一部分只须做到基本的陶冶，不必提高程度，更不必强迫灌注。例如有关语文的知能，在使儿童能学习并欣赏日常生活有关的白话文学，熟练读、听、写、说的技术。关于儿童的字汇是有限制的，在中国也不过3000字左右，不必广泛，也不必高深。此外有关计算的知能，在使儿童能了解数的观念，并能从日常生活中解释量的问题，熟练计数与计算的技巧。至于转折繁多的难题及超越儿童生活范围的数量，在小学中是绝对不需要的。此外，有关于自然科学及社会科学的基本事实及观念，亦应从儿童的生活环境中摄取资料，使能认识了解，进而创作、应用，更进而养成科学的基本态度和习惯。而此类资料，皆应适合儿童的心理的生长，不必注重科学自身的系统。故小学课程标准，宜概括，不宜具体；宜有重点，不宜包罗万有；宜给编教材者有适应儿童生活环境的机会，不宜死板的作论理的排列。至于教材的组织，更应视儿童身心生长的程序，而编成生活单元。除了某种必须定期练习的资料外，其他各种知能皆应以生活为中心，使发生适当的联系。不过此类教学方法亦附有必要的条件，如教师应有适当的训练；教学环境应有适当的布置；儿童和教师参考图书，应有适当的准备；非然者，徒博新教学法之虚声，儿童亦不能获得实益。

4. 休闲教育

中国社会道德之所以日渐堕落，人民精神之所以不能振作，其主要原因之一，是不善利用休闲时间，换一句话说，就是不会“玩”。有许多人，公余之暇，无事可做。而民间娱乐，不是低级趣味，就是赌博性质，无益精神而有损身体。所以，在小学教育上，即应矫正过去不良的习惯，而养成未来善良的风气。关于小学休闲教育实施的方法，应从两方面着手。第一，是发展儿童对于自然美和艺术美的欣赏力和创作力，如野外旅行、海边游泳以及夏令营、冬令营的组织等，使儿童常与大自然接触，而领会其中真趣。又如参观美术馆、展览会，阅览美术图书、美术画片以及儿童家庭所藏的美术品，儿童自己所创作的艺术品，使能欣赏研究，更从而创作，则内心的生活自然丰富起来。第二，是善导儿童利用休闲时间作各种有益的活动，如组织运动队、音乐会、戏剧团及其他类似的活动，使身体上剩余势力有所应用，则高尚的精神有所寄托，自然不致再有无聊或败德的行动。从小养成习惯，长大自能造成风气。常见欧美人民到处有俱乐部的组织，虽年逾花甲的老人与老妇，犹能打球、射猎、游泳、跳舞，兴趣极佳，绝无衰颓龙钟之态，更无消极悲观之念，无怪其工作年龄延长到七十、八十以上，而自身的享乐亦至老不减。个人与社会交受其利，推原其故，则多得于少年时期休闲教育之功。

（三）期的规定

世界各国义务教育的年期，各各不同，多至十年以上，少亦不减于六年。我国号称义教期间为四年，但实际上仅有一部分的儿童受到四年的义务教育，至于小学很少的地方，则多数儿童并一二年的教育也不能受到，就更可悲哀了。所以在目前确定义教的年期，卑之无甚高论，再以四年为标准，务于最近三年内使全国各地一律做到。然后进一步将高小二年加入，向上延长为六年，亦限三年内完成。再进一步，将幼稚园二年加入，向下延长为八年。再经过三年，更进一步将初中三年加入，更向上延长为十一年。即在十年之内，将中国义务教育的年期延长为十一年，此后更视国家经济情况和国民实际需要，酌量延展，亦无不可。

三、改进成人补习教育的要点

中国成人补习教育的目标，在训练公民以提高文化水平，改善民众生活，促进社会发展。兹即依此三项目标，分述其主要改进之点如次。

（一）提高文化水准

提高文化水准的步骤，首应普及语文教育，扫除文盲，本节所论即以本题为范围。尝考关于本问题的研究，意见颇有出入。有些人以为中国文字艰深，一般民众不易学会，必须彻底废除汉字，而改用拉丁化的文字，文盲始有扫除的希望。我们曾平心静气的考虑过这个问题，似乎不是那样的简单。实在的研究起来，文盲所以久不扫除的原因，中国文字本身并不负任何责任。其主要原因，在中国政治不安定，执政者无暇顾及民众教育，即表面上谈谈民众教育，也是时冷时热，未能作持久的计划和实施，文盲自难扫除。此外民众困于生计，亦无暇来受补习教育，即偶一来学，亦不能持久。再加上民众学校的教学方法亦不尽优长，于是文盲更不能早日扫除。至于谈到中国文字的本质，因为不是拼音字，所以不易读音，不过此种缺陷，可用注音符号予以补救。此外，中国文字，亦自有其优点，第一，因为它是形、声、义并衍的文字，容易造成联想，便于了解，亦便于记忆。而且每字一义，若联合数字，成为一词，则另生新义，故字量不必认识太多，而有辗转联合运用之妙。从已经发行的几种民众读本来统计研究，民众的基本字量，大约有 1000 个到 1500 个，已可应用裕如。因为有许多科学上的新词，在他国必须新设一字的，在中国可用几个熟字联合起来，颇能表达正确的意义，如“留声机”“电话传真”等词，即其实例。假如再能对于民众语文读本加以改进，使能兴趣化、生活化，多用巧妙的插图帮助认识，并同时应用基本词汇，多编课外读物及简易报纸、作文练习等，则民众多获欣赏和练习的机会，对文字发生更多的兴趣，效果亦自加大。还有教学方法，亦尚有改进余地，如利用挂图，配合读本或利用幻灯及电影以教识字，皆为有效的方法。上述各方法，倘能同时并进，则民众的语文教育并非不能迅速成功。何必小题大做，把语文中国数千年相传的文字，赖以记载过去若干文化史实的工具，轻易废除，而代以他种符号，造成文化史上的一大纠纷。不知何年，始能安定；更不知试验结果，是否有利；此等举动，恐怕得不偿失吧？所以我对于改变文字的问题，主张一动不如一静。对于扫除文盲的办法，主张缓进不如急进；利用一方面的力量，单独进行，不如利用多方面的力量，同时并进。

（二）改善人民生活

中国在过去闭关自守时代，所谓职业训练，只有徒弟制度，别无专门训练机构，当时因生活水准较低，一家之中，一人就业，可活数人，尚不感受生计压迫之苦。及由农业的封建社会，渐渐进入工业社会，国际资本主义者又来与我们竞争，人们非有一技专长，不能谋生。因此成人补习教育的职能，除了实施文化教育外，更须注重生活教育，亦即职业补习教育。在乡村方面要注重农村访问，组织农民补习班，办理农业推广工作等。在城市方面，要创办各种职业补习的日校和夜校，使不能就业者来受专业训练；已经就业者前来进修，以谋本业的改进。果能做到无业者有业，有业者乐业，则生计无虞，生活自能安定。

（三）促进社会发展

社会发展的因素有三：除了上述的国民生活安定外，即为国民道德的进修及国民身心的康乐二端。前端促进的方法，在用语言、文字、图画及其他一切电化工具，教以民主政治下公民必备的道德，更由执政执教者以身作则，以期达到主持正义，服从公论，能以坚强不屈的精神，维护国家民主，促进世界和平。后端促进的方法，在给予国民以运动及娱乐的机会，常使体格健强，精力饱满，余力找到用途，精神有所寄托，自然的不作恶、不下流，造成社会善良的风气并达到日新又新的功能，健康教育及休闲教育亦为成人补习教育中的主要工作。

四、改进国民教育行政的要点

改进国教行政的方法甚多，拟不一一论列，择其尤重要者二三事，略述愚见如次。

（一）国教行政机构的独立和民主

自抗战以后，各地方教育行政机构改列为县政府之一科，一切大权皆掌握县长之手。但根据县长考成法规，教育行政成绩仅占全部行政成绩的 5%，即使县教育成绩不良，县长亦不致因此受处免职。因此，在承平之时，县长只须应付民、财两厅，不大理会教厅。在战争时期，则藉口供应军需，更为漠视教育。此病之深，由来已久。故欲健全国教育行政机构，必须使县教育局独立设置，不受县长的牵掣。局长应由民选，并于局内设置教育设计委员会，推聘本地教育人士组成之，以为设计及咨询机构。更由县参议会中之文教组负监督保护之责，使负责者不致怠惰，野心者不敢窥窃，则教育行政的效率自能增进。

（二）国教经费的筹措和保管

国教经费占地方经费的最大部分，过去因筹措无方及保管不善，时虞不给。本年度因政府预算不能平衡，更将保国民学校经费不列入县预算中，而令由各保自筹。于是保国民学校经费完全无着，保校本身亦只有出于停闭之途，不知财政当局是何用心，必欲置国民教育于死地。今后筹维国民教育经费的方法不出三途：第一，是严管固有经费，例如宪法既规定地方教育经费应占全部经费的35%，必须根据此项标准，统收分存，不得挪作他用。其次，地方固有的学产学款，应由地方教育人士组织保管委员会负责保管，县财政当局不得藉口统收统支，随意支配，用作他途。其他凡属于教育范围内之经费收入，皆应严密保管，不令有向他方面流用之弊。第二，是宽筹新的经费，此应由教育设计委员会计划各种造产方法，使收入能与年俱增。更应由县参议会提倡募集国教基金，以作一劳永逸之计。第三，是实行补贴政策，由中央规定比例及办法，鼓励地方宽筹教育经费，按照比例予以补贴。凡地方筹款愈多者，则中央贴补亦愈多，此制在战前曾一度小规模的试行，尚著成效。今后如能扩大数量，再行实施，亦必有功效可观。

（三）小学师资的训练和待遇

小学师资问题，可分预备时期及服务时期两方面来研究。所谓预备时期即指师范学校训练时期而言，从现行一般普通师范学校看来，仍不免重视知识教育，而轻视技能教育及教育实验之弊，矫正之道，应令各省市多设分科师范学校，尤应先设体、音、美、劳等专科师范以适应现实切迫之需要。至于教育实习时间，亦应提早，并须加多。不过师范生之待遇，亦不可忽视，尤其是目前各省市师范生伙食费用，仅有3万元一月，极不合理，首应改善。其次，教师服务期间的问题，又不外修养与待遇二端，修养在于教师的自身，待遇则为行政当局所主持，必须各尽其能，各负其责，方称平衡，方能有效。为了此类问题，我们曾经发动良师兴国运动，以谋根本的解决。兹引用该运动四大口号以明其重要与方针。“复兴民族，必先改进教育；改进教育，必先多得良师；欲为良师，必先努力修养；要多良师，必先安定生活。”

本文至此，暂告结束。总括上文所述，国民教育的普及与改进，固有许多问题尚待解决，然亦非无解决之道。惟有一点，殊无把握，即执政者有无诚心，实施国教耳。果能排除万难，痛下决心，则三年之内，必有可观，十年之间，必可大成。我愿以百分之百的虔诚，为全国失学儿童及成年文盲请命，并誓以毕生精力，贡献于国民教育，时不我待，热心的同志们，“盍兴乎来？”

民国三十六年（1947年）第32卷第1号

第二章

中小学公民教学

民国时期的中小学公民教育是我国历史上公民教育最辉煌的一段，既有理论的研究，又有实践的推进；既有学者的提倡，又有官方的支持；既有丰富的教材，又有专职的教师；公民科纳入教育体制本身就是公民教育极大的成就。公民教学问题也是当时讨论的热点问题。

1）修身科之性质、教授、成绩等与其他科不同，修身科教授不专恃教科书，当与儿童家庭教育接洽，还要教修身之实践法。

2）共和立宪之国实行公民教育，自以法制的陶冶、自治的训练最为必要。

3）旧时的修身科，着眼点在个人方面，目的在养成一个矩步规行的良家子弟，即使达到了所期望的目的，也未必适合共和国民的资格，社会科的教学，要使儿童能够适应社会、维持社会、改进社会。

4）修身科改为公民科的目的在于使儿童成为一个适合于共和国家、世界潮流的好公民、明达的公民。

5）公民科教学上的各种观点：单立一科教授还是与其他科合并教授，系统的研究与具体的问题，活动的方法与机械的方法……在公民科教学中，学生扮演的应当是一个身在其中的角色，而不只是一个旁观者。

6）中小学的公民教育就是要培养儿童的公民意识，培养儿童参与公共事业的兴趣，并养成儿童的公民习惯。

7）中小学公民教学要传授公民常识，启发公民理性，引导公民信念，培养公民善的动机和品性。

修身教授革新之研究

贾丰臻

予任小学校时，教授修身，先后共五年，绠短汲深，乏善足述。兹就平日修身教授之理想及经验，以与斯世商榷，愿不吾遐弃者，姑以此为参考之资料也可。

一、修身科之性质与他教科不同

如国文之读法及地理、历史、理科等，为属于知识的教科，而修身则不仅属于知识的也。国文之作法、书法及图画、唱歌、手工等，为属于技能的教科，而修身则未尝属于技能的也。若体操、游戏等，则教师为模范，儿童相模仿，似乎知行合一矣。然体操、游戏等属于体育，而修身则属于德育也。求其与修身性质相似之教科，则无有也，故修身为言行一致之教科。

二、修身科之成绩与他教科不同

如属于知识的教科之成绩，只须平时多用口试，临时偶用笔试，或择其采集品，略定之而已，而修身成绩未能以此为标准也。属于技能的教科之成绩，只须平时考订其优劣，勤记其积分，或择其制作品，比较前后之进度而已，而修身成绩，未能以此为标准也。若体操、游戏等之成绩，亦不过一时间或数时间，检查其相似与否，合式与否，其进一步者，亦不过于身重、体长、脊柱曲直之前后比较而已，而修身则断非一时间或数时间所能检查也。求其与修身成绩相似之教科，则无有也，故修身为名实相副之教科。

三、修身科之教授与他教科不同

上言修身科之性质与成绩，既与他教科不同矣，则其教授当然不同，兹特分别言之。

1. 修身教授不专恃教科书

儿童是活的，教科书是死的；修身教授是活的，教科书是死的。故教授已往之知识，或已发明之学问，不妨专恃教科书。若为处置临时发生事项，或训诫其已往或诱掖其将来，则全在乎教师之活模范与教坛上之活教授，岂可徒恃乎凝滞不推移之死教科书。

2. 修身教授贵有兴味

魏文侯曰："吾端冕而听古乐，则惟恐卧；听郑卫之音，则不知倦。"窃谓教授修身，亦如鼓乐之迭奏，不从兴味着想，容易使人厌倦。惟惹起兴味，决非教者之鼓弄口舌所能见效，亦非凝滞不推移之死教科书所能奏功。若作法、若诗歌、若乐歌、若图画、若遗物、若模型，皆不可偏废。其办法容后详言之。

3. 修身教授贵合儿童心理

聚不识不知天真烂漫之儿童，与之谈孝悌、忠信、礼义、廉耻之大防，是犹盲者而使之辨五色，聋者而使之听八音也，必也教授合于儿童心理之修身而后可。盖教授之资料，能合于儿童心理，则前所述之兴味易生，此 19 世纪教育家海尔巴脱以心理学为教育之方法，而归本于兴味教育也。是以欲论修身教授之有兴味与否，当先问其能合儿童之心理与否，则得矣。

4. 修身教授宜多用讲堂训话

昔孔子教弟子善用因，因人、因地、因时、因问、因喻，谓之因材施教。窃谓修身教授，亦宜如是。盖与其用凝滞不推移之死教科书，致不合时宜者有之，干燥无味者有之，反不如多用讲堂训话之为得。训话又当如释迦牟尼之说经，为大医王善疗众病，应病与药，令得服行。惟前所述之兴味与儿童心理，亦当随时顾及而不可忽也。

5. 修身教授无分积极与消极

主积极说者，谓人性本善，其习于恶者，社会实施之。故教育儿童，当避人为之法则，而纯任其自然之生长足矣。

如卢骚、裴司泰洛齐、弗留培尔等是也，主消极说者，谓人为之刑罚，一成不变，自然之刑罚，随时与地变迁，如儿童口汤火而罹焦烂之罚，以口不敢尝试，是如斯宾塞尔等是也。予则以为修身教授，无分积极与消极，当随儿童之程度，以及发生之事项而定，指导者固应指导，而禁止者亦宜禁止，宽假者固应宽假，而责罚者亦宜责罚也。

6. 修身教授当与儿童家庭接洽

孟子曰："虽有人下易生之物也，一日曝之，十日寒之，未有能生者也。"吾国家庭，绝少清明之气，儿童一离学校，鲜有不蹈一曝十寒之覆辙者。故教授修身者，当时与家庭接洽，除学校所身受者应在家庭力行外，尤当弥其在家庭时诈欺、文弱、怠惰、畏葸诸弊（欲儿童不诈欺，当自不妄语始，不文弱，当自不娇养始，不怠惰，当自不姑息始，不畏葸，当自不吓骗始。此数者，乃仆平日所笃信者也），此善教育事半功倍之法，吾人所当注意者也。

7. 修身教授当教作法

吾观外国小学校，有修身作法室，凡教修身时，遇教对人行敬礼及送迎应对进退一切，即在此室练习，儿童积之又久，成为良习惯。遇长上或不相识者，自能彬彬有礼，动作有法，言语有节，欲求其异日不为谦让之国民而不可得。吾国儿童非畏缩不前，即傲慢无礼，种种不知自爱，欲求其异日不为畏葸□茸之国民而不可得。此虽因家庭教育之不发达，□亦安知非小学校修身教授不教作法之故，诚能注意于此，则仆所编之小学校修身作法教授书，敬绍介焉，固所愿也。

8. 修身教授当教诗歌

孔子曰："其为人也，温柔敦厚，诗教也。"又曰："诗可以兴，可以观，可以群，可以怨，迩之事父，远之事君。"王文成公曰："古之教者，教以人伦，今教童子，惟当以孝弟、忠信、礼义为要务，其栽培涵养之方，则宜诱之歌诗以发其志意。"仆笃信斯言，是以前在高等小学时授修身课，兼教诗歌，以惹起其兴味。历年以来，尚属有效，有不以斯言为河汉者，则仆所编之修身诗教，敬绍介焉，亦所愿也。

9. 修身教授当联络乐歌

孔子曰："移风易俗，莫善于乐。"又曰："成于乐。"程子谓古人之乐，声音所以养其耳，采色所以养其目，歌咏所以养其性情，舞蹈所以养其血脉。朱子谓乐有五声十二律，更唱迭和，以为歌舞八音之节，可以养人之性情，而荡涤其邪秽，消融其渣滓。仆意国民学校修身教授，当与乐歌相联络。如教孝行后，当并奏曲，教乌鸟反哺歌（老鸦老鸦对我叫，老鸦真正孝；老鸦老了不能飞，对着小鸦啼；小鸦朝朝打食归，打食归来先喂母；自己不吃犹是可，母亲从前喂过我）。教弟道后，当并奏曲，教雁字歌（青天高，远树稀，西风紧，雁群飞。排个人字两行齐，飞来飞去不分离，好像我哥哥弟弟，相敬相爱手相携）。此外如教爱国，则接唱五色旗；教公德，则接唱花园；教敬客，则接唱客来；教勤俭，则接唱烧饭；教洒扫，则接唱扫地。而孔圣人、小兵队、早起、龟兔、时计、蛙声、乐群、孙唐、从军、布谷、鸟儿、爱国、杨柳花、青青竹等（均见沈心工所编之学校唱歌集）均可随修身课而并教焉，其效如何，请尝试之，当知此言之不谬也。

10. 修身教授当参考图画、遗物、模型

理想不如实验，空言不如直观，此近今教育家所公认，故修身教授，亦不当专诉之文字。图画分教科书与挂图两种，教科书画，国民学校一学年所用之课本，宜全用之，以后则逐渐减少，总以适用为主，挂图除作法应备挂图以外，而历史上名人之挂图，亦宜归为一类，以备不时之需。此外历史上名人之遗物，若书画、衣冠、文物等，又宜拾袭珍藏，以作修身参考之资，万一不易搜集，则照片或铜版影片均可。若夫模型一项，则如天津及无锡，均有泥塑历史上有名人物及种种修身作法模型，价值不甚昂贵，取携亦甚便利，小学校可置备一份，较之专恃口舌为教授者，其效果固有天壤之别也。

民国七年（1918年）第10卷第1号

公民的训练法

太　玄

国家公民教育说，晚近之教育界，一唱百和，郁郁乎盛矣。或依生活本位之教育见地而高唱此说（例如凯善西台奈），或结合人格中心之教育说而力为主张（例如弗尔士太）。然所见虽稍有异同，而其采取国家之要素以充实从来社会的教育学说之内容则无异也。此学说之主张既轰播于全世界，而吾国之教育界犹如在梦寐中，则任持更叫旦之责，以为此思潮之导火线者，舍吾曹其谁与归夫。教育上采取国家要素其实际当有种种之方法，凡在共和立宪之国施行国家公民的陶冶，自以法制的陶冶，自治的训练最为必要。今各国皆以此方面问题为教育问题之一，吾国可独不尔乎？

一、公民的训练问题

今言教育上施行法制、经济的陶冶，当无有非难之者，然施行之方法良难。若谓于幼童之头脑中，将以法律制度之条项一一而注入，恐无论何人不肯赞同之也。现今其方法上实际案，教育界所主张者，凡有三种：其一，如法国之公民科，专授以公民的知识者；其二，学校生活悉模拟国家生活，依其训练的施设而行知情意之陶冶者；又一，则谓行道德的陶冶，而公民的陶冶自然具备，不必别有训练的施设，或特立学科以教授之者。然此三者之中，果将何所适从乎？吾人思想之不同，乃如其面，教育家于此问题，自必议论纷如，而莫能一致。今以鄙意言之，如第一之特设公民科，由观念上以行其陶冶也，则殊不能赞同。盖儿童非必皆当为法律学家，其所必要者，非在观念上，实在于情操及意志。虽法制之观念上陶冶亦属重要，然似不必特加一科目，在他学科之内容上亦不难采取之也。至第三之主张，乃人格主义之教育学家所倡导者，夫道德陶冶与公民陶冶，在某程度诚相一致。然于现今之社会，道德与法制实非全相符合，而其陶冶自亦不得不异，此理之易明者。今教育者虽皆热心于道德教育，然法制陶冶之缺乏，实毋庸讳言。由是而思，则谓于道德陶冶中，自能收公民陶冶之效，岂可信乎？若夫第二之主张，是欲以学校生活拟于国家生活而训练之。换言之，即以学校生活为自治团体之生活也。言及此，人当无不联想于凯善西台奈及台威之勤作学校者，然以余之所见，固不必一一学校悉仿此等设备者也，今请将适当于公民的训练、自治的训练之方案述之于下。

二、训练方案

此训练方案非初小以上之程度不能实施，于此方案中所记之各种会合至为重要，试观下之说明，则于方案全部之精神，当可明了矣。其会合之名称如下：级友会；干事会；代议员会。

（一）级友会

假如一学级有45人，则以此45人而三分之（分时须斟酌儿童之志望而行，各设主任教员），每15人为一团，附以风纪部、学艺部、运动部之名称。学级既别为三部，则自必有若干之部员，而各膺特殊之职务与责任，举例如下。

1）风纪部。关于师长及学友间礼法之件；关于学友服装之件；关于对教师及学友相互庆吊慰问之件；关于开祝贺会等之件；关于校舍内外扫除之件；关于整顿雨具阳伞等之件；关于学友用语之件；关于学习作法之件；关于校外风纪之件。

2）学艺部。关于学级内及学校全体复习会、学艺会、展览会等之件；级友及学友杂志编辑之件；关于各种统计及记录之件；关于教授用标本挂图之制作准备整顿之件；关于修学、旅行及校外教授之立案及其他准备之件；关于级友杂志成绩品等保管及阅览之件；关于级内会计之诸事务。

3）运动部。关于休憩时间中适当的游戏之立案及指导奖励之件；关于竞技会及每月运动会之件；关于他级及他校竞技之件；关于旅行会及远足会等立案之件；关于运动会之立案及诸准备之件；关于运动用具之保管及制作之件。

此等事项胥视学年高下及其学校教授训练之方针而定。故不能详为陈述，唯举各部分职之大概以示其一例而已。

各部之分职既定，则各部员当注意其范围内应有之职务及责任，教师亦当随时指导之，又欲其进行活泼，故于每月上旬使开级友部会一次，例如级友风纪部于何日开会，其干事当于数日前公示之，届期则凡属其部之人员，皆当出席。如风纪部员为十五名，出席时则于其十五名之内互行选举，设置干事及副干事各一名，以司会务之进行议事之决否。此会以教师不出席为宜，但议事既为公开，则他部生徒之旁听，自所不禁。此部会应议之事项，即就前述各事件，谋其进步改良之方案、实行案等。今略举风纪部当提出之问题一二于下，以示其例：主任教员生辰祝贺之方法如何；关于教室玻窗揩拭之良法如何；善于整顿雨具等之规定及设置规定委员之件。如斯之问题甚多，不可殚述，他部亦类是。关于此等问题之决议事项，当由干事保存之，各部皆然。

（二）干事会

每月上旬各部开会既毕，则继开干事会，此干事会非公开者，惟各部之干事、副干事及主任教员得出席焉。

干事会之事务，乃先提出各部会之决议事项，作为干事会之议案，此外又有主任教员提出之议案。

干事会于此等之议案，一一评议而解决之，其决议之结果，唯关于一级内者，为第一议案，结果及于全校者为第二议案。

第一议案评议之结果，由主任教员决定其可行与否，其承诺者，定为实行案，于次日即发生效力。例如，教室内之扫除、法学级杂志、学级学艺会、学级每月运动会之类是也。

第二议案当于全校代议员会提出之故，评议之结果，主任教员若认为有价值者，则作为学级部会提出之代议员会议案焉。

（三）代议员会

各学级当提出于代议员会之议案（即干事会之第二议案），于干事会告终之后，直送于代议员会议长之处，代议员会议长及副议长汇集各学级干事会送至之议案，而详加调查。其有同一者，则汰之，依风纪、学艺、运动之三项目将各议案部分类别，而整顿其问题，送于代议员会书记。书记以誊写板印刷之，分送于全校职员及各代议员焉。

每月中旬开代议员会，其日期先由代议员议长公布之，代议员以各学级之干事、副干事充之。代议员会议长、副议长及书记二名，则自其中互选者也。

代议员议会，全校职员必须出席，其有发言权者，惟各代议员、全校职员，然议会本为公开，故全校生徒皆可旁听。

议场中，议长司其进行决否而解决议事，议事告终，则书记录其经过及决议，提出于校长焉。

校长或独裁之，或开职员会而集议之，以其所承诺者，交付于代议员议长，代议员议长公表之于全校生徒，遂即实行焉。

以上所述，为公民的训练方案之一部，专属于自治的训练者。如此，则学校之命令及事业，皆由儿童自作之法而行，则儿童及职员之努力自盛，学校之活气亦非常增加矣。

民国七年（1918年）第10卷第4号

小学社会科教学概要

丁晓先

社会科是新有的科目，一般人都亟欲知道该科的内容，研究它的教法。我承全国教育会联合会新学制课程标准起草委员会的委托，起草这一科目的课程纲要。现在委员会已把全部课程公布出来，各学校正预备实施，我当然负有对于该科目教材教法详细解释的义务。《教育杂志》要出小学各科教学法专号。我就趁此机会，写成这篇文字，把我对于社会科的一点见解，摘要报告出来。

小学校课程中设置社会科，不是在学制课程革新之后突然产生的，实际上也有过一番酝酿。酝酿的情形，我当在下文中细述。我们要知道，社会科的教材，绝不是从前所无的新奇教材，从前的社会教材，是散佚于各学科中，现在把这些教材收集拢来，组织而推广之。教法上也绝不须有异乎寻常的方法，我们能把普通教学上适当的过程、合宜的手段选择而利用之足矣！虽然这社会科成为一个独立的科目，当有它特具的旨趣和方案，但总是我们所能理会得到的。不过此后正是我们对于社会科切实下工夫试验研究考订的时候。我们无成法可守，前途正是自由空阔的天地，容我们放手如意的开创一切。我就是抱定了这个旨趣，才敢努力写成此文。我贡我一得之愚，以为热心研究社会科教材教法之参考。

一、何谓社会科

我敢说，社会科的设置，是新学制小学课程的一个要点，也可以说是新学制小学课程一部分的精魄所在，也就是旧课程所以不适合于新教育的一个象征。旧制小学课程大部分是文字记号的练习，不足以陶冶儿童的智力，不足以造成正确的人生观。在国民学校中，国文、算术的时间几乎占到3/4。从儿童发育方面说，这时代若单是谙诵记忆文字记号，而不知为他们提供给生活上适当的材料，预备适当的活动机会和环境，是拂逆天性而使发育不能完足。这个弊端，是起于我国的文字太难，习惯上把教育和读书看作一事之故。

在旧的国文、国语教科书中也尽有属于社会的教材，如历史佳话、地理名胜、公民卫生常识等等。但是国语国文的主要目的，是在于文字的认识、读书能力的养成。内容知识的深究和讨论，不过是一种附带的事项。儿童对之所生的观念，和教学上的确切与否，大概是很容易忽略的，所以也不会收到真实的效果。社会科的教学，是宜侧重想象、观察、实习等手段，才足以影响他的观念，而陶冶他的德性。实施上当然有必须借助于文字的地方，但是决非练习文字阅读的功课中所可以兼营的。

旧制课程中的修身科，大部分是社会教材。个人修养的例话和说明，卫生常识和清洁作法，礼仪作法和社会上通行的各种惯例，都是社会教材。不过现在的社会科，多侧重在公民修养的教材。旧时的修身科，注重在个人道德的修养，着眼点在个人方面，目的在修养成一个矩步规行的良佳子弟。虽也可算在人格修养上用工夫，但因其含有“各人自扫门前雪”的意味，只是人格上片面的修养。即使达到了所期望的目的，也未必即可适合共和国民的资格。社会科的教学，要使儿童能够适应社会，能够维持社会，能够改进社会。旧时修身科的教材不可以拿来就作为社会教材。变化而扩充之，则不乏可以为社会科的教材。我说这一段话，是要说明旧时的修身科与现在的社会科有什么关系，而辨明教材性质上的不同之点。

以上是说的旧制课程之不善与社会科教材散佚于各科的情形。现在我们应当考究小学课程改造的酝酿中，社会科如何会有集成一种独立科目的趋势。欧美教育新思潮的输入，渐使初等教育界上对于注入式的谙诵记号的教育表示不满意，而渐渐趋重于实用的教材、启发的教法。近今更因儿童学习上的兴趣与努力的关系，渐知取用适切于儿童生活的教材，能够利用自发活动的教法。教法的改良是各学科全部一致进取的。教材的革新，遂致于引起新增学科的需要。增设的学科，当然不就是社会科，而社会科增设的动机却是造端于此。在八九年前，国内喜欢试验新教育的学校，有的便加入一种乡土科，内容是教些以本地方为范围的史地理科知识。后来觉得以本地方为范围，未免太狭隘了，并且从环境和心理上说，本地方的事物未必都为儿童所喜欢学习的，有时也未必都有编入课程的价值。从他方面说来，我们生活上切要的事物，直接影响于日常动作上的事物，往往不是纯粹属于本地方的，所以有几个学校所订的乡土课程要目，内容大都不是限定本地方的了。内容虽已扩充，名称还仍旧贯。近三四年来，有几个学校又把乡土科的教材重新整理组织一下，仿照美国 Bonser 氏所定的课程，分为社会、地理、自然三科。社会科中的教材，大都属于社会现状、公民常识、历史故事等。地理科包含乡土地理、本国地理大概、世界地理大概以及异地人生活状况等。自然科包含自然物、自然现象、自然界的利用等，取材大都是切合时令和地方情形的。这一类以观察研究为重心的课程的设置，实已成为革新的小学校的共同的趋向。此外还有一种卫生科的增设，也是小学课程上一种重大的变更。旧时修身科中，多列入清洁作法及个人卫生、公共卫生的常识。一般提倡新教育者，以为我国人素不知注意卫生，且缺乏卫生的常识与习惯。对于公共卫生，尤显冷淡，在国际上已屡蒙耻辱。今当将关于清洁卫生的材料，特提出来另立一个科目，使教者知所注意，使儿童得以从小养成各种卫生习惯和实行卫生事务的兴趣。近年来，卫生教育复大为活动。书局中关于小学卫生书籍的出版也增加不少。江苏师范附属小学联合会又特为举行一次卫生教学成绩展览会，以为提倡而资设施上的观摩。卫生科的特立课程就成为一种风尚了。还有一个重要的趋势，就是把修身科改为公民科。大家都觉得修身科中空讲个人修持身心的道德话，所生影响、所获效果不大。我们应当以使儿童养成一个适合于共和国家世界潮流的好公民为标准，而从实际生活中指导儿童生活于社会的种种德智。凡此种种变迁，都为初等教育中感受新教育思潮之影响，而直接为学制课程革新的背景。不过各学校的变动，未经整理，总是于课程的全体组织上不能完善的，而且众说纷纭，各行其是，难免有偏颇紊乱之象。即如在上述各种学科增设变迁之中，引起了一种科目繁简的争议。一部分以为多设科目实际上可以多得活动变化的效益，而且条分缕析，头头是道，不致有颇枯之虞。他一部分人则谓科目太繁，于儿童方面易使麻烦惑乱，巧立名目，徒滋纷扰，各执其是，互相非难。于是起草新学制小学课程者，随从而整理组织之。汇类分目使联络分设，可以各从其便，而不致紊乱偏废，这实在是新课程的一个优点，也可以说是小学课程改造酝酿中所促成的结果。就中社会科的组织，最为繁复，最费商量。今将该科组合上的大体，说明于下。

新学制课程中之社会科，包括公民、卫生、历史、地理四项，这四项材料之并合，原来也有一个意思。我们设施教育，有一个目的，是要造成适合于现代社会的公民。公民就是社会组织中的分子，和社会的各个部分都有关系。社会是一种有机体，有历史上的渊源，有环境上的影响。要使儿童得到充分的公民修养，却不是从枝枝节节、一言一动上做起，要使他将周围环境中各项有关系的事物，切实明了，于是他对于事务所当表示的态度和应付的手段才能切当。所以为公民修养得到根本的意义之故，须同时把历史和地理的事项连带讨论。至于卫生一项，实为社会幸福所系。在我国民，尤当切实注意。健全的公民，关于卫生的知识和习惯，也宜使一起修养。这么说来，这四项教材，性质属于一栏。教学上若得联络一气，当可以有融会贯通之妙处。

再就儿童的心理状态说，小学校初级的儿童年龄尚幼，对于空间、时间观念尚不能十分清楚。世界的年代迈古，大地的区域广大，他们哪里能知道其中消息。竟可以视祖父与尧舜为同时代的古人，往往以本乡与中国并为一谈。若要按区分期来教学地理、历史，儿童未必都能了解。

不但如此，我们若要严密把这四项教材分开来教，在教材支配及时间支配上也是很困难的。按诸实际，一年级似当偏重公民卫生，二、三年级儿童对于史地材料兴趣必浓，四年级以初级结束的关系，又当四项并重。此中时间支配，按科、按年必参差不齐。孰如于合成一科时，逐年将教材善为调剂呢？并且学校教学课业，一星期自然的成一段落。四项教材分列之后，每项每周教学时间一定短少。则每周之中每项教材必不能把一单元教学完毕，小学校初级儿童对于功课单元的注意力不宜散漫而延长。如此办法，是于儿童的学习兴趣大不相宜。况乎小学教材，最好各科要有联络关系，科目繁多之后，教材的联络必然要发生支绌的情形。课程标准起草委员会对于社会科，认为小学校初级中学当然的连为一科教学，支配时间不为分项开列，这个见解是很合理而切近事实的。

不过有一部分的人，也发生一种异议说，社会科之四项教材中，卫生似宜归入体育科内，则门类适合。这个主张当不乏充畅的理由。就教材上观，要使卫生材料自然的插入于公民史地材料中，很不容易。其中随时关及之处，当也很多。譬如因历史上熟食的发明，而讲及熟食的利益。不过太嫌零碎片段，必须凑着机会，似乎失去该项教材列入教科之旨趣。卫生教学最好的教学机会，宜适合时令和环境上发现的事项，与史地公民材料之联络，当然也是一个机会，但完全靠赖这个也不相宜。至于将是项教材归并体育科，也有困难之处。体育科之教学场所大都在操场上或游戏室中。教学倾向是在乎身体的活动，卫生教材之教学与体育教学之场所及倾向上是否互相适合，实施上有无窒碍，敢是必须精详考虑的。

据我想来，卫生教学重在观念和习惯的养成。观念养成，需从观察研究及故事讲述方面做起。习惯养成就不是全用教室工夫的，教学时间内能切实注意于提倡监理，已算尽其能事。其教学的倾向，实和公民相类。从提倡及监察方面说，与公民修养实可以相提并论、同时注意。至于教学的场所，则于教公民史地的教室中，教学卫生当无不便之处。权衡利弊得失，我以为与其并入体育科，不如和公民史地相联合。若为教材支配起见，则不妨把社会分为两系，公民卫生为一系，历史地理为一系，但又把公民与史地分列，未免失却融会贯通的好处了。

所以委员会中对于社会科的配合办法，也可以说是目前比较适合的了。由历史方面考究过去社会怎样进化到现在的迹象，使儿童知道自己是过去社会的承继人和公民责任之所在。由野蛮人生活反证社会的需要；由本地方以外的社会，考究其与吾人生活的关系；由各地社会情形生活状况之不同，考究自然地理与个人生活与社会组织的关系；使儿童知道社会环境上一切组织行为的意义。而卫生教材，实亦为社会进化的产物，社会组织中必要的事项，联合教学也还合理。

二、社会科之教学目的

社会科的产生成立和内容组合的大概，已讨论过了。其次就当讨论社会科的教学目的。这社会科在小学课程中，是属于公民生活的教育。近年来，因为社会中呈现阢隉的现象，以为是一般国民大都未受适合于共和国家的公民教育之故，提倡公民教育不遗余力，所以社会科是一种重要的科目了。

所谓公民教育，是教人营适于现代社会的生活。要谈到“适”字，可以分为三层讲。

第一，知能方面——使知社会的过去、现在情状和社会与人生的关系。

第二，观念方面——培养儿童观察社会的兴趣和尽力社会的精神。

第三，习惯方面——养成在社会生活必要的习惯。

由此看来，社会科实是知行并重的一种学科。我们要做一件事，或对于环境的应付，必先认识对象。公民生活，既是以求适于现代社会为对象，则我们对于现在社会的情状，须先确切明了。即以家庭而论，组织家庭的各个分子和各个分子所做的事务，家庭中各项活动，都为我们家庭生活上所必需了解的。了解之后，则父母之恩、手足之情必能有感于中心，毋须训孝教弟，而可以曲尽子弟之道。须知在现时的社会中，用命令式、教训式劝勉人家尽孝道友爱，怕不见得有多大效力的。

明了对象，还须求其彻底的明了。那么观察研究时，必须详考他的来历和他的背景。所以过去的社会情形，也是对象中的重要研究资料。因为这里面可以指示现社会各种组织活动的缘起和必要的道理，同时也可以唤我人一种继往开来的责任观念。远地的社会和本地社会所受地理上的影响，也应当切实注意。因为这是可以指示我们社会生活与各方面的关系，而造就因地制宜的见地。

至于吾人对于社会生活中所当认识的事项，可以有如下各项：衣食住的供给来源；家庭、学校、本地方、国家、世界的组织活动；造成现代文代的种种因素；造就公共幸福的原子；普通的礼仪和寻常的法律知识；维持健康的各种常识，以及公众卫生的常识；现在社会上所遇之疑难问题。

社会上的种种对象是并不隐藏，自然的呈露它的面目，但是我们要去认识它，却须我们自己留意。求则得之，舍则失之。我们注意到何种程度，就得何种程度的认识。如普通人的观察与学者的观察，其结果当然不同。我们要注意对象的那一部分，或竟是对于某一部分的注意特有兴味和把握时，则于这某一部分可以特别的清晰，如各种职业的人或各种专家对于事物的观察，其结果亦自不同。原来这对象的呈露它的色相，是无所偏私廓然大公，全是人的观察点、注意力及其固有的知识经验在那儿转移。非但如此，我们若具偏私的眼光、误缪的见解，则观察结果也不会准确的。

小学校教社会科，非但为输入知识，当使注意观察，而养成他悠久的习惯。小学修业年限有限，我们即使充其量以从事于灌注，其所得当亦有限。何况单纯的灌输，是不容易见效的呢？我们若是能设法陶冶儿童对于社会的观察兴趣，而训练他观察上必要的能力，切实做去，时间恐亦不嫌其短了。儿童受此种教育之后，即可使学生受用，其对于社会知能的增长，可以无限量的发展，与生俱存。这是何等可喜的成功！并且在这样的陶冶训练之中，同时对于知能方面，从学理上、实验上所得到的结果，一定是比较的丰厚而且确实。但是要行这种陶冶和训练，教师却须全神贯注，丝毫不懈，比较单纯的灌输知识，其用心与力，未可同日而语。

我们能使儿童注意社会现象，而得到社会对象确切的观察，且有悠久的习惯和兴趣之后，即当鼓起他的行为上的一种善良动机。我们于观察研究中，得知社会中各种事物，都是历来人群的努力的结晶。我们现在所享用的各种文明事业，都非一蹴可就，而且都因于各时代的需要和地理的影响。从这几点上，足以使我们感悟对于社会各事务有继续努力的责任和怎样求改进的途径。这一种感悟，不一定是成人才有，儿童也未尝不能兴起，只是他感悟的程度不同罢了。人类是求进取的动物，儿童时代当已具此倾向。据我的经验，小学校低学年的儿童，其服务志愿的宏大，勇猛进取的精神，实胜过高年级儿童。这虽然是初生之犊不畏虎的一种现象，但我们应当即此而诱掖之，鼓作其兴趣，增添其实力，使他勇往直前，不至于气馁。我以为高年级生常较低年级生偷惰萎靡。其咎当在教师不知训导，任其于活动进取之中受磨难、遭挫折，而不设法加以助力，儿童资质平庸者，当然要知难而退了。这一种训导功夫，却是不很容易。但我们做教师的，又岂可以不自努力哉？

这种观察社会的兴趣和服务社会的热诚，当然是要多方注意的，同时还要使他们注意活动的规范，而不到放佚。在教学上所当注意之目标，今约举于下：有促进家庭、学校、乡土、国家、世界的幸福之志愿；有参加社会公益活动的志愿，和对于互助上的职务，有乐意履行之态度；有服从法律和尊重领袖，尊重他人人格的精神；有阔大的胸襟，能用公平的眼光和科学的态度观察事物、处置事务；有忍耐劳苦、坚持到底的毅力；有努力修持人格的愿力。

既能明彻的“求知”，又能乐意的“欲行”，再进一层，就当讨论到如何实行。实行，只要马上动手去做就是了，又何必多费计议。但我们在指挥儿童实行却有两个必须注意的问题：一个是如何加添儿童实行时伴随着的兴趣。儿童做事不容易认正目的，按部就班的进行。他们只知求快乐，所以做的事必须充满兴趣，没兴趣的事就可以半路抛了。但是事情不是件件都有兴趣的，我们要谋补救，最重要的手段，是在一件事情上附加一种辅佐目的。譬如我们要使儿童修剪指甲，我们若立下竞赛的目的，则容易贯彻而有效；我们要研究布料的种类，若立下一个开布样展览会的目的，则儿童都高兴去做。其二，就是实行上怎样可以得到较好的效率。要使实行的效率好，当节约无谓的动作及将普遍的动作养成习惯。节约无谓的动作，宜随时随地，切实注意；历练既多，收效自广。养成习惯一项，实为培植儿童生活能力的必要的企图。并且在儿童时代所养成的习惯，其基础比较的悠久而可靠，譬如自小能使对于整理应用器物一层，随时随地留心养成习惯，则其将来的受用不浅，而可以为其毕生生活上的一大助力。又如爱惜公物、严守秩序等美德，实在也是一种习惯。自小注意于此，则已融化为人格之一部分，习惯而成自然，将来随境应付，不假思索，自成一致高尚的品质。反之，则往往于不知不觉之中，自流露其弱点，虽欲抑制，其难甚于防川矣。我们做小学教师的，对于此天真烂漫的儿童，实负有此种大的责任。小一点说，可以影响于儿童将来的个人生活及事业，大一点说，实于国家社会的安宁健全大有关系。况乎社会生活内容复杂，与各方面的关系甚多。欲求适应，首宜在幼年时代切实的养成各种良习惯。今约举社会生活上必要的良习惯如下：关于个人、家庭、公众的清洁卫生习惯；现代社会交际接触时礼仪习惯；遵守秩序，服从约章法律，拥护公理的习惯；爱惜公物公产的习惯；参与会议及各种集会时能恪守职分，尊重会场规则习惯；办事能利用科学的习惯；能精究境遇上的各种问题、热诚求知的习惯，如注意报章杂志、公开讲演、政治活动、社会活动等；能利用休闲时间，做正当的娱乐消遣。

上述三方面的作育，是不可以分析而有连带关系，若有偏废的情形，则其成就亦不能完成。偏于知能方面，未必会增高其人格，有时反足以济人之为不善。偏于精神方面，而不注意知能和习惯，有时观念亦未必准确，不足以陶冶其坚毅进取的魄力，反陷于浮夸不实之弊。偏于习惯方面，则将失其所以必需养成习惯的本意，终将为习惯所束缚，不能活用，以致拘牵固执而无以适应。必使调剂得宜，相互策应。有正当的人生观为之主宰，有可靠的经验听受使用，则人格完成，而可以营充实坚贞的社会生活了。在他方面说来，必如是始可以造就为适合现代社会，明达、尽忠、能力充实的好公民。

三、社会科的教材

社会教材，内容最富。凡近的社会、远的社会、现在的社会、过去的社会中所有事物，可以为儿童生活于社会必需的种种德智上之修养者，都可以取为教材，但内容既广，则选取时，更当审慎。要在小学校初级的修业年限中，使对于社会生活得到普遍的认识和锻炼，却不可以拖在箩里就当菜，以致偏而不全。况乎社会中各种事物，并非全为儿童所乐意研究的，所以不可不详加选择。选取的标准，可约举于下：和社会发达有重大关系的；与儿童到现实生活有关系而不可不注意的；儿童境遇中容易接触的、便于实际观察实行的；和现在社会大关系，可以发明现在社会各种活动的意义的；可以破除儿童疑团，纠正社会误谬的；可以引起儿童做种种作业的兴趣的；能唤起改革精神、创造思想的；与风俗节令有关系，而不悖现代思潮的。

选得教材之后，又须支配得当，哪一项应在哪一年教学，使无格扞不合之弊。要知道儿童的智力和经验，都是循序渐进，若有一定的步骤而不可以越躐的。初入学校的儿童，他的见界狭小，知识浅陋。原来他所认识的、所活动的社会很小，不出于家庭及邻里。他的兴味，都注在现实的亲切事物，他所欣羡的是各种职业的活动，凡是木匠的制造工作、农人的耕地种作、缝工的剪裁缝纫，儿童看来，极饶兴趣。他家里的父兄，是他心目中的大人物，他的家庭、学校、乡里，就是儿童的世界。我们应当顺应这种情形，使儿童先自他们的周围切近的社会，使他渐渐熟悉、渐渐明了，由此扩充想象，以学习古来大事、远地生活的情状。从事于各种活动，而得到协作互助的美德、进取改造的精神。约言之，亦可以列为下述各标准：第一，根据儿童的经验，渐渐进展；第二，按照儿童心理、生理上的能力俾得到相当的领会，而可以切实履行；第三，衡度社会上需要的重轻按步进行。

以上只是几条笼统的标准。实际的教材纲目，有课程标准起草委员会所定课程纲要可以参考。现在把它的内容、意义说明一下，并约举其中的要目。

1. 第一学年

1）家庭的设计研究。家庭之人物；个人所做的事；家庭之乐——家庭里的兴趣和感情；家庭的需要——衣食住行供给处理；社会对于家庭需要的供给——各种职业、公吏、公共机关等与家庭的关系；家庭中之礼仪，包含各项佳子弟的标准；家庭中的卫生——儿童在家中的卫生。

2）学校生活大概。校名校址的认定；校里人物场所的认识；学校内各种事务；上课、游息、集会、请假等规则，包含各项好学生的标准（礼仪和秩序）；学校的卫生。

3）邻里状况。邻里中各种职业活动；道路交通、市集等状况；风景名胜、大建筑的观察；邻里间的往来，如婚丧庆吊之礼节、邻里之友谊等；居境内的卫生。

4）身体服物的清洁。头、面、指、爪等的清洁；衣服的整洁；用物、住所的整洁卫生；各种简要的卫生习惯，如手和口不常接近，不吮铅笔等。

5）纪念日和节季的研究、历史事迹、风俗惯例等，与自然研究联络和混合教学。例如国庆日、立校纪念日、新年、清明节、立夏节、端午、中秋、冬至、植树节、孔子圣诞、耶稣圣诞等，分配在各学年，循环在各学年教学。

2. 第二学年

1）学校、市乡的观察研究。续第一学年第二项各节；学校内的组织——自治组织大纲；本市乡的生业状况和重要出产；本市乡的区域区划和行政；本市乡的山川、地态、名胜、古迹等；本市乡的各种公共机关、公共集会、休息、娱乐等场所；城市生活与乡村生活的比较；市乡居民的责任和义务，包含好市民的要件。

2）衣食住的卫生。衣服的保护清洁；食物的选择和时间；起居上的卫生方法；器用居处的清洁整理。附：疾病的预防，如施种牛痘、沙眼治疗等。

3）原始人生活。树居时代，器具的原始、火的发现、狩猎的起始等；穴居时代，居住的变迁徙、生火法的发明、部落的雏形等。

4）异地人生活。就前述三项中有联络机会时，提供各极奇异民族的生活状况。

5）纪念日和节季的研究（见第一年说明）。

3. 第三学年

1）县和省的研究——由本地方推论出去。县和省的组织行政，以及行政人员的产出；县和省的事业、物产、生业、运输、交通、都会、商埠、名胜等；本地方（市和乡）在地图上的位置，与本省的关系；本省与全国的关系；省民的责任和公民道德。

2）增进健康的卫生常识和公共卫生大要。身体的滋养和锻炼；工作和休息娱乐；地方卫生行政事宜——道路清洁、饮料（水道）清洁；疾病防御和传染病媒介的扑减——减除蚊蝇等。

3）原始人生活。渔猎时代的生活——海滨原人生活；游牧时代的生活——畜牧的由来；耕种的起源；贸易的起源。

4）异地人生活（说明见前年）。

5）事物发明史。渔猎用具和农具的发明，如弓矢、网罟、耒耜等；日用器具发明，如陶器、金属器等；文字文具的发明；舟车的发明等。

6）纪念日和节季的研究（见第一学年说明）。

7）学校自治的参加。有学生自治组织的学校，自三学年起，即可加入服务活动，如未有此项组织者，可在本学级中行小规模的学级自治。

4. 第四学年

1）本国研究。本国重要史事，种族分合、朝代递嬗等大概；本国的疆域，山川物产重要都会、商埠、名胜地；本国的政治状况、政府组织，国家事业等；本国的社会状况；本国的国家精神；国民的责任和义务，包含好国民的要件。

2）公共卫生和成易的急救法和治疗法。续第三学年第二项第四节；普通创伤、虫伤、中毒等急救治疗法；普通传染疾病，如头白癣、沙眼等治疗法。

3）近代本国大事。中华民国的建立——自革命的酝酿以至最近各重要事实；近代外交大事——鸦片之战、庚子拳乱、山东问题等。

4）事物发明史。续第三学年第五项各节；蒸汽机的发明和影响；近世利用科学的各种发明。

5）史地观念的整理。史的基础观念，例如时代、朝代、种族、境界等；地理的基础观念，例如地球仪、地圆的观察法、地态、方向、气候等事项，略与儿童整理一下。

6）地方自治的讨论。最好以本地发生的时事作出发点，否则可根本市乡自治概况，与学生合组地方自治考察团，实地考察研究。

这课程纲要，不过是把各项教材列举纲目显示范围罢了。实施起来，还需加以组织变化，各就各校的情形，编定一种实施的课程要目。编定这种实施的课程要目时，有下列各事最宜注意。

1）地方教材的充量采入。地方教材，于教学上最为灵活亲切，因为这是儿童环境中所常接触的，影响他的生活很大，而于儿童最为熟悉。教学时收取资料，既是便利，又必丰富，儿童学习时必饶兴趣而便应用。我们应当切实的调查征取，详慎的汇集研究，按事实的重要与否，儿童对于这些的熟悉与否，编排层次，列成要目，这才算得切合于“从已知到未知”教学法原则的办法，而可以使教学的效果，最经济而最优良。

2）共通教材的兼顾。课程中充分编入地方教材，不是提倡部落主义。爱乡心固当唤起，但只知本乡的蔽锢观念不宜养成。我们应用地方教材的目的，还在于共通教材的例证的取用，是要把共通教材加以“地方化”，而不是直以地方教材尽代共通教材。取用地方教材的终极目的，是要“从特殊的推到一般”，“从一地方论到各地方”。

3）把各项教材互相联络，前后贯串。上列课程纲要中，只将各项教材分类列举指明范围，实施时，哪几项互相连比，哪几项应该在先，哪几项应该列后，都须详加考虑。虽是选取教材须适合机会以及儿童的需要和兴趣，但若不预为计划使成一线索，则将致于紊乱偏颇，或竟空洞而难于捉摸。我们尽可把各项教材联络贯串成为一气，如与时令机会等不合，或竟另有特殊机会，自可随时变通。

4）详订实做事项。每项教材都须系的实做的事项。社会教学，不易徒托空谈，儿童的学习，尤不宜于悬空讨论。在学校法上讲，应当充分由作事以增长经验知能的原则，因此，教材中对于实做事项的支配，不可不切实注意详细订定了，使儿童向多方活动，化为习惯，养成能力。

上列课程纲要中，对于各项教材，多注意各学年分量的平均支配。我今觉得在实施上宜设法错综变化，使每一学年中所有教材，融合为一气；使每一学年中所有教材，都有一个中心。如是则取材不致驳杂，而教学态度，亦趋于纯一。第一学年，儿童对于社会尚未能普遍认识。故教材上宜以认识社会上普通事物，养成基础的社会习惯为中心；第二学年中宜以原始人生活、异地人生活为主体，使儿童由奇异的、原始的、简单的社会情形，推究现在社会文明的来由。所以鼓起儿童对于社会的兴趣，并陶冶其对于社会的正当观念。第三学年承第二学年之后，注重在生活的变异和事物的发明。在第二、第三学年中，对于各项习惯，当然是要继续注意，不绝的陶养。第四学年，因儿童修业期限的结束和义务教育年限的影响，宜将公民常识，择要提供，而使略作深细的推究。故凡史地、公民、卫生的基础知能，均宜列入。依这个主张编列教材，则于纲要中各年教材的支配法，当有变更。我于编纂社会教科用书中，即将这个主张作一尝试，尚希实施者加以审查而校正之。

四、社会科教法说略

按前节所述，教学目的是有知能、观念、习惯三方面。今为便利计，讨论教学法，也先按此三项分别说明罢。

最近对于知识技能的教学法，已经革新了。教者不专为灌输，学者也非全是领受、仿效。要利用儿童天赋的自动的倾向，由多方面的活动，以取得确切的印象和经验，这种倾向在心理学上称之为求知的本能。儿童的动作中，往往有许多求知的表现，如得见一物，必以手抚弄，或以足触动。又如儿童常喜发出“这是什么？有什么用？为什么如此？”等问题，都是儿童的求知本能的发露。这种求知本能，好似磁石；各种适合儿童当时需要的知能，犹之铁针，相互接触，必能黏合。我们能善用此种磁性，而善为供应各种适合需要的知能，就是教学的能事了。并且知能的增长，若起因于自发活动，则较有生气而应用较广，所以社会科的教学，必须有美良的动机。动机自然，于是其工作才有价值。

小学校儿童求知的活动，最普遍的便是观察。所以教学上宜使充分利用他各种官能，以目视，以手触，以耳听，以鼻嗅，以舌尝，多活动，以明事物之真相。用讲授法教知识，用指示法养成能力，都不切实。凡课业中有可使直观的机会，宜即使实行观察。教员之职务，非但要使儿童从观察上得到各种知识，还当涵养儿童周详的、有秩序的、观察的习惯。这种观察的习惯，有下列各个要件。

第一，冷静公正的态度。观察事物若掺杂主观，或鲁莽造次，都不会有正确的结果。所以要注意使儿童平心静气，廓然大公的详细观察。

第二，精确计量的习惯。精详的观念，须求数量的精详计核，那是必须靠托有科学性的衡量。譬如言物之长短，必求尺寸之数量；言物之轻重，必求斤两之数量；言时之迟早，必求钟点分秒之明确指示，不肯含糊笼统。这种不厌求精的习惯，也是必需自幼养成的。

第三，细密分析的习惯。分析的观察，结果可以彻细绵密。我们于社会生活，遇有疑难需求解除时，对于问题内容的分析，实为解决之必要手段。否则为整个的笼统的观测，必不能控制事实，而容易得到不确的观察结果，故于儿童的观察事物，宜使不厌求详的细密分析。

第四，注意背景和动变的情形的习惯。观察事物，须同时注意它的背景。事物的背景变易时，其情状必有变易。事物变易背景的时候，其所伴随之各部分的动变情形，实亦是观察结果之重要部分，我们不可不加以切实的注意。

实施上，事物观察有二种方法。一种是于课业时间外，选择相当时间，随便引导学生出外游行观察，于无意中找寻研究资料，这种观察机会，甚有价值。一种是预先决定了观察目的，才出外依目的搜集资料，这是训练观察法的最好机会。这两种观察之前或后，宜有充分的讨论，使观察后所得的概念，把持得更加强固。在较高的年级，可由调查统计，以养成精密、实际的习惯。

除了事物直观之外，属于知能的增长者，还有图书的阅读，如讨论谈话。图书阅读一项，在我国素以教科书为主体，但就事理上来说，为增长知能而读书，决不宜限于教科书。为境遇上发生疑难欲于书籍中求解答，这是正当的方法，今若以读教科书为主体，则教科书的效能减弱，且又失读书的旨趣。教科书实是一种供给观察研究所需参考资料的宝库，用之不得其当，于是教科书遂有支配教学法的嫌疑，是岂教科书之咎哉？我们要知道，教学上指导儿童阅读图书，其目的不仅在取得书中的秘奥，其最大价值，乃在于由阅读图书以解决疑难之能力的增进。所以对于图书的要求，是贵乎文字浅显，叙述详明；而对于读书能力的要求，贵乎取得书中要领，而不在乎死记事实。这读书能力的养成，有大部分需求于国语科中的助力。

讨论谈话，实为实地观察及阅读图书之必要手段。关于观察法及读书法的指导，于此实有一部分的事功，并且可以据为考查及订正的机会。凡儿童之惰于预习，怠于观察者，此时足以敦促之。观察结果误谬，读书提要不确时，可以即此加以更正，所以在教学上也有重大价值。教师于谈话讨论时所宜注意者，即问语的技术上的修炼和儿童注意力的集中，讨论问题谈话线索的拿定。我常见一般教员在教学时，多用考查发问及单答命题，是实不足以锻炼儿童的思考能力，而可以使儿童注意力涣散，学习态度因而趋入被动的地位。教师的发问得宜，可以启发儿童的研究兴趣。实际上讨论谈话时，儿童的质问陈述，每易轶出讨论的问题范围，教师于此时宜使用集会中主席的态度，渐渐规正，集中于一个中心或一个线索上。教师要有这种控制能力，大部分在乎课前预备的充分，而一小部分则属于教授技术的熟娴与否。

讨论谈话时，同时可以提供补充材料或讲述故事。儿童的能力有限，教师不知用此补助的功夫，将使儿童缺乏兴趣，或竟知难而退。况乎提供补充材料及讲述故事，有时亦于儿童的知识上增益不少。教学全用注入式固属不合，若执定完全须由儿童自动，实在也可以说是太不经济了。适逢其会适如其量的注入知识，于儿童的学习上也是大有裨益的。原来教师的职责，不仅为指导学习，也须辅佐学习。

至于观念上的修养，大半有关知识，凡观察明彻者，其观念类能准确，反过来说，观念准确的，其观察所得当不至于大谬，双方互为因果，不可分离。欲注意儿童观念的准确，当在教材选取上多用功夫，多选可以感发志趣的材料，以及可以增进研究兴趣的材料，耳濡目染，必可使观念上蒙其影响。教材之外，则为教师的人格上的感化。教师对于社会事状能热诚研究，具有极大之愿望者，儿童亦必蒙其影响。

其余观念上之影响最大者，莫如从实践上得到一种历练，譬如分工和协力是社会生活上重大的道理，不能体会这个观念，做事或易于乖戾，但此种观念极不容易理会，若就实际的作业，切实指导，就容易体验出其中的真际来。譬如合力布置扫除教室、共同游戏时，以及学校自治事业的参加等，都可以使他们明白个人的责任，以及他所享受别人的牺牲和尽力。

实践之外，还有演习和表演的方法，也可以影响于儿童的观念。在那时可以充分利用儿童的推想力，模拟故事或历史中人的生活状况。这样的模拟一遍，直不啻将他人的生活重度一下。譬如儿童表演荆轲刺秦王的史事，为欲表演得惟妙惟肖，必须切实考量当时的景象，描写各人的神情，于是一种义侠之气，遂入人心。所以将一件事故事表演一遍之后，凡故事中之种种事实，都会深厚的浸渍于儿童的生活之中，影响他的观念，左右他的感情，并成为人生观之一部分而增富儿童的全体生活。

习惯的养成，实为社会教学上之重要目的，所以格外要切实注意。养成习惯，非可以言教，应当使继续不断的习练。教师之用心与力，比较了讲授知识，要烦难得多，因为习惯的锻炼，要有严密的规律，不可使有丝毫苟且，而宜防止例外的作为。今约举其注意事项如下。

1）一种习惯开始习练时，宜使儿童充分明了其目的，而不可使盲目的进行——实施上宜注意动机。这动机最好起于生活上紧急的需要。

2）宜将养成习惯的条项，先与儿童讨论清楚，并记明在适当的地方，儿童、教师可以共同注意。

3）习惯养成，要带有强制的意味，故当严行监察。有时可以利用共同制裁方法，详定消极限制办法。教师对于那些不能履行必须履行的习惯的儿童，要切实策励督促，勿使玩忽。

4）年级较高的儿童，可暗中鼓动，使自行集合修养德性的团体，订立信条，共同监察遵守。教师只要处顾问地位就好了，但如果有团体中规律不振作时，宜即出为维持纠正。

5）宜规定日期，集合儿童，举行检查或反省，并宜利用图表统计以资考鉴而励进行。

关于小学校儿童必须养成的习惯，事前最好定下一个要目，分期注意指导，这种要目，也就可作为一校中具体的训育标准。如能切实行使，可以养成善良的校风而大有裨益于儿童身心的修养也。据我所知，这种要目，有东南大学附属小学校所出版之《好国民》小册子可为参考，这是译的美国人的著作，《新教育杂志》中似亦有同样之译稿登载。

以上按教学目的所分三项，已大概说明。兹再将上文未述及而为社会科教学上之重要事项分述于下。

1）砂箱中的作业。用砂和泥土范制物像，实是儿童最喜欢的工作。凡在观察之后，如有适当时机，能使在砂箱中装制物像图形，可使得确切的概念，于教学上很有价值。我以为小学校中，倘非经济十分竭蹶，必须置备砂箱一二具和木块等零星东西，夹杂使用。一种图像的装排，宜与儿童用设计法规定一个大体计划，任儿童分头按着计划做去。等装排告成之后，再由大家批评订正，然后完结。装排成功的成绩，倘没有什么重大的妨碍，最好不就收拾，等儿童于课外任意观览欣赏约经一星期后，方始随便收拾。

2）集会的设计。集会是一种社会的活动，而为儿童们性之所喜者，如玩具展览会、布样展览会、交谊会等等，可以分期举行。凡是会中筹备计划，布置设备等事务，都宜使儿童主干教师帮着进行，进行时大概总用建造的过程：目的决定；计划；实行；结束后之讨论。第一项不可懈怠，宜使全体儿童都确知其目的。第二、第三项有时可以间错行之。那时教师宜暗中提起儿童对于目的之注意。而凡计划中所预定者，最好宜使确切遵行，非万不得已，勿轻易改变；即有变更，亦宜使全体儿童都郑重考虑，以养成其做事恪遵预定计划之习惯。第四项也很重要。要知社会之进步，实赖有这一种功夫。实行时有何心得，实行中有何弊病亟须改正者，俱宜提出详论，以为下次实行时之参考。我国人习惯，对于筹备开会，还能起劲做去，一到末了，大都草率过去，毫不经心。要纠正这种弊端，在小学校里，就宜注意此点，力图革新。

3）手势表演。这是使用筋肉感觉之比较简易的方法，而在教学上是一种极重要的工具。原来筋肉感觉为一切感觉所自出之根本感觉。由使用视官和听官所得来之知识，每系浮面的；由使用筋肉感觉所得来之知识，则能印入于一个人的生活深处。这种活动在我国小学校中，是大都轻忽使用的。而儿童方面，则每于不注意中流露出来。不谙教学法之教师，往往以很严正的成人态度来应付。这是我国人教导小孩子一向遗传下来的错误观念。我们且看儿童自然的情态中，常喜仿效各种小贩、各种动物的举动，这是观念的一种表述方法。若使得到合宜的指导，则可使成为含有巨大的道德意识之活动，但此种活动若不经正当之教练，每易堕落成不良的习惯，而趋于通常所谓“下流品质”之诮，这是不可不特加注意的。

4）对于社会上或学校中的大规模活动的参加。这是在年级较高的儿童所当使注意的一件事。在现代社会中，这种大规模的活动，常有很雄厚的势力。故凡有关社会事业的大活动，如卫生运动、平民教育运动，俱宜使参与，如此则可以对于这种活动的旨趣促起注意，而使深明其究竟。

以上是就大体上说的，至于详细的事例，可以参考拙著《社会教授》书。此书虽因许多牵制，未能如愿以偿，但我个人对于社会科教学法上之见解，则尚不相悖谬。

五、余论

这里，略述我对于社会科教学上之各种零星意见，附于篇末。

（一）社会科是否宜与自然科合设一科？

按课程标准起草委员会之决议，社会科与自然科各以独立为原则，但一部分人，有以两科合并为常议科的。他们所持的理由，约有二端：其一，科目简单使儿童容易认别清楚；其二，为用书简省计。其实科目琐繁，却有未合；若只知求简而一律不以分立为然，则是未免太拘泥了。要知道科目独立，各以其特殊的要素，社会科与自然科之教学目的有大不相同之点。社会科教学之旨趣，在社会生活之修养；自然科教学之旨趣，在启发关于自然物和自然现象的基本知识（用自然科课主旨）。两科材料，当然有可以互相关联之点，却不可以据此而即认为可以合设一科目之理由。要寻关联之点，可以说各科都有的，很平常的。其实我们细检这两科内容教材，实亦大不相同。试看成人的研究兴趣，对于社、自两科，亦往往个人异趋。喜欢研究社会科学的，往往对于自然科学不甚近情；长于自然科学者，对于社会科学未必都有兴趣。儿童在小学校中所习知能、习惯，固属一律重要；而儿童的学习兴趣，也未必不同。不但如此，教师之所长，也往往于社、自两科，不能兼全，似以分作两人担任为宜。即在规模甚少之学校，分别科目后，于选定教材上，亦可以不致有所偏属。至于用书简省这层理由，在时下情形，尚有可以成立之点。若假以年月，新学制确立，教学法革新之后，则此层殊不值注意。要知道乞灵于教科书之教学法，将无存在之余地矣。不以教科书为金科玉律之教学法，实无用书简省不简省之分别的。

（二）与各科目怎样联络？

小学校各种科目都有互相关联之点。在国语科中研习阅读文字方法，以为进求知识之阶梯。胸中所积知识，又大都为国语科缀文发表之资料。习算术所以为研究事物之用，而事实问题又可以增进算术之能力。所以各科相资相用，则其教学之功自宏。若各自分立，不相联属，则皆孤立无依，而不足以资熟练。社会科之教学当然也不是例外。所需参考书籍之阅读是与国语科有关系，阅读材料，即可以社会教材充之。而社会研究之完成，则大有赖于国语科中阅读能力之所习。算术科与社会科之关系，也是如此。算术科应用问题，即可以社会教材为根据，而社会研究，有时也有必须计算之处。社会科与自然科之关系更切。譬如自然地理与人文地理及天体现象都有关系，其中问题都需连带解明，此教材之所以贵能联络也。至于美术、工艺两科，又为与社会科联络之相需最殷者。观察所见之记忆发表，历史、地理方面之想象制作，都是两科之好教材，而一方面亦即社会科必有之发表机会。其他如体育、音乐等件，也多可以与社会科联络之教材，譬如原始人跳舞之仿效，野蛮人音乐之模拟。所以每周或每旬配定教材之际。对于此点切宜特加注意。

（三）教具及教室

社会科教学非可空口讲说，所需参考之资料甚多。旧时空洞无物，仅具黑板、桌椅之教室，实在不甚相宜。例如各种图片，凡历史、地理、卫生、公民等故事图，以及风景片、人物像、器具图；他如各种统计图标等等，都为教学上所必需者。图片之外，则为参考书及模型、仪器，如地球仪、卫生模型、史地上各种参考物件，还有砂箱积木，以及由教学中的随时发生之必需置备各项物件，为取置便利，保管便利起见，都以藏置于为本科特设之教室中最为相宜。所以欲使社会科教学上便利有效，多置教具，特设教室，实不可缓。若谓乡僻学校，场地狭小，经济不裕，则可以就原有教室，为因就简之设备。而所需教具，可以分年将学生成绩善为保藏，如缀文科中为社会科发表之笔记，美术、工艺科中为社会科发表之图片模型等，都可列入，有时其价值可以胜过购来的书物。

（四）教科书问题（不专指坊间教科书）

社会科究竟要不要教科书？这是很可注意的问题。而我的答案是社会科教学不宜死守教科书，社会教科书应当充分活用。我以为教科书无一定可以妨碍教学之点，在教学上实在也有相当的助力。不善用教科书之弊，决不可据以论定教科书之应否存立，教科书编得有好有歹，决不可据以论定教科书都不可用。我现在即为书局中编纂社会教科书，我非故作是说，以自解脱。我以为教科书不应视为教科唯一之书，而视之为教科用书中之一种，则虽教科书中略有不合，亦不致影响教学之全部。否则虽选定一种至善之本而非即教科书者，举以应用，亦必不能定获佳果。我以上所言，或不能适于现状，则聊胜于现状之方法。可以于一种教科书之外，另选他书加以辅助，或即由教师自编自选教材在相当时间插入教学，或将教科书中不重要之课文略去不教。另择相当教材，插入数个单元，为不用教科书之教学。即使要完全用教科为蓝本教学，则亦当将每一单元教学中使用教科书之时间减至最少限度，或不以教科书为唯一教材，而定为参考书籍。除教科书之外，即不另用参考书籍，亦须由教师将各种相当材料口授学生。质言之，即不专赖教科书，而认教科书为教学中之一种工具。

（五）教师之教学态度

我今所说之教学态度，不就是通常所谓教态，乃教师人格上之一种问题，也就是教师教学上所当持之态度。我以为不仅是大学教授应当以学者自命，而视所授学科为毕生之事业。小学教师对于所授学科，在课业所发论调，以及对于学生质问后之解答，都须十分郑重，而切实肩负起责任。我常见小学教师，对于所授学科多不求甚解，只求在上课时可以应付学生。在从前专以记号课业传授为能事之教学，此种教学态度尚无重大碍。现在新学制课程中之社会、自然两科，实为儿童研究知识之初基。从心理学上讲，初步如感不良影响，其将来改革时，费力更大。我国讨论研究上最乏科学态度与学者态度。小学生将于社、自两科中习练其讨论研究的方法，而树之基础。欲矫前弊，此际正是大好机会。但为教师者之教学态度，实可左右儿童之学习态度，此际更是不可不慎。知识技能求则得之，态度与观念之养成，其影响及于久远。我以为小学教师于教学社会科时，应具有热诚精细的态度。社会事状，与时俱变，苟非审慎观察不易得其究竟。为教师者对于社会生活上之各种知能，未必皆备于我，苟非努力研求，将不足以应付学生，而可以贻误学生。儿童性多好问，有问必答，事实上当然不易办到。问而多不能答，或答而多不确实，教师之信仰，可以用此失坠。所以每一单元教学时，教师宜出全力，与学生共同研求，学生有所疑，必视若己之所疑，详慎的指导其寻求解答；学生有所问，不易含糊过去，必持知之为知之、不知为不知的态度，而不混淆是非，以欺此无知识者。若是有疑而不能确答之处，不妨即据为研究资料，从事详密研讨。如此则初级小学四年所得社会生活之知能虽不多，而所得应付社会生活之正当的态度，必是很充实的了。

民国十三年（1924 年）第 16 卷第 1 号

小学公民科教学法

常道直

"公民教育"或"公民训练"之观念，在欧洲各国是起于国家主义昌明时期。普鲁士在19世纪之厉行义务教育，即是以训练多数能"遵行国家意旨"的公民为其主要目的。[①]俾斯麦氏所谓"操纵今日之学校者，即为操纵将来之国运者"一语，最足表现普国所以亟谋教育普及之要因，而他的目的之以学校为训练国家有用的分子为事，亦显然易见。此后法兰西、日本诸国之相继仿效，目的也是完全一样。固然在19世纪以前早有一般大思想家主张教育当为国家造成有效分子者。如柏拉图氏即尝有此种思想。[②]而古希腊、罗马之教育，亦饶有公民训练之精神。不过由国家大规模的，担承近代意义的公民训练的学校之设施，却不能不从19世纪算起。英国伦敦大学教授亚丹士（John Adams）[③]谓在较早时期，国家之地域尚小，为人民所易了解，故不难使之视己身为国家之一分子，但是当国家扩大时，个人对于国家的观念即渐含糊，故现代乃有"公民资格"须加特殊教授之呼声。由他这一段话，很可以看出欧洲各国所以着重公民训练之主因，而国土广大之我国，人民多数均漠然于国家。其需要公民训练之急迫，更可想见了！

公民训练之观念在教育上虽然已有长久的历史，但是学校中单独设公民科一门功课，却是比较新近的事。而在小学校中从儿童入学之第五年起，特设公民科一门，（如我国新学制后期小学）则尤为新颖。公民科之在我国原系从修身科蜕嬗而来，因此现时许多教育者与社会上一般人每有以公民科即为修身科之变象者。因之，实际上或者竟有以往昔教修身之方法教公民科者，若果如是，则我们又何贵乎设此新学科？

公民科在小学课程上比较晚出，所以关于公民科的教学法也尚未能如算术、作文、习字诸科教学法文献之丰富之完备。Sneden氏最近在"School and Society"（杂

① 参看Comparative Education，Edited by Sandiford，pp.121-130.

② 参看Democracy and Education，by Dewey，p.102.

③ 参看The Evolution of Educational Theory，by Adams，p.163.

志名称）上发表一文，题为“Can we get good civic education ?”开始即谓关于公民教育，“我们只有希冀和信心，但是没有知识”[①]（We Have hopes and beliefs，but no knowledge）。公民教育之实施之困难，于此可见。然而，正因为公民科之后出及其教学法之幼稚，我们一般从事教育的，大可各献所得，以期对于教育学术上有确实的新的贡献。这篇所说的只是本着作者的眼光折衷现时各家之主张，略陈公民教学法之意见，至于完备的公民教学法之发展，则不得不属望于一般教授此科者，多积教授经验，多比照专家学说，其结果自能产出有价值的收获。

一、公民科教学之目的

课程中所有各种学科，各有其存在之目的，教师须要先认清了这目的，然后教授时精神才有所专注，而不至流于散漫。这一条原理固然是人人了然的，可是实际上，临教授时，只顾按着教本敷陈事实，而忘却该科之所欲达之主要目的者，也未尝无之。因此，我们在讨论公民科教授方法之先，不可不先略论公民科教授之目的。

关于教授公民科之目的，现时有许多学说。本节大略举出几个。

1）W.W. Chaiters 的主张。他在《普通科目教授》一书中，说：“公民科之教授，其目的为使学生对于政府机关获得一个明了的观念。”[②]

2）C.A. Ellwood 的主张。他在《美国社会学杂志》第 26 卷第 1 号的一篇论文中说道：“一个民治国家之适宜的公民教育，一方面须创造公民之社会的智慧，他方面同时要增加各公民间的合作达于最高度。”

3）W.R. Smith 的主张。他说欲令人人适于公民资格，国家须设备四种必需的训练，这四种乃是经济生活之训练、社会生活之训练、文化生活之训练及政治生活之训练。[③]

4）J.W. Jenks 的主张。照他的意见，以为“公民为国家而存在”。国家所以负担教育儿童之费用，其目的就在取偿于公民品质之增进，因此，对于被教育之儿童，须要给与一种训练将他所有的能力——体质的、心灵的、道德的——都发展到美满的程度。[④]

5）F. Bobbitt 的主张。他认为公民训练就是“大群意识之发展”（the development of large-group consciousness）。他说：“若是人们了解大群之社会的关系，且对于彼此间及对于社会全体有正当的态度，这些就自然而然的可以鼓动之使趋向正当的行动。”[⑤]

---

① 参看 School and Society，No.464（Nov. 17，1923）.

② 参看 Teaching the Common Branches，p.276.

③ 参看 An Introduction to Educational Sociology，p.145.

④ 参看 Cyclopedia of Education，公民教育法 .

⑤ 参看 The Curriculum，p.133.

6）C.N. Kendall 和 G.A. Mirick 两氏的主张。“教授公民科是要训练学生成为良好的公民。”他以为前此的学校虽然也授些公民之基本的德性，但是总不过是为达他种目的，偶获此效果，并非有造成好公民之明显的目的。他的意见谓学校所有活动，社会的与工业的，所有的训练，所有读的书，皆当以促进公民资格理想之实现为目的。①

这里所举的几个人的学说虽然不能概括现时所有关于公民科教授之主张，但由此总可知其大概。现在由以上各家的学说，折中一个可供公民科教授之指引的目标如下：公民科教学之目的为使学生了解所属的群体之组织和机能，以及群体内各分子相互关系，因以养成对于群体有最大的贡献之公民。

所谓“群体”包括居境、省区、国家、群体之组织和机能，即指地方政府、省政府以及中央政之机关构造其职司，尤其是关于保障人民、增进人民幸福方面者。群体内各分子之相互关系，即指团体内互相倚赖、通力合作之关系，使他们彻然了解全居境乃至全国家所属各分子皆是一个活的机体之个部分；我们各个人与我们所属的国家是同其休戚的。学生即已彻悟各个人彼此间相需之殷与夫群体生活和个体生活关系之亲切，自然可以启发一种为群体服务、为群体牺牲之精神，凡具有此种精神者，即为对于群体有最大的贡献之公民。

二、公民教学法上各种理想之冲突

（一）单立一科教授与合并他科教授

单立一科就是特别设置公民科，合并他科就是不单设公民科，而将公民科所含之要点分别编入与有密切关系之各种学科。在德、美等国大部分是合并于历史一科中的，虽有另设公民科或“民政”（civil government）一门者，但多数皆从第七或第八学年始行分教。我国新学制前期小学公民科为社会科之一部分，至后期小学始独立为一科。实在说起来，在教材组织上，分立一科固然可以使系统较为完整，但是从教授的利便和儿童心理上看来，恐怕未必有何等特别长处。譬如，我们在公民科中欲使儿童明白共和政体之意义，单单把约法条文列举出来给他们看，是不中用的，必须先提到从前的人民怎样在专制政体下生活，后来许多不畏死的爱自由的志士怎样推翻专制、建设共和。这样相形之下，才能使他真正了解，而且爱护共和的真诚，也可由此引起。又若公民科之最大目的之一，无论在何国的课程上和学者的议论上，皆可以看出是启发人民的爱国心。怎样可以养成爱国心？这也不是专恃一篇爱国论说所能有效，必定要从民族过去之光荣的历史，为群牺牲的伟人故事，乃至“辛亥革命”前，“云南起义”时一般为国家而牺牲自己者之事实说起，这样

① 参看 How to Teach the Fundamental Subjects，pp.265-267.

不惟听者觉得娓娓不倦，而且最足激发爱护国家的热诚。

如上所引事实，在历史科中当然要提及的，而在公民科中也非借助不可。若是两科中都讲述同样的事实，则限于重复，实为不经济。若是公民科中摒去此等历史的背景，而专讲法律条文、政府机关组织、人民权利义务，其结果必致干燥无味，将与从前不能发生观感之修身科同其命运！如是，则公民科之价值殊令人怀疑。

我以为新学制课程上虽然这样分别规定，但是在教授时并不必拘泥。最好是公民科和历史科，由一位教师去教，公民科所占的时间，也不必每周订为若干小时，只需规定大概的每学年的总时数，俾教授者容易伸缩。例如当举行县议会、省议会或国会选举时，即宜乘时多费若干钟点为儿童解说一切，比较突然提出选举权与被选举权来讨论为优。

于此尚有两事项申明：第一，我并非谓只有历史一科可与公民科合并或容纳公民科，其他各科，尤其是地理、卫生各科关系亦甚密切。但历史科与公民科之联络，在外国之先例所以较多，实在因为它们相互间关系比较他科最多最切之故。第二，公民科所包含事实并非尽可容纳于历史科中。譬如讲到中央政府时，固然有多数历史事实可以引用，但是讲地方政府、居境生活时，则不能与历史发生甚密切关系而相提并论。不过公民科中之一重要部分实在与历史科息息相关，故有联络之必要；遇到不便与历史相提并论事实，不妨另为解说。①

（二）系统的研究与具体的问题

讲到这层即是心理学（psychological）的和论理学（logical）的方法之问题。这个并非公民科教学上专有问题，也是各种学科教学法中之一共同问题。论理的方法最重系统，教材之组织与提示之次序均循着论理的层次。在心理的方法，则教材之组织与提示之先后皆视儿童心理发展之程度与兴趣之所专注为转移，是即Froeble所谓真实的方法即“教材之心理化”（the psychologizing of subject-matter）。

从前各科之教法无不着重系统之完整，有人以为系统的方法，为最经济的方法。这或者也是也有一部分的真理，因为它可以把公民科所含内容缩短简练为极简明的原理定则；而依心理的方法，则有时需要旁征博引以求迎合儿童之需要。表面上看来，果然是论理的方法比较心理的方法为经济。不过，教学的事，所注重者不是表面上时间的经济，尤其要注意它所及于儿童生活上之效果。公民科之系统的研究，每难与儿童生活发生密切接触。纯然用此方法将见其虽修毕此科时，一旦遭逢日常之具体的事件，每每反不知所措。②平心论之，系统的研究用之于高等专门学

① 参看 Teaching the Common Branches，by Charters，第十一章 .

② 参看 Teaching the Common Branches，by Charters，p.278.

校中之研究法律学、政治学诚为合宜，但在小学校中之公民科，因其并非政治学或法律学，故亦无取乎此种严整的办法。

因此，在公民科中，我们须放弃系统的研究方法，而代以下法：从儿童所可际逢之一些“具体的问题”起首，选取各种对于儿童有真实兴趣之“公民问题”，从他们的观点而从事研究。譬如论公民纳税问题，可从本校所赖以维持之税源——如学捐——讨论；论选举权与被选举权问题，可先从本班或本校自治会之选举起首；论国家法制问题，可先从本校或本班之规则——如由学生参加制定、维持者更佳——起首。

照这样教法，专恃一册教科书当然是不够的。平常教科书，所要包括之材料甚多，而且平常多属于普遍的性质。我们要想适应儿童的心理，必多采取实际的而且有趣味的问题，而实际的有趣味的问题，其中一部分须取自儿童所在之居境的问题，例如，居境卫生、良好的道路、居民的娱乐、家庭学校之美化等等问题。教师最好自己去把本地居境所有重要问题列为一表，然后再去搜集所有关于此等问题之参考资料，作为补充教材。此等题旨在课室讨论时，因为皆系学生日常所与接近的。故儿童能各由他们的经验提出很多的贡献，而且足以引起真实的兴趣。

“这种形式的功课，比较遵从教本要困难些，但是也有比较更有价值些。因为它促发儿童尽去思虑他们自己的居境之种种问题。”[①] 热心公共事业的精神，即可由此养成。

于此我们不必声明，教授公民科之教师，不是一个仅解法制学识者所能胜任，尤须对于社会有丰富的知识。

（三）活动的方法与机械的方法

所谓机械的方法是专教学生去记忆一些公民科的定义，如地方政府、中央政府之组织、名称、法律、章程的条文等等。这种方法或者可以使儿童头脑中贮蓄一些死板的事实，但是其结果殊乖于教授公民科之目的。公民科的教授之目的不但为使学生了彻政治的方面之生活，尤其要紧的是发展忠于所属之群体，并竭力为所属群体尽劳役之精神。单是教他们一些与他们无具体的关涉之事情，绝不能发展我们所要求之理想。

机械的方法，即如上述不适于用，于是有些学者创为所谓活动的公民教学法（dynamic teaching of citizenship），美国威斯康星大学教授奥奚亚（M. V. O’ Shea）谓“公民资格之教育与爱国心发展在他全体各点上皆须为活动的”。他以为训导一个学生关于公民资格与爱国心之适当时机，乃是当他开始以某种简单的方法担负公民的义务之顷。“我们国家的政府之理解，对于他的制度之尊重和实爱，永不能单

① 参看 Teaching the Common Branches，by Charters，p.283.

由政府机关之专门的研究而有效的在青年中发展起来，机械的列叙公民科和政治经济学上之定义永不能使他们脑中了解，更不能令他们心中充满对于祖国之热诚。”

活动的方法，乃是让学生于适当时机以具体的、活的样式去参与他日常生活中政府之职能。他又必须被指引而看出一种不可捉摸的东西，我们所称为政府者，是如何遍彻于我们的生活中，而处处提携保障之，又必须以此方法，使他了解为什么要做他的居境的规程所要求他和他的同侪去做的事。此外，又必由人物和行动使他了解此等规程的权力之所从来，以及某种人何以执有执行此等规程而令大家遵从之权。这种与法规之直接的、亲身的、亲手的接触（兼包含他的制定与执行上）乃是对于我们的制度有真实的了解、爱重，并且以爱国的和守法的行为保持其巩固长久之惟一的方法。

总言之，关于公民方面之活动的经验（dynamic experience）乃是获得关于公民资格明晰的、确定的、有效力的观念之所必需。譬如要适当的了解木工之作业或活动，单侍立在一旁观看，终究不能得着正确的知识；必须自己去照做木工所为各种运动和调整方能真正有几分把握。在公民科之教学上也是如此，若是不让学生去做一个“小公民”，去担负参加一些“雏形的”公民责任，其结果必致仅为口头的诵习。卢梭氏谓在各科中，代表事物之字句若离去它们所代表的物质之观念即无法意义。这个固然是一切学科教授上所当留意的，而在公民科中尤其容易与实际事物相分离，因此教授公民科比较他种学科之教授要困难些。若是仍像从前小学中教修身的样子，教者索然无聊，听着亦“心不在焉”，那倒不如不教的好。

从以上所说的，可以略见现时关于公民科教学法之思潮，并且可以看出我们所要求的公民科教学法乃是：

第一，要与他科尤其是历史科，联络教授。课程表上虽不妨分列，但至少历史科和公民科要由同一教师教授。这一层自是很容易办到的。

第二，要多用问题研究方法。最好每一教学单元即为一个公民问题之讨论，解决与实行。系统的研究，不惟在小学公民科中不适用，即在其他各科中亦不相宜。

第三，要注重活动的方法。详言之，在公民科之教学中，当充分领会“学由于做”（learning by doing）之教育格言。我们所教的，须是学生所能履行的，至少须是他们所能表演出来的。总之，在公民科教学程序中，学生应当是一个“身与其事的”，不可只是一个“旁观者”。

三、公民科教学法与爱国心之启发

启发儿童爱护与效忠所属之群体之理想——即爱国心——为公民教授之最后目的，所以这里另立一节专讨论启发爱国心之方法。

于此，教师自身占甚重要之地位。奥奚亚氏于论到启发爱国心时，曾设为数个问题，供教师自己反省之助。[①]他劝教育者自反问："我是真正爱我的国家吗？或者我仅仅是能以背诵有关之几段爱国的语句呢？若是你以为你对于国家具有真诚，你当即留心看能发觉一些你的关怀国家之具体的证据？你曾为他牺牲了任何快乐或私利否？你曾为他防护实在的或想象的危险否？当他受了国内和国外仇敌之恐吓时，你曾为他挺身而出否？你行过何种事迹足以表白你对于你的祖国具有真确的爱否？"以上的问题，虽是奥奚亚氏为美国教员而设的，但是在素无明确的目标与坚固的信仰之我国教育者，尤其要先自反省一番！前年美国全国教育联合会通告的决议有一条云：凡不信仰"美国主义"（Americanism）者，不得被雇为公立学校教师。我国教育界实在也需要一个类似的决议，而公民科教师比较上尤不容不确定他的信仰——造就拯救祖国之公民。若是教师自己不是一个热诚的爱国者，要教他去训练爱国的公民，那是事理上所难能的。

奥奚亚氏本活动的教育（dynamic education）之原理提出启发爱国心之步骤，极为明晰而且容易采行，这里就取他的议论大概。

他说教学生爱他们的国家，其第一事为使他们知道国家之保障他们多方面的利益——精神的、智能的、体质的——无微不至。若是能由具体的方法将这些利益一一论列，则儿童自然可以获得一个明白的观念，了然于他们的国家果然有实体的存在，而且是处处为他们打算的。一个人既然了然于他的国家对他之诚恳与助力，那么自然可以激发他对于国家的爱护之情感了。

现时一般教育家已经知道用如何方法使儿童觉知"他们所负于他们的国家之债务"，"有些学校教师们是在诱导儿童使明白一个人是怎样依赖于他人，我们大家怎样都是一体之各分子，以及我们将怎样难堪，若是没有伙伴帮助我们。这个'依赖'和'互助'之观念，在一切进步的学校中之公民研究上都是放在最先的。"[②]

以上都是笼统的说，以下由近而远，由小而大，按层次来说明发展爱国心之步骤。

（一）家庭研究

依赖和合作之观念，第一步是从家庭发展出来。幼年的生徒是被指示以他的幸福是怎样依赖于父亲、母亲、兄弟、妹妹之劳务，于是可向他提出这类问题："你应当为他们做什么呢？"这些观念可由许多具体的实例而表白出来，到后来可以引他们认知其中之互相依赖之关系以及各个分子对于彼此都是相需的。这样就可以使他有了对于家庭之忠心，而对于这方面成为一个"爱国的"——忠于所属团体的。

① 参看 Mental Development and Education，p.200.

② 参看 Mental Development and Education，p.202，p.200.

（二）学校研究

由此，他的研究可以扩大到学校去。他是被教导以在一个学校中，所有的各分子也是属于一体。若是其中任何一个人是不忠心的，不肯为学校服务，不肯公平待人，那么，他就不适于这学校的生活。当然这观念是以很具体的方法提示出来，各个学生就可以觉得学校是为他服劳的，所以他也当为之服劳以报答之，这样爱校的心自然就可以发生。

（三）居境研究

再进一步可引学生去研究居境生活。使他明白居境（community）乃是一个大的活的机体（a great living organism），知地方之有政府乃是所以为居民谋最大的利益的。他又当使明白在居境中也和家庭或学校中一样，各人都是一体之各部分。尤有进者，居境既然保护并帮助个人，为之防御灾患，为之获得清洁饮料食料，为之杜绝传染病疫，为之救护火殃等等，所以个人对于居境也当有相当的报偿。他必不可做一个足以分裂居境或阻碍其为公众谋幸福的举动。犹不止此，当必要时，他更需尽他的力量以增进居境之利益。居境既助他，所以他也当有以助居境。

（四）国家研究

依如上之步骤，儿童之经验即已逐渐推广，然后可以扩张到国家之研究去。于此当用生徒研究家庭、学校及居境时所由之同样具体的方法，使之明白国家如何帮助保护他的人民，所以人民也当帮助爱护国家，而且在需要时，要不惜为之牺牲一切。必须这样，然后“我国”一词对于学生始可成为一个“活的实在体”（a living reality）。

在结束本节之前，有一事不可不明白申言。所谓启发爱国心，并非是要在公民科中专设一课或二课专提倡爱国主义的章节，也不是要在公民科钟点中，留出几个小时专门为这种主义宣传。因为启发爱国，爱所属团体之热诚，不是公民科教学的目的之一部分，实在是公民科教授之全体目的、最后的目的！教授此科者，应当时刻不忘的向这目的进行！本文所以特将爱国心之启发另外提出来说明，不过是为引起大家特别留意的缘故。

还有一层可以附带说的，略述于此。我们古哲所谓：“忧劳可以兴邦，逸豫足以亡国”，到现在看起来，愈觉含有至理，因为有一足以令人忧劳的情况当前，最足激历奋发有为之精神。内忧外患繁多的国家，国民比较容易激发热烈的爱国情感。最近有人调查儿童恐怖心，其结果竟发现“怕亡国”者占最多数。[①]教师诚能

① 见心理杂志二卷四集，何熙春，儿童恐怕与味与道德心之研究。

善于利用此种心理以启发爱国心，实为无上妙法。至于应用之材料，则我国近代历史以及每日报纸所载之时事，其足以激发爱国心者，真是取之不尽、用之不竭，可算得我国教育所有之一特别利便。有人说，在儿童未成年前，不应当利用他的未成年熟无判别，而灌输爱国主义，应当待他成年后自己选择，或是做一个国家主义者，或是做一个世界主义者。这种主张，我认为理由不充分，因为中国人生来即是中华民国的国民，本来是不由己选择的，既是中华公民，即当爱护中国，决不容其选择的。这几句话似乎越出本文应说的话以外，但是也不能不顺便声明一下。希望教公民科的教师不要为此远于实际的话所炫惑，而认定启发爱国心为其最高的任务。

四、辅助公民科教学之各种活动

前面所说的都是以公民科为公民训练之方法，但是我们更需要证明好公民之养成，决不能专恃正式的公民科一门功课，每周一二小时，就能收效。我们须知公民科不过是公民训练程序中之一种比较意识的专门的工具而已。要想达到理想的完善公民资格，于教授公民科外，还须使学校中所有活动、学校之全部生活皆倾向于公民资格之理想。真正的公民训练，不但是在公民科教授上要使儿童决定志向做一个好公民，在全部学校生活中的情况都应当时时提醒他的公民德性。有效的公民训练，不是教他们以必要的公民知识，备他们特来成年时之应用，乃是使他们觉知他们“现时”已是一个公民，他们在学校中即是做一种公民生活。

“若是学校是按照这个理想组织的，它在事实上即成为一个缩形的民治社会。于此幼年的公民将习于一种有制裁、有规律的生活……”①

以下将学校中各种活动，足以辅助公民科之教学者，分别略述之。

（一）学校之精神

学校之精神于决定生徒所受公民训练之品质上，比较任何别的事物都重要。若是教师的态度是“唯我独尊”的，学生的态度是“屈己服从的”，那么，欲成公民训练之根本的条件即为缺失，而在此等学校中所为之任何公民训练将纯然为书本的。

反之，若是教师具有一个监护者、一个年长的引导者、一个顾问者，或者在必要时为一个统率者之态度，那么，在学生方面分将自然的呈一种可教的、驯顺的、虚心的态度（a teachable，tractable，open minded attitude）。这样他们将易感应一切暗示。他们于一切足以令学校成为一个可欲的和鼓动兴趣的生活之所的行动，

① 参看 How to Teach the Fundamental Subjects，by Kendall and Mirrick，p.267.

皆愿为教师之合伙者，而不致仅视学校为坐而读书之所了。

（二）表演之利用

表演（dramatization）可以使儿童对于一种行为和观念得一个更深的印象。在公民科（在其他各科自然亦多采用）中，或关于良公民的事实、德性，可供表演的范围极广，小之如行路让道、脱帽等礼节；大之如爱国志士之事迹，均可由表演而丰富其意义。表演之方法，简单的只费极短的时间与极单纯的动作，复杂的则每需长时间的预备与练习。表演之动机最好由学生方面发起，单由教师口讲指授之表演，除练习筋骨运动外，无何等实在的价值。

（三）校外之活动

男女孩子在学校以外尚有多种兴趣可利用之，以为公民资格训练之助。教育者尤其是公民科教师，应当注意及之。这些活动可以在学校中提出讨论，其中所有问题与难点可加以考虑。例如男孩以诚实的、有效率的方法帮助他的父兄的业务；女孩于家事上帮助她的母亲等等特殊的事件，其本体上虽于公民训练无大价值，但是教育者若能利用之以为建设心理的与道德的态度，并启发一切好公民所必备之品质，即为一种非正式的公民科之教学了。

“还有，此等童稚的问题和活动于政府之关系，应得弄清楚。那些不能保持他们自己和他们家庭清洁的人，对于居境健康成为一个危害物，于是政府就要前来强迫执行令其清洁。人们在规定的限度内不能自制，或显然失仪的人，就要受法律威权之制裁。”①

（四）“学校市”与“少年公民同盟会”

一个学校可以像这样成为一个公民资格训练场，初不必有任何专为此目的之正式的组织，但是有些人以为这种训练，可由把学校组织得如居境本身之组织一般而效力愈增。此类组织之最复杂的形式称为“学校市”（a school city）。这种“学校市”之组织是模仿真正的城市之规织的。其中所有事，如选举职员、分配职务、召集会议等等，均仿效市制。在美国，这种计划于适宜的监导之下，有些地方颇著成效，颇能供给一般“学校公民”以一种公民训练。此种制度在我国各地多已以“学生自治会”名目采用，不过采用者多限于中等以上学校，小学校之推行者比较尚少。

在美国还有一种比较学校市之组织为简易而目的相类者，称为“少年公民同盟会”（Junior Civic League）。②Kendall 和 Mirrick 两氏以为这种组织比较适合于初

① How to Teach the Fundamental Subjects，by Kendall and Mirrick，p167.

② How to Teach the Fundamental Subjects，by Kendall and Mirrick，p277.

级小学。Mabel Hill 氏列出此种同盟会之模范的誓约、目的和工作。

誓约：我誓不涂毁一切篱笆或建筑物，我也决不散抛垃圾于公共场所；我决不毁伤一切树、丛木或草地；我矢言不吐痰于校舍地上或傍道上；我当保护他人之财产一如自己所有者然；我当永远保护鸟类和别种动物；我矢言要勉力为一真实忠诚的公民。

目的：目的为帮助保持我们的学校和阵地美丽、清洁和健全。

工作：委员会须要组织起来以应学校之目前的需要。当季候变换或学校事情给与机会时，当更组织（临时）委员会。委员须要委定使照管窗箱，蔬果之栽培与移植，废物贮藏篓之检查，遗失财物之保管，各人工作所用材料之检查，户外花园之监视，学校房屋附近傍道，场地和街道之检查等。

五、公民读物之选择

前面说过，公民训练之方法中，公民科之教学不过其中一部分。有效率的公民训练，尚需藉助于学校中所有含有公民要素的活动。除各种活动如上所举的之外，学校中所有各种学科，如历史一科，其重要已经说过，就是地理、诵读、作文、算术、卫生各种学科，亦能抽绎出来一些公民教训之质素。这个不属于公民科教师所有事，暂置不说。公民科之教授者于此所当注意的是选取与儿童年龄、理解力适当之故事诗歌、名人传记——择其足以表彰各种公民美德，如勇敢、服从、爱国、诚实等等，供他们自己去诵读。

于此公民科教师当负担为儿童选择适当书本之责。在初年级，寓言或异地儿童之故事，最为适宜。在较高的年级中，就可以令读名人传记，或关于各种社会组织之特点——如原始人的社会组织与发展完备的国家之比较——之记载。

不过讲到用书方面，我国有一个特别困难：就是供儿童诵读之适宜书籍太少，而关于公民的方面者，尤为缺乏。以程度不相应之书籍教儿童去诵读，其结果是无益反害的，所以，说到这里，我们不得亟盼这一类书籍多多出现。

六、其他各种设备

以上所讲的，都是辅助正式公民科教学的方法。自然，此外还有许多有效率的公民训练之机关，如童子军、学校储蓄银行、学校市场等等，有的已经试行，有的方在提倡，皆是于公民训练极有裨益的。不过，有一事要留意的，就是假使学校银行、学校商店之类专集中注意于交易计算之技能、知识，而忘却由此所可培养之公民德性，则其结果虽于学生方面亦不失为富有兴趣之目的物，但是公民训练之价值却无形的为所取消了。

我所以把以上种种特别提出来一一讨论的缘故，乃是要正告公民科之教师：他们的责任不只是在教室中每星期教几小时的公民读本，就算完事，还须注意设置适于激发公民德性的种种环境，利用各种可以藉以训练公民资格之各种活动，并且躬自指导学生们实行做一个好公民。一校中其他教师，自然也当共同来分担这种训练公民之大责任，因为养成好国民是全部教育的所有事，不过公民科教师于这方面的知识与经验比较充足，比较胸有成竹，所以也应当比较负担较多的责任，例如组织学生自治会时，公民科教师即当做第一个顾问和指导员。这些并不是额外加于他的工作，实在是公民科教学中之应有事。

民国十三年（1924 年）第 16 卷第 1 号

小学校之公民教育

张粒民

一、公民教育在学制上之位置

我国教育，素重道德。粤稽古昔，圣门训徒，列礼为六艺之一。而洒扫应对，定为弟子分内之事，是为修身教育之嚆矢。降及后世，师傅相承，未尝或替。流风所及，垂二千余年。迨清季变法，废科举，立学校，教育制度，一宗日本。于是小学校之教科中始标有修身一科，与国文、算术等科相提并论，为实施精神训练之科目。民国初元，改革学制，修身一科，仍占立固有之位置，未尝有异。待中华教育改进社成立，确定我国教育宗旨为“养成健全人格，发挥共和精神”，于是修身科教育之目的稍形变异。至新学制成立，教育家莫不以为修身一科，其道德训练之价值，仅及于个人的独善之一部分，不若公民科范围之广。于是公民教育之呼浪以是而益高，公民教育之位置以是而确定。

（参考）依小学教育委员会南京会议之结果，其关于公民科之分量，分配如下：初级小学校第一、二、三、四学年，公民科与卫生科、历史科、地理科合称社会科，每周教学时间占 20%。高级小学校，公民科教学时间占 4%（按初级小学之第三、四学年，如系单式或二学年复试者，亦可特提公民科，以便利教学，而重公民训练）。

以上所述，仅及公民科教学时间，至公民训练，当不限于公民科。其他教科，亦有相互之关系，是则实施教育者所宜共同负责者也（按向者小学校之教授修身，仅有教授时间上之陶冶及担任教师之责，其弊有不可胜言者，今后宜力矫之）。

二、公民教育之定义

晚近美国教育家巴必氏以科学方法归纳人类之活动，而别为五种生活。此五种生活之内容，乃公民生活、语言生活、职业生活、健康生活、闲暇生活是也。学校教育即所以达此鹄的，而施以相当训练者，兹以本文讨论范围之关系，一述公民教育之定义。

专制时代之政府，其教育子弟，也以造就善服从为原则，培养其战争杀戮之原料。共和时代之教育，本民治之趋向，造就宜于民治之公民。此民治之范围，非限于政治活动，当兼及于社会活动。盖人类社会，恒与多方面发生关系。人为政治的动物，同时又为经济的、文化的、宗教的动物。因之，公民教育之定义，非仅限于政治智识，彰彰益明。吾人试读杜威之道德教育原理，可益信而无疑矣。

（参考）“夫儿童将来为组织社会之分子，以其必与社会共同以生也。周于其身者，事物之关系，至错综而繁密，岂仅以有选举权而为法律之隶属哉？……其人必有科学艺术之训练，历史人情之推察，交际交通之常识，坚韧劳苦之美质；心灵而手敏，目远而体健。一言蔽之曰，干事才也。其基成于学校，其功著于社会。故苟学校而昧乎其与社会之关系，则虽研深思微，孜孜焉以培植良国民为务，将南辕而北辙，何敝精劳神为哉？”

三、公民教育之目的

公民教育之目的，概括言之，在养成明达之公民；演绎言之，则了解自己和社会之关系，启发改良社会之常识与思想，养成适于营现代生活之习惯。与向日之修身科教学目的，仅以遵照教育部令，涵养儿童之道德，并导以实践，为己事者迥异。兹将东南大学教育教授程湘帆氏所编之《小学课程》一书上关于修身科之缺点摘录于下。

（参考）

第一，太陈腐也。公民不可不修身，尽人皆知。然吾人于修身，有不可不知者二事。

1）修身非必为吾人最后之目的，盖修身乃所以求个人之适于环境也，故求“适”宜，特别注意。

2）修身之标准与范围，并非一成不变者。盖环境系永远变更的，适于向者之环境者，未必即能适于今日之环境。近年以来，我国社会，因新旧文化之接触，于是发生许多个人与个人、社会、国家和世界的关系。由此新关系，发生许多新问题。细读修身教材，较之十年之前，不无进步，然其标准仍属旧式，范围亦觉太狭。夫旧式学理，作历史读之，推求其变迁与沿革，其益固宏，特吾人之目的不能止于此，必使学生明了沿革，以及今日之社会实在的状况，而有应付之知识与适宜之能力。比如今日之男女问题、家庭问题、择业问题、教育问题、自治问题、南北统一问题、五族调和问题等等，实为处此社会、处此国家、处此世界者所不可不知，不可不解决者，而皆非旧式修身范围所及。此吾人所以谓修身之范围太狭也。

何为道德？其标准制之根据何在？愚以为一种活动，经社会之人民，斟酌本地的历史习惯及经济、社会、科学、卫生等学理和现状，多数以为适当者，谓之道德活动。一旦经济、社会、科学、卫生等学理和现状变动，则道德之基本随之变动。故道德是活的，因所根据的环境是活的。我国古代道德极高尚，吾人对之，实有充分欣赏。然自中外交通以来，君主制度已变作民主制度，民治精神已蓬勃于社会人心。国外商务既日见膨胀，国内实业亦益发达，此种势力，皆足以支配社会将来之改造。试问公民当有若何之知识、习惯、技能、欣赏、观念、理想，始得适宜于此变动之环境乎？学校将迫儿童以旧式道德活动于新环境而适宜乎？苟如是，必扑灭新思潮，铲除新实业，俾社会为死的社会，否则，道德之标准必须重新改造，而学校之欲涵养儿童道德性者，必须养成一种新知识、新习惯、新技能、新欣赏、新态度、新理想。盖不如是，个人与社会不能适宜也。不适宜，则祸害随之，遑言幸福、公益、安宁、秩序乎？此吾之所以谓修身之标准太旧也。

第二，太重学理也。班赛尔教授谓："有价值之课程，能使学童心理上有反动，行动上有变更。"比如小学生，既知道路之清洁为公共卫生上所必要，又知清道夫之组织与功用，则食糖果时，不特不应随意抛掷皮壳，即街道之垃圾，应有洁除之意思与行为。再于卫生学上，即知洗刷牙齿为必要，则每日宜有洗刷之意义与行为，并宜养成一种良好习惯。

修身教材，多是抽象之学理，而教法又多空谈，未能予学生"以做学做"之机会，俾能养成良习惯，而得公民应有之经验。此类教材，充其量，仅足发展知识一方面。况学童思想简单、能力有限，未必即能领会。吾当见宁垣小学，见有以修身时间解决学生间具体的问题者，是亦感修身教材之太重抽象的学理也。迩来欧美教育，多认学生为小国民者，非特尊重其人格，实亦奖励学生作公民之活动也。

第三，教材支配未能适当也。公民教材之支配，必按学童之年龄与该年龄中公民生活上之必要经验为标准。芝加哥大学某中国学生，曾将一般通用之中华与商务印书馆出版之国民修身教科书作详细的研究，其结果如次。

教材之性质	字数（以百分计）
政治生活	37.7
抽象的道德	14.5
家庭生活	9.2
健身	8.0
学校生活	6.5
职业生活	3.5
宗教生活	2.6
其他	18
总计	100

设吾人以学童年龄与在该年龄中应有之经验为标准，初级小学教材应多为家庭生活、学校生活与游戏生活，而细察研究之结果，教材之属于以上三种者，只23.7%；而初级小学学生心目中无甚意义之政治与抽象的道德，反占52.2%，是修身教材之支配，不适于儿童，反其生活范围也。

由是而言，修身科目的在个人道德之修养，而公民科除培植个人道德外，并能造成儿童法律之概念。我国人民，最富于感情作用，其能以法律为行为之准则者盖鲜。近来社会之紊乱，大都系法律知识及守法习惯缺失所致。窃谓今日不知为法治之国家则已，如其欲之，非造就法律观念与守法习惯不可。故曰；修身学科不适用于法治国家也。公民科教育之目的则不然，凡一切弊病之属于修身科者，一扫而空之，宜乎其为大多数人所竭力提倡也。

四、公民教材之选择条例

公民教育之目的既明了，则准此目标而设施之公民教材，自必有讨论之必要。或曰："现代小学之公民教材，类多采用书本，则选择条例之一问题之讨论，自可属诸编辑公民教材者。"斯语也，骤闻之，或尚以为可；细考之，则有大谬不然之误点在。盖小学教师，自身虽不编辑教科用书，然其采用之权，当属诸己。不有选择条例之观念存在，何能控制一切乎？兹将一般之所认为选择条例列举于下。

1）属于实质方面者（即教材之根本问题）。对于造成现代文化之种种原子，有彻底的明了；有造成公共幸福之原子的知识；各项专门事业的个人及团体间在公共幸福上之互相依赖处，有彻底的悟解；各地之个人与团体，在公共幸福之互相依赖处，有彻底的悟解；运动公共事业时，个人须觉悟其思想上、决断上及行动上之责任；有寻常法律之知识；有求知新法律之习惯；有服从法律精神及条文之习惯；对于法律之来由及其规定或变更之手续，有彻底的了解，并有拥护之志愿；有保守有益于社会风俗之事之意思；抱大团体观念，而不失国家民族之精神；有保存国家统一之志愿；以自身为国家团体之一分子，而有协力促进本国幸福之志愿；以自身为本乡团体之一分子，而有协力造就本乡幸福之志愿；以自身为世界团体之一分子，而有协力造就全世界人类幸福之志愿；有团体之忠心；有群众之良心；有乐意履行群众互助上及职务上之习惯；对于他人之权利，有尊敬心；对于他人之服务，有欣赏心；有求知社会现象及世界国家前途之难题之习惯；有履行国民之指挥与监督责任之意思；以选举或拥护公共适当办事人员或免去溺职者为个人之责任；有增进及拥护团体权利之意思与技能；有协力为社会保储人力之志愿；有协力保存公共富力之志愿；有为领袖及服从领袖之才力及气量；有主持会议或参与会场活动之技能；有发表意见造成健全舆论之技能；有阔大之胸襟；有以普通原理解决经济的、政治的及其他社会的问题之技能；有"德莫克拉西"之理想、态度、志愿、嗜好、趋向、习惯、愿望及目的；有丰富之同情心；有合礼之习惯；有保全个人健康，以服务社会之观念；有利用休闲时间，以增进社会家庭及个人幸福之习惯；有爱美之观念；有执行正当职业以增进社会幸福之志愿。

2）关于形式方面者（即公民教材之实际问题）。本科教学以“仁”“智”“勇”为中心；教授例话，宜以动作言语表示至诚之感情，勿为虚泛不切或精析之讨论；教授例话，宜示以故事之题目，勿示德目，德目但为教师内定之教材要旨；每逢学年学期之始，加学年始之训诫及学期始之训诫。

五、公民教材之支配

选择之条例既明，于是凭教育之学识与教学时之经验，酌量情形，支配各学年之教材。兹将其大概情形述之于下。

1）初级小学。明白市、乡、县、省之组织与公共事业之性质之大概；有投票选举、集会、提案等关于地方自治之常识。

2）高级小学。明了国家之组织、经济地位以及国际之情势；明了公民对于国家国际之重要责任；能述如何做良好公民之条件在20条以上。

至各学年之程序，列之于下。

第一学年：家庭团体之生活概况。例如父母、子女之服务责任，以及与自己相互之关系等；学校生活中所定规约之缘由与遵守方法等；自己对于家庭、学校之各种做法与责任。

第二学年：学校团体之生活概况。例如学校之性质、事业、经费之来由，以及教师、学生之职守，并与自己之关系；邻居人相互间之公共事业之研究；市乡公共机关之观察研究；续自己对于家庭、学校之各种做法与责任。

第三学年：市乡团体之生活概况。例如市乡之性质、经济、事业，以及市乡与自己及一般居民之关系等；县省组织之概况。例如县省机关的性质、事业等；学校自治之服务等；自己对于家庭、学校、地方团体之责任等。

第四学年：参与县省公务之直接与间接之方法。国家组织之概况，例如国家之宪法大要与机关权能及与国民之关系、国际之关系等；公民对于地方国家之责任；时事研究（与历史、国语等科联络）。

第五学年：学校之组织与公民及教育之关系。地方自治事业与公民之关系及其改良方法；团体之组织研究；公民之责任与娱乐；读书法、研究法以及服务公众之方法；时事研究（与历史、国语等科联络）。

第六学年：县、省、国之组织事业及事业扩充范围；国内之家庭、妇女、劳动等各种特殊问题；职业之种类与择业之方法；本省中等学校之种类，与选校、应试等升学方法；时事研究，续前年；完成一个公民之条件。

（参考）

1）家庭生活。小学学童之第一切近生活，是为家庭。故采材料，宜关于家庭之主要活动。教授目的，并欲学童了解家中美德之原理，乃欲养成学童在家中之好习惯。然习惯之养成，厥在练习。比如洗刷牙齿一事，教员似宜一方面以牙刷等物向儿童示范，并拣同班之牙齿洁净而整齐者，示之以美，及本班中曾有牙患者，示之以恶。一方面以学生之家庭，作为实习之所，俾渐为有意识的习惯。其余如服从、诚实、健身、清洁、整齐、起居、省时、节俭与储蓄方法、爱惜家中花草牲畜，以及在家中之礼貌，如接客、待客、送客之礼及表示谢意、欢迎、歉意之类。

2）学校生活。学童即有家中之良好习惯、态度、欣赏、知识，于是扩充而至学校生活，养成遵守学校规章之习惯及其对于校长、教师之适当态度，学校卫生上应有之习惯及其游戏与操场上之应守态度。其他交友，睦邻应取之态度，以及学校精神、学校格言、校旗、校歌等，皆应有合宜之训练，以为将来扩充而为爱国之预备。

3）本市生活。本市市政之组织及其功能、法律之大要、饮食之来源、水路之交通、实业之特色、特别之富源、公共之产业、教育之情形、慈善之机关。此外本市地理、历史、户口、卫生特别风俗，公共消遣之处及其性质。最后须兼及个人择业问题。

4）本省生活。此时如学生已入或将入青年时期，其生理、心理换一新时代。身体发达，思想活泼，喜新好奇，志大气刚，故教授者亦善理会其心理，利用其感情，增大其公共观念，激发其明敏思想。此时公民教育之最宜注意者，似宜采取本省及中央政府之重要制度与其功能，并及地方自治与中央集权、爱乡土与爱国家之区别。此外如选举法、各项团体之组织与其性质，亦须兼及。惟须注意事业，不重学理。

5）国家生活。国家之功能及政府之组织，较之以前教材，略为扩充，而做较详的研究。如研究政府组织时，必及宪法。然约法有两种，必须比较而推求其利弊，并对于将来正式宪法之建议。其余如国家对于教育、实业、商务、森林、矿产、资本、人工、币制、兵备、国民、生命、财产之保护、富源之储蓄、公共卫生等类，亦须以现在事实为根据，以欧美成绩为比较，使学者推求应取之方针。此外民法、刑法、税法之大要，尤须注意其手续及施行机关之组织与功用。

6）国际生活。国家主义、帝国主义、世界主义、德莫克拉西主义之研究，“大美利坚主义”、“大亚细亚主义”、人种问题、人种主义之研究，世界航路、世界商务、国际公法、国际私法之大要，海牙和平会、欧洲大战之起源与结束、我国与万国同盟之关系、我国与太平洋会议之关系、我国将来在世界应有之位置、内政振刷与外交之关系，以及其他之国际关系，如万国邮电同盟、劳工同盟、红十字会等类。

7）社会生活。社会学及经济学大意，学理宜简，取例应中西并举。最好教员略举欧美之实况与趋向，使学生搜求中国之同类者比较之。其次研究舆论、批评报章，并解决今日国家、社会、家庭前途之困难问题。比如近来美国对于“大美利坚主义”，提倡不遗余力，吾人对于“大中华主义”，应取何种观念？其解决之方法如何？又我国社会之须改良者甚多，究竟如何下手？如家庭亦为吾人之一困难问题，大家庭势力必破，小家庭如何组织？男女平等，已为社会所公认，然欲得真正平等，则男女之教育上与经济上问题，应如何支配？其余如国语问题、新文化问题、婚丧礼制问题，皆须吾人之研究而后得解决。以上数端，不过略举其例耳。我国当此过渡时代，困难问题，何止千万！教授者按其紧要，而选取合于学生之兴趣者可也，或竟由学生选题，教员学生讨论之亦可。讨论时，教员能以宽大为怀；最善，尽学生自由发抒意见，遇必要时，虽发表自己意见，然不可期学生之必须听我、信我而捐弃其原有之意见。故教员宜以引导自居，使学生有合法的思想，不可稍存独断观念。如此，则学生不特获有此类问题之知识，亦且得正当研究之方法及思想上之习惯与自由也。

六、公民教育之实施方法

公民教育之定义、范围、目的既明，于是准此原理，而轫设种种实际问题，是为公民教育之实施方法——公民科教学法。兹依一般的见解，述之于下。

（参考）《初等教育》第 1 卷第 2 期《公民科和公民训练》文中。

第一是培养儿童公民的意识，使儿童知晓个人和社会相关的道理，确立正当的人生观，发生道德上的理想。

第二是培养儿童参与公共事业的兴味，就是使他对于公众事情，有极大的愿力，肯自发的、诚意的去做。做的时候，具持一种持久的精神，不倦不怠，一若责任所在，自不能不竭力干的。

第三是培养儿童公民的习惯，如守秩序、帮助人家、讲究公众卫生等事情，都须养成了习惯，而后他们到社会上去，自然能尽着本分做事。

读以上所述，则可知公民教育之实施方法，当分课内教学、课外陶冶二种。

课内教学——引起学习公民智识之兴趣及养成公民习惯之指导。

课外陶冶——公民习惯之养成。

七、结论

我国今日，政由贿成，士气荡然；社会黑暗，民风颓废；国家之基础，正如风雨飘摇不可终日，挽斯浩劫，非教育不为功。顾教育事业，方位颇多，一方犹营三 R（reading，writing，arithmetic）之教育，一方则试行道尔顿制，一方犹如私塾式之背诵主义，一方则信仰设计式之自动法则，并有提倡弹性编制或天才教育者。学说纷纭，庞然杂陈，学步学趋，何去何从，皆我教育界同人所宜审慎周详者也。惟此公民教育之一端，无古今，亘中外，皆不能离此。诚以公民教育之势力，足以支配第二代之国民，转移一社会之习尚，其所负责任，至巨且重，非仅以讲授为己事也。记者不敏，爰以平日研究所得，述其梗概，惟井蛙窥天，所见不大，尚希教育同志进而教之。

民国十三年（1924 年）第 16 卷第 4 号

儿童自由发表之研究

王骏声

我们小学部（浙江省立第十中学师范部附属小学），自去年九月以来，设立几方儿童自由发表板于学校各处，任儿童们自由地发表，藉以调查他们发表的能力。到了现在，几近一年，他们的成绩还算优良。我以为如果以教育即是生活，那么，这种设施在小学校中也是很有提倡的必要。我现在据我个人的见解，把这个问题乱杂地来研究一番，希望各位指正。

一、儿童自由发表的价值

（一）在儿童方面者

1）真生命的表现。我们对于儿童们发表的东西，如果是创造的，不管它是文学、是美术，不管它是好、是坏，他们只有发表，我们没有一件不把它登记、把它保存，并且绝对尊重它，不把它改了一笔、一字、一句、一段。因为文学和美术，是人们的真生命所表现。儿童的自由发表，一笔、一字、一句、一段，不消说，也是他们的真生命所表现。他们所表现的生命自有它们的真价值，用不着我们替他改正。自由发表，既然侧重“真我”的表现，它的价值，不言自喻。

2）精神界的自由。凡是真、善、美的发表，一定不受时间和空间的支配。课内的作文和美术，第一，被时间牵制；第二，被空间约束，所以发表的东西，决不是尽真、尽善、尽美。这句话，恐怕大家都承认的。儿童的自由发表，因为不拘时间和空间，所以这点钟内所有感触，就可以就可在这点钟内发表出来，今天有所感触，就可以今天发表出来，在校内有所感触，就可在校内发表出来，在校外有所感触，就可在校外发表出来。精神界真非常自由，毫无时空的牵制。

3）个性的表现。儿童们自由发表的倾向，可大别为两类：第一，是美术。第二，是文学。文学包括极广，可分为文章、诗歌、俚语、谜语、笑话、故事等。美术又可分为记忆画、想象画、图案画三种。偏于文学的儿童们，他们所发表的东西，自然以文学居多；偏于美术的儿童们，他们所发表的东西，自然以美术居多。我们据这等偏长，就可以看出他们的个性，结果对于我们的教学和训练诸方法，可以得到不少的帮助。

（二）在学校方面者

1）可以调查儿童自由发表的能力。在级任制下的小学校内，担任教育行政的人，很难切实调查各级儿童自由发表能力，有了儿童自由发表板，那就可以免去这种困难的大半了。譬如，哪级儿童是最善于发表，哪级儿童是最不善于发表，哪时发表最多，哪时发表最少，上学期的发表能力怎样，本学期的发表能力怎样……都可以明白，学校方面，如果有了这种统计，在奖励儿童发表一层，那就可得到许多便利了。

2）可以养成儿童们创造的能力。善模仿、好争胜是小学生时代最显著的心理，他们在自由发表板上，天天欣赏他人所发表的东西，所以他们对于内外界一有所感触，即不禁自由自在地发表出来，非但自由自在地发表，并且心里还存一种要“高人头地”的思想。像这样的现象，很可以养成他们创造的能力。

二、儿童自由发表的背景

1）环境和儿童自由发表的关系。环境是儿童们生活的场所，这个场所里的所见所闻，都是儿童们自由发表的材料。譬如城市的儿童，他们每天所接触的，都属城市人生活，所以发表的材料，自然以城市生活为中心；反之，乡村的儿童，那就不然了！他们每天所接触的，都是那种自然景色和农夫生活，所以他们发表的材料，自然偏那几方面去。我们一比较本部儿童——在城内——和第一、第二分部儿童自由发表的东西，就明白了！此外，如家庭职业如何、邻居如何、学校生活如何，也对他们的自由发表，有不少的影响。

2）季候和儿童发表的关系。一个季候，都有一个季候的自然美。这种自然美，不消说，是随着气候变化而来的。譬如春天的优美、夏天的壮美、秋冬的悲哀美。儿童生活其间，对于这等自然美，自然加以不少的注意和兴味。他们一遇相当机会，那种脑袋里的印象，什么桃李黄莺，什么荷花鸣蝉，什么黄菊梧桐，什么寒梅孤雁，都自然而然地发表出来，这足见季节和他们自由发表的关系。又据我们的调查，春夏气候和蔼，人们的精神，比较那萧条的秋冬，活泼许多，所以春夏两季发表东西，在量方面言，比较冬来得多，在质方面言，比较冬来得好。

3）社会行事和儿童自由发表的关系。社会行事和儿童的自由发表，也有极大的影响，譬如我们温州地方，正月有拜年的惯习，三月有迎神的惯习，五月有门抬阁的惯习，七月有化纸钱的惯习……他们对于这等行事，或以图画表现，或以文章、诗歌表现，或明白嘉许他，或暗中讥讽他，几乎无微不至。

4）课外读物和儿童自由发表的关系。多读诗歌的儿童，所发表的东西，一定是偏于诗歌的；多看神话小说的儿童，所发表的东西，一定是偏于小说神话的；多看书画的儿童，所发表东西，一定是偏于美术的……所以读物的如何，也和儿童自由发表，有很大的关系。

5）学校仪式和儿童自由发表的关系。学校仪式可大别为两种：一种是常时的；一种是临时的。像这等仪式，也和儿童自由发表有很大的关系，譬如到了一月一日、十月十日，儿童们所发表的东西，在高年级学生，则有关于中华民国记事的一类文章发表，在低年级学生，则有关于五色旗的发表，一种欢天喜地的精神，隐隐中毕现于笔墨间。到了五月九日，什么“勿忘国耻”，什么“五月九日”，什么“誓宣国耻”等一类激昂的语气，又乱杂地发表出来。此外，如卫生游行、毕业仪式、周会或月会表演以后，总有一大批的记忆画或想象画、勉励文章、诗歌等发表，这可见学校仪式和儿童自由发表有极大的关系。

三、儿童自由发表的数量

据本部最近三个月间的调查，儿童最喜发表者为美术，其次为文章，其次为谜语，其次为写字，再次为笑话、诗歌、滑稽问答、故事等。

四、儿童自由发表的种类

1）完全创造的。像这类的自由发表，是一种最真诚、最热烈的表现，是全部真生命所寄托。它的发表动机，完全被生命源流所督促，所以我们对于这类的发表，虽一笔一画，也极端重它。

2）半创造的。像这类的自由发表，多少有所根据，或得自社会，或得自家庭，或得自学校。譬如谜语、俗谣、笑话等，是属于这一类的，我们因其把它客观的思想，能够用主观的见解表现出来，所以叫它为半创造的。

3）完全抄袭的。像这类的自由发表，完全由书本上抄袭来的，形式上虽有表现，实质上实在无丝毫的价值，因为自由发表，以表现自己真生命为主，不能挪别人的生命，做自己的生命，所以要防止它。

五、关于儿童自由发表上的注意

1）要稍加暗示。儿童们的生活，到处带有目前的色彩，他们对于一件事情，往往不回想过去和计及将来。他们的自由发表背景，虽然很多，可是做教师的人，如果不略加暗示，就容易把发表机会失掉了，所以暗示似属必要。

2）要按月发表。我们小学部对于儿童的自由发表，逐日逐级登记于儿童自由发表录上，到了月尾，总计一次，按各级发表的件数，做成比较表，把它发表出来。使善于发表者，益加精进，不善于发表者，从此更加努力。

3）要防止抄袭。自由发表的流弊，往往容易偏于数量方面去，他们因为学校里面有按月的比较表，自然级与级间发生一种竞争的现象，结果对于发表的东西，未免有不出于真心。我们奖励自由发表，原为表现儿童们真的生命，所以对于这种流弊，要防止它。

我对于“儿童自由发表之研究”，已经乱杂地说了一大片话。这些话完全是从我一年以来所得的经验出发，究竟对不对，还要请读者诸君批评。

民国十三年（1924年）第16卷第8号

中学公民课程之讨论

汪懋祖

战后世界观念改变，秩序重整。若民治思想之发展，科学之进步，工业之复兴，经济计划之调适，以至人类关系之密切，随在映射于教育。改进教育，以适应时代的要求，而负起建国的使命，尤为急不容缓。今观修订中学课程，虽不过改进教育之一端，而意义甚大。其中以公民课程问题较多，承教部垂询，率草斯篇，以供讨论。

一、公民教育之原则

1）公民的习惯与品性。培养公民品性，自宜从养成良好习惯入手。派可（Parker）氏言“品性为一束习惯之总和”，但须知习惯不过机械的反应。在某种情境下造成之某种习惯，往往即为此种情境所拘，而未能扩大其效力于他种情境。品性基于习惯，但习惯是琐碎的，品性是一贯的，各种习惯之联合统一，而凝成品性尚赖观念或理想统摄之力。故养成习惯与培养理想并重。

2）公民的动机。我国学校向来偏重书本知识之灌输，非不知其弊，但以考成所关，积习难改。若干年来颇能注意团体活动，但一般所注意者，尚不过表面之行为或行为之结果，以作评判学生操行之标准。殊不知吾人行为贵有良善之动机，苟其动机不善，虽结果未必即恶，亦殊非正本之道，而往往因此养成假公济私或虚伪欺诈之习。故指导行为，宜加意启迪良善之动机，扶植良善之观念。

3）公民的常识。以广义言，中学各科教材，皆为公民必须之常识。以狭义言，则公民科讲贯者，为直接关于公民之知识。教材分量，不在乎多，须求切合应用，尤须有表证与思考问题之机会。如讲授地方自治，宜利用学生自治以阐发而表证之：讲授合作事业，宜发起组织学校合作社；讲授诉讼程序，宜表演法庭活动或实地参观，不惟能引申兴趣，尤使所学得以亲切体会。

4）公民的理性。青年行为，往往仅凭主观的想象，激于情感的冲动，未暇运用其理性，以考察客观的是非，预期行为的效果。往往动机甚善，而行为每未能得当。是宜启发理性以控制感情冲动，训练思考，使明辨是非。若只是上课听讲而不教以思考，知识固无从深入，亦无从自悟。一旦遇有事故，只有叫嚣而不能沉着。知与德本自合一，现在教育之大病，并非忽略德育，而在乎知与情意之陶冶，不能一贯也耳。

5）公民的信念。民族之团结，赖共同之信念。美国教育平日尊重自由及创造能力，但若一旦民治主义，遭逢危险，或其国权遭遇侵侮，则其国民皆团结于“山姆大叔”大旗之下，不惜牺牲而抵御侵略。因其拥护美国民治主义，为国民之中心观念。第一次大战以后，因各地移民众多，故倡导美国化的公民教育，极为努力，此次大战以后，表扬美国文化之精神及其先民宝贵的遗业。读孔次所著《教育与美国的信望》（George S. Counts：Education and the Promise of America，1945）可知其精义所在。我国三民主义为建国最高原则，政治方面，固应逐步实现，教育方面，尤应培养国民之信心。

二、教育时列

最近修正中学课程表内所列公民教学有两特点：高、初中公民均集中于第三学年教学；因公民科系社会科目之一种，故与地理历史连接，最后为公民。

以上二点，若专就学科之论理的排比观之，自觉合适。但根据教育观点而论，则公民一科之功能，不当仅看作做公民之预备，实当视为学生社会生活之发展。其与他科目无先后之分，有如体育，在课程内未可集中于一年。现以公民科接于地理历史之后，不啻当作社会学，似未见其可也。或以为课表内所列公民，不过灌输一些公民知识。若实际的公民训练，固可随时随地，属于训育及学生活动指导之中，如作业要项所列举者皆是。兹因各科目时间排比困难，乃将公民教学集中，自是不得已之办法。但初中公民，必赓续小学之公民训练，而使之系统化。从团体生活经验，注重实际行为，为之阐明其关系，扩大其经验之领域，是每周一小时之课内教学，为不可少矣。

过去自修身改为公民，在课表内均列第一。而于三学年中赓续教学，使学生注意，无有间断。但其效率尚少者，并非根据之原理不合，盖有其他种种不利于公民教学之因素，影响太大。科目排列之先后，固并非有轻重之见。但此次修正课程表内，公民乃列第十，与以前相距实太远。犹忆十五年前，中学课程会议，将体育拔置前列。提议者说明其目的，在纠正一般轻视体育之观念。是则今番将公民改列，不将使学生更轻视此科乎。至集中教学，不但于教材难于支配，且实际上三年级功课最多，学生又因预备毕业，多倾力于几种重要之科目。徒以公民教学时间，供休息调节之地，更不知公民亦属重要。故集中教学，未必较分布教学为适宜，而反足以养成敷衍之习，不可不察也。

三、教学重点

公民一科，自应以公民道德为最重要。无论政治、经济及社会问题之讨论，皆须以道德的意义贯注其中，以谋增进公民福利为旨归。道德之基本概念，原无国界。吾国儒家传统的伦理观念，自家族制度出发，逐层演进，以至于大同。其间条理，原是由近及远，登高自卑，以期脚踏实地。但因历代帝权束缚于上，曲学小儒趋附于下，以致精义暗然不彰，反日趋仄狭。国父既推翻专制，大声疾呼恢复民族固有道德及其智能，实即民族再生运动之启示。孔子启发大同之理想，自言有志未逮，乃演述小康之礼法，教人藉家族之结合以体认对于国家之责任。惜乎自汉以后，道德观念，即停滞于家族的平面。国父表扬大同之理想，教人由国族之团结以体认对于世界之责任，从今以后，道德观念，随世界之进步而逐层扩大。

道德教学之依据，应以青年守则为经，以新生活原则为纬。新生活为整齐、清洁、简单、朴素，先在养成良好习惯青年守则，进而养成强固的品性加入下列数端，特别注意：自由与守法及服从；同情与互助；合作与自制（克己）；义务与责任；公道与良心。

道德教训教人应当如何做人，或应当怎样做，不应当哪样做。其权威寄托于神灵的昭示（或宗教教义）、国家的纪律，或领袖的人格、社会的舆论，或圣贤的教训。孔子云：“君子有三畏，畏天命，畏大人，畏圣人之言。”曾子云：“十手所指，十目所视，其严乎！”盖人必有所惮而不敢为，有所耻而不愿为。吾国向乏共同的信仰，二千年来社会中坚阶级，所赖以维系者，在于狭义的礼教。而流行民间的佛教业报因果之说，往往堕入迷信，于今孔子之道正待发扬。战后社会经济，急剧变化，以致礼义荡然，是非无准，国家之纲纪不张，社会是非无准。有力者巧取豪夺，无力者不得不作奸犯科，其间因果，历历可寻。所幸人类之良心及正义感究未全泯，而一道光明，即在此良心内在的力量。故学校公民教科，不贵多授以知识，而贵乎启发其道德的良心。

战后世界向互助、合作、民主、和平之大道进行，但仍有野心阴谋，不肯放弃其侵略之迷梦。他一方面自必加紧提防，以为抗衡。远东问题，日益紧张，眼前事实，不容忽视。国必自伐也，而后人伐之。苟狃于战胜之虚名，坐待他人之援助，已属可耻。若国内民族不能团结于同一目的之下，尤为可危。政治斗争，以青年作工具而供牺牲，学校之内，图穷匕见，教育以亲爱，而斗争成仇敌，更可痛心。教育上所能为而又必须尽其最大之努力者，应在平时启发青年的理智，使能明辨是非及国际背景之利害，使能警惕。至于中华民族意识之培养，又为公民教育之重要问题，自不可侈谈国际主义而冲淡民族主义。

第一次大战以前，美国公民教本，除道德教训以外，偏重选举及守法两事，早有人批评其狭隘。杜威阐明“学校即社会”及“即做即学”之原则，教育之意义由此扩大，特别注重教材之社会的价值及其功能。但美国过去公民教材，偏重选举及守法，却非无故。选举为民治基础，虽美国公开竞争，行之有素；而平时学校公民科内，尤须兢兢教导，深恐选民不克负此责任。民治最重守法，守法习惯必须自幼养成。回观吾国选举中所形之丑态，无庸细述。除高等教育团体及司法界推选尚属公正外，高尚人士往往放弃，民治前途颇难乐观。此固缘于国民基本教育之缺乏，但即使教育推广，若参加竞选者，犹是不择手段，不顾人格，仗财、仗势、仗力，则选举一次，足以抵销平时教育之功。至于守法一节，中国人尤为欠缺，所以守法与选举两事，在吾国公民教科中，应特别注重焉。

四、教材编配

初中教材之编制，按照学生团体经验之进展，使体认群己之关系，个人对于社会应负之责任及公共福利之种种因素。此外关于政治、经济之基本常识，凡所注重，前已说明。又采入乡土教材及讲读名贤传记故事，均足增进教学效率。初中公民宜三学年赓继教学，每周一小时。

修正草案内高中公民教材分六大纲：第一纲社会，所列各项社会问题，关系经济者为多，似待讲授经济以后，更易了解；第五纲伦理仅指示二条，未免笼统；第六纲文化可归入历史科内，讲授较详，公民科中不必重复，应改授国际现势及国际合作事业。总观社会、政治、法律、经济、伦理、文化六篇，共分二十五目，有详有略，平均每篇至多不过占 12 小时，似觉太少。再就此六篇分配教员，应由三人担任：政治及法律一人，经济及社会问题一人，伦理及人生观又一人。至少亦须二人分任，伦理及人生观须有哲学素养之教师，方可胜任。因此，集中教学，则教员分配，大成问题。

修正案以公民科列入第三学年，每周二小时。查第三学年功课最多，不如列于一、二两年，每周均二小时，改列如下：第一学期，伦理要义及人生观先明立身处世之准则；第二学期，政治、法律及宪法；第三学期，经济及社会问题；第四学期，国际大势及国际合作事业。

要之，师资为教育之本，若师资欠缺，虽课程教材研讨精详，全部编定，亦无从表现其功能。至于今日教师生活之痛苦，能维持学校之门面，已属幸事，因非本篇题旨所及，不赘述。特译引美国教育家孔次对于教育之期求（George S. Counts：*Education and the Promise of America*，1945），以为吾对于吾国教师界同人，表示相当之愿望。

“吾们对于教师之要求，远过于其能遵循法规及能运用其技术；或且远过于其能纯熟某种专门学术，并了解学生的本性及学习的过程。吾们要求教师，更深深了解吾国正在发展的文化，在历史上及现在世界上的地位。最后，吾们更要求教师对于其职业，要具有道德的敏感，而努力表现于其生活及工作上面。教师同时是公民，皆须具有吾国文化的伟大的概念。所有师资训练、行政顺序及课程编制，倘无上项文化概念之兴感及光照，则必堕入平庸及目的之紊乱。”

民国三十六年（1947年）第32卷第6号

第三章

公民训练

公民训练是民国时期公民教育从重知识传授到重行为养成的重要体现，儿童作为良好的公民，不仅要具备必要的知识、技能，还要善于沟通，发展自制力，培养为公共谋福利的观念，这些目标的达成，显然都离不开公民训练。

1）民治社会的教育目的在于培养道德的、智慧的、自觉的公民，这也是公民训练的目的。

2）公民训练必须使学生树立为公共谋福利的观念，发展自制力，能与他人就发生的问题进行公开的讨论。

3）公民教育有广义与狭义之分，广义的公民教育即训练人对于团体为有效率的分子，即普遍的团体教育；狭义的公民教育特别注重训练人对于政治团体为有效率的分子，即特殊的团体教育。

4）江西省会实施公民教育，目的在于利用保甲组织，训练公民，授予实际生活应具备的知能，以养成适合现代社会的公民。

5）1926年，江苏教育会组织公民讲习会，聘请专家演讲，议决每年5月3—9日为“公民教育运动周”。

6）1933年，教育部颁布小学公民训练标准，先训练小学校的儿童，以养成其作为中国公民的基础。

7）欲先救国，必先救民，有健全的国民，才有健全的国家。

8）翻开历史，就可以知道中国的国难有多么严重，挽救国难要有物力的充实，更要有国民的训练：救国不是少数人的事，乃是全体国民的事，公民训练就是要使公民不仅有爱国的情怀，还要有救国的技能。

9）从事公民训练的同志要有这样的信念：教育是可以救国的，现在中国的教育是非常时期的教育，非常时期的教育要重视国防教育，培养公民的国防能力。

10）公民训练是综合的训练，是国民精神的总动员，要培养公民高尚的人格，还要在精神上实现统一；同时也是社会服务的训练、新生活的训练。

公民的训练

彭基相

民治社会的教育目的，在于发展同情的、智慧的、自动的公民。课室内的陶冶以及儿童在学校与家庭中的道德训练，都要帮助这个目的的实现。儿童因年龄之不同、班次之高下，而对于责任心之了解，异其能力，此为一件最应注意之事。我们绝不可假定道德训练或公民的预备，对于初级小学校之低级儿童与高级小学校之儿童，均在同一水平之上。且在任何班次以内，常有许多儿童与其他年龄相同者比较，其道德上之成熟与责任之负担，均相差远甚，我们亦应注意及之。

一、道德行动的基础

我们必须要明白，道德并非与儿童之心灵的与体质的生活截然分开。道德行动的发展，以儿童之天赋的本能为基础。仁慈的本能与不喜人之侮辱而喜人之赞许之趋向都可以利用而为正当行为的基础。他种本能的趋向，亦有可以阻止道德常态的发展者。粗暴的倾向，好战本能之过度的发展与对敌的精神，都可以发生不好的动作，而为不道德的行为的源泉。人在儿童时代于家庭与学校中所养成之习惯甚为重要。一个人智慧的能力（分别孰为有益于团体与孰为无益于团体之能力）能决定个人之实在的道德标准至于极大的程度。儿童自父母、朋友与教师处所获得之观念或目的，对于他后来所承受之道德标准极有影响。

二、非道德与道德的行为

对于何为非道德的行为（亦为人所裁可）与何为真正道德的行为之区别，甚为重要。在适宜的指导之下，儿童可以获得在社会团体的观点看来为很好的习惯，然可以从没有遇见过一个道德的问题。清洁、敏捷、服从诸习惯可以发展，然具有这些习惯的个人未必就具有道德的行为。倘使人把行为对于团体的意义发生疑问，倘使他确切地明白了他的行动的意义而决定去做正当的事，他才可说是去做真正道德的行为。尚有要特别声明的即道德是一件关于行动的事情。儿童及成人常自称对于真正的道德行为抱有兴趣与热忱，但是不去把他们智识所承受之道德观念施诸实行。俗语说：知善而行无不善。斯言诚大谬矣。

三、道德发展的阶段

关于道德的行为，虽不能将这一班的年龄之儿童与别一班的年龄之儿童截然分开，但可以说普通儿童到12岁时，必须加以训练，使成立社会上所希冀之习惯。这些习惯还是使他们强迫养成，不必让他们自由选择。愿受赞许，不愿受责罚和侮辱，以及惧怕惩罚等都可以形成习惯，以种习惯可以留诸一生。这一类的行为都是非道德的，但自公民的效力之观点上看来，此亦极为重要。所谓学校道德，如守时、服从、勤勉、有规则及谦逊等，在初级小学校中，极宜使成为儿童之习惯的反应方法。

真正道德的行为，定须考问行动的理由。欲发展此种之行为，有许多理论家以为若无完全理由的根据万不可使儿童作盲目的服从。如果理由非常简单，而能为儿童所了解，则在养成特别习惯之前，宜先使儿童注意此种行为的意义。然欲常使儿童明白每次特别行动的理由，乃为不可能之事。儿童对于守时及有规则之道德的意义或不能深解。但这些习惯必须要被养成，并且注意此种习惯之养成，亦为教师所应有之职责。我们遇着一个成人不服从法律的时候，常不能对于服从法律之必要加以满意的解释。我们只可以说法律已经制定，不可不见诸实行。因为团体中之大多数人，都相信此为公共之福利所必需，我们不可不服从法律。在大多数的事例中（即说不是全体），在12岁以下之儿童，对于教师或父母命令之服从宜成为一种规矩。这句话意思，不是说教师威逼儿童，也不是说他们不应了解儿童的观点而对他解释情景；这是说最有同情的教师欲对于一切儿童作公平的待遇，有时不得不发为命令而使之服从。上面已说过，即在学校以外，欲为一良好公民也不能不用某种的约束，并不能不发为某种的行动。

约在12岁时（有些儿童比较早些，有些比较迟些），儿童对于个人的行动渐知负责，而一知识的与身体的成熟时期已于此时开始。此时，聪敏的教师宜使这些儿童去考问他们的习惯的行为之意义，并使之认明何者为有益于公共福利之习惯，何者为有害于社会利益的习惯。当然我们要希望这些儿童所获得之大部分的习惯均为有价值的。且此时期又为社会的理想之发展之时期。在12岁与14岁之间，儿童必须告以社会改良的观念。青年有改造世界之热忱，此人人所共知。聪明的教师应当找出机会，使儿童将心中的理想施诸实际。若让儿童梦想种种巨大之事业而不去做有益于公共福利之实际工作，乃是非常的危险。这个时期是发展一个人的人生哲学，并使之了解个人对于团体之责任的时期。

四、知识的能力与道德

个人的成功，为他所得之于父母的神经系所限制，这是人所共知的。从某种意义讲来，一个人的禀赋能决定他在道德生活中所臻的境界。对于社会事业之大成功，当然是道德行为之最高的附体，但我们不能对于那些无能力了解社会的情形，或无能力解释团体的问题之人都做此种之期望。然此问题尚有别一方面。凡能使某人成为一个良好公民之普通德性，对于大多数的男女，都能适用。那些心灵有缺陷或体质衰颓的人，乃是例外。

五、环境的影响

儿童所居之环境，对于其行为的习惯之成立，甚有关系。我们读历史可以知道，团体所承受之标准，各时代不同。有一个时候以"以诚处朋友，以诈处敌人"为最高之道德。而在近代，诚实不仅为个人间所实行之道德，并亦为国际间之道德。在没有一百年前，过度的饮酒在法律上通过不犯法。近代道德的标准，以为自一个人的体质上与知识上之观点看来，节制饮酒是必须的。此种道德标准不仅影响个人，并且影响团体。同样，在同一城市或同一国家之内，在许多不同的团体中，可以找出很多惊人的差别。教师所遇着之极困难问题，即为儿童来学校时所带来各种观念之不同的标准。

当某一个儿童或某一团体的儿童标准低的时候，教师要谋其进步，当先使该团体的首领承受较高的标准。在儿童生活中，欲望之大，莫如模仿他们所仰慕之人。故在儿童中之真正首领能提高标准，比较循循善诱的教师之教训胜了几倍。一个教师虽不能用他自己的道德来觉醒儿童，但是儿童常模拟他心里所羡慕之人，此人往往在社会的团体中站在有势力与领袖的地位。

儿童在街上，在所看见的图画中，以及在别种社会的聚合中，所承受的道德标准，教师对之常应加以注意。儿童在学校内所得之观念往往为恶劣环境的影响所改变，因儿童在校外之时间较在校内之时间更多故也。教师还要注意一件事，即他们对于儿童的管理和留给儿童之正当行为的印象，都以他们自己行为为表率。如果一个教师身体不好，或脾气极坏，就不能希望是他这一班中的儿童发展和善于容忍诸社会的道德。苟责儿童，加以身体的惩罚，使儿童有不公平的待遇之感，此在儿童之行动中与心灵中当足以养成一种反社会的态度。

六、身体的惩罚

身体的惩罚之问题，在许多时候以前，就有人讨论了。在古代违犯法律或社会风俗，即加以各种身体的惩罚。鞭笞、足枷与囚笼，为社会自己保存及对于那些犯法者的道德行为的发展之重要器具。现在我们已渐明白这些惩罚大半不能医治罪恶。人以为未成熟的儿童对于身体的惩罚或较成人更起满意之反应。但在这情景之下，有一困难，即许多不良的反应，虽因为怕痛苦而被禁止，而个人反社会的态度却仍留存。在学校之内，我们只可以说最极端的事件可以用身体的惩罚。假使能用别种方法去管束儿童，使不干涉别人之利益，那么在许多事例之中比较用身体的惩罚好的多了。当没有此种方法的时候，或者当儿童绝对地反对教师之权力时，身体的惩罚也未始不可用，不过用的时刻要详加审慎。在别的儿童之前面，绝不可加儿童以身体的惩罚。惩罚的原因，儿童与教师皆应明白知道。要想用惩罚来成功好人，在教师的态度中，不宜有一点的愤怒。学校内若有校长，宜以一切应用身体惩罚的事，请他决定。当然所加之惩罚不能对于儿童之身体有所伤害。

七、真正道德的行动必有选择

即在知识尚未成熟之儿童，若使之对于他童所作反应社会的行为之情境加以反省，并使之考虑补救的方法，也极有价值。在某一城市初级小学内，一个大的儿童在游戏时跑出界限以外，并告诉他的教师说他要属于那拒绝任何人之命令的那个团体。此时的教师，未尝不可宣布此儿童为公然的背叛者。但是教师并不如此，他告诉此童道：学校制度中有两种学校，一种是学生在早晨九点钟到学校去，在下午三点钟散学，而此处学生所做的事均受教师所指挥；而另外又有一种学校，学生每天二十四小时，每礼拜七天，都在学校里面，因为他们不愿意和第一种学校之别的小孩子及教师共同工作。教师并且还告诉他说：在这第二种学校内，他将有一机会在平常功课时间以外去工作，但他仍不能享受自由。儿童听了这些话，遂用坚决的态度说道："假使你能宽恕我这次的不服从，以后你叫我做什么，我就做什么。"

就实际而论，儿童所做之错误，常可为正当社会态度与真正道德行为的发展之必需的情境。特别对于年龄较长之儿童，教师应当常常设法使他们担负责任，不必是视之仅为免去相当之惩罚。教师不是专制魔王，而学生绝不可视之若专制魔王。假使教师叫儿童告诉他说，应该怎样能使他自己不辜负团体，此必能改变了许多儿童之观点。教师宜使儿童知道责任全在他们身上。

八、物质的情形与行为

有许多儿童为教师所误解，因为教师未能十分明白他们的物质的情形(physical condition)。假使一个普通的人有眼伤的时候，他能否还为一个好的公民，是诚可疑。儿童睡眠不够，或因腺的关系而必须用嘴呼吸，或因沾染喉病或牙齿脱落而受痛苦，那他就不能与在普通物质情形下之儿童等视齐观，而皆使从事于相同之行为。一个人在病时的易怒性，往往产生为使团体讨厌的动作，但是他并不含有恶意。有一个关于眼疾的研究，发现有眼伤之儿童，自从预备相当的眼镜之后，行为之进步非常之快。儿童有喉病及腺病者能医治好了而恢复其原来之健康，则其行为之进步亦极为明显。

九、学生自治

许多学校，使学生参与学校的行政，而以训练公民为明确的目的。然有一危险，即自治活动之模仿与公民义务之重要训练之间，常含混不清是也。一个人虽明了而且参与自治团体的组织，如警察、清道夫、救火队等等，但仍常不能了解公民的义务与职责。吾人必须使儿童了解我们制度的生活，特别对于初级小学与高级小学之较高年级的儿童，使之模仿我们为实行自治而立的形式，有真正之价值。在此种计划中，有聪明之教师或校长为之指导，可以引进良善公民所特有之责任观念与合作品性。然而我们不可以有自治的形式自满，我们尤须使儿童在作自治组织活动时并将公民训练的重要性问题作切实的考虑。

十、学校的例规

一班之管理不能完全直接交与儿童。学校欲尽自己的职务，教师必须施管理于儿童，虽此种管理有时不能为儿童所了解。在任何有规则之学校中，必有几件事体成为例规，而使儿童作直接的服从。当儿童自此室渡入彼室时，最好他们是按照一定次序而行动，不可聚集在一个角上或门口，而产生纷乱之现象。有些人喜欢军队式的训练，有些人恐怕儿童动作受严格的限制因而不加管理，像上面所说的，刚为此二者之间最好的平衡。著者并不是要儿童列成队伍才可经过一个地方，或要儿童走时步伐整齐，足声有音乐的调和。学校学生很容易明白一群人在走廊的右边行动时应该要有秩序，并自此处到彼处应该迅速。在课堂内传授东西，为节省时间起见，必须使儿童习惯一种特别的方法，叫学生各个依次传授，使在桌子前面或靠近桌子的学生沿着座位依次将东西传给于人，此为最好之学校管理。作救火的训练时，每生的行动应谨守例规，不可慌促，以达到确定之目的地。

十一、自制力之发展

与公民训练有关之理想的管理法，必须发展自制力。在各学校中，都有机会希望学生按照他们自己最好的判断去实行动作。教师对于所教的学生，应该养成此种责任的情感。无论教师之命令到图书馆中去读书的儿童，可以自豪。我们常可使他们任意参考应用的书籍。如果在开始上课时，他们知道上课铃要他们坐在位置上预备工作，那就最好不过了。若使在上课五分钟或十分钟以前，给他们一个警告的号令也是不妨。但是要儿童在操场上聚集成一排而步伐整齐的走进课堂里面，乃是不必需的。还有许多别种关于自制力的例子，与在此方向的发展之可能性之例子，凡为有经验的教师皆时常可以发现出来的。

十二、讨论的重要

好的公民必须用能与同伴对于所发生的一切问题作公开的讨论。许多利益是来自允许儿童讨论之组织中。较大的儿童可以放在小的团体中，使其彼此互相合作，预备某种一定的指定，以便在下次上课时，将所发现的事实报告于团体。关于学校内之智慧的工作，我们一定要使儿童对于自己的进步有负责的观念。上课时间内须有正常的社会情境。若在普通的上课时间内，教师则往往像专制魔王一样，考问他的人民（即学生），并试验其应否有领受他的恩赐之特权。

十三、儿童为良好之公民

我们必须使学生发展参与为公共谋福利的活动之观念。有许多儿童早知道节俭的重要，有许多年龄较长的儿童甚至明了过度的浪费有反社会的意义。学校应该教儿童以节俭的原则，并且发展儿童之储蓄的社会意义。儿童从事于红十字会，亦可以供给儿童以学习此等事项之不断的机会。一个好的公民对于那些无幸福者应该负有救济的责任。红十字会所担任之救济方法应该为儿童所了解。应该有一种教育，特别着重学生之济人的志愿，而同时使学生知道滥施的危险。红十字会的工作包括无数儿童参与于不幸的事业之中，当灾难现象不幸继续发现时，慈善机关或红十字会即开始牺牲金钱、时间与精力来帮助别人。

十四、好公民与工作

好的公民做事不依赖他人。儿童必须知道所做的工作是什么。如学校园与儿童工作讨论会（Bhys' Working Reserve）为儿童之最有价值的工作。因为他们能藉此知道工作与工作所产出的结果间之关系，而此种关系完全为他们的经验所无。每个儿童都应该知道，在体质工作中所包含者为什么，他们只用他们所有的智识的才能是不够的。在社会中，我们必须还要了解并且深知劳工的命运，我们绝不能解决资本家与劳工者之间的问题，必等到工人多少变成一个资本家，而那些继承资本家的人格外明了劳工中所包含的是什么，然后方有解决的希望。

十五、儿童为社会的工作者

在许多社会里面，儿童因为担任了为本地方谋进步的工作而得到有价值之公民的训练。清洁园圃、把废地种花草、造公共花园等等这些工作，均儿童所担任而对于许多社会有莫大之利益。最好的事是他们知道为公共谋福利之合作的意义。同样，在好的领袖之下，儿童往往能增加学校的建筑与环境。一个儿童能对于学校的产业很留心而加以美化，即为一个好的公民。社会中心之发展，儿童与父母均参与其间，并有他们的许多活动在学校之中，此在社会责任的感情中已有了发展的机会了。

教师可以用正当社会的观念来训练好的公民。教师要能在他们的职业工作以外而参加于为公共谋福利之动作中，对于儿童将极有影响。好的教师有和善的性情与精巧的教授，对于儿童之发展极有帮助，并可以使他们知道在学校以内与学校以外如何动作。教师最大之责任为发展儿童使知道在思想上与实行上最大的满足即为对公共福利有所贡献。

此文系译自 G.D.Strayer 与 N.L.Enghlhardt 合著之“*The Classroom Teacher*”一书中之第六章。

八月三日译于上海

民国十三年（1924 年）第 16 卷第 9 号

学生参与学校行政论

陈兼善

仆比以某中学风潮之关系，溯厥原因，曾为中学学生不应参加政党而多留心政治之论，发表与《民铎杂志》。是文所以特称中学学生者，盖小学生当然无参与政党之事，而专门大学之学生，是否应参与学校行政，仆亦不敢加以论列也。兹将赓续是文，再论学生应否参与学校行政一问题，以尽吾意。五四运动以来，学生之于学校职教员，俨若国民之于政府，日惟监视掊击之是务，吾辈虽不必持师严道尊之腐论，但在敌对之形式之下乃欲侈谈教育，宁非大笑话邪！

社会一时之风气，其传布之速，印人之深，有可为吾人深味者。仆居上海三年，如交易所也，烟草公司也，制糖厂也，大学也，每见一事业创成，其继起者即风卷潮涌，有雨后春笋之观。事业如是，思想亦然。北京学生既抨击章宗祥，捣毁曹家花园，天下人心为之一快。于是学生会之组织，举所有有学校之都市，所有有学生之学校，视同必需，否则即足以显示其无人。学生既曾参与国家大事矣，一校之行政，诚渺乎小哉，陈腐应改之处，不过一举手一投足之劳可以齐事。故凡学校办理不善者，即有学生鞭策之，而闹风潮之新闻，乃于每日报纸上占有极大之地位。

夫中国之腐败，不自今日始，惟至今日始为人揭穿之耳。旧官僚之把持政府，劣绅之把持乡镇，冬烘先生之把持学校，凡公众团体，无论大小，殆均建筑于舞弊营私者之手。彼有人心之青年，以其洁白果敢之精神，鼓舞进行，欲以澄清一切，于是自国家社会以至家庭，咸呈不安之状。此不安之状况，乃改革之结果，我辈岂便以青年学生学问识见之浅薄而遂无视之邪？不特不应蔑视，以国内青年与一般老朽相对较，如斯勇于敢为，敢许为国家命脉之所紧焉。然则仆何为于学生干涉学校行政一事有所讨究邪？

仆不敏，常以为学校非政府之可比，学生亦不应以此特种国家中（指学校言）之国民自居。盖就学校性质言，职教员乃承彼为父母者之命，教育其子女，俾得幸存于此纷扰之生存竞争场中者也，与人民所需要、所具有、所组织之政府不同。学校之组织中系职教员为主体，而国家之组织中乃人民为之主体也。

然而一般学生不如是想也，而主持笔政者又扬其波以壮其气，谓学生闹风潮，其曲必在职教员处理之未当。仆于此虽不敢自辩，然愿为现代办学者呼冤。闻湘省某学校，教员就职之初，学生辄询其为无政府党乎，抑共产党乎，抑并社会主义亦从未知之乎？以是辨别教员之称职与否，诚吾辈百思不得其解者也。又闻蜀省某学校，每当学期之终，学生对于学校设施以及教员学力为一严厉之批评，当局者收集而统计之，以定下学期学校行政应兴应革、教职员应进应退之标准，果如是又何必月耗全校 2/3 以上之经费（平常一校教职员薪水，约为全校经费之 2/3 以上），以供养教职员乎？意者大事由学生自治会决议行之，日常琐事请书记事务员等为之照常进行可也。

更可笑者，考试为学生受课应有之报告，教员并可凭此以为改良教授方法之预备（考试方法之改善为另一个问题），乃亦有人倡议废止，假借自动、兴味等美名。教员不之许则以罢考相要挟，或竟设词以攻讦此负责之教员。闻北大教授某君曾统计入学试验时中学生之程度，远不如昔，废考运动或即为其原因之一。

学校财政，学生亦多有要求过问者。吾浙近年来学校中风潮，起于学生要求财政公开者极多。夫欠钱之校长，以学校为美缺，回扣也，膳余也，建筑费也，设备费也，其甚者职教员之薪水少支多报，学生之学费多收少报，此皆屡见而不一见之事实。至若上海以学校为营业者，藉广告以广招徕，其无耻更属彰明较著。如是荒谬绝伦之学校，监视其财政，确为当务之急，不容一日缓者也。然以学生当之，不特非分之所宜，抑亦力所难及。官立学校监督之责在乎官，如彼执政者不能雷厉风行，当联合以驱之。私立学校以牟利为目的，倘在办学与牟利二者可并行之条件下，亦可相当允许，如不顾办学只在谋利，则政府与社会应有机关以监视其财政，学生相约他适可也，揭穿其黑幕以告社会亦可也，但绝不应居于监视财政之地位。

何谓学生不应居于监视学校财政之地位？盖彼营私舞弊之徒，老奸巨猾，对于入世未深之青年，正可施展其蒙混之伎俩。或以利诱，使监视者竟与被监视者相沟通，或相欺哄，使监视者见彼弥缝无缺之账目，无从着手。而因此监视之名，反与被监视者以相当之保障。

总之，学生之参与学校行政，如预算、决算、进退教员及其他校务、教务上重大事项，不特不应该，且亦无甚意味之可言。况就仆个人经验而论，一校之职教员每有许多派别，或以地方分，或以出身分，或以气味分，彼此互讦已成为今日一般学校之通病，学生参与学校行政，正可为彼等利用之资。而得学生信仰之教员，亦不必具真正之学问与道德，言足以动其听，行足以投其好，便可得学生之膜拜矣。而此无耻之教员，因为有学生为之捧场，亦如武人之拥重兵，在一校中乃可肆行无忌。如是办学校，试思有何良果之可获？

夫吾人既不以学生之参与学校行政为题，则人必有以难我。学校办理之善否，与学生有切肤关系，而此中底蕴亦惟身受者知之最详。如仆所言，岂非钳制学生之口，而让彼办学者得肆意捣鬼乎？此其一。青年学子与社会接触极少，凡所议论，多自纯洁之天良出发，故学校闹风潮，教职员引躬反省，必有处理未当之处。况自教育宏大之能力言之，学生即发言有误，亦应有之事，教职员分当诱掖之使成才，不能以成人例之也。此其二。

仆于此有应声明之二点：第一，腐败之学校当另谋所以根本改造之方法，如以学生当其冲，不特无济于事，势必益滋纠纷。第二，学生为可塑造之原料，而非已成形之器皿。吾人所应教育之者在此，所应葆爱之者亦在此。请先申述第一点。

国内兵火连年，闾阎为墟，但教育事业始终在支撑之中，而新创之学校仍时有所闻。吾人于此不能不承认吾国近年来社会之进步，即如二三巨富，捐资兴学，无论其办法是否妥当，亦应与以相当赞助。仆尝怪国内舆论，总在挑剔人之短处上着力，颂扬之文字则不数数观。岂真恶人之过多欤？其实人之所以成其正直伟大者，虽有其禀赋，而社会夹持之力为大。故人咸以为是，不敢独非也；人咸以为非，不敢独是也。今必欲以冷酷之眼光，为谨严之批评，虽曰春秋责备贤者，窃谓如是适足以使贤者懊丧也。尤可叹者学校中师生之间，感情决裂，每至吹毛求疵，攻讦之道无所不用其极，此风继长增高，教育前途岌岌危矣。仆尝与三五学校当局，侈谈一切，无不感受聘请教员之困矣。一学期之始，欲组织一适当之教职员团体，不知费去几许卑词厚礼，邮电往还，此非平常迎亲出殡，呼唤小苦工执仪仗者可比；亦非商品买卖，为认钱不认人之交易。学生不知此中苦衷，一为感情所激动，小之诘难作态，大之罢课要挟，甚至加以诟骂，出之威胁。夫吾人对于一般学生所认为好教员之标准，是否有当，姑置勿论，而以如斯之态度相对付，特不师生间不应如是，即平常朋辈往还，亦不应猖狂乃尔也。即此一端，可知学生参与学校行政之非当，不急谋阻止，将使智识阶级视教员为畏途矣！

其他关于学生参与学校行政所引起之纠纷，更仆难数。今之办学者，无不有深切之感觉，可无庸仆之喋喋也。至如腐败之学校，握教育行政权者，应有严厉之取缔条件，即或官厅亦同垢合污，社会中人当思对待之法，社会为恶绅所把持，民气无由伸展，国民应亟谋根本改革之道。如以学生当其冲，就教育之根本意义言之，原不许有无学无行之徒为人之师。今不幸而如此，学生向校长陈述意见以供学校聘请教员之参考可也，向官厅或校董陈述意见，以为审查校长得人与否之参考亦可也。如必欲压迫校长进退职教员，压迫官厅或校董进退校长，甚或面斥职教员与人以难堪，似其所言断无谬误而不容人之考虑者，窃期期以为不可也。此为仆第一层之申明。

近顷舆论界对于任何学校之风潮，左袒学生者多，而学生参与学校行政之举，亦颇有赞同之者。彼等之意以为纯洁青年之言论，必非羌无故实者可比，而学校职教员因入世较深，所言必有几分文饰，此实大谬。仆于上文曾谓学生乃可以塑造之原料，而非已成形之器皿，故谚谓后生可畏。纯洁云者，可塑造之原料云者，谓可使之为善，亦可使之为恶（此中自不能抹煞先天之禀赋），非谓无须栽植，便可蔚然成林也。用心深远、手腕灵敏之教员，必较之品学俱优者能得学生之信仰，不甚接触之人之言论文字，必较在校职教员之言行能深印于学生之心。故学生时代所谓好恶，即无人利用，无人煽惑，亦不能完全归咎于在校职教员也。仆之所以不苟同于学生参与学校行政之举者，职是故耳，此为第二层所应申明者。

仆最后尚有不能已于言者，即此五六年之特殊情形，因迷信新者比较旧者为善为是，因之推想青年必胜似老朽。夫人类社会所以有此长足之进步者，社会遗传（social inheritance）之力为多，所谓社会遗传，即前人有效的经验之递嬗。理论与经验互为因果，经验固不能压倒理论，理论亦不能忽视经验也。倘专凭理论，农学专家不能增多其乡之收获也，畜牧专家不能使其家之牲畜滋生也。吾国频年以来因东西文化之接触，知扃门固守，不足以图存，遂努力以谋欧美文化之灌输，其结果至摒弃旧有之学术思想，甚且排斥军事稍长而浸润东方文化较深之人。于是社会上显然分为两截，几成对垒之形势。一方力为保守，一方奋身进取，冲突之情形，不仅见诸文字，恐将决诸战争。明白言之，一方认中国文化之可以遗世特立，一方认西方文化当占有此土，此实皆非也，东西文化当谋所以接种杂交之道，偏持一端，努必益滋纠纷而无可收拾。

噫！一民族中年长而富有经验之人不足以指导后辈，而后辈乃欲囫囵吞枣，移植他邦文化于其民族中，其危殆可想而知。在此情势下，总有人告仆，为改革时代所应有之过程，然而仆终不能不为之葸葸顾虑也。

十三，九，一，于上海

民国十三年（1924年）第16卷第9号

平民的公民教育之计划

陈筑山

一、平民的公民教育之性质

欲决定平民的公民教育之性质，当先解答下列之两问题：什么叫公民教育？什么叫平民的公民教育？

对于第一个问题的解答如次：公民教育有广狭二义（照一般习用的意义作区别）。广义的是训练人对于一切团体为有效率的分子的教育——即普遍的团体教育（原为社会教育，因避社会教育名词之多义，故用团体教育。）狭义的是特别注重训练人对于政治团体为有效率的分子的教育——即特殊的团体教育。

本计划以广义的公民教育作基础，以狭义的公民教育为中心。

说明：

1）有效率的性质约分四类：属于身体的，如健康、力量之增进等；属于职业的，如技巧、知识之发达等；属于文化的，如美术之创作赏鉴等；属于团体的，如遵守秩序、热心公益等。教育的性质，因其以训练何种类效率的性质为目的来决定。公民教育是以训练人在团体生活上为有效率的分子，故属于团体教育。

2）社会团体，从家庭到世界，当中有无数不同的种类。大而分之，有公民的团体，有非公民的团体，如家庭团体、邻里团体、职业团体、宗教团体、文化团体等，属于非公民的，如国家、省、县、市、乡等政治团体，属于公民的。公民教育，特别注重训练人在政治团体生活上为有效率的分子，故属于特殊的团体教育。

3）一般论公民教育的，不偏于广义的，就是偏于狭义的。偏于广义的，不明了公民教育是团体教育中之一种教育，竟把公民教育完全与团体教育相混。故将关于家庭道德知识一类的材料也列入公民教育之中，无异把家庭里的父兄子弟对于家庭都认作公民。这样的解释，未免太过于广泛了。书局里出版的高小公民教科书，有将论时间与天才、鞋匠改过一类的事情，都挪为公民教育的材料。甚至有名为社会课本，其中多有论伤风、割伤、擦伤的治法一类关于卫生的课文，真令人莫名其妙。偏于狭义的，不了解公民教育虽特别注重政治团体的分子的训练，但与训练法律政治的专门人才迥乎不同。坊间出售的初中或高小的公民教科书，有罗列大陆法系、英美法系、回回法系一类的材料，竟把公民教育完全与专门政治、法律教育相混。这样的解释，未免太过于偏狭了。

4）人与社会的关系，本来很复杂。要训练人为团体的一个有效率的分子，方面极多。若要完全，其势非对于若干种类的团体发生分子关系的个人，给与若干种类的团体教育不可。但各个人的团体关系不同，即各人所需要的团体教育不一样，实际上如何能普遍的实施这样复杂的团体教育？只有关于一切团体共通需要的几种原则，几种抽象的精神教育，是可能的，是必要的。关于一切团体各各需要的具体的知识技能的教育，是办不到的。所以广义的公民教育，只能在抽象的团体精神上讲。这就是本计划只采取广义的公民教育为基础的缘故。

5）同国的人，与政治团体的利害关系是很大的，而且多是普遍相同的。因为政治团体的影响，普及一切团体的生活，没有人能离却政治团体的分子的关系（除非是鲁滨孙的漂流），即没有人能不受政治团体的影响。因此，普遍的训练人为政治团体的有效率的分子，是实际上需要的。而且特别提出政治的团体教育来普遍的实施，不但是抽象的重要精神，即具体的必要的知识技能，也是可能的。所以本计划以狭义的公民教育为中心。

又对于第二个问题的解答如次：平民的公民教育，是对于知识的社会圈以外的民众，而施的公民教育。质言之，是对于连国民教育都没有受过的民众，而施的公民教育。

说明：

公民教育的意义，已说明如前。此处所当说明的，为“平民的”意义。平民这个名词，在中国的社会里和在外国的社会里所代表的意义不同。因为在外国的社会里，平民的对待是贵族。中国的社会，有特别可注意的事，即在无阶级制度，凡民皆平等的事实。既没有如印度的阶级，也没有如英国、日本和其他的国家存在的贵族与平民的区分。虽然因教育的多少、贫富的程度及职业等，在社会上的地位有种种的等差高下，但决非世袭的阶级，不过从其人的能力与事业分别罢了。在政治上无论何人都可登高位，今日为匹夫，明日可为王侯，这不但在历史上为然，在思想上也是如此，故有“王侯将相宁有种”人人常说的话。在前君主时代，尚且没有如外国社会里存在的贵族与平民的阶级，在今日共和时代，所谓平民这个名词，更没有与贵族对待的意味了。然则在中国的社会里，所谓平民的意义，究竟何在？仔细研求，不外有两种对待的意义：其一，对待官吏而言，常与百姓二字连用，“所谓平民百姓”是。其二，与士对待而言，中国自来习称士、农、工、商四民，以士列于四民之首，属于士的社会圈内的人，必读书穷理，以劳心为务，作官吏的进程。属于农、工、商的社会圈内的人，不必读书识字，专以劳力为务，立于被治的地位，普通所谓“大头百姓”，就是指为农工商的人而言。由此观察，中国社会里的平民“旧称齐民”，无阶级的意味，有文化教育的程度的意味。以现在流行的新名词来解释，所谓平民的确实意义，不外是指知识阶级以外的民众而言。其实“知识阶级”是一个自相矛盾的名词，因为知识是由人人努力可以求得的，不是由世袭传来的，故改用知识的社会圈，以免引起阶级的误会。说到此地，可以了解“平民的”意义，就是“知识的社会圈以外的民众的”的意义。质而言之，平民教育本来是对于连国民教育都没有受过的民众而特创的、平民的公民教育，自然是以未受过国民教育的民众，为被教的对象。

就前之两问题解答的结果，可以了然平民的公民教育之性质如次：平民的公民教育是训练未曾受过国民教育的民众在普通的团体，为一个有效率的分子的基础之上，特别注重对于政治团体，为一个有效率的分子的教育。

二、平民的公民教育之目的

欲决定平民的公民教育之目的，须先分析平民的公民教育之性质的要素：为训练未曾受过国民教育的民众的根本教育；为训练普通团体的有效率的分子的基础教育；为训练政治团体的有效率的分子的特别教育。

据上面所分析的性质要素，决定平民的公民教育之目的如次：适应未曾受过国民教育的青年与成人的程度，授以相当的能领受的社会知识道德技能，以养成20世纪的新民为目的；体察中国普遍社会所表现的团体分子的缺点，施以必要不可少的团体精神上的训练，以养成社会团体的良好分子为目的；应合中国今日国情所要求的国民性质，授以最低限度的政治道德及政治知识技能，以养成稳健的能破坏能建设的共和国民为目的。

说明：

1）中国人民，号称四万万，占全世界人口1/4。以与欧美各国的民数相较，不可谓不多，但就文化的程度来观察，中国人民当中失学的成人与青年，在三万万以上，以与教育普及的文明国家的人民相比，智愚悬殊太甚。处今日以民智竞争的世界，将何所仗恃以为立国之根本？欲待国民教育普及的效果，无论今日中国的教育已濒于破产，即国民教育有振兴的希望，其已经经过教育年龄而失学的成人与青年，自不得划出国民范围之外，而不思急切补救的方法，故公民教育的第一个目的，实应今日国家的根本要求而立。

2）外人评论中国，无二月不解的社会，无三人以上的团体。虽为苛刻的评论，但中国社会普遍表现团体生活的缺点，实令人可惊，如讲私情、谋私利、逞私见、好私斗，处处都有表现。各种团体的规则章程，订立的时候，虽不厌其详细；

实行的时节，很难有几条遵守。关于道德、私德的批评尚重，公德的批评很轻；譬如有人对于公家的事情，怎样的溺职亏空，对于公共的物件，随便糟蹋，只要对于个人的私德上略为讲究，他的亲戚朋友，尚以人格高尚称许。做一任官，搜刮民财，侵吞公款，归老山林，略做几椿慈善的事情，乡里的人，还得以慈善家、大善人称他。这一类的性质，多半是受过高等教育的人所表现的。其未曾受教育的民众，不识不知，其积极的对于公家作恶的能力程度，固然够不上这样；但在消极的方面，只知谋个人自足的生活，没有为团体之一分子的自觉心，因之无论在何种团体中，皆不能为一个有效率的分子。往好的方面说，充其量不过做一个不说话的老好人。处今日公共生活很发达、很复杂的社会，表现这样的社会性的弱点，并非从根本上训练国民的公共精神、团体道德不可。故公民教育的第二个目的，实为对今日中国社会的病症而立。

3）人类相互的关系，自夫妇发端，以至全人类的大结合，当中发生纵横错综复杂、无数的团体。国家之一阶程，有的视为至高无上的人类团体，有的视为以上还有全人类世界生活，有的视国家的团体，将来有消减之一日。我们无论赞成何种的见解，在今日外之以各国平均的国力相撑持世界的和平，内之以各国自己的国政保持各种社会的治安的时代，凡属国家的一分子，不可不具备相当的政治道德知识和技能，直接以图国家生活的安定，间接即为图各种社会生活的发展和世界生活的安宁。属于君主国家的分子，犹且不能不有这种训练；属于民主国家的分子，自己即为国家的主人，更不能不具备这种能力。中国人民向来对于国事极为冷淡，缺乏政治的常识，国自国，民自民，两者似乎全不相关。今日已入于共和政治的途径，非培养民众的政治道德智识和技能，则民国何以能保持存在，图谋发达？故公民教育的第三个目的，特为巩固中华民国的根本而立。

三、平民的公民教育之材料

根据平民的公民教育之性质及目的，拟定重要的材料纲目如次。

（一）知识

1. 共通的

1）国民。第一，国民性。优点：和平、中庸、忍让、谦顺、自足、简朴、勤劳。缺点：守旧、自私、无恒、依赖、无组织力、听天、无自动力、怯懦、好私斗、重虚文、不重公德、轻视法律、不率真。第二，现代国民之要素。能力：组织力、团结力、生产力。知识：自治常识。身体：强健、耐劳、整洁、活泼。精神：自动进取、负责、牺牲、持久为公。

2）民国。民国特殊性及名实之对照。

3）中国。文化上之特色——大同思想；历史上之特色——五千年前已开化；地理上之特色——地大、物博、人众。

4）民生。民生困难的总因及努力解决公共的标准（如外国经济的侵略、国家产业不发达）。

5）民治。民治之意义及具体的例证。

6）民权。民权之意义、民权运动例证。

7）民族。民族精神。

8）国家。土地、人民、政府、主权。

9）世界。五洲及列强。

10）国歌。

11）国旗。

12）国耻。

13）国庆。

2. 特殊性

第一，市民：市民之缺点及其补救法；市民之地位及优点；市民之团结互助；模范城市之创造及组织；城市与国家之关系。第二，乡民：乡民之缺点及其补救法；乡民之地位及优点；乡民之团结互助；模范乡村之创造及组织；乡村与国家之关系。

（二）道德

1）积极的（重公）：公愤、公战；公益、公论；公权、公职；公理、公义；公约、公德。

2）消极的：私见、私斗；私情、私利。

（三）技能

1）指导。当领袖指导团体成员及群众的方法。

2）运动。关于选举运动及其他群众运动方法。

3）组织。关于民众的团结组织方法。

说明：

第一，以上之材料纲目之拟定，系本平民的公民教育之性质目的作根据，和中国现在社会生活上所表现的需要作标准；力避一般所谓公民学所采取的形式的政治学、法律学、经济学、社会学的组织。

第二，纲目虽然如此拟定，依此纲目所叙述的内容如何，是为一大问题。在此计划的性质上，不能一一详赘。但关于内容的总目标，拟定本发展的归纳法，多采用案例故事及具体的问题。

四、平民的公民教育之方法

应用上述的材料，以教育平民，其方法如次。

1）间接的：幻灯；电影；图书；杂志；新闻；文学（童话、传说、小说、戏曲、说本、诗歌、鼓词）。

2）直接的：课本教授；讲演；实际指导；问题法(注重现实问题)；设计法(注重社会服务的设计)。

说明：

第一，平民的公民教育的方法，不可用一般学校式的课本教授，在一般学校，对于学生应用课本教授法，能否发生有效的兴趣，已属疑问；对于失学的青年与成人，恐更不相宜。本计划所拟直接的方法中有课本教授一项，系假定平民学校的教师，不能应用其他的方法时，不得已备此一格。

第二，间接的方法，比较直接的方法，尤其重要。因为用直接的方法，要依赖平民学校的教师，但平民学校学生在校的时期至短，直接受教师的训练是很少的，所以间接的方法，须求普现于社会，方有较大效果。

以上所拟计划，系出草创，缺点恐多。海内先达，热心平民教育，若有见教，不胜欢迎之至！

民国十六年（1927 年）第 19 卷第 9 号

江西省会的公民训练

程时煃

一、引言

江西省会实施公民教育，目的在利用保甲组织，训练公民，授与实际生活应具的知能，以养成适合现代的公民。自本年五月奉行营令核准后，即由江西省教育厅、保安处、省会公安局会同行营政训处、江西省党部、南昌市政委员会，组织江西省会公民教育委员会，积极施行。

江西省会保甲已编组完成，全省会分为 10 区，共 93 保，2073 甲，51 105 户，男女公民共 255 485 人。原规定每户指定 1 人，出席受训，不论资格，不分性别，嗣改定一律限于男性公民；年龄以在 21 岁以上，50 岁以下者为合格，共有应受训练公民 5 万余人，分 4 期从事训练，每期 3 月，一年完成。

公民训练实施方法，规定每周于星期日分别于各场所集合训练一次，训练科目有学科讲演、音乐陶冶及简单军事训练三种。所有办理省会公民教育人员，均由教育厅、保安处及公安局职员分别担任，并另聘派各级学校教职员及青年服务团团员参加服务，一律纯尽义务。我们主张：第一，以最少金钱、最短时间，教育最多数民众，获得最大的效果；第二，凡受过教育的，应负教人的义务，未曾受教育的，应有受教的义务。这便是实施公民训练的两大原则。

第一期公民训练，自六月开始，至九月底训练完毕，分 33 个训练场所从事训练，共有受训公民 9282 人，已于国庆日举行第一期公民训练大检阅。第二期公民训练亦于十月二十八日开始实施，分 24 个场所从事训练，共有受训公民 6725 人。一切设施方法，因第一期尝试错误的经验，而有所改进，此后当分期分区赓续办理，以至全部公民训练完成。

自新生活运动提倡以来，江西省会为新生活运动的中心，大规模的公民训练，甚感需要，盖惟有健全的公民训练，才是推行新生活的根本办法，才是巩固国家社会的基础工作。

我们深知公民教育的事业繁难，责任重大，尤以事属创行，问题滋多，所有训练方式、教材内容、指导考查，缺点甚多，谬误常见。自实施训练以来，日日在尝试错误的进程中，只有兢兢业业，本着试验研究和牺牲服务的精神，随时补救，随时改善，谨慎从事，勇往迈进，希望获得我们预期的效果，尚望社会人士多赐指导批评。

二、筹备经过

在本年二月江西省教育厅召集中小学教师，举行寒假教师修养会的时候，熊主席曾莅会讲演“省会保甲与公民训练”，勉全体教界应协同公安局负组织与训练公民的责任。嗣即就寒假休养会出席会员中指定程宗宣、涂闻政、夏家珧、吴自强、毛礼锐、李中安、闵嗣礼、舒垚、刘典兰等负责起草省会公民训练实施计划。当时规定实施目标在组织省会民众，实施政治的、健康的、生计的、文字的训练，以养成现代的公民，并规定由党政机关组织省会公民教育委员会主持其事。凡省会公民，不论资格，不分性别，每户应指定 1 人出席受训，训练内容有公民班、职业班、识字班三种班次，分期分区从事训练。

适蒋委员长于本年二月十九日在南昌行营扩大纪念周讲演“新生活运动之要义”，积极提倡新生活运动，而以南昌为推行新生活运动的中心。南昌公民训练的设施，遂愈感需要。原拟实施计划草案，经由省府转呈行营审核；迄本年五月奉命核准，遂成立省会公民教育委员会。除教育厅长、行营政训处长、保安处长、南昌市政委员会主任委员、省会公安局长为当然委员外，省党部推定段继典任委员，更聘任阎实航、李焕之、邵华、范争波、李毓九、萧赞育、夏承荃、贺鉴千、饶铎鸣、张哲农、张桐膺、程宗宣等为委员。即于六月二日举行第一次委员会，推定程时煃为本会主席委员，并决定训练实施方法、训练科目时间、各种训练人员，以及实施教材内容。公民教育委员会成立后，即设立本会秘书处，秘书由程宗宣兼任，下分总务、考核、编辑、调查四部，为办理公民训练的事务机关。

公民训练实施教材摘要，亦经委员会决定，暂定 12 单元，其内容：“新生活”1 单元，“个人及公共卫生”2 单元，“规矩”2 单元，“新家庭”1 单元，“中华民族”（包括我国历史上特色、地理上特色、中华民国开国史、国家组织及江西之文化等）2 单元，“三民主义”1 单元，“国耻略史”1 单元，“□□与国防”1 单元，“世界大势”1 单元，并组织教材编辑委员会，推定陈琮王、王承禹、廖心仁、饶铎鸣、周德之、谢颐年、张哲农、张桐膺、程宗宣等 9 人为委员，编辑各单元课文及教学方法纲要责任。

公民训练实施经费，亦经委员会规定提经省务会议核定，全年 11 280 元，教材印刷及教具设施设备占7000余元，各场所消耗杂用及办公各费2000余元，职员薪俸全年不及2000元。

公民训练实施方法规定后，即请公安局调查各区应受训练公民，分期编造名册，每期又以地域人数复划分为若干场所。省会保甲当时已经编组完成，即利用保甲长率领公民出席受训。在公民训练未正式举行以前，先期对受训保甲长予以相当训练。第一期保甲长训练，前后凡三次，第一次在教育厅大礼堂举行，训示公民训练的重要意义，并告以保甲长对办理公民训练，应行注意各点。第二次保甲长训练，在公共体育场，由本身国民军事训练委员会选派军事教官10人，出席训练，教以立正、稍息、看齐、报数、敬礼、集合、解散等简单动作，操练约二小时，进步甚速，嗣由各委员相继训词。第三次保甲长训练，假德胜舞台举行，告以公民训练初次试行的缺点，勉各保甲长以身作则，并兼负指导督促公民出席受训之责任。

除保甲长训练外，各训练员及服务人员先期亦有几度集合，指示或讨论实施训练或参加服务各种方法，俾能整齐划一，增进效率。

三、原定计划

原拟省会公民教育计划，本年五月奉行营训令核准，并规定江西省会保甲，限本年五月完成。公民训练，自本年六月一日开始，限一年完成，共分四期，以三个月为一期，每期终了，举行检阅一次。兹录江西省会公民教育实施计划大纲及江西省会公民教育委员会组织大纲原文如下：实施训练时，参看实际情况，稍有变更，容于实施状况内详叙。

江西省会公民教育实施计划大纲

1. 目标

组织省会民众，实施政治的、健康的、生计的、文字的训练，以养成现代的公民。

2. 组织

1）由党政机关组织江西省会公民教育委员会，负主持责任，其组织大纲另订之。

2）依照江西省会保甲组织，分省会为10区，每区分为3训练区，全省会共分30训练区，每训练区设训练主任1人，训练员若干人。

3）江西省会保甲，由江西省会公安局负责限期完成，其详细办法另定之。

3. 训练

（1）分班

以公民班为主，并另设识字班。

1）公民班。凡江西省会民众，不论资格，不分性别，每户每周须有 1 人出席周会一次，以普及全体民众为原则（每训练区分训练者为 7 组，每日举行一组周会。）

2）识字班。凡不识字民众（年在 16 岁以上，40 岁以下者）均须出席。

（2）训练者

每训练区设训练主任 1 人，由江西省会公安分局长或巡官兼任，训练员若干人，由各区训练主任，秉承公民教育委员会，选择聘定；或由公民教育委员会直接指派之。

（3）训练内容

1）公民班。分政治、经济、法律（附交通户籍及其他警律）、健康、道德、音乐及简单军事训练等项（尤应注重一般公民清洁、规矩及勇敢、互助等习惯之养成）。

2）识字班。分识字、书算、常识等课目。

各项教材由行营政治训练处会同江西教育厅，组织公民教育教材编辑委员会编订之，内容注重生活上必须之知能，方式采单元编制，用活页形式。

（4）训练方式

1）公民班。分讲演、讨论、操练、集团活动、巡回指导等项。

2）识字班。分学校式及家庭方式两种（凡家庭中有能实施识字教育者，得采用家庭式教学）。

（5）训练场所

于每训练区创建公民堂一所及体育场一处；在未建筑及设置以前，得借用公共场所或租赁私人屋地，其保管方法另定之。

（6）训练期限及时间

1）公民班。每周分组各举行周会一次，如遇特殊训练，临时酌定。

2）识字班。以 4 个月为原则，每日约 2 小时。

（7）考核方法

1）公民班。计算出席次数，每半年内无故缺席三次者，应行议处。

2）识字班。分期举行毕业考试，及格者给予识字证书。

4. 经费

分经常、临时两种，由江西省会公民教育委员会拟定预算，呈请行营核定。

江西省会公民教育委员会组织大纲（摘录）

第一，本大纲根据江西省会公民教育实施计划大纲第二条甲项之规定订定之。

第二，省会公民教育委员会，由两项委员组织之：当然委员，包括行营政训处长、省党部委员一人、省教育厅长、省保安处长；南昌市政委员会主任委员。

第三，本委员会每月开会一次，必要时得由主席委员召集临时会议。

第四，本委员会经费，由江西省政府临时费项下支给之。

第五，本委员会会址暂设教育厅内。

第六，本大纲自行管核准后施行。

四、组织编配

江西省会公民训练，利用保甲组织，实施训练。因为欲召集多数公民，分区受训，非使全体公民有健全组织不可。江西省会保甲组织，系参照本省修正保甲条例及各系区办公处组织暂行条例，订定办法，分全省会为 10 区，再划分为 93 保，2073 甲，51 105 户，共有男女居民 255 485 人。兹表列江西省会保甲户口数统计如下。

江西省会保甲户口数统计表（中华民国二十三年五月二十五日）

区别		第一区	第二区	第三区	第四区	第五区	第六区	第七区	第八区	第九区	第十区	统计
保数		2	7	9	16	12	9	6	8	9	6	93
甲数		289	198	268	242	291	207	164	124	230	60	2 073
户数		7 176	5 286	6 658	4 756	6 997	5 253	4 395	5 560	3 797	1 227	51 105
人口数	男	25 664	14 036	23 833	14 215	21 717	14 839	12 883	7 997	13 915	3 256	152 349
	女	15 693	10 209	12 106	9 749	16 701	8 559	9 179	7 666	11 312	1 962	103 136
	合计	41 357	24 245	35 939	22 964	38 412	23 398	22 062	15 663	25 227	5 218	255 485
附记		各区户口时有变动，表列户数就现在编组户数计算										

据上表所载，省会共有居民 51 105 户，现规定每户应指定 1 人出席受训，应有受训公民 51 105 人，除去现任公务员、教职员及户内并无规定年龄公民者以外，至少尚有应出席受训公民约 3 万余人。分 4 期从事训练，每期受训公民，平均约 10 000 人。

所有应受训练公民，由各区区长规定分期分区实施训练，第一期有受训练保甲长 539 人，受训练公民 10 483 人。后因人事异动，如迁移、死亡、被灾各种变异，迄至训练完毕，尚有出席受训公民 9282 人，计男性公民 5084 人，女性公民 4168 人，年龄以 20 岁至 30 岁者为较多，职业以工界最多，商界次之，军界最少，无业者亦有 1493 人。兹附载第一期各区训练场所受训保甲长及公民人数一览表及第一期受训公民职业及年龄统计表如下。

第一期各区训练场所受训保甲长及公民数一览表

区别		第一区			第二区				第三区				
训练场所次序		一	二	三	一	二	三	四	一	二	三	四	五
所在地点		德胜舞台	新兴舞台	百花洲小学	新新游艺场	南昌师范	省党部	福音堂	珠市小学	公安局	大成小学	棉花市小学	广润门小学
受训保甲长人数		27	34	14	15	9	20	5	16	15	15	13	11
受训公民人数	男	388	369	201	106	54	164	42	141	83	177	141	93
	女	114	207	54	219	143	237	95	124	165	103	99	129
	共计	502	576	255	325	197	401	137	265	248	280	240	222
	各区总数	1333			1060				1255				

区别		第四区			第五区				第六区				
训练场所次序		一	二	三	一	二	三	四	一	二	三	四	五
所在地点		教育厅	鸿声中学	二职学校	省立二中	省立女中	省立女职	省立工专	东坛巷小学	农业院	绳金塔小学	进贤门小学	将军渡小学
受训保甲长人数		35	9	10	24	28	14	12	11	11	16	11	9
受训公民人数	男	449	167	63	196	177	97	44	78	83	148	92	54
	女	140	20	123	157	144	92	97	86	87	151	151	71
	共计	589	187	186	353	321	189	141	164	170	299	193	125
	各区总数	962			1004				951				

区别		第七区			第八区			第九区		第十区	合计
训练场所次序		一	二	三	一	二	三	一	二	一	
所在地点		心远中学	章江中学	志成中学	第一中学	赣省中学	章贡中学	葆灵女中	昌新舞台	牛行小学	
受训保甲长人数		16	14	18	14	9	10	28	29	17	539
受训公民人数	男	194	124	204	39	32	30	326	371	157	5084
	女	101	122	157	141	144	125	187	214	49	4168
	共计	246	146	361	180	176	155	513	585	206	9282
	各区总数	902			511			1098		206	

第一期各区受训公民职业种类统计表

职业种类	区别										合计
	第一区	第二区	第三区	第四区	第五区	第六区	第七区	第八区	第九区	第十区	
农				2	13	40	21	28	2	1	116
工	317	352	201	616	587	231	257	218	258	108	3242
商	553	297	683	294	177	252	163	121	602	39	3181
学	12	76	14	3	24	5	20	46	28		228
军					1	1	4		3		9
警		28	9		2		2	5	3		58
政	1	107	22		3	5	20	70			228
医	2	22	3	4	2	5	4	6	12		58

续表

职业种类	区别										合计
	第一区	第二区	第三区	第四区	第五区	第六区	第七区	第八区	第九区	第十区	
无业	70	65	237	39	195	397	400	13	78	1	1493
其他	378	145	86	4		17	2	6	3	57	668
共计	1333	1060	1255	962	1004	951	902	511	1098	206	9282

第一期各区受训公民年龄统计表

年龄	区别										共计
	第一区	第二区	第三区	第四区	第五区	第六区	第七区	第八区	第九区	第十区	
12—25	222	248	291	177	178	172	206	98	152	58	1782
26—30	272	226	272	185	212	196	191	113	225	44	1926
31—35	229	182	229	182	168	159	153	94	218	44	1658
36—40	254	94	202	166	200	201	147	97	206	28	1695
41—45	260	172	210	161	215	175	143	102	204	48	1690
46—50	171	87	121	145	109	106	110	40	150	21	1060
合计	1408	1100	1325	1016	1082	1009	950	544	1155	223	9821

注：保甲长 539 人在总人数内

第二期有受训保长 33 人，甲长 515 人，公民 6117 人，一律男性，兹附载第二期各训练场所受训保甲及公民人数一览表如下。

第二期各区训练场所受训保甲长各公民人数一览表

区别		第一区			第二区		第三区				第四区		第五区		
训练场所次序		一	二	三	一	二	一	二	三	四	一	二	一	二	三
所在地点		教育厅	大成小学	百花洲小学	新新游艺场	南昌师范	珠市小学	公安局	桃花市小学	广润门小学	省党部	省立二职	省立二中	南昌女中	省立女职
受训保甲长及公民人数	保长	1	1	1	1	1		1	1	1	4	1	1	2	1
	甲长	27	23	15	26	25	17	17	14	21	48	15	21	39	19
	公民	413	291	201	213	201	286	383	277	257	470	228	264	381	205
	共计	441	315	217	240	227	303	401	292	279	522	244	286	422	225

区别		第六区			第七区		第八区		第九区		第十区	合计
训练场所次序		一	二	三	一	二	一	二	一	二	一	
所在地点		绳金塔小学	将军渡小学	进贤门小学	心远中学	志成中学	省立一中	赣省中学	新生活运动促进总会	葆灵女中	牛行小学	
受训保甲长及公民人数	保长	1	1		4	2	1	2	1	2	2	33
	甲长	17	10	19	23	16	22	18	23	25	13	515
	公民	265	162	269	254	200	181	155	287	247	187	6177
	共计	283	173	288	281	218	204	175	311	274	204	6725

五、实施状况

江西省会公民训练，规定分期分区实施。第一期公民训练，自六月中旬，即已开始，现方从事第二期训练。以事属创行，缺乏取法与借镜，只有凭着尝试错误的经验，依照实施情况，随时改进，随时补救。原拟实施计划大纲中，规定训练内容有公民班及识字班两种，并规定：公民班，江西省会民众，不论资格，不分性别，每户每周须有 1 人出席周会一次，以普及民众为原则（每训练区分训练者为 7 组，每日举行一组周会）；识字班，凡不识字民众（年在 16 岁以上，40 岁以下者）均须出席。嗣经省会公民教育委员会讨论，佥谓同时对全部公民施行公民及识字训练，事实上较难推行，遂规定以公民班为主，识字训练另由江西省会中山民众学校管理委员会负责办理，分期普及省会公民识字教育计划，即利用公民班训练，作实际招生运动，并利用保甲长督促失学民众入学受教。至公民班训练，亦遵奉行营训令分 4 期办理，每期 3 个月，一年完成，且规定受训公民年龄以 21 岁以上、50 岁以下者为合格，现任公务员及教职员有被聘派担任训练员义务，准免受公民训练。第二期公民训练开始时，更规定一律以男性为限。所有女性公民训练，另由省会女公务人员所组织之妇女服务团分期分区办理，教材内容酌予变更，以期适合女性公民的需要。

第一期公民训练受训公民，男女共计 10 413 人，分为 33 个训练场所从事训练。第二期受训公民，以男性为限，共计 6725 人，分为 24 个训练场所实施训练。实施办法规定受训公民每周于星期日分别于各场所集合训练一次，时间以 2.5 小时为度。训练课目有学科讲演、音乐陶冶及简单军事训练三种。兹抄录第一、二两期公民训练实施办法摘要，分列如下。

1. 第一期公民训练实施办法摘要

1）每户由户主指定 1 人出席受训，不论资格，不分性别，年龄以在 21 岁以上，50 岁以下者为合格，不得冒名顶替。

2）本期公民训练自二十三年六月二十四日起开始实施，迄九月三十日日止，并定于十月十日国庆日奉行第一期大检阅。

3）每周训练时间定于每星期日上午 7 时起至 9 时 30 分止，其时间支配如下。

时间	7时至7时50分	8时至8时30分	8时30分至8时40分	8时40分至9时30分
训练科目	军事训练	音乐陶冶	集会仪式	学科讲演

4）本期共有受训公民 10 413 人，就公民住址及场所容量，分为 33 个训练场所实施训练。

5）每训练场所设训练场所主任 1 人，由公安局选派巡官或其他警务人员担任；

学科训练员2人至3人，音乐训练员1人，由公民教育委员会就各学校教职员中聘派，军事训练员若干人，由保安处教导大队选派。

6）每次训练场所设卫生护士1人或2人，由保安处教导大队及医专助产两校分别选派，负施药急救之责；另由医生处及医专选派医师若干人，分赴各场所巡视，兼负诊疾指导之责。

2. 第二期公民训练实施办法摘要

1）每户由户主指定男性公民1人出席受训，年龄在21岁以上，50岁以下者为合格，不得冒名顶替。

2）现任公务员及教职员有被聘派担任训练员义务，准免受公民训练。

3）本期公民训练自二十三年十月二十八日起开始实施，迄二十四年一月二十七日止，并拟定于一月二十八日举行第二期大检阅。

4）每周训练时间定于每星期日上午8时30分至11时止，其时间支配如下。

时间	8时30分至8时40分	8时40分至9时30分	9时30分至10时	10时至11时
训练科目	集会仪式	学科训练	音乐陶冶	军事训练

5）本期共有受训公民6725人，分为24个训练场所实施训练。

6）每训练场所设训练场所主任1人或2人，学科训练员2人，音乐训练员1人，军事训练员若干人，由教育厅、保安处、公安局分别聘派；另设助理训练员1人至2人，由本省特种教育师资训练处研究班学员担任，一律纯尽义务。

7）每训练场所设卫生护士1人，由医专选派学生负施药急救之责。另由卫生处及医专选派医师若干人，分赴各场所巡视，兼负诊疗指导之责。

8）由行管政训处会同各关系机关设置考绩员若干人，于每周实施训练时，分赴各场所负考查训练状况及实施成绩之责。

3. 受训公民应行注意事项

所有受训公民，每周由保甲长率领，准时分赴训练场所出席受训，并规定受训公民应行注意事项如下。

1）各户指定出席受训公民，应于每周训练前一日取得出席签到，并应于训练时准时到达指定场所，缴交签筹，出席受训。

2）原指定出席受训公民，应一律亲自出席，不许请人顶替，否则以缺席论。

3）各受训公民，非因疾病或特殊事故，经区长允许者，不得迟到、早退或缺席。

4）各受训公民，无故缺席一次者，由区长警告，缺席两次者，拘役3小时，迟到或早退二次作缺席一次计算。

5）各受训公民，如因重病或迁徙出外及其他特别多故，不可参加规定训练期次，经区长允许，得延缓或变更期次。

6）各受训公民出入训练场所，须离左边鱼贯而行，不得争先恐后。

7）各受训公民，应绝对服从训练场所主任及各训练员之指导。

8）各受训公民，在训练场所不得闲谈嬉笑，随地唾涕或吸食烟物。

9）各受训公民，入场即脱帽，衣服需整洁，鞋跟要拔上，纽扣要扣正。

10）各受训公民，出席受训时，应严守纪律，不得无故离位。

11）各受训公民，在场坐立，须身体端正，不得弯腰斜倚，妨碍他人。对于场内条凳、黑板等件，不得随意涂抹损坏。

12）各受训公民，对于各训练员应表示敬意，于各种训练开始及完毕时，均应对训练员致敬礼。

4. 区保甲长服务细则

至各区保甲长以及训练场所主任、训练员以及卫生服务员，均经规定服务规则，分述如下。

1）各甲长在每周训练开始前，应邀集本甲各户受训公民，准时率领出席。

2）各甲长邀集受训公民，遇有困难时，得请区长派警协助。

3）各甲长除本人必须出席受训并签到外，应负稽核本甲公民出席缺席之责，并报告保长。

4）各保长在每周训练开始前，应赴各甲长处，督促各甲长邀集公民准时出席。

5）各保长除本人必须出席受训并签到外，应负稽该本保各甲出席缺席之责，并报告训练场所主任。

6）各保长应负指导照料各公民，并维持会场秩序之责。

7）各区长应负调查受训公民，编造名册，并划分期别规定场所之责。

8）各区长应负稽核本区各场所受训公民出席缺席之责，并执行缺席惩戒。

9）各区长应负指导本区各训练场所主任之责，并应于训练时间赴本区各场所巡视照料。

10）各区长应负责督促指导本区各保甲长办理公民训练之责，并应对本区各保甲长予以相当训练。

5. 训练场所主任服务细则

1）各训练场所主任一律由公安局选派巡官或其他警务人员担任，分负各种训练场所事务全责。

2）各训练场所主任负有布置训练场所责任，应于每周训练前一日亲往踏看，布置一切。

3）各训练场所主任负有召集并督促公民出席责任，应于训练开始前派警督促各保甲长召集受训公民准时出席。

4）各训练场所主任负有稽核保甲长出席缺席责任。应备保甲长签到簿，并登记缺席保甲长姓名。

5）各训练场所主任负有稽核受训公民出席缺席责任，应在训练场所收受受训公民。所缴签筹，并登记缺席公民姓名。

6）各训练场所主任负有维持会场秩序责任，得由所在公安分局派警协助，并得指导青年服务团团员照料一切。

7）各训练场所主任负有招待训练员责任，如非本场所所在地服务人员，应负介绍及招待责任。

8）各训练场所主任负有上课计时责任，如上下课时间应指挥本场所有人员，或派警打铃，并注意按时上课，非不得已，不宜提早或延长。

9）各训练场所主任负有散发教材责任，应于训练开始时分由各甲长发给各受训公民。

10）各训练场所主任负有报告各场所训练情况之责，每周应将服务人员及受训公民出席缺席状况报请区长转报本会备核，并于考绩员到达时，报告及说明一切。

6. 训练员服务细则

1）凡省会各机关公务员及各级学校教职员，一律有被聘派为训练员之义务。

2）训练员一经聘派，应本服务精神，努力本职；不得藉故辞卸或任意旷废职守。

3）训练员有疾病或有特别事故，不能出席训练时，应由该训练员负责觅人代理，并须报请本会备案。

4）训练员对担任课目，应遵照规定教材，充分准备，对于应用教具，亦应自行准备齐全。

5）训练员除担任训练课目外，应兼负指导与照料受训公民责任，并应协同训练场所主任，布置训练场所。

6）训练时间，每周一次（第二期暂定每星期日上午8时30分至11时），各训练员应准时出席，不得迟到或早退。

7）训练员服务期间，以三月为一期。

8）训练员一律义务职。

7. 卫生服务员服务细则

1）各服务员应于每周训练开始以前到场，训练完毕后退席。

2）各服务员应携带应备各项药品。

3）各服务员应负急救及诊查责任。

4）各服务员应负配药及施药责任。

5）各服务员应负视察指导全场卫生责任。

6）各服务员对各受训公民有不合卫生行为，应负纠正责任。

7）各服务员因故请假时，应各自负责请人代替其职务。

8. 青年服务团团员服务细则

1）各团应于每周训练开始前到场，训练完毕后退席。

2）各团员应负责指导并照料受训公民责任。

3）各团员应兼负维持受训公民在会场秩序之责。

4）各团员在音乐训练时应负领导公民歌唱责任。

5）各团员因故请假时应事先报告所属分团长派人代替其职务。

6）参加各公民训练场所服务各团员应准免予参加本周指定工作。

至考查各训练场所公民出席缺席及训练状况起见，分别制有保长报告表、区长报告表、军事训练报告表、考绩记载表，各种应用表式列举如下。

各区训练实施状况报告表式

江西省会公民教育实施状况报告表 期　次 第　周 （　月　日） （保长报告区长用）	项目		备　考	区长台照	中华民国 年　月　日 第　区 第　保 保长呈
	区别				
	训练场所		请假人数姓名登记（见下表）		
	训练员				
	本保应到人数				
	请假人数				
	缺席人数				
	实到人数				
	附记				

请假人数姓名登记

1	2	3	4	5	6
7	8	9	10	11	12
13	14	15	16	17	18
19	20	21	22	23	24
25	26	27	28	29	30

江西省会公民教育实施状况报告表 期　次 第　周 （　月　日） （区长报告委员会用）	项目							江西省会公民教育委员会台照	中华民国 年　月　日 区长 报告
	区别								
	训练场所								
	训练员								
	应到人数								
	请假人数								
	缺席人数								
	实到人数								
	附记								

江西省会公民教育实施状况报告表 第　周 （　月　日）	训练地点		公民人数		预定科目	实施进度	附记	中华民国 年　月　日 训练员 （签名盖章）
	区别	训练场所	应到者	实到者				
	第　区		人					
			请假者					
			人					
			缺席者					
			人					

江西省会公民教育训练场所考绩记载表式（第二期用）

时间　第　周　月　日

区别	训练场所	训练场所主任	学科音乐训练员		军事训练员		助理训练员	卫生服务员	受训保甲长人数			受训公民人数			训练情况	场会秩序	视察意见
			出席者	缺席者	出席者	缺席者			出席者	请假者	缺席者	出席者	请假者	缺席者			

考绩员　　　　　　　　　　　　（签名盖章）

六、余论

江西省会实施公民训练，原为草创试行工作，事业繁艰，责任重大，自奉令实施以来，日日在尝试错误的进程中，所有训练方式、教材内容、指导考察种种设施，缺点甚多，谬误常见，只有本着试验研究和牺牲服务的精神，努力从事，幸赖公安局、保安处、各方人员的协作努力，得无陨越。自训练实施以来，所有受训公民自始至终平均有 90% 以上的出席；各训练场所主任及户籍警，召集公民，虽在黑夜清晨，迄无休憩；军事训练员指挥训练公民，困难备尝；学科及音乐训练员力竭声嘶；所有服务人员凡五百余人，在百度以上的溽暑天气训练公民，纯尽义务，服务社会，从未有松懈失职者。训练情况，一周较一周有进步。第一期训练完毕时，据各方考察结果，已受训练公民，对于新生活各种初步习惯，大致已经养成；团体集会的纪律，亦有进步，民族国家的观念，渐有印象，一般公民应具的常识常能，或许知道一个梗概。举行第一期检阅时，承蒙检阅长官的嘉勉、各方舆论的赞许，又承省内外各地纷纷来询问并索取章则。我们对于公民训练各项设施，不敢认为满意，尚不欲宣传推广，惟有继续努力，研求改进，埋头苦干，俾能达到公民训练预期的目标，不负社会的期望，尚望读者不吝指导批评！

二十三年，十一月，八日，脱稿

民国二十四年（1935 年）第 25 卷第 1 号

现阶段中国公民训练之鸟瞰及其改进

吴家镇　高时良

一、我国公民教育发达史

我国公民教育的发源，事在1906年日俄战役之后，因鉴于日本一战胜俄，乃有公民教育的提倡。光绪二十七年，明令教育宗旨为忠君、尊圣、尚公、爱国、敬业等五项准则。二十九年《奏定学堂章程》中，规定初、高两等小学堂均设修身科，三十一年颁布的《女子小学堂章程》，亦有同样之规定。

民国初年，教育部除了规定中小学课程应设修身一科外，又明令加入“公民须知”“中国法制大意”等项目。四年复申明教育宗旨须注重道德、实利、尚武，并运之以实用。至民八第五届全国教育联合会开会时，曾提出编订公民教材案，“凡属国民，自应具有公民知识；值此世界大势日趋改进，平民主义澎湃五洲，苟非于公民知识教养有素，势必盲从轻举，易入歧途，关系于国家实非浅鲜”。至于民国五年十月修正国民学校令施行细则之修身要旨中，有“兼授公民须知”一语，而于高等小学校及中学等，尚未有添设公民科之规定。虽中等学校最后学年有法制一科，但每周仅一小时，所含公民教材亦极简略。故乘此次会议之便，公然将此意见提出讨论，其办法分为两种：宜编订公民教本，专为中小学校教授公民科之资料；宜编订公民常识表解，专为通俗演讲之资料（注一）。此议案通过后，曾由该会函请各省区教育会搜集公民常识资料，分门编订，迨第六届大会开会时，由江浙两省合提公民教材要目一案，虽条分缕析，堪供采用，但因各地风俗习惯不同，只可印寄各省区，作为一种参考之用（注二）。

至民国十一年公布新学制，十二月，新学制课程标准起草委员会集会于南京，通过小学课程纲要草案，始正式将各校之原有修身科改为公民科；十三年，江苏省教育厅、上海家庭日新会、基督教青年会以及中华职业教育社同时发起全国公民教育运动。翌年，中华教育改进社亦鉴于公民教育之重要，认为中国目下之教育宗旨，应养成以国家为前提之爱国公民，其要点有四：应注重本国的文化，以启发国民之独立思想；实施军事教育，以养成强健身体；酌施国耻教育，以培养爱国志操；促进科学教育，以增进基本知能。十五年，江苏教育会组织公民讲习会，聘请专家演讲，并议决于每年五月三日至九日为公民教育运动周。十六年后革命军统一全国，国民党组织政府，于是党化教育思潮大盛，而党义科遂有取公民而代之之势，所以到了十八年八月，部颁《中小学课程标准》中，已没有公民科的地位。近数年来，一般教育家鉴于我国政治之不良，军事之扰攘，内忧外患，相迫而来，以为最大症结，乃在于国民未经严格之公民训练，缺乏民主国家的公民应具的性格，故于二十二年二月二十日教育部颁布《小学公民训练标准》，先训练小学校的儿童，作养成中国公民的基础。自是登高一呼，万山响应，公民教育又继生产与科学教育之后，而为全国朝野所注意矣。

二、中小学公民课程的颁布

我国公民教学，实滥觞于逊清《钦定学堂章程》所列之修身一科。虽其宗旨在涵养个人德性和公民含义不同，但其后之公民科，实由此脱胎而来。民国元年，教育部公布教育宗旨中，有道德教育一纲，蔡元培先生于其《新教育意见》一文里，亦曾详论公民道德的内容，为自由、平等、亲爱等，然而是时公民科并未列入学校课程以内。至民国八年，全国教联会开会时，始议决编订公民教材，以为中小学教授公民科的资料。民国十一年，该会拟定《中小学课程标准》，始列入公民科，目的在使学生了解自己和社会（家庭、学校、社团、地方、国家、国际）的关系，启发改良社会的思想，养成适于现代生活的习惯。民国十七年，大学院颁布《小学暂行条例》，在公民科外增设三民主义科，后复合并，易名党义。

民国二十一年十月教部颁布《小学课程标准》，规定小学科目为公民训练、国语、社会、自然、算术、体育、音乐、卫生、美术、劳作等十科。次年二月即明令颁布《小学公民训练标准》，目标在于“发扬中国民族固有道德，以忠、孝、仁、爱、信、义、和平为中心，并采取其他各民族的美德，制定下列目标，训练儿童，以养成健全的公民”。

1）关于体格训练：养成整洁、卫生的习惯，快乐、活泼的精神。

2）关于德性训练：养成礼义、廉耻的观念，亲爱、精诚的德性。

3）关于经济训练：养成节俭、劳动的习惯，生产、合作的知能。

4）关于政治训练：养成奉公守法的观念，爱国、爱群的思想。

至于实施方法，除在纪念周、团体集会和课外活动中，随时予儿童以训导，使切合于所制定的愿辞、德目以及各种条目外，同时规定公民教学时间为“每周六十分钟，分作三次或六次教学”。

去年八月教育部颁布《中学公民课程标准》，高中授以社会问题、法律、经济、伦理等的知识；初中授以公民道德、政治、生活、地方自治、法律大意和经济生活等。高中每学期每周教学二小时，初中第一、二学年每学期每周教学二小时，第三年每周教学一小时。除训令各书局编印教科书，应多多采用具体且与实际问题有关系之教材外，并令各校设置适于高中生阅读有关于公民教学之良好社会科学及青年修养书籍，以及遇有关于公民教学之题材、应举行演讲等等，将使每一个的中学学生都能了解固有道德的意义，养成修己待人的良好品性和明了政治、经济、法律与地方自治之基本知识，国民党之政纲、政策，以培养为健全的公民资格（注三）。至于《师范学校公民课程标准》，亦于去年年终颁布，内容除时间支配外，一律与高中相同云。

三、学校训育的实施

训育和公民训练，在名义上看来，好像是各自为谋的东西。其实，若从训育的最终目的在养成良好的公民的观点看来，可知是彼此相依的。我们只要看《中学法训育》章第三十三条所规定："中学训育，应遵照《中华民国教育宗旨及其实施方针》所规定，陶融青年忠、孝、仁、爱、信、义、和平之国民道德，并养成勇毅之精神与规律之习惯"，《小学法训育》章同条规定："小学训育，应以公民训练为中心，由教员利用学生课内外各种活动，并联络家庭及本地公共机关，加以积极之指导"，以及第四十条规定："小学各学期各周训育事项，由各地方遵照《小学公民训练标准》，参酌地方需要订定之。"（注四）观此更可证明训育虽不能说就是公民训练，总可以说实施训育，应从公民训练着手，是不会错的。

过去的我国教育，重教而不重训，只知知识的灌输，而忽略行为的训练。直至近十余年来，训育问题才为世人所注意，如民国十四年第十届全国教育联合会会议决议此后中小学校应特别注重训育案，它的办法可有如下四种。

1）各中小学校应规定详细目标。

2）各中小学校应有适当训育之组织，除设置训育主任外，应使全校教职员协同担任训育职务。

3）各中小学应订切实之方法，以为训育之实施。

4）各中小学全体教职员，应严行指导学生之自治（注五）。

不过此时所注重者，仅中小学的训育；至于大学，虽未有明文之规定，然观民国二十年国民会议第五次会议，通过与行政院公布之《确定教育设施方针》里，是有阐明："各级学校之训育，必须根据总理恢复民族精神之遗训，加紧实施，特别注重于刻苦劳动的习惯之养成与严格的规律生活之培养"之文句。再看同年九月第三届中央执行委员会第一五七次常务会议所通过之《三民主义教育实施原则》里，对于初等、中等、高等、师范、民众以及蒙藏、华侨学校等的训育实施，均有详细的规定（注六）。又如，最近上海各大学教联会于所草成高等教育改革方案里，亦建议大学训育应：请教育部训令各大学及独立学院，严格执行训育方针，使学生在学期间，即深切认识做人的方法；由各大学教授，兼有训育责任，在课堂内，随时指导学生如何做人。这些足以见学校训育实施的普及了。

训教兼施，德智并重，教育之能事，似乎毕矣；然尚有其劣点在，即各学校之行政组织往往以智识技能之教学，属于教务职务；思想行为之训练，属于训育职务，二者各自为政，不能合一，此今日学校之所以不能收相当效果也。训教合一，虽在民国十四年全国教育会议时，即有人贡献此议，无奈当时教育界并不注意及此，遂使议案成为具文。最近，我国教育当局已憬然于过去的错误，乃起而提倡训教合一。如二十一年六月，教育部于颁布《今后中小学训育上应特别注重之事项》里，规定“中小学各教职员均须切实同负训育责任，破除从前教学训育分裂之积习，各就本校训育与教学的关联方面，预定整个的计划，以备分工合作”。同年十一月颁发《中等学校教职员服务及待遇办法大纲》，其中亦有一条规定：“校长及全体教员均须负训育责任，其训育主任及训育员等专职，须由专任教员兼任。”（注七）甚至《中学法》的“训育”章内，也载有：“中学校长及全体教员均负训育责任，须以身作则，采用团体训练及个别训练，指导学生一切课内课外之活动。”（注八）此令发出后，各省教育厅为欲实验此问题起见，特颁教训合一试行办法，饬所属各校实验，近来各学校之已在试行者，有江苏扬州中学（注九）及福建南平职业中学等，均收有相当的效果（注十）。总之，一个良好的公民，不特要“求知”，还要学“做人”。训教合一就是把“求知”与“做人”二者打成一片，所以训教合一的收效，也就是公民教育的成功。

四、公民教员与训育主任资格的审查

民国十八年，中央对于各级学校党义教师检定问题，即有明文之规定。是年七月间，中央第二十六次常务会议，通过全国各级学校党义教师，应受党义教师检定委员会之检定，其未经检定或经检定不及格者，照章不得充任。自从党义科改为公民科之后，全国公民教员资格的审查则改由审查训育主任公民教员资格委员会履行之，规定：“凡本党党员或尚未入党，而对于三民主义曾有研究之人员，具有下列各款资格之一者，得请求受中等学校公民教员资格之审查：在专门以上学校研究社会学科毕业者；具有教育行政机关所规定之中等学校教员资格，曾教授社会学科者；具有教育行政机关所规定之中等学校教员资格，对于社会学科确有研究而有著述者。”

关于训育主任的选拔，亦已由中央规定：“凡本党党员，具有教育行政机关所规定中等学校教员资格，曾任中等学校训育职务者，得请求受各种中等学校训育主任资格之审查。”至于训育员的聘任问题，前安徽省审查训育主任公民教员资格委员会曾呈报教育部称："现有请求审查训育主任资格人员，其所缴训育工作证明文件，为学生生活指导员职务之学校证明函件，此种职务在中学规程中，并无明文规定可否认为训育工作。”请求查核，去年教部即发公函，以指导学生生活，系属训育职务范围，自无不可充任训育员之理（注十一）。最近，中央民众运动指导委员会复规定凡经审查合格之中学训育主任公民教员，如经各校聘任者，应将其每学期工作经过呈报审查会查核，否则予以制裁（注十二）。

至于小学，虽没有明文的规定，然观去年五月部颁《小学教员检定暂行规程》第十条所规定，小学级任教员之试验科目为公民（党义包括在内），国语、算术、自然、卫生、历史、地理等将公民列为首要，以见其任用人员之慎重（注十三）。盖以训育主任，公民教员不仅为将来负有复兴民族使命的儿童及青年的导师，且为地方人民之中心领导者，革除传统的民族劣根性，改造不良社会，建设新中国，传授总理遗教，推行三民主义，其责任至重且大。而必须由政府检定与审查，一方面可免异党分子之渗入，一方面可避免资格学识之浅陋，其意至善，其心至苦。

五、童子军与军事训练

我国军事教育始于光绪三十二年，学部尚书荣庆《奏请宣示教育宗旨折》中，有“稍长者以兵武体操严整其纪律”一语。十六年党国成立时，大学院鉴于国势阽危，乃于次年夏间通令各大学暨各省市教育厅局在专门以上学校加授军事教育，各中等学校应一律注重体育，同年第一次全国教育会议在京举行，军事委员会乃拟具《高中以上学校军事教育方案》，连同《学术科教育要目表》及《军事教育程度表》，提交大会讨论，通过凡高中以上学校应以军事教育为必修科，女生则习看护，由大学院请军事委员会派遣正式陆军学校毕业军官为教官，其后教育部亦规定军训科每学年为三学分，两学年共六学分。迨至今日，各省市教育当局对于学校之军事管理尤见注意，如去年暑期，浙江、安徽、福建、南京、湖南等省的高中以上学校学生各举行集中训练三星期。秋间教育部及训练总监部又公布《高中以上学校军事教育奖惩规则》和《高中以上学校学生军事训练成绩核算法》，饬所属各校遵照办理。这样一来，各校对于军事管理成绩的考查，比较方便多了。

今年四月一日起，各省高中及同等学校一年级学生均受集中训练三个月，教部亦于事先修正高中教学科目每周各科教学及自习时数第一表，高中教学科目每周各科教学及自习时数第二表，师范学校教学科目每周各科教学及自习时数第一、二两表，以及体育师范学校教学科目及各学期每周教学及自习时数表，以便举行集中军训时，不致影响于其他科学之教学（注十四）。此外，训练总监部鉴于现在学校当局及师生感情，多生隔阂，于军训进行殊为不便，特通令各校军事教官、军事助教，除例假之前晚得外宿外，一律均限令在校住宿。本年四月又咨教部通令高中以上女生，平时应以军事看护为专修科，医专以上学生，平时应以陆军卫生行政法规及战时救护为必修科，于此足以见我国教育及军事当局除注意男生军训外，对于女子看护训练，也是非常的留意。

我国的童子军教育，滥觞于民元。首创者为外国人在华所办之教会学校，介绍外国童子军训练方法，以训练中国儿童。民国二年以后，经过康普（Kemp）、袁希涛、黄炎培、沈恩孚、蒋维乔、张仲苏、丁惟汾等之积极提倡，童子军教育遂由上海、武汉、广东等地而遍布全国。如果把它计算起来，据《第一次中国教育年鉴》所载，仅截至二十二年七月止，我国童子军即有 68 839 人，童子服务员 4265 人，童军团 849 团，童军社团 16 处，各县市童军理事会 28 处，省理事会 1 处。处兹国难方殷，公民教育高唱人云的今日，此种事业的发展，当更见其迅速。又如去年暑假，教育部曾举办童子军教练训练班，通令各省保送教练员来京受训（注十五）。又如初中童子军本为选修科目，现则改为必修科，每周应上课三小时，又规定此科不及格学生，作体育不及格论（注十六）。至于小学方面，去年南京特别市理事会鉴于“高级小学之儿童年龄均在 10 岁以上，体力亦能胜任，童军训练似宜授予初级课程，以训练儿童身心之健全发展，且近来小学高级部童子军团林立，训练成绩颇著”，因此就在第二次理事会议时，决议请教育部令将童军初级课程列入小学高级部必修课之内（注十七）；再说今年四月间教育部颁发之《幼童军组织规程》，规定小学 8 岁至 12 岁儿童应受幼童军训练（注十八），即可知童子军在中小学课程中的地位了。总之，近数年来，军事训练由宽而严，童子军亦由少而幼，实与公民训练对立并行。我们也可以说，今后一个中华民国的国民，在文的方面，必须受公民训练；在武的方面，必须受军事训练或童子军训练，文武合一，教训合一，这真是复兴民族的伟大计划呀！

六、公民训练委员会之任务

我国国民智识缺乏，身体羸弱，国家观念更若存若亡。中央有鉴及此，认为欲普遍训练全国人民，非锻炼其健全的体魄，灌输中外历史和地理知识，以及培养国民日常生活之规律与礼仪不为功。于是决定全国各省市民众，一律于最短期间内开始公民训练，如本年三月由中央指导委员会民众运动指导委员会规定《公民训练实施纲要》，通饬各省市党部积极进行。该纲要共分九目。

1）公民训练，先推行于重要城市，俟着有成效后，再及县、市、乡、镇。

2）关于公民训练之组织，或就有农、工、商、妇女团体，以为区分，或以易于集合之地段区分，或以保甲区域区分，或以地方自治区区分，皆依各地适当情形行之。

3）城市公民，年在 21 岁以上，45 岁以下，未受中等学校教育者，应强制一律轮流参加训练，其在校学生则各学校单独或联合行之，党部须实地指导其进行。

4）训练方式，或以早操，或以朝会，或采军训之方式。

5）训练时间，以不妨害工作为原则，每半小时至一小时，于黎明工作或上课前，或下午工余课余行之。

6）关于训练人员，依其需要，请军、政、卫生、警务、教育、建设、实业等各机关之热心从事者及专门人才担任之，为义务职。

7）训练期间，以一个月至三个月为一期。

8）训练内容为新生活运动精神纲领及行动纲领，如礼节、卫生、体格锻炼及起居、行动姿势之矫正，家庭之管理，工作之规律，集会交通之常识及对国家民族之认识。

9）公民训练所必须之费用，由省市党部同当地政府统筹。

以上是关于明文所规定者，这里应该把它的实施状况略为陈述。那就是去年六月中旬，江西省所最初开始进行的，受训公民达 10 043 人，共分 33 个训练场所，规定每周于星期日分别于各场所集合训练一次，训练课目有学科讲演、音乐陶冶及军事训练三者，学科占 60 分钟，音乐 30 分钟，军训 50 分钟，学科共分 12 单元。内容包括：新生活运动各项须知、中华民族、三民主义、国耻略史、国防以及世界大势等等，音乐教材有《党歌》《新生活运动歌》《汗血歌》《力行歌》《救国歌》等，军事教材包括立正、稍息、正步、跑步、集合、解散、看齐、报数、敬礼及简单的变换队形等。其成绩考查，则由行营政训处会同教育厅、省党部、保安处、公安局、市政委员会各机关选派考绩员 11 人，轮流分赴各场所担任指导与考绩责任，训练之严格，训练员之努力，故其成绩愈见卓著，闻该省公训计划乃分四期从事训练，每期三个月，计划一年完成。以上所述，不过为其第一期实施状况。但自此风传出之后，各省市均步其后尘，如福建、如河南、如湖北，尤以鄂省较为热烈，本文为篇幅所限，不赘。

七、公民读物的编审

公民读物，换句话说，也就是有意义的民众读物。因为一个国民应该看的书报，何尝不是公民所必读的书报呢？

有关于公民训练的读物，不特可以启迪国民智识，且可认识国家的政纲、政策，辨明世界大势，领略古今伟人的风格，藉以激起国民爱国思想，发扬民族精神。于此，各国对于此种事业极为注意，除严格加以审查外，且企图其发展。

考吾国民众读物的由来，始于五代之小说家言，其初不过撷拾史实的一种章回小册，无公民训练可言。民国元年，教育部成立，四年于部中设立通俗教育研究会，建议《劝导改良及查禁小说办法》，通知各书业商会不复编印妨害风俗之小说。七年并劝告小说编辑家，宜注意提倡勤苦、美德，后来上海书业正心团调查烧毁一切足以危害人心风俗之淫词小说，内务部亦训令各省取缔淫书（注十九）。然而各地书店阳奉阴违，先后出版之诲淫诲盗、武侠、神怪此类的小说，仍所在皆是。

十七年，大学院成立，对民众读物之禁令，更加注意。是年六月，即明令各省禁止各学校购阅淫秽书报（注二十）。又于七月，饬上海市教育局查禁导淫跳舞及小说等（注二十一）。十八年四月，又令严禁侦防逆党工作印册与认真检查各种反动刊物，并由国府通令凡有关于反动刊物，应即扣留焚毁等（注二十二）。此乃关于出版物之禁令方面。

第一次全国教育会议开会时，即有陕西代表梁俊章氏提议请大学院组织民众教本编纂委员会，其办法乃分民众读本、民众算法、民众补充读物三组，分别编纂（注二十三），次为山东代表王祝晨氏提议请组织民众教育用书编审会，编审民众教育补助课本，由中央联合各大学教授及各机关专门人才合编，限于最短期间内完成（注二十四）。是时大学院亦鉴于民众读物编审的重要，爰设立社会教育处与文化教育处，办理全国出版图书事宜，并于《中央民众教育委员会组织大纲》第二条第七项“规定计划编审现行民众教育之教科书及各种读物”（注二十五）。

十八年，部派赵廷为等赴宁波参观浙省附小联合会革命文化儿童读物展览会，次年又拟定编辑《民众识字教材办法》，为：教育部在最短期内编成三民主义读本，以作识字教材，且使常人能于四个月内受有公民训练；各省、市、县根据地方情形，编辑民众识字课本；教育部根据三民主义课本字汇及2/10之生字，编辑民众用丛书；前条所编课本丛书等应附注音符号；以上出版物，准全国书坊翻印，定价应极低廉（注二十六）。到了民国二十年，又编印了《注音符号传习小册》，二十一年编辑《短期小学课本》和《特种小学课本》。二十二年编辑小学《特种国语》和《补充教材》多册。去年又编订《民教课本》，注重发展民族精神，灌输公民常识，本年黎锦熙等复编订《简体字谱》及注音字谱，目的在谋民众及义务教育之普及，以为公民的基本上的训练。

以上乃就编纂方面而言，至于民众读物的审查方面，则始于民国五年时，通俗教育研究会即订有《审核小说标准》，分小说为教育、政事、哲学及宗教、史地、实质科学、社会情况、寓言及谐语与杂记等八类，每类分上、中、下三等，均以适合国情、有益学识、补助道德为旨归，是年颁布审核《小说杂志条例七条》，计所审核小说250余种，另有杂志10余种，民国八年以后，对于出版物均有所审核（注二十七）。民国二十年，复审查连环图画99种，2291册，同年四月，社会教育司为便利研究民教者之参考起见，特将教部所征集自十六年以来民众教育刊物，加以全部整理而分为民众学校课本类、民众教育补充读物类、宣传刊物类、定期刊物类。自是之后，漫无系统之出版物，经过了中央当局之领导，已渐然入正常的途径矣（注二十八）。

八、无线电与教育电影

无线电的用途之一，即为当局者发表意见、报告时事、传播思想，可使几万万公民领受各方面知识与消息。美国苏俄以及其他强盛的国家，莫不以此为政治宣传与公民训练的唯一工具。现中国如南京、北平、汉口、广州、福州、南昌、山东、湖南、云南、安徽、浙江、江苏等地，均设有广播电台，每星期广播节目可分为：

1）报告类。如时事报告、气象报告、省高级机关施政报告等。

2）演讲类。如总理遗教演讲、名人演讲、新生活演讲、三民主义演讲、学术、交通、拒毒、史地、家政、水利演讲等。

3）宣传类。如保甲宣传、导准宣传等。

4）教学类。如国语教学、国语注音符号教学等。

5）常识类。如政治法律常识、卫生常识、公民常识、国际常识、救灾常识、医学常识、合作常识、自然科学常识、农林常识等。

6）故事传述类。如中国历代名人传、历代民族英雄小史、有关于道德教育的故事。

7）音乐类。如《党歌》、《总理纪念歌》、特别音乐等（注二十九）。

至于电影，中国的电影事业虽已发展多年，大都是营业性质，映演只在迎合一般民众的低级趣味，既少教育的价值，更谈不到公民训练。二十一年七月，中国教育电影协会开会，对于过去影片的改进问题曾有详细的讨论，该会拟先摄制六部：家庭卫生、中学生标准生活、国内各种新建设、本国瓷器制造的过程及其改良方法、农村改良、中国音乐。一方面更为鼓励一般营业性质之电影公司多摄制教育影片计，特组织国产影片评选会，所定标准，可分为民族意识、科学知识、生产建设、革命精神、国民道德。同时忠告欧美各国电影公司，此后不应再将诲淫诲盗、神怪武侠的无价值影片运来我国（注三十）。近来各地民众教育馆所映的电影，要皆以含有培养民族美德及发扬革命精神为目标，而于不期然而然中，变成电影民族教育化了。

九、新生活运动的提倡

比年来，纪纲废弛，道德沦亡，伤风败俗之事层见叠出，究其症结，乃系国民生活未能遵从轨道，非根本改革，涤除其固有之劣根性，而使其合理不可。蒋委员长有鉴于此，于去年二月在南昌行营发起新生活运动，略谓："现在要先从南昌做起，开始一种新生活运动，要使南昌所有的国民，一个个都是整齐清洁，一切都能合乎礼义廉耻的新生活，可以做全国人民的模范。"自是各界均积极进行，三月，新生活运动促进会举行宣传总检阅，同时又举行新生活运动市民大会，宣誓："明礼义、知廉耻、负责任、守纪律、守时间、爱清洁"等为履行新生活的中心目标。此种运动经江西省提倡之后，各地亦均风起云涌，先后响应，不期年而新生活运动促进会已如雨后春笋，散布于全国矣。

新生活运动系提倡礼义廉耻之有规律生活，既如上述，所谓礼，依新义之解释，是规矩的态度，义是正当的行为，廉是清白的辨别，耻是切实的觉悟，兼此四者，方能成为完全的人。至于实施方法，则南昌设有新生活运动促进总会，各省、市、县有分会，由最高行政长官主持，运动事项则由南昌总会决定之，以规矩与清洁两种为第一步运动之中心工作，本年目标则已决定以劳动服务之精神，推行三化方案中之各项工作——按三化，即生活军事化、生产化、艺术化——其主要事项为：①实施民众训练与编组；②促进社会合作事业之组织；③加紧各种社会教育之普及。此外又发起劳动服务团，以公务人员、学校员生及各业领袖为基础，利用公余、课余及业余，推行新生活，并订定组织大纲，连同《三化初步实施方案》，分发各省市新运会，酌量各地方情形，推行该方案及实施计划等，务使于最短期间内，削除中国数千年来的传统的养尊处优的积习，引起全国国民对于过去不良生活的改善，遵公意，守秩序，勇敢率直，戮力合作，以达到自给自卫、爱国爱群的目的。于此可见，新生活运动实无异公民训练，纵其名称不同，而其目的则一，今既得秉政当局的提倡，与夫社会人士之推行，其能普及全国，深入人民间，实毫无问题了。

十、青年服务团的崛起

去年六月，蒋委员长召集南昌各校的学生代表训话之后，江西青年假期服务团于此成立，同年十二月，南昌行营复明令推闽、浙、苏、赣、湘、鄂、皖、豫、陕、晋、甘、冀、鲁、察、绥、宁夏等十六省主席，即自二十四年起规定人民服役办法饬各校施行。

按国民服务，在我国《训政时期约法》内即有："人民有依法律有服兵役及工役之义务的规定。"(见第二十六条)《宪法草案》亦规定"人民有依法律服公务之义务"(见第二十三条)。青年服务团即秉承先总理"人生以服务为目的"的意旨，蒋委员长"学以济世学以救人"的训示，法律上之规定，与以德意志为模范的一种复兴民族的组织团体。隶属于新生活运动促进总会之下，团长由各省教育厅长充任，负指挥团员推行新生活及处理团务之全责，副团长则襄助团长指挥并处理一切事宜。

团以下分指导、总务、组织三股，各省外属各区设若干分团，分团以下则设若干小组。各组之工作范围为：①择定模范家庭，任民众自由参观，以启发其模仿心。②举行新生活展览会，使民众了解新生活之重要而改善其生活。③防疫运动。使民众知道防疫之重要，注射预防针。④捕蝇运动。铲除传染病的媒介。⑤捕鼠运动。捕鼠以防鼠疫。⑥早起运动。使民众早起以振兴民族朝气。

现在各省市学校男女生，多余假期、星期日或课余的休闲时间，在乡间等处服务，照作者所知道的，除举行卫生运动而外，尚有防空、抗敌和□□宣传等，此外又教民众识字，提倡服用国货，协助当局调查户口。团员工作努力，成效颇著。以上仅指一般青年服务团而言，他如学校服务团、妇女服务团、工厂服务团、公共场所服务团、社会团体服务团，以及公务员服务团等，亦相继成立。此种团体的发生，作者以为有两种好处：①使全体民众与国家社会发生密切关系，可以消灭自私自利的恶习；②使全体民众养成勤勉耐劳的精神，可以铲除养尊处优的颓风。在公民训练方面看来，可算是无上的方策了。

十一、保甲制度的实现

夷考我国保甲制度之渊源，远在周代以至隋唐，即有此具体而微的楷模。至北宋时，始燦然大备。当时的创立目的，乃在太宗以后，外受契丹的侵凌，岁赠货币无数，内以国军人多，反不足以御敌，遂令国库空虚，财政支绌，国民经济发生动摇，不得不“裁兵节制”以安定此紊乱的社会。即就目前而论，我国自逊清以降，国势积弱，强邻觊觎，民众则受愚、穷、私、弱、乱五魔之围攻，使整个中华民族濒于奄奄一息的状态。书云：“民为邦本，本固邦宁”，故欲求国，必先救民，有健全的国民，才有健全的国家。如能将前此之保甲制度扩张之以用于今日，实不啻一训练中国国民的良药。政府有鉴及此，曾三令五申，督促各省政府饬所属县、市，于最短期间内开始办理，特别对于已恢复之区，要积极编制，加紧工作，使其元气能够早日恢复。据调查所得，本年内除边僻区域外，各省、县均先后创立保甲制度，而其编制方法，多用十进，即以家为组织单位，每家推定户长一人，合十家为一甲，每甲推定甲长一人，又合十甲为一保，每保亦推定保长一人。编制完成后，第一步举行保、甲长训练，订立保甲规约；第二步训练壮丁，训练的主要学科为军事与政治两种，多由各地保安处各区专署选派学识丰富与技术优良之人员担任之，目的在充实自卫能力，以及授以自治、体育、政治、生产之训练。现在各地民众有自订的规约的，均不脱下列数种：①奉行三民主义，精诚团结，抵抗外侮。②服用国货。③注重体育与卫生。④戒绝不良嗜好。⑤扫除文盲。⑥严密国防。⑦废除争讼与械斗。⑧实行节约。⑨提倡生产合作。⑩从事储蓄。⑪ 养成诚实谦和的态度。⑫ 破除迷信等等。果能一一实行，收效必大。至于政府方面，如江苏省民政厅拟具保甲问答，藉以测验和训练民众，灰场滨和炒米滨实验保甲制度，以指导该地的农民，亦足以见对于此制度推行的努力。我们看看现在，既然有了军事训练、公民训练、新生活运动、青年服务团，又有保甲制度，则自卫、自养、自教、自治之目的的，皆可贯彻。所谓寓兵于农，可以自卫；寓学于做，可以自教；寓政于教，可以自治；寓生产于劳动，可以自养。外之不难捍御强敌之侵略；内之不难唤醒民众的觉悟，可谓数举而全功见焉。

十二、特种教育的设施

……（注三十一）。

特种教育的目的，在纠正民众思想，增进生产能力，训练地方自治，三者并重，而使潜移默化，个个都养成能够“锄、笔、枪”兼用的有用公民。至其实施方面，可分三种。

1）教。设立中山民众学校，实施公民训练，举行识字运动和通俗演讲。

2）养。提倡农家副业，创办合作社，改良农村生产。

3）卫。注意于团体之组织、公共卫生之设施与身体之锻炼。

特种教育处要以江西成立最早，该省特教师资训练班于去年二月间开设两班，四个月后毕业了 54 人，分派各县服务，暑期与第二期仍陆续招生。中山民校在同年二月至十二月前后已设 243 校，分布 66 县，班数在 600 以上，学生数达 3 万人以上。至于闽省亦经开始实施，皖、鄂、豫三省则由该三省边区总司令部计划合办，因篇幅有限，详细情形不能赘述。总之，各省的特教人员，不特对中山民校负有教、养、卫三者的责任，且要办理保甲、调查户口、禁止女子缠足、改良乡村不良习惯、囤仓积谷、戒烟禁酒，甚至于协助政府推行地方事业，其使命之大，事务之多，公民训练之至如斯，实可谓特种而特出矣。

十三、象征刺激与公民训练

最后，让我们申述象征刺激与公民训练的关系。

象征刺激（stimule of symbolism）可以给人类一种有力的反应，它可以培植民众信仰心和统一民众意志，因此世界各国对于此种训练如国旗、纪念日、纪念式、音乐、建筑物等等都加以十分注意。像罗马以军旗代表武力；法、俄有 Marseillaise 和 Internationale 的浑厚雄壮的歌曲；美国之 7 月 4 日与意大利之 10 月 28 日的著名纪念日；华盛顿城之华盛顿和林肯遗屋（The Washkington and Lincoln Monuments）、莫斯科的卫城（The Kremlin in Moscow）以及富丽堂皇的柏林国会（The Reichstagsgebaüde in Berlin）和伦敦国会（The House of Parliament in London）

增进政治兴趣和怀念祖国的尊严和伟大（注三十二）。

我国国旗为“青天白日满地红”，遇有纪念日，各机关、学校、商店均须悬挂，实行已久，现在各行政机关及学校均竖立旗杆，晨夕升降旗时，全体均肃立向之致敬。礼堂悬挂总理遗像，每星期一举行纪念周一次，以示纪念先总理，并利用其时间，宣传总理遗教，藉以加强革命力量，增进民族意识，此其一。十八年四月，教育部严禁各校采用《毛毛雨妹妹我爱你》等谱作为音乐教材（注三十三），并令应唱《党歌》《总理纪念歌》《新生活运动歌》等，藉以排除邪念，焕发精神，鼓起民族勇气，统一民众意志，此其二。我国纪念日如黄花岗烈日殉国纪念，陈英士、朱执信、廖仲恺先生殉国纪念，马关、江宁、北京和天津条约纪念，总理诞辰、逝世，奉安及广州蒙难纪念、国庆和国耻纪念、国府成立纪念，此固荦荦大者。十八年，中央执行委员会第二次常会即已颁发《革命纪念日简明表》，教育部亦同时明令各级学校“凡遇《革命纪念日简明表》内所载之革命纪念日，无论是否放假，除遵照该表所定办法办理外，应一律召集全体学生举行纪念式及演讲，藉以启发学生革命思想”，又去年十一月第四届中央执行委员会第一四七次常务会议，复通过将“简明表”再行修正，此表已于十二月由教育部颁《同革命纪念日宣传要点》，训令各省教育厅局一体遵照，此其三（注三十四）。我国革命建筑物如总理铜像、蒋介石铜像、革命先烈纪念碑以及孔子庙、总理陵墓的庄严伟丽，他如杭州之岳坟、福州之戚公祠等等，亦足以供人民对于历代民族英雄与伟人的钦仰，此其四。因为是刺激愈多，反应愈浓。“象征刺激”这四字，看起来似乎没有重大的意义，其实是极有力量的。

十四、改进意见

近数年间，我国公民训练实施状况，既如上述。然而，事过境迁，应行改进之点尚多，兹分别列举于下。

（一）改进部颁布小学公训标准

按部颁小学公民训练标准，凡四纲、三十二要目、二百六十七条，分类极繁，纲目极细。意欲以理想公民的一切活动一一责之儿童，以为社会所需要的健全公民，可于六年间训练成功，故不惜扩张其范围，旁征博引，贪多务得，不知标准过高，儿童不易实行，反不能收多大的效果。作者以为小学公民教育，不在灌输全部公民所应有的知识，而在训练健全公民应有之基础。在此时期中，宜切实依据儿童心身能力酌定深浅，艰深而难行的，不妨留在中学时代加以训练。

部颁公训条目，有的过于抽象，如“我不因人家不顾公益，自己也不顾公益”，

“我要自修以止谤，力行以雪耻”；有的条目混同，如“我受了屈辱要忍耐设法伸雪”和“我受了耻辱要努力洗雪”等；有的偏用消极的语句，如“我不在路上吃东西”，“我不打人也不骂人”和“我不私自开人家的信札、包裹或抽屉”等；也有的含义太相接近，如“仁慈”和“亲爱”为什么不合并为“仁爱”？“负责”与“诚实”为何不合并为“忠实”？这几点是要从速改进的。

从来小学实施公训，每当作知识的灌输，如教育部规定了一定的时间，每周六十分钟作三次教学，书局则出版公民教本，学校更将部颁条目作为标语，叫儿童依次学习，强行记忆，不从实际生活上着手，这一点是不妥的。今后之公民训练，应以实际生活为出发点，叫儿童对于某一种行为发生问题，自行解决，教师只可因势利导，从“做上去学，学上去做”才行。

（二）增订青年或民众公民知识行为标准

现阶段的中国教育，还脱不了重儿童轻成人、重学生轻民众的趋势。

就学校以内的教育言，小学校有公民训练标准可以遵行，而中等以上学校尚未订定成功，教育部所给予他们只是空洞而抽象的几条教育目标，难怪中大学学生行为不能趋入正轨。所以，当前的问题，便是中等以上学校应如何订立青年行为标准，如何实行青年操行考查，如何改进青年的错误思想，而使每个青年都成为中国健全的公民。这些问题似乎不是每周公民科的教学所能解决的。

就学校以外的民众言，目下，我国实施之公民训练，如军训，如青年假期服务，又如其他集团训练以及公民知识之灌输，只见在学校中实行，未见深入民间。我以为欲补救中国民众愚、穷、私、弱、乱的缺点，必须注意下列数项：党义的宣扬；领会的训练；国民道德的陶冶；国内外重要政治现状的报告；国家法令的解释；军事知识的灌输；卫生的宣传；农、工、商业的改善；交通常识及一切应行规则的指导；公共秩序的维持；本国革命先烈、民族英雄事略的讲述；自然科学之解释及实验；礼仪、廉耻的提倡；国民生活的改善；迷信的破除；正当娱乐的提倡；新式礼节的指导；国民体育的推行。

以上所述，如能一一实行，何患不能养成良好的公民？我又以为此事在中等以上学校教育尤应注意，将公民训练作为学校训教合一的中心目标，劝勉学生为民众表率，推己及人，其收效自大。

（三）加紧军事训练

各国间冲突日益尖锐，第二次大战殆不可免，各国政府早已集中于武装准备，故由幼童至壮年，均受紧急训练，人民在相当年龄，都在为国效劳之列。回观我国，尚保持募兵制度，不特一般民众无武力的准备，即中等以上学生的军事训练也多有名无实，教者敷衍，学者因循，纵然修毕军训，而对于普通的军事常识尚不明了者比比皆是。作者以为，军事教育之实施，除充实基本的军识学识，术科方面，如救护、实弹射击、防空学习、掷弹，以及其他军事技术等，均应使其纯熟，以增高其军事干部技能。同时，更废除募兵制度，无论学生或民众，15岁以上40岁以下的青年均应受严格之军事训练，使在五年以后，全国皆兵，以言地方，可以自卫；以言国家，可以抗敌；以言世界，可以应付世界大战。

（四）注意设立青年训练机关

现在各国对于青年训练均非常注意，先就日本而论，据文部省督学龙山义亮依照最近的统计，全国中等学校仅558所，青年训练所则有15 550所，其他的男女青年团体亦有28 750余所之多。他如意有少女团（Glovani Itadiance）和巴利拉（Ballila）；俄有先锋团（Pioneer Society）和青年共产团（Young Communistic Party）；德有青年驿馆（Youth Hostals）运动等，以及英美有童子义勇团、青年寄宿舍协会（Young Hostal Association）C.M.T团体、男女童子军（Boy and Girl Scout）、女子露营团（Camp Girl Fires）、女子后援队（Girl Reserve）、少年赤十字会（The Junior Red Cross）等（注三十五）。我国青年训练机关，除学校外，可谓绝无仅有，现在国势羸弱，生产落后，国民无团结力，身体多不健全，应从速多设青年训练机关，着手锻炼国民身体，授以国民应有知识，增进生产技能，从事职业指导，并养成其富有热忱、进取、牺牲的精神，守法奉公的习惯。果能如是，在个人方面，可成为生产的技术人才；在社会方面，可成为遵法律、守秩序的民众；在国家方面，可成为捍卫三民主义国家的将士。

（五）鼓励国民注意时事

我国国民对于时事之不肯注意，非独不识丁的民众为然，即一般学生亦有闭门攻读、不问治乱的趋势，最明显的像“九一八”是在民国哪一年发生的一个浅近的问题，而去年投考清华大学的4000余中学毕业生中，就有大多数答不出来（注三十六）。廖世承先生测验上海某大学附中学生，问“一·二八”战争经过多少天，有的答50余天，有的答60天（注三十七）。今年各大学招考新生，对于美国独立运动与日本明治维新这么普通的题目都不知道，甚至将义和团的起因，答为由于国民革命军北伐（注三十八）。所以，以后各级学校应多举行时事测验，鼓励学生阅报，各地应多设民众阅报所，以增进国民对于国际及国内政治、军事、外交等等的认识。

（六）取缔妨碍民族复兴的出版物

我国过去各书局出版之小说，内容类多：违背三民主义；含有封建与宗教色彩；传说过于怪诞虚妄；旨趣不合国情；意义近诲淫诲盗；口吻多消极厌世；思想与现时代相背驰。

最普遍的如封神传、江湖奇侠传、七剑十三侠、七侠五义、飞剑奇侠、续飞剑奇侠以及性史、金瓶梅等等，现仍充斥坊间。虽然在前年内务部训令取缔淫书，通俗教育研究会亦有劝导改良及查禁小说办法之规定，然而各书局及小说家阳奉阴违，十余年来关于妨碍公训进展之民众读物，仍所在皆是。今后对于出版物之改进，必须：①政府及书商协会合行检制；②教育部应多编纂有关于公民训练的普通民众读物；③禁止各学校及图书馆采购未经审定之教科图书；④取缔个人任意编纂不良读物；⑤拟定民众读物出版奖励办法；⑥特许翻印关于三民主义读物。以上所举，尚希当局严厉执行，盖非以不足以启民智、维风俗、匡人心也。

（七）注意中学公民科师资训练

审查训育主任公民教员资格委员会的任务只在临时的检查，却未顾到长久的计划，临时审查固为重要，但亦须注意到训练方面。公民科在中学课程中地位之重要，可不言而知，试问国内哪一个大学或学院会注意及此？而此科是否任何读过政治学或三民主义经检定合格的人所能担任还是问题。所以，中央政治学校以及国内各大学或学院对于公民科师资，亟应加以特别的严格的训练，并通令各省教育厅于暑期开设公民科师资训练班，使现任公民教师再求深造，规定每月举行公民教育讨论会一次，除敦请当地公民教育专家指导外，并请各该校校长及训育主任、训育员列席，俾互相观摩，以收通力合作之效。

（八）实行电影公民教育化

目下我国电影事业虽较前为进步，然观各地电影院所放映的，多抛弃本国而喜映外国片，其缺点：①字幕多外国文，译幕亦太简；②外国情形与本国悬殊；③内容艰深，民众不易领悟；④多诲淫诲盗之无价值影片。即就国片而论，关于武侠、神仙，如火烧红莲寺、哪吒闹海、白蛇传之类的迷信影片，可占 80% 以上。依据心理学家的观察，人类的知识有 80% 乃由视觉得来，电影乃视觉教育之利器，支配人类之精神活动，如态度、思想、人格、道德、嗜好、情操、信仰等至大且巨。是故，中国电影之应改进已为刻不容缓之事实，电影公司其应注意摄制世界大势、本国时事、本国地理、历史、文化、交通、军事、风俗、习惯、卫生、体育、生产合作以及其他有关于公民训练的国产影片，务使每一个城市、乡村、学校、工厂都设立有教育电影场，规定每周此片一两次。此举亦实为现中国之必须注意实行者。

十五、结论

综之，公民训练之在今日，其性质、范围、目的、方法，绝非曩时所可比拟了，例如受教之人，以前限于学校学生，今则推广至于全体民众矣；科目之设，以前限于政、法、道德，今则扩大至于经济、卫生矣；施教之地，以前限于□舍学宫，今则普遍至于工厂、商店矣。固然在德、俄两国，所谓公民，并非全体民众，乃一部的国民，则所施之训练，自然范围较狭。但是我国之所谓公民，系指全国之民众，故其训练所及，自以全体为对象。民众之种类，既千差万别，训练之方法亦千头万绪。现时设施未久，成效未著，固不能以一时之好恶，判全局之良否，然而行“远必自迩，登高必自卑”，则今后之补充改进，大有赖于我们的努力吧！

本文附注：

（注一）教育参考资料选辑　第二集　第五届全国教育联合会大会议决案

（注二）教育参考资料选辑　第二集　第六届全国教育联合会大会议决案

（注三）教育部公报　第六卷　第三十五、三十六合期　附载

（注四）第一次中国教育年鉴　中央教育法规

（注五）教育参考资料选辑　第七集　第十届全国教育联合会大会议决案

（注六）第一次中国教育年鉴　教育实施方针

（注七）教育参考资料选辑　第七集　中等学校教职员服务及待遇办法大纲

（注八）第一次中国教育年鉴　中央教育法规

（注九）教育参考资料选辑　第二集　高中初中试行教训合一经过

（注十）三民主义教育通讯　第一卷　第五期　赖德渊　省立南平职业中学施行训教合一之旨趣及其计划

（注十一）教育部公报　第六卷　第三十七、三十八合期　公函

（注十二）新闻报　二十四年九月十一（？）日

（注十三）教育部公报　第六卷　第二十一、二十二合期　法规

（注十四）教育部公报　第六卷　第三十五、三十六合期；申报　二十三年九月十、十一、十七各日

（注十五）中央日报　二十三年七月十四日

（注十六）中央统计处　二十三年施政成绩报告

（注十七）教育部公报　第六卷　第四十五、四十六合期　公牍

（注十八）江声报　二十四年四月十一日

（注十九）第一次中国教育年鉴　社会教育概况

（注二十）大学院公报　第一年　第七期　教育令文

（注二十一）大学院公报　第一年　第九期　教育令文

（注二十二）教育部公报 第一卷 第六期 公牍

（注二十三）全国教育会议报告 乙编

（注二十四）同上

（注二十五）第一次中国教育年鉴 社会教育概况

（注二十六）教育部公报 第二卷 第二十六期 附录

（注二十七）第一次中国教育年鉴 社会教育概况

（注二十八）同上

（注二十九）广播周报 各期 各地广播节目

（注三十）教育杂志 第二十四卷 第三号 宗秉新 中国教育电影运动之“昨”“今”“明”

（注三十一）教育杂志 第二十四卷 第二号 程时煃 特种教育的含义与实施

（注三十二）东方杂志 第三十一卷 第四号 张子陶 欧美各国公民教育的理论和实际

（注三十三）教育部公报 第一卷 第十二期 公牍

（注三十四）教育部公报 第六卷 第五十一、五十二合期 法令

（注三十五）中华教育界 第二十二卷 第十二期 闵宗益 各国青年活动比较观

（注三十六）独立评论 第一一五号 吴晗 中学历史教育

（注三十七）中华教育界 第二十卷 第七期 廖世承 一个时事测验报告

（注三十八）文化建设月刊 第一卷 第十二期 高傭 又是新学年

民国二十五年（1936年）第26卷第3号

国民精神总动员与中学公民训练

罗廷光

蒋委员长为振作国人精神，集中国人意志，整饬国人步骤和充厚国人力量，一直在政府指挥之下淬厉奋发艰苦奋斗，从事于抗战建国的大业起见，特于本年五月一日通电全国，宣布实行全国国民精神总动员，其主旨一如《国民精神总动员纲领》所说："为集结全国国民之精神于简单共同之目标，使全国国民对自身皆确立同一的救国道德，对国家皆坚定同一的建国信仰；而国民每一分子，皆能根据同一的道德观念，为同一的信仰而奋斗牺牲。"若自字义言之，则："在个人为集中其一切意识、思维、智慧与精神力量于一个方向，而提高使用之；在国民全体，为集中一切年龄、职业、思想、生活各各不同之国民的精神力量于一个目标，而共同鼓舞以增进之，整齐调节使发挥之，确定组织之中心，以增强发挥之效率者也。"这全国国民精神总动员，乃抗战制胜的主要条件，也便是救国建国的最新武器。

一、国民精神总动员的共同目标

国民精神总动员，有人人易知易行之简单明显的一个共同目标，便是：国家至上，民族至上；军事第一，胜利第一；意志集中，力量集中。我们今日，一当认定国家、民族之利益高于一切，在国家、民族之前，应牺牲一切私见、私心、私利、私益，乃至于牺牲个人之自由与生命亦非所恤；二当确立必胜的信念，达到最后胜利的目的，且竭其全部之智能与全部之时间精力，以争取军事的胜利；三则当统一思想，集中意志于国家、民族和军事胜利两义之下，不容有其他的空想空言，更当动员一切职业一切部门的国民，使凝心一志，为国家、民族、军事胜利而奋斗，于艰苦之中，各竭其能，各殚其虑，以改进一切、创进一切，以贯彻长期的军事计划，同时促使建国工作的完成。

二、国民精神总动员与青年

青年对于救国建国及改造社会本来负有极大的责任。总理早曾告诉我们："中国几千年来，有志的人不少；但是他们立志的旧思想，专注重发达个人，为个人谋幸福，和近代的思想大不相合。近代人类立志的思想，是注重发达人群，为大众谋幸福。用事实来说，我们中国青年应该有的志愿，是在什么地方呢？是要把中华民国重新建设起来，让将来中国的文明，和各国并驾齐驱……"所以现在的青年，便应以国家为己任，把建设将来的社会的责任负起来……"我国先儒说的好："天下兴亡，匹夫有责。"匹夫尚负有天下兴亡的责任，何况青年！

无疑的，青年在全部国民精神总动员的进程中占了极重要的地位。就积极方面说，青年年富力强，勇于进取，学业虽未十分完成，见解则较一般人健全，且心地纯洁，未曾为社会利欲所熏染。故在平时，关于社会的进化、政治的改革乃至各方面的推进，多有赖于青年之策动为其主力，而在战时，更有赖于他们之淬厉奋发，为国效劳。而在消极方面，一国青年，倘或意志不坚，精神颓唐，或私利心重，视国家之危亡，犹越人视秦人之肥瘠，甚或思想不循正轨，行动堕入歧途，则其危害必甚于亡国。质言之，青年精神总动员，实为全国国民精神总动员的主干——一方动员自己，同时尚可帮助动员他人——其关系整个民族之安危至巨且深，时至今日，我们希望全国青年皆为国民精神总动员的共同目标而为国尽瘁努力，在认识上，对国家前途怀抱同一的理想；在行动上，更趋赴同一的鹄的。既以同德同心而克敌制胜，亦所以造成战后新青年的团结，而为建国的基本先锋队。

三、国民精神总动员与青年学生

前节指的虽是一般青年，不以在学的青年为限，可是青年学生终究是全体青年中的基干部分，各国青年运动多是由青年学生领导起来的。尤其在中国，学生以外的青年，知识水准类多低下，态度精神尤欠涵养，连一个起码的公民资格尚够不上，怎能谈到其他？所以中国历届的青年运动——从清末康、梁的变法运动到后来的"五四运动""五卅运动"等——都只是学生运动。即便是这次抗战发生，参加工作的，除被征调的青年工人、士兵以外，多数还是青年学生。在这抗战建国的阶段中，我们看到全国青年学生有无数的投笔从戎，有无数的毁家纾难，有无数的被敌屠杀，有无数的起来唤起民众并从事救济事业。不过另一方面，却也有好些青年仍然过着舒适的生活，苟且偷安；也有好些青年自私自利，企图保全个人的生命财产；更有好些青年，对抗战前途抱着怀疑失望的态度。此刻我们实施国民精神总动员，对于青年学生所当注重者：奋发蓬勃的朝气必须养成；为国牺牲的精神必须培养；醉生梦死的生活必须改正；苟且偷安的习性必须革除；自私自利的企图必须打破；怀疑悲观的态度必须根绝。

四、国民精神总动员与中学公民训练

放大说，全国国民精神总动员实是一个全国公民训练的命题，全国国民精神总动员的实施办法，实是一个大规模的公训实施方法。共同目标的认识，救国道德的实践，建国信仰的确立，精神生活的改造等，哪一样不是公民训练的要项？老实说，现阶段的一切都应集中于抗战建国的大目标上，而公民训练尤甚。今日学校实施公民训练，不贵乎高谈阔论，而期能训练学生认清个人对于国家、民族的责任，对精神动员的一致参加，先于一般国民，而为热烈的提倡；尤望其能一致实践中国固有之救国道德，一致信仰三民主义，勿分歧，勿疑惑，勿颓废，勿暴弃，一致笃信“国家至上，民族至上”与“军事第一，胜利第一”之至理而共同努力，以从事于抗战复兴之奋斗。

兹本全国精神总动员的精神，讨论中学公民训练的实施，如下。

（一）精神训练

很显然的，国民精神总动员所重在“精神”，不在形式；在内心生活的涵养，不在外界威力的敷加。精神是不可捉摸的东西，说是没有它的存在吧，却又实在有非常伟大的力量。“其为气也，至大至刚，以直养而无害，则塞于天地之重。”孟子所谓“苦其心志，劳其筋骨，饿其体肤，空乏其身，行拂乱其所为……”便是一种精神训练。今日国民的缺陷，在于贫贱移志，富贵淫心，威武屈节，而精神训练，则要使各个公民养成不淫、不移、不屈的精神。

在中学实施精神训练，除研究公民学，启发其自觉心，激励其爱群、爱国的精神外，并可利用种种机会，实施精神教育，如纪念周和每日升降旗时的精神讲话，各种纪念日的特别讲演，民族先烈和抗战英雄故事的研讨，以及蒋委员长言论的熟读等。尤其重要的，是各门学科的选材和教学，都应侧重于精神训练。

中学精神训练的要旨在：第一，培养民族的观念。打破传统狭义的家族观念，纠正无边无际的世界观念，要从民族之自由与独立以达世界之大同。第二，奖励牺牲的精神。我中华民族原富有牺牲的精神，近因受外力的压迫，内乱不断地滋养，人民疲于奔命，简直没有安息的机会，于是民族固有之极宝贵的牺牲精神，已渐渐地消沉了，实是目前一个极大的危机（叶楚伧：《新生活与情操》）。今日我们实施精神训练，最要在激发学生的牺牲精神，使其牺牲小我而为大我，牺牲个人而为国家。第三，养成刻苦的节操，使能刻苦耐劳，不因贫贱移志，不因富贵淫心，更不因威武屈节，具有孟子所谓“大丈夫”的气概。第四，激发进取的精神，使其精神焕发，确立抗战必胜、建国必成的信念，不颓唐，不暴弃，不游移，不疑惑。

童子军和军事训练，亦是精神训练的有效方法，中学宜并重之。

（二）德性训练

德性训练，重在培养高尚的人格。精神的集中表现，便是人格。有伟大的人格，才有伟大的精神；有伟大的精神，才有伟大的动力。我们今日实行精神总动员，非从培养人格着手不可。曾文正公说："风气之转移，全赖少数人的表率；便于由在上者之人格感化所致。"我们历史上，汉宋两代节义之风，所以迈越往古，乃由于东汉和宋初君主在上提倡，士子景然从之。近代中国因受元、明、清数朝专制政府的牢笼，一味摧残士气，奖励奴性，致奴颜婢膝之风弥漫全国，寡廉鲜耻之辈比比皆是（少数当然例外）。人格扫地，"正气"荡然。凡是做惯奴隶的人，在外国人统治下，当然也肯做奴隶。今日的汉奸，未始非产生于此种风气之中。故今日我们施行公民训练，首当恢复"正气"，培养学生高尚的人格，使不独能"自立"，兼能"立人"，不独"正己"，兼可"正人"。

（三）思想训练

确认三民主义为国民精神总动员的最高理想，也便是中学实施公民训练的无上准则。三民主义之目的在促成中国之国际地位平等、政治地位平等、经济地位平等。吾人理想中所欲建设之国家，外则独立、自由平等，内则民有、民治、民享，此人人心理之所同，而三民主义即为达到这个的唯一途径。在平时，人人固应服膺三民主义，战时人心振奋，趋向更应一致。中学生有思想分歧者，须纠正之，非使其一致在三民主义的理想下努力不可。天下容无圆满无缺的主义，但比较言之，三民主义若不能统一国民思想，更有何者能统一彼等思想乎？国人思想既不统一，其行动将何能一致？更何全国国民精神"总"动员之有？本此以实施训练，则：第一，中学生须认清"中国国民党之主义、政纲、政策，为建国及解决社会问题唯一之途径"；第二，彼等在公民科及其他有关学科（如政治学、经济学、社会问题等）上，对他种主义尽可多方研究，但以不离乎三民主义的立场为是；第三，学校内除法定的团体（如三民主义青年团）外，不容有其他政团的组织；第四，凡有碍抗战建国的言论必须制止；第五，诸般分歧错杂的思想，必须纠正。

（四）社会服务训练

中学公民训练的实施，于公民知能传授以外，尤当着重躬行实践——在这抗战时期更当如此，因而学校应充分供给学生服务的机会。学生自治会的组织，固可以供他们一部分的机会，不过这个范围还嫌狭隘。此刻我们实施社会服务训练，要把范围扩张到学校门墙以外。各省市男女学生近多能利用假期、星期日或课余休假时间来从事市乡等处的服务。抗战发生，教育部在颁布的国立中学课程纲要中更明白规定："生产劳动训练及特殊教学与战时后方服务训练"于每日下午举行之。照我们所知道的，除通常各种服务工作，如举行卫生运动、识字运动、扑灭蚊蝇运动、促进保甲运动及提倡国货，协助当局维持治安等以外，还当致力于征兵宣传、征工宣传、防空防毒知识的广布、救护慰劳的工作，以及推行有关国民精神总动员的种种事项。这些服务工作要和正课配合相当，不可有所妨害，若得有教师参加指导更佳。

（五）新生活训练

新生活训练是一种极好的公民训练——于国民精神总动员的实施更有密切的关系。这种训练以"礼义廉耻"为德目，以"整齐""清洁""迅速""纪律"等为行动规范。全体国民都应该深受这种训练，而中学生尤甚。在今日我人认为"礼义廉耻"四者之中，尤以"耻"字最为重要，最当拿来训练中学生。"知耻近乎勇"，至少不至于做汉奸，不做亡国奴。但"知耻"（如伯夷、叔齐之耻食周粟）还不够，应使学生了然于近代吾民族所受外族的奇耻大辱，奋然立志以报仇雪耻，争取国家民族之独立生存才是。

民国二十八年（1939 年）第 29 卷第 11 号

小学校公共心养成之要求

朱元善

我国教育宗旨，亦既注重道德。小学校中，复以修身一科置诸首要，是于养成道德之方法，固不得谓为绝无设备。虽然数年以来国民道德堕落之声，频频聒于吾耳，彼小学校之教授修身，则又道其所道，德其所德，漫无主见。其于今日文明大进、交际频繁之世界，果相适合以否，尚属不能无疑。夫道德者，有内容、有外形，所谓内容、外形，当随时代与社会之趋势，以损益乎其间。故因时代之推移，社会之进步，而对于德育之舞台，更提出新要求，以期道德之完成，正吾人今日所有之事已。

论道德之发达，我国亦不可谓不早。自尧、舜、禹、汤、文武、周公、孔孟以来，所称为儒者之道者，莫不归本于修身立德。试一读五经四书诸书，而我国道德之所从出，其亦可以晓矣。然大抵偏于小己方面之个人道德，而于公众方面之团体道德，则尚付阙如。其所教者，有若《虞书》之九德，《洪范》之三德，《大学》之诚意正心，《中庸》之戒慎恐惧，《论语》之所谓寡尤寡过，所谓克己复礼，孟子之所谓反身强恕，所谓孝悌忠信，凡关于私人之道德，阐发殆无余蕴。以故私德之发达程度，可谓已造乎高点。虽以欧美今日道德最高之国，相与较长量短，当觉毫无逊色。此为我国固有之美点，亦我国民精神所在。诚当增美释回，以保存于无既者也。虽然真正完全之道德，必兼群己而言。故人能修其身者，谓之私德；人能善其群者，谓之公德。公德、私德，犹车之于轮，舟之于舵，相辅而后行，偏一则俱废矣。顾我国先圣往哲之所提倡者，既惟偏于私德一方。历数千年，未之或改陋儒浅学，又从而穿凿之，以束身自好为极德，以舍己从人为多事。谬种流传，习非胜是。于是道德之圈限，愈缩而愈小，而其内容与外形，均不离乎私之一字。谚有之云“各人自扫门前雪，不管他家屋上霜”，此最足表示我民之德性矣。降及今日，则自私自利之见，更深印于国民之脑底。除自我主义以外，无所谓他人，无所谓社会，无所谓国家，侵占攘夺视为固然，举动恣放，极不顾忌。彼西人之评我民德也，曰半开化，曰无纪律。凡公园别馆共同集合之地，独不许华人入内，此非偏重私德、废弃公德之流弊有以使然乎？然则不言德育则已，欲言德育，则公共观念之养成，宁非今日必要之端欤。

夫在部落时代，国家尚未形成，社会亦极单纯，人事之交接，无甚密切。当此之际，浑浑噩噩，民各凿井而饮，耕田而食，终身株守蓬户，虽鸡狗之声相闻，至老死不相往来，故公共心之有无，于道德上尚无关系也。迨夫人文渐启，民智渐开，始创舟楫，以利交通，与接为构，日以心斗，人己之间相关遂切。由是共同之生活，既万无可避。而公众之道德，即为凡有血气所必要，更近而国家演进文明发展，学术大兴，分业极微，则有政治上之团体，有商业上之组合，有慰娱公众之游览场所（如公花园、博物馆等），有利便公众之宏大建筑（如电线、铁路等）。社会组织益益复杂，团体生活益益密切，至此而欲维持国家文明之面目，非要求国民公共心之发达不可已。我国自海通以来，与西洋文明日相接触，于是所谓教育事业、工商事业，种种之经营设置，略见粗具，近且由君王政体而易为共和。此吾人对于社会进步之现象，安得不深为庆幸，而同时对于公共心养成之要求，尤不得不益加深切矣。盖我民之入此新社会，为日究尚浅耳。以数千年偏尚私德抱守为我主义之国民，一旦而周旋于公众团体之下，欲使其遵守公德，何可必得试观任国民之代议士者，能不惕于威而动于利乎？为公民者，能不以选举权易金钱与面票乎？任官吏者，能不以公款入私囊乎？经商业者，能不贩卖不正当之物品及发行失信用之钱票乎？

此犹言其大者，至如乘汽车、坐汽船、入公会，此其事至普通，而其德亦至易守，然能不痰涕旁流、举动无序乎？一为念及，能不寒心，而推原其故，要不能不归本于公共心之缺乏，亦皆向者德育未完之过也。况夫今日小学校之学生，又即将来中华民国之国民，若不于此时养成其公德，而任其堕落，则譬彼舟流，曷知所届哉！任小学教育者，其认此为第一之急务可也。

虽然公共心养成之必要，诚如上述，而其养成之方法，果当如何乎？夫道德之教授，必不可不顾及其两方面。两方者何？即既授以道德之知识，而又须养其实行道德之习惯是也。若仅以关于道德之知识，强为填入，而于实行方面，毫不注意，则所谓实际之道德，必不举矣。请述某教师之故事以为一证。某教师者，任修身教授，一日以正直二字示学生，一则曰正直如何可贵，再则曰正直为吾人立身之要。口讲指画，几至舌敝，学生亦觉娓娓动听，颇有受感之象。后一生归告其父云："今日先生教我以正直之道，已备闻之。惟所谓正直云云，将学习而得乎，抑不待学习而得乎，则未之明。"斯言也。其亦可促徒授知识忽于实践之修身教授者，一为反省矣。由是言之，道德之教授，既不可不注意知识与实践两方面，则公共心之养成，自亦不外乎此。其在知识方面，当与以公共心确实之知识，以刺激其实行之动机；其在实践方面，当使其明确乎实践之心得，并养成公共行为之习惯，他日得为社会之一分子，则庶乎可矣。兹特将关于公共心养成之德目。略举如下，以供教育者之参考也。

一、知识的方面

第一，使知共同生活之意义：社会之意义；社会之成立与组织；社会之进步与永存；社会与个人之关系，含共同与分业，公共心与社会，同情、博爱、慈善与社会，自己之牺牲与社会我之实况。

第二，使知公共心之必要：公共心之发达与自治之关系；公共心之发达与共通事业之关系；公共心之发达与公共的设备之关系；公共心之发达与各种组合事业之关系；公共心之发达与人类幸福之关系；文明与公共心；我国民公共心之缺点与今后之觉悟；欧美各国公共心发达之状态。

第三，使知现社会著名之公共的事业及公共的设备：学校、图书馆、博物馆、陈列馆、公花园、共同便所、消防、路灯、电线、铁道、红十字会、孤儿院、义赈会、感化院、贫民习艺所、医院、道路、桥梁之开通修缮、港湾堤防之设备等。

二、实践的方面

实践方面之事项，有间接的，有直接的。间接的事项，即共同意志及同情心、博爱心、牺牲心是。直接的事项，则关于公共行为之须知及习惯之养成是也。兹述其要点如次。

（一）间接的事项

1）养成共同之习惯（当有次之施设）：共同作业及共同游戏；共同制作及贩卖；共同储金；共同饲养；团体旅行；各学级出席互相奖励。

2）养成同情、博爱、慈善之习惯（设施如次）：贫民之救助；对于罹灾者之救助；对于不具者之救助；对于孤儿院、感化院、红十字会、施医院、养育院、贫民学校、盲哑学校、出狱人、保护会之须知；慈善箱之设置。

3）以上虽非直接养成公共心之事项，而吾人之公共的行为，不可不于此以筑其基。盖无共同生活与共同意志之训练，则公共的行为决不可得，又无同情、博爱、慈善等人道的意识之陶冶，而欲望公共行为之含有道德的和感情者，亦不可得也。

（二）直接的方面

此盖由直接训练其公共行为之意志且授以实践之要项。

1. 养成重视公共物之精神

1）对于校具之须知：校具须加意爱惜；校具用毕时须一一整理，归于原置之处；破损校具时，须即购偿，自己能制作者，当即制作；当值整顿校具时，须注意整顿之。

2）对于校舍之须知：教室之扫除，当十分认真；窗户有微损处，当亲自修理之；学校园之设置，当亲自动作之；当为运动场除草及他改良之事；当注意教室内之装饰；如污损校舍，当即修理之。

3）对于公花园之须知：不可损折花木；所置桌椅不可乱动；不可损毁陈列物件。

4）对于图书馆之须知：不可高声朗读；不可污损公共之图书；一时内不可贷借数册以上之图书。

2. 对于公众卫生之须知

1）罹眼疾时之注意：在教室内，当别备桌椅；在运动场，当分别区域而为游戏；运动用具，亦当分别使用；不可附入共同游戏、共同作业；患此疾者，当即疗治；手巾、面盆，亦当分别使用之。

2）罹流行病、传染病时之注意：罹流行病时，当受医生之诊断，并实行其规定之手续，决不可有所隐蔽；有传染病者，不可接近他人，亦不可出席于广众多人之场所；他人求悟面时，除不得已外，一概谢绝；当受严重之消毒。

3）共同饮料水不可污秽之。

4）共同便所不可污秽之。

5）乘汽车、汽船、电车时之须知：食物之渣滓，不可弃置于车中；不可有害其他之公众卫生。

6）如地方上施行清洁法时，须遵守其规则。

7）关于公众卫生之法规，须遵守之。

3. 勿扰害公众

1）在教室学习上之须知：不可欺弄他生；不可欺弄他学级；不可污秽教室。

2）在运动场之须知：不可为危险之游戏；不可持刀物及他危险之器物；不可污秽运动场。

3）关于行路之须知：不可停立于道路中；不可在道路中游戏，致妨害他人之行路；不可污秽道路；关于道路之规程，当遵守之。

4）不可有妨碍他人安睡之行为。

5）在汽车、汽船、电车等不可扰害他人：不可独占座席，遇老幼女子，当让之；不可放歌高唱；不可手持大荷包而乘电车；不可持臭物乘车；关于乘车之规则，当遵守之。

6）在多人集会地之须知：不可骚扰；不可于人丛中强为出入；乘汽车、汽船之时，当顺序上下；注意吸烟。

7）不可贩卖不良品及不正物。

4. 当计公众之便利及社会之公益

1）凡道路、桥梁、水道等之开通、改良、修缮，均当留意。

2）路灯及共同便所等之设置及修缮，亦当留意。

3）当计社会公众之殖产兴业。

4）期望学术及器械之发明。

5. 为公民及就公职时之须知

1）选举当全去私利而为公益，以选举适当之人。

2）带公职者，不计私利，一心以公共为念。

3）不可从事私情及收贿等事。

4）凡一切官物，不可取为私用。

上来所列各目，实为养成公共心最要之材料。据此以支配于小学校修身课内，尚何偏废公德之虑哉。至教授此等事项，而使之实行，则与一般之修身教授及训练方法，无甚差异，今不赘。惟尚有二三最当注意之要项，更为教育者一述之。

第一，在城市间之公共的事业，当使实际参观之，如此事由何而成。影响于现在公众之利益若何，皆宜为之说明。

第二，在远足旅行之际，见有公共之事业，当为之说明，以振起其公共的精神，不可失其机会。

第三，关于公共心养成之偶发事项，当常常注意，以供养成之资，不可失去机会。

第四，在一般德目之教授，当注意公共的社会方面而说明之。

第五，在低学年，大抵就消极的方面授之，进至高学年，始授积极的方面。

第六，儿童从事学校内之诸作业，当使以公共的精神从事之。

民国三年（1914 年）第 5 卷第 12 号

自治心之养成

贾丰臻

所谓教育进步者，与儿童自治心之进步，亦有关系也。仆以为教育之进步者，即干涉方面渐退，自治方面渐进是也。吾人之理想卒业生，即自己之事皆有始终，自己对于种种之事皆能计划，不论如何困难，能以独力担任，卓然立于光明之世界，故自治心之养成，即可谓为教育之极致，倍摩氏曰："学校教育之目的，即助生徒达于高度完全之域，此外无他意也。然学校教育与他之教育相均，其势力亦有制限，决非为创造的作用，仅不过为助长的兴励的作用，不能为儿童颁赋资性能力、意志力，仅能指导儿童兴起自动的作用，以使之发达。故欲得知识，不惟生徒具有资性天才而已，亦须有直接之天性，富于勤勉努力，欲修德行，须有自由决意的动机，并不可不具修炼之力。彼过分无动向者，其道必愚，过分柔顺者，其道必萎缩，故生徒当自兴其自动作用，并不可不有教育的法律之自由认识。学校教育之任务，非使智巧温厚而已，须导之励之，使之自定其识见，自磨其智能，自成就其德器。"

语有之曰"只能引马至河，不能强马饮水"，此言最耐寻味。盖不欲饮水之马，强欲使之饮水，其事甚难，儿童亦若是也。儿童之无决心者，其如何使之果敢乎？孔子圣人也，然宰予昼寝，孔子仅叹之曰："朽木不可雕也，粪土之墙不可圬也"，可知自治心之养成，确为教育根本的事业，不可忽也。

一、自治心缺乏之原因

自治心之缺乏，为吾国民历来一大弊病。自历史上观之，吾国国民本不知所谓自治，诗曰："不识不知，顺帝之则。"书曰："民兴胥渐，泯泯棼棼。"孔子曰："民可使由之，不可使知之。"又谚曰："齐家，治国，平天下"，自有周公、孔圣人，此言最足以代表吾国民之气风也。故揖让之天下，可变而为征诛之天下，而国民之程度如故也，华人之中国，可变而为夷狄之中国，而国民之程度如故也。无论何事皆由君相官吏主持，故国民之自治心日形缺乏，前清筹备宪政以后，何谓宪政？何谓法律？何谓地方自治制度？何谓人民权利义务？吾国民皆不问也。谓非国民自治心之缺乏，其可得乎，是以二三豪俊，得出而操纵之，孰为乱贼？孰为顺良国民？亦未知之也，自治心之程度乃至如是，岂不太可怜哉！

前述国民素乏自治心，乃第一之理由，至第二之理由，即教育者自己先无自治心。盖吾国之教育者，亦吾国之国民，吾国之国民无自治心，故吾国之教育者亦无自治心。彼等但知研究吾国向来之历史，调查吾国民向来之气风，而能自己发一新理想，成一新事业者，不可得矣。且凡社会上所有种种恶劣之点，若富贵利达之私，声色货利之欲，社会上未能免俗者，教育者亦未能免俗也。其甚者，国民所不屑为不敢为者，教育者或屑为之而敢为之也。而其弱者，则万事悉用依赖心，教员以校长之步趋为步趋，教育会长以县知事之趋向为趋向。盖彼等视俸给较高之人，即以为万能者也。然外国小学校之教师则不然，有学识、有德望者居多，故皆能知自己之职务，无所用其依赖。如德国教育部所定之一切章程，仅大体之目的，此即养成国民自治之原，非若吾国教育部所定之法令细密而烦琐者。由此以思，则教育者之不先自养其自治心，尚安能养成生徒之自治心哉？故欲蕲生徒之有自治心，非先自教育者有自治心始不可。

第三之理由，我国之教育学说，尚未能注重养成自治心。上言吾国国民乏自治心，教育者亦乏自治心，皆由于教育之主义方针不能注重自治心。西洋则不然，教育学上大都注重自治心之发达，斐希的曰："吾人教育之理想，在养成其自己能动于人间，无庸人之干涉，无庸人之指画，而自己能动，以养成其求真美善不止之人间。"又裴斯泰洛齐派之其司台尔爱喜氏曰："对于真善美，当振起其自动"，又海尔巴尔脱派谓"训练乃以自己选择者为最要"，彼教育大家，或曰自动，或曰自治，或曰自选，亦可知其用意之所在矣。

第四之理由，今日之教授，大都不致力于自治心之养护，教授者仅以种种材料注入于儿童之脑中，故无论其如何热心，而于儿童之自治心，可谓绝无关系。儿童于学校时代，似乎聪明伶俐，然其真实之处，绝少理会，一遇困难之问题，即为束手，求如从前所谓悬梁刺股苦学以自营者，盖不可得焉。教育者教授之精神，根本既不同，则其结果自异，曷足怪哉！

第五之理由，一般近来之倾向，往往过贪智识之分量，即大都分量多而练习少。无论其材料如何之多，而无练习之思想，则必不能成功，食物不求其消化，即为食滞，在生理上可无容疑，而智识之食滞原理，亦与此相同。今日之所谓热心先生，大都为分量过多之先生，以我思之，凡所谓热心之教师，当稍与以分量。一面再注意于消化，然今日之多数者，或为唯物主义，或为守钱奴主义，求一热心者，则往往陷于食滞之覆辙，是不仅小学校为然；凡中等以上之学校，皆不能免，故一遇教师缺课，无有不欢喜者，即生徒厌其课业饱于智识之一证也。若教师能养成富于自治心之学生，则逢教师缺课，彼等必异常惋惜，可知最巧之教师，即仅教少些分量之教师，而其教授之时，纵横顺逆，自在活用，要非一节所可拘也。

以上所述，即为今日一般子弟缺乏自治心之原因。今日之学生，究属如何，彼等衷心以空虚之故。学校之规则虽严重，终亦无从抵抗，惟有低首下心而已。然正惟其低首下心之故，欲求其能自尊，至是亦不甚易易，故非流于卑屈，即入于放纵，二者必居一焉。盖彼等尚未知于自由之中见出法律，于法律之中见出自由，而如今日之教育，日又一日，施之既久，其能养成为自重、自信、自立之性质乎？夫吾人之目的，所谓真正之大国民者，为有自主、自立之气性之国民，不用胁迫，不假权威，能断能忍，能理解自立之尊，于实际社会之困难，丝毫不感其苦，以得最后之胜利，更且能仰事俯蓄，无所于缺，而于一般社会，亦得贡献一廉，以成己而成物，此可谓有自动自治之精神者也，今再述养成自治心之方法。

二、自治心养成之方法

第一，减少授业时间。今日小学校令所定之时间数，其最少极限，似属相宜，惟以余观之，时间数尚可减少。若十三四岁之男女儿童，每日与以五六时间以上之授业，甚为无理，不如以每日授业时间改为三时间半，方为适当，至于其他之时间，则当使用于自治自动的。如密司休斯所云："学校设置适当之图书馆，备置儿童相应之参考书，俾儿童得自由入图书室，自阅参考书"，此为小学校儿童所切望者，不可不知也。

第二，学校生活务为自治的组织。当小儿奔跑之时，万一跌倒地上，则不论何人，见之者皆为哀怜，当时吾人为感情所驱，必为之抱起，必为之拂尘，然而吾人终局之目的，在自治心之养成，若即为抱起，则恐害及其自治心之养成，当命之自起，或誉之曰："儿颇豪雄，勿泣，速自起。"彼年小之生徒一闻先生之誉，必能耐痛而起，此即对于自治心之养成，得奏凯歌之时。且以此方法施之，彼儿童之气象，必不至哭泣，若慰之曰："儿痛乎？"此则似乎亲切，而实甚危险。盖儿童渐渐得恶习惯，嗣后稍稍受损，即放声哭泣，或格外吵闹矣。故欲养成自治心，不可不注意及此也。且更须教以其他种种，如包书包，当先教以方法，然后使之解，使之包，因此而不能包之儿童，对之皆生愧色，于是格外注意，亦皆能包。同时复加之以誉赞，教之以他事，若自装行李，若自结靴纽，随在奖励其独自为之，其结果儿童以独立自为为非常之名誉，无论何事皆克独行，此于养成自治心不可轻视者也。

第三，课种种作业，以鼓舞其自治心。此亦学校生活之事，惟课作业，则当应于儿童之阶段，务须斟酌得宜。如同一扫除，儿童之幼者，使之拭桌椅；稍长者，使之廊下洒水，再拭桌椅；又长者，使之扫除教室，拂拭其上，或为大扫除以

图一切之整顿清洁。事之多少难易，不得不与儿童之年龄相应。此外定扫除当番规程，务以自治的为主，再于生徒之中分出种种，或配水于砚，或配集答案，或准备教授用具。至如何课作业，如何课儿童作业之种类，当于学校生活之分类，明细示之，而相应于儿童之程度，尤为必要。儿童对于教师既知尊敬，故教师命作种种，彼以名誉与心得，非常欣喜之故，自能于不知不觉中而进于自治的。而一面亦不可不为种种之谈话，以鼓励其兴味也。然自治云者，不可仅谋个人之自治，务须进而为团体之自治，当使公选级长，以主一级之号令。惟选级长有一学期一选者，有两个月一选者，有一个月一选者，有选二人为一正一副者，有只选一人者，有生徒加倍选而由校长教员择用者。此则因各校情形之不一，当局者务当参以活用也。

第四，组织级会。此等会极能养生徒自治之精神，级会组织之方法，当由儿童能任者彼此商谈，教师只可为助言者，凡关于一级之风纪，教师可为相互之忠告制裁规约，或其级举行远足会、游戏会，及其他关于种种之会合，彼此相谈时，教师旁听各人之言论，玩味个人之思想，择善取之，最为适当。惟此在初等一、二年生，尚未能行，大约至初等三年以上方可，惟须有适宜之斟酌。

第五，设俱乐部。此亦一种之会合，吾思儿童之事，或为朗读，或为谈话，或为唱歌，此于自治心之养成，最为适当者也。因此之故，彼等或看自书之文章，或用自己种种之意匠及思想，或朗读，或谈话，皆属极有趣味，其级愈高，其行尤易，自小学高等科至中学以上皆如是。则无论学校课业如何增减，而儿童自身经营之会合必盛，日本庆应义塾，此种俱乐部最盛，如英语俱乐部、经济俱乐部、法学会、理财学会、其他商业俱乐部等，约有十余，是于社团范围内人间修养之方法，实为最要，吾人不可不注意也。

此外家庭之一致，亦甚紧要，家庭苟能指导儿童之实际生活，则学校亦能因之而便利。若仅学校一方竭力从自治的进行，而家庭不能一致，则亦不易成功。彼上流之家庭对于子女之受教育，来往用马车、人力车，结靴纽，有人抱书包，有人送饭膳，有人一举一动随在，失去其自治之习惯；至中流以下者，对于儿童之教育，往往持放任主义对付之，亦不能养成儿童之自治心也。故学校当与家庭同盟，十分联络，学校器具在家庭当自先准备，两方务当协同一致，以促其自治心之养成，此尤吾人所最当注意者也。

民国四年（1915 年）第 7 卷第 5 号

学生自治——平民中学演讲稿

张君劢

诸君！以三十余岁之人，来此讲堂上，与诸君见面，我心中所最感触者，则三十余年来教育界潮流之变迁是也。我生于光绪十二年之冬，至十八年之初，方过五岁，时为正月十五，大厅上点香烛，先拜文昌，我父携我手向先生行三叩首礼，是为入学识字之始。以当时所学习与今日之学校科目比，以当时之私塾与今之学校比，以当时之先生与今之先生比，以当时之学生与今之学生比，其间相去不可以道里计。质而言之，则两种世界而已。以言科目除四书、五经外，无他物焉。以言学校规模，则一间书房而已，无所谓讲堂焉。一塾之内，自六七岁识方字之学生以至于二十岁左右做八股完篇之成年者，无不有焉。先生一人，于经、史、八股、试帖，无不教焉。学科既以四书、五经为限，故以伦理、教育为重，而动植物、天文、地理之分科之学，非所闻焉。即就其所以为教者言之，除智育之背诵外，体育全不讲求。方予年十岁，一日午饭放假，我家门后临河，有乡人载物而来之小船在，船中无一人，我忽起荡舟之兴，不料一脚入船，一脚尚在岸上，而船已远离，于是身落船外，幸而两手尚得把握船沿。家人方午饭，不见我入座，乃遣人觅之。而对岸有人望见，得免溺死。家人惊慌失措，为我去湿衣，然以我不通知家人，作此狎水之戏，遭一顿痛打。诸君试思：此种家教与今之教人游泳、教人赛舟者，相去几何？每日十二时之间，晨起与先生同早餐，上午受生书、温旧书，下午朗诵午前生书。年稍长，更上夜学，学为对对。一日之内，无所谓休息，无所谓游戏。傍晚放学时，先生离家访友，则为一日中最自由之时刻。吾家兄弟十余人，相约为不规则之游戏，若欢呼之声聋震于父母或老仆之耳，则家人必奔走来告曰："你们又来翻天倒海，还是请先生回来，送你们坐先生那里。"一闻先生两字，则手垂足直，肃静不敢作声。及今而思幼时所受教育，大概不出数点：但以读书识字为教育，而游戏则否，一也。教育之法，但令学生背诵，重记忆而绝不开发其悟性，二也。父兄师长以严厉方法约束学生，令其勿闹，而绝不计及孩时生理上活动之需要，三也。先生偶尔讲解，听学生学为先生之口调，不计其真正了解与否，四也。但有书本教育，而无实物教育，如手工之类，五也。所谓德育，以听父母师长号令为第一训条，而绝不容其有一毫自由意志之表示，六也。依此方法所造就者，则记诵呫哔之才耳，循规蹈矩之子弟耳，非一国之公民也，非全人格之发展也。

近百年来之欧洲教育，除一国之美文外，兼及天文、地理、理化、博物之类，故学生之见闻大广。书本之外，有体育、有游戏，故身心二者平均发展。咿唔而外，有实物教育，故学生得种种技能。此种方法传至中国，故今日之学校以大变三十余年前私塾之面目矣。虽然欧洲人犹以现在之教育为不足尽学生之天才，于是欧战前后有一种流行之学说，名曰“学生自治”。欲知学生自治之意，不可不先知自治二字之义。

自治之义，与他治相对待。譬之日、俄，战前之俄国，无宪法、无国会、无责任内阁，是之谓君主专制之国，而人民不与焉，此即他治而非自治也。以吾国之县、市、乡，与英、美之县、市、乡比较之，则吾国之县、市、乡乃他治而非自治也。以英国之殖民地言之，如加拿大、如南非、如澳大利亚，则自治之地也：如新加坡、如印度，则他治之地。所谓自治与他治之别，不论其小而一地方，大而一国家，其行政、立法、司法由民意参与者，则自治也；其不由民意参与者，则他治也。欧洲当法国革命之前，世界上尚不知所谓宪法与内阁国会，则在政治上言之，其国非自治之国也。今日各国之社会党要求工厂之管理与利益之分配，工人与工主共之，则工业的自治也。此种风气，自政治上、工业上渐移至于教育，于是有所谓学生自治。以英语言之，名曰：学校之中自治（self-government in school）；德语亦大略相同，曰 Sebst-Regierrung der Schüler。总之，皆以宪政精神推及于学校管理与教课而已。

诸君平日盖闻牛顿因苹果之落地而发明地心引力，瓦特因水壶盖之沸动而悟及蒸汽机，爱因斯坦因坠地之泥水匠之谈话而发明相对论，新理、新说之起于一时偶然之细故者，大抵然矣。美人佐治氏为学校管理员，某日因病不克视事，求他人可以代之者，又不可得。忽有学生平日以不守规矩著称者，自向佐治氏提议曰：“今日监督之责曷勿委之于我？我能使学生静肃无哗。”佐氏迫于无可奈何，勉强应之。及明日到校，察是曰学生风纪之整饬，较其自身在校时为佳。自是以后，佐氏决心以管理之职分之于学生。此 1894 年事也。翌年，佐氏改定校章，成为一种学校宪法。自 1897 年以后，其学校名曰佐治小共和国（George Junior Republic）。所谓学生自治说者，其来源即起于此。

佐治小共和国中之学生自治，以关于约束学生为限。此外更有一种学说，曰教课方面之自治。德人奥士氏（Bethold Otto）之言曰：“今日之学校，犹之一种牢狱；学生之所不愿学者，以教师之力从而强制之，故名之曰强制机关。”（详奥氏著《二十世纪之学校改造论》第二版，1901 年出书）奥氏以为应一反此法，并创以下各原则：学校之教材，俟学生精神上自行要求时，然后从而供给之，一也。学生自行发问，而后教师从而答之，学生兴尽时，教导应即停止，二也。学生每日入校与否，可听其便，三也。奥氏之学说，与今日之强迫教育与今日之国定学校科目正相反对。故德人名之曰："根本改造主义（Radikalismus）。"然奥氏之说过于极端，即其自办之学校中，亦未尝一一实行；惟教课上容许学生自动自发之义，实奥士氏先启其端。

学生自治之义，在昔日德国，以为君主政体不相容；故学校中虽知此制之美，而未大行。自1918年革命后，普鲁士之教育总长汉尼许氏（Haenisch）尝发布告，准许学生自治。虽各邦各校中制度各殊，而其办法大略如下。

1）每班。每班中各举正班长、副班长、管理员各一人。正班长之职务：传达本班之意思于教师；维持本班教室中之秩序；休息时监察本班学生之行动；学生迟到者应向正班长通告；充本班开会之主席与学生法庭之代表。副班长之职务：每点钟之休息之监察与正班长轮流分任之；掌管本班之记事录。管理员掌管本班所备教育器具、图书以及本班教室之洁净。正班长、副班长、管理员共同担任以下职务：每星期聚会讨论个人所掌职务；学生间之争执与违反自治条规者，由三人组织法庭判决之；学生迟到，清洁扫除之怠忽，以及因他事被控告者，皆为各班法庭裁决权限之所及。

2）各班代表联合会。各班代表联合会掌管各班共同之事务，如全校风气之维持，如旅行，如本校纪念会等事。各班代表联合会以最高班次之正班长为主席，副班长掌管记事录。其总管理员一人，由学生大会选举之。各班代表联合会每月开会一次，凡决议案以及永久遵守之条规，应登记于议事录中。总管理员所管者为教具、图书馆、手工场、运动室、浴室、厕所及全校建筑。

3）全校学生大会。此会中以全校学生组织之，其为法庭判决不得参与者除外之。以最高班次之正班长为主席。教习亦得参加讨论，惟不得投票。每月开会一次，但2/3学生要求时，应开临时大会。投票应以无记名票行之。对于议决案，校长有否认权。各班法庭所提出案件以及教习所提出案件，得判决之。判决之罚则有四：选举权之剥夺；被选举权之剥夺；不准其与同学往来；摒之于自治行政之外，由教员直接管束之。

自以上三项观之，学生管理教具、图书及全校建筑，是参与行政也；为兴利除弊计，学生得立种种法规，是参与立法也；学生之犯规则者，由学生法庭判决之，是参与司法也。以学校之三权分之于学生，故不谓为学校之宪法化或民主化，不可得焉。诸君乎！试以此种组织较之三十年前之私塾，则吾侪昔日犹奴隶也，而诸君则主人翁也；吾侪昔日犹狱囚也，而诸君则自由人（freeman）也。

至学校教课，如奥士氏所言，以学生智识上之要求为标准，而绝不强以一定之功课表，此点殊难办到；以学生为受教之人，其于教材之轻重缓急，固无判断之资格也。奥士氏之言，虽学者心知其为理想上之善制，然无法以显于事实。于是有斟酌损益之者，曰教材选择，应依学童心灵发达之次第，一也；上课时应准学生多发问题，不可但凭教师之意，以智识硬填入学生脑中，二也；除规定功课表外，每星期应有一二时准学生自由发问，而教师答复之，三也。此则将奥士氏之无功课表说与各国通行之有功课表说折中之方法也。

关于管理与教课两方面，所谓学生自治之义如何，已如上述。然诸君闻我学校之民主化或宪法化之言，或者以学校为国家，学生其主人翁，而教师其公仆也；以学生为国会，故居于监督之地；以教师为政府，故居于被监督之地。若此者，皆误解学校之性质者也。

教育之目的安在乎？《学记》曰："教也者，长善而救其失者也。"故我暂定教育之目的曰："长善救失。"国中有识字者，有不识字者，识字，善也，不识字，失也。于是国家所以救此不识字而长此识字者，曰强迫教育。但知读书、识字，而不知保持身体之健康，是非所以图国民健全之发达也，于是所以长之救之者曰体育。字识矣，体健矣，然使国民而不知公共生活之道德，则智慧适以长其奸，体力适以增其暴，于是所以长之救之曰德育。如是，教育所以发生者，则以一国中先有一善恶标准在。奖善而去恶，是教育之目的也。此奖善去恶之业，先施之于一国之青年；而负此责者，是名为师。师者，先知先觉也；学生，后知后觉也。故以主人翁与公仆之说比师生，甚至以国会与政府之说或政府党与反对党之说比师生，是乃拟于不伦，而当绝对排斥者也。

或者忽骇怪曰："子既以师为先知先觉者，则当尊重三十年前之私塾，为师者挟夏楚二物，学生则帖耳俯首，必如是，乃与子所言教育之理想相合，奈何又来提倡学生自治之说？"则我且应之曰："人类一切行动有一总目标，曰人格之自由发展。"专制君主以喜怒为号令，是以威力强人服从，而妨害人民之自由也。故君主之制倒，而民主之制代兴。资本主义之下，厂主以一人之利益为前提，指挥工人如奴隶，故社会党要求废工奴之制而代以工业自治。政治既由专制而民主矣，生计亦将由专制而民主矣，则学校之改造何独不然？虽然学生云者，非一国之选民也，非工厂之工人也；其师之司教也，非君主之号令，非厂主之营利，故不以与政府或工厂比。然所以必行自由之制者，曰所以完成人格之自由发展。如是，则便于养成独立自治之国民，否则，所以阻遏其天口，而日后国家必受大损耳。申言之，学生自治乃一种教育上之方法，非以学生资格之完全无缺，而令其以主人翁自居焉。

自治既为一种方法，则学生之自由与教师之威权如何而后能调和？吾请以《学记》之言奉告诸君："一年视离经辨志，三年视敬业乐群，五年博习亲师，七年视论学取友，谓之小成；九年知类通达，强立而不反，谓之大成。"

古人考核学生之法分二：曰学问，曰生活或品格。离经也，博习也，论学也，知类通达也，是智识之事，所谓学问方面者也；曰辨志，曰乐群，曰亲师，曰取友，曰强立不反，是属于行己立身，所谓生活或品格方面者也。生活之中，先之以立志，以坚定其志向；继之以乐群、亲师、取友、强立而不反，以观其相与之际。总之，以独立之人格与社会相接触而已。

《学记》又曰："道而弗牵，强而弗抑，开而弗达。"曰道，曰开，曰弗牵，曰弗抑，是恐教师之遏制学生行动，故有此因势引导之语。质而言之，《学记》之言与今日西方之所谓学生自治者，其名词，其方法，或互有不同，要其精神则无二致焉。

民国十二年（1923 年）第 15 卷第 9 号

第四章

国外的公民教育

虽然公民教育在我国已经取得一定成效，但在公民教育内容的系统化、标准的规范化及技能培训、规范认知等方面仍缺乏统一要求，与培养合格公民、全面提升公民素质的目标距离很大，客观上需要成立一个专门的机构来规划和指导。借鉴西方发达国家进行公民教育的经验，我们认为应该设立“公民教育指导委员会”或类似的机构，以统一规划我国的公民教育事业。

在美国、英国、澳大利亚等国家都设有公民教育委员会，这些委员会在规划本国的公民教育工作、提升公民素质、促进社会文明等方面起到了非常重要的作用。在我国香港地区也设有公民教育委员会，其制定的《香港公民教育指引》是指导香港公民教育的纲领性文件，极大地促进了香港公民教育的发展。

美国自1792年开设的“公民学”课程的目的就是培养公民的爱国心和对国家政治制度的理解。20世纪以来，为了使大批移民接受统一的价值观念，美国全国教育协会（National Education Association of the United States，NEA）社会研究委员会（Social Studies Committee）（即类似公民教育委员会的机构）对美国社会文明的发展和公民教育的整体推进，起到了非常重要的作用。该委员会先后颁布了《公民教育大纲》《〈公民学与政府〉课程标准》《美国2000年教育目标法》《美国联邦教育战略规划》等法律性文件，以确保公民教育目标的实现。英国在1934年出现了“公民教育协会”。1990年英国国会下议院颁布了《鼓励公民教育》，以官方文件的形式确立了公民教育的地位和内容。俄罗斯在1993年正式成立了“国家公民教育中心”，对俄罗斯公民教育的全面开展起到了巨大的推动作用。其颁布的《公民教育理念（草案）》，为俄罗斯公民教育提供了纲领性文件。新加坡在1966年成立了“公民委员会”，致力于建立对新加坡国家认同的公民教育，制定公民教育课程纲要，在全国使用《好公民》《新公民学》等教材。公民教育在传授公民知识、树立共同价值观、形成国家认同感等方面收到明显效果。

历史和现实的经验告诉我们，成立专门的公民教育指导委员会是推动公民教育事业发展的重要一环。

德国公民之教育

天　民

旷古之世界的大战争，相持已及两载。德国决死于战场之军人与居留国内之一般国民，皆能协力同心而尽瘁于国事。其陨命锋镝者已60万人以上，伤病者垂300万，而仍一往无前，奋战力斗以驱逐敌军。协商国虽以物资之封锁，冀断绝德国之粮道及军需品，然德国迄未大蒙其危害，国民刻意勤俭，又善应用科学，食粮、军需品亦未甚缺乏。则今日德国之强盛，诚有足以令人咋舌者矣。然德国之强盛，曷以而能至此，实吾人亟须研究之一大问题，此不可不由教育上而极意研求之者也。德国强盛之原因，前之书籍虽有论及之者，然殊阐发未尽，今拟就德国晚近盛行之公民教育，而以德国教育家之言论，明其强盛之所以庶，可窥见其真相乎。唯欲述德国之公民教育，当先考察其所以强盛之理由焉。

一、德国强盛之所以

1）国民体格强壮。无论兵战、商战，苟非全国民身体强壮，必不能免劣败而得优胜，故今日德国之奋战力斗，实以国民之身体强壮为其基础也。

2）国家意识之巩固。德国人民，于其本国之实力，在欧洲及世界之政治的、经济的地位，皆有坚确之自觉，即国家意识，至极明确而巩固也。上自国王，下迄极下级之国民，无不以由“国家意识”而来之国家标的为意识，而专意努力以实现之焉。

3）爱国之精神旺盛。德国人民，本于明确之国家意识，而考想其自国之将来，自古传承的大德国魂及爱国心，愈益洗练而焕发，咸有公而忘私、国而忘身之概，此非爱国之精神，煎迫全国民之胸腑，而岂能若是乎？

4）尚武气象之富盛。德国人民自古富于勇敢尚武之气象，昔罗马人尝视为勇武猛鸷之野蛮人云。迄于今日，大学生之间决斗之风，尚未衰歇。今者虽大学教授，亦多有投笔从戎者，苟全国民无尚武之气象者，岂能若是乎？

5）经济思想之发达。德国人民，经济思想至极发达，远非他国民之比。自一家之经济、一国之经济及其国在全世界之经济地位，无不有明白之观念知识。说者谓德国之饶富，由于他各家之庖厨而积致者，实属不鲜云，且不唯了解国家之经济的地位而已，并进而著目于世界之经济，而勃勃有为世界经济界霸王之雄心焉。

6）经济的能率之大。德国人民，非唯优于经济之知识及思想，且其经济的能率之大，亦非他国民所能及。即其生产力，于质量上皆占优势也，此由于实业补习教育之进步者，固甚大也。

7）科学的知识之普及。高尚复杂之纯科学的知识，固待于各专门家之研究及发现。然工业应用之初步科学知识，亦十分普及。其于小学校所得之理科知识，已远胜于他国之生徒，且更于实业补习学校而受工业上博物、理化、数学等之适切教育，故其科学的知识益进，科学知识既发达普及，而个人之经济的能率自亦呈显著之进步矣。

以上五、六、七之三项，既已备具，更贯之以国家的意识、爱国的精神、热诚努力而进行，其经济力及工业贸易遂非常进步，大有一日千里之势。国家一旦有大事变，则举国一致献身决死以卫社稷。德国近年之教育，实早尽力于此点，以上所举之七项，悉调和融洽而教育全国民，今其明效大验，已彰彰在人耳目矣。而德国于 19 世纪，一般教育之上，亦已致力于此等要点。洎乎 20 世纪，更于新教育政策之下，建立教育方针，而亟亟焉实行以奏其实绩，其最新注目之教育，即所谓公民教育也。

德国实行公民教育（staats-bürgerliehe erziehung）之最近动机，实由于凯善西台奈氏 1901 年发刊之《德国青年公民教育》。本书乃论小学卒业后迄于服兵役时其间之青年教育法，当选于悬赏论文，而更发刊问世者。英国曼铁士大学发行之《英国及其他之补习教育》中，亦称本书非唯风靡全欧，即美洲合众国之教育，亦受其影响云。本书之内容，即痛论前举之七项，为公民必要之教育也。然实则此七项者非唯凯氏，即他氏之公民教育论中，亦多言之。今备述如下，以资考核。

二、德国之公民教育（甲）

1）身体之锻炼。德国人之体格，本极强壮，又甚注意于体育。19 世纪之初，为拿破仑一世所破，国家之危，迫于眉睫。其时教育家奋起救国者甚多，而斐希脱及耶痕，其尤著者也。斐希脱痛论鼓动爱国之精神，谋德国之恢复及统一，必当由于新国民教育，以之激励全国。而耶痕则觑破国民身体之强健，实为国家隆盛之根本，极力创办体操学校，尽全力于身体之锻炼，以图国民体格之发达焉。至 19 世纪之中顷，虽稍稍衰歇，然于普法战争后，又复致力于体育。至 19 世纪末，努力尤甚。盖其时以全国商工业之发达，大都会之隆盛，而国民体格有渐形羸弱之概，故心焉忧之，力图振作。于都市、乡村遍设体育会，盛奖励户外运动体操，谋增进生理、卫生之知识，设巡回讲授体操之法。皇太子躬为全团体育会会长，皇帝特降敕语，以示振兴体育之意。公民教育，亦甚重视身体之锻炼。故凯善西台奈氏述公民教育之目的：其一，即为身体之强壮；二为国家公民任务之理解；三为职业知能之发达；四为实行此三者之意志及能力之陶冶焉。威巴氏亦谓德国公民教育之思想所以勃兴者，其一端即由德国之农民，一旦变为大都市之商工家，而国民力及国民健康日以退步故也。其他如弗斯大、枚志撒等氏，亦极论身体锻炼之必要。又有名之哥尔夫元帅，于 1911 年设“德国青年团”，使为全团体育会之中央本部，其目的即在增进身体之健康，研究种种之施设，而努力于实行，且使其与爱国心之教育相辅而进行也。如此，非唯有强健身体之效，且诸青年相集而为体操运动，自有精神的教育行于其间。献身、牺牲、服从、协力、忍耐、勇敢、规律等之美德，悉于此而培养之矣。凯善西台奈谓德团体育会为国民意识及爱国的情操之中心，良有以也。

2）国家意识之教养。各文明国之教育，注力于国民之国家意识及政治的知识、立宪自治的精神之教养训练，如最近之德国者，殊不多觏，而德国教育家主张最力者，厥惟公民教育凯氏之言，已备述于前。而枚志撒论公民教育之任务曰：教授国家与其职能及制度之知识，以起关于国家之理解；使得关于国家及国民之热诚与心情；由训练及习惯而作用于意志，使热心对于国家之义务云。华尔拿所著《德国公民须知》中，论述此事綦详，凡分为四项。第一为行政生活。（国家与公民）公民而欲为公民的活动，当先知国家及公民行政生活之大纲：最初当习于利多害少之行动；进而向于义务、共同观念、牺牲心之高点；须知同情之重要。总之，不当专为知识之教授，要以道德的精神之涵养为主。第二为经济生活。详述德国之经济的地位、国内农业与商工业之冲突、关税殖民地理海运的建设、战争等，并谓将来之公民，苟无国家及世界经济的关系之知识，必不能自立云。第三为政治生活。当由宪法、议会、政党等，进而注目于世界的政治（即外交）。盖苟无世界的政治活动之知识，必不能为将来之公民也。第四论述当养成关于世界政策之知识，而使国民为世界的之发展，并论其有危险之存于其间。曰：譬如吾人欲登小山，或已有先登之敌，或更有追蹑之人，此种危险势必不能免，然如何而能克胜之？则惟有爱国心、牺牲心及尚武之精神而已。苟如以上之见地而施行教育，岂有不巩固国家意识、实行国家义务、发挥立宪自治之真义者哉？

3）爱国的精神之涵养。实行上述之教育方针，则能涵养爱国之精神，自不待言。然近来倡导国民教育之一大原因，实在于欲置国家于政党以上，而防党争与社会主义之激烈也，此“政党以上”之语，数多之公民教育书，皆论及之。留尔曼氏所著政治教育之中，亦谓政治陶冶之思想，当注入于爱国心、爱国主义之要求中。又其所谓世界政策，益唤起国民爱国之热诚。华尔拿有言曰：德国四围，无非虎视眈眈之强敌，故军舰之准备，务宜充分。又谓国民之力非他，即铁拳之力，爱国之精神是也。如此之例，不遑枚举。要之，以所谓“祖国”之一语，日日激励感动全国人民之心志，实德国公民教育之主要目的也。

4）尚武气象之振起。既有以上之二要求，则振起尚武之气象，训练军队的精神，其要求自决不容缓。故雷翟伦所著《非为学校而为祖国及生活》之中，论尚武气象之亟须振起，至为激烈，其中援引哥尔夫元帅之语曰“战斗的精神，凡为国民，必须保持弗失，对于慷慨死难者之崇敬，武士的青年之旧理想，非唯不可使消灭，且于现在及将来之国民，尤当严格锻炼，使完全保持，而愈益增进之也”。此外又引莫尔德开将军之语，或述日俄战争时日本军人勇敢决死之精神与其家族勖词之慷慨激烈，谓德国极宜效法云。文德所著《伦理学》，其中亦论军队教育，当为补习教育之一。如是则于图谋各阶级关系之亲密，养成献身牺牲之精神，必有大效。凯善西台奈更有言曰，当使国民以固有之识见为槌，又辅以爱国心及特有之伦理的精神，而锻制武器云。呜呼！以如斯之教育而振发武勇果敢之气象，其尚武之精神，乌有不勃勃兴起者乎？

三、德国之公民教育（乙）

5）经济思想之进步。自一家一国之经济，以迄世界的经济，务欲使全国人人无不洞悉于心。其关于一家者，如家计簿、一般收支之标准、一家经济之方法，勤俭储蓄之必要及其利息计算法等，无不实际的教授之。闵亭市之补习学校所定之教科课程，最为绵密而切用，故全国皆以之为蓝本焉。其在小学校时代，此等之知识已植其始基及入补习学校，又受如斯密切之教授，故彼等于一家经济，无不有精卓之见解，又于国家之经济亦然。而于德国经济上之世界的位置，殖民地与其本国之经济关系，亦皆授以远大确实之识见，务以促国民之觉悟，唤起其对外思想焉。西列的尔所著《德国商业青年之公民教育》中，盛言阿美利加合众国及日本于经济界极可恐怖，称为阿美利加之危险、日本之危险，述巴格达特铁道、摩洛哥、青岛等之经济的意义。又谓公民于世界的经济，必不可洞悉其关系焉。华尔拿称欧洲六国及阿美利加为德国经济上之竞争者，又以日本为新竞争者，皆不可蔑视云。至若威巴等谓全国民当使知海上权、军舰建设之意义，使觉悟国民之标的者，亦此意耳。

（未完）

民国五年（1916年）第8卷第7号

德国之公民教育（续）

天　民

6）经济的能率之增进。极力推行实业学校及实业补习学校，又德国近年教育活动中之目标也。依往日调查计之，全德国之补习学校，凡 19 014 所，生徒共 849 819 人，此 1905 年之调查也。但以闵亨市而论，在此五年后约增男生徒 4000 以上。以此推之，则于 1910 年以后，全国补习学校之生徒至少当达百万乃至百二三十万之数。盖此后为急激之发达，全德国各地多行强迫入学制故也。而其教育力，亦非若我国之不透彻、不完全、不成绩者，皆为实际的施行，而收伟大之效果。个人之经济的能率，遂非常进步，加以经济思想之发达，科学数学等知识之增进，又辅以国家意识及爱国心，故奏效尤大。如彼国补习学校之教育，实能以道德的、公民的、爱国的精神，使个人之利益与社会之福利，个人经济之进步与国家经济之发达相融洽、相结合者，德国各学校固无不然，惟补习学校为尤美善耳。

7）注全力于科学之普及应用。德国大学、大工厂等纯正科学运用、科学之研究发达，本非他国所能几及，且于一般国民极力谋科学知识之普及。如小学之理科实验、算术之注重、补习学校之数学、应用科学之教授及实验实习，皆所以使科学之普及应用，愈益确实有效者也。闵亨市之补习学校，凡有种种，男子实业补习学校之内容，其完全美备，实有出人意表者。今举其一例，如对于造木器之工，则授以几何学之初步；对于制面包之业，则授以制造面包必需之化学，讲述其间所起化学的变化是也。不论对于治何业务者，必课以“生活及公民科”教授卫生、交际、本人所操职业之发达史、发明发现之历史、个人经济、国家经济、国家之组织任务及公民之义务责任等。以上所述之七项，互相融合一致，则其教育之效果，当如何伟大，于国家强盛上，当有如何之影响？正不待烦言而解矣。

四、结论

以上所述，吾人深信德国强盛之故与其国之公民教育思想及其实施上如何贡献于国家者，殆和盘托出矣。此外虽或有可陈述者，然要不过就上述之七项而演绎之耳。今更述其一端，想读者诸君亦必首肯余说。即今者，各方面关于战后教育之论议，甚嚣然矣，而本篇实最确实、最具体的之战后教育方针也。纵非完全之方针，而其为最重要方针及中心标的，则却无可疑。故余常谓为今后教育方针之中心者，其唯公民教育乎。至德国公民教育之思想，不可完全移植于我国，固不待言。要之，我国当研究创作我国特殊之公民教育，而努力实施之世，有识者，决不易吾言也。故吾敢再断言，曰自今以往，吾国永久教育方针之中心，舍公民教育莫属矣。

民国五年（1916 年）第 8 卷第 8 号

新俄成人的公民教育

郑一华

我们从书籍报章里看见革命后俄国的教育理论和实际，真是觉得他们是教育界里的一个别出心裁的企图，教育上的一个大胆的试验。我们可以不管新俄教育的真像是不是和所传来的是一样的完善，然而我们就把它们当作教育的理想看，那已经是很伟大的一套理想了，那已经是很值得世人注意的一套理想了。在新俄的教育中，它的那一套成人教育更是值得世人注意的。

革命后的俄国，它的基础是立在一个新政治思想、新社会观念的上面，所以俄国现在竭力于培养一种新公民，以冀适应它所欲达到的新社会，一方面加紧来培养次代的新公民，一方面不遗余力地提倡成人教育来破坏人民的旧思想、旧习惯、旧观念，以改造当代的成人。它施于成年人身上那一套公民教育，更是值得中国借镜的。这是因为中、俄两国之间害有相同的毛病，它医治那些病的成人的公民教育自然是我们应该知道的。第一，两国的人民一向都是薄于政治观念，一向都是缺乏运用政治的知识和技能；第二，两国的人民都是久在专制的铁蹄下过生活，都是刚从专制的压力下喘过气来的；第三，两国的人民都是在革命的历程中，都是处在一个纷乱与变迁的局面之下。新俄怎样用公民教育对付这种相同的情形或毛病，那是极值得我们参考的。

近来美国哥伦比亚大学师范学院出版一本书叫作《俄国的新教育》，著者是莫斯科第二国立大学的校长 Albert P. Pinkeritch，这本书要算是论述新俄教育的理论和实际最好的一本书，全书厚 400 页。本文的材料系根据这本书的 16 章写成的。专论新俄公民教育的书新出了一本，叫作 *Civie Training in Soviet Russia*，著者是 S. N. Harper，出版者是美国芝加哥大学。日后有暇当为文介绍之。

俄国一般的教育程度是极为落后的。照 1920 年人口调查的结果，苏联人口中不识字的占 68%。所以列宁说：俄国还是处在一个亚洲的半开化环境况中，而这种境况的俄国人民要不惜一切来除去像俄国这样民智低落的一个国家、民生这样困苦一个国家、民权这样不发达的一个国家，它重视成人教育那是极自然的一件事。在10世纪的后半，俄国中等阶级之先觉者已见及这种工作的需要，在那时的地方自治区（zemeeros）内已有所从事。那时的成人教育就叫作“学校以外的教育”（out-of-school education）。这种“学校以外的教育”最初的形式是成人星期学校。成人星期学校最初成立于1859年。到20世纪初年，尤其是当1905年这个革命的高潮时，对于民众的教育有了新的注意，所谓学校以外的教育也有了新的发展，民众大学、成人班、民众讲演厅都在这个时候产生。不过就一般而论，帝俄时代的成人教育是没有什么的，在量的方面言，这项教育仍是非常狭小；在质的方面言，这项教育是含了浓厚的党派色彩，政府是不过问成人的受教育机会的，在民众自身方面也没有这项教育的制度。

可是革命后的情形就大大的不同了，变得真是令人可惊了。政府的态度是迥非昔比。因为新兴势力的基础在于民众，所以政府对于启发民众的事情异常努力。1918年列宁的夫人——苏联一个有名的教育家——说：“学校以外的教育是当今的急务，是当今俄国的生死问题。”她又说：“社会主义这个东西要有一个文化程度高的人民为之支持，我们要变成一种有能干的、有智力的、不屈不挠的工作人员。帝俄留下了给我们极不幸的遗蜕，不识字的人占了过半数，许许多多的人是不曾尝过最简易的教育，许许多多的人是失掉了自信力，他们不知道自己的能力，他们不善于利用他们的精力。”1918年，列宁在第一次全俄教化会议里也曾说：“劳动者所以要追求智识，是因为智识是达到胜利的必要工具。十个劳动若有九个相信智识是获取自由的必经之道，而缺乏教育是失败的根本原因，所以他们觉得要使教育普及于人人的身上。”1921年时，列宁在全俄劳动者政治训练会议上又说：“你们一定要知道一个文盲的、不开化的民族，一定不能胜利的。”

除非民众的教育是提高了，不然的话，经济生活的改造是梦想的事，合作事业是不可能的事，真实的政治生活是不会达到的。所以共产党之从事提高民众的教育，其动机不是出于慈善的心肠，而是立在一个坚决的信仰上，就是信仰智识是一个最强有力的工具，要达到胜利之境，民众一定要有丰富的知识为后盾。

革命政府成立之后所遇见的头一件棘手的事情，就是不识字民众的数目之可惊。所以除文盲是俄国视为一个基本的工作。他们希望到了1933年至1934年要使得全苏联每一个人民都具有能读能写的能力，这是新俄心目中所欲达到的最低的目标。俄国认为只有在全民识字这个基础上，然后才能希望实现每一个成年的国民都有参加国内政治生活的目的。列宁以为除文盲不是个政治问题，而是文盲不除不足以谈政治，一个不识字的人是在政治生活的圈外，他跑进之前必得要把日常的字学会，人民不识字就不能有政治之可言，充其量不过是迷信、谣言和些道听途说罢了。

以全民识字、全民教育为基础未达到政治生活和经济生活的改善这种怀抱的民众教育，自然是大有别于传统下来的那种学校以外的教育。我们只要有现在实施民众教育的机关名称的改更，就可以反映出今昔目标之不同了。照 1920 年 11 月 12 日人民委员会的规定，人民教育委员会内设立一个政治训练总部。它的宗旨是使国内政治的鼓吹（agitaiion）、政治的宣传和政治的教育等工作得以统一及使之能集中其力以助国内经济和政治的改造。

一、政治训练之主要机关

我们将依下列这个次序来论述担负政治训练的各种机关，第一，我们先从在乡村这方面实施政治训练的机关说起；其次，我们再说到在工业区域这方面活动的机关；最后，我们再论到在大城市方面的。

全苏联的人口中有 4/5 以上的人民是乡居的，所以乡村这方面的文化事业自然是极关重要的。革命后，乡村这方面起了新气象，这些新气象是苏维埃国家前途之所寄托的。不过有两个难点使得鼓吹工作和宣传工作所惯用的方式不能达到乡间去。一方面是因为乡村的人不识字，所以他们之中有大多数的人是不能阅读书籍的；另一方面是因为书籍报章的内容过于艰深，即识字者也多不能了解。再说罢，种种出版物的内容也太不顾到乡村这方面的需要和利益了。社会主义之能拔步前进，其不可短少的基础是在于乡村人民文化的提高，因为是这样，所以从社会主义要获得胜利的立足点来说，乡村的政治训练工作是俄国认为今日最迫切的问题。俄国乡村现在弥漫了觉悟的空气，中产和贫穷的农民都晓得来设法求改善他们的经济状况，所以今日是极适于乡村的文化工作滋长发扬的时候。

照十三次共产党大会的规定，乡村的政治训练事业的中心机关是县读书馆（Volost Cottage Readingroom），县读书馆在适良的情境之下应扩充成为民众馆（People’s House），这种机关是全县地方的文化中心，它的四周围有种种的文化机关，如全县的图书馆、各乡村的“列宁纪念室”（Red Cornerg）、种种研究会、识字处等。县内的文化事业都和读书馆或民众馆的工作发生关系，发生调和。为了要使各种的政治训练中心的工作趋于完善起见，实在有设立读书馆苏维埃这种组织的需要，它由地方农民、青年共产党、合作人员、从事森林工作的人员等各处的代表组织成之。读书馆要达到变成为农民不可缺少的东西，要使得农民都喜欢它、拥护它。从读书馆里，农民可以获得种种的消息，农民可以去看报，或者如果是文盲的话，可以去听人读报；在读书馆里，农民可以组织关于农业、关于经济或关于其他的研究会；从读书馆里，农民可以学习关于农业、经济的科目；从读书馆里，农民可以知道中央或地方政府最近颁布的法令和布告。因为读书馆和全县的文化机关有密切关系，所以提倡健康教育的人员、农业经济家、从事合作事业的人员、青年共产党和其他职业团体也都大可以利用读书馆。

极值得我们注意的一件事，就是教师和读书馆间的关系。每一位教师都知道他一方面是普通意义所谓的一位教师，同时他也是负有政治训练工作的一位人员。各种的地方团体一定要认教师是促进国内文化的一个重要力量。换言之，教师的地位一定要看作是俄国和世界的社会主义获得胜利的必不可缺乏的人物。

在这里所谈到的政治训练机关，只是些基本的机关。对于图书馆、识字处、成人学校、音乐会、各种研究社、"列宁纪念室"、民众戏院、电影院、无线电传播等不能专提出论之。若是读书馆能扩充成为民众馆，那么对于政治训练的工作当更为可观。一个真实的民众馆附设有成人学校、图书馆、茶园饭厅，并有种种的娱乐、音乐会、演讲会等。它和当地的读书馆也有密切的联络。在城市方面，有为农民而设的特殊民众馆，农民以从这里听人读新闻报纸及各种消息。最完善的民众馆，它是一个农民旅馆和民众馆拼合成的一个东西。

在规模狭小的工业区域，也有类乎读书馆这样的组织。这种机关有读书馆的功用，也兼有会社（clun）的功用。在工业繁盛的区域，会社和图书馆都是分立的。会社本是一个中心的机关，在它里面附设有种种的委员会和研究会，尤其是与生产事业有关的研究会。一个会社的工作还包括举办演讲会、报告会、辩论会、娱乐会、展览会、表演会、文艺会等。其实，什么有趣的事都可以引入到会社来，不过它特有的本色是一个讨论与劳动生产有关事件的地方。如果我们说读书馆是一县的政治训练的中心机关，那么，工人会社可以说是工厂里、城市里、军队里担负灌输社会主义这种教育给民众的主要负责的机关。会社的中心活动是职业训练，所以在城市工人方面，会社的注重点是工业生产的问题；在乡村农民方面，会社的注重点是农业知识；在军营方面，会社的注重点是军事学，不过也旁及工业经济和农业经济。反宗教运动也是会社的一个重要工作。同时，会社也是一个消遣和娱乐的中心。在工人集中的地点，有学校的设施，以供工人得有求学的机会，包括识字学校、中等和初等程度的学校、青年俱乐部等。

工业机关有文化委员会专司创办文化的事业。工厂的全部政治训练事业就在文化委员会的处置之下。有时碰着一个地方没有负担文化事业的统一机关，这个委员会也须起而负兴办四邻地方文化事业的责任。在这种情形之下，委员会就是文化的中心机关。换言之，就是它和乡村的政治团体、县读书馆及社会上的各种成人教育机关都要有联络。

在重要的都市里，有一种中央会社或一种中央图书馆，是各地方会社或各地方图书馆的枢纽机关。这种机关的主要任务在调剂各处的工作，而不是直接从事实际的活动。譬如说，像中央图书馆，它的责任在辅助地方图书馆的设备及支配图书馆的分配。这种城市还有一个中央成人学校，它是供各地方的成人学校用作模范之用的。此外还有一所特别市党务学校（Ugezd Soviet Party School），它是初级程度的预备训练党务工作的人员的地方，并且也是一个鼓吹宣传的地方。党务学校在多数工人、军人、农民会集的地方都有的。

在一省的主要城市里，主要的政治训练机关也是同上述的一样，只是增多了一种中等程度的党务学校。在有些省里面，还有高等程度的党务学校，叫做共产党大学，莫斯科的那一个（Sverdlov）大学就是它们中的牛耳。党务学校的根本宗旨在造就为党务工作的人员，不论是初级党务学校或最高级的党务学校，都是抱了这个宗旨的。所以他们的课程集中于研究党的组织和党的计划及政府的种种政策，尤其是经济的政策。教材选择的根据，一方面是要了解现代竞争所生出的种种问题，一方面是要顾着造成一个新社会的秩序。各级党务学校的种种训练都是以此为依归。社会科学的教材是充满马克思主义的思想；列宁对于马克思主义的理论和实际的解释与批评也都列为研究的学科。

除开上述在城市和在乡村所实施的政治训练工作之外，在军队方面也有许多政治训练的工作。不用说，军队里的政治训练自然是和国家有重大的关系，我们在这里只能提一提有这么一样重要的工作。大体的说，在这方面工作的形式和在工业区域里的是相同的。我们现在再说一说别的事情吧。

为了要使得读者对于政治训练机关之普遍有个观念，我们且把 1927 年的统计列举一些出来。我们在前面曾经说过俄国今日成人教育的急切问题是除文盲。在革命成功的十周年纪念时，对于这项除文盲工作成功的程度有一个报告。据说在过去的十年内，差不多有 1000 万的人从文盲这个阶级变成能读能写的人了。这个数目自然不能算是很大，不过和革命前的情形一对照，那就不能不说是一个大进步了。

除文盲这项工作前进的速度自然是不会一致的。在苏俄共和国这边说，从 1920 年到 1923 年这 3 年内差不多有 240 万的男男女女离开了文盲这个阶级，速率每年达 80 万。可是往后一年，在 1923 年到 1924 年这一年度内被除文盲的数目落到 31 万。至于在 1924 年到 1927 年这 3 年内，第一年所除的文盲是 92.6 万，第二年的是 85 万，第三年的是 85.5 万。从 1927 年到 1933 年间，强迫教育的法律是实行了，在这个期间内，俄国希望能除文盲 119.65 万人。拿全苏联来讲，只有在 1925 年到 1926 年和 1926 年到 1927 年这两年内才有统计可寻。在这两年内的头一年是 164 万的人变成能读能写了，在第二年有 150 万人。

读书馆的数目也随时呈巨大的差异。单拿苏俄说，在 1920 年到 1921 年共有这种机关 22 252 所。在 1921 年到 1922 年则减至 14 638 所。在 1922 年到 1923 年又减到 5018 所。在 1923 年到 1924 年增到 11 357 所。在 1924 年到 1925 年又增到 21 517 所。在 1925 年到 1926 年又增到 24 924 所。讲到图书馆的数目，只有在 1924 年到 1926 年这两年间才有可靠统计可凭。在这两年间，固定图书馆的数目从 4640 所增至 6414 所，城市的巡回图书馆从 3054 所增至 25 579 所，乡村的巡回图书馆从 3167 所增至 4343 所。城市方面书籍数目和人口数目的比例跟乡村方面书籍数目和人口数目的比例一比较，很呈出一个显明的差异。在城市这方面，每百人有

300 本书，在乡村方面，每百人只有 10 本书。

新俄自修的风气极盛。在 1926 年苏俄共和国有 7250 个研究会，研究会员达 12 万人。这些研究会之中有 62% 是在城市的，有 38% 是在乡村的。拿研究会的种类分析来看，也是件有趣的事。在城市方面，有 85.1% 是研究政治的，有 13.4% 是研究职业科目的，1.5% 是研究普通科目的。在乡村方面，研究政治的是 52.2%，研究职业科目的是 45.6%，研究普通科目的是 2.2%。在各种学校里也办有自修事业的，这类学校在苏俄约有 4000 所。

我们现在且看看苏俄 1925 年到 1926 年的统计以明设施政治教育的机关的数量的状况。灌输政治知识的学校或简易科有 6263 处，入学人数有 159 232 人；党务学校有 168 所，入学人数有 18 981 人；共产党专门学校 9 所，入学人数有 5024 人。我们看看党务学校学生的来源也是件有趣的事。那年的学生约有 30% 是工人，约有 60% 是农人，知识阶级及别的阶级的人占其余的 10%。

我们已经述过关于政治训练的几种基本的机关，并且也把关于将来发展的事实稍提了一提。还有许许多多我们不曾讲到，那些讲到的，我们也是论之甚略。关于博物院、戏院、电影院等，我们都不曾谈。毫无疑问的，这种种事业及其他旁的都得认为是成人教育的重要途径。不过因为篇幅的关系，它们应该有的注意、应该有的地位，这里都没有给它。

二、政治训练的方法和内容

上面我们曾把各地方担负政治训练的主要的机关说过，现在且来述政治训练的方法和内容。

现在采用的政治训练的方法还欠完善。关于鼓吹、宣传、教授这三个成人教育的重要方面还待研究、还待改善。讲到方法，民众教育所采用的方法自然应别于学校所惯用的方法，就是适于在大学校里教授男女成人的方法，也不能就说是适宜于一般的成人教育。单说一个理由，就可以知道它不适宜了。我们试想想看，预备一面在工作、一面在受教育那种成人的方法和预备有长时间、有固定时间入学的人的方法，这两种方法是不是有一致的可能？我们的答案当然是不是的。所以在学校适于应用的方法移到成人教育方面，怕是有格格不相容之势。此外还有一层理由，正式学校的学生和成人教育下的学生，他们二者的程度是大不相同的。成年的工人和农人到会社去，入研究会，光顾图书馆，他们的看法或态度是不同于学生之入大学那种看法或态度的，因此，我们要特别来说一说政治训练所采用的方法。

实施政治训练有一个根本原则，那就是无论鼓吹也好，宣传也好，教授也好，总要顾着训练的对象是成人，空空洞洞的说，死死板板的说，那就会令他们扫兴的，我们要利用那些具体的事物，那些和他们有切身利益的事物，当那些程度很坏的成人之前，尤其是要如此，如此才能使他们的兴趣鼓舞起来，如此才能使他们乐于发言，乐于发问，乐于求知。其实不是成年的人也应当如此，只要把兴趣刺激起来，那就当然有种自动精神。所以俄国政治训练方法的基本原则是引起成人自动的活动，无论宣传也好，研究也好，宣传和研究的材料总是使之愈具体愈能引起兴趣愈为妙。

在这里，我们不能详说多种成人教育机关怎样应用这些基本原则，我们只能略举例以明之。让我们先说政治鼓吹（political agitation）的工作。鼓吹的意义是使之激动，使之觉悟，使之发生一种态度，使之立定一个意志去干。鼓吹含有用想象来鼓吹民众的感情和情绪，含有驱使男男女女发奋起来、觉悟起来。有些人说鼓吹者是民众的木铎，这句话一点儿不错。

鼓吹的方法怎样呢？最普通的自然要算是演说了，自然啰，文字也有同样的功效的，传单和标语当然也能达到鼓吹的目的，从事鼓吹的时候，无论是作哪一种鼓吹，都要努力朝着某些基本的目标前进。譬如从事某些运动时，我们不要忘了某些共同的目标，这是很要注意的一件事。第十三次共产党大会在这点上曾发表下面这个意见："减少运动的数目，集中精力在最紧要的事情上面，要把国内最重要的政治事件、国际间最重要的政治事件、政府最重要的方针、地方社会最迫切的问题，如苏维埃团体的工作、职业团体的工作、合作的功用、地方经济的状况，这种种的事件一步一步的很有系统的灌输到民众身上去。不过同时决不把共产党和共产主义的主要宗旨轻轻放过去或者加以曲解。"选举苏维埃代表这种运动是最重要的运动中的一个，其他的选举运动也是重要的。运动的时候是作鼓吹的良机。遇着什么假日举行庆祝时，那也是绝好的鼓吹良机。到了国庆纪念日，那就是鼓吹最适宜之时。

宣传和鼓吹不同，宣传的贯彻力较大，宣传有较固定的目标，宣传的性质较为冷静。虽然是赶不上教授，然而宣传所追求的对象已经不在感情方面而在理智方面了。宣传的目标不是用想象来鼓舞人去干，而是用辩证、用理智来说服人，鼓吹光喊什么口号，光贴什么标语，然而宣传就要把这些口号和标语加以一种分析的考察。不过宣传和鼓吹都是比较短时间的，所顾到的问题都是一时最吸引人注意的问题，而且只把这些问题的某几方面加以分析，不能全都顾及到。至于说到长时间的多方面的基本讨论及对于连带问题加以考察，那不是宣传的任务，而是在教授的范围内。

宣传的方法和技术是分歧不一的，包括演讲、讨论、谈话等。研究会、学校、工作室都是宣传可以用武的地方，尤其普通的是研究会，研究会我们曾说过通常是附属于会社内。城市的会社是共产主义教育达到男女成人的中心。十三次共产党大会对于会社的工作曾有以下的规定："第一是要顾到对于党的策略、苏维埃政府的政策、党国和职业团体的根本问题加以宣传及解释。列宁主义的宣传也要搁在一个重视的位置上面。会社图书馆是这项宣传工作的利器，所以选择书籍是件重要的事情。反宗教的宣传也是大可努力的一件工作……”

政治训练，除了鼓吹和宣传这两种方法之外，还有一种多少近乎系统教育方式的。识字学校、初等程度的成人学校、中等程度的成人学校、各种简易科、党务学校就是实行这种性质的政治训练。不过像党务学校，因为它的时期短暂，也可归入宣传这类机关里。可是，从另一方面看，因为它的组织和它的固定性质也可归入有系统教授这类里面去。像那种所谓枢纽机关，如读书馆、民众馆、工人会社等，它们鼓吹的工作也干，宣传的工作也干，系统教授的工作也干，它们对于三类的工作都干。它们是鼓吹的机关，同时也是宣传和系统教授的机关。系统教授这类机关的教授方法怎样呢？ 一切的方法的出发点是基于学生的自动。教授的内容都是就地取材，合乎环境的需要。还有它们采用一种基于道尔顿制而加以改良方法，用实验参观的历程来使教授的工作趋于具体，富有趣味。

上面论到的方法都是简之又简的，关于成人教育种种的详细方法，读者若有兴趣可参考 Medinsky 的《社会教育百科全书》，里面关于演讲、报告、讨论、图书馆教育、辩论、种种报章的教育法、戏剧、电影、会社的活动、休闲教育、成人学校等都有详细的论述。

民国二十年（1931 年）第 23 卷第 8 号

后　记

本书为2019年度河南省高校哲学社会科学基础研究重大项目“《教育杂志》中的公民教育思想及其现代价值研究”（2019-JCZD-022）和2017年度河南省高等学校哲学社会科学优秀学者资助项目“民国时期中小学公民教育问题研究”（2017-YXXZ-09）的阶段成果。

对1905—1948年《教育杂志》的文献整理工作，人力投入较多，资金投入较大，历时16个月，非常辛苦。但当大家认识到此项工作的价值、看到最终的成果时，一致认为所有的辛苦都是值得的。

近三十人参与了《教育杂志》的文献整理和编校工作，整体工作由郑州大学公共管理学院哲学系张宜海博士负责，其他参与的老师和同学有：中国人民大学孙颖，郑州大学历史学院刘保刚，郑州大学公共管理学院吕树齐、马欣欣、李森（2016级）、李森（2015级）、李河金、孙可可、柳迪、段戒备、吴天阁、马亚秋、郭树晨、潘其峰、柳沛桦、李万里、秦金金、李权航、田天天、赖小婷、袁林，郑州大学文学院杨晓惠，华东师范大学宋杨，郑州大学马克思主义学院刘艳丽、王晨梦，吉林大学张润同，郑州市二七区实验幼儿园张爱萍、严文迪。

感谢郑州大学公民教育研究中心主任杨云香教授，没有她的大力支持，我们不可能如此顺利地完成此项有意义的工作；感谢科学出版社的付艳编辑，她在本书出版过程中给予的专业帮助和支持让我们感动；感谢科学出版社的高丽丽编辑，她对书稿认真、细致的校对，使我们避免了许多错误！

我们最大程度地尊重原文作者的思想，所以，只要没有明显理解上的问题，一律保持原文不变，由于《教育杂志》历时长久，文章体例、风格等前后变化较大，只要不影响文章理解的，一仍其旧；部分文章中印刷空白、难以辨认等处，没有能力复原，敬请读者谅解；明显的错处，做了力所能及的修正；至于语言习惯的问题，只要不影响理解的，保持原样。书中肯定还有许多疏漏和不足，敬请读者朋友批评指正为盼！

张宜海

2017年9月28日